蘇州城市转型

Urban Transformation in Suzhou

◉主编　田晓明　陈启宁

苏州大学出版社
Soochow University Press

图书在版编目(CIP)数据

苏州城市转型／田晓明，陈启宁主编．—苏州：苏州大学出版社，2014.5
ISBN 978-7-5672-0860-5

Ⅰ.①苏… Ⅱ.①田…②陈… Ⅲ.①城市经济-转型经济-研究-苏州市 Ⅳ.①F299.275.33

中国版本图书馆CIP数据核字(2014)第067600号

书　　名：苏州城市转型

主　　编：田晓明　陈启宁
责任编辑：王　亮
策划编辑：周建国

出版发行：苏州大学出版社(Soochow University Press)
社　　址：苏州市十梓街1号　**邮编**：215006
印　　装：苏州恒久印务有限公司
网　　址：www.sudapress.com
邮购热线：0512-67480030
销售热线：0512-65225020

开　　本：787×1092　1/16　**印张**：31　**字数**：620千
版　　次：2014年5月第1版
印　　次：2014年5月第1次印刷
书　　号：ISBN 978-7-5672-0860-5
定　　价：180.00元

《苏州城市转型》编委会

序

苏州作为我国社会经济高度发达的地区，在20世纪80年代就创造了闻名遐迩的“苏南模式”，90年代又创造了以外向型经济为主的“苏州奇迹”。如今，苏州发展进入一个新的“拐点”，转型升级成为苏州社会经济发展的主旋律。十八届三中全会提出了市场对资源配置的决定性作用，同时，全国城镇化会议提出了我国城镇化建设的六点任务，这些对于苏州今后社会经济的发展具有重要的指导性。

苏州社会经济发展取得了辉煌的成就，很多指标都位居全国前列。引进的外资数额已经超过上海，工业产值仅次于上海，经济总量位居全国地级市之首。这些都为苏州今后社会经济发展和转型升级创造了良好的基础。但是，在看到辉煌成就的同时，要有一种危机感。人们常说“居安思危”、“人无远虑，必有近忧”，苏州应该与时俱进，深入研究在新的背景下发展所面临的机遇和挑战，探索社会经济转型的实现路径，再创新辉煌。

首先，苏州转型是其社会经济发展到一定阶段的必然选择。西方许多发达城市都经历过多次转型，比如美国的五大湖沿岸的城市，德国的莱茵河沿岸的城市，都经过深层次的转型，很多城市都成功地实现了转型，为城市可持续发展注入了新的活力。这其中有丰富的实践案例供我们学习和参考。但苏州城市转型除了具有普遍性的问题以外，也有自身的独特性。关于普遍性的问题，比如市场对资源配置的决定性作用，在今后相当长的一段时期内，苏州要率先加强政府职能的转变，加强服务型政府建设。在长期实践中，苏州积累了丰富的经验，具有一种亲商的环境，但今后这种亲商环境还要不断地加强，同时要把亲民和亲商有机地结合起来。在苏州发展从要素驱动阶段进入到创新驱动阶段的过程中，政府职能的转变起到决定性的作用。创新的本质是创新生态系统的建设，创新不仅仅是技术创新，更重要的是制度上的创新。所以，苏州要实现创新驱动，如何转变政府的职能就显得特别重要了。

其次，苏州转型是一个大转型，它不是一个局部的改革问题，而是涉及社会、经济、文化、生态、治理等方面的综合性的变革，所以，它的复杂性是不言而喻的。但作为改革开放排头兵的苏州，从20世纪80年代乡镇企业的快速发展，构成了在当时社会体制下一个“边缘革命”（诺贝尔获得者科斯语）。90 年代又创造以外向型经济为主的“苏州奇迹”。现在苏州进入一个转型的“拐点”，如何实现新的变革，这对于苏州来讲具有重大的现实意义。在这场变革中，苏州要高度重视内生性的发展，实现全球化和本地化的辩证统一。加强创新系统的建设和社会建设对于苏州的可持续发展具有重要的意义。

再次，苏州转型要落实在具体的空间上。我们经常讲，城镇化是一个重大的区域发展问题，其实，转型也是一个重大的区域发展问题。苏州转型不是在一亩三分地上开展，而是要放在一个大的区域背景下，即要放在全球化的背景下进行，否则转型是不会成功的。另外，苏州转型是在新型城镇化背景下的转型，新型城镇化和结构转型存在密切的互动性。结构转型要落实在具体的空间中，城镇化要和产业结构的转型融合起来，以实现“产城融合”。还有，苏州城镇化进程中要高度重视新型的城乡关系，为了有效推进城乡协调发展，我们要认识到城乡价值的“等值性”，要重新认识费孝通当年提出的“小城镇，大战略”，需要重视城镇化的空间均衡问题，实现城乡公共服务的均等化。最后，要在新的历史条件下，深入研究苏州融入长三角，建立全新的苏沪合作共赢的新机制、新战略。

苏州大学和新加坡邦城规划公司共同成立未来城市研究中心，是校企合作的典范。双方优势互补，合作共赢，共同完成《苏州城市转型》一书，该书的出版具有重要的意义。苏州作为苏南地区的重要城市，其转型具有典型示范效应，对于其他地区的城市转型具有一定的借鉴作用。全书从综合的视角分析了苏州转型的方向、路径和具体的措施，对于政府部门制定政策具有重要的参考价值。希望本书作为双方合作的新起点，今后双方在城市和区域转型方面，在新型城镇化的实践创新方面，应该进一步密切合作，为地方政府和我国区域社会经济转型提供科学、系统的决策和咨询。

陆大道

（中国科学院院士、中国地理学会名誉理事长）

2014 年 4 月 15 日

Preface

As a highly-developed city in China, Suzhou, who is the genesis of "Southern Jiangsu Model" in the 1980s and of "Suzhou miracle" featuring export-driven economy in the 1990s, has reached a new critical juncture in its social and economic transformation. As is widely known, the leading role of the market in resource allocation is reaffirmed at the Third Plenary Session of the 18th CPC Central Committee. In addition, the recent National Urbanization Conference has clearly defined six priorities in urbanization. These guidelines provide the context for Suzhou's social and economic progress.

Thanks to its economic boom, Suzhou has achieved exceptional results according to numerous development indicators. For instance, it surpasses Shanghai in FDI (Foreign Direct Investment); it is only second after Shanghai in industrial output; and it ranks first in total economic volume among all the prefecture-level cities in China. These glorious achievements have laid a solid foundation for its future. However, crisis may come with glory as the Chinese saying goes, "Troubles will come when vision is absent" or "Be vigilant in favorable conditions". It is our hope that Suzhou can forge ahead, keep abreast of the times, carefully weigh opportunities and challenges it faces in a changing situation, and realizes its transformation and upgrading.

First of all, transformation is inevitable when social and economic development has reached a certain level, as was the case with many developed cities in the West, for example, those American cities in the Great Lakes area and German cities along the Rhine River. Many cities have gained new momentum through profound transformation, thus making sustainability possible. They are good examples for Suzhou. In addition to generic issues, Suzhou has its own unique fundamental realities. Some of the generic issues include the realization of the leading role of the market in resource allocation, and progress towards a service-oriented government. In its long-standing reform and opening-up,

Suzhou has developed a pro-business environment which should be further enhanced and combined with a people-oriented philosophy. The transformation of government functions will play a decisive role in Suzhou's evolution from a production driven economy into an innovation-driven economy. The nature of innovation relies on a supportive milieu in which institutional innovation is valued equally as technological advancement. Therefore, in order to change into an innovation-driven economy, Suzhou must have its government functions optimized.

Secondly, Suzhou's transformation is expected to be comprehensive rather than piecemeal. It involves a dramatic change in societal, economic, cultural, ecological and governance dimensions, hence its complexity. As a vanguard of the reform and open-up policy, Suzhou witnessed rapid development in the area of "township enterprises" in the 1980s, which was a type of "marginal revolution" in Nobel Prize winner Ronald Coase's term. It developed an export-oriented economy in the 1990s. Now, it has reached a critical juncture of transformation which will have far-reaching significance. In such a transformation, self-generative development should be valued, and globalization integrated with localization. The construction of an innovation system will exert enormous impact upon Suzhou's sustainability.

Thirdly, Suzhou's transformation should be effectuated in real world situations. As is well-known, both urbanization and city transformation and upgrading are important issues for regional development. In an era of globalization Suzhou's transformation will not be confined to the city but it will be accomplished in a larger regional context. Otherwise, any endeavor to this end will be futile. In addition, Suzhou's transformation is to be carried out in a context of the new type of urbanization, which in turn is entwined with structural upgrading. This means that urbanization and industrial upgrading should be integrated, and in so doing, the urban-rural relationship should be carefully handled. To achieve this it is necessary to acknowledge anew Fei Xiaotong's concept of "small towns as a big strategy", specifically, urbanization and rural development should be harmonized spatially and, equality of services between the city and the country realized. Finally, within this new historic context strategies should be developed for Suzhou to be further integrated into the Yangtze River delta through a win-win cooperation mechanism among Jiangsu, Zhejiang and Shanghai.

Research Center for Future Cities, jointly established by Soochow University and

Singapore SCP Consultants Pte Ltd, is an excellent example of fruitful cooperation between institutions of higher learning and enterprises. This book has emerged through this win-win cooperation and maximization of each other's strengths. It is a valuable contribution because Suzhou's transformation can be a model for other cities. From a comprehensive perspective, this book analyzes the direction, paths and measures for Suzhou's transformation, and therefore is significant for the city government in its decision-making. It is my hope that this book is a new starting point of cooperation between the two parties, and that, with enhanced common efforts, they can offer reliable and systematic decision-making advice for local governments and beyond in such areas as urban/regional transformation and innovative realizations of urbanization.

Lu Dadao

Member of the Chinese Academy of Sciences

Honorary Chairman of the Geographical Society of China

目 录

第一章　大转型:走向变革中的苏州

[提要]

苏州经济发展的历史可追溯到春秋时期,在2 500多年的岁月中,苏州是江南最繁荣的地区之一。

从古至今,苏州社会发展的脚步也走在中国前列。其崇文、融和、创新、致远的苏州精神一直流淌在苏州人民的血液之中,并不断得到沉淀和升华。苏州文化集中表现在对吴文化的传承与发展上,苏州古城面貌的良好保存在世界城市史上也是极为罕见的。

当代苏州经济经过"苏南模式"的助推和开放型经济的实践,已经实现了跨越式的发展,形成了备受推崇的"苏州模式"。当今苏州的经济在江苏省乃至全国范围内都具有较强的竞争力。苏州人口经历了三个阶段的城镇化发展之后,目前,正面临着流动人口过多和老龄化等问题。

苏州城市发展优势主要体现在:良好的自然条件和地理位置;文化上的适应性和融合性;城市的创新意识和对技术发展的支持。也面临着新问题:全球经济的变化给苏州带来的挑战;生产要素成本的上涨;城市社会结构和社会治理问题的凸显;城市和区域过度开发导致的资源与环境问题等。

苏州需要寻找新的发展模式,实现从后发优势驱动的制造业主导发展模式向城镇化发展驱动的服务业主导模式转型;从要素驱动的外延式开发模式向创新驱动的内涵式开发模式转变;从单一经济目标到经济、社会和治理等多维目标空间中的均衡发展。

苏州市地处长江三角洲东南部。西南濒临太湖,北依长江,东接上海,西连无锡,南邻嘉兴、湖州,沪宁铁路东西横越,京杭运河南北纵贯,河湖交织,江海通连。地属北亚热带季风区,气候温和湿润,山明水秀,物产丰富,风物雄丽,人文荟萃,素称鱼米之乡、丝绸之府、园林之都,历来经济繁荣、文化昌盛。① 改革开放之后,苏州更是经历了

---

① 苏州市地方志编纂委员会.苏州市志,第1卷[M].南京:江苏人民出版社,1995:99.

快速的腾飞,实现了历史和现代的完美融合。如今,在经历了2 500多年的风雨洗礼后,苏州正经历着经济和社会转型,从昔日的光辉中走向灿烂的明天。

第一节　苏州社会经济发展的历史追溯

一、苏州经济发展的历史

苏州经济发展的历史可追溯到春秋时期①,公元前514年吴王阖闾命大臣伍子胥扩建都城,建造了"城周四十七里有余"②的阖闾大城,即后来的苏州。在此后2 500多年的岁月中,苏州一直扮演其江南最繁荣地区之一的历史角色。

1. 苏州建城之初到中华人民共和国成立阶段的经济历史

苏州从建城之初到中华人民共和国成立的经济历史可分为四个阶段,各阶段的发展特点见表1-1。

表1-1　苏州的经济发展历史(建城之初到中华人民共和国成立)

阶段	时间	朝代	发展特点
发展期	公元前5世纪—公元10世纪	春秋时期至唐朝	手工业(丝织、制玉、陶瓷等)居全国领先地位,冶铸、造船行业发达,农业受到统治者重视,并伴随水路运输的开拓不断发展。
转型期	公元10世纪—公元14世纪	宋元时期	随着坊市制度的打破,工商业逐渐取代手工业和传统农业成为新的城市经济特征,并出现了新型经济市镇的成长。
繁荣期	14世纪—19世纪	明清时期至鸦片战争之前	成为江南城镇群体和市场体系的核心,农产品商品化和商业性农业的发展催化着资本主义的萌芽。
衰弱期	19世纪中叶—20世纪中叶	鸦片战争至新中国成立前	民族资本主义工商业得到短暂发展,但在国内外双重压力的挤压下,最终苏州经济面临全面崩溃。

(1) 发展期(公元前5世纪—公元10世纪)

苏州古城建城后,城内外有畜牧业生产基地和数量较多的丝织、制玉、陶瓷等手工业作坊、市场、仓库等。据史料记载,当时吴国青铜冶铸业发达,造船业也很有名。③ 进入汉代以后,苏州地区社会经济得到了快速发展。随着城市商业的兴盛,苏州已被冠

① 徐叔鹰,雷秋生,朱剑刚. 苏州地理[M]. 苏州:古吴轩出版社,2010:89.

② 苏州市地方志编纂委员会. 苏州市志(第1卷)[M]. 南京:江苏人民出版社,1995:99.

③ 徐叔鹰,雷秋生,朱剑刚. 苏州地理[M]. 苏州:古吴轩出版社,2010:158.

以“江东一都会”的美称。期间丝织业逐步发展起来，并出现了刺绣工艺。这一时期苏州青瓷器的制造水平和规模在全国均处于领先地位。同时，苏州传统农业的发展为城市经济的繁荣做出了巨大的支撑和贡献。自汉代以来，历代统治者都重视兴办屯田、兴修水利、劝课农桑、发展生产，也正是从这一时期开始，江南，尤其是苏州地区的农业生产逐渐赶上北方，开始了全国经济重心南移的历程。

随着隋朝时期大运河延伸到苏州，苏州凭借得天独厚的区位优势发展漕运，加强了与周边地区的交流与贸易，其时苏州的城市商况已超越了六朝时江南地区最大的商业都会——建康(今南京)。到了唐代，苏州商业规模仅次于“百货辏集之地”的扬州。但由于唐朝中后期之前，城市内部居住区与商业区严格分离，市场的启闭有时间的限制。坊市制度的存在，制约着城市经济的发展，使得苏州城市经济虽然凭借自身优势得以发展，但这种发展并不充分。

(2) 转型期(公元10世纪—公元14世纪)

唐代末期到北宋初年是中国历史上社会变动最剧烈的时期之一，从城市史的角度而言，这一时期是坊市制度崩坏与街巷制度形成的时期。[①] 坊市制的破坏，打破了城市区划对居民商业行为的限制，大大激发了城市经济的发展。在这一阶段，苏州城市经济的转型主要有两方面：一是工商业取代手工业和传统农业成为新的城市经济特征；二是新型经济市镇的成长。

一方面，随着城市经济职能逐渐超越政治和军事职能，苏州也从以手工业、农业为主的传统经济城市转型为以工商业为特征的新型经济城镇。随着坊市制的瓦解，苏州的居民分布更为广泛，城市经济活动更为频繁。到了宋朝，苏州的商业闹市区在城市中部的广阔地区，以乐桥、利市桥为中心。城市也因人口构成的不同形成职业性的区域分工，各种行业的作坊店铺在城市中随处可见，如米行、锦绣坊、药市、剪金桥、碎金巷、新罗巷等地名就是其例证。[②] 南宋中期以后，城市西北部的阊门外已开始形成新的商业市场。至元代，阊门外已成“商旅辐集”、“规利者之所必争”之地。到宋元时期，苏州城内已出现较为严密的工商业组织，如粮船公所、机圣庙和吴郡机业公所等。工商业的出现和壮大，进一步推动了苏州经济实力的增长和经济性质的变革。

另一方面，在宋代以前，“市”主要指商品交换场所，而“镇”则是被赋予军事意义的建制。随着城市经济职能的逐步强化，到北宋时期，传统意义上的“镇”已从其原本的军事性质变成了与“市”并无本质差别的建制。如苏州吴江县的同里镇“宋元间，民

① 王卫平. 明清时期江南城市史研究[M]. 北京：人民出版社，1999：36.

② 梁庚尧. 宋元时代的苏州[J]. 台湾大学文史哲学报，1982(31).

物丰阜,商贩骈集,百工之事咸具,园池亭榭,声伎歌舞,冠绝一时”①。市镇经济的发展使得农村地区逐渐受到城市经济辐射效应的影响,使得原来的草市或军镇逐步向新的经济型市镇转变。因此,市镇的转型在传统城市向新型城市转变过程中的作用和历史地位是不可轻视的。

(3) 繁荣期(14 世纪—19 世纪)

明清时期,经济作物的广泛种植把整个江南农村卷入了商品经济的漩涡。商品经济的发展带来了城市的繁荣,也引发了市镇的勃兴。整个江南地区逐渐形成了完整的城镇群体和市场体系,而苏州正是整个体系的心脏所在。由于改进了农具和耕作制度,苏州地区粮食产量明显提高,苏州府的秋粮实征数甚至比四川、广东、广西和云南四省的总和还要多。② 农业的发展也促进了门类众多的家庭手工业的兴起,推动了苏州农产品商品化和商业性农业的发展,从而也催生了资本主义萌芽。“苏郡五方杂处,百货汇聚,为商贾通贩要津”③,成为东南著名的商品集散中心。创立于明万历中期的孙春阳南货铺,更被看作“中国资本主义萌芽商业资本的一个标本”。此时苏州的经济腹地可以辐射到全国的大部分地区。

(4) 衰败期(19 世纪中叶—20 世纪中叶)

鸦片战争至辛亥革命期间,苏州经济发生巨大变化:一是作为“五口通商”口岸的上海的兴起,取代了苏州作为中国东南地区经济中心和重要商埠的地位;二是光绪二十一年(1985 年),根据《马关条约》,苏州被辟为通商口岸,从此帝国主义在苏州设洋行、办工厂、掠夺原料、倾销洋品,使得苏州的丝织业、棉纺织业及其他手工业遭受重大打击;三是民族资本主义工商业开始建立,如光绪二十一年创建的苏经丝厂、苏纶纱厂等,但由于受到帝国主义和封建主义的重重阻碍,发展十分缓慢。

辛亥革命之后,苏州民族资本主义工商业迎来了短暂的春天。在第一次世界大战期间,各帝国主义国家疲于应付本国战争,放松了对华的经济掠夺,使得中国的民族资本主义工商业有了发展的机会。苏州的民族资本主义工商业也有了较快的发展。同时,手工业中的资本主义萌芽也发育成长。民国三年(1914 年)诞生的苏经纺织厂,是苏州丝绸业传统的放料雇织方式改为完全集中生产的第一家资本主义手工工场。苏州悠久而分散的手工各业中,也陆续出现一批同样类型的手工工场,并开始从手工生产向使用动力机器生产过渡。金融业方面,苏州于民国元年(1912 年)始设银行,几经兴衰变迁,至日本帝国主义侵占苏州前,共有交通银行、中国银行、江苏银行、上海商业

---

① 乾隆《吴江县志》卷 4“镇市”.

② 王卫平. 明清时期江南城市史研究[M]. 北京:人民出版社,1999:47.

③ 雍正敕编.《世宗宪皇帝朱批谕旨》卷 174 之 12《朱批李卫奏折》,第 423 册,第 339 页.

储蓄银行等17家银行。

抗战时期,苏州经济被日本军管所接管,遭到了野蛮掠夺和惨重摧残。在此期间苏州经济完全殖民地化。丝绸和棉纺两大支柱产业在惨淡经营中每况愈下。至日本投降前夕,丝织厂被迫全部停业,其他产业,如五金、纶纱等产业也难逃厄运。

日本无条件投降后,国民政府鼓励工商业复工,此时苏州丝绸业、纺织业等轻工业获得了一定恢复。但好景不长,国民党政府当局发动内战,吏治腐败,贪污泛滥,金融混乱,通货膨胀,对苏州经济产生了很大的冲击。同时战争造成交通中断,产品滞销,美国又倾销剩余物资。在此背景下,苏州近代工业奄奄一息,手工行业纷纷倒闭,传统农业衰退,苏州经济濒临崩溃。

2. 新中国成立以来到改革开放之前苏州经济的发展阶段

1949年4月27日苏州解放,苏州的经济社会发展从此揭开了新的篇章。这一历史时期苏州经济的发展可分为四个阶段:

(1) 恢复期(1950—1952年)

新中国成立初期,国家通过没收官僚资本、建立社会主义国营经济,稳定物价、统一财经,合理调整工商业的举措,经过1950—1952年三年的恢复,稳定了物价,整顿了经济秩序,废除了封建剥削的土地所有制,国民经济在百废待举的困难条件下得到恢复和发展。至1952年年末,苏州市区的工业产值比1949年增长了1.33倍,社会商品零售额上升为9 580万元,社会面貌也焕然一新。

(2) 改造期(1953—1957年)

在此期间,国家开展了第一个五年计划,并提出过渡时期总路线,开始对生产资料私有制进行社会主义改造,确立了社会主义经济制度,推动了经济发展。在苏州郊区,农业于1956年全部实现合作化,私营工业、运输业、商业于1956年1月全部实行公私合营或合作化。改变了企业规模狭小,设备、工艺落后的状况,开始重新由手工工场向近代工业的过渡。

(3) 调整期(1958—1965年)

1958年到1966年,前期是"大跃进",后期是调整阶段。1958—1960年的"大跃进"违背客观经济规律,随之而来是"低标准、瓜菜代"的困难时期,食品不足,生产下降。1960年冬开始,苏州认真贯彻国民经济"调整、巩固、充实、提高"方针,经济逐步恢复,至1966年初已恢复至接近1960年的生产水平。三年"大跃进"虽然给人民的生活和经济的发展造成了沉重打击,但是在之后的调整中,实事求是地保留了有发展前途的新增长点,后来发展为机械制造、冶金、电子、化工等一批新的产业群。

（4）曲折发展（1966—1976年）

1966—1976年发生"文化大革命"，全国经济被打乱，经济发展受到严重影响。这一时期，苏州经济在夹缝中曲折前进。1967年苏州的社会总产值，比1966年下降了29.4%。但是，动乱中由于生产要素未遭破坏，调整时期贯彻"八字"方针所积蓄的生产潜力依然存在。因此，苏州在1969年生产恢复后，尽管有着严重的干扰，苏州重新恢复工作的各级领导干部、广大群众和部分关心生产的军代表，共同努力，较好地恢复和发展了生产。1976年的工业总产值，比1966年增长148.6%。

3. 改革开放以来苏州经济的发展阶段

从1978年改革开放至今，苏州经济的发展主要可分为三个阶段，各阶段的发展特点见表1-2。

表1-2 苏州的经济发展历史（改革开放以来）

阶段	时间	发展特点
苏南模式的突起	20世纪80年代至90年代中期	以工业为主的乡镇企业蓬勃兴起，促进农村经济综合发展。
开放型经济的发展	20世纪90年代至21世纪初	建立了新区和园区两大招商引资基地，外资成为促进经济发展的主要动力。
发展方式的转型	21世纪10年代以来	积极调整经济发展方式，鼓励民营经济的发展，推动服务业升级，加强自主创新能力的培养。

（1）苏南模式的突起（20世纪80年代至90年代中期）

"苏南模式"是费孝通先生于1983年首次提出的。他发现苏南许多小乡镇走工业化之路，形成以乡镇企业为基础的颇具特色的小城镇，为此写就著名的《小城镇，大问题》一文，提出了"苏南模式"，"感觉到苏南这个地区在农村经济发展上自成一格，可以成为一个'模式'"①，并认为这种以集体经济和乡镇企业为核心，追求村民共同富裕的特征非常符合当时对社会主义的认识。苏南模式是指以苏州、无锡、常州三地为范围的苏南农村，在改革开放条件下，由于乡镇工业的兴起，促成农村经济综合发展过程的概况。② 苏州从20世纪80年代开始，以典型的苏南模式推动着经济发展和城镇化的进程。改革开放初期，苏州乡镇企业很好地利用了对外开放的契机，在承接大量农村剩余劳动力的基础上，其产值以年均30%的速度快速增长，并创造了占全市工业产值三分之二的辉煌成绩。通过这一阶段乡镇企业的发展，在1992年公布的全国工业产值超百亿县（市）中，江苏省共有9个，而苏州就占了其中6个。

① 费孝通. 行行重行行——乡镇发展论述[M]. 银川：宁夏人民出版社，1992：538.

② 顾松年. 苏南模式创新发展和苏南经济转型升级——30年改革开放带来苏锡常发展的历史性跨越[J]. 现代经济探讨，2009(1).

（2）开放型经济的发展（20世纪90年代到21世纪初）

到了20世纪90年代初，苏州掀起了以招商引资为主要手段的开放型经济发展高潮。而新区和园区的建立与发展正是这一阶段最为显著的标志。在1992—1994年三年中，苏州共批准三资企业6 000多家，合同外资高达136亿美元；到1994年年底，苏州乡镇举办的三资企业已占到乡镇企业总数的39%，占到全市三资企业总数的73.7%，合同利用外资79亿美元，占到全市合同利用外资的67.4%；1995年后，苏州的开发区成为外商投资特别是跨国公司投资的重点地区、集中地区。截至1999年上半年，苏州全市累计吸收合同外资已达280多亿美元，实际到位外资超过150亿美元，利用外资总量在全国各城市中位居第二位，仅次于上海市。①

（3）发展方式的转型（21世纪10年代以来）

进入21世纪以来，苏州经济虽然通过乡镇企业和开放型经济的推动取得了跨越式的发展，但是也带来一系列问题。为此，苏州积极调整经济增长方式，主要从三方面转变经济发展方式：一是鼓励民营经济的发展；二是推动服务业升级；三是加强自主创新能力的培养。针对招商引资从2003年后开始下滑的趋势，苏州市委、市政府于2004年初正式下发《关于促进民营经济腾飞的决定》。以此为标志，苏州的"民营经济时代"从2004年开始初露端倪。至2012年年末，苏州市私营企业已经突破22.96万户，个体工商户突破41.50万户，民营经济注册资本总额8 716.11亿元，年末注册资金超1 000万元的私营企业15 967户，其中超亿元的企业1 424户。全市民间投资占固定资产投资的比重达56.2%，民营工业产值占规模以上工业产值的比重达31.1%。同时，针对苏州产业结构中制造业比重过高、服务业发展滞后的难题，苏州于2005年年初出台了《关于促进服务业跨越发展的政策意见》，通过大力发展旅游业，推动生产性服务业与制造业的分离以及打造现代服务业标准化体系等措施，到"十一五"期间，服务业增加值占GDP比重比"十五"期末提高7.6个百分点。② 2005年，整个苏州市上报国家申请创新基金的项目屈指可数，即使是在以高科技含量著称的苏州工业园区国际科技园，情况也不乐观。为此，2006年苏州市发布了《关于增强自主创新能力，建设创新型城市的决定》，通过认识自主创新的重要性、明确增强自主创新能力的阶段性目标、完善区域创新体系、抓住自主创新关键领域等一系列措施，努力将苏州打造成创新型城市。截至2012年年底，全市80%的本土大中型企业建立研发机构。高新技术产业实现产值11 889亿元，占全市规模以上工业产值的比重达到41.3%。苏州成为首批国家

① 李雪根.新世纪苏州经济发展战略的选择[J].集团经济研究，1999(8).

② 孙士现.苏州现代服务业发展现状及对策研究[J].现代经济信息，2013(19).

知识产权示范城市，并顺利通过全国版权示范城市验收。

二、苏州社会发展的历史

从古至今，苏州不仅在经济上名扬全国，其社会发展的脚步也走在中国前列。崇文、融和、创新、致远的苏州精神一直流淌在苏州人民的血液之中，并不断得到沉淀和升华，使得苏州这座千年古城在时空的变化中始终保有其“人间天堂”的古老韵味。

1. 历史上苏州的城市地位

历史上苏州的城市地位可从三个视角来考察：经济、政治及文化。

从经济来看，自吴王阖闾建大城以来，在2 500年的历史长河中，苏州一直是江南最繁荣的地区之一。汉代，苏州已因其发达的经济和繁盛的人口被誉为“东南一都会”。唐代中叶，苏州出现“人拥过扬府，坊闹半长安”的热闹景象。宋代，都城开封流传着这样一句话：“苏杭百事繁庶，地上天宫。”后转化为盛传于世的“上有天堂，下有苏杭”的名句。元代，意大利著名旅行家马可·波罗在游记中写道：“苏州是一座颇为名贵的大城，商业和手工业十分繁荣和兴盛，生产的丝绸还行销其他市场。”从明代到清代鸦片战争前，苏州封建经济继续发展，并开始孕育资本主义萌芽。同时对外贸易有了发展，成为全国重要的外贸基地之一，苏州的科学技术在许多方面亦居全国前列。

从政治来看，据叶骁军、陈兆弘介绍，苏州历史上虽然没有做过中国大统一王朝或重要朝代的正式都城，却也曾七次成为诸侯、相国、王国政权的国都、邦都或陪都，一次成为重要朝代的行都[①]，分别为：①春秋吴国国都。苏州作为吴国国都的时间长达110年左右。②战国越国国都。越国在消灭吴国和被楚国消灭前后共以苏州为国都5年。③楚国春申君邦都，前后14年。④西汉荆国陪都。由于荆王刘贾虽把荆王府设在广陵，但多数时间居住苏州，苏州实际上成为荆国的陪都。⑤东汉末年孙氏政治中心。公元194年，盘踞江东吴郡的孙策政权将苏州作为都城，其后虽将都城迁往建康，但苏州仍为孙氏的后方基地。⑥两晋吴国都城。公元326年晋成帝设吴国(后吴)，到421年废除，苏州作为后吴国都95年。⑦南宋初年行都。宋高宗赵构南渡后，曾有3年时间驻扎在苏州，后来才定都杭州。⑧元末张士诚都城。公元1356年，张士诚占领苏州，建立政权，前后历时12年。

从文化来看，以苏州为核心区域的吴地文化是长江流域文明的重要来源之一，早在距今7 000年在太湖流域就出现了稻作文化。距今5 200～4 000年的良渚文化更是

① 叶骁军，陈兆弘. 历史上苏州曾八次做“都城”，http://tieba.baidu.com/p/1464403363，2012-03-19.

临近了国家文明的门槛,人们也有理由相信“良渚文化是中国文明起源的一大源头”①。其次,苏州由于其对古城的良好保护以及几千年来从未中断的文明及传统文化,成为复兴汉文化的基地,苏州城本身也成为研究吴文化重要的“活的标本”。另外,自南宋以后,以苏州为核心的吴地文化成为中国古代文化的代表,将中国古代文化推向高峰,明清时期吴地文化则代表了中国文化的最高水平。

2. 苏州的社会治理变革

城市是社会多元文化的熔炉,如何治理城市社会是每个政府所必须面对的课题。从古到今,苏州城市社会的治理经过哪些环节?在各个环节中政府、民众和社会组织又扮演了哪些角色?在这一方面,近代以前苏州所留下的资料十分有限。凭借有限的资料可以对苏州城市社会治理的变革作一个概况性的描述。

苏州市的城市社会治理主要与城市机能有关,城市机能的转变也带动着城市社会治理内容和方式的转变。

(1) 古代苏州城市社会治理

古代苏州城市社会治理主要可分为三个阶段,各阶段的发展特点见表1-3。

表1-3 古代苏州城市社会治理

阶段	朝代	发展特点
尚武阶段	春秋至六朝	苏州的治理者扮演了强政府的角色,城市治理的主要内容也是发展军事,或通过加强农业(如屯田)和制造业(如造船业、冶铁业)的发展推动军事工业的发展。苏州的基层行政组织为“乡里制”。三国后期,士族集团开始兴起。两晋时期,南北士族融合,使得士族的势力达到顶峰,成为了“第二个政府”。
崇文阶段	唐宋时期	苏州城市治理的重点已从军事方向转向了商品市场管理和文教方向。此时苏州的城市治理出现三大特点:一是学府的兴起,二是坊市制的打破,三是保甲制的创建。
重商阶段	明清时期	商会和与商业有关的公民团体的影响力延伸到社会治理的层面。同时,由于资本主义萌芽的出现,公民此时也越来越成为独立的政治群体参与到社会治理中。

尚武阶段(春秋至六朝)

这一时期由于苏州独特的战略位置和江南地区经济支柱的地位,加之古时吴地人尚武好斗的民风,苏州一直是兵家必争之地。这一阶段苏州治理的主要内容是发展军事,或通过加强农业(如屯田)和制造业(如造船业、冶铁业)的发展推动军事工业的发展。春秋时期吴国冶铁制剑工艺发达,孙吴时期“蒙冲斗舰之属,望之若山”。在这一阶段中苏州的治理者控制了包括城市建设、市场发展、农业开垦等一系列社会事务管

① 林华东.从良渚文化看中国文明的起源[J].浙江学刊,1994(6).

理权在内的城市治理权力。此时苏州的基层行政组织为“乡里制”，通过以“户”（家庭）为社会组织的基本单位，对社会进行控制。汉代时五家为“伍”，十家为“什”，百家为“里”。三国后期，士族集团开始兴起，并积极参与到政治权利的分配和城市社会的治理中来。他们不仅通过修建各式建筑改造苏州的城市环境，还凭借自身所受的文化教育带动了苏州良好文化氛围的形成，使苏州文化得到了进一步的发展。两晋时期，南北士族融合，使得士族的势力达到顶峰，成为了“第二个政府”。

崇文阶段（唐宋时期）

唐朝开始，随着科举制的普及和城市社会的趋于安定，苏州的治理重点已从军事方向转向了商品市场管理和文教方向。士人政治崛起，许多士人阶层也从社会治理的被管理者转向参与者甚至管理者的角色。同时唐朝时期虽然有坊市制的限制，但城市管理者对于坊的管理已更加科学化和规范化。① 唐朝时期的社会基层管理已演化为四家为“邻”，五邻为“保”，百户为“里”。北宋时，根据平江图的记载，苏州行政机关有2府，1衙，2县，5司，25厅，1局和3务。行政及军事建筑占到近全市建筑的10%。此时苏州的城市治理出现三大特点：一是学府的兴起。随着宋朝重文轻武的统治政策、儒释道三教合一和理学的发展，对于社会基层的教育逐渐被城市治理者所重视，并定期提供固定经费予以支持。苏州从范仲淹、景佑中（1036年）创立郡学始，至南宋郡学逐步扩大，各县亦有县学，这对苏州文化和城市建设影响至深。二是坊市制的打破。宋朝时苏州坊的数量已达65所，超过了唐朝的60所。同时，由于时间和空间限制的打破，苏州的中心市坊已达到“通宵达旦”的情景。三是保甲制的创建。保甲制是北宋王安石变法时提出的针对社会基层组织的管理办法，是对秦汉时期的“乡里”制和唐朝“邻里”制的延续，但又显示出其自身新的特点，如它建立了一个更加严密的社会治安网络，对内加强了对人民的统治。其次，它寓兵于民，注意加强对壮丁的军事训练，强化了国家防御力量，对外有效地抗击了外族的入侵。再次，它比较重视农业生产和建设。总体来看，明清以前，苏州的社会治理无论是城市的修缮改建还是社会公共产品的生产和分配，主要属于政府即治理者的管辖范围和权限中。

重商阶段（明清时期）

进入明清以后，苏州的商品经济快速发展，商会和与商业有关的公民团体产生的强大影响力不仅限于经济领域，更延伸到社会治理的层面。自明万历年（1573—1620年）至清光绪年（1875—1909年），苏州共建会馆61所②。这些会馆大多由进苏经商的

① 丁应执. 苏州城市演变研究——兼评苏州现代化城市建设[D]. 南京师范大学，2008.

② 《苏州市志》，《清嘉录》及《吴县（城区附刊）》补录.

外地人创办,因此在传统的城市社会管理制度对于因商品经济发展而造成的大量性、经常性社会成员流动而越来越感到无能为力时,商会就发挥了其对同乡人员的凝聚力和有效管理,这种管理也得到了政府的认可。于是商会系统也成为官府控制下的一套基层自我管理体系。同时,资本主义萌芽的出现推动着公民意识的觉醒。公民此时也越来越成为独立的政治群体参与到社会治理中。如明天启六年(1626 年)苏州民众为了反对魏忠贤逮捕东林党人周顺昌而不期群集。颜佩韦等五人为保护当地群众挺身而出,自系入狱,英勇就义。再如乾隆二年(1737 年),虎丘九都五个图的士民共 120 余人联名上告附近的染坊污染严重,危害居民身体健康,官府这才从严查处,制止了公害的进一步扩大。

总的来看,历史上苏州的社会治理属于强政府的治理模式,同时商品经济的发展也促进了社会团体的崛起和公民意识的觉醒。近代以来,随着“数千年未有之变局”打破了传统的生产生活方式,苏州社会治理也出现了一些新特征:一是政治的分权为市民社会的发育让渡空间。如 1907 年清末新政时清政府就允许各府、州、县可以通过人民选举成立议事会,辅助地方官治,上述办法同样适用于城、镇、乡的治理,民众自治已经被合法地纳入到辅助官治之中。① 民国成立后,虽然保留了原来的保甲制,但公民社会进一步得到发展,苏州在“五四运动”时期的大规模学生游行就是这一发展的最好例证。二是民族资本主义工商业企业家的地位提高。作为商会在近现代的演化,民族资本主义工商业企业在洋务运动的兴起和实业救国论的传播下受到了政府的高度重视,苏州也出现了一批官督商办、官商合办的民族资本主义工商业企业,如苏纶纱厂和苏经丝厂等。这些企业家的社会地位和影响力也由此提高,往往具有官商合一的身份性质。同时,科举制的废除使得士人阶层难以承担起社会治理的重任,促成了绅士与商人融合而成绅商阶层②,这一阶层也成为了抗战之前地方主要行政权力的控制者。

(2) 新中国成立至改革开放前的苏州城市社会治理

新中国成立至改革开放前,苏州社会治理阶段可以“文革”时期为分界线。1949 年 4 月,苏州被划为市,建立苏州军事管制委员会和苏州市人民政府。市人民政府在市军管会和中共苏州市委领导下,建立各级人民政权。1950 年全市废除保甲制,设居民小组为基层治理单位。到 1953 年成立居民委员会,完善了居民自治组织。自 1953 年至 1957 年,苏州积极贯彻过渡时期总路线,实现了对三大产业的改造。在“大跃进”和人民公社化运动中,市郊农村按乡成立人民公社,城区按区成立人民公社,实行“政

---

① 郑芸.现代化视野中的苏州早期市民社会研究——以苏州市民公社为个案[D].苏州大学,2007.

② 高燮初.吴地文化通史[M].中国文史出版社,2006:230—235.

社合一”体制。农村人民公社下设生产大队；城区人民公社下设管理区（1962年恢复原有体制）。这一阶段的全市最高权力结构是1953年建立的人民代表大会，全市也于1953年开展了第一次普选，选举产生市、区人民委员会，并于1955年设立了基层政府组织——街道办事处。进入“文革”后，市、区人民委员会受到严重冲击并被非法夺权，由市革命委员会行使行政职权。批斗、游街、贴大字报等带有浓厚阶级斗争色彩的活动成为政府行政的主要内容，社会治理陷入一片混乱。

十一届三中全会召开后，经过拨乱反正，苏州撤销了革命委员会，建立苏州地区行政公署。1980年城区各区召开人民代表大会，恢复苏州市人民政府，与行政公署并存。至1983年，全市实行市管县新体制，撤销行政公署，并入市政府。同时农村废除“政社合一”的体制，恢复建立乡人民政府。自此，苏州社会治理又回到正常化轨道。

3. 苏州人口和文化的发展

(1) 苏州人口的发展

古代苏州的人口发展或以唐中期分界，大致分为两个阶段：唐中期前及其后。唐中期以前，我国经济、政治、文化中心皆在黄河流域地区，江南一带人口并不密集。据梁方仲《中国历代户口、田赋统计》中记载的不同时期苏州地区人口数，秦初吴县人口才一万多户。经过秦末战乱，项羽所领的“江东八千子弟”起事于吴县而反秦，人口也相应减少。西汉时期为会稽郡治，苏州周围有很多地方都未开发，这也为后来北方南下的移民留下了生存空间。东汉末年，由于黄巾军起义，中原动荡，很多北方人南迁至江南，使得江南人口快速增长。隋后，因京杭大运河的开凿，苏州人口进一步集中。尽管如此，据《苏州市志》统计，隋大业五年（609年）吴郡领五县，为18 377户，每县平均为3 600多户，到贞观十三年（639年）苏州领四县，为11 859户，54 471口，平均每县不到3 000户和近13 600口，可见此时苏州繁荣程度还不是很高，人烟相对稀少。其后，唐王朝的长期统一给苏州提供了安定的发展环境。天宝元年（742年）苏州人口升至76 400余户，相对于唐贞观十三年（639年）的11 800余户来说，人口增长五到六倍。唐朝中叶后，安史之乱爆发，中原人口大量南移，由于苏州地处江南中心地带，又是“江东一都会”，逃避战难的人口大批涌入苏州。据记载，北方移民几乎占到苏州当地人口的三分之一，这使得苏州人口在安史之乱后得以迅速增长，苏州也一跃成为太湖流域最大的郡。到了唐代中后期，苏州人口甚至超过了当时经济实力第一的扬州，被称为“浙右第一”。北宋时期苏州和杭州每县户口数远多于京城开封，苏州户口又胜过杭州，可见苏州、杭州在元丰（1078—1086年）之后的地位是其他的城市所不能比拟的，这也为“上有天堂,下有苏杭”的形成打下了基础。① 明清时期,苏州人口数量进一步扩大,洪武四年(1371 年)苏州府②人口数为 1 947 871 人,人口密度为 297.84 人/平方公里,而到了嘉庆十五年(1810 年),苏州府的人口更高达 5 908 435 人,人口密度为 1 158.52 人/平方公里,③成为全国人口密度最高的地区。在当今的苏州市域范围内,康熙以后至乾隆年间,苏州城人数约为 70 万,嘉庆年间在百万以上④。

道光年间以来至新中国成立前,由于外国侵略者的占领、内乱内战的不断,一度繁华的苏州经济严重下滑,人口锐减,据统计,从道光十年(1830 年)至同治四年(1865 年)的 35 年间,苏州人口减幅约为 67.5%。⑤ 中华民国建立后,苏州人口总趋势逐年上升,平均每 10 年增加近 10 万人,民国时期的 38 年中,苏州城区人口发展经历了 20 年代及 40 年代中后期的平稳发展期,30 年代末的短暂锐减期,以及 40 年代初的猛增期。1949 年,苏州市区人口增至 114.5 万人。⑥

新中国成立以来至改革开放前,随着社会经济的发展、人民生活水平的提高和医疗卫生条件的逐步改善,苏州人口发展迅速。到 1957 年,不包括辖县的市区户籍人口达到 130 万,到 70 年代末,大批“上山下乡”的知青回到城市,苏州城市人口迅速上升,全市人口超过 160 万⑦。

苏州历史上人口变化的总体趋势如图 1-1 所示。

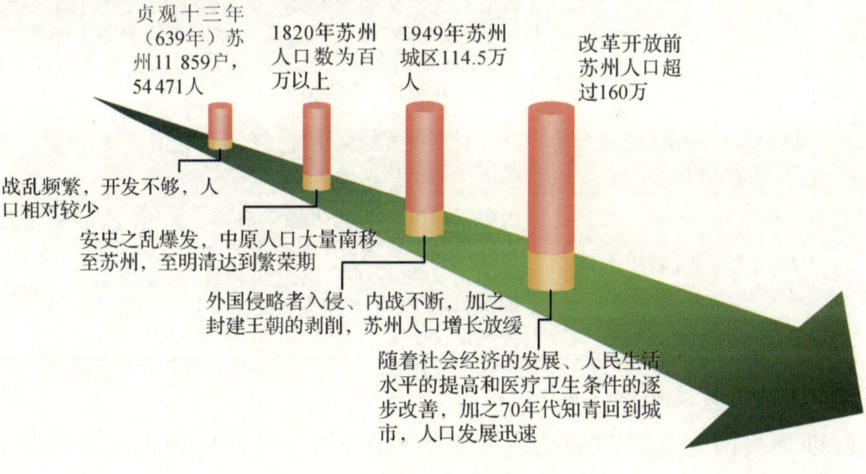

图 1-1　苏州历史上人口的变化

---

① 高燮初. 吴地文化通史[M]. 中国文史出版社,2006.

② 明清时期苏州府的辖区范围基本上相当于今日苏州市辖境以及上海市苏州河以北各区。

③ 同治《苏州府志》卷十三“田赋二”.

④ 王卫平. 明清时期江南城市史研究:以苏州为中心[M]. 北京:人民出版社,1999:62.

⑤ 高燮初. 吴地文化通史[M]. 中国文史出版社,2006.

⑥ 苏州市地方志编纂委员会. 苏州市志(第 1 卷)[M]. 南京:江苏人民出版社,1995:92.

⑦ 苏州统计局. 苏州统计年鉴(2012)[M]. 北京:中国统计出版社,2012.

(2) 苏州文化历史

苏州文化历史悠久,是吴文化的典型代表和核心区域,2 500 年来文化的脉络从未间断,并且在兼收并蓄了多种地域文化之后,形成了刚柔相济、兼容并包、奔腾不息、百折不挠的城市文化内涵,在日积月累中逐渐映射到每一代苏州人的身上,内化为苏州的城市精神。

苏州文化集中表现在吴文化的传承与发展上,苏州吴文化的发展主要经历三个阶段,各阶段的发展特点见表 1-4。

表 1-4　苏州吴文化发展历史①

阶段	时间	发展特点
先吴文化时期(吴文化的滥觞)	从吴地出现古人类活动到吴国建立	良渚文化代表了吴地新石器文化的最高水平。良渚文明所体现的社会组织意识已到达国家文明的门槛前,并对整个华夏文明产生了深远的影响。
吴国文化时期(吴文化的形成)	始于商末太伯奔吴,终于吴王夫差自杀,约 600 年	太伯奔吴建立"句吴"政权,吴地进入国家文明阶段。这一阶段移民文化色彩浓厚,河运文化开始兴起,军事文化强盛。
吴地文化时期(吴文化的继承与发展)	尚武轻文时期(秦汉至三国)	吴地尚武轻文的民风得到了沿袭。这一时期中国文化的重心仍在黄河流域。
	弃武重教时期(六朝至明清)	六朝时期,吴地文化由士族带动发展。主要特点有:经学的复苏和玄学的流行,史学的兴盛和文学的繁荣,以及宗教的传播与艺术的发展。吴文化在唐宋时期主要特点是新兴庶族文人为主体的士大夫文化逐步取代六朝时期的贵族文化,以及通过与外域文化交流而显得更加开放和活跃。明清时期,苏州吴地文化的发展到达了鼎盛,主要表现在全面发展、商业文化浓厚、开放精神。
	转型融合时期(民国至新中国成立初)	这一时期主要的文化特点有新文化的传播、留学风气的盛行及国学的继续发展。
	现代化时期(新中国成立以来)	1949—1978 年为初步探索时期,这一阶段吴文化的发展包括创建新制度文化,开展各种形式的思想政治教育活动,用马列主义和毛泽东思想武装群众,走社会主义道路。"文革"时期吴文化遭到重大打击。1978 年之后,"苏南模式"的发展推动了苏州现代文化的进步。

先吴文化时期(吴文化的滥觞)

先吴时期指吴国建立之前的吴地发展历史阶段,从吴地出现古人类活动开始,到吴国建立为止,这是吴地文化发展历史的开端。大约 1 万年前,苏州所在的太湖地区开始出现人类活动,大约 7 000 年前,吴地进入新石器繁荣时代,其中良渚文化代表了吴地新石器文化的最高水平。良渚文明所体现的社会组织意识已到达国家文明的门槛前,并对整个华夏文明产生了深远的影响。但随着良渚文明的突然消失,吴地发展也就此中断。直到太伯奔吴建立"句吴"政权,吴地进入国家文明阶段。先吴文化时期

① 高燮初. 吴地文化通史[M]. 北京:中国文史出版社,2006.

持续约30万年，无疑是吴文化孕育时间最长，发展历史最为悠久的历史时期。它为吴国文化乃至整个吴地文化的发展奠定了基石。

吴国文化时期（吴文化的形成）

吴国文化的历史始于商末太伯、仲雍奔吴，与吴地荆蛮融合，自称“句吴”，终于吴王夫差被囚自杀，吴国被灭，前后大约600年。吴国文化的主要特色有以下几方面：

第一，移民文化色彩浓厚。在太伯、仲雍从中原迁徙到吴地之前，吴地尚是“夷蛮”之地，还未进入国家文明阶段。太伯、仲雍的到来给吴地带来了先进文化，特别是在政治与制度方面，实现了中原文化和先吴文化的融合，同时，当时吴国及其文化处在了黄河文明与长江文明、中原文化与长江文化的冲突、碰撞与交流、融会的交叉点上。这种独一无二的地理位置也更方便吴地吸纳其他文化，从而带上了移民文化的色彩。

第二，河运文化开始兴起。吴国是明确记载最早以人力开凿运河、改造水运格局的地区。春秋末年吴国迁都阖闾大城，就是为了充分利用吴都北、东、南三面的平原河网地区。苏州人对水的亲近也由此开始。这种特殊的地理位置和交通方式也塑造了吴地人民百折不回、刚柔并济的地域性格特点。

第三，军事文化强盛。吴国的军事文化十分发达，崇武好斗的精神不仅表现在吴国疆域的不断扩大，甚至屡屡以少胜多、以弱胜强，还表现在涌现出一大批一流的军事家，如阖闾、夫差、孙武、伍子胥等，其军事理论在今天看来仍有十分重要的参考价值，如流传千古的《孙子兵法》。苏州地区强悍的民风也影响到了后世，并持续了百年之久。直到六朝时期，苏州才逐渐“弃武从文”。

吴地文化时期（吴文化的继承与发展）

经过吴国文化时期的过渡，吴文化在苏州得到了很好的传承。在这一时期，苏州吴文化的发展可分为以下四个阶段：

① 尚武轻文时期（秦汉至三国）

秦汉时期项羽“八千子弟尽出吴中”以及吴王刘濞自立为帝表明吴地尚武轻文的民风得到了沿袭。西汉以后，随着江南经济的发展，苏州吴文化也随之发展。但这一时期，中国文化的重心仍在黄河流域。《上海通史・导论》对此论述说：“东汉时各州共有儒生、文士66人，排在前五位的是兖州、司隶、豫州、青州、益州，吴郡、会稽所在的扬州，与荆州并立第六，有6名儒生、文士，占总数的9.09%，名次虽然靠后，但比重较先秦时已有增加。”

② 弃武重教时期（六朝至明清）

西晋是吴地文化的一个重要转型期。在此期间，虽然吴地的尚武之风依然保留，但由于江南经济的迅速增长和北方士族的南迁，相对安定的苏州一带逐渐形成社会生活富足安逸的局面。其时苏州的上流社会大多为具有深厚文化底蕴和学术素养的世族，在他们的引领之下，尚文之风和“吴人不习战”的状况已初露端倪。在这一时期，吴地文化的特征主要有：经学的复苏和玄学的流行，史学的兴盛和文学的繁荣，以及宗教的传播与艺术的发展。从唐朝开始，吴地文化进入了繁荣时期，著名诗人韦应物、白居易、刘禹锡都先后出任苏州刺史，李白、杜牧、李商隐等人慕名而来，李绅、罗隐、陆龟蒙等诗人更是出生于此。苏州的吴文化在唐宋时期的主要特点是新兴庶族文人为主体的士大夫文化逐步取代六朝时期的贵族文化，以及通过与外域文化交流而显得更加开放和活跃。

明清时期，苏州吴地文化的发展到达了鼎盛。主要表现在以下方面：首先是全面发展。明清时期苏州的吴地文化在诸多方面取得了瞩目的成就，如艺术方面，创造出昆曲、评弹等艺术形式，涌现出文征明、唐寅、祝允明等一流书画家。苏州的刻印也为全国一绝。学术思想方面，以吴县的惠周惕、惠士奇和惠栋祖孙三人为代表的吴学成为吴地的代表文化之一。文学方面，小说文艺批评理论开山之祖金圣叹即为苏州人。其次是商业文化浓厚。明清时期苏州一带商品经济的发展使得当地出现了浓厚的商业文化，同时也导致了拜金主义在社会各阶层的渗透，奢靡之风渐起，为日后苏州成为消费型城市埋下伏笔。再次是开放精神。明清时期苏州吴地文化不仅吸收国内异地的优秀文化，还对国外优秀文化采取包容吸纳的态度。

③ 转型融合时期（民国至新中国成立之初）

经过鸦片战争和甲午战争的失败，中国已意识到必须经过传统社会向近代社会的痛苦转型。实业救国思潮就此兴起。吴地也出现了一批民族资本主义工商业，如陆润庠于1896年在苏州开办苏纶纱厂和苏经丝厂。辛亥革命胜利后，由于苏州地处东南，受到辛亥革命的强烈影响，其文化发展也显示出崭新的特色。第一是新文化的传播。如1920年由苏州的部分高校师生创办的《妇女评论》，抨击了中国封建伦理道德对妇女的严重束缚和摧残，分析了当时国内儿童教育中的不合理性。五四时期，苏州新旧文化的冲撞与融合达到新高度。第二是留学风气的盛行。自清末新政实施和新式学堂开办以来，很多知识分子有感于中国科技落后的现实，萌生了向西方学习先进科技以救国的理想。代表人物有后在中央大学任教的植物学家邹秉文、对中国无线电学科做出杰出贡献的陈章等人。第三是国学的继续发展。一方面表现为私人藏书之风的盛行，如吴梅的奢摩他室、邓邦述的群碧楼、莫棠的铜井山房等。另一方面有赖于一批国学大师的传道授业，如章太炎晚年迁居苏州进行讲学，创办“章氏讲学会”，学生最多时达500人。

④ 现代化时期(新中国成立以来)

随着中华人民共和国的成立,苏州吴文化的发展也进入了一个新的发展阶段。其文化发展以改革开放为分界,1949—1978 年为初步探索时期,这一阶段的发展包括创建新制度文化,开展各种形式的思想政治教育活动,用马列主义和毛泽东思想武装群众,走社会主义道路。"文革"时期吴文化遭到重大打击,许多传统文化遭遇空前浩劫,不少珍贵的文物就此被毁坏,也有很大一部分传统艺术形式就此失传。1978 年之后,"苏南模式"的发展推动了苏州现代文化的进步。1983 年,邓小平视察苏州,高度评价了苏南乡镇企业的发展是实现"四个现代化"和"小康社会"、加强精神文明建设的重要战略措施。同年,苏州学者费孝通在《小城镇,大探索》中首次提出"苏南模式"的概念,从此,"苏南模式"名扬天下。

4. 历史上苏州的空间变化

自阖闾大城建立以来,历经 2 500 年沧桑,苏州城依然屹立在当年的城址之上。而与阖闾大城同时期建设的洛阳、开封、太原、绍兴等古城,经过时间的洗礼,城址大多已发生了较大的变化。苏州古城面貌的良好保存在世界城市史上也是极为罕见的。著名历史学家顾颉刚先生也据此做出了"苏州城之古为全国第一,尚为春秋物"的著名论断。从古至今,苏州城的空间发展可从古代、近代、现代三个视角来考察。

(1) 古代苏州城市空间的变化

古代苏州城市空间变化可分为三个阶段,各阶段的发展特点见表 1-5。

表 1-5 古代苏州城市空间的变化

阶段	朝代	发展特点
定型期	春秋至隋朝	城市发展处于点状形成阶段,空间形态演化缓慢,城市呈单一而紧凑的块状形态。六朝时南北文化的交融和士人文化的发展、佛学郡学的兴起及隐士雅韵的流行丰富了苏州以往讲究礼制和实用的布局。
成熟期	唐宋时期	苏州原有的构建得以延续,水陆双棋盘水城格局基本成型,水网骨架进一步完善,苏州城的空间格局也进入了成熟期。
鼎盛期	明清时期	城市向外扩张,同时内部整合。城市的空间形态从块状型转变为星状发散型,城市内部功能区重新调整。

定型期(春秋至六朝)

公元前 514 年吴王阖闾在苏州建立阖闾大城,形成了一直延续至今的苏州城址。春秋至六朝,苏州古城虽然屡经战争的洗礼,但苏州城城址、规模、空间结构及空间形态并无大变化。从建城之初的"周四十七里二百一十步二尺。陆门八,其二有楼。水门八",到战国时期形成"四纵五横"的城内水道格局,再到秦汉时发展为东、西二市,苏州城的空间变化主要集中在城市内部。值得一提的是六朝时期,由于梁武王对佛教的崇拜,苏州城出现了许多寺观庙宇等宗教建筑,同时私家园林也开始兴起。总之,在春秋至六朝这段时间里，苏州城的城市发展处于典型的点状形成阶段，空间形态演化极为缓慢，城市呈单一而紧凑的块状形态。六朝时南北文化的交融给苏州空间形态注入了多元化的活力，同时，士人文化的发展、佛学郡学的兴起及隐士雅韵的流行也丰富了苏州以往讲究礼制和实用的布局。

成熟期（唐宋时期）

进入唐宋时期后，随着京杭大运河的南北贯通和安史之乱的爆发，苏州人口以前所未有的速度增长，同时，城市空间形态也从定型转向了成熟。唐朝乾符二年（875年）基本形成苏州城内“水陆相邻，河路平行”的双棋盘式城市格局，城市内“三横四直一环”的水道格局的定型，使苏州城内小桥流水的水城风貌基本形成。到了宋代，苏州已形成十分规律的城市功能分区：整个苏州以子城为核心，北部地区为居民聚集区，西北部是城市的商业中心，西南部为高级驿馆园林区和各种管理机构，城市的文教区亦在城西南。同时，由于儒释道三教的融合，宋朝平江城内庙宇寺观多达50余座，这些寺庙与楼阁、城墙、宫室及大片居民区和商业铺，以及雅致通幽的小巷和星罗棋布的石桥、河道共同构成了极具诗意的城市空间。随着坊市制的打破，苏州也出现了按街巷分地段规划的聚居模式，城内商业区不断扩大，此时苏州不仅内河航运便利发达，更拥有了自己的通海门户——浏河港。可见，在这一时期，苏州原有的城市构建得以延续，水陆双棋盘水城格局基本成型，水网骨架进一步完善，苏州城的空间格局也进入了成熟期。图1-2为宋朝时期苏州平江图。

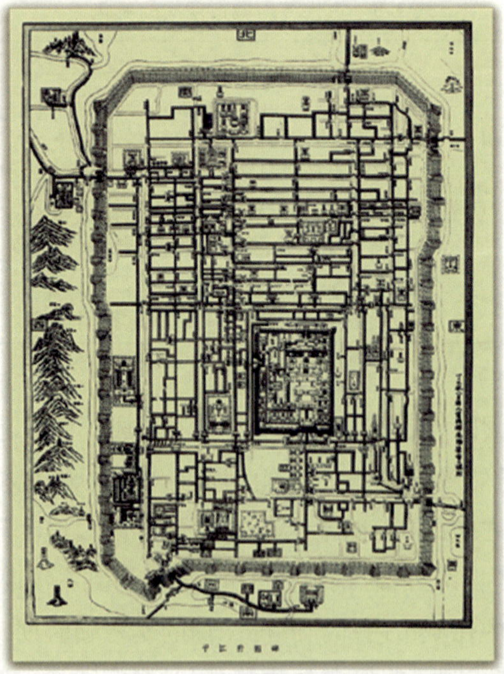

图1-2　宋朝时期苏州平江图

鼎盛期（明清时期）

明清时期，商品经济的发展及市镇文化的出现，为城市空间的发展提供了扎实的基础。苏州城市建设在唐宋的基础上得到了进一步发展和调整，这种调整在空间上主要表现为两个方面：城市的向外扩张和城市的内部整合。城市的商业中心开始向西北方向跃迁，并冲破城垣的限制，向着外部甚至更西方向发展，使得城市的空间形态从块状型转变为星状发散型。在向外扩张的同时，城市内部功能区的布局也有一定的调整：西部阊胥一带为商业中心；阊门外上下塘一带是棉布加工区，集中了大量的布号、染坊；东北部是从事丝织业的机户聚居区；东南葑门一带，在清乾隆后发展为以海鲜水产市场为中心的新兴商业区；西南部分为行政中心，分布众多官府衙门；城中心一带的旧市场虽然存在，但日趋荒废。可以肯定的是，苏州古城经过明清的调整和发展，城市性质和空间格局都登上了一个新台阶，同时，古城的园林化、水系的持续整治、街巷体系的形成使这座工商业大都会空前繁荣和美丽。① 苏州城的向外扩展和内部整合，不仅使城市空间发生了变化，更使得苏州从一个封闭型的城市逐渐转变为一个开放型的城市。

（2）近代苏州城市空间变化

鸦片战争以后，苏州城市发展缓慢，随着中国经济中心的东移，苏州的商业地位逐渐被上海所取代，同时，由于苏州惨遭太平天国战争的破坏，原本发达的财富基础和古城西北部繁荣的商业街市遭到严重破坏。商业中心由此移至受战争破坏相对较少的城中东部——观前地区。1908 年沪宁铁路的开通给苏州的发展带来新的希望，使得阊门一带的商贸运输和集市再次得到发展。中华民国元年（1912 年）废除苏州府，设吴县，苏州由原来的省会城市降为县城。民国时期苏州受现代城市建设的影响，开始城市改造，在拓宽街道的同时重辟和增辟了四个城门（金门、平门、相门和新阊门），这不仅缓解了交通的压力，更使得城市的商业中心再次发生调整：观前和石路成为苏州重要的两个商业区。由于大量的官僚、政客等高消费阶层和农村地主阶级集中居住在古城中，苏州的娱乐型消费行业和服务业得到了迅速发展，苏州也从此开始由生产性的城市向消费性的城市转变。1937 年苏州沦陷后，城市由于战争而变得满目疮痍，所幸的是，苏州的城市格局仍然保持了原来的风貌。抗战胜利后，苏州城市的发展一度出现复兴的迹象，但这一迹象很快消失于国共内战。至新中国成立前，苏州城市发展停滞，处于“全面崩溃”的状态。图 1-3 为近代苏州古城示意图。

① 徐叔鹰，雷秋生，朱剑刚. 苏州地理[M]. 苏州：古吴轩出版社，2010：95.

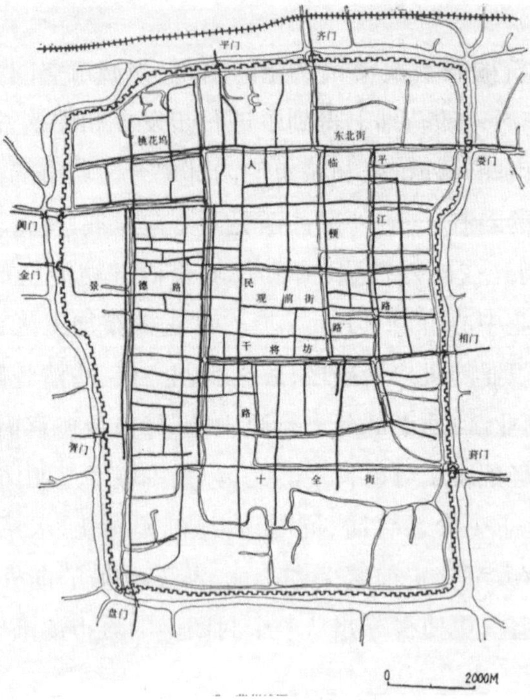

图 1-3　近代苏州古城示意图

(3) 新中国成立以后苏州城市空间的发展

新中国成立以后,苏州城市的空间发展延续了此前的星状扩散型发展模式,可分为以下三个阶段:

新中国成立初至改革开放前

这一时期由于国家经费有限,苏州城市空间变化主要在原有空间形态的基础上对城市内部进行改造。如为了加强与城南部工业区的联系,1951 年将人民路从三元街延伸至南门,并新建了人民桥,从此南门成为苏州的南大门。此后又拓宽或修建了景德路、道前街、学士街、十全街、观前街、石路等主要的交通干道。1972 年修建东环路,同时为了发展园林旅游业,拓宽或修建了一批通往园林风景区的道路,如虎丘路、枫桥路等。然而,这一阶段由于缺少科学而可持续的规划,使得城市功能和古城保护受到不小的损害。在"大跃进"时期,工厂遍地开花,导致城市内部功能混杂,结构混乱,工业用地比重过大,城市基础设施严重欠债等问题。① 十年"文革"中,苏州大部分城垣被拆毁,只剩下盘门、金门、胥门三处,大量园林寺观及珍贵文物被毁。苏州的园林之美也因此大打折扣。

改革开放至 90 年代初期

这一时期,苏州进入快速发展阶段,中心城市职能逐渐加强。1983 年苏州实行市

① 朱利青. 苏州城市空间发展的历史、现状和展望[J]. 常熟高专学报,2003(5).

管县体制，常熟、沙洲(今张家港)、昆山、太仓、吴县和吴江6个县划归苏州市管辖，由此带动苏州城市空间向东、南两个方向块状连片生长。1986年国务院批准《苏州市城市整体规划》，确定"古城新区"的规划格局，于1990年11月开发建设新区，该区1992年被国务院批准为国家高新技术产业开发区。从这一阶段开始，苏州的城市化建设正式迈入规范化、体制化轨道。

90年代中期至今

1994年，随着苏州工业园区的建设，苏州城市空间开始向东发展，自此，古城东西的园区和新区构成了苏州城市空间发展的两翼，同时中心城区的扩大也使得城市空间出现内向填充。苏州也由此提出了"一体两翼"的总体发展格局。伴随2001年吴县的撤市设区，苏州城市空间由原来的"古城居中，一体两翼"的轴向扩展向"五区组团，四角山水"的分散组团模式迈进。2012年，苏州再次做出重大区划调整，成立姑苏区，撤销县级吴江市，设立苏州市吴江区。面向"十二五"乃至更长远的未来，苏州制定了"一核四城"的城市空间发展新部署。可以预见，未来苏州城市的规划、保护和发展将更为协调、统一地进行。

第二节　苏州发展的现实基础

一、当代苏州经济的起飞和发展

当代苏州的经济经过"苏南模式"的助推和开放型经济的实践，已经实现了跨越式的发展，形成备受推崇的"苏州模式"。其中以高新区的发展和园区的建立为苏州经济转型升级的重要标志。在新时期，苏州通过科学的区域规划，将区域发展和城市发展结合起来，形成了更加强有力的内生经济动力。

1. 苏州的经济总量和经济地位

就苏州经济总量发展来看，1978年改革开放初期，苏州市国内生产总值31.95亿元，在国内城市中排名30位左右。到了1990年，借助乡镇企业转化的生产动力和对外资的有力吸纳，苏州市国内生产总值已达202.14亿元，并跻身全国城市经济排名前10名。近十年来，尤其是"十一五"期间，苏州的经济发展步入了一个新阶段，自2002年来，十年间苏州通过对产业结构的调整、经济内生动力的催化及高新技术产业的扶持，GDP年均增长率达到了17.8%(1979—2011年平均增长14.2%)，GDP总量突破10 000亿人民币(如图1-4)。人均GDP增幅及水平都远远高于全省水平及全国水平(如图1-5)。

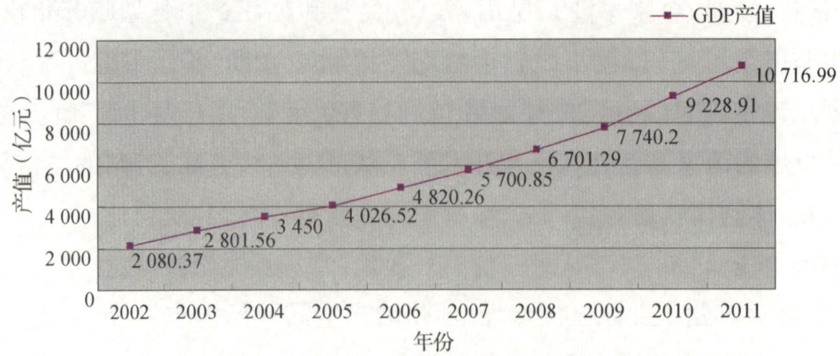

图 1-4　苏州 2002—2011 年 GDP 增长趋势

（资料来源：根据苏州市统计局数据整理）

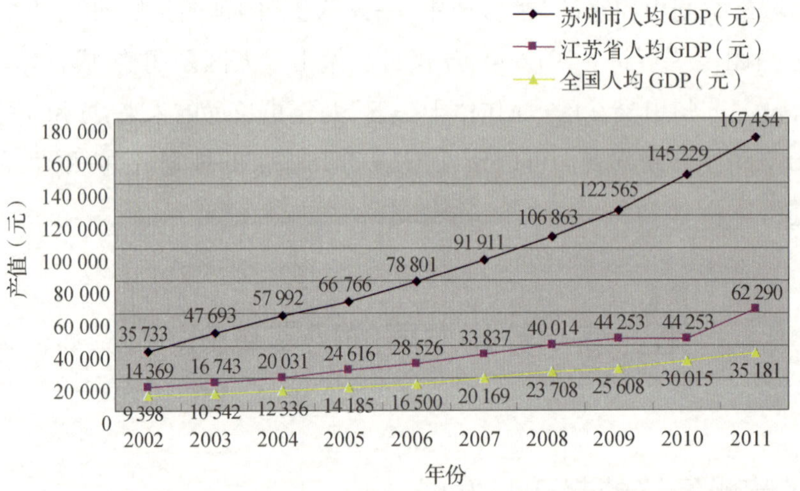

图 1-5　2002—2011 年苏州人均 GDP 变化趋势与全省、全国趋势比较

（资料来源：根据国家统计局数据整理）

这一阶段苏州经济发展的主要特征有：

（1）经济结构不断优化

“十一五”期间 GDP 年均增长 13.9%。现代服务业发展迅速，服务业增加值占 GDP 比重比“十五”期末提高 7.6 个百分点。战略性新兴产业产值占规模以上工业总产值的比重达 28.9%。农业主导产业规模保持稳定，高效农业比重达 55%。个私经济规模不断扩大，完成投资、上缴税收均达全市总量的三分之一。① 纵观苏州三大产业近十年来的变化（如图1-6），可以清楚地看到，苏州正从一个传统制造业和农业城市向服务业城市转型。

① 苏州国民经济和社会发展的第十二个五年规划纲要。

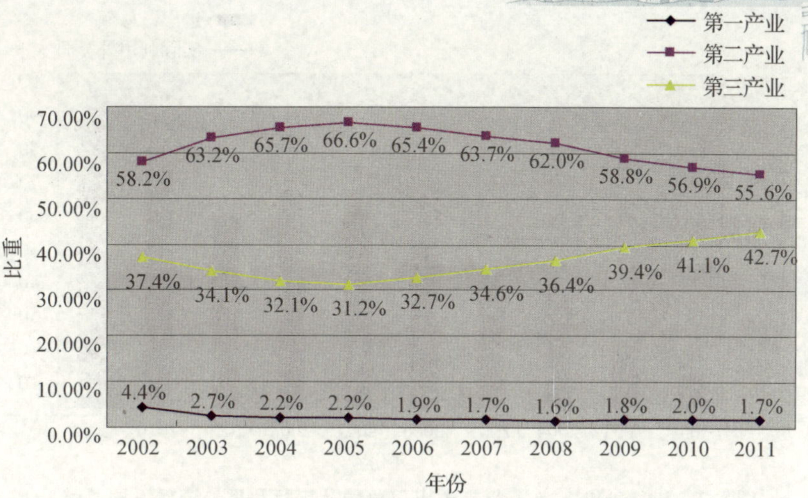

图 1-6　2002—2011 年苏州市产业结构调整趋势

（资料来源：根据苏州市统计局数据整理）

（2）创新能力显著提升

2012 年，苏州全社会研发经费支出占地区生产总值的比重达 2.6%，高新技术产业产值占规模以上工业总产值的比重达到 41.3%。科技进步综合评价得分、科技孵化机构数量、专利申请量、专利授权量均居全省首位，自主创新能力稳步提升。全市专利申请量和授权量分别达到 14 万件和 9.8 万件，均列全国大中城市第一位。新增中国驰名商标 17 件，累计达 75 件。

（3）对外开放保持领先优势

2008 年以来，苏州开放型经济成功应对国际金融危机的冲击，各项经济主要指标占全省、全国比重稳中有升。“十一五”期间实际利用外资 382 亿美元，是“十五”期间的 2.4 倍，服务业实际利用外资比重提高 17.5 个百分点。图 1-7 反映了苏州 2002—2011 年进出口总额及实际利用外资额的发展趋势，除了 2009 年进出口稍有下降以外，长期以来，苏州进出口总额稳定增长，实际利用外资额也在不断攀升。但是近几年，在欧债危机和主要发达经济体复苏进程缓慢的影响下，苏州外贸增长明显放缓。2012 年，全市实现进出口总额 3 056.92 亿美元，其中出口 1 746.89 亿美元，分别比上年增长 1.6% 和 4.5%，增幅分别比上年回落 8.2 和 4.7 个百分点。其中，外资企业进出口总额 2 273.51 亿美元，比上年下降 7.5%。

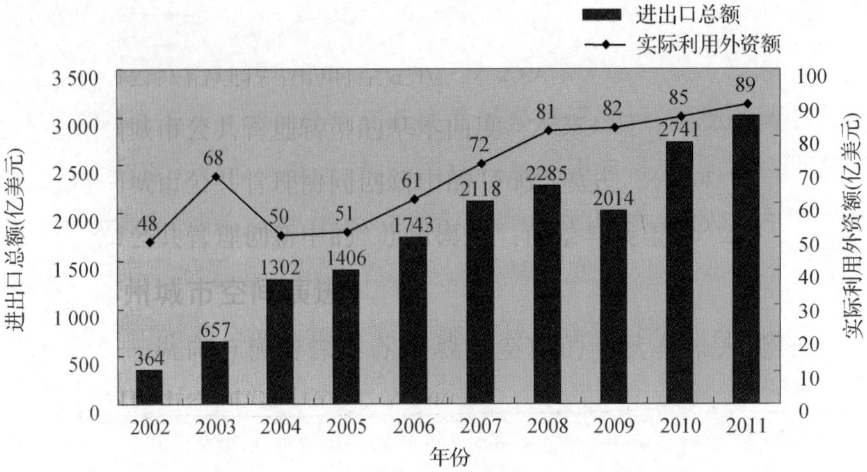

图 1-7　2002—2011 年苏州市进出口总额及实际利用外资额发展趋势

（资料来源：根据苏州市统计局数据整理）

就苏州经济在全省及全国的地位来看，自 2002 年以来，苏州地区生产总值、财政收入及进出口总额始终保持全省第一，其中苏州进出口总额占全省比重虽在近两年有所下滑，但始终占全省水平的一半以上（如图 1-8）。同时，苏州在“十一五”期间加快产业调整，第三产业占全省比重逐年上升（如图1-9）。

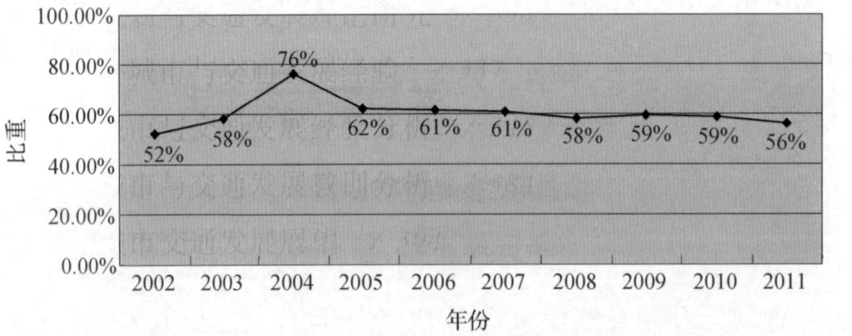

图 1-8　2002—2011 年苏州市进出口总额占全省比重

（资料来源：根据苏州市统计局数据整理）

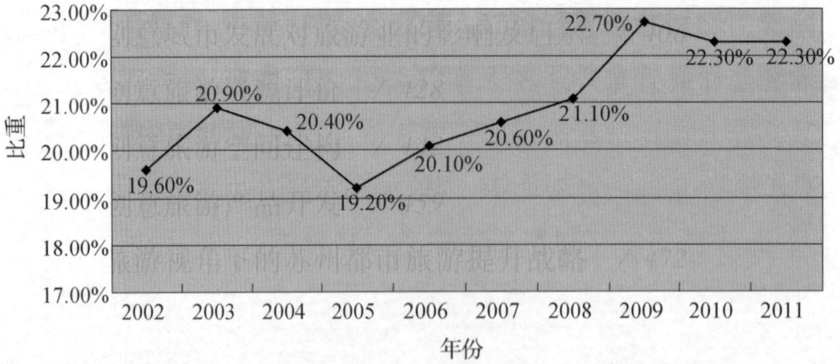

图 1-9　2002—2011 年苏州市第三产业占全省比重

（资料来源：根据苏州市统计局数据整理）

从全国方面来看，苏州地区生产总值、财政收入及进出口总额稳居全国前十［2011年苏州市地区生产总值居全国第六，仅次于上海、北京、广州、深圳、天津；财政收入居全国第六；进出口总额居全国第四，仅次于上海、深圳、北京（如图1-10）］，在全国地级市中位列第一。同时，苏州市农民人均纯收入连续10年实现两位数增长，2012年达19 396元，位居全国20个主要城市首位，城乡居民收入比1.93∶1，城乡居民收入差距为全国最小地区之一。

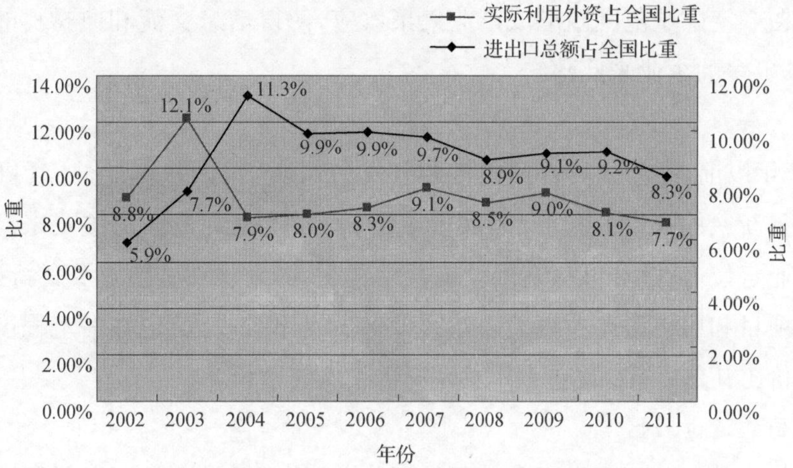

图1-10　2002—2011年苏州市实际利用外资及进出口总额占全国比重

（资料来源：根据苏州市统计局数据整理）

2. 高新区的起飞与发展

苏州高新区是在苏州发展外向型经济的过程中迅速成长和壮大起来的。在高新区成立之前，苏州市政府为了保护苏州古城，拓展苏州市区的生存发展空间，在古城区西面设立了苏州河西新区，也就是高新区的前身。苏州高新区从1990年11月开始建设，并于1992年被评为“国家级高新技术产业开发区”。当年苏州高新区面积仅为6.8平方公里，到1993年，新区面积为20平方公里，1994年，新区面积达到了52平方公里，进入2002年后，经过区划调整，苏州高新区（虎丘区并入其中）面积达到了258平方公里。短短20年时间见证了苏州高新区辉煌的崛起。

作为“国际企业孵化器”，高新区吸引了包括日本的松下、索尼、三菱，德国的西门子，美国的杜邦、普强，荷兰的飞利浦，中国台湾地区的明基在内的50余家著名跨国（境）公司。到20世纪90年代中后期，区内已进入260多家外资企业，总投资28亿多美元，平均投资规模达1 077万美元，其中3 000万美元以上项目的投资额占总投资额的48%。[①] 在“创新引领战略”的驱动下，“十一五”期间，全区高新技术产业产值占工

① 李雪根．新世纪苏州经济发展战略的选择［J］．集团经济研究，1999(8)．

业总产值的比重平均超过60%，引进和认定各类研发机构230家，获批科技项目近1 000项，新认定高新技术企业138家，各类授权专利5 000多件。① 新区的快速发展，成为苏州开放型经济取得重大突破的最好注脚之一。而新区获得如此快的发展的秘诀，主要在于以下几个方面：

（1）结构以高新技术为主

高新区的产业主要集中在包括电子信息产业在内的高科技制造业。这种布局使得高新产业在一定区域范围内形成产业集聚效应，使得信息交流和原材料的成本大大降低，吸引了更多的企业来此落户。

（2）收入来源多元化

在1999年以前，高新区的管理机构和开发公司属于“两块牌子，一套班子”，苏州高新集团既是新区的开发公司，又是其管委会，其收入是开发区的主要来源。苏州高新集团的产业定位为房地产业、基础设施及经营业、物流、环保、旅游及高新技术。② 其中商业房产项目和居住房产项目为高新区带来了丰厚的收入，也在一定程度上弥补了工业地产低价出让的亏损，促进了开发区资金收入的增长。

（3）布局靠近古城区

由于高新区的布局位于靠近古城区的西北角，其在开发之初可以很好地利用古城区拥有的各种资源，降低生产和运输成本。同时，靠近古城区的区位优势又使高新区拥有了潜在的商业人气和居住需求，这为开发商业和居住房产项目弥补工业地产带来的出让亏损创造了先天条件。同时，和古城区相区分并保持一定距离也有利于使苏州整体空间结构更为清晰：使得工业退出古城区，而在开发区发展，更好地保护古城的风貌，从而推动古城区第三产业的发展。

（4）服务型政府推动作用

高新区政府奉行“亲商”的理念，变管理为服务，并且由于在政策上有先试先导的特权，新区政府也为各大企业提供十分便捷的服务和宽松的优惠政策。③ 同时，政府还推出了“一站式办公”和“一门式服务”等措施，大大减轻了企业办理行政审批的负担。

在新的发展时期，高新区作为西部生态城的重点建设对象，其战略发展的目标已调整为以战略性新兴产业为主导、创新引领、人才集聚、生态优良的国家创新型科技园区。

---

① 本刊编辑部. 科技创新激发跨越活力　苏州高新区迈向率先基本实现现代化[J]. 高新观察室，2011(17).

② 李兆熙，张政军，贾涛. 苏州高新区与苏州园区的开发运营模式比较[J]. 投资服务，2007(5).

③ 同上。

3. 工业园区的建立——苏州经济发展的转折

中国和新加坡合作建设的中新苏州工业园区是我国改革开放史上一个伟大举措，也是国际经济和区域合作的一个成功典范。受益于邓小平倡导的特区开发思想，1994年2月中国政府与新加坡政府于北京签署了《中新两国政府合作建设开发苏州工业园区的协议》。二十年来，园区创造了“一天创造1个亿的GDP，一天上缴1 260万元的财政收入，一天引进400万美元外资”的经济奇迹，也由此带动了苏州市经济新一轮的腾飞和转型。截至2010年，园区已发展为行政区划288平方公里（其中中新合作区80平方公里）、下辖4个街道、户籍人口32.7万（常住人口72.3万）的以高新技术为主导、先进制造业为主体，现代服务业、科研教育和社会事业协调发展的新型工业示范区。

专栏1　工业园区的发展阶段

（Ⅰ）苏州工业园区制造业产业综合体的形成（1994—2000年）

在经济全球化加速发展的情况下，跨国公司为了降低生产成本和占据市场，大量投资于发展中国家以寻找代工厂商，这使得跨界生产网络得以形成，发展中国家也由此进入全球生产网络中。在此情况下，快速流动的资本和人员跨越了国界的限制，形成了“流动的空间”（space of flows），对区域发展产生了重要的影响。从1994年到2000年是苏州工业园区制造产业迅速发展阶段。最早1995年开始有企业在工业园区注册，1997年安德鲁等企业开始进驻投产，2000年后这里发展成为跨国公司的集中聚居区域。在外向型经济的带动下，工业园区成为外商及台商的制造业的重要基地。外商和台商的大规模投资，带动了大量生产设备及上下游相关企业的发展，从而在园区构建了一个比较完整的制造业产业价值链。其中电子信息制造和机械制造两大产业以庞大的产业集聚规模成为引领园区工业经济发展的支柱产业。针对制造业生产的需求，在地方政府的积极推动下，推出了在投产服务方面的“一站式”，在用工服务方面的“订单制”等制度平台，促使苏州工业园区产业综合体形成。

（Ⅱ）苏州工业园区制造业产业综合体的转型（2001—2005年）

尽管苏州工业园区的制造业产业综合体得到了迅速的发展，但园区内庞大的制造业生产体系中大多数企业都是国外垂直整合制造企业的生产工厂，产品以出口为主，市场和供应链都在境外，核心原材料、关键技术和设备、生产组织及市场严重依赖母公司。在产业链中，附加值更多体现在曲线的两端——设计和销售，而园区的产业恰恰大多处于中间环节。向产业链、价值链两端延伸，是园区给制造业转型升级定下的明确目标。

2001 年 1 月，根据《关于苏州工业园区发展的有关事宜备忘录》有关条款，中新苏州工业园区开发有限公司之中新双方进行持股比例调整，中方开始承担起公司的主要管理职能。苏州工业园区产业在地方政府主导下，开始向制造业产业的高端化转型，力图突破和改善两头在外的车间式生产经营模式，提升主导产业技术发展水平和规模能级，努力打造技术含量高、附加值高、内外销相对均衡、可持续发展能力强的具有国际竞争力的先进制造业基地。为了提高制造业的等级、增强制造业的竞争力，苏州工业园区从培植产业集群、改善物流条件和鼓励高端研发等角度，为制造业的转型提供基础设施和政策辅助。

(Ⅲ) 聚焦服务型经济和创新型经济(2005 年至今)

2005 年起，苏州工业园区提出服务业发展倍增计划，要发展现代金融、现代物流、服务外包、现代文化等现代服务业。现代服务业，与电子信息制造业、机械制造业共同构成了园区经济发展的重要引擎。同时，园区着力发展创新型经济，作为转型发展的先导和支撑，抢先推进产业转型升级，率先构筑产业新高地。加快苏州城市 CBD、中新生态科技城、独墅湖科教创新区的建设，打造产业高地、创新高地和人才高地，努力把工业园区建设成为具有国际竞争力的高科技工业园区和国际化、现代化、信息化的生态型、创新型、幸福型新城区成为了苏州工业园区新的发展方向。

苏州工业园区之所以能取得如此辉煌和快速的发展，不仅在于其“亲商”的发展理念、便捷的行政审批模式和合理的空间布局，更在于其贴近自身实际创造了一系列有利的发展要素。在工业园区建设的过程中，以下因素充当了发展的助推器和催化剂。

(1) “筑巢引凤”的富开发模式

苏州工业园区在开发初期就制订了管理主体管委会与开发公司——中新苏州工业园区开发有限公司(CSSD)相分离的组织架构，同时有新加坡方面提供的数亿美金，使得负责开发的合资公司 CSSD 启动开发资金充裕，可以将土地一次性大片连片开发。这对于区域的总体规划得以顺利落实，在此后的数年中基本严格按照规划发展起到了良好的促进和保障作用。①

(2) “政企分开”的管理架构

在开发区的建设中，往往存在一个开发主体和管理主体。开发主体通常是商业化的组织，而管理主体通常代表政府。这也就决定了开发区的管理架构存在“政企合一”

① 李兆熙，张政军，贾涛. 苏州高新区与苏州园区的开发运营模式比较[J]. 投资服务，2007(5).

和“政企分开”两种模式。纵观我国开发区的管理架构模式，较多开发区由于初期的启动资金不足，遇到的困难比较多，因此往往需要政府更深的介入，从而形成“政企合一”的管理架构。而苏州工业园区由于初期投入充裕，从而给了开发公司更多的自主权，实现了“政企分开”的管理架构。这种“小政府，大企业”的架构有利于政府集中精力于行政管理工作，而企业则利用自身的资本基础和管理经验充当开发区市场管理的主角，更好地发挥经济职能，从而实现政府与企业各施所长，协调配合，共同推进开发区的建设和发展。

(3)“不特有特，比特更特”的政策环境

相比起苏州高新区，拥有国际化背景的苏州工业园区所享受的政策优惠更为广泛，政策环境更加宽松，形成了“不特有特，比特更特”的政策环境。许多一时间不能够确定结果的政策措施，都可以在园区这个可控范围内先试先行。例如，园区拥有上不封顶的自行审批特权，凡符合国家产业政策的外资项目，园区均可自行审批；拥有灵活高效的外事管理权，享有公务出境任务审批、颁发公务护照、向外国驻华使领馆申办签证及签发境外人员入境签证通知函电等管理权限；拥有中国唯一的区域性公积金制度；拥有快速的物流通关优势，作为中国率先进行通关作业制度改革和现代物流试点的区域，苏州工业园区不仅拥有独立的海关、高效的绿色通道、具有内陆口岸功能的进出口货物分流中心，而且经国务院批准还可在区内设立现代物流园、允许成立外商独资或中外合作经营的国际物流公司①；等等。这种灵活自主的政策环境使得园区在招商引才和产业调整等方面都极具优势，加速了苏州外向型经济的发展。

(4)“腾笼换凤”的产业升级

21 世纪初，园区庞大的制造业体系仍以劳动密集型为主，大多只是承接了外资企业母公司的生产装配职能。由于核心原材料、关键技术和设备、生产组织和市场需求严重依赖母公司，苏州园区企业大多缺少自身完整的产业链，导致产品附加值低、收益小的尴尬局面。为此，园区政府制定了通过向产业链和价值链两端延伸发展、实现园区制造业转型升级的阶段性目标。

为了提高制造业的等级、增强制造业的竞争力，苏州工业园区从增强制造业自主创新能力、打造产业集群以及发展现代化物流等方面入手，为园区制造业的升级提供基础设施和政策辅助。

---

① 李兆熙，张政军，贾涛. 苏州高新区与苏州园区的开发运营模式比较[J]. 投资服务，2007(5).

专栏2　园区促进制造业升级的基础设施和政策辅助

在增强制造业自主创新能力方面,园区政府通过“招商引资”和“招才引智”相结合的发展模式,一方面通过为企业提供资源共享、专业服务、技术培训、专利保护的平台,吸引更多高端制造业和研发行业入驻园区。如园区政府于2001年3月创建了国际科技园,并立志将其打造成辐射长三角地区的软件开发、IC设计产业基地。通过苏州软件测试中心、中科集成电路设计中心及知识产权保护中心三大公共技术服务平台的构建,国际科技园吸引了200多家高科技企业在此注册、经营和孵化,涌现出一批极具发展潜力的企业。另一方面通过实施积极的人才政策增强园区的内生科技增长极。

在打造产业集群方面,园区两大主导产业电子信息制造业和机械制造业已形成了一定规模的产业群,并向更为集约化、规模化和专业化的方向发展。其中电子信息制造业形成了集成电路、液晶板面、计算机及外设、通信设备制造四大行业,吸引了一大批国内外知名企业,构建了一套完整的产业链。机械制造业则形成了交通运输设备制造、专用设备制造和通用设备制造三大类,80个行业近百种产品的产业发展体系。其中汽车及航空零部件、大型特种设备、医疗器械等科技产业领域初步形成了以部分重点企业为核心的产业群。

在发展现代物流方面,苏州园区从打造快速物流和创建B类保税物流中心入手,降低企业的物流成本,增强企业竞争力,突出高新制造业的中心地位。首先针对园区企业物流速度慢、手续多、成本高、利润少的问题,园区实现了把上海机场监管仓库延伸至苏州园区并实现跨关区信息共享的构想,同时采用虚拟空港的方式,大大缩短了手续时间,提升了园区物流的速度。同时,苏州B类保税物流中心的成立也使得园区获得国内货物进入园区视同出口,享受出口退税的政策。通过B类保税物流中心,园区把“区港联动”的区位优势、功能优势和政策优势相结合,加快了制造业和生产性服务业的分离,从而推动制造业向更高产业链延伸,实现产业的升级。

(5)“双轮驱动”的结构转型

从园区的产业结构来看,第二产业,尤其是制造业占了三大产业相当大的比重。在发达国家服务业对GDP贡献率越来越高的今天,如何释放以服务业为主的第三产业的生产力,加快调整不平衡的产业结构,实现经济发展由制造业的“单极推动”向制造业和服务业的“双轮驱动”转变成为园区政府需要面对的重大课题。为此,苏州市委、市政府及园区政府着力于推动服务型经济及创新型经济和新兴产业的发展。针对加强服务型经济，园区政府积极打造高标准的载体规划建设，在综合考虑经济效益、社会效益、生态效益的基础上，加快了规划建设、管理水平与国际化的接轨。同时利用各种网络、电视、户外广告等多种媒介全方位多层次塑造苏州服务型经济新形象。除此以外，基础设施的硬件建设和政策环境的软件打造并重的服务手段也极大地促进了园区服务型经济的发展。针对激活创新型产业和新兴产业，园区通过探索多元化的融资模式，构建广泛的人力资源体系，完善中介组织结构等手段，初步形成了产业创新和服务体系。截至2012年，新兴产业迅速壮大，纳米技术应用、生物医药、云计算等新兴产业集群发展，2012年实现新兴产业产值2 020亿元，占规模以上工业总产值比重达54%，成为全国唯一"国家纳米高新技术产业化基地"。

目前，园区以占苏州市3.4%的土地、5.2%的人口创造了15%左右的经济总量，不得不说，园区的发展带动了苏州经济新一轮的腾飞，而园区的转型，更是带动了苏州经济的转型和城市战略发展目标的转型。

随着新区和园区的建设和发展，分列古城东西的园区和新区成为了苏州城市空间发展的两翼，也正是由于新区和园区的快速崛起，酝酿已久的古城区复兴计划才得以实施。苏州在新区和园区发展的同时加快了对古城区的道路改造、商业区的改造、河道的修整和园林绿化的美化工程，最终形成了古城区为商贸、旅游、文化中心，东部的园区和西部的新区为先进的工业化基地与现代化新城区的"一体两翼"的城市发展新格局。在"一体两翼"的构想中，以全面保护古城风貌为基点，同时拓展新的城市发展空间，引导古城区工业企业的合理外迁，为振兴古城，形成城市新的经济增长极，建设可持续发展城市奠定了基础。

4. 姑苏区的设立——苏州老城区的新发展

随着新区、园区的快速崛起和城市经济的不断发展，苏州正处在城市发展转型的关键时期。但中心城市首位度偏低、辐射带动力偏弱等问题成为限制苏州城市发展的一块"短板"。为此，苏州市委市政府于2012年作出行政区划调整方案，经国务院批准后，在当年9月1日宣布撤销沧浪区、平江区及金阊区，同时设立姑苏区。由此，在"区政合一"（即负责古城保护的管委会和区政府"两块牌子，一套班子"）模式的管理下，姑苏区成为苏州"一核四城"城市发展战略中的"一核"，肩负起集"历史文化保护示范区、高端服务经济集聚区、文旅融合发展创新区、和谐社会建设样板区"于一身的重任。

从姑苏区产业结构来看，第一产业已基本退出市区范围，第二产业主要以新型加工业、电子、机电等行业为主，占地区生产总值的比重约为20%。服务业占了全区产业比重的绝大部分，2011年，全区实现服务业增加值383.53亿元，占地区生产总值的

85.6%,比“十一五”初增加9.2个百分点。①

姑苏区服务业的发展是其自身优势的合理利用和社会各界齐心合作的共同结果。综合来看,推动姑苏区服务业发展的因素主要有以下四点:

(1) 利用历史资源开拓旅游业

姑苏自有文字记载以来已有4 000年的历史,而姑苏区作为苏州文化的集中区,其文化遗产更是数不胜数。姑苏区拥有虎丘塔等全国重点文物保护单位18处,国家A级旅游景区11家,其中5A级景区3家,占全市5A级景区的60%。依托丰富的旅游资源,2011年姑苏区接待入境游客188.93万人次,占全市的63.5%;旅游外汇收入10.09亿美元,占全市的68.6%;实现旅游总收入233.69亿元,占全市的19.5%。②

(2) 发展区域服务业打造产业集聚

服务业,尤其是现代服务业对于中间产品的分享、知识溢出和总部经济有着更强的需求。因此姑苏区通过将分散的服务业连成片、汇成区,发展区域服务业来推动服务业的产业聚集,从而为区域经济发展提供新的增长极。近年来,通过创造服务业聚集区,姑苏区服务业已形成了包括商贸业、金融业、旅游业、科技和信息服务业、文化产业、物流业在内的六大服务业产业板块,并创建了平江科技创业园、沧浪科技创业园、苏州大学科技创业园、苏州工投科技创业园、东弘科技创业园、苏州传化公路港、平江路休闲旅游特色街等服务业聚集平台。截至2012年上半年,全区服务业集聚区拥有1 445家企业,实现营业收入25.84亿元,上缴利税1.25亿元,吸纳就业人员2.9万人。③

(3) 集中服务业投资建设重点项目

近年来,姑苏区加大对服务行业的投资,给服务业水平的提升提供了必要的物质保障。姑苏区在2011年完成服务业固定资产投资126.46亿元,占全区固定资产投资总额的99.4%。大投资也催生着大手笔。在全市共115个服务业重点项目中,姑苏区就占了24个,针对这些重点服务业项目,总投资额达到335亿元。当前,姑苏区重点打造了一系列服务业项目,如在平江新城着力打造姑苏现代商务商贸产业园,在沧浪新城着力打造现代科技教育产业园,在金阊新城着力打造现代物流软件园,在古城区着力打造文商旅融合产业园。

(4) 鼓励骨干企业形成龙头效应

骨干企业能通过知识溢出、劳动力分享等途径较好地发挥辐射带动的效应,从而

---

① 苏州市姑苏区服务业发展现状、问题及对策分析,http://www.hamsida.com/ReadNews.asp?NewsID=4780,2012-12-11.

② 同上。

③ 同上。

连点成线、连线成网地带动区域服务业的发展。为此，姑苏区政府实施了一系列服务业扶持措施，如开展服务业发展引导资金项目、出台加快产业转型升级促进经济可持续发展政策等。从服务业联网直报数据看，2011 年全区年营业收入超过 1 亿元的骨干企业有 206 家，占全市服务业亿元以上企业的 14.0% 。①

5."一核四城"全新城市空间格局

目前苏州的行政区划共包括4 市 6 区，除去昆山、张家港、常熟及太仓四个县级市，苏州市辖区包括相城区、高新区、姑苏区、吴中区、吴江区五个行政区，再加上作为江苏省派出机构的国际开发区——工业园区（如图 1-11）。早在苏州"一体两翼"城市发展战略提出之时，苏州就已明确了各区域功能性分工的总体布局。经过十多年的发展，从"五区组团，四角山水"到"一核四城"，苏州各区域功能分布显得更加清晰合理。

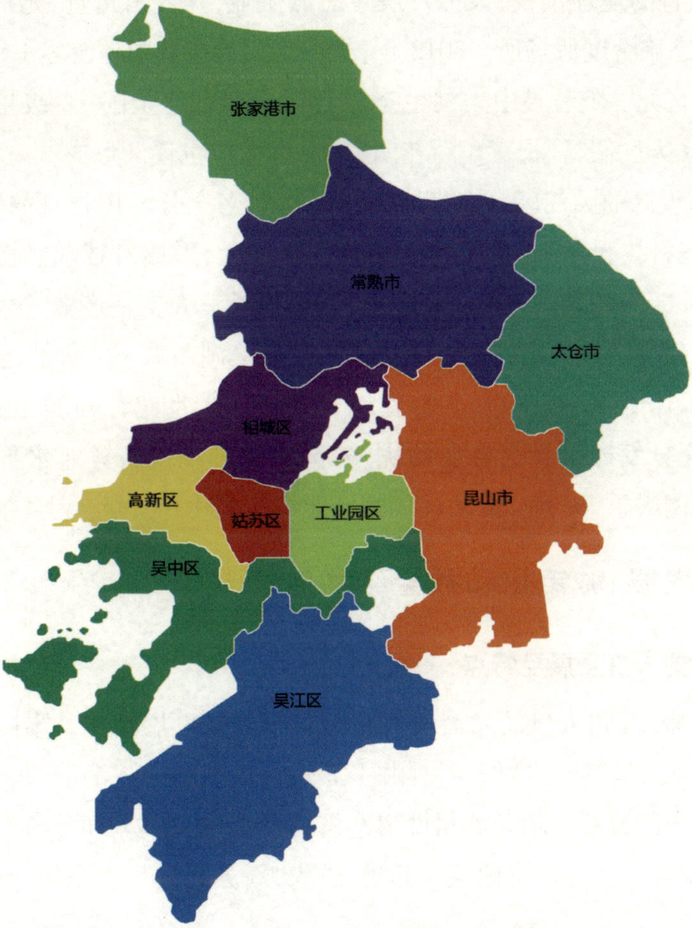

图 1-11　调整后的苏州市行政区划图

---

① 苏州市姑苏区服务业发展现状、问题及对策分析，http://www.hamsida.com/ReadNews.asp? NewsID=4780,2012-12-11.

处于北部的相城区以"水城、商城、花城、最佳生态休闲人居城"为城市建设理念，通过产业结构的不断调整和升级，基本形成了以蔬菜瓜果、特种水产、花卉苗木、休闲观光农业为主导行业的现代农业，以特种化纤、汽车零部件、电子信息、新型材料为主导行业的第二产业，以及以传统商贸业为龙头、专业市场为特色、新兴服务业为动力的第三产业。在"一核四城"的新型城市战略规划中，相城区的高铁新城将成为建设重点，高铁新城将凭借高铁的大运量和高速度，大幅提高该区域现代服务业的服务范围，吸引更多消费者和劳务群体的进入，从而推动地方经济的发展。

地处南部的吴中区自20世纪80年代开始发展社办企业，通过30年的发展，工业已成为全区的经济支柱，并形成从丝绸、服装、工艺、建材、化工等传统行业到生物医药、电子信息、机电一体化、新材料等新兴产业多业并举的发展格局。近年来，吴中区凭借太湖流域独特的地理位置，大力发展生态旅游业，开发出角直、光福、木渎、藏书、东山、西山等生态旅游度假场所。2012年，吴中区累计接待中外游客1 850万人次，旅游总收入达220亿元。随着吴中太湖生态旅游区成功创建全国5A级景区，吴中区努力打造的"全球华人度假村、长三角后花园"的品牌效应也逐渐形成。

2012年撤市设区的吴江区自20世纪90年代以来充分发挥自身的区域优势和产业优势，积极开展科技服务，寻找产学研结合的新途径，形成科技和经济的互动发展。到21世纪初，全区已形成纺织丝绸、光电缆、通信电子三大支柱产业。目前，吴江最具发展潜力的滨湖新城已成为新的城市经济增长点。滨湖新城一方面将通过建设"长三角重要的居住地、休闲地、商务地、旅游胜地"来打造21世纪苏州城市建设的最大亮点，另一方面将充分发挥自身服务业的优势，努力提升现代服务业水平，拓展总部经济、创意研发、休闲娱乐等产业，推动吴江的产业结构优化和升级。

二、人口发展、城镇化和社会结构变迁

1. 当代苏州的人口发展及特点

改革开放以来，苏州人口的发展和变化与苏州经济发展转型基本同步，经历了从"非农化"到"城镇化"转变的过程，同时由于苏州人口红利的逐渐消失，人口老龄化的问题也考验着政府的智慧。随着苏州城市经济的发展，越来越多的外来人口开始涌入苏州，如何使外来人口较好较快地融入苏州，成为"新苏州人"，也是当前政府面临的重大课题。

(1) 苏州人口总量的变化

自改革开放以来，苏州市人口总数呈上升趋势。自20世纪90年代初以来，苏州人口自然增长进入相对稳定的低增长甚至负增长时期(1998年、1999年、2001年、2002

年四年中出现负增长)。这一现象也表明了以开放型经济推动的城镇化对人口计划生育的观念产生了比较大的影响,标志着苏州的城镇化进入了一个新阶段。

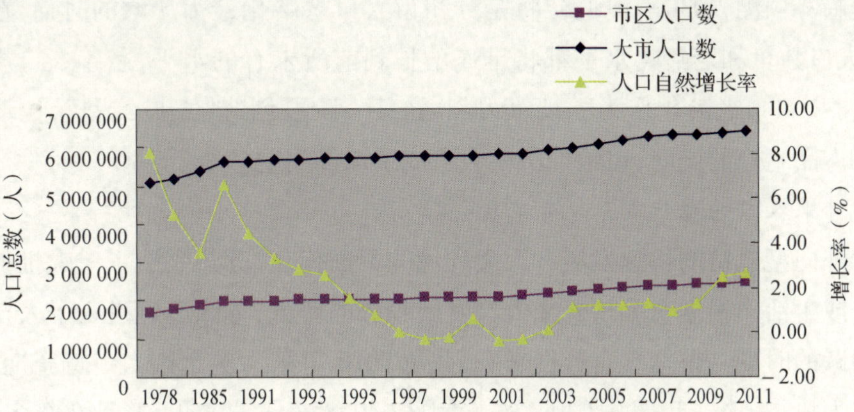

图 1-12 改革开放以来苏州户籍人口总量变化

(资料来源:根据苏州统计局网站数据整理)

图 1-12 给出了改革开放以来苏州市户籍人口的变动情况。可以看到,在 1990 年,苏州的户籍人口为 5 610 165 人,到 2011 年增长到 6 423 336 人,21 年间增长了 14.9%,年增长率仅为 0.6%。但是苏州市的常住人口却从 1990 年的 564.36 万人增长到 2011 年的 1 051.87 万人,年增长率为 4.1%。从 20 世纪 90 年代开放型经济导向的经济发展以来,苏州的非户籍人口增长非常迅速,流动人口比重大。

(2) 苏州人口的老龄化问题

苏州的老龄化社会形成较早,早在 1990 年第四次全国人口普查期间,苏州已达到老龄化社会标准(如表 1-6)。

表 1-6 苏州老龄化基本态势

	1964	1982	1990	2010	国际标准
少儿系数(%)	38.05	23.9	18.62	9.21	30 以下
60 岁及以上老年人口系数(%)	6.36	10.63	12.02	12.7	7 以上
65 岁及以上老年人口系数(%)	3.77	6.49	8.07	8.5	10 以上
老少比(%)	9.90	27.14	43.34	92.4	30 以上
年龄中位数	19.8	28.4	31.8	—	30

(资料来源:穆光宗. 苏州人口老龄化的基本态势及其动因[J]. 苏州大学学报,1990(1);苏州统计局第六次人口普查公报,本研究有所调整)

2010 年第六次全国人口普查期间,苏州市 1 046 万人的常住人口中,60 岁及以上的人口为 133.45 万人,占全市总人口的 12.76%,而 65 岁及以上的人口为 88.92 万人,占总人口的 8.5%。可见,苏州老龄化趋势进一步加剧,但老龄化速度相比前 30 年已放缓很多。然而,值得警惕的是,我国历史上经历过20世纪50年代、60年代和80年代三个生育高峰期,当这些人群进入老龄化后,社会老龄化的速度将大大加快。根据人口转变趋势预测,2030—2050年将是苏州市人口老龄化最为严峻的时期,在这一阶段,老年人口数量和老龄化水平都将迅速增长到前所未有的水平,老年人口规模也将达到高峰。[①] 人口老龄化作为一把双刃剑,在某一阶段创造"人口红利",拉动养老行业就业和产品生产的同时,也给经济社会造成了诸多问题。

(3)外来人口的现状

随着外向型经济的快速发展和人文环境的不断优化,苏州吸引了一大批外来人口进苏工作或生活。根据对苏州外来人口发展趋势的研究,苏州已经进入了人口流动迁移非常活跃的时期。根据现有数据来看,截至2010年第六次全国人口普查期间,苏州市区外来人口占37%,以吴中(30.7%)、园区(20.85%)居多[②]。并且在众多街道中,出现常住外来人口与本地人口"倒挂"的现象,"倒挂"出现的地方最高为1∶14。截至2012年,苏州大市外来人口已突破700万,超过本地人口数量,成为全国第二大移民城市。面对如此大量的外来人口,怎样加快外来人口融入苏州的速度,实现内外融合,成为了苏州市政府亟待解决的问题。

苏州外来人口主要可分为两部分:外来务工人员及高层次引进人才。

外来务工人员

从苏州外来务工人员从业结构看,外来务工人员主要集中于第二产业。就苏州市区而言,由于其城市经济发展较成熟,第三产业比重较高,也吸引了不少从事第三产业的外来务工人员,但与第二产业相比仍保持1∶6的比例。从受教育程度看,苏州市区外来务工人员受教育程度不等,主要集中在中学、职高、大专等学历。从生活状态看,目前苏州市外来务工人口的居住形式主要有:购房居住、租住、集体宿舍和建筑工地居住,以及其他一些零散的居住方式,其中以租住为主要居住方式。市区外来人口的人均居住面积为24平方米,各区域间情况也有所差异。而居住在非正常居住建筑中的外来务工人员,居住条件非常差,基本达不到标准居住面积,也缺少生活设施保障,其大多数是为了满足节省资金或供给小孩读书的需要。从收入水平看,苏州外来务工人员月收入主要在1 500元上下,月收入1 000～3 000元的超过50%。从家庭情况看,已婚的外来务工人员占到半数以上,并且大部分已婚外来人员都将其三口之家一并迁至苏州。[③]

---

① 何艳,张斌.苏州市人口老龄化问题及其研究[J].上海商学院学报,2012(5).

② 周云.苏州城市外来人口居住状况分析[J].管理观察,2012(12).

③ 同上。

高层次引进人才

苏州历来重视人才的引进和利用，人才强市战略深入实施，创新人才、领军人才、高层次人才和高技能人才的引进和培育力度不断增强，并出台一系列扶持政策吸引海内外人才的入驻。截至2012年年末，全市共入选国家“千人计划”人才105名，居全国地级市首位，其中创业人才的比重达70%；入选江苏省“双创计划”人才共301名，连续5年列全省第一；入选市“姑苏计划”人才347名。苏州市吸引高层次外来人才的经验可以概括为以下几点：一是独特的区位优势和富有针对性的“三区三城”建设总体目标；二是有利的人才吸引政策和优惠措施；三是市县区联动的引才格局和“一站式”人才服务模式；四是产学研“三位一体”的人才利用途径。

2. 人口的城市化和新型城乡关系

（1）苏州的人口城市化进程

苏州人口的城市化过程不同于一般意义上农村人口向城市集中的过程，早期的发展主要是农村人口“离土不离乡”的就地非农化，或者说苏州人口的城镇化经历了从“非农化”向“城镇化”的演化。苏州人口的城镇化发展经历了三个阶段，并与苏州经济发展的阶段一一对应，分别是20世纪80至90年代乡镇企业的异军突起催使农村人口的就地非农化；90年代的外向型经济推动中小城镇的兴起和扩容；21世纪以来伴随经济转型的大批外来务工人员进苏浪潮。这一历程描绘出苏州城镇化从农村到城镇，从市域到更广阔空间发展的壮阔历史轨迹，也表现出苏州人口不断走向开放的过程。

第一阶段：人口就地非农化

20世纪80年代初，乡镇企业带动小城镇建设，从而推动了城市化进程。这个时期，乡镇企业异军突起，大量的农民离开土地，被吸引到小城镇生活，苏州走上了一条农民“离土不离乡，就地城镇化”的道路，即著名的苏南模式。在这一时期，苏州人口城镇化速度并不快，1982年至1990年，全市城镇化率由20.5%上升到25.9%，平均每年只上升不到0.7个百分点。但同时农村人口的非农化速度却非常快，1978年至1990年，苏州市农村劳动力中从事非农产业的比重由24.5%迅速上升到61.5%，每年平均上升约3个百分点。同期，苏州全市从业人员中农村劳动力所占比重下降了6.1个百分点，而全市非农产业从业人员中农村劳动力所占比重却由52.9%上升到65.7%，上升了12.8个百分点。[①] 与此同时，一降再降的人口自然增长率也表明城镇化的生活方式、价值观念和计生的管理模式也影响到了广大农村地区。由此可见，这一阶段由乡镇企业推动的苏州人口的城镇化首先表现为农村劳动力的非农化的生产和生

① 计生延. 三十年来苏州人口发展回顾与启示[J]. 东吴学术,2010(2).

活，这为城镇化能被广大农村地区快速接受和推广创造了有利条件。

第二阶段：中小城镇的兴起和扩容

20世纪90年代后苏州掀起外向型经济发展高潮。这一阶段，苏州外向型经济通过开发区建设带动城市扩容。高新区和工业园区的建立成为苏州城市发展的新动力，使得苏州跳出古城的框架，形成了“一体两翼”的新格局，并有力地推进了城市化的进程。这一时期苏州实现了众多乡镇企业由分散到集中的聚集过程，加速了从农村工业化向城市工业化转变的进度，也推动了中小城镇自身的壮大和扩容。卫星城镇的发展一方面起到为中心城镇人口“截流”的作用，另一方面也将自身纳入城乡一体化发展的轨道。

第三阶段：外来务工人员进苏潮

2000年之后苏州进入了城市化与工业化互动阶段。在这一阶段，苏州利用外向型经济的发展，吸引大量外来人口，并通过区县调整扩大了城市范围，实现了城市化的飞跃发展。苏州人口迅猛增长，在苏州大市范围内，1985—1989年、1990—1999年和2000—2007年三个时段，外来人口的年均增长率分别为15.1%、17.6%和35.1%。[①]至2011年末，苏州市区的外来人口占到全市常住人口的40.3%，而这些外来人口中，务工人员成为主要来源。这种外来人员的大流量涌入，很大程度上是由苏州外资利用模式和生产方式的转变所引起的。苏州外向型经济的崛起和生产方式的转型恰恰是外资和“外劳”共同作用的结果。这种外来人口的本地城镇化一方面给苏州经济的发展注入了多元化的活力，另一方面也要求苏州政府尽快寻找到管理和服务外来人员的良好途径和方法。

(2) 苏州新型城乡关系

随着经济的发展，苏州的城乡关系发生了变化，全面建设小康社会目标后，苏州向率先基本实现现代化迈进，最艰巨、最繁重的任务在农村。虽然苏州农村发展水平令全国瞩目，但仍有不少地方亟待提升，首先体现在农民增收如何持续耐久，农村基础设施建设如何改善，农业综合生产能力如何提高；二是如何破解长期城乡二元分割造成的一些不合理体制机制。

为此，苏州在2009年提出城乡一体化发展的思路，所谓城乡一体化，是在空间形态上城乡有别，要使城市更像城市，农村更像农村，园区更像园区；而在社会形态上，实现城乡一体，使广大农村既能保持优美的田园风光和鱼米之乡的特色，又能享受到高

---

① 谭伟良，严晓凤，黄晨熹，等. 苏州市外来人口留居特征和政策响应研究[J]. 南京市人口干部管理学院学报，2009(3).

度发达的现代城市文明。

为了实现这一目标,苏州积极探索了一系列的改革,一些学者将其归纳为"三置换、三集中、三合作"。①

所谓"三置换",是指农户把集体资产所有权、土地承包经营权、宅基地及住房分别置换成股份合作社股权、城镇社会保障和社区住房。集体资产股份化后,可以量化到每个农户头上,农户凭股权获得分红收入。这一收入成为农民持续收入的重要组成部分,是农民失去土地保障后的替代保障之一。土地承包经营权亦可置换成城镇社会保障,使农民充分享受城镇基本养老保险和医疗保险,为农民失去劳动能力后获得稳定的收入提供保障。宅基地和住房置换成相对集中的社区住房,改善了农民的居住环境和居住条件,腾出了大量稀缺的土地资源,为工业化和现代化提供了必备的要素。"十一五"时期,苏州全市累计有30多万农户、近100万农民实现了居住地转移和身份转变,70%的承包耕地实现了规模经营,38%的农户实现了集中居住,全市农村集体总资产超过700亿元,村级集体总资产达330亿元。

所谓"三集中",是指所有城乡工业企业向规划的村镇工业园区集中,所有的农业用地向规模经营集中,所有的农民居住向新型社区集中。"三集中"改变了过去那种画地为牢的小农意识,培育了现代农民的合作共生意识,促进了传统社会形态向现代社会形态的过渡。

所谓"三合作",是指在苏州农村广泛存在的一种合作制度形式,分别是农民社区股份合作社、土地股份合作社、农民专业合作社。目前苏州约有95%以上的农民参加了至少一个农民合作社。"三合作"组织累计达到2 821家,持股农户占92%以上。

"三置换、三集中、三合作"的方式使农民实现了从农民到市民的转化,理顺了城乡关系,为城市发展创造了更大的空间。

三、苏州中心城市的空间扩展与功能调整

1. 苏州市城市空间的扩展步伐

改革开放至今,苏州市区的空间扩展的步伐越迈越大。市区面积从1978年的119平方公里扩展至2012年的2 910平方公里。其中建成区的扩展也带动了中心城区首位度的大幅提高,增强了苏州对周边城市的影响力和辐射能力。近10年来,苏州土地利用方式也在不断变化,主要以较快的外延型扩张为主,并与城市空间布局和产业结构相互影响。

① 陈俊梁.城乡一体化发展的"苏州模式"研究[J].调研世界,2010(7).

（1）城市建成区的扩展

改革开放以来，苏州城市化水平不断提高，建成区面积也随之不断扩大。就中心城区（即市区）①来看，在1978年至2012年的34年间，建成区面积扩张了17倍之多，平均每年增长13.74平方公里。其中2011年至2012年一年中，建成区面积由336.36平方公里扩展到494.03平方公里，增长了157.67平方公里，其中84.51平方公里为吴江区的面积②。到2012年，苏州市区建成区面积在全国排名第11位。

（2）城市空间结构的变化

进入20世纪90年代后，苏州城市空间的发展进入新阶段，1990年高新区的建立为苏州城市建设提供了新的发展方向。随着苏州工业园区的建设，苏州城市空间开始向东发展，自此古城东西的园区和新区构成了苏州城市空间发展的两翼，同时中心城区的扩大也使得城市空间出现内向填充。苏州也由此提出了"一体两翼"的总体发展格局。2001年吴县的撤市设区，标志着苏州城市空间由原来的"古城居中，一体两翼"的轴向扩展向"五区组团，四角山水"的分散组团模式迈进。五区即北相城、南吴中、东园区、西新区、中古城，四角山水即东北角的阳澄湖、东南角的独墅湖、西北角为虎丘至三角咀鱼塘、西南角的上方山、石湖。2012年，苏州再次做出重大区划调整：撤销苏州市沧浪区、平江区、金阊区，将三区并为苏州市姑苏区，撤销县级吴江市，设立苏州市吴江区。此次调整后，苏州城区土地面积从原来占全市的38%跃至52.6%，地区生产总值占比从37.9%提升至49.0%，公共财政预算收入从39.7%提升至50.0%。同时苏州通过此次区划调整也完成了与上海的无缝对接。为此，苏州市委、市政府以抢抓长三角建设世界级城市群历史机遇、全面提高中心城市首位度为城市战略，制定了"一核四城"的城市空间发展新部署，即"做优做靓苏州古城这个内核，提升东部综合商务城、西部生态科技城的建设水平，重点推进南部滨湖新城、北部高铁新城建设"。可以预见，未来苏州城市的规划、保护和发展将更为协调、统一地进行。

① 2012年以前，中心城区控制范围包括古城区的平江区、沧浪区、金阊区，工业园区，高新区的枫桥街道、狮山街道、横塘街道、浒墅关经济开发区、浒墅关镇，吴中区的长桥街道、郭巷街道、越溪街道、城南街道、横泾街道、木渎镇、穹窿山风景管理区，相城区的相城经济开发区、元和街道、黄桥街道。

② 2012年苏州市建成区面积增长的一个重要原因是吴江市作为一个区并入了苏州市区，吴江市2011年的建成区面积84.51平方公里。

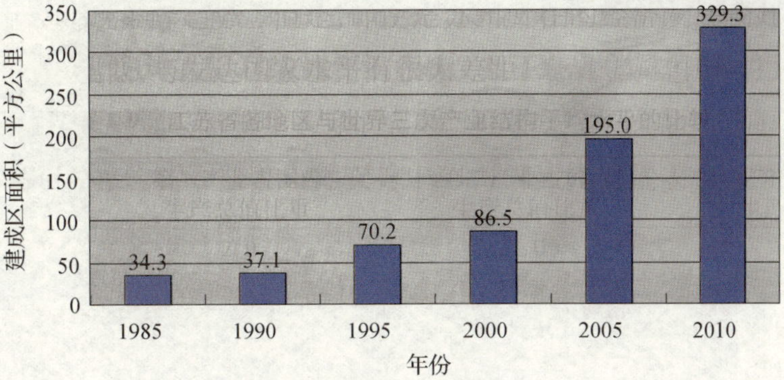

图 1-13　苏州市区建成区面积变化图

（数据来源：苏州统计局网站）

（3）城市土地利用方式的变化

进入 90 年代后，苏州的土地利用模式一直以扩张型的方式增长，以城市用地增长弹性系数（K）来衡量苏州城市土地扩张速度，苏州用地增长弹性系数远远高于国际 1.12 的标准，属于过快扩张型增长。从 1991 年到 2011 年，建成区面积从 37.79 平方公里增长到 336.36 平方公里，年均增长 14.93 平方公里。从比例来看，在 2000 至 2011 年的十一年间，虽然所有用地的绝对面积都有所上升，但占建成区比例上升的只有工业用地、公共设施用地、道路广场用地。其中工业用地上升最快，上升约 7%。居住用地、对外交通用地、市政公共设施用地、绿地所占比重则有所下降（见表 1-7）。

表 1-7　苏州市近年来土地利用状况　（单位：平方公里）

年份	建成区面积	居住用地	公共设施用地	工业用地	对外交通用地	道路广场用地	市政公用设施用地	绿地
2000	86.53	22.91	6.73	25.36	3.54	7.56	2.85	13.96
2001	108.60	30.76	9.33	32.74	3.74	10.27	3.06	14.93
2002	129.41	37.20	8.17	43.85	4.61	14.20	3.24	15.18
2003	149.06	43.13	11.68	44.31	5.05	20.42	4.21	17.02
2004	177.17	48.23	12.50	56.32	5.35	24.63	5.00	21.20
2006	214.50	62.00	15.40	60.70	6.67	31.40	5.90	27.50
2007	228.31	65.98	16.44	64.61	7.08	33.33	6.28	29.38
2008	317.72	74.16	27.86	114.86	7.09	41.06	6.28	41.18
2010	329.29	76.86	28.8	119.8	—	42.58	—	—
2011	336.36	79.19	30.35	122.12	—	43.33	—	—

（资料来源：《苏州市统计年鉴》、苏州市统计局网站）

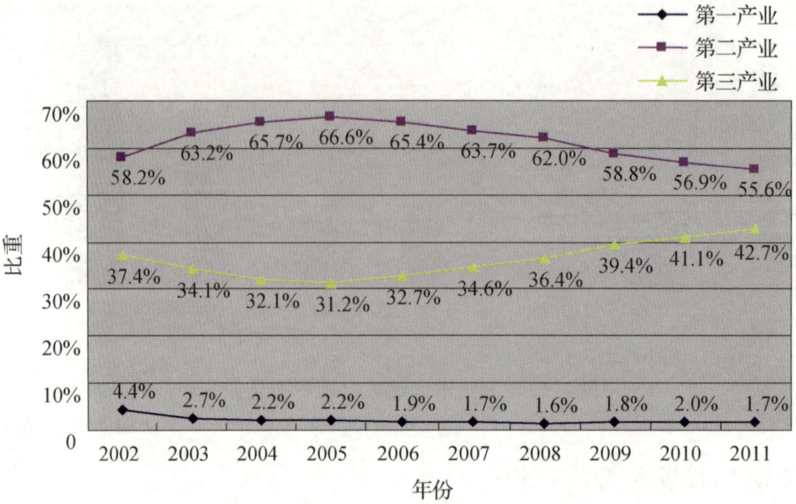

图1-14　苏州市近年来产业结构调整趋势

（数据来源:苏州市统计局网站）

比较同一时期苏州的产业结构(如图1-14)可以发现,不断扩张的工业用地面积和工业用地比例与逐渐下降的第二产业比重并不协调。城市土地利用方式的调整滞后于产业结构的调整。由此导致部分土地利用率低下,出现荒废和浪费的情况,并且这也与不断扩张的土地需求构成矛盾。另外,城市土地利用方式的状况也是城市空间结构的外化,同时影响着城市空间结构的调整。从目前来看,苏州城市功能用地和城市服务用地面积不断扩大,随着城市土地内部整合和外部扩张,城市空间结构也处于不断优化的调整阶段。当然我们也应看到,苏州城市土地利用方式也存在着利用率低下、内涵不足、可持续发展水平不高的缺陷。2008年苏州市城市用地的经济效益水平还达不到江苏省用地经济效益水平,仅略微高于全国平均水平①。因此必须通过提高城市土地利用效率,增强土地可持续发展动力,协调土地利用方式和产业结构及城市空间结构的发展,从而实现苏州城市土地物尽其用的目的。

2. 苏州市由单中心向多中心的演变

老城区作为苏州很长一段时间内的经济和政治中心,产生了很强的聚集效应,发挥了极其重要的辐射作用。但是单中心的城市空间结构同样导致了诸如中心区人口密度过高、工业企业过度集中、环境污染、交通堵塞等问题,既造成中心区城市承载力过度,又未能充分利用城市其他区域的土地。于是在进入20世纪90年代后,苏州通过空间扩散的方式,完成了一系列空间结构的转型,推动了城市由单中心向多中心发展,形成中心区和副中心彼此呼应的城市格局,同时对城市中心进行了保护和改造。

① 田俊英. 城市土地利用与空间结构重构研究——以苏州市为例[D]. 苏州大学,2011.

（1）城市中心区的发展变化

城市中心是一个集经济、政治、文娱、商业、交通等职能在内的综合性功能区。20世纪80年代中期以前，作为苏州中心区的老城区（原平江、沧浪、金阊三区，现姑苏区）承担着苏州大部分的经济、政治、商业、文娱等功能，但随着老城区人口密度快速上升、工业企业过度集中，老城区负荷十分沉重。为此苏州提出了“新古城区”的规划格局，逐渐将城市中心职能向外转移。随着苏州新区和园区的成长，苏州提出“古城居中，一体两翼”的发展格局，也由此创造出园区和新区两个城市新中心。《苏州市城市总体规划（2007—2020）》中明确提出了要建设3个城市中心，即主要承担旅游服务和文化产业功能的古城城市中心；主要承担金融保险、商务办公、信息咨询等生产服务功能，同时增强商业零售等消费服务功能的工业园区城市中心和主要承担大型商业零售、金融、文化娱乐、医疗等综合服务功能的高新区城市中心。

（2）城市副中心的发展和分工

随着苏州功能分区的逐步细化，苏州的城市副中心也开始发展，并承接了部分城市中心的职能，逐渐形成了城市中心和城市副中心彼此呼应、相互协调、共同推动城市发展的新格局。目前，在发展中的一级城市副中心共有3个，分别是主要承担商业零售、商务办公、商贸物流、文化娱乐等综合服务功能相城片城市副中心；建设江南传统文化和自然山水旅游服务基地，市级文化创意、科研教育基地的吴中片城市副中心，以及建设南部现代新城区、优势产业新板块、开放创新新高地、和谐乐居新家园的吴江片城市副中心。同时，在各分片也设立了具备商业、文娱、医疗、教育等综合性功能的二级城市副中心，在《苏州市城市总体规划（2007—2020）》中，在建或计划建设的分片中心共有6个，分别是浒通分片中心、越溪分片中心、木渎分片中心、胜浦分片中心、唯亭分片中心、娄葑分片中心。

（3）对城市中心的再开发

今天，老城区作为苏州历史悠久的城市中心，其历史价值和文化内涵已远远超过作为城市经济、商业中心的价值。为此，苏州市也着力对老城区进行了以保护和改造为主的再开发。保护的是古城保护区，改造的是发展协调区。对于古城保护区，苏州采取了打破行政区划，将古城整体纳入保护区的措施，从而有利于古城的成片保护和旅游资源的整合与发展。对于发展协调区，苏州出台了6项策略予以推动，分别是：①功能提升。通过大力发展占城区旅游服务和文化博览业，完善公共服务设施，优化功能布局。②人口控制。通过将古城区人口控制在40万以内打造古城区宜居人文环境。③风貌协调。采取有机更新的建设模式，促使景观和建筑风貌与古城保护区协调，严格控制建设总量和开发强度。④文化塑造。强化城市文化形象，深入发掘吴文化内涵。⑤交通引导。鼓励公共交通和非机动车交通，截流进入古城保护区的通过性交通，并在其周边设立交通转换设施。⑥基础设施完善。逐步更新改造古城区水、电、气等管线设施，保障市民和游客现代生活的需求。[①]

(4) 社区级中心区的建立和新的社区规划理念

根据国家商务部2008年印发的《社区商业设施设置与功能要求》，社区商业是指以特定居住区的居民为主要服务对象，以便民、利民和满足居民生活消费为目标，提供日常生活需要的商品和服务的属地型商业。随着1997年苏州工业园区邻里中心发展有限公司的成立，邻里中心的概念也从新加坡传入了中国。所谓邻里中心，是指在某些人口密集的居住区中，建设一种集社区服务、商业活动等综合性功能于一身，有各种商业、文化、体育、卫生、教育等服务设施，为附近居民提供日常生活所需服务的社区商业服务中心。[②] 按照中新苏州工业园区整体规划，将遵循"有序、规范、配套"开发邻里中心的原则，在80平方公里的整个工业园区内按照住宅区的分布建成17个邻里中心。1公里左右的半径辐射范围拥有一个邻里中心，每个邻里中心建设成一个综合性商贸大厦，服务6 000至8 000户，2至3万人口。这十多年中，已经成功建成了新城、贵都、玲珑、湖东、师惠、沁苑、翰林、方洲、金鸡湖九个邻里中心。[③]

邻里中心在园区的成功主要归结于三个方面：①前瞻性的测算和整体的规划、开发模式。在邻里中心建设之前，邻里中心公司先对预建中心的服务范围和服务受众进行调查和测算，确保每个邻里中心发挥其最大的贡献值，既能满足居民合理的消费需求，又可避免过度竞争的局面。[④] ②集约化的商业管理和设施布局模式。园区邻里中心的管理和设施布局打破了传统的沿街道分布的"小而散"的商业模式，通过集中人力物力财力，将商铺集中到社区，同时，邻里中心引入了包括文化、卫生、教育等功能在内的居民所需的公益设施，通过商业设施和公益设施的结合为居民提供"一站式"的服务体验。一方面大大降低了居民的交通成本，另一方面也通过减少"小乱散"商铺的数量，改善了人居环境和城市面貌。③科学化的企业管理和招商制度。一方面，邻里中心公司秉承诚信经营的信念，注重提高管理人员的业务素质，同时形成"领导层、管理机构、管理人员、承办人员"四个层次构架，建立完善的绩效考核制度和奖惩体系，以科学化的管理推动工作效率的提高；另一方面，在招商过程中，公司首先从满足社区商业

---

① 苏州市城市总体规划(2007—2020).

② 王春兰.苏州工业园区邻里中心商业模式发展研究[J].中国商贸,2011(32).

③ 张敏.苏州工业园区邻里中心规划设计探析[D].苏州大学,2009.

④ 李炅之,王梦珂,何丹.社区商业选择模式选择的思考——以苏州工业园区邻里中心为例[J].世界地理研究,2010(12).

和基础设施的需求出发，引入一批具备基础商业和服务功能的商铺。另外，再弹性选择一些知名度高、管理能力强、信誉好的企业进场经营，并与其成为战略伙伴。①

第三节 苏州城市发展的优势和面临的问题

一、苏州城市发展的优势

从历史到现实，从古代的“上有天堂，下有苏杭”到今天“古苏州”、“新苏州”和“洋苏州”的完美结合，苏州的经济社会一直保持着良好的发展势头，综合考量，苏州的发展优势主要体现在：

1. 良好的自然条件和地理位置

从自然气候条件和城市设施方面，苏州自古以来就有“鱼米之乡”的美誉，气候适合人类生存和产业发展，苏州长期的发展也积累了较为均衡的城市基础设施和良好的文化氛围，因此对人口和经济要素的流入具有较大的吸引力。高端人才在流动的区位选择上往往具有很强的主动权，而单纯的经济收入刺激的吸引力比较有限。因此，适宜的气候条件、较为均衡的城市基础设施与良好的城市文化氛围对于人才的引进起到重要的作用。高端人才的聚集也为城市转型奠定了基础。

从地理位置来看，苏州位于长江三角洲的核心地区，隋朝时期京杭大运河苏州段的开通对古代苏州商贸繁荣和社会发展起到了重要作用。今日苏州交通网络的发达同样对苏州的城市发展起到了重要的推动作用，京沪高铁的开通缩短了苏州和沿线城市的距离，京杭运河继续为苏州和沿岸城市提供便利的水路沟通渠道，长三角地区四通八达的公路网络也为苏州的发展提供了较好的陆上交通条件。另外，靠近上海的地理位置也提高了苏州对很多企业的吸引力，在苏州选址的企业既可以享受到上海这种世界城市提供的一些基础设施和服务，又可以避开上海较高的成本。

因此，良好的自然条件和地理位置成为苏州城市发展得天独厚的优势。

2. 文化上的适应性和融合性

一直以来，苏州的文化都体现了很强的适应性和融合性。适应性表现在人与水乡泽国生态环境之间的适应深度，在苏州的建筑风格、语言、文学艺术等方面都有水文化

① 李炅之，王梦珂，何丹. 社区商业选择模式选择的思考——以苏州工业园区邻里中心为例[J]. 世界地理研究，2010(12).

的影子，苏州文化也具有流水一般的适应能力，面对外来冲击可以很好地调整城市的机能，灵动地适应环境的变化。包容性表现在苏州保持其充满智慧和勇气特点的同时，以其开阔的胸襟和包容的精神不断更新和吐纳着各种优秀文化，使其为己所用。

明清时期，苏州的繁荣就很大程度上得益于当年苏州对商业文化的包容和接纳。随着明清时期的商业发展，苏州很快接受了这一变化，改变了传统“重农抑商”的观念，掀起重商思潮，推动了商品经济的发展，并形成了浓厚的商业文化，苏州现存的大大小小的商会公所就是其一例证。当时的晋商和徽商都在苏州得到了较好的发展。与此同时，苏州对外来文化也体现了很好的包容性。明清时期苏州吴地文化对国外优秀文化采取包容吸纳的态度。清顺治年间(1644—1662 年)，苏州已建起教堂，至康熙三年(1664 年)苏州已有天主教徒 500 多人。万历年间(1573—1620 年)，苏州还刻印了利玛窦所带的《坤舆万国全图》。清代吴江人王锡利用西方的球面三角知识研究天文学，并将西方“以天求天”的科学精神带入苏州，加速了吴地文化对西方近代科学的吸纳。自清末新政和新式学堂的开办以来，苏州留学风气的盛行也推进了苏州和世界文化的融合。当代苏州的发展也得益于苏州对外来资本和外来文化的接纳，如 20 世纪 90 年代，上海浦东开放后，苏州乡镇企业利用了这一机遇，通过发展外向型经济充分利用外资，并一度占全市利用外资比重的 70%。大量的外资推动了苏州经济的发展，也使苏州文化变得更为多元。

3. 城市的创新意识和对技术发展的支持

创新性表现在苏州市民文化的个性张扬、趋向开放，在吸收其他文化的同时能够革故鼎新，推陈出新。苏州在吸收和融合外来文化之余，一直体现着良好的创新能力。明清时期的吴地文化在艺术方面就创造出如昆曲、评弹等艺术形式。当代苏州的创新意识体现在技术和管理等各个层面，如苏州工业园区一站式服务中心、B 级保税区和虚拟空港的出现正是制度层面创新意识的体现。

苏州历来关注技术发展，并且也具有很好的技术发展环境。苏州的手工业历来发达，明清期间苏州丝绸生产成为全国的一个中心，刺绣、雕刻的等各类工艺美术品和棉纺织、造船、造纸、酿酒等手工业皆名列全国前茅。清末民初，很多知识分子有感于当时中国科技落后的现实，萌生了向西方学习先进的科技以救国的理想。代表人物有在中央大学任教的植物学家邹秉文、对中国无线电学科做出杰出贡献的陈章等人。

当代苏州更是在技术发展方面取得了很多成就。苏州通过引进国家级重点实验室、创办高教区、对科技领军人才提供专项资金资助的产学研“三位一体”的人才培养模式，有力地吸引了一大批学术型、应用型人才入户苏州，推动了苏州产业向研发上的延伸。

2013 年 4 月，以苏州大学为牵头单位，以苏州工业园区管委会为主要协同伙伴，联合西安交通大学、中国科技大学、中科院苏州纳米所、东南大学、江苏省纳米技术产业创新联盟等单位参与共同组建的"苏州纳米科技协同创新中心",作为区域发展重大需求协同创新模式进入教育部公示的"2011 计划"首批 14 家单位名单中。这是对苏州的技术创新水平的一个重要肯定,也将引领苏州在技术创新领域的进一步发展。

创新的氛围推动了技术的革命,孕育了改革的基因,促进了开放的文化,构成了苏州发展的大背景。

二、苏州城市发展面临的新问题

改革开放以来,苏州市在经济发展、社会进步和公共治理等方面取得了突出的成绩,但是面对全球经济不景气和整个国家转型的大环境,苏州的城市发展也面临着各方面的问题。

1. 全球经济的变化给苏州带来的挑战

(1) 国际市场不景气给苏州制造业企业带来的困难

苏州长期以来对国际市场的依赖比较大。很长一段时间内,苏州的发展依赖于外资的推动,外商投资主要集中在制造业领域。外商在制造业中的投资占当地制造业投资的比重,苏州甚至大过上海、广州。以 2005 至 2007 年这三年的数据为例,苏州进出口产品贸易中,加工贸易产品分别达 74.31%、74.88% 和 73.31%,虽然近年有所下降,但加工贸易产品比例仍然很高,同期比较,超过了江苏全省的平均比例,大大超过了全国的平均比例。高比例的加工贸易产品表明了苏州制造业是以来料或进料进行加工组装性质的生产为主。

在国际经济高涨时期,这种制造业投资和产品的出口,给苏州带来了就业和产值增长,很多企业积极扩大产能。但是从 2008 年至今,在美元市场和欧元市场上相继出现经济危机,各国不断加强对本国产业的保护,人民币币值不断上升,这些都给苏州制造业企业提出了新的挑战。苏州的外向型制造业发展主要面临以下问题:

① 制造业附加值偏低

从制造业增加值率看,国际上前五位制造业大国中,增加值率最高的是美国(42.1%),其次分别是德国(33.74%)、日本(32.6%)、意大利(30.05%),我国排在最后(28.5%),而苏州还低于全国水平,只有 25.2%。① 随着 IT 产业微利时代的到来,单纯的出口加工业利润被进一步挤压,发达国家不断用新兴科技改造劳动密集型产业,苏州在这一行业上的优势被大大削弱。

---

① 焦剑,韩云. FDI 研发本地化对苏州低端制造业转型的动力分析[J]. 中国科技论坛, 2010(7).

② 劳动生产率低

把一国或一地区制造业雇员数进行比较,在制造业前五位规模的国家中,制造业雇佣人数最少的是日本,每亿美元 267.4 人;其次是意大利、德国和美国;我国达 2 586.6 人;而苏州比全国还高,达 2 674 人。这充分表明,苏州制造业是典型的劳动密集型产业,制造业的劳动生产率偏低。

③ 企业自主创新能力低

这种以外资企业为主体的加工贸易方式决定了外资企业往往自带研发服务,技术研发集中在跨国公司母公司,使得苏州生产性服务业发展不足,导致发明专利授权的比例偏低,而实用新型和外观设计专利所占比例较高(见表 1-8)。

表 1-8　苏州专利授权量

指标	2011 年	2012 年	增长(%)
全市专利授权量	77 281	98 276	27.2
发明	2 492	4 309	72.9
实用新型	14 220	21 577	51.7
外观设计	60 569	72 390	19.5

(资料来源:苏州市统计局、国家统计局苏州调查队,《苏州市情市力 2013》;苏州统计调查公众网, http://www.sztjj.gov.cn/)

从表 1-8 中可以看出,苏州发明专利授权量占总量的比例偏低,而外观设计专利占总量的比例偏高,专利结构不合理。统计数据显示,中小企业已成为苏州市专利授权的主力军。其中,在发明专利授权前 10 名的企业中,内资企业是专利授权的主要力量。众多的外资企业名义上是高新技术企业和先进制造业,实际上是劳动密集型的加工贸易和代工企业。同时,专利授权多以孩童用品、金属制品、家具等传统企业为主。高新技术企业还没有成为专利授权量的大户,主导产业和重点领域还处于"苏州制造"阶段。①

这与苏州加工贸易发展模式关系密切,加工贸易的特点是零部件和原材料大量依赖进口,技术含量高的关键零部件更是严重依赖国外供给,加工企业大部分属于简单加工和组装型的低层次贸易方式,不具备真正的生产技术和研发上的优势。

(2) 服务产业发展滞后难以适应全球服务分工的新格局

在外向型经济的引领下,苏州长期以制造业为中心的发展模式导致服务业发展严重滞后。从大环境来说,中国的服务业发展和经济水平之间存在差距。在表 1-9 中,从整个世界各个国家的产业份额来看,普遍体现出随着经济水平的提高,农业份额比重下降,第三产业份额提升,甚至超过第二产业。第二产业份额随着经济水平的提高开

① 徐国良,吴福象,孙林岩,等.产业结构与专利权构成交互关系研究——基于苏州和上海中小企业技术创新数据的实证[J].科技与经济, 2011(10).

始时在提升，然后呈现下降趋势。但是，即使是苏州所在的经济发展较好的苏南地区，第三产业份额普遍偏低，与发达国家水平有很大差距。

表 1-9　江苏省各地区与世界三次产业结构平均水平的比较　（单位：%）

	第一产业占国内生产总值比重	第二产业占国内生产总值比重	第三产业占国内生产总值比重
世界	2.9	27.0	70.1
低收入国家	25.7	24.4	49.9
中低收入国家	10.0	34.1	55.8
中等收入国家	9.7	34.3	55.9
高收入国家	1.5	25.1	73.4
中国	9.5	44.6	45.9
苏南	2	53	45
苏中	7	54	39
苏北	13	48	39
苏州	1.69	56.93	41.38

（资料来源：国家统计局，《国际统计年鉴(2011)》，国家统计局网站；江苏省统计局，《江苏省统计年鉴(2011)》，江苏省统计局网站。其中国际数据和全国数据分别表示三次产业增加值占 GDP 的比重）

从收入水平来说，苏州已经基本达到了高收入国家水平，但是，苏州的第三产业的比重仍然比较低，高收入国家的第三产业比重高达 73.4%，中等收入国家也达到 55.9%，但是苏州的第三产业仅为 41.38%。

苏州长期依赖以外资为核心的制造业带动发展，而外资企业在研发和服务业部分严重依赖母公司，导致在苏州本地需要的企业服务比较少，苏州的生产性服务业发展相对滞后。面对当前全球分工从生产的全球化转向服务的全球化的趋势，服务业的发展滞后已经在一定程度上制约了苏州的发展。

（3）中小企业发展缓慢导致企业根植性差

据苏州市中小企业局统计，2009 年苏州市中小企业数已达 16 万户，为当地经济社会发展贡献了大约 1/3 的生产总值、税收和就业岗位，在繁荣经济、增加就业、促进创新、扩大贸易、服务配套等方面发挥着越来越大的作用。然而，在全球化背景下，由于受到经营规模、资金、人才和管理等方面的制约，中小企业在与大型企业的竞争中抵御风险的能力较弱，容易陷入亏损甚至倒闭的困境。

关于中小企业在经济中的地位存在着争论，熊彼特对中小企业持"歧视论"。在熊彼特看来，足够大规模的企业所具有的资源禀赋和市场地位是创新的基本条件，中小企业没有实力培育一个有实力的研究机构，没有足够的能力承担创新的风险。到了垄断资本主义阶段，大工业的负面影响日渐暴露，中小企业却表现出顽强的生命力。马歇尔在 1891 年出版的《经济学原理》第二版修订中，修正了原本"要通过大机器生产的竞争淘汰和消灭中小企业"的观点。马歇尔认为,企业的发展如同自然界生物一样也有其"生成—发展—衰退"的生命周期。既然中小企业可以被大企业取代,大企业在衰退之后同样有可能被中小企业取代,这是自然法则。这一时期英国著名学者穆勒也认为,适应性强是中小企业存在的根本原因。

苏州的中小企业发展缓慢的现状,一方面使得企业的总体根植性差,难以利用中小企业的灵活性和在技术创新方面的优势;另一方面导致本土综合技术水平较低,难以对外资企业形成配套,外资企业难以在本地实现升级,企业关联性弱。

2. 生产要素成本的上涨

苏州长期以来外向型经济迅速发展的关键优势一方面来源于生产要素的低成本对制造业的吸引力,另一方面来源于相对有吸引力的经济环境和政策环境的配合。但是随着经济的增长和长期扩张式发展,低成本的优势渐渐丧失。

(1) 劳动力成本上升

古典区位论认为,外商直接投资区位选择的重要因素之一是实现成本最小化。随着经济的快速发展,中国的劳动力成本也在显著上升。经济增长对劳动力成本的推升是不可抗拒的。安永会计师事务所(Ernst & Young)在2012年9月发表的一份研究报告认为,2007年初以来,中国的劳动力成本已增长了一倍多。而国内的一些经济学家早在若干年前就指出,"刘易斯拐点"已降临中国。[①] 劳动力成本的上升在一定程度上意味着,中国的廉价劳动力不再无限供给。其结果是,一些跨国公司开始将其生产转移到劳动力成本低于中国的国家。

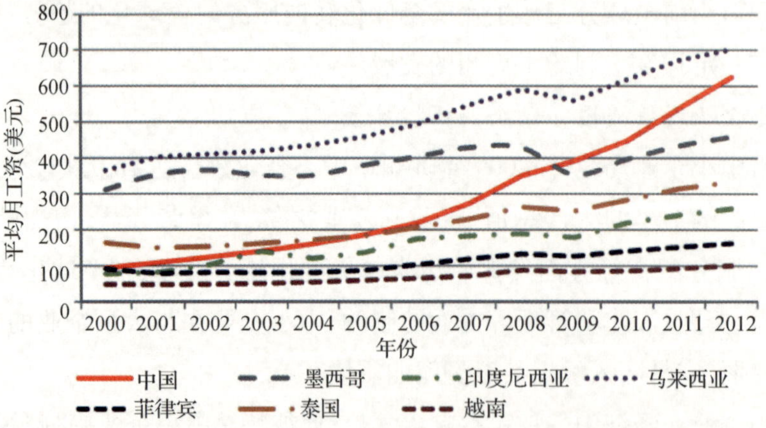

图1-15 2000—2012年一些国家的平均月工资(美元)

(资料来源:Wayne M. Morrison. China's Economic Rise: History, Trends, Challenges, and Implications for the United States,CRS Report for Congress)

① 江时学."中等收入陷阱":被"扩容"的概念[J]. 国际问题研究, 2013(2).

从图1-15可以看出，从2000年到2012年，中国平均工资的年增长率约为11.8%。在2000年，中国的平均月工资为94美元，当时墨西哥的月工资为311美元，中国工资仅为墨西哥工资的30.2%。然而，2012年中国的平均月工资达到625美元，超过墨西哥(459美元)32.6%。在2000年，中国平均工资比越南高92%，但是，到2012年，中国要高出越南434%。持续的工资上涨，伴随着人民币的升值，使得中国不断丧失劳动力的低成本优势。

在中国劳动力成本不断上升的大环境下，苏州也因为成本优势的下降，失去了部分制造业企业。体育用品巨头阿迪达斯于2012年年底关闭位于苏州的自有工厂，并迁往东南亚。据报道，2012年阿迪达斯缅甸工厂工人月薪为130美元(约828元人民币)，而阿迪达斯苏州工厂工人的月工资则不低于3000元，是缅甸工人月工资的3.6倍。[①] 再加上中国政府近年来对于企业职工社保等制度的覆盖面越来越大，即企业在中国境内雇佣普通劳动力不仅需要面对工资成本上升的压力，而且还必须面对劳动力的制度成本等因素上升的压力，而东南亚的越南、印尼、柬埔寨等国家普通劳动力的雇佣工资水平要比我国低。因此，当阿迪达斯这一类企业把其生产基地从中国境内迁移到东南亚国家时，其面对的劳动力成本是下降的。

艾默生环境优化技术(苏州)公司[Emerson Climate Technologies(Suzhou) Co., Ltd]也正面临着类似的困境。这个空调器压缩机制造商的某些工作岗位每年的人员流失率达20%。为了不让其800名雇员跳槽到目前也在苏州这个科技制造业中心设厂运营的三星公司、西门子公司、诺基亚公司和其他跨国公司，艾默生公司不得不增加工资。美国安德鲁公司(Andrew Corp.)苏州工厂的工资正以每年10%的速度增长。[②]

为了降低成本，获得充足的劳动力，许多跨国公司开始向工资水平只有沿海地区一半的中国广阔内陆转移生产基地，或者向工资水平整体较低的东南亚国家迁移。工资增长所带来的劳动力成本上升给苏州带来了挑战，但同时也带来了一种机遇。底层劳动者工资的上涨可能帮助劳动者脱离以往的迁徙式的生活方式，真正成为城市中的一员，从而有助于新型城市化的推进，并可以帮助经济从投资驱动模式向消费驱动模式转变。

(2) 土地成本上升

随着苏州市城市化水平的不断提升，城市人口不断增长，经济增长也需要不断拓展外部空间，城市用地的规模急剧扩张和膨胀。在1978年至2012年的34年间，建成

① 矫月.阿迪达斯迁厂，中国告别人口红利？[N].证券日报，2012—07—20，(D02).

② 商业周刊.劳动力成本提高使中国企业转变经营模式.中国网，http://www.china.com.cn/chinese/HIAW/1177089.htm.

区面积扩张了17倍之多。2012年人均建设用地90.57平方米。虽然低于全国人均建设用地130平方米的平均水平,但仍然高于发达国家人均82.4平方米和发展中国家人均83.3平方米的水平。相比于香港人均建设用地30多平方米的数值,苏州的土地使用仍显粗放。①

在土地供给充足的条件下,政府能够以十分低廉的价格向企业提供生产用地和生活用地,而在土地供给趋于紧张的条件下,政府向企业提供生产用地和生活用地的价格将被迫提高。最后,在土地供给匮乏的条件下,生产企业将只能按照市场价格获得他们所需要的生产用地和生活用地。在土地供应日趋紧张的情况下,苏州市的工业用地价格虽然自2007年开始工业用地挂牌以来并没有太大增长,一直维持在每亩最低22万元,较高值在每亩32~36万元,但是准入行业和投资门槛不断提高,与此同时,商业和居住地块的供应价格不断提高②。土地价格的上涨提高了企业的经营成本和人们的生活成本,进而提高了产品和劳动力的价格。土地成本的上升促使企业开始寻求异地投资,将产业向经济欠发达的国家或地区转移。

3. 城市社会结构和社会治理问题的凸显

改革开放以来,苏州的经济呈现出持续快速发展的势头。伴随着"世界制造业基地"的逐步形成,苏州城市化的节奏加快,一方面,来苏务工的外来人员急剧增加;另一方面,大量本地农民因征地而旧房拆迁后加入了城市户籍。随着经济的快速发展,苏州市也面临社会转型。社会转型是指由于社会诸要素及其联系发生根本变化而导致的新旧社会发展模式的更迭过程。外来人员的大量增加,本地村民的被动城市化,对于推动苏州市的经济发展,促进城乡建设,方便群众生活,起到了积极作用,但是也带来了一定的社会问题。

(1) 失地农民的困境

在城市化、工业化进程中,农村的土地被大量征用,从而导致大量的农民失去土地,在这一农转非的进程中,农民被迫城镇化。从2011年对"苏州失地农民发展现状"的实地调研来看,高达70%的农民在失地后失业、找不到稳定或满意的工作,其生存权、经济权、发展权、就业权、财产权等权利受到不同程度的损害和影响。③

当前的国家政策、政府部门集中通过征地补偿和社会保障来解决失地农民问题,然而,征地补偿往往是一次性的补偿,无法给农民提供可持续的生活保障,政府部门虽

① 方烨,勾晓峰,王真臻. 我国城市人均建设用地达130平米　已居世界首位. 新华网,http://news.xinhuanet.com/house/2006-03/14/content_4301720.htm.

② 苏州市国土资源网,http://www.szgtj.gov.cn/.

③ 周芳. 城市化进程中失地农民创业培训体系的构建——以苏州为例[J]. 经济视角,2012(5).

将失地农民纳入城镇社保体系,但这也只能满足失地农民基本的生活需要,无法从根本上解决农民失地、失业、失尊严等问题,更谈不上考虑农民的长远发展。

失地农民往往集中在由村委会改为居委会而形成的过渡性社区中。在过渡性社区中,空间的城市化与人的城市化之间相对脱节,空间的城市化要远远快于人的城市化。在空间的城市化方面,由于政府投入较大,在小区建筑与基础设施方面,过渡性社区与城市社区差别不大。但在人的城市化方面,则相对滞后,居民的文化程度、生活习惯、现代理念以及行为方式等,还远远落后于城市居民。

对于失地农民而言,另一个重要问题就是就业问题,失去土地对于部分年轻人和老年人的影响相对较小,因为很多年轻人原本就不依靠土地生活,土地与拆迁补偿,再加上社区的集体福利,使多数老年人晚年生活有所保障。比较尴尬的是"4050"大军(即农村四五十来岁的人群),他们既不能靠土地生活,又因为文化水平较低,适应能力较差,难以像年轻人一样到工厂打工,再就业存在着一定的困难。

(2) 外来人口的市民化

苏州经济的发展必然需要大量的劳动者,苏州经济的快速增长和良好的人文环境对流动人员具有十分强大的吸引力。近年来苏州外来人口增加迅速,苏州已经逐渐成为了一个移民城市。不断增长的外来人口在苏州的生活面临着一系列的问题,主要表现在:就业非正规化、居住边缘化、生活孤岛化。

所谓非正规就业,就是指所从事的劳动得不到公共当局的承认、记载、保护或管理,得不到法律法规的承认和保护,因此经常被剥夺这七种基本保障:劳动力市场保障、就业保障、工作保障、生产保障、技能更新保障、收入保障和代表性保障。

居住的边缘化,是指农民由农村向城市移民,往往先在城市相对贫困的地区租房子住,然后随着收入水平的提高,他们才会离开贫困地区。就苏州的情况来看,农民工大多住在企业的集体宿舍、工棚里或在城乡结合部合伙租赁民房,远离城市中心区,与现代城市文明相对隔离,呈现出明显的边缘化特征。

由于工作不稳定、无保障、收入低及其自身受教育程度低等因素的综合影响,城市农民工在社会地位上明显低于普通市民。农民进入城市以后,他们在乡土社会中所建立的社会联系被强制性地割断,所遵循的规范和观念使其难以融入城市社区。这样造成的一个直接后果是农民工在城里形成了一种社会、心理上的结构性紧张和危机,使其难以融入周围环境,出现生活孤岛化现象。①

此外,农民工还面临着子女教育、医疗卫生等基础设施匮乏的问题,给社会治理带

① 刘茂源:我国农民工市民化的政策支持体系研究——以苏州市为例[D],苏州大学,2008.

来了极大的挑战。

4. 城市和区域过度开发导致的资源环境问题

21 世纪以来，在应对全球气候变化和世界金融危机等一系列全球性问题的冲击和挑战下，促进绿色经济发展、实现绿色转型已成为世界性的潮流和趋势。发展绿色经济需要在促进经济增长和就业的同时加大环境保护，努力推动实现节能环保、绿色低碳的新型城市发展。苏州自改革开放以来，获得了令人瞩目的经济成绩，也付出了一定的资源和环境代价。

（1）人地矛盾加剧

在城市化进程中，我国城市空间多以外延式扩展为主，造成我国耕地急剧减少，生态环境受到破坏，人地矛盾更为尖锐。事实上，我国耕地面积居世界第 4，仅次于美国、俄罗斯和印度，但人均耕地面积却排在 126 位以后，人均耕地面积仅为 1.38 亩，还不及世界人均水平的一半。目前我国已有众多市县的人均耕地面积在联合国确定的人均耕地 0.8 亩的警戒线以下，全国的耕地总面积已降到 18 亿亩。特别是在地少人多、土地肥沃的长三角地区，城市化的推进更是付出了巨大的代价，长三角地区人均耕地面积已降到 0.043 公顷(0.645 亩)，远远低于全国平均水平。[①]

建成区面积的平均增长速度与非农业人口的平均增长速度之比，即城市用地增长弹性系数是判断城市用地扩展是否合理的重要指标。在 1991—2008 年间，苏州市城市用地扩张系数为 4.09，远远大于 1.12 标准值，属于扩张过快型[②]，扩张速度远远大于全国平均水平，以外延式扩张为主。

（2）单位产值能耗大

中国在世界上属于能耗较大的国家，早在 2002 年，世界银行就在其发展报告中指出，中国 1 亿美元 GDP 所消耗的能源大约是日本的 7.20 倍、德国的5.62倍、美国的 3.52 倍、印度的 1.18 倍、世界平均水平的 3.28 倍。2010 年，我国单位产值能耗大约是世界平均水平的 2 倍多，与美国、欧盟、日本、印度相比分别高出 2.5 倍、4.9 倍、8.7 倍和 43%。[③]

---

① 田俊英. 城市土地利用与空间结构重构研究——以苏州市为例[D]. 苏州大学，2011.

② 同上。

③ 中国经济网. 单位 GDP 能耗远超发达国家. 求是理论网，http://www.qstheory.cn/tbzt/jkjjfzfszb/bjfx/201006/t20100608_32581.htm.

表 1-10　中国各省份单位 GDP 耗电量(2009 年)

城市	指标值（千瓦时/万元）	城市	指标值（千瓦时/万元）	城市	指标值（千瓦时/万元）
北 京	681.85	广 东	1 002.09	广 西	1 279.87
天 津	782.88	湖 北	1 018.45	新 疆	1 408.20
黑龙江	798.67	福 建	1 032.05	河 北	1 449.94
上 海	808.49	江 苏	1 064.25	云 南	1 591.10
吉 林	809.13	陕 西	1 078.51	内蒙古	1 686.72
重 庆	894.27	四 川	1 085.91	山 西	1 921.93
湖 南	911.00	安 徽	1 088.76	贵 州	2 328.02
江 西	922.46	辽 宁	1 119.99	甘 肃	2 398.81
海 南	922.89	浙 江	1 176.50	青 海	3 862.12
山 东	972.49	河 南	1 218.36	宁 夏	4 720.74

由于生产结构以制造业为主，在能耗较大的中国，苏州的能耗水平也是相对较高的。图 1-16 是 1990—2011 年苏州单位 GDP 的耗电量①。可以看出，20 世纪 90 年代初期，苏州的单位 GDP 耗电量比较大，从 1995 年开始，维持在一个相对低的水平上，2009 年，苏州市万元 GDP 的耗电量为 1 136.85 千瓦时，相比表 1-10 中 2009 年全国的情况，仍然高于全国大部分省份。

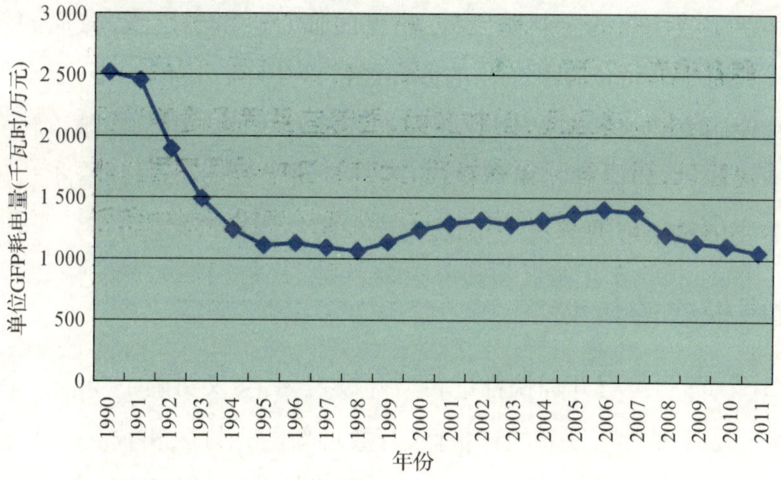

图 1-16　1990—2011 年苏州市单位 GDP 耗电量

(3) 空气质量较差

2012 年，从空气质量来看，苏州市环境空气污染属煤烟型和石油型并重的复合型污染。可吸入颗粒物是影响城市环境空气质量的首要污染物。苏州市区环境空气中

① 单位 GDP 耗电量 = 全社会用电量/GDP。

二氧化硫、二氧化氮和可吸入颗粒物浓度年均值分别为0.030毫克/立方米、0.049毫克/立方米、0.079毫克/立方米，仅达到国家《环境空气质量标准》(GB 3095—1996)二级标准要求。苏州市区降水pH值范围在3.43~7.95之间，pH年均值为4.75；酸雨发生频率为70.7%，比2011年提高23.0个百分点。① 环境问题的解决和可持续发展的实现，迫切需要城市的整体转型。

第四节　苏州的城市转型

苏州是中国经济发展中具代表性的地区之一，在改革开放30多年的历史进程中，苏州的经济发展取得了显著的成绩。20世纪80年代的“苏南模式”开创了中国经济新的发展方式，90年代中期之后的开放型经济使苏州经验被竞相效仿。30多年里，苏州经济的转型变化和演进，其社会经济意义巨大，几乎成为中国宏观层面经济转型的一个缩影。

如今，在全球经济迅速发展和转变的今天，适应新的全球经济形势，实现城市的转型发展是每一个现代城市都无法回避的课题。中国发展到工业化后期，整个国家正处于结构调整和新型城镇化的全新阶段，苏州也面临着经济、社会等方面的新问题。全球经济的不景气对于外贸依存度较高的苏州经济产生了一定的冲击；成本的上升使得部分外资向其他国家和地区转移；外来人口和失地农民问题也急需城市转变发展和治理模式去接纳这些人口，促进其本地化；生态环境可持续发展问题不断凸显……所有这些问题都需要依靠城市经济、社会和城市治理的整体转型来解决。

一、发展模式的转型

2010年3月，苏州市召开加快推进转型升级大会，会议明确了今后一个时期，在苏州建设“三区三城”(即科学发展的样板区、开放创新的先行区和城乡一体化的示范区，以及以现代经济为特征的高端产业城市、生态环境优美的最佳宜居城市和历史文化与现代文明相融的文化旅游城市)的总体战略。

以低成本为特征的制造业发展和外向型模式推动了苏州经济的快速发展，创造了苏州神话，但也是人口和社会问题、资源与环境问题产生的根源。全球经济的不景气

① 2012年度苏州市环境状况公报.苏州市政府网站，http://www.suzhou.gov.cn/xxgk/jdjc/hjbhjdjc-qk/201306/t20130606_242702.shtml.

和生产成本的上升给苏州发展模式提出了挑战，但同时也是苏州转型的有利契机。新型城镇化的不断深入为苏州的城市发展注入了新的动力，苏州需要寻找新的发展模式。

1. 从后发优势驱动的制造业主导发展模式向城镇化驱动的服务业主导发展模式转型

城市发展从以制造业主导的模式向以服务业主导的模式转型几乎是所有发达国家和地区的城市都经历过的阶段。欧美国家的一些城市这种转型发生的时间较早，伦敦在19世纪中叶就进入了服务业主导阶段，纽约进入20世纪，金融业、文化艺术业、保健和教育行业、室内设计、时装、旅游和信息业就具有重要的地位。东亚和东南亚国家城市转型要晚于欧美国家，东京在20世纪30年代开始了去工业化，首尔大约在1975—1985年实现了转型。20世纪80年代，新加坡开始步入服务业发展阶段。①

苏州市的经济发展在很长时间内充分利用了经济全球化所带来的"后发优势"来发展制造业，即瞄准先进国家的先进科技和产业，用模仿和学习的方式不断地追赶，以期达到快速的经济增长和缩小发展差距的目的。

这种"后发优势"战略的主要特征是：在技术上主要是靠引进，或在研发上跟踪模仿国外先进技术；在产业上主要是靠创造优良的投资环境吸引外国直接投资，承接发达国家的产业外移或外包，而不是鼓励本国公民、本国企业进行自主投资或自主创业；在投入上主要是依靠低级的、一般性的生产要素而不是高级的、专业化的要素发展劳动密集型产业，或承接发达国家转移的高技术产业的低端生产加工环节；在比较优势上是用低成本要素而非依靠生产率提升参与国际分工和竞争，进入发达国家跨国企业控制的全球价值链的底部进行国际代工。②

在这种模式下，苏州市的经济发展对制造业的发展和供给方因素过度关注，导致产业低端，服务业发展滞后。随着低成本优势的丧失，苏州市的产业面临着东南亚和南美一些新兴国家的激烈竞争，一些劳动密集型产品的生产已悄悄地转向成本低廉的新兴国家。随着城市化水平的提升，苏州市应充分利用城市化的契机，推动城市的进一步转型。以城市化为主导的经济转型不同于以工业化为主导的经济转型，主要表现为③：

第一，更为关注服务业的发展。以工业化为内容的经济转型升级偏向工业投资，

① 左学金等. 世界城市空间转型与产业转型比较研究[M]. 北京：社会科学文献出版社，2011：24.

② 刘志彪. 发展战略、转型升级与"长三角"转变服务业发展方式[J]. 学术月刊，2011(11).

③ 刘志彪. 以城市化推动产业转型升级兼论土地财政在转型时期的历史作用[J]. 学术月刊，2010(10).

追求工业制成品的质量和技术水平,结果往往使经济体系的资本密集度得到大幅度的提高。以城市化为内容的经济转型升级,因为要解决城市化过程中的企业生产和居民生活的基础设施和环境问题,因此把资源大量地投入到消费服务、生产服务和公共服务产业中,如公共基础设施和医疗、教育等方面,着力为进城居民塑造城市化的生活方式,其结果必然是农民的市民化、服务业的高速发展、外来务工人员更容易融入到城市中来,从而带动社会转型和管理转型。

第二,更有力推动需求增长和市场形成。以工业化为内容的经济转型升级进程,往往会出现投资增长,生产能力提升,但是工业工人的本地化程度低,消费地和工作地脱节。因此,城市发展中,工业份额增长很快,但是需求增长有限。以城市化为内容的转型升级进程,由于对城市基本建设的巨额投资,在促进农民工市民化的基础上,必然会产生对传统产业产能和基本服务业的巨大需求并推动经济增长。

第三,更有利于解决就业问题。以工业化为内容的经济转型升级进程,偏爱物质资本投资,往往以资本、机器设备、技术为焦点。随着工业发展,必然向资本和技术密集型产业转变,因此,吸纳劳动力的能力减弱,就业问题将变得更为严峻。而以城市化为内容的产业转型升级,由于服务业往往是劳动力密集型产业,更为偏爱人力资本,随着生产服务业和生活服务业的发展,不仅有利于改善企业生产的外部环境,改善居民的生活水平,也有利于实现各个层面的充分就业。

以城市化为主导的经济转型不仅要关注产业发展,还要关注企业对生产服务的需要,关注产业工人的本地化和市民化,关注扩大的城市人口对公共服务和生活服务的需求,综合的考虑有利于城市的健康发展和转型。

2. 从要素驱动的外延式开发模式向创新驱动的内涵式开发模式转型

苏州市以要素作为增长引擎的外延式开发模式过多地强调要素投入、规模和产能扩大、空间扩展,带来了高能耗和高污染的环境问题,这种外延式开发受成本和要素价格的影响比较大,也带来了制造业附加值偏低和企业创新能力低的问题。从要素驱动的外延式开发模式向创新驱动的内涵式开发模式的转变是解决城市问题、突破城市发展瓶颈的重要途径。

城市转型依赖于不断的创新,现代经济是创新所引领的经济。新技术、新产品、新服务和在此基础上培育的新需求是经济增长的来源。经济学家约翰·霍金斯(John Howkins)把创新驱动型经济界定为其产品都在知识产权法保护范围内的经济部门。知识产权有四大类:专利、版权、商标和设计。每一形式都有庞大的工业与之相应,全世界创新驱动型经济每天创造着220亿美元的经济产值，并以5%的速度增长。[①]

持续的创新，不能单纯依靠某种新技术的研发或引进，或者某种新产品的生产，而是依赖于一种有利于创新的体制。创新能力既不是单个企业的技术创新能力，也不是区域内所有企业技术创新能力的简单加总，而是在区域创新体系内，以企业为主体的技术创新条件及实现能力的综合水平。国内对自主创新能力评价体系的研究有较大影响力的是中国科技发展战略研究小组的《中国区域创新能力报告》。该报告将区域创新能力定义为：一个地区将知识转化为新产品、新工艺和新服务的能力，是基于知识创造能力、知识获取能力、企业技术创新能力、创新环境与管理能力、创新绩效五个方面指标的综合评价[②]。

原加州大学伯克利分校的校长田长霖教授认为，一个高科技园区成功的重要条件之一，就是要有一个知识中心[③]，而地方高校在构建这个知识中心中扮演着重要的角色。典型的案例就是硅谷的创新和持续的产业升级在很大程度上得益于当地的斯坦福大学、加州大学伯克利分校等知名学府。要实现产学研的结合，构建有活力的创新中心，需要各种要素和制度上的保证。

进入创新驱动的内涵式发展模式的评价标准一般包括：①创新综合指数明显高于其他国家，科技进步贡献率在70%以上；②从创新投入来看，研发投入占GDP的比例一般在2%以上，研发投资的较大部分投向产业领域；③从创新过程来看，大量创新活动是原始创新，对外技术依存度指标一般在30%以下；④从创新产出来看，创新产出高，发明专利多；⑤从产业发展来看，创新不仅仅体现在科技优势上，而且体现在产品或服务的国际竞争优势上；⑥从社会发展来看，创新驱动不仅体现在经济增长上，而且扩散到社会发展、环境改善、体制优化等多个领域。可见，创新驱动的内涵式发展涉及城市的方方面面。2011年，苏州市区共有大中型工业企业755个，其中有研发活动的有285个，占比37.7%，市区大中型企业研发投入为658 838万元，占市区GDP的1.62%，距离上述标准还有一定差距，体现在创新投入有限、自主创新能力较低、创新产出能力不高、发明专利比重低、创新在整个社会的扩散不足等方面。要实现从要素驱动的外延式开发模式向创新驱动的内涵式开发模式的转变，苏州还需要从多方面继续努力。

---

① 左学金，等. 世界城市空间转型与产业转型比较研究[M]. 北京：社会科学文献出版社，2011：32.

② 徐国泉. “双三角”主要城市自主创新能力的比较研究——以苏州自主创新能力建设为视角[J]. 科技管理研究，2012(16).

③ 徐井宏，张红敏. 转型：国际创新型城市案例研究[M]，北京：清华大学出版社，2011：276.

二、多维目标下的城市转型:探索苏州新模式

长期以来,对经济的关注促进了苏州经济的快速增长。但是,不断出现的社会问题提醒我们,单纯的经济增长是难以持续的。苏州的整体转型需要跳出单纯关注经济增长的局限,不仅要创造产品的富足,也需要创造精神的富足,这些都需要社会的进步和管理的变革。

改革开放以来,苏州市的经济发展是在全球化的大背景下,由计划经济向市场经济的转变所带动的,经济发展是推动社会进步的重要力量。随着经济的发展,苏州的社会制度也在不断地变革,由以集权、人治为主要特征的臣民社会向以民主、法治为主要特征的公民社会转变。在这一变革中,城市政府不断地调整着自己的角色,从行政型政府向服务型政府转换,不断创造新的制度模式和服务方式来适应经济和社会的变革。

新型城市化和城市转型使得整个城市面临新的挑战,应对这个挑战需要经济、社会和管理方式的综合变革。在转型的过程中,经济转型起着主导性作用,是社会进步和管理水平提升的基础。在经济转型的过程中,整个社会的群体构成、人与人之间的社会关系发生着变化,社会转型随之发生,而且会反过来影响经济转型的走向。这就给政府的公共管理提出了要求,如果公共管理不能适应经济和社会发展而实现管理上的转型,那么将导致一系列经济社会问题,社会管理的转型需要跟上经济转型的步伐。社会进步和管理的改善又会吸引优质的资本和劳动力,从而促进经济的进一步发展。

因此,城市转型不是一维的,而是经济、社会、空间、管理和生态等多维关系的协调统一。经济转型是最为基础的核心影响因素,它决定着生产和分配,影响着资源的配置、社会结构和人们的福利。同时,城市发展中不断出现的社会问题和日渐尖锐的社会矛盾,急需我们了解社会的变化和转型的方向,从而转变管理方式,来体现社会转型所带来的利益诉求,这就需要求助于社会管理的转型。只有从统一的角度看待三者关系才能促进城市健康持续发展。

在经济层面,苏州面临着产业的重塑和空间结构的调整,面临着创新能力的提升,面临着从"苏州制造"到"苏州创造"的转变;在社会层面,苏州长期以制造业带动的经济增长和城市化,带来了大量的农村人口和外来人口涌入城市,人口结构出现了巨大的变化,随之而来的是老城区、新城区都面临着不同的社会问题;在城市公共管理层面,转型需要政府职能的再定位,城市政府需要积极面对城市经济和人口发展的新趋势,转变政府的角色,从经济增长向公共治理转变,从管理者、建设者角色向服务者转变。政府需要理顺政府内部关系,政府与市场、政府与社会组织以及政府与民众的关

系，实现公共管理的转型。

20 世纪 80 年代，苏州在经济发展中成功地利用了改革开放的契机，大力发展乡镇企业，实现了从传统经济到以乡镇企业作为发展引擎的“苏南模式”的第一次转型。20 世纪 90 年代，苏州抓住了全球化和对外开放的契机，利用苏州高新区和工业园区作为载体，吸引了大量的国外投资，带动经济发展和社会变革，实现了从“苏南模式”到以开放型经济带动城市发展的“新苏南模式”的第二次转型。现在，全球的经济形势和苏州的新特点，又给苏州的城市发展提出了新的要求，苏州必须面对新的挑战，抓住新的发展机遇，在经济、社会和城市治理等方面做出新的调整，再造一个更有活力的苏州模式。

（本章执笔人朱妍，女，1978 年生，苏州大学·邦城未来城市研究中心研究员，博士，苏州大学政治与公共管理学院讲师，研究方向为城市经济与管理。）

第二章　经济转型:创新发展新篇章

[提要]

各国经济发展的一般规律表明经济发展阶段与产业结构演变是相辅相成的,产业结构高级化、合理化过程证实经济发展的驱动力将由要素驱动转变为投资驱动,产业结构将由劳动密集型向资本密集型转变。随着人均收入进一步增加、教育水平提高、消费需求多样化、国内竞争加剧,以及大学、研究机构的发展和基础设施的改善,经济发展的驱动力进一步转向创新驱动。

苏州经济发展的演变阶段与驱动力也呈现出这种特征,从早期的乡镇经济发展转变为劳动密集、资本密集的开放型经济,随着生产要素成本上升,资源能源短缺以及环境容量的约束,经济发展的驱动力逐渐转变为创新驱动。创新驱动对苏州经济发展的影响一方面体现为产业素质提升与产业结构高端化,具体表现为现代农业发展、新型工业化和战略性新兴产业的出现以及高端服务经济的繁荣,另一方面体现为产业布局空间优化,具体表现为长三角经济一体化、开发区的二次创业和苏州空间结构的网络状发展。苏州经济发展的未来更离不开创新型经济的发展,需要建立促进创新型经济发展的外部环境和内在动力机制。

第一节　苏州经济发展的阶段演变

苏州作为"苏南模式"的发祥地,其发展历程既是苏南地区的缩影也是我国经济转型的一个窗口。改革开放以后,苏州经济发展经历了从20世纪70年代末至90年代初的乡镇企业,到90年代中期至21世纪初的劳动和资本密集型的开放型经济,再到金融危机后大力推进的创新型经济。有人把苏州经济的转型概括为从"苏南模式"到"新苏南模式"再到"苏州模式"的演进。虽然自改革开放以来的三十多年中,苏州的经济发展方式也引来多方争论[①],但是其随着特定政治环境和经济环境改变而摸索的苏州之路的确让这个历代被誉为“鱼米之乡”、“人间天堂”的地方成为了令人瞩目的经济发展高地。

一、苏州经济起步:乡镇经济

如前所述,苏州历史上已有包括丝绸、轻工业、手工业、机电等在内的城市工业基础,但规模不大,特色不明显。苏州真正脱颖而出,始于名噪一时的“苏南模式”,并不得不联系到乡镇企业的发展,乡镇企业包括乡镇办企业、村办企业、农民联营的合作企业、其他形式的合作企业和个体企业等。早在改革开放前,苏州的社队企业就已经有萌芽发展的趋势,随着1978年开始的改革开放,农村家庭联产承包责任制释放了大量的劳动力,这为苏州的乡镇企业发展提供了劳动要素,农村经济在周边城市的辐射带动下走了一条“以工补农、以工促农”的路子,一时之间“村村点火,乡乡冒烟”的乡镇企业拉开了苏南“离土不离乡”的农村工业化序幕。乡镇经济门类很多,包括农业、工业、交通运输业、建筑业以及商业、饮食、服务、修理等。但是在初期,由于受到兴办主体的认知水平等限制,基本上是小打小闹办工业,在农村工业化初期,上马的基本上都是投资少、产出快、技术要求低的企业。但由于当时的短缺经济,工业产品有卖方市场的支撑,奠定了苏州农村发展的基础。集体所有的这种组织形式有利于资本的快速积累,令苏州的乡镇企业实现了飞跃。随着规模的扩大和接受上海地区技术等方面的辐射,苏州乡镇企业的规模日益扩大,数量逐渐增加。以苏南的数据为例,到1990年,苏南农村工业企业个数增至33 813家,职工数达到279.57万人,总产值734.77亿元,发放职工工资40.02亿元,实现利税25.11亿元,固定资产原值197.11亿元。乡镇企业的发展是苏南人民改变现状的选择,实现了当时的城乡融合,也为三十年后的苏州城乡一体化发展奠定了基础。

乡镇经济的发展促进农村生产力水平的提高,主要表现为:首先,乡镇企业为苏州农村走出计划经济时期的农业低效、劳动力束缚在土地上的耕作方式找到了新出路。改革开放以前的农村,土地集体所有、集体经营的农民公社制度让农村几乎陷入零边际产出的恶性循环,而农业的低产量又不能满足城市人口发展的需要,所以一度呈现逆城市化现象,城乡经济失去活力。这时苏南的社队企业就已经有萌芽的趋势,这是一种诱致性制度变迁,当时社会对于这种萌芽也有不同的看法,但是苏州的基层政府对于农村工业化还是有远见的,他们认为,无农不稳,无工不富,无商不活。他们抱着

---

① 佚名.从争论到超越——苏南模式的转轨[J].南风窗,2002(11).

要改善现状的心态,让社队企业在计划经济时代的夹缝中生存,这在一定程度上为乡镇经济的发展奠定了基础。其次,在改革开放后,乡镇企业为苏州的农村工业化、就地城镇化奠定了基础。随着户籍制度的放松以及土地承包责任制度的改革,农民不再困于土地、苦于土地,曾经生存在夹缝中的社队企业进入了自由成长的时期,工业产值"三分天下有其二"是其辉煌时期的真实写照,农民在集体兴办的企业中实现二产就业,提高了农业边际生产量,也增加了务工收入,劳动力的积极性大为提高。当然,苏州的发展还得益于上海经济的辐射,20 世纪八九十年代的"星期六工程师"就是上海经济辐射苏州的明证,他们为出生相对低端的集体经济注入技术的力量。再次,乡镇企业的发展为之后的苏南外资入驻和制造业发展积累了资本和营造了环境。农民在乡镇企业的就业使其思想观念得到产业经济的熏陶,效率、责任、纪律、制度意识逐渐深入人心,法制观念不断强化,企业的管理理念和市场经济的意识逐渐萌芽,为后来开放型经济的发展积累了相应的基础。

苏州人凭借着"四千四万"(走遍千山万水,历尽千难万险,说尽千言万语,吃尽千辛万苦)的精神一路探索,发展并确立了苏南乡镇企业模式。到 1994 年,乡镇企业的发展达到了巅峰时期,但是随着短缺经济时代的告别,乡镇企业高污染、高消耗、低效益、低竞争力等弊端日益显现,使其不得不走上改制之路。究其原因,主要有:一是集体产权不明晰,集体资产在经营中流失,治理结构缺失;二是政企不分,乡镇政府和村一级组织对企业的干涉力度过大。所以在 90 年代初的改制中主要改变了原先单一的集体所有制,以社区政府为主导,把小微企业私有化,中型企业改制为经营者控股有限公司,大型企业则视具体情况切块改制。从 1997 年以后,产权不明晰的企业基本改制为私有企业或者混合所有制企业,基本解决了产权不清和政企不分的问题,到 90 年代末其财务状况和经营状况发生明显好转,经过改制的乡镇企业走过没落期重新焕发了活力,而同时,苏南的外向型经济也迅猛发展,苏州走过传统"苏南模式",迎来了"新苏南模式"。

图 2-1　乡镇企业丝织厂

图 2-2　乡镇企业车间一角

二、苏州经济腾飞:开放型经济

苏州开放型经济的发展有其独特的地理区位优势。苏州东临上海,南临浙江,西抱太湖,北依长江,具有较好的交通条件,能最大限度地接受上海的辐射。苏州借着20世纪90年代浦东开发开放的东风,掀起了招商引资的热潮,同时乡镇企业的发展瓶颈迫使苏州寻求新的经济增长点,改变遍地开花、粗放式发展的乡镇工业模式。从20世纪80年代末开始,苏州的开放型经济已经有所萌芽,当时利用外资、对外贸易有所起步,而到90年代以后,尤其以中新合作苏州工业园区的建设为标志的园区(开发区)经济让外向型经济成为了新苏州模式的特点。苏州以不到全国0.1%的土地,实现了全国10%的进出口额,出口额连续十年位居全国第三位;实际利用外资约占全省的1/3和全国的10%,绝对额位居全国第二位;境外中方投资额占江苏省的1/3。表2-1和表2-2分别反映了苏州与长三角几大城市(南京、杭州、无锡)2005—2011年的进出口总额和实际利用外资的情况。可见,苏州的进出口总额远高于其他三城市进出口总额之和,而实际利用外资数量也基本与其他三城市之和持平,可见苏州经济的外向程度之深。

表2-1　2005—2011年苏州与长三角主要城市进出口总额对比　(单位:亿美元)

年份 城市	2005	2006	2007	2008	2009	2010	2011
苏州	1 406	1 743	2 118	2 285	2 014	2 741	3 009
南京	270.9	315	362	406	337	456	573
杭州	298.7	389.09	434.26	480.65	404.2	523.6	639.7
无锡	291.9	392	511	560	439	612	超700

表2-2　2005—2011年苏州与长三角主要城市实际利用外资对比　(单位:亿美元)

年份 城市	2005	2006	2007	2008	2009	2010	2011
苏州	51.2	61	71.6	81.3	82.3	85.3	89.1
南京	14.2	17	20.6	23.7	23.9	28.2	35.6
杭州	17.1	22.6	28	33.1	40.1	43.6	47.2
无锡	20.1	27.5	27.7	31.7	32	33	—

苏州开放型经济主要体现为以下几方面:首先是开发区经济的发展。20世纪80年代,随着改革开放国策的推行,昆山市仿效国家级经济技术开发区的做法,率先自己规划、自筹资金、自费兴建中国第一个占地3.75平方公里的工业新区,以此为契机拉开了苏州开发区建设的序幕。开发区经济发展推进的开放提升是苏州迈向基本现代化的必由之路,开发区的重要作用主要表现为:一是起到产业集聚的作用,基建共享、服务平台共建、污染集中处理,并且能增加相关企业交流创新的机会;二是为外企的入

驻提供政策优惠，在20世纪末和21世纪初，通过优惠的土地、税收政策，吸引企业的进入。其次是进出口总额、直接投资额的增加。以2011年的数据为例，苏州全年进出口总额达3 008.63亿美元，比上年增长9.2%。在过去的10年中，除了受金融危机的影响，2009年进出口贸易下降以外，其他年份整体表现尚好，尤其在2007年以前，进出口总额基本以两位数字增长，成为了苏州经济腾飞的有力翅膀。再次是初步形成"世界工厂"。21世纪初，苏州凭借高新技术开发区与工业园区等数个国家级和省级开发区建设以及长三角对全国劳动力的吸引，成为了中国最大的廉价劳动力集聚区，构成了"两头在外"的发展格局。低廉的工资、优惠的土地价格和税收政策让苏州的GDP节节攀升，除了2009年，过去10年的GDP年增长率基本维持在15%以上。自2004年以来，苏州一直以逐年猛增的工业产值占据全国第二大工业城市的位置，是仅次于上海的另一制造业中心。占据当地经济总量半壁江山的外资，不仅使苏州变成中国经济总量最大的地级市，同时也使其成为国内诸多城市学习的样板。苏州成为全国乃至世界瞩目的"世界工厂"，一是，解决了我国之前劳动力过剩的问题，为周边农村和中西部地区提供了大量的就业岗位；二是，大力推进了城镇化的进程，到2012年，苏州的城镇化率达到了72.3%，基本上达到了发达国家的水平，这得益于开发区建设的土地扩张，也得益于劳动密集型企业对人口的吸引；三是，苏州成为了一座集古典优雅与现代摩登于一体的城市，由于其对外开放度较大，因而受国际化的冲击较大，所以新鲜的理念较易融入苏州人的生活。

但是"新苏南模式"让苏州经济快速发展的同时，开放型经济的弊端也日益显现，尤其在2008年世界金融危机以后，更引起了人们的关注，同时，"强市与富民"成为了专家学者和民众争论的焦点。首先，苏州"两高一低"的经济发展模式堪忧，从宏观经济的"三驾马车"来看，苏州主要通过投资和净出口拉动经济增长，而消费的水平偏低。苏州的制造加工业常年处于"微笑曲线"的低端，产品附加值低，科技含量低，并且通过代工企业压榨了劳动力，获得了税收和国民生产总值的增长，但是并没有真正使劳动者富裕起来和实现可持续发展。二是，招商引资引起的恶性竞争以及地区产业间同构现象严重。在20世纪末和21世纪初，由于乡镇企业的改制和苏州经济的转型，借着浦东开发开放的这股春风，苏州经历了"饥饿招商"阶段，在开发区中并没有形成产业链的集聚，因而降低了规模收益，同时随着经济规模迅速扩张，重化工业发展迅猛，苏南地区资源消耗过快，环境承载能力弱化，一些地方的生态环境趋于恶化，加上大量发展劳动密集型产业，外来人口过快增长，给苏南的劳动就业、社会治安、基础设施和环境卫生等方面带来了很大压力。而长三角地区几乎处在相同的发展阶段，苏州的产业结构与整个长三角地区高度趋同，主要是第二产业发展迅猛，而第三产业发展相对滞后。

所以经济效益主要被入驻的企业和当地政府瓜分了，而当地居民并没有充分享受到外资的好处。三是，外向型经济易受国际经济形势的影响。20 世纪末，我国的开放型经济尚处于成长阶段，1997 年的亚洲金融危机，由于政府应对措施得当，没有严重影响我国东南沿海制造业的发展。而 2008 年以后，由于劳动力、土地、能源、环境要素优势的丧失，苏南的制造业已经进入发展的成熟期，这一次的金融危机对以外向型经济为特征的苏州影响颇大，2009 年的进出口总额比 2008 年下降了 11.8%。外需不稳甚至萎缩的趋势难以在短期内逆转，主要发达国家市场需求规模和结构会发生较大变化，以人民币为代表的新兴国家货币升值压力增大，国际金融危机加速了科技革命和产业革命的到来，摆脱加工贸易型经济，实施进一步转型势在必行。四是，面对近几年的民工荒和人地矛盾等压力，苏州地区的转型迫在眉睫。由于我国即将迎来人口的刘易斯拐点，预计从 2015 年开始我国的劳动力人口绝对数量将下降，而劳动力素质也相较于十年前有较大的提升，所以苏州要告别传统的要素驱动式的发展，实现开发区二次创业；注重产业链的集聚，实现从微笑曲线底端向两端延伸；注重科技、人才、资金等要素的结合，实现新阶段的产业转型。

图 2-3　苏州工业园综合保税区

图 2-4　苏州工业园区金鸡湖

三、苏州经济升级:创新型经济

随着苏州地区在过去一段时间内的快速发展,其资源、环境问题日益突出,经济社会发展与土地、劳动力、能源等资源短缺和原材料价格上升的矛盾进一步加剧,产业低端化扩张难以为继,成为制约其进一步发展的"瓶颈"。例如土地资源锐减,在国家严格保护耕地的政策下,甚至已经到了无地可用的地步;电力、石油、煤炭等资源供应不足,而需求快速增长,能源危机日益加剧;2007 年春夏之交爆发的太湖蓝藻事件,更把长三角地区的环境问题暴露无遗。所有这一切,都导致了这一地区生活资料和生产资料价格的大幅上涨,环境保护成本也在增加,最终推动了该地区综合商务成本的全面、快速上升。根据苏州市工业"十二五"规划,在"十一五"期间,其工业经济综合效益指数低,企业盈利能力较弱;高新技术产业产值比重较小,企业的研发投入薄弱;外贸结构中的加工贸易比重依然较高,附加值低;工业产出能耗大,效率低;发明专利比重低,科技原创能力差。约翰·弗里德曼将城市的发展分为两种模式:一种是"城市营销",其实这根本不能被称为一种模式,而只能认为是实现城市发展的一种手段而已,通过奉献当地廉价的劳动力和土地要素,实现短期目标的城市发展。苏州近二十年来利用的就是"城市营销"的手段,其粗放方式让当地人民承担了负的外部经济效应。代工企业让劳动力演化为加工机器,富士康的跳楼悲剧是机械的劳动力对枯燥的工厂生活的无言反抗;曾经的江南水乡水质成为了人们的心头之患,如此种种无不传递着为高速发展所付出的沉重代价。过度的外生型的经济发展方式,让苏州失去了自我调节与恢复的能力。另外一种是"准城市国家",这是一种内生的、具有全局观和长期性的城市发展模式,注重长期性与可持续性。而要获得这种抵御外界波动的能力,从传统的外延式发展转型为内涵式的经济发展模式,其涉及资源的集约利用、环境的保护与优化、产业链的延伸、技术的进步、人才的引进以最终实现产业与地区的可持续发展,所以"创新驱动"提上了苏州发展规划的议程。创新型经济是经济全球化和科技全球化的产物,具有科技支撑,以自主创新为推力,以高增长、环境友好等为特征。加快转型升级、发展创新型经济,就是要集聚创新资源、集聚创新政策、集聚创新人才,围绕创新型人才队伍建设抓转型升级,形成创新型经济先发先行优势,全力打造国内一流的创新型经济发展高地。一个具有创新力的区域能够抵抗外在的风险,应对金融危机的影响,创新活动不太会因为危机的冲击而停滞或者倒退;创新能够创造需求,从而改变传统的消费方式,比如微软与苹果的革命;创新能够生成自身发展的机理,形成可持续的发展源泉。苏州各类开发区要成为发展创新型经济的引领区,由引进外资向引进创新资源转型,要主动接受高校和科研院所高科技的辐射,充分利用世界著名科技企业进入的契机，积极鼓励它们的研发中心进入，鼓励它们在工业园发展本土创新技术和产业。

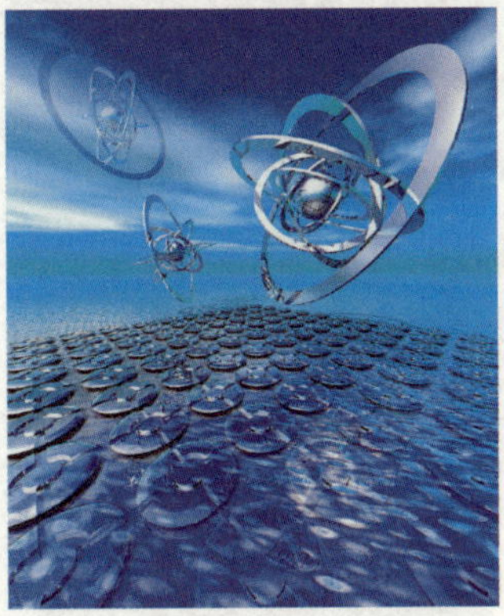

图 2-5　科技创意设计图

图 2-6　电子科技公司内景

创新型经济的基本特征是经济增长由主要靠物质（资本、劳动、土地）投入推动转向创新（知识、技术、制度）驱动，依托创新型经济进入资源节约型和环境友好型社会，形成具有自主创新能力的现代产业体系。苏州拥有发展创新型经济的硬件基础和软件基础：一是，目前苏州工业园区、苏州高新区等开发区的金融业、服务业平台的搭建，为企业的创新提供了服务保障；二是，苏州拥有服务型政府，如果转变过去的唯 GDP 主义，更注重长期的教育投资，注重人才培育项目的孕育，完善有关专利的保护措施，并且通过产学研协同创新平台的构建，提升科研转换效率，这会成为苏州实现经济转型升级的有力支撑；三是，目前苏州现代化程度高，悠久的历史文化与现代文明相结合，时尚又不失古朴，具有孕育创新的人文积淀。在 2008 年金融危机以后，苏州的创新驱动发展形成了继“新苏南模式”后的“苏州模式”。

目前苏州正成为以高新技术产业为主导的现代制造业基地，产学研紧密联合、各类人才聚集的技术创新基地。首先，苏州工业园区高教平台的搭建，促进了产业升级与人才的集聚互动。苏州独墅湖科教创新区是苏州工业园区转型发展的核心项目，区内已建成生物纳米园、创意产业园、腾飞创新园、大学科技园等科技创新载体 200 多万平方米。中国科学院苏州纳米技术与纳米仿生研究所落户区内，区域成功获批国家级纳米技术大学科技园，成为全国首个以专业化为特色的大学科技园。其次，注重走出去和引进来相结合。苏州鼓励将一些丧失比较优势的产业转移到苏北或者中西部地区，以实现在有限的空间范围内培育高端产业，促进高端制造业的发展。再次，苏州加大对教育和科研的投入。2008 年苏州全市研究与试验发展经费支出占地区生产总值的比重为 1.8%，而 2012 年苏州国民经济统计公报显示，其占比将达到 2.6%，专利申请量和授权量分别达到 14 万件和 9.8 万件，分别比上年增长 37% 和 27.2%，专利申请量和授权量均列全国大中城市第一位。新增中国驰名商标17件,累计达75件,苏州成为首批国家知识产权示范城市。另外,苏州在加快都市型科技产业、楼宇经济、总部经济等发展的同时,在现代服务业、文化产业、旅游业方面也另辟蹊径。以平江区为例,其认真梳理辖区资源,将散落在大街小巷中的老厂房、老仓库进行改造,建成发展创意产业的载体,包括桃花坞文化创意产业园、容·创意产业园、博济科技创意园、苏州婚庆创意产业园等。老城区也因地制宜地发展着高附加值的知识经济,提升了苏州第三产业的多元性。

但是技术的创新终究需要制度创新来作为保障,产业的发展并非经济发展的终极目的,经济发展最终还是服务于人之本体。苏州的强势政府是经济发展的双刃剑,其强大的财力可以建设一个开放型的苏州,但是一个内生发展的创新型城市还需制度创新来保驾护航。苏州通过建立人才激励制度、完善的社会保障制度、外来人口的登记制度以实现人的发展;通过创新产业、教育的新联合机制以实现科研成果的高转化;通过创新土地制度以提升开发区建设效益;通过金融制度的创新以满足创新型企业、科技型企业的融资需求等。即用创新驱动苏州经济发展,加快发展现代服务业,使制造业向品牌化、高端化发展,创新型经济将助推苏州创新型城市的发展。

案例一:苏州经济转型升级

英国学者克里斯·布拉莫尔说:"中国的转型之路,标志着中国引领世界时代的开始。"

8年前苏州曾为一个鼠标喟叹,一个在苏州生产、在美国售价40美元的鼠标,我们只能拿到3美元,因为没有核心技术,没有自主品牌,有相当的利润都流进国际资本的腰包。进入21世纪第二个十年,苏州走出了一条"从要素拉动转向创新驱动、从制造业为主转向以服务业为主的"转型之路。比如独墅湖畔的纳微生物科技有限公司里,一小滴在苏研发生产、只有0.1克的纳米药水,市场售价高达两三千元,不仅打破了日美等国的垄断,还抢占了国际市场制高点。近年来苏州的集成电路、生物、医药、节能环保、高端装备制造业产值保持10%以上的增速。新兴产业占规模以上工业总产值的比重达到43%。产业升级、布局优化,吸引了越来越多的国内外新兴产业巨头在苏设立研发中心,金鸡湖金融商贸区、狮山路综合商贸区拔地而起,吸引国内外大型金融机构纷至沓来。

要素拉动转向创新驱动,制造业转向服务业,这两个精彩转向为苏州经济发展辟出了"更快、更高、更强"的新通道。

(资料来源:2011年8月5日《苏州日报》)

第二节　苏州经济发展转型的优劣势分析

一、苏州经济发展转型的历史文化优势

苏州建城以来，悠久的历史文化传统给苏州不同历史阶段的经济发展注入源源不绝的动力，这种贯穿历史的文化优势既保证了苏州经济社会发展的传续，又不断推动着苏州向前发展。公元前514年，吴王夫差的父亲阖闾让前来投奔的楚国大臣伍子胥建阖闾大城，苏州经历了漫长的古代城市发展阶段，至今已有2 500余年的历史，创造了杰出的农耕文明。余秋雨先生曾这样描述过苏州城："我们的苏州城，却悄悄地过了自己2 500周年的生日。时间之长，简直有点让人发晕。"苏州作为太湖流域地方政权的政治军事治所所在地，在地方政府的治理下，城墙、城门、衙门殿宇、河道、桥梁、街道市坊等城市构件不断得到重建、扩建和新建，苏州的曲巷通不过堂皇的官轿，而民风不崇拜肃杀的禁令，因此苏州人的骨子里崇尚的是"和合精神"，其表现为：崇文、融合、创新、致远。[①] 苏州崇尚多元化经营，其早期的手工业、民族工商业的萌芽，与其崇尚的平等自由之精神和不热衷于仕途不无关系。20世纪80年代的苏南模式正是在计划经济的夹缝中得以孕育，同时借着改革开放之春风成长。"苏南模式"的萌芽源于苏南人民对于改善自身生活的愿望，也得益于基层政府的积极探索，既开启了农村工业化之路，也为苏州的现代化之路奠定了基础。20世纪80年代苏南工业化的发展与地方政府公司主义的形成密切相关。当时中央由于统收统支的财政危机被迫进行财政体制改革，中央与地方"分灶吃饭"，地方政府在发展经济的过程中逐渐形成地方政府公司主义，通过村社集体直接占有本村的生产要素、劳动力要素和村社成员福利分配完成原始积累，在此基础上，乡镇政府党政负责人和村社党政负责人成为事实上的企业董事长，相当于政府直接管理、调度一个地方的资源，形成了一个非正式的公司治理结构。在乡镇企业发展的早期，这种非正式的企业制度促进了苏南工业化的发展[②]。

苏南人的崇文、融合、创新、致远的精神也成了苏州从一维的"古苏州"到三维的"古苏州、新苏州、洋苏州"转变的内在文化动因。古苏州孕育了苏绣、昆曲、园林，而城市的发展不仅需要传统文化的传承也需要现代经济与文明焕发活力。伍子胥建造"阖

---

① 刘佳."和合文化"与苏州城市精神[J].重庆科技学院学报(社会科学版),2012(24).

② 温铁军等.解读苏南[M].苏州:苏州大学出版社,2011.

阊大城”时苏州只有 14.2 平方公里，现在苏州市区已经扩展到了 2 743 平方公里，成为一个拥有 1 300 万人口的国际化城市。苏州得益于其优越的地理位置，随着 20 世纪 90 年代浦东的开发开放，苏州受到了开放思想的辐射。新加坡几经选择，最终把工业园区放在了具有圆融、开放、创新精神并与上海地缘相近，同时又具有一定工业基础的苏州，从此开启了现代化苏州的新篇章。苏南人的兼容并蓄、居安思危、与时俱进成为了苏州在发展中不断进取转型的思想动力，其善于创造并接纳新事物，乐于反省与改进，并且崇尚市场的力量。20 世纪 90 年代中期由于经济形势的转变，乡镇企业政企不分的弊端逐渐显现，政府直接参与企业治理，任意支配企业的资源，加重企业负债，乡镇企业的改制显得刻不容缓。浦东的开发开放把苏州带上了国际经济的舞台，带有产业结构调整性质的外资大规模进入和乡镇企业的产权结构调整同步进行，把苏州经济发展的层次提到了一个新的水平。正是苏南人“四千四万”的精神造就了今天的苏州，由于能抢抓先机，较好地把握转型的时机，苏州适时地成为了开放型的城市。开放型经济把苏州放在全球化的浪潮中与国际共舞，经过二十多年的发展，苏州的 GDP 已经过万亿大关，成为了江苏甚至全国的高地。现代苏州不仅是一个有着江南书卷气息和水墨色彩的水乡，更是一个融入众多国际化元素、兼具时代特征的新城，是一个苏州园林与东方之门交相辉映的“新苏州、洋苏州”。

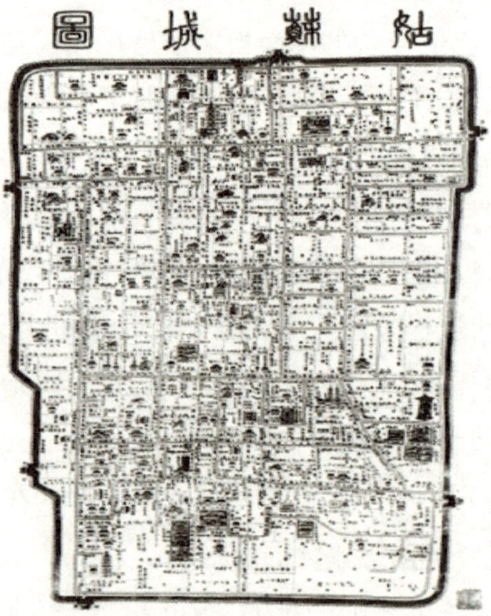

图 2-7　古代苏州城

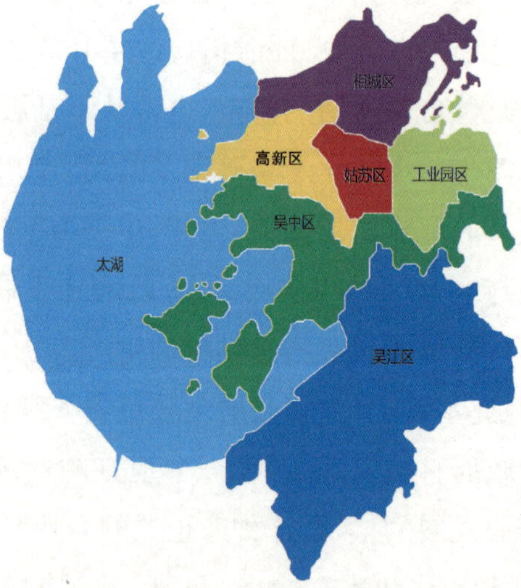

图 2-8　现代苏州城

从农转工的“苏南模式”到内转外的“开放样板”，再到量质并举的“小康典范”并实现发展的转型与创新，苏州都走在了全国前列。2003 年，为全面贯彻落实中共十六大精神，江苏省提出了率先全面建成小康社会、率先基本实现现代化的奋斗目标，而苏州作为江苏的先行者成为“率先”中的典范。2005 年，苏州大市向全国宣布已率先全面建成小康社会，从此，苏州进入了巩固小康成果、提高建设水平、率先向基本实现现代化迈进的新阶段。“补短”、“补软”和“补缺”，对照科学发展观的要求，使全面小康建设成果进一步巩固，同时苏州大市也明确了力争到2015年率先基本实现现代化的目标。现代化的苏州不只是实现一个经济目标，更是实现经济、文化、生态、民生等多维目标的集合。苏州的现代化，关键是人的现代化，要树立民本、民生、民富的发展理念，努力使经济结构与收入结构同步优化，产业结构与就业结构协调提升，经济增长与民生改善更趋一致，改变传统市强而民不富的状况。在现代化发展路径上，把城市的建设、人才的集聚、产业的发展对接起来，营造创新、创业的环境，实现城市发展从规模扩张转向内涵提升，实现从“新苏南模式”到“苏州模式”的转型。

二、苏州经济发展转型的区域优势分析

长三角区域内各城市按照相同的总体发展目标，通过对核心城市和周围城市的合理布局，充分发挥各城市自身特色与地区优势，通过合理分工提高总体经济效益。上海作为长三角的中心，无疑担当着龙头的角色，而南京和杭州作为江苏和浙江的省会城市，在长三角的版图中与上海一同支撑起了区域“三角”。苏州毗邻上海，北依长江、西临太湖，在沪宁沿线，有得天独厚的地缘优势，承担着长三角次中心的角色，在长三角一体化的浪潮中成长并不断探寻发展的新路。苏州经济发展转型的区域优势主要有以下四个方面：

1. 空间一体化优势

空间布局的一体化有利于城市的职能定位，避免城市之间过度恶性竞争而导致的产业同构现象。在浦东开发开放的浪潮中，开放型经济不仅为上海经济的发展打开了大门，使得上海成为了要素汇集、分流的枢纽中心，也孕育了创新的理念和开放的思想，同时也为江浙一带引进了新理念和新资金。尤其以苏州为代表，20世纪80年代至90年代初期，苏州利用区位优势以及和上海的微观经济联系，延续已有的沪苏企业技术转移关系并合理转化为利用上海的对外开放，引进资本，苏州从传统的以农业和乡镇企业为特色的城市一跃成为了现代化要素集聚地。苏州当时的定位是上海的后花园与腹地，但是分工没有那么明显，因为尚未形成成规模的长三角区域经济一体化。随着中国加入世贸组织，中国劳动力、土地等生产要素成本低的优势使苏州成为了世界的制造车间。上海布局国际化企业的总部、研发机构、销售机构，而制造业分散到了周边城市，苏州成为了上海的制造车间。长三角区域经济一体化对于苏南各个城市而言，从空间上确定了单个城市的职能定位。

2. 产业一体化优势

产业空间布局一体化主要与主体功能区的分布有关,主体功能区是基于不同区域的资源环境承载能力、现有开发密度和发展潜力等,将特定区域确定为特定主体功能定位类型的一种空间单元。产业布局的一体化则主要抛开传统行政主导的方式,根据主体功能区的思想和地区资源禀赋特色划分产业布局,实现对禁止开发区和限制开发区的保护,对重点开发区潜力的挖掘,以及优化开发区的合理发展。产业一体化于苏州而言,淡化了其传统行政边界,以主体功能区的思想实现产业的布局定位。苏州城区大部分处于主体功能区和重点开发区,只有少数的古村落、乡村和农业用地处于限制开发区,苏州作为城镇化的重点地区,产业一体化的功能划分为产业发展提供了导向性依据。另外,城际产业链的构造,实现了地区之间的互动与沟通,其主要表现为制造业的互补。上海主要集聚跨国公司或者大型国企的总部,而苏州主要负责外企的工厂布局。随着市场的完善,苏州也逐渐走出专门为上海服务的定位,开始横向拓展,实现制造业差别型的水平分工。

3. 公共基础设施建设一体化优势

长三角交通一体化经历了三个阶段:三小时经济圈、两小时经济圈和一小时经济圈。而从建设发展过程来说,经历了四个时代:铁路时代、公路时代、大桥时代、高铁时代,这是实现同城化的历程。交通一体化于苏州而言,突出了其作为长三角节点的作用,大区域范围内的交通枢纽增强了各类要素的集聚与扩散,不仅实现了其与苏南一带的高效率,发挥了其与苏北、浙江的跨江、跨省市的交流作用,为苏州的商贸、旅游、物流等现代服务业的快速发展奠定了物质基础,另外,也降低了人才流动跨区域通勤成本,便于苏州集聚周边要素。

4. 市场一体化优势

市场一体化有利于苏州充分发挥市场的资源配置的作用,实现与区域内其他城市的分工与协作,实现优势互补,平等竞争。于苏州而言,可以充分发挥本地的产业、资源、要素的优势,实现市场的最优选择。

案例二:把握区位优势,提升苏州发展素质

苏州的发展离不开上海,上世纪80年代苏州乡镇企业、90年代外向型经济迅猛发展,都与上海的辐射带动密不可分。在这一历史进程中,我们始终坚持学习上海、服务上海、接轨上海方针,坚持“大树底下种好碧螺春”,实现了“农转工”、“内转外”的重大跨越。当前,上海正加快建设国际经济、金融、贸易、航运“四个中心”,对包括苏州在内的周边地区辐射带动作用将更加强劲，我们只有更好发挥这种区位优势，才能加快提升自身发展层次。

作为中心城市，上海在对苏州产生强劲辐射带动的同时，客观上也会对苏州产生显著的“虹吸”效应，尤其是高端产业、资本、人才等要素更容易向上海集聚。但我们也应看到，苏州有自身的比较优势，如商务成本相对较低、开发区载体具有一定竞争力、政府亲商亲才服务高效等，尤其是随着城际铁路的开通和高铁时代的到来，空间距离缩短，苏州与上海的同城效应更加明显，接轨上海面临着新的机遇。只要我们善于从比较优势入手，把握好与上海错位发展、差异化发展的定位，就一定能唱好苏州与上海产业互补、生产力布局互联、科技创新互动、体制机制改革互促的既配套协作又错位竞争的“双城记”。蒋宏坤书记指出，我们将重点抓好四项工作：一是更加注重错位发展战略性新兴产业。科学规划，着力形成有所区别、互有侧重、梯度展开、合作配套的战略性新兴产业发展格局。二是更加注重放大与上海的同城效应。借力上海引进国际优质资本、高端人才，建设区域功能性金融中心，在更多领域和层面实现联动互动。三是更加注重提升休闲商务功能。利用苏州丰富的山水资源和历史文化遗存，大力建设历史文化与现代文明相融的文化旅游城市，不断完善城市商务服务功能，使苏州成为上海绿色生态的后花园。四是更加注重推进沿沪地区全面接轨上海。加快推进太仓、昆山、吴江等沿沪地区与上海城市建设对接，产业发展对接，人才、技术、市场等生产和创新要素对接，乃至发展理念、体制机制、政策措施对接，构建苏州无缝对接上海的“桥头堡”，增创苏州接轨上海的新优势。

（资料来源：《群众》杂志 2011 年第 8 期）

三、苏州区域经济发展转型的劣势分析

苏州开放型经济遇到的困难不仅与产业本身的发展周期相关，也与国内外宏观经济形势变化密切联系。苏州外向型的劳动密集型制造企业面临着生产要素价格上升，包括土地价格、劳动力价格、能源价格、环境成本的上升，尤其在 2008 年金融危机以后，“中国制造”在成本上升和出口萎缩的双重夹击之下进退两难。2009 年耐克关闭了苏州工厂，从最初的日本迁到韩国、我国台湾地区再到继续进驻大陆的耐克已经寻找到它的新落脚点，这预示着中国“世界工厂”的职能即将被取代。表 2-3 是 2003—2011 年城镇制造业职工平均工资表，数据表明，2011 年的制造业职工平均工资几乎是 2003 年的 3 倍。在过去十年里，中国平均工资年均增速高于 10%，据怡安翰威特咨询公司（Aon Hewitt）的数据显示，虽然我国和新加坡、日本等国家相比具有成本优势，但

在与其他新兴东南亚国家的劳动力成本比较中，中国的劳动力成本是最高的，接着是马来西亚、泰国、印尼、菲律宾，然后是越南、柬埔寨和老挝①。人口红利的消失，刘易斯拐点的到来成为中国不得不转型的压力和动力。图 2-1 显示了 2000—2012 年的平均地价指数走势，可见，从 2000 年开始，工业用地地价一路攀升，虽然没有商服和住宅用地的涨幅大，但是也超过了 50%。从要素角度来看，中国的要素红利已经开始逐渐减弱。

表 2-3　2003—2011 年苏州城镇制造业职工平均工资表　（单位：元）

年份	2003	2004	2005	2006	2007	2008	2009	2010	2011
城镇制造业职工平均工资	12 671	14 251	15 934	18 225	21 144	24 404	26 810	26 810	36 665

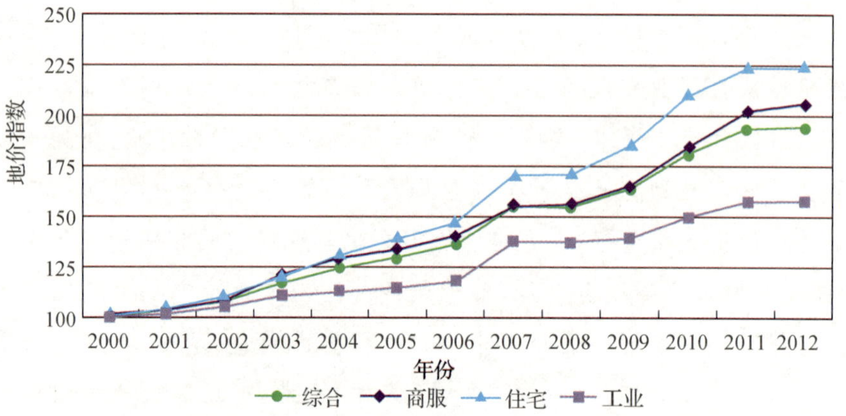

图 2-9　2000—2012 年苏州地价指数走势图

其次，在国内要素红利减弱的同时，西方国家在金融危机以后提出了“再工业化”战略。自从进入后工业化时期以后，美国经历了“去工业化”的阶段，把制造业大量放到其他国家代工，而本土主要发展第三产业。再工业化是针对以美国为代表的发达国家基于工业在国民经济中的地位不断降低、工业品在国际市场上的竞争力相对下降、国内工业性投资相对不足而提出的一种“回归”战略②。有人把 3D 打印机看作是欧美国家第三次工业革命的标志，新技术实现了对传统劳动力的替代，并且可以以较低的成本实现高强度、高标准的流水型作业，一旦 3D 打印机或者机器人普及运用，极有可能扭转当今的贸易格局。所以在国内要素成本上升、东南亚成本比较优势凸显、欧美国家的“再工业化”进程中，苏州的“世界工厂”面临着内忧外患的尴尬局面，因此，转型升级势在必行。

① 经济观察网，http://www.eeo.com.cn/2012/0824/232435.shtml.

② 沈坤荣，徐礼伯.美国再工业化与江苏产业结构转型升级[J].江海学刊.2013(1).

再次，苏州在区域经济一体化的过程中既接受上海的经济辐射，同时也受制于上海的极化效应。在开放型经济发展的三十多年中，上海积极打造经济、金融、航运、贸易四大中心。苏州本身也具有通江达海之交通便利，但是上海的强大集聚力弱化了苏州的极化作用，从而降低了地处增长极附近的苏州发展成为金融中心、航运中心、贸易中心的可能性。交通的同城化，阻碍了苏州发展高端服务业，由于往返上海便利，生活在苏州的人反而选择上海作为高端消费的领地，从而一定程度上削弱了苏州发展的实力。另外，在区域经济一体化和全球化的浪潮中，苏州的水乡文化和传统的江南特色受到了外来经济浪潮的冲击，古文化、古建筑保护面临挑战，同时经济的高速发展与环境资源的保护很难两者兼顾，前几年的太湖蓝藻事件就是经济发展代价的明证。

第三节　苏州经济发展转型的产业重塑

一、国内外城市产业转型模式对苏州的启示

转型是当今各大城市都面临的问题，城市经过一定阶段的发展会出现产业结构不协调的矛盾，经济发展的主要增长点会逐渐演变成阻碍经济发展的因素，所以不管是发达国家还是发展中国家都需要在转型中找到保持城市经济长足发展的动力。本节通过总结我国台湾地区的农业转型，英国、日本、韩国二、三产业转型以及上海从制造型城市转向服务型城市的历程获得对苏州产业转型的启示。

1. 农业转型案例

早期，台湾农业为其经济发展提供了资本积累，到 20 世纪 60 年代以后，台湾工商业发展迅速，农业从传统支柱产业的地位上跌落，增长缓慢，虽然其也提出“工业反哺农业”的口号，但是收效甚微。到了 20 世纪 80 年代，由于人地矛盾，资源紧张，经营分散，成本高而利润低，不得不进入农业转型期。台湾农业转型主要可以概括为以下几点：一是通过集约经营，走技术密集型发展之路；二是发挥农业的多功能性，比如休闲旅游，农业环保等，实现一产与三产的结合；三是发展食品工业，增加农产品的附加值，打造农产品健康、绿色、安全的理念；四是重产业质量，主要满足岛内需求①。总体而言，台湾的农业转型可以概括为：集约化、服务业化、高附加值化、精深化。

---

① 相重扬. 台湾农业转型及问题[J]. 中国农村观察，1995(3).

2. 二、三产业转型案例

首先以伦敦的产业转型为例，早在20世纪70年代，伦敦就实现了从制造业城市向服务型城市的转变，目前伦敦正在打造创意型城市。作为老牌资本主义国家的代表城市和工业革命的发源地，伦敦经历了工业发展的洗礼，一度环境恶化，二战以后制造业持续衰退。随着工业向其他国家的转移，发展服务业成为了城市的新定位，金融、保险、贸易、旅游等成为了城市的支柱性产业。20世纪80年代开始，伦敦通过在泰晤士河两岸建立图书馆、戏院等设施，增加自然风光和人文景观，使昔日破旧的码头成为展示英国工业革命发展历程的文化景观。从1997年开始，文化创意产业被列为国家重要产业，并且对于广告、建筑、设计、电影、游戏互动软件等产业以集聚的方式加以辅导①。2003年创意产业已经发展成为英国第二大产业，其产值仅次于金融服务业，占到国民生产总值的7.9%。创意产业就业人口多，公司多，成为了英国增长最快的支柱产业。如今的伦敦除了是世界金融中心，还是世界上创意产业最为发达的"创意都市"，是发展创意产业的标杆城市。其次是日本的产业转型经历，日本是从接受产业转移起家的发达国家，日本的经济发展经历了经济复兴期(1945—1960年)，高速增长期(1960—1973年)，稳定增长期(1973—20世纪80年代)，"广场协议"后的萧条期(20世纪80年代—1997年)，亚洲金融危机后的恢复期(1997年以后)②。战后日本主要通过政策倾斜的方式发展重工业，尤其是煤炭和钢铁行业，期望通过这两大部门的带动实现其他部门的繁荣；在随后的高速增长期，日本产业政策把重化工业作为产业发展的首要目标；20世纪70年代石油危机以后，能源、资源、环境日益成为影响发展质量的因素，日本开始重视技术的力量，提出了"科技立国"的战略，电子信息行业得到了快速发展；20世纪80年代，受到美元贬值的打击，日本支柱产业制造业的竞争优势丧失，日本开始了产业转移的计划，在国内保留研发的核心部门，生产部门则外移。同时日本从工业国转型为服务型国家，第三产业比重大幅上升，由于以制造业为支撑的外向型经济容易受到国际大环境的影响，并且频受贸易摩擦，日本开始了由外需支撑转向内需主导的局面；1997年以后，日本经济在创伤中继续加大对第三产业的发展，尤其通过通信产业实现经济复苏。

3. 上海的产业转型

上海作为长三角地区的核心城市，是中国最早的制造业城市。随着经济的发展，上海的要素价格已经远远不能承受制造业低廉的附加值，成为了全国最早寻求产业转

① 韩汉君，黄恩龙. 城市转型的国际经验与上海的金融服务功能建设[J]. 上海经济研究，2006(5).
② 吴宗杰，孟令娟. 日本、韩国产业政策演变对我国的启示[J]. 经济纵横，2006(8).

型的城市。目前上海根据其城市职能，把城市定位为：经济、金融、贸易、航运中心，大力发展服务业，而原先的制造产业基本实现向周边城市的迁移，主要通过集聚国内外大型企业的总部而发展“轻经济”。

4. 国内外城市产业转型模式对苏州的启示

通过对国内外城市产业转型的经验总结，发现其基本路线为从劳动密集到资本密集再到技术密集，从外延式的工业、制造业转向内涵式的创新驱动。

在农业方面，苏州与中国台湾地区20世纪80年代发展具有相似的地方，比如人地矛盾、农产品的附加值低、传统耕作的成本高与效能低等，苏州可以结合自身农业特色，通过“集约化、服务业化、高附加值化、精深化”提升农业效率。在二、三产业方面，苏州的发展阶段与20世纪70年代的日本相似，英国、日本以及上海的产业转型给苏州带来了以下几点启示：一是注重产业政策的合理引导，日韩早期的产业发展主要是政府主导的，通过在不同发展阶段制定符合国情的政策和法律依据以实现产业导向性发展。二是不仅关注静态比较优势，更注重动态比较优势。所谓动态比较优势即指通过不断获取动态比较利益，将其比较利益定位在未来，在不断的协调中实现要素的合理配置，从而获得长期的产业优势。苏州的劳动密集型的静态优势日益衰退，但是其仍面临城市发展、人口集聚以及大量的素质较低的劳动者的就业等问题，所以权衡好传统行业和战略性新兴行业的发展至关重要。三是实现产业结构和社会结构的同步优化，实现城市从外需拉动型转向内需主导型，必须注重双重结构的优化，增大中产阶级规模，实现经济发展与社会发展的结构协调。四是技术的进步与人才的引进，每个城市发展到一定水平都会遇到创新乏力的阶段，所以在消化吸收外来技术和人才的基础上，要注重培育本土具有竞争力的技术和人才，实现“科技兴市”与“人才兴市”。五是适时地调整主导产业，从城市发展的历史长河来看，城市的发展需要前瞻性与开创性，适时把握城市特定时期的特色与未来的机遇，未雨绸缪，方能适应宏观大环境的变化，以成功转型。

二、苏州农业转型与农业现代化

苏州农业转型主要从三个维度解读。首先是“三农”的转型。苏州根据“三区三城”的总目标，并以城乡一体化总揽全局，按照“科技农业、职业农民、生态农村”的定位布局“三农”。关于农业，由于苏南地区传统的农村经济已经不适应快速城镇化下大量的城市常住人口对农产品的需求，所以科技兴农，实现少人力、低化学农药是农业的发展方向，其“科技”的内涵包括农具、农药、耕作技术、实时监控的信息技术、现代的供产销等，而这些科技的运用需要一定的规模集约经营。所以科技农业的实现需要土地整合作为前提，并且通过农业专业合作社作为桥梁降低农民的交易成本。关于农民，其在我国历来就是身份的象征，而并非职业化的称谓。农民一向是城镇化劳动力的蓄水池，随着人口红利的消失，刘易斯拐点的到来，能从土地上解放出来的劳动力越来越少，而且由于观念的改变，即使“农二代”也不再有务农的意愿，所以适时地实现农民职业化转变，有利于提升农业领域的人才集聚和务农效率的提高。关于农村，农村的基础设施虽然相对较差，但生态环境较好，且苏州水网密布，水环境先天条件优越，因此农村实现生态功能具有较大潜力。生态农村既宜居又宜农，适宜打造成为城市的绿色腹地。

第二个维度是农业功能的转变。苏州正在实现农业从生产型到生产、生活、生态、生物四维功能的转变。首先，无论农业如何转型升级，其生产功能仍是最基础的，为社会提供农产品，确保粮食、蔬菜、瓜果的供应，并且确保粮食安全，为城市部门的有序运营保驾护航，充分发挥农业的“母性基础产业”的特质。苏州地区通过土地整理，实现从小农向集约化规模经营的转变，开展的“四个百万亩工程”（即百万亩优质粮油工程、百万亩高效园艺工程、百万亩特种水产工程、百万亩生态林地工程）推进优质粮油、特种水产、高效园艺、生态林业和规模畜禽等主要农业产业的发展。其次，农业的生活功能体现在其向农业生态旅游的转变，对于苏州地区来说，可以利用已有优势大力开发农业生态旅游产业，为城市居民和国内外游客提供洁净优美的休闲、游览和观光场所，提高生活质量。各种农场、生态园、农业示范园等不仅是粮食、果蔬等农产品的生产基地，更是旅游景点。昆山市巴城镇是阳澄湖大闸蟹的故乡，每年都有大量游客慕名而来，就巴城镇而言，休闲农庄就多达十多个。同时，通过博物馆陈列或者其他展览的形式传播农耕文化，实现农业文明的传承，比如张家港市的现代农业博物馆，其与一批科研院所合作，向参观者再现传统农作物耕种方式、传统粮仓、插秧技术等。苏州坚持传统文化与现代文明相结合，将农业纳入文化、休闲、旅游、教育、消费的大环境，充分发挥先天优势，打造“鱼米”新天堂。第三，发挥农业的生态功能，推进“一圈，两网，三园”的建设。“一圈”即城市森林圈，“两网”即道路林网、河湖林网，“三园”即生态花园、绿色家园、高效果园。通过提升森林质量、强化森林管理实现林业生态调节功能。第四，实现生物功能的转变，这与科技农业的转型分不开，通过科学技术的运用，对品种进行试验，发展生物育种、生物食品、生物试剂、生物信息等新兴产业。

第三个维度是农业内部的一、二、三产业的融合。农产品的生产是一个体系，包括传统的种植业、养殖业（一产），现代农产品的加工业（二产），现代物流服务业以及观光旅游业（三产）。在这一维度上，主要是实现内部三次产业的融合，实现产业链的延伸。在一产上，实现高标准的农田水利设施的覆盖。苏州现代农业“十二五”规划中提出了实现种粮地块年亩产1 000公斤左右的目标，由于苏州是全国城乡一体化的试点城市，所以其“三集中、三置换”的力度较大，有很大一部分耕地是通过复垦实现的，只有保障耕地和农产品的质量才能实现高质量的城乡一体化。在二产上，苏州具有农产品加工业发展的潜力，由于发达国家的农产品精深加工率达到了90%以上，而苏州还不到50%，大部分的农产品只是经过简单的初加工进入市场，所以具有增值潜力。在三产上，主要是物流业与旅游业。目前农产品流通模式主要是“产地收购—产地市场—集散—销地—市场集散—城乡商贩零售”的现货交易，农民来自流通环节的收益少。随着生活水平的提高，人们对农产品的质量要求和消费环境要求越来越高，订单农业、连锁经营、产品直销、市场专卖等物流方式将会逐渐成为消费模式，因此物流环节的增值具有相当大的潜力①。苏州目前农业旅游发展得如火如荼，尤其是农家乐，但是目前的主要问题是农业旅游发展水平不高，重构现象严重，缺少特色与配套消费场所，所以有待对农业旅游做合适的定位，带动一、三产的高效发展。

苏州要实现传统农业向现代农业的转型，应以农业园区、现代家庭农场为载体，以农业合作化为平台，以科技为推手，在保证粮食供应的前提下，实现苏州农产品的品牌效应，打造高品质的农业旅游。把三农转型、农业功能转型、农业内部“三产”融合结合起来，最终实现满足经济发展和人民生活水平提高所需要的农业现代化。

图 2-10　苏州市新农村

图 2-11　苏州农业现代化示范园

三、苏州新型工业化与战略性新兴产业发展

“新型工业化”是针对我国“传统工业化”提出的，新型工业化的要义是以信息化带动工业化，工业化促进信息化，走一条科技含量高、经济效益好、资源消耗低、环境污染少、人力资源优势得到充分发挥的工业化之路，侧重点要落在信息化、科技创新、可持续发展和人力资源上。首先，发达国家都是在工业化之后实现信息化，而发展中国家则可以利用“后发优势”，以科技进步为动力，通过吸收国外的先进技术和利用信息化的契机

① 陆云福. 苏州现代农业的前景与发展路径[J]. 苏南科技开发. 2005(12).

推动工业化。其次,增加可持续发展能力,转变经济增长方式,改变传统的以资源消耗为代价、高投入、低产出的粗放式增长方式,实现经济、效益、生态等多方位的发展。第三是充分发挥人力资源的优势,21世纪初,我国拥有人口红利,所以发展劳动密集型产业有利于解决就业问题,随着刘易斯拐点的到来,我国在人口要素上则应把量的优势转化到质的提高上来。虽然新增劳动力减少,但是我国的劳动力基数依然很大,所以权衡好传统产业和新型产业的比例,平衡存量企业和增量企业的关系是关键。

目前苏州基本已经进入工业化后期,但是苏州工业整体质量不高,其主要体现在以下几个方面:一是过去二十年发展劳动密集型加工业在国际化分工中基本上是处于价值链的低端,技术创新能力不足,缺乏核心竞争力。苏州制造不缺品牌,但是缺少苏州本地品牌,一般都是代工企业在苏州利用廉价的劳动力、资源环境优势、财税优惠等发展制造工厂,技术在外、研发在外、市场在外、资本在外,唯有工业在内。另外民营企业发展较弱,研发支出少,有利于创新的机制匮乏,产学研平台建设缺失。二是要增长轻发展、要速度轻质量。这不仅是苏州工业化中的问题,也是中国经济发展对GDP的崇拜所在,环境污染、土地污染、水资源污染等一系列问题非常突出,GDP总量大,但环境成本也很高。三是产业结构调整滞后于工业增长速度。缺少合理的市场机制把资金运用到竞争性强的企业,而国家主要倡导的战略性新兴产业由于政府不计成本的迅速推进造成了产能过剩。2011年,苏州市首批战略性新兴产业名单中就有三个太阳能光伏产业基地,而太阳能光伏产业的市场主要依赖于向欧美发达国家的出口,2012年光伏产业出现的贸易摩擦迅速放大该产业的产能过剩,另外欧盟对光伏产品开征的惩罚性关税极大重挫该产业的发展①。

苏州要在产业结构、自主创新、绿色发展、敏捷制造体系、创造良好环境等方面入手,实现新型工业化。第一,苏州虽然已经处于工业化后期,但是二、三产业的比例仍不够优化,第三产业长期处于低于50%的较稳定水平,尤其是生产性服务业(包括金融、物流等)发展比较滞后,对第二产业转型升级的制约作用较大。因此要增加二产的科技含量,依托国家级、省级开发区以及高新技术产业带,发展电子信息、集成电路、精密机械、生物医药、光机电一体化、汽车及零部件、新材料、软件等高新技术产业,培育拥有核心技术的自主产品和一批具有自主知识产权的高新技术企业②,淘汰落后产能,

① 目前中欧光伏贸易争端终于尘埃落定,中国光伏产业代表与欧委会就中国输欧光伏产品贸易争端达成价格承诺。“价格承诺谈判”具体是指:中方承诺出口到欧洲的光伏产品不低于某个最低价格,并设定具体时间期限;中方承诺将每年出口到欧洲的组件限定在一定的规模范围内。而作为交换,欧盟将不对中国光伏产品采取反倾销措施。

② 苏州市人民政府网站,http://www.suzhou.gov.cn/asite/zfgk2012/zfgb/2007/zfgb_09.shtml#1.

利用信息技术改造提升传统产业,比如通过工艺自动化、产品数字化、交易网络化提升生产效率。还要增加生产型服务业的产值比重,实现二、三产业的联动,体现工业化之“新”。第二,通过提升自主创新能力改变传统政府导向型的创新方式,以产学研平台的搭建为载体,构建以企业为主导的创新体制,实现科研成果的高效转化和应用,通过激励机制鼓励人才的引进并善用人才,为能人搭建舞台,实现各层次不同人才的才能都得到发挥,并对基层员工进行培训,提升人力资源整体素质。第三,通过循环经济、节能减排等工程推进清洁生产工作,推进资源的综合利用。第四,营造良好发展环境,包括平等的竞争环境、规范的市场秩序、健康的金融市场和良好的人才培养环境等。

战略性新兴产业对于苏州而言既是机遇也是挑战。由于新兴产业具有政策导向性,所以难免会有一哄而上的可能性,并且由于不合理的财政支持制度,易在产业链环节发生寻租。目前,苏州市公布的第二批战略性新兴产业包括汽车及零部件产业、锂电池新能源、金属新材料、软件和信息服务、节能环保、高端装备制造、新型平板显示、云计算与移动互联网、生物技术和新医药等,与第一批战略性新兴产业的太阳能光伏、纳米技术与新材料、化工新材料、物联网等相比,具有很大的差异。战略性新兴产业是把双刃剑,其优点在于政策导向、国家支持,而且具有一定的前瞻性,而缺点则正是由于非市场主导的性质,导致产能过剩,从而导致整个行业的衰落。新型工业化主要需做好四大权衡:一是权衡传统产业与新兴产业的平衡,既要保证宏观经济的平稳又要实现创新的增长;二是权衡战略性新兴产业的投资力度,防止产能过剩;三是权衡增长与发展的关系,以科学发展观理念贯穿工业化始终,方能为未来发展奠定基础;四是权衡市场与政府的关系,市场能释放出创新能力的,政府就应该放手让市场去实现,最终使新兴产业的科技含量高、经济效益好、资源消耗低、环境污染少等优势得到充分发挥。

案例三:苏州工业园区主导产业升级

当苏州市在全国率先吹响“转型升级”号角的时候,苏州工业园区就敏锐地意识到,结合园区实际必须积极抢抓全球产业布局调整机遇,大力开展择商选资,加快转变经济发展方式。

在这一正确思路的引导下,园区主导产业能级不断提升,86 家世界 500 强企业在区内投资了 145 个项目,欧美项目约占一半;全区投资上亿美元项目 128 个,其中 10 亿美元以上项目 7 个,在电子信息、机械制造等方面形成了具有一定竞争力的产业集群,首期投资 30 亿美元的三星高世代液晶面板项目开工建设。新兴产业迅速壮大,以纳米技术为引领的光电新能源、融合通信、生物医药、软件及创意、生态环保五大战略性新兴产业集群发展,2011 年实现新兴产业产值 2 006.4 亿元，增长 36.3%，占规模以上工业总产值比重达 53.2%，成为全国唯一"国家纳米高新技术产业化基地"。集约发展水平领先，注重生态环境保护和资源有效利用，万元 GDP 能耗为 0.307 吨标准煤，COD 和 SO_2 排放量仅为全国平均水平的 1/18 和 1/40，生态环保指标连续 3 年列全国开发区首位，成为全国首批"国家生态工业示范园区"之一。

（资料来源：2012 年 7 月 5 日《中国日报》第 1 版）

四、苏州服务业转型与现代服务业发展

服务业主要分为四大类，一是基础服务，包括通信服务、信息服务；二是生产性服务，包括金融、物流、电商、咨询等；三是生活性服务，包括住宿、餐饮、文化娱乐、旅游、房地产等；四是公共服务，包括政府的公共管理服务、教育、医疗、卫生等。基础服务、生活性服务和公共服务业主要是伴随着人民生活基本需求而产生的，而生产性服务业则是伴随第二产业的发展而产生，并通过不断转型升级以满足生产的需要。苏州的经济全国领先，但是与长三角其他一些主要城市相比，苏州的第三产业占比的优势并不显著。首先从三次产业结构比率来看，表 2-4 数据显示，苏州产业结构中第二产业仍然偏重，第三产业增加值的比重基本与无锡、常州持平，而与上海、南京、杭州有近 10 个百分点的差距。表 2-5 反映了苏州服务业内部结构，2011 年全市批发和零售业，交通运输、仓储和邮政业，住宿和餐饮业等传统服务业占服务业增加值的比重合计达 45.6%，其中批发和零售业占绝对主导，占服务业增加值的比重为 32.2%，且保持较高增速，与美国、日本等发达国家相比明显偏高，而信息传输、计算机服务和软件业，其他营利性服务业等现代服务业占服务业的比重分别仅为 4.6% 和 9.8%，服务业的内部结构有待进一步优化。探究苏州服务发展与经济发展水平未高度协调的原因，可以归结为以下两点：一是传统的工业发展观念，认为"无工不富"、"无工不强"，所以从 20 世纪 80 年代就开始"工业优先战略"，并且对于服务业认识狭隘，局限于传统的生活性服务业领域。二是服务业依靠市场力量发展的力度不大。由于苏州政府主导力量较大，在发展外向型经济的二十多年中，注重工业资本的引进而忽略了服务业的配套发展，这影响了苏州产业转型升级的进程。

表 2-4　2011 年长三角主要城市三次产业比例（%）

城市	苏州	上海	无锡	常州	南京	杭州
第一产业	1.7	0.65	1.8	3.1	2.7	3.3
第二产业	55.6	41.5	54.2	54.5	44.9	47.4
第三产业	42.7	57.85	44.0	42.4	52.4	49.3

表 2-5 2011 年苏州市服务业结构

指标名称	增加值(亿元)	增速(%)	构成(%)
合计	4 581.50	12.9	100.0
交通运输、仓储、邮政	350.82	19.9	7.7
批发和零售	1 476.02	14.8	32.2
住宿和餐饮	260.57	10.1	5.7
金融业	633.26	21.2	13.8
房地产业	581.15	-0.3	12.7
信息传输、计算机服务和软件	209.51	15.0	4.6
其他营利性服务业	449.54	19.5	9.8
公共管理和社会组织	262.68	8.2	5.7
其他非营利性服务业	357.95	6.3	7.8

目前,苏州认识到了三产结构和服务业内部结构不协调的问题,土地、能源等已经进入瓶颈期,唯有通过新的服务领域的开辟、新的服务模式的建立、高文化品质和高技术含量的理念的树立才能提升经济发展的质量。所以苏州提出了围绕面向企业的生产性服务业、面向居民的生活性服务业和面向社会的公共性服务业的三大领域配置要素,重点发展现代物流、旅游会展、文化服务、科技与信息软件、商务服务、商贸流通、房地产、金融服务和社区服务九大产业。现代服务业发展本质上来自于社会进步、经济发展、社会分工的专业化需求,具有智力密集型、附加值高、资源消耗少、环境污染少的特点,既包括通过现代化的新技术、新业态和新服务方式改造传统服务业,也包括培育新兴服务业。

在金融服务领域方面,苏州以“一个中心,四个集聚区”为总体目标,即把苏州建设成与上海国际金融中心互补的区域功能性金融中心,以及银、证、保等专业金融的集聚区,股权投资、产业投资等新型金融机构的集聚区,企业上市公司的集聚区和金融服务外包的集聚区。创新金融服务模式,根据苏州市“十二五”规划,到“十二五”规划期末,全市银行机构要达到50家,保险机构65家,证券营业机构70家,备案担保机构、备案创投企业、上市企业分别达到100家,实现金融增加值占GDP的5.5%,占服务业增加值的15%。因为金融是支撑带动社会发展的手段和工具,所以需要将金融作为现代服务业的核心产业来培育,以实现经济的健康发展。在科技服务业方面,苏州以国际科技园为载体,按照国家级软件科技园、国际科技企业孵化器的功能要求,发展软件外包、数码娱乐、集成电路设计和行业应用的高新科技产业。科技服务业的发展是带动一、二、三产业协调发展的动力,通过技术进步提升产业整体竞争力。

在商务旅游方面,苏州工业园区金鸡湖景区打造了五大功能区:文化会展区、时尚购物区、风情美食区、城市观光区和中央水景区。以发展高端商务旅游为着力点，将其产品推向全国，使其成为现代服务业的一大增长点，从而推进服务业的转型升级。

案例四：苏州工业园区服务业发展

现代高端服务业对于苏州转型升级的作用几乎是决定性的。近年来，苏州积极推动“工业经济”向“服务经济”、“劳力经济”向“智力经济”、“世界工厂”向“世界办公室”转型，努力实现产业结构由“二三一”向“三二一”转型，全力打造现代服务经济高地和服务经济强市。比如苏州工业园区大力推动的商务旅游，被誉为后工业时代的“财富金矿”。前不久，园区成功举办了首届金鸡湖商务旅游节，统计数据显示，首届金鸡湖商务旅游节产生了强大的吸附效应，“五一”小长假期间，金鸡湖景区共接待游客约70万人次，同比翻了一番，增长幅度位列全市4A级旅游景区之首。

首届“金旅节”期间，恰逢国际共享中心与服务外包协会首次在中国举行中国战略共享服务与外包峰会，当与会代表置身于美丽的金鸡湖畔，一位老外高管发出了这样的惊叹：“这是开发区吗?！我从没见过这么美的开发区！”

对于苏州工业园区而言，商务旅游只是开启了“财富金矿”的大门，更重要的标杆意义在于，这是园区产业结构实现华丽转身的一大标志和见证。“我们把现代服务业作为转型发展的重要方向，今后，园区除了出产流水线上的产品，更多的是附加值更高的旅游、金融、物流等各种服务，”市委常委、园区工委书记马明龙说，“园区从工业经济转向到服务经济，看似来了个180度大转身，实际上是建立在已有优势上的就地转型。”

在园区，商务旅游正成为推动产业结构由“硬”变“软”的“点金棒”，推动园区经济从制造业向现代服务经济“华丽转身”。这几年，园区以金融产业为突破口，积极打造城市商务、金融机构、股权投资基金、上市企业、总部经济“五大金融集聚区”。去年，园区制定了“金融翻番增长行动计划”，明确了三年内金融业发展的总体目标、基本定位和主要工作任务，并列为园区转型升级的“八大计划”之一。随着园区环金鸡湖4平方公里的市域CBD建设提速，各类金融、准金融机构加快落户，工业园区正在成为资本集聚、流动的中心区域。

（资料来源：2011年7月13日《苏州日报》）

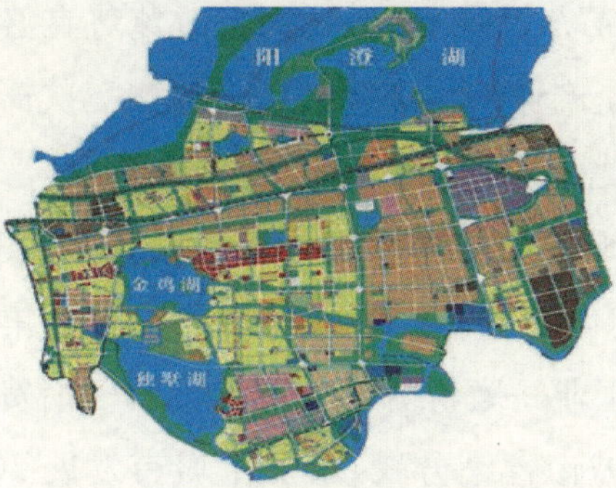

图 2-12　苏州工业园区规划

图 2-13　城区改造和服务经济发展

第四节　创新型经济与区域创新生态的建立

一、发展模式的创新：由“单一外向循环”驱动到“双循环”驱动

从 20 世纪 80 年代闻名遐迩的“苏南模式”，到 90 年代的外向型经济的“新苏南模式”，每个时代苏州都开创了经济发展的先河，图 2-2 反映了 2005—2011 年上海、苏州和全国的外贸依存度走势。从图表走势可见，苏州的外贸依存度基本维持在 200% 以上，远高于全国 50% ~60% 的平均水平，也高于开放度较高的上海，但是从 2008 年开始，其外贸依存度稍有所下降。过高的外贸依存度加剧了我国在国际贸易中的依附性，贸易摩擦加剧，也有一些国家借外贸依存度高制造“中国威胁论”，遏制中国的发展。

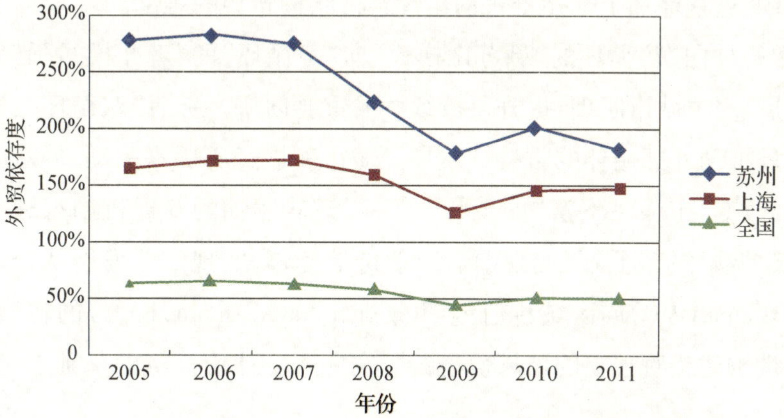

图 2-14　2005—2011 年苏州、上海和全国的外贸依存度

随着发展的深入,原先促进发展的要素成为阻碍发展的障碍,改革势在必行。单一的"外向型"驱动主要有以下两点弊端:一是产业结构调整缓慢。苏州三次产业占比的历年统计数据表明二产比例偏高,而三产比重却迟滞不前,这与外向型经济的工业导向密切相关。工业园区利用土地、劳动力、政策等要素吸引外商入驻,重点集聚制造环节,两头在外,一时之间很难扭转产业结构偏重的局面。同时由于工厂的集聚导致人口集聚的素质较低,消费能力差,形成了"工业—廉价劳动力—低消费—消费性服务业发展慢"的循环。这种用要素吸引外资的城市营销方式,增加了城市发展的不可持续性。加拿大城市规划学家约翰·弗里德曼认为,城市营销是一项无情的零和博弈,奉献在跨国资本祭坛上的祭品通常是低廉的工资、温顺的劳动力,以及各种优惠政策——减免税收、提供免费土地、给予津贴,当然还有那些给予跨国公司高层的小小"好处"。这是一种对某些人保证短期物质回报而对大多数人有长期损害的模式。① 二是苏州"市强而民不富"的现状,与约翰·弗里德曼的论述相一致,外向型的城市发展模式没有把外来的利益留给本地的人。首先,通过征地建开发区,土地财政的方式再次成为了汲取农村扩张城市的抽水机;第二,外资倾向型的政策挤压了本地民营经济的发展空间;第三,虽然外向型经济解决了一定时期我国的就业压力,大大推进了城镇化的进程,但是这种方式是低水平的和不可持续的。低水平主要体现在其工资低、以机械的方式消耗着劳力,富士康的工作环境与打工者的心理扭曲就是明证。不可持续体现在其消耗了当地的资源环境,留下了污染,带走了利润。从 2002 年到 2011 年,苏州市农民人均纯收入从 6 140 元增长到 17 226 元,9 年增长了 1.8 倍,城镇居民人均可支配收入从10 617元增长到 33 243 元,增长了 2.13 倍,而人均财政收入从 3 607 元增长到 36 119 元,9 年增长了 9 倍,外资经济的利益基本集聚到了政府手中,人民生活水平的提高与财政收入的增长不成比例,市强而民不富,民不富则很难实现从投资驱动转向消费驱动,这就增加了苏州推进内生性经济结构转型的难度。

实现从"单一外向型"循环的"新苏南模式"向"双循环"的"苏州模式"转变是实现城市内生性发展、完善城市肌理、提升可持续性的重要创新。所谓"双循环",即由内部财富创造的循环推动外部循环的可持续发展。城市发展经历要素驱动、创新驱动最后实现财富创造,改变"市强民不富"的现状。第一,双轮驱动的互促机制有利于苏州摆脱制造业"微笑曲线"的最低端,实现前后产业链的延伸,实现产业发展从全球价值链(Global Value Chain,GVC)向区域价值链(Regional Value Chain,RVC)的转型,即在全球价值链的低端构建相对独立的区域价值链。在融入全球价值链的基础上,苏州重视

① 约翰·弗里德曼.城市营销与"准城市国家":城市发展的两种模式[J].国外城市规划,2005(5).

重新构建基于内需的区域价值链的战略，改变“承包、接包”关系为“发包”关系，由“低端”关系变成“高端”地位，由“打工者”的关系变成“老板”的关系，由“制造”变成“创造”。[①] 外资经济先进的理念、开放的思想、包容的企业文化、平等的创新氛围可以为苏州实现财富积累注入新思维和新动力。另外，内生性经济有利于吸引外企将其研发总部、售后总部等高价值环节移到苏州，两者相互促进。第二，从“单一外向型循环”向“双循环”的转型也是经济转型的重要过渡期。苏州享受了由外资带来的高速发展的二十年，所以要转型必定要循序渐进，如果通过一味的搬迁和仓促的升级必将导致园区的空心化、劳动力的流失和高素质人才衔接不顺。过渡阶段为苏州从外延型发展模式转向内涵型模式奠定了基础。

苏州发展内涵财富型双循环经济具有现实条件。一是由于多年的开放，苏州具有开放、包容的城市心态。苏州精神体现为：崇文睿智，开放包容，争先创优，和谐致远[②]，展现了苏州圆融开放的心态，以及积极进取的城市精神和人文风貌，为财富的积累奠定了基础。二是硬件基础较好，首先是基础设施包括公路交通建设完善，轨道交通体系正在形成，并且与上海、无锡形成了跨行政区域的连接，极大地增进了长三角区域内以及苏南苏北区域内的联系。其次是信息通信工程，苏州旨在打造“智慧城市”，以吴中区为例，其将与中国航天科工集团合作打造智慧城市，总投资 20 亿元的“中国航天科工集团苏州吴中太湖新城信息控制与智慧城市”项目，将通过三阶段分步推进，建设一个涵盖行政管理、应急联动、公共服务等功能的运行中心，实现管理智能化、服务便捷化、应急一体化，为企业、市民、游客提供全方位服务。三是制度创新方面，苏州通过人才制度改革，包括建立紧缺专业人才预测发布制度监测人才供需结构，以及推行海外人才居住证制度，实现对人才结构的监测和对人才的吸引。通过金融制度的改革，发展小贷公司、村镇银行，解决中小企业融资难的问题，增加基层创新的活力与动力。四是创新平台的搭建，引进各大科研高校、研究院，实现人才集聚，创新要素集聚。五是目前苏州创新能力提升较快，在“2011 年福布斯中国大陆创新能力城市”排行榜中苏州位列第二。苏州科技投入和产出快速增长，2011 年全社会研发经费占地区生产总值比重提高到 2.45%，高新技术产业产值突破 1 万亿元，专利申请量突破 10 万件。国家高新技术企业、技术先进型服务企业、外资企业研发机构分别占全省的 1/3、2/3 和 1/2。

但是苏州“双循环”经济也面临一定制度体制上的制约，主要表现为：一是政府主

---

① 刘志彪. 重构中国制造业发展国家价值链[N]. 中国经济时报，2011 - 7 - 18.

② 苏州精神新鲜出炉. 名城苏州网，http://news.2500sz.com/news/szxw/2013-5/8_1983579.shtml.

导的创新效率低，科研资金往往较多地流向行政权力一方，而真正从事科研的人员却缺少科研资源。二是科研资金的转化效率低，很多资金并未转化为有效的科研产出，浪费挥霍现象严重。三是高校科研供给与社会创新需求脱节，高校闭门造车，对上负责对下不负责现象严重，并未实现“政策—高校—企业”有效联动。本该作为创新主体的企业缺乏创新激励，具有创新精神的创新人才涌向了政府行政部门，资源的配置效率低。如何焕发社会创新活力，如何为“外资—创新”循环创造良好的激励环境，如何实现外资与创新之间的互相促进、平稳过渡都是苏州要实现经济转型有待解决的制度障碍。

图 2-15　各级领导调研苏州经济转型

图 2-16　苏州国际科技园

二、竞争战略创新：由“后发优势”战略到“先发优势”战略

后发优势指后进国在推动工业化方面所拥有的由后进国地位所致的特殊益处。这种益处既不是先进国家所能拥有的，也不是后进国通过自身努力创造的[①]，其包括技术、资本、劳动、制度以及结构等方面的优势[②]，且完全是与其经济的相对落后性共生的。19 世纪末 20 世纪初的美、德凭借第二次工业革命的机遇，通过后发优势超过了当时的英国，20 世纪 50 年代的日本再次通过技术模仿和学习，实现了经济的腾飞，因此当今世界经济的发展过程可以看作是发达国家把技术不断转移到发展中国家，发展中国家不断模仿、学习的过程。[③] 发展中国家依赖发达国家的技术和市场，而发达国家需要把本国衰退产业转移出去，两者形成一定的分工。“亚洲四小龙”也同样经历了“东亚模式”的腾飞。从 20 世纪的 90 年代开始，苏州也开始通过出口导向型战略，重点发

---

① Gerschenkron(1962) 在其著作中把德国作为主要研究对象，解释德国追赶上英国的原因，以及政策和体制在这一过程中所起的作用。

② 曹亮. 先发优势和后发优势——兼论中国在东亚区域经济一体化进程中的战略定位和选择[J]. 财贸经济，2007(3).

③ 同上。

展劳动密集型的加工产业,发挥人口红利,学习新加坡模式。后发的学习模仿效应,大大减少了后发国的科研成本,同时其主要参与生产加工环节,不涉及研发、营销环节,对劳动力的要求比较低,所以正好可以解决发展中国家的人口问题和劳动力就业问题。但后发优势也有其弊端,即所谓的“后发劣势”。“后发劣势”最早由华人经济学家杨小凯提出,他认为发展中国家可以模仿技术与工业化的模式,但是由于不能模仿发达国家的基础制度,所以发展没有可持续性。从技术角度来看,后发劣势主要表现在以下三个方面:一是易受大环境的影响,国际经济震荡对后发国家具有较大的冲击,以2008年金融危机为例,苏州2008年工业总产值增幅比上年降低3.5%,进出口总额增幅降低14.3%。从2008年10月到2009年5月,我国遭遇贸易救济调查69起,涉案金额91.56亿美元。其中,2009年前5个月就遭遇贸易救济调查46起,涉案金额76.36亿美元,同比分别增长7%和131%,极大地损害了出口企业的利益。二是走不出学习模仿的泥淖,对发达国家具有技术依附性,由于没有较好的科研基础和制度支持,难以开创创新新局面。三是国内要素优势丧失,尤其是苏州的劳动力、土地、资源、环境等优势丧失殆尽,要素驱动工业化模式前景渺茫。

苏州意识到“后发优势”战略的瓶颈,实现“先发优势”战略创新。先行者对于革命性的产品居垄断地位。如果新的产品能满足需求并且创造需求,则先行者可以获得极大的收入和利润。所谓先发优势即领先技术和产品带来的持久的竞争优势。第一,先发优势可以摆脱发达国家的掣肘,对于外部大环境的波动具有较强自卫作用,并且由于我国的市场大,在有核心技术的情况下,外部市场的萎缩不会造成大冲击。第二,先发优势帮助国人改变传统的崇外理念,形成核心价值观念的转移。第三,先发优势战略带动整体的产业结构、人才结构、要素结构,实现整体转型。第四,具有先发优势的地区处于较高的起点上,因为创新是一个循序渐进的过程,具有优势的主体往往具有创新的主动性和先入性,在原先创新的理念和制度中,寻求新突破比起创新基础薄弱的主体具有更大的成功可能性。同时国际规则和秩序基本掌握在有先发优势的国家和地区的手中。但是要想实现“先发优势”战略必须承担较大的风险和成本,一旦研发不成功,沉没成本巨大。

目前,苏州在“先发优势”战略上已经迈出第一步,以苏州科技城为例,其正在加快推进“一园两中心三区”建设,即国家创新型科技园区和华东服务外包中心、苏州西部城市副中心以及苏州高新区科技创新示范区、产业转型先导区、现代服务业集聚区,引领苏州高新区五大板块增强创新能力。科技城拥有国家级和省级研发中心、工程技术中心、重点实验室20家,汇聚500家科技创新企业。但是要实现“先发制人”,国内的体制机制还有待完善。一是评价考核体系,GDP的政绩考核与先发战略从长远来看并不矛盾，但是从短期来看其有违初衷，由于战略的前瞻性和投入—回报的时间期限与考核的时间具有错位性，所以先发战略的前瞻性不能被数量的考核所桎梏。二是政策导向性，新兴产业一哄而上，财政资金浪费严重，且形成了企业与政府之间过高的寻租成本，名义上的新兴产业却缺少创新的附加值。以太阳能光伏行业为例，于企业而言，曾经的政策引导和财政支持成为了如今的噩梦，企业无心致力于创新而致力于如何寻求政府补贴，企业的运营发生导向性错误。于行业而言，出口频频受摩擦。2012 年 9 月，欧盟正式宣布对华光伏组件、关键零部件如硅片等发起反倾销调查，涉及产品范畴超过此前美国“双反案”，涉案金额超过 200 亿美元，是迄今为止欧盟对华发起的最大规模贸易诉讼。于国家而言，财政支持资金使用效率低，过分干预微观经济终将导致失灵。所以要想实现先发优势，正如华人经济学家杨小凯所说，制度学习很重要，构建适合创新的制度，实现创新的内生性而非政策导向性，实现资金的高转化率，实现新兴产业的健康引导而非微观干预，才能真正为创新环境的营造搭建制度平台。

图 2-17　苏州科技城新城建设

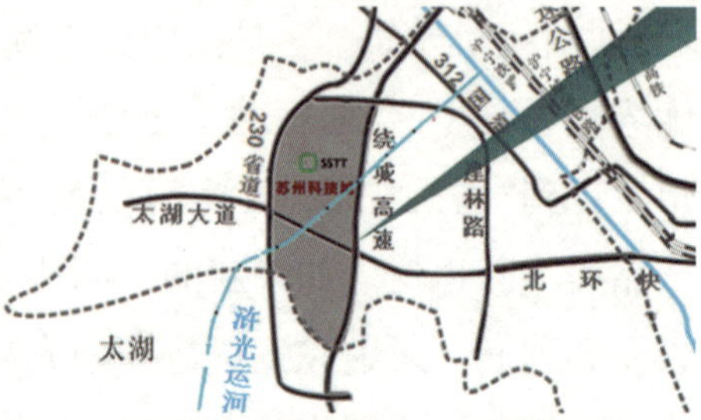

图 2-18　苏州科技城区位图

图 2-19　苏州工业园区创意泵站

案例五：新加坡城市创新与产业结构的转型升级

新加坡位居亚洲四小龙之首，是继伦敦、纽约和香港之后的全球第四大金融中心；是世界排名前三大晶圆代工公司的所在地，占全球半导体晶圆代加工量10%的市场份额；是世界第三大炼油中心；是全球主要的制药基地，国际十大制药企业中有六家在新加坡落地；是除日本外亚洲最大的房地产信托投资中心、全球第四大外汇中心、亚洲财富管理中心。以前的新加坡曾是一个污染严重、高度依赖劳动密集型产业、经历过高失业率和经济停滞的国家，经过多次转型和升级，才成为一个全球闻名的创新型国家。

20世纪60年代初期新加坡面临民族关系紧张、社会矛盾尖锐等社会问题，为缓和民族矛盾，发展经济，解决失业、房荒等问题，新加坡开始推行工业化政策，制定和实施第一个经济发展计划，政府积极改善基础设施，实施优惠政策，设立工业园区和厂房，大量吸收外资。20世纪70年代欧美经济发展停滞，以加工业为主的新加坡经济受到影响，新加坡随即提出第二次工业革命，通过提高员工工资，提高劳动力成本，迫使企业淘汰落后产能，向资本密集型产业发展，大力推动工业的机械化、自动化，实现向高精密制造业的发展，重点发展机械、贸易、运输、服务以及旅游等五大产业，旨在由劳动密集型向资本密集型、技术密集型转变。1997年亚洲金融风暴对新加坡产生巨大冲击，迫使新加坡政府开始新一轮的产业结构调整，政府积极推动私有化，促进本地企业、跨国公司与政府控股企业的合作，大力发展物流产业，鼓励外资在新加坡设立营运总部，提升新加坡服务功能，推动本地企业走出去，成为跨国机构，把知识经济作为国家竞争的关键要素，在生物医药、环境、水务科技、互动媒体等方面加大投资。这些措施推动了新加坡产业向知识型、服务型升级，形成了电子、化工、生物医药、资信与传媒、物流、金融等多个世界级的产业群。

新加坡促进产业升级的经验包括：精英执政，高效廉洁，提高政府效率；实施居者有其屋政策，安居乐业，为经济发展提供稳定基础；强调国家调控与干预，保证政策措施的有效实施；培育和引进人才，提高人口素质。

（资料来源：徐井宏，张红敏．转型——国际创新型城市案例研究[M]．清华大学出版社，2011）

三、区域创新环境的建立与促进苏州创新型经济发展措施

创新环境是孕育创新的基础性条件，是由政府、企业、社会共同营造的。创新型环境包括以下三个层面。首先，在政府层面上，一是政府创新政策的引导，涉及创新人

才、创新投资、创新机构、创新优惠政策等；二是创新平台的构建，包括产学研协同创新平台、创新成果转化平台等构建；三是基础设施的构建，包括创新人才的宜居环境，创新型产业的基地建设，高精尖仪器装备的配置等；四是对于中小型企业的创新扶持，鼓励中小型企业敢于创新，敢于突破，并且纾解它们融资之困。在企业层面，一是企业创新理念的进步，为创新型社会营造整体价值取向；二是通过企业的产业链集聚，增强创新的黏合性、合作性和内生性。在社会层面，树立改变传统发展模式的理念，增强大众对于创新的认可度。

苏州市政府从政策、基础设施、平台搭建等方面做好创新环境营造的服务工作。第一，在科研人才队伍的培养上，以工业园区为例，从2002年开始，苏州在科教创新区的带动下，开始集聚国内外知名高等院校，中科大、西安交大、南京大学、东南大学、中国人民大学、四川大学、武汉大学、香港大学、西交利物浦大学等高校相继入园，同时新加坡国立大学、美国代顿大学也在苏州设立研究院，并且美国加州大学伯克利分校与中科大联合成立纳米学院，共同培养高层次纳米技术人才。目前，科教创新区内共入驻高等院校24所，在校生规模突破7.5万人[①]。第二，在创新服务平台的搭建上，截至"十一五"末，苏州拥有国家级技术创新平台19家，33家创业园孵化器，其中国家级创业园10家。以苏州高新区创新设计科技企业孵化器为例，2005年成立的苏州高新区创新设计科技企业孵化器是一家专业致力于为创新型企业提供基础设施与增值服务的创业、创意园区开发型企业。孵化器的主要功能是以科技型中小企业为服务对象，为入孵企业提供研发、中试生产、经营的场地和办公方面的共享设施，提供政策、管理、法律、财务、融资、市场推广和培训等方面的服务，以降低企业的创业风险和创业成本，提高企业的成活率和成功率。在孵化器成立后的六年中，已有二十多个成功案例。同时苏州高新区政府和科技局也针对不同主体给予鼓励政策，包括毕业生就业鼓励政策，主要有享受财政奖励、工业和办公用房的补贴；科技产业化鼓励政策，主要享受政府拨款、贷款贴息、政府投资或减免营业税和所得税的优惠政策等；专利转向鼓励政策；领军人才计划，包括给予安家补贴、科研启动经费、贷款等。这一系列政策激励了人才和企业的积极性，于企业和孵化器而言是双向互利的。第三，在科技基础设施建设上，一是科技载体建设，构建科技硬件基础（表2-6显示了苏州截至"十一五"末科技基础设施建设的情况），为科技进步奠定了平台基础；二是在科技服务方面，全市聚集了各类创投机构160余家，占江苏省总数的50%，风险资金规模达300亿元，科技金融跟进速度较快。第四，在空间战略上，实现创新集聚。高新区在苏州科技城中央核心

① 苏州独墅湖科教创新区网站，http://www.seid.gov.cn/yqkjcxw/Default.aspx.

区域——智慧谷打造了国家知识产权服务业集聚发展试验区,集聚区分知识产权高端服务、高层次人才培训和知识产权成果孵化应用三个功能区,为企业提供配套的创新服务,包括知识产权、人才培训、创新孵化等。各种服务的集聚有利于减少创新起步企业的交易成本,并且创新服务的有效衔接增强了创新供给效率。

表 2-6 "十一五"末苏州市科技基础设施建设情况表

级别	类别	数量	小计	合计
国家级	工程技术研究中心	1	17	957
	重点实验室	3		
	国家公共技术服务平台	13		
省级	重大研发机构	5	282	
	企业院士工作站	41		
	重点实验室	13		
	公共服务平台	24		
	工程技术研究中心	199		
市级	重大研发机构	4	658	
	重点实验室	86		
	科技公共服务平台	90		
	科技创业服务平台	6		
	工程技术研究中心	472		

(数据来源:《科技信息》2012 年 05 期)

从社会发展的角度而言,苏州的创新不仅是一个点的创新,而是整体面的拓展,各种产业园区、科技创新园区、科技孵化园区不仅是单纯的科技载体,还是优良的产业生态环境,而创新环境的完善最不能少的就是创新氛围。创新氛围由创新文化(或者说创新价值观)、创新人才、创新制度构成。外在创新文化是社会的创新观念导向,体现全社会对创新的认同。目前,苏州正在营造全民"创业、创新"的氛围,从老苏州精神的"崇文、融合、创新、致远",新苏州精神的"崇文睿智,开放包容,争先创优,和谐致远",创新的理念贯穿始终。把创新的理念融入"创新城市"和"创新社会"的发展,形成自下而上的创新体系,让其成为城市"共识"。而内在的创新文化则指企业对待创新的态度,其可以理解为:"崇尚创新、宽容失败、支持冒险、鼓励冒尖"。创新文化建设的过程,实际上就是一个企业活力激活的过程。内在的创新文化要求企业员工在工作中创新,同时要求企业管理层在管理中创新。创新人才是创新氛围的原动力,无论是其引领的理念还是带来的技术都是创新型社会的一笔财富。而与创新相关的制度包括人才激励制度、金融制度、财政制度,其引导创新要素向创新能量高的地方流动,实现资源高效配置。

于企业而言，创新氛围主要由企业价值理念决定，致力于开发创造的企业比致力于制造和短期盈利的企业更注重人才的培养与创新文化的构建。例如，华为以自由雇佣为基础的人力资源管理体系实现了人才的有效配置，最大限度地激励和开发了员工潜力，通过"高工资、高公平性、知识资本化、知识职权化"实现人才创新激励。企业的创新氛围促进了年轻活力的张扬与创造力的突破。

苏州应继续以区域环境的构架为基础，实现技术创新和城市发展创新的互促，完善科技体制改革，捋顺政府、市场的关系，为微观经济体的创新扫除制度障碍。创新生态系统能为创新从思想火花到物质财富的演变提供社会空间，而科技体制为这一转变提供制度支撑。[①] 要改革技术创新体系，应通过搭建产学研协同创新平台，建立以企业为主体，市场为导向的创新体系，并且实现知识创造主体和技术创造主体之间的有效衔接，杜绝"唯科研创新"，改善传统衡量高校科研能力的指标评价体系，优化研究型高校和普通高校的比例，根据学生的爱好和特点运用不同的培养方式，实现研究型和实践型人才的有效挖掘，因材施教，提高高校教学效率。

四、案例研究：协同创新与苏州纳米产业的发展

协同创新是一项复杂的创新组织方式，其关键是形成以大学企业研究机构为核心要素，以政府金融机构中介组织等为创新平台，以非营利性组织等为辅助要素的多元主体协同互动的网络创新模式，通过知识创造主体与技术创新主体间的深入合作和资源整合实现重大科技创新。协同创新的特点主要体现为整体性、动态性，创新生态系统是各种要素的有机集合而不是简单相加，其存在的方式、目标、功能都表现出统一的整体性和不断的动态变化性。[②] 协同创新主要体现为产学研的合作过程。

新材料产业是国家战略性新兴产业，而纳米技术是构成新材料产业的重要技术。在战略性新兴产业的导向下，在国家"大力推进协同创新，建设创新型国家"的指示下，2012 年，国家科技部、教育部与江苏省人民政府签署合作协议，在江苏率先开展科教协同创新试点工作，并确定了首批三家试点单位，其中科教结合苏州纳米技术产业创新基地落户苏州工业园区，从此开启了苏州科教协同创新的新历程。科教协同的创新模式主要基于以下背景提出，一是纳米技术的特性，科技性与运用性的高度结合，并且其具有高度的跨学科性，包括物理学、化学、生物学、电子学、加工学等，所以需要通过一

---

① [美]朱迪·埃斯特琳. 美国创新在衰退？[M]. 闾佳，翁翼飞，译. 北京：机械工业出版社，2010：41－43.

② 陈劲，阳银娟. 协同创新的理论基础与内涵[J]. 科学学研究，2012(2).

个合适的合作平台促进学科之间的交流。二是基于人才培养的需要,我国的象牙塔式的教育让高校毕业生缺乏实践能力,在校期间不能把所学知识较好地用于实践,科研与实践缺少实质衔接,人才教育与企业实践脱节,无形之中增加了社会培养成本,增加了从学生到工作人员的时间成本。三是苏州工业园区独墅湖高教区较好的平台环境,尤其是国家批准建设的纳米高新技术产业化基地,拥有信息、人才、技术、政策等多方面优势。

作为中新两国政府间重要的合作项目,苏州工业园区的开发建设一直得到党中央、国务院的高度重视和亲切关怀,中新双方建立了由两国副总理担任主席的中新联合协调理事会。根据最新统计显示,自1994年开发建设以来,苏州工业园区主要经济指标年均增长30%左右,该区以占苏州3.4%的土地、5.2%的人口创造了15%左右的经济总量,综合发展指数已跃居国家级开发区第二位。从规划到发展,一直将科技进步作为立区之基、强区之本,不断加快科技发展。

苏州工业园区在人才高地建设、产业结构优化升级、经济转型转轨方面取得了显著成效,科技创新实现跨越发展,并在有机融合园区优势资源、实现科教协同创新方面走在了全国的前列。园区积极贯彻落实国家新兴产业发展规划,确立了以纳米技术引领全区新兴产业发展的战略决策;同时,大力实施科技、教育与产业协同发展计划,初步形成了科教紧密结合,协同促进产业发展的良好局面,从而在整个工业园区内部形成了浓郁的科教协同、促进创新的氛围与环境。

1. 苏州纳米产业发展的环境研究

(1) 政策环境

政策具有导向性和激励性。在人才政策上,实现直接鼓励和间接鼓励相结合,通过对科技领军人才项目给予启动资金、风险投资、跟进投资、项目贷款、担保转向资金资助等为人才建设提供资金保障,同时通过对高层次紧缺人才给予购房补贴、薪酬补贴、优惠租房、培训补贴、博士后补贴以及子女落户等扶持提升地区吸引力并完善激励机制。对人才进行高投资以期实现高回报和集聚效应。在科技政策上,其主要体现为一是直接对高科技项目给予资金和办公基础设施的租金减免优惠;二是对于已获得国家、省级、市科技项目再给予资金扶持,实现对具有发展潜力项目的重点资源配置;三是对企业申请专利、软件著作权等知识产权给予补贴,鼓励加速实现科技成果。在金融政策上,设立创投风险补贴和跟进投资基金,鼓励创投投资高科技企业,设立中小企业统贷平台,并且对中小企业贷款利息给予补贴,纾解中小企业融资之困。

(2) 经济环境

第一,苏州城市定位的转型。2010年,国家批准包括苏州市在内的16个城市开展创建国家创新型城市试点工作，为苏州市的创新发展带来了新的机遇。到2015年，苏州市要基本建成创新体系健全、创新资源聚集、创新效率高、创新辐射面广和引领示范作用强的国家创新型城市。未来十年的《苏州市创新型城市建设规划》已初步形成，这为苏州的纳米产业发展奠定了经济基础。第二，苏州工业园区的经济实力背景，如前文所述，其以占苏州3.4%的土地、5.2%的人口创造了15%左右的经济总量，主要经济指标年均增长30%左右，为科教协同提供了财力保证。

(3) 技术环境

在纳米平台建设上主要有纳米加工平台、纳米测试分析平台、纳米靶向药物传导技术服务平台。纳米加工平台作为苏州纳米所的公共资源，为各研究部项目的实施提供工艺条件。同时，纳米加工平台作为苏州市微纳米光电技术特色产业基地具有孵化器功能，为地方企业的纳米技术研究和产品开发提供全方位的开放服务，为国家和地方企业培养纳米技术人才，并为企业家和科学家提供一个交流合作的平台。纳米测试分析平台主要为研究所、高校和周边企业的开发研究工作提供测试分析服务，并研究开发在纳米材料和结构、纳米器件、生物医药等方面新的测试分析技术。纳米靶向药物传导技术服务平台提供药物传导系统开发、优化、分析，制剂和体外细胞学筛选，临床实验咨询和药物审批注册咨询等服务。技术公共平台的搭建为纳米技术的加工、测试等环节提供了公共便利，有利于节约成本，优化标准，发挥规模效应，提高效率。

2. 苏州纳米产业协同发展的运行机制研究

首先，在协同主体上，包含苏州工业园区管理委员会、中国科学技术大学与苏州大学、苏州纳米技术与纳米仿生研究所、孵化/加速等各类专业服务机构、智囊咨询/风投财务等保障部门以及纳米行业领域各类企业六大协同主体。园区管委会作为政府机构，负责对外的政策争取、对内的服务性平台搭建，并提供整体的政策资金支持；苏州大学、中国科技大学作为主要的创新主体，提供人才支持，并且通过科研平台的搭建促进新知识、新技术的交流与更新；中科院苏州纳米技术与纳米仿生研究所主要提供技术支持，其科研与高校教育构成合作协同，紧密结合知识创新、技术创新与区域创新，面向区域经济社会发展的需求，与国家创新体系各单元联合合作，推进科技成果转移转化，融入经济社会创新价值链；孵化/加速等专业服务机构和智囊咨询/风投财务等保障部门为处于婴儿期或者成长期的企业提供咨询保障服务；而纳米行业领域各类企业则是面向市场的主体，目前苏州纳米城内共有苏州华泽纳米材料有限公司、苏州晶联光电材料有限公司、苏州纳微生物科技有限公司、苏州聚宜科技有限公司等二十多家企业，企业作为纳米技术直接需求方，实现技术科研成果的有效转化，并且其作为敏感的市场载体，洞察市场方向。

其次，在协同创新的载体上，由苏州大学牵头，中国科技大学、江苏省纳米技术产业创新联盟、东南大学、西安交通大学、中科院苏州纳米技术与纳米仿生研究所共同参与的苏州纳米科技协同创新中心形成了完善的人才、学科、科研、产业四位一体融合的体制机制，成为了国际知名、国内一流的纳米技术创新策源地和产业导向型人才培养中心。协同创新中心通过构建科学有效的组织管理体制，促进协同创新的人事管理制度，寓教于研、寓教于产的人才培养模式，以创新质量和贡献为导向的评价机制，需求导向的科研组织模式，汇聚资源、开放共享的资源配置方式，以实现人才、资源、管理等要素的优化配置，具体见图 2-20。

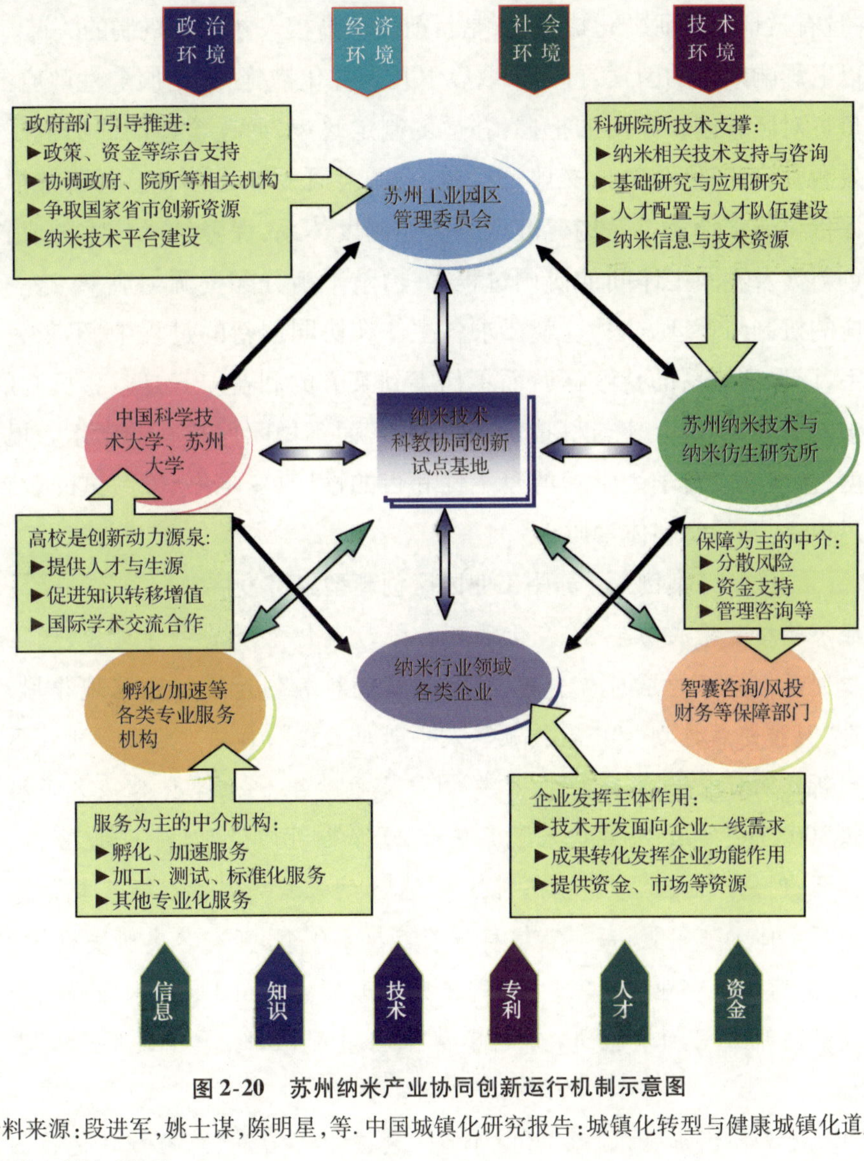

图 2-20　苏州纳米产业协同创新运行机制示意图

（资料来源：段进军，姚士谋，陈明星，等. 中国城镇化研究报告：城镇化转型与健康城镇化道路[M]. 苏州：苏州大学出版社，2013）

3. 影响创新效率的因素及优化措施

目前影响创新效率的因素主要有以下几点：一是苏州的强势政府有利也有弊，虽然其能提供强大的财力保障，并且通过各种优惠政策来促进纳米创新型载体的建设和企业的入驻，但是如果过分干预微观经济，将会导致企业融入不了市场的大浪潮，激发不了创新动力。二是由于纳米产业仍是新兴产业，其缺少一定的法律、制度保障，如何实现高校、科研机构、企业之间的低交易成本衔接，减少寻租可能，增强要素使用效率，是未来制度法律建设的考虑要点。三是高校人才培养机制的变革，这不仅对于纳米产业或者苏州而言，而是整体机制的变革，如何有针对性地对不同导向的学生进行引导和教学，并且有效地把科研转化成实践，是目前改革高校人才培养机制的关键。

针对以上影响效率的因素，可以采取以下几点优化措施：一是服务性政府的建立。政府主要负责对区域创新导向的把握，并适度制定政策，通过合适的评估机制实现对科研的有效激励，改变传统的论文评价机制，强调科研的转化性、应用性，并根据成果应用情况评价科研水平。二是构建健全的法律制度体系，保障纳米技术的成长环境。科教协同创新涉及不同主体间的协调过程，并力求平衡分配资源与成果，这一过程必须依赖相应的机制与管理方法，这就要求各主体在协同创新的过程中，不断完善法制与制度体系，以保证体系的持续运营而不伤害到某方的利益。三是教育机制的变革，这需要突破的勇气，实现人才与科技运用的衔接，而不做闭门造车的学术。提升学校整体开放度、包容度以及学生学习的自主性和目的性，改变唯书、唯考试的教育机制，解放学生思想，提升教育整体素质。

案例六：苏州工业园区创新型经济发展

经济转型升级成功与否，在于改变传统产业打天下的主导地位，园区注重科技创新性经济的培育与引进，突出独墅湖科教创新区的主阵地作用，大力推进"科技跨越计划"和"科技领军人才创业工程"，加快建设创新型园区。

创新资源日益丰富，研发投入占 GDP 比重达 4.6%，累计建成各类科技载体超 300 万平方米、公共技术服务平台 20 多个、国家级创新基地 20 个，国际科技园、创意产业园、中新生态科技城、苏州纳米城等创新集群基本形成。

创新主体加速集聚，每年新增科技项目超 500 个，拥有各类研发机构 250 个、国家高新技术企业 339 家；中科院苏州纳米所、国家纳米技术国际创新园等国家级创新工程加快推进，专利申请年均增长 50%，其中发明专利占比约 50%。

科技金融不断加强，国家"千人计划"创投中心启动，总额 600 亿元的国内规模最大的股权投资和创业投资母基金（国创母基金）开始运作，东沙湖股权投资中心管理资金规模超430亿元，国内首家小企业金融专营机构——招商银行小企业信贷中心及3家科技支行、1家科技小贷公司、1家科技金融超市、14家融资租赁公司开业，科技金融服务体系更加完善。

（资料来源：名城新闻网，http://news.2500sz.com/news/szxw/2012-12/17_1798240_2.shtml，2012-12-17）

小 结

回想苏州改革开放后三十多年的发展，苏州的经济发展一直处于转型之中。改革开放初期的乡镇企业发展，为苏州经济起飞奠定了经济基础。20世纪90年代，苏州紧紧抓住浦东开发开放的契机大力发展开放型经济，出现了各种规模或大或小、级别或高或低的开发区，它们以中新合作苏州工业园区为样板，充分利用各种政策机遇，借助资源要素的比较优势，八仙过海，各显神通，集中精力发展外向型经济，创造了闻名中外的"新苏南模式"，为苏州经济腾飞做出了卓越贡献。2008年爆发的金融危机开启了苏州现代经济发展的第三次转型：大力推进创新型经济，错位发展战略性新兴产业，推进新型工业化和现代服务业的协调发展，实现产业互补、空间布局互联、科技创新互动、体制机制改革互促，促使三次产业结构高级化、合理化。通过建设历史文化与现代文明相融的文化旅游城市，注重"老苏州、新苏州、洋苏州"的融合，不断完善城市商务服务功能，优化产业空间布局，形成现代城市发展的示范区。经济发展不是一成不变的过程，需要根据政治环境和经济环境改变而不断探索，紧紧抓住经济转型升级目标，凝聚社会各界的经验智慧，从善如流，善于审时度势，苏州的经济发展之路很好地诠释了这一点，这也是苏州经济发展的重要经验。

（本章执笔人韩坚，男，1972年生，苏州大学·邦城未来城市研究中心研究员，博士，苏州大学商学院副教授，研究方向为区域经济。）

第三章 城市空间转型:构建网络城市新格局

[提要]

20 世纪 70 年代中后期以来,苏州城市发展由以小城镇建设为主,向中心城市快速扩张、产业园区建设为主转变,形成了“苏南模式”、“新苏南模式”。

经济全球化与中国参与程度的深化、新型城市化战略的提出、长江三角洲一体化发展等国内外发展背景的变化,给苏州发展带来新的机遇和挑战。

网络城市是苏州市域城镇空间结构发展的新方向。城乡空间形态演进将呈现较为明显的集中与分散相结合发展的特征;空间结构由点轴发展模式向网络城市模式演变——近期以点轴发展模式为主,形成“一核四极、两轴两带”的空间发展格局,远期则凭借发达便利的交通通信网络,形成分工合作、富有创造力的城市集合体。

就中心城区而言,多中心组团布局、CBD 网络建设、新区中心—古城—工业园区中心中央商务带的更新与强化、古城 RBD 建设,以及科技城和产业基地建设则成为新的发展方向。

古韵今风、兼容并蓄,怎样促进古城新城的和谐共生,是苏州城市可持续发展的一个关键所在。

历史上,随着时间的推移,苏州城的行政等级、城市职能和在全国城市体系中的地位不断改变,城市经历了多次转型,从最早的诸侯城到江南重要的工商业城市,苏州的城市职能不断增加,城市综合性不断增强。1949 年以后,“寄生性”的城市是重要的改造对象,苏州也由消费为主的工商业城市向生产为主的重工业城市转变。到 20 世纪 70 年代,包括苏州在内的苏南地区获得了飞速的发展,苏州城市人口不断增多、城市面积不断扩大、小城镇数量不断增加,并在 20 世纪 90 年代进入快速城市化时期,城市空间结构发生巨大转变。本章所讨论的城市空间转型指苏州市城镇体系空间结构变化,以及中心城区城市内部空间结构转变。

第一节　苏州城市空间变化过程

自20世纪70年代中后期以来，苏州抓住“农转工”、“内转外”的两次历史机遇，大力发展乡镇工业、外向型经济，城市发展也由以小城镇建设为主要表现的自下而上城市化、分散城市化，向中心城市快速扩张、产业园区建设为主要表现的集中型城市化发展转变，形成了“苏南模式”、“新苏南模式”。到2005年，苏州基本实现小康，朝着“率先实现现代化”目标迈进。既有发展模式的不足、国内外发展背景不断变化形成的新机遇和挑战，都促使苏州对其未来发展展开新的探索。

一、1978—1995：以小城镇发展为主的分散型城市化阶段

1. 城镇体系发育程度较低，呈现低水平均衡分布的布局特征

20世纪70年代中后期，苏州社队工业发达的地方已经开始了经济、人口的非农化进程，农村城镇化也已起步，表现出明显的“离土不离乡，进厂不进城”的特征。这时最突出的表现就是农民住房的改变。因社队工业发展，城镇规模有所扩大，但城镇相应的基础设施、居住环境、社会事业、城镇管理等仍然维持原样，甚至产生更多混杂的局面。

20世纪80年代初期，国家放宽了小城镇建制标准。80年代末90年代初，苏州各地相继撤县建市，拉开大规模城镇化的序幕。在此阶段，“涌现出一批以乡镇企业为主体，农业、商业、工业、建筑、运输、服务全面发展的乡(镇)，人口在10万以下，产值接近或超过10亿元”①，其中吴江县盛泽镇突破了15亿元。

经济基础的增强，给苏州小城镇发展打下了坚实的物质基础；1985年，苏锡常被列为沿海经济开发区，外资进入也给予苏州小城镇发展以推动力。各类经济技术开发区和乡镇工业小区如雨后春笋破土而出，迅速增长，苏州的农村工业布局也开始告别“村村办厂，处处冒烟”的历史，在自身“脱胎换骨”、“更新换代”的同时，顺应外向经济的增长和投资环境的改善，工业布局由分散走向集中。

与此同时，苏州劳动力非农化程度不断提高，农村劳动力就业结构在十数年间发生很大变化(见图3-1)。1980—1987年，苏州市乡镇企业就业人数从54.53万人增长到123.94万人，年均增速达12.44%。②

① 费孝通. 志在富民[M]. 上海：上海人民出版社，2004:418—432.

② 王荣，韩俊，徐建明. 苏州农村改革30年[M]. 上海：上海远东出版社，2007：43.

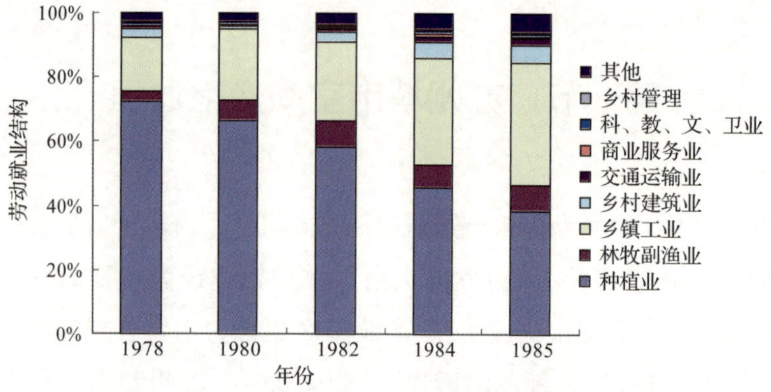

图 3-1　1978—1985 年苏州市农村劳动力就业结构变化

（数据来源：苏州市统计局．转引自王荣，韩俊，徐建明．苏州农村改革 30 年[M]．上海：上海远东出版社，2007：43）

随着经济的逐渐发展、生产规模的扩大，以前的每家出一个劳动力、工农结合、“离土不离乡”的生产和生活方式逐渐过时，到 20 世纪 80 年代中叶就有一些乡镇企业广开招工门路，并兴建了职工宿舍。在小城镇大发展时期，许多乡镇企业迁往小城镇，工人也改变了居住地，迁往小城镇，形成“离土又离乡，进厂又进城”的格局。在这样的发展背景下，小城镇在规模上得到迅速扩大，各项事业也开始进入健康发展的轨道。

这样，工业和非农业人口就从“离土不离乡，进厂不进城”转变为“离土又离乡，进厂又进城”，这个“城”便是小城镇。

（1）小城镇数量迅速增长

小城镇数量不断增长（见图 3-2）。1984 年到 1991 年，苏州市建制镇个数由 18 个迅速增加到 66 个，建制镇占乡镇总数的比例由 9.95% 增加到 41.5%。到 1995 年，苏州共有 146 个建制镇和 2 个集镇（见表 3-1）。①

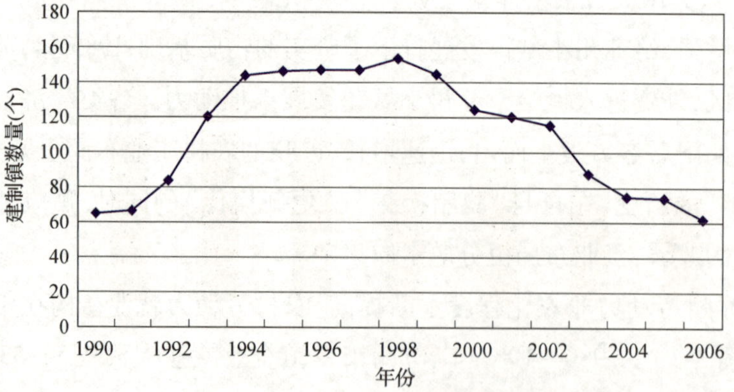

图 3-2　1990—2006 年苏州建制镇数量变迁情况

（资料来源：苏州市建设局，《村镇统计年报（历年）》）

① 苏州市村镇统计年报（1995）．

表 3-1　1995 年苏州市行政区划与土地面积　　单位:个

地区	乡	镇	村	村民小组	街道	居委会	土地面积（平方公里）	镇密度（个/平方公里）
全市	4	158	3 332	37 736	22	1 050	8 488.42	1.86
市区	4	6	257	2 637	22	426	392.30	1.53
常熟		32	662	7 701		144	1 094.00	2.93
张家港		26	421	5 514		60	772.40	3.37
太仓		22	328	3 980		61	620.00	3.55
昆山		20	466	4 789		102	864.90	2.31
吴县		29	642	7 370		85	1 257.42	2.31
吴江		23	556	5 745		172	1 092.90	2.10

注:土地面积全市数含水域面积,各县级市均不含太湖、阳澄湖、淀山湖等水域面积。

（数据来源:《苏州统计年鉴(1996)》）

1982 年,苏州城镇人口为 108.24 万人,城镇化水平为 20.52%;到 1990 年,城镇人口达到 146.01 万,城镇化水平达到 25.87%。①

小城镇是“城之尾、乡之首”,是一个国家或地区城市体系的最基层单位,小城镇的迅速发展,促使城市规模体系逐渐完善。而区域内的自然、历史、社会、经济、文化传统等的差异又使小城镇职能差异显著,中心地小城镇、商业小城镇、工业小城镇等逐渐发展起来。

(2) 镇区建设用地增长速度快、用地粗放

在小城镇数量不断增长的同时,镇区用地面积也增长迅速(见图 3-3)。据统计,1986—1990 年,苏州市建成区面积共增长 6.61%,而同期苏州下属的建制镇、集镇用地共增长11.65%,后者是前者的 1.76 倍。1994 年,苏州市建成区面积比 1990 年增长 77.90%,而同期建制镇、集镇用地增长 145.57%,两者之比达到 1∶1.87。②

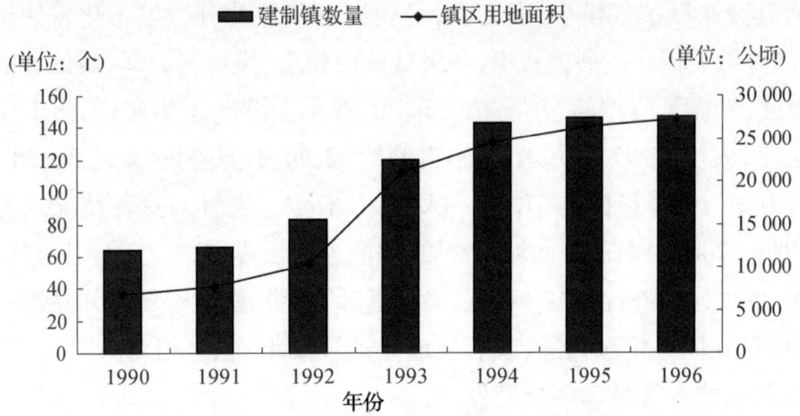

图 3-3　1990—1996 年苏州市建制镇发展概况

（资料来源:苏州市建设局,《村镇统计年报(历年)》）

① 1982 年和 1990 年数据分别为“三普”、“四普”数据。数据来源:《苏州统计年鉴(2012)》。

② 苏州市城市总体规划(2006—2020)前期研究 · 用地专题.

(3) 形成"一核、六极、多镇"的城市空间体系

以"碧溪之路"为开端,苏州的县区经济和小城镇快速发展,昆山、太仓、常熟等县级市的经济实力不断增强,被形象地称为"苏州跃起六只虎"。到1995年,张家港市、常熟市、吴县市、昆山市、太仓市、吴江市均名列中国综合实力百强县(市)之列。在市域范围内来看,中心城市和各县级市中心不断增长,形成了"一核、六极、多镇"的城市空间体系(见图3-4)。

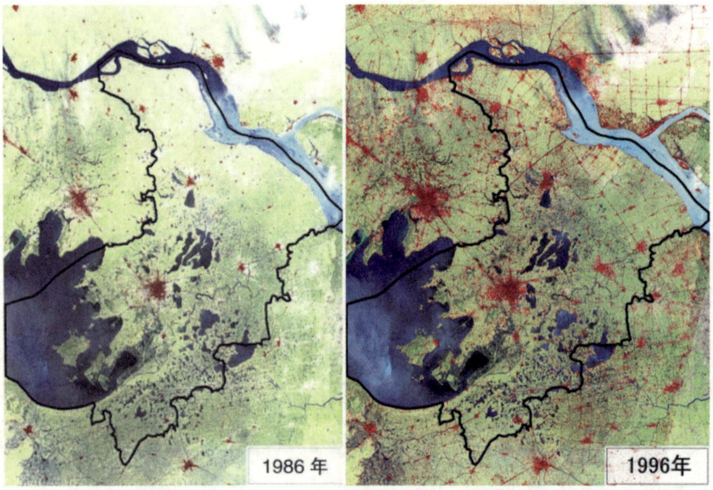

图3-4 1986年和1996年苏州遥感影像图

(资料来源:严金泉,尚贵华,季秋萍. 苏州城镇化进程中的土地节约利用与可持续发展研究[M]. 苏州:苏州大学出版社,2006:封首彩图)

(4) 各级城镇综合实力弱,难以充分发挥增长极作用

从市域城市规模和空间分布来看,这一时期,除中心城市和各县级市中心城区规模较大以外,其余小城镇规模小、密度大,呈现出较明显的分散城市化发展格局。在以小城镇为主的分散城市化发展模式下,各级城镇面积小、经济实力弱,难以有效带动区域经济、社会发展,形成了典型的"小马拉大车"的现象。1985年年底,苏州市用地总面积30.36平方公里,人均49.77平方米;其中古城约12.74平方公里,人均36.38平方米,而同期17个大中城市综合指标是57.76~142平方米/人。[①] 针对这种情况,《苏州市城市总体规划(1986—2000)》对苏州的城市性质、职能进行了界定,对苏州国民经济和社会发展、土地利用、各项建设进行了综合部署,确立了"跳出古城、发展新区"的战略思路。

各县市也存在同样情况,各级政府驻地城镇规模小、职能相对单一,无法发挥应有的增长极作用,未能有效带动区域开发。

(5) 小城镇建设标准低,基础设施落后,城市化质量不高

从城市建设来看,小城镇建设标准普遍不高。这一时期的小城镇一般没有经过科

① 苏州市城市总体规划(1986—2000).

学规划，农民、企业、集体按照自己的理想进行建设，但资金、技术等限制又往往使理想模型发生扭曲，基础设施和公共设施建设落后，或者说难以顾及。道路铺装率、自来水普及率、电话普及率、路灯安装率、污水处理率等一般较低，形成“走过一村又一村，村村像城镇；走过一镇又一镇，镇镇像农村”的景象。

从城市化质量来看，小城镇社会、文化事业落后，生态环境受到较为严重的破坏。以黄桥为例，20 世纪 80 年代，浒关镇居民形容公害为“三条龙”：天上有苏州市钢铁厂的“乌龙”，河里是苏州市红叶造纸厂的“黄龙”，中间还有县粮食局、水泥厂的“小白龙”。1983 年 1 月，浒关红叶造纸厂排放的污水危害黄桥水产养殖，造成鱼、珍珠蚌大量死亡，经济损失 37.7 万元；1985 年 4 月，浒关红叶造纸厂等排放的污水导致黄桥乡出现非正常死鱼。①

2. 中心城市由单中心城市向“一体两翼”结构转变

苏州有 2 500 多年的建城史，新中国成立后，和当时的其他城市一样，受“重生产、轻生活”、控制大城市发展等思路的影响，苏州中心城区的建设步伐缓慢，呈现围绕古城圈层式扩张的基本态势。到20 世纪 70 年代末，逐步在城外形成了城南纺织区、城北建材工业区及胥江两岸电子区，十一届三中全会以后，在城市周围建设了 11 个一万人左右的居住新村。总体而言，建设用地主要沿古城周边外扩及沿主要交通轴线呈放射状延伸（见图 3-5、图 3-6），城市发展较为缓慢（见表 3-2）。

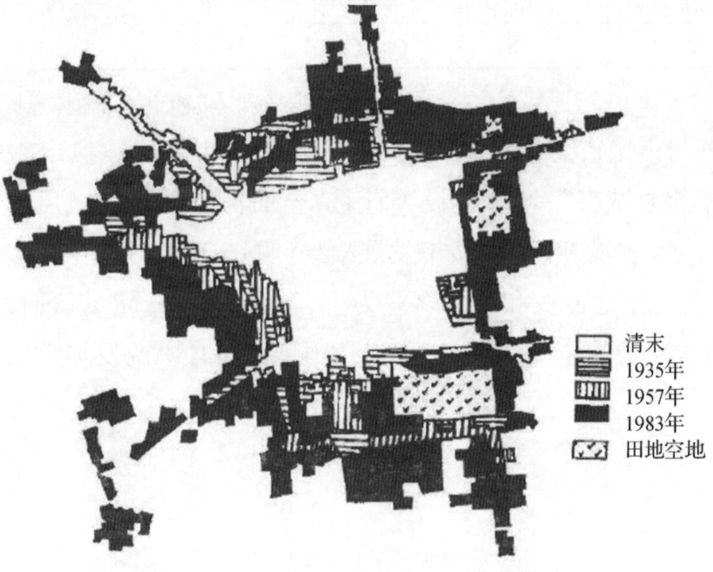

图 3-5　1983 年以前苏州市建设用地扩展图

（资料来源：陈珲．以建设创新型城市为导向的苏州城市空间结构演化研究．苏州科技学院硕士论文，2011）

① 黄桥．黄桥镇志—22 大事记，http://www.szhq.gov.cn/E_ReadNews.asp? NewsId = 2606，2012 - 5 - 2.

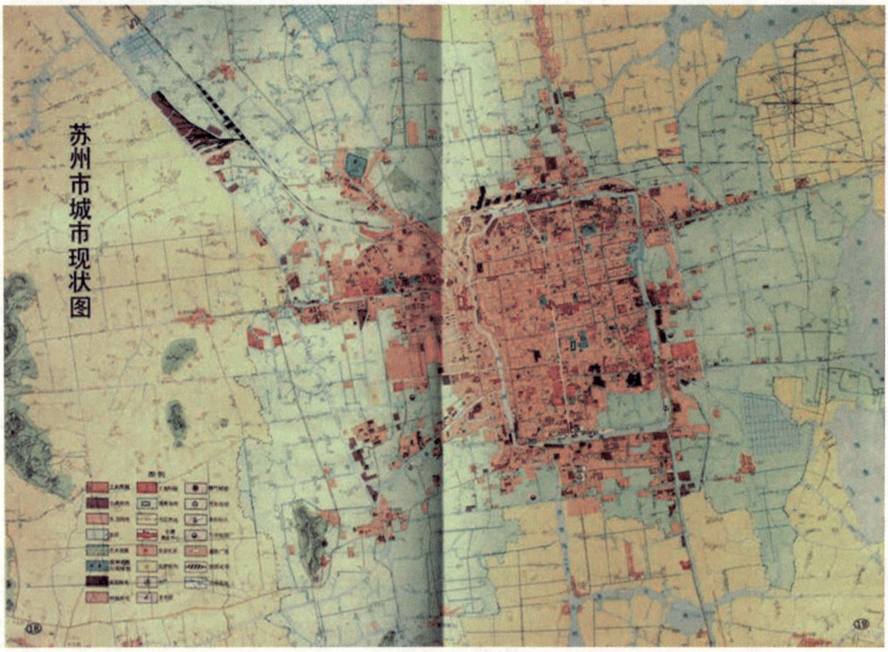

图 3-6　1984 年苏州市城市现状图

（资料来源:《苏州市城市总体规划(1986—2000)》）

表 3-2　1984 年苏州市区发展概况

面积(平方公里)			人口(万人)			
市区	建成区	古城	市区	城市	古城	郊区
119.2	32.20	14.18	69.56	59.02	35.23	10.54

（数据来源:《苏州市城市总体规划(1986—2000)》）

到第一轮苏州市城市总体规划的时候,苏州的城市性质被拟定为“著名的历史文化名城和风景旅游城市”,城市建设方针是“全面保护苏州古城风貌,重点建设现代化新区”,确立了“古城新区”的城市发展格局(见图 3-7)。其中,古城区以历史文物、文化、艺术、传统工业商业和旅游事业为主,新区以经济、贸易、现代工业为主,在古城周围的 4 个居住区要控制发展,搞好工建配套;同时协调发展浒关、唯亭 2 个工业镇。

图 3-7 1986 年版苏州市总体规划图

（资料来源：《苏州市城市总体规划（1986—2000）》）

1992 年 3 月，新建的苏州河西新区开始代管原属苏州市郊区横塘乡的 6 个行政村，区域面积 6.8 平方公里；1993 年 4 月，苏州河西新区改称苏州新区，代管的区域范围也扩大到 16.8 平方公里。

就在城市总体规划顺利实施的时候，中新合作工业园区的横空出世打乱了“古城新区”的构想。1994 年 2 月，苏州工业园区经国务院批准设立，同年 5 月实施启动，行政区划面积 288 平方公里，其中，中新合作区 80 平方公里。苏州市区的城市建设用地迅速由古城向东西扩张（见图 3-8）。

图 3-8 1994 年苏州市区建设用地扩张示意图（橙黄色部分）

（资料来源：《苏州市城市总体规划（2006—2020）》）

到 1995 年，苏州市区初步形成了“东园西区，一体两翼”的城市格局（见图 3-9）。

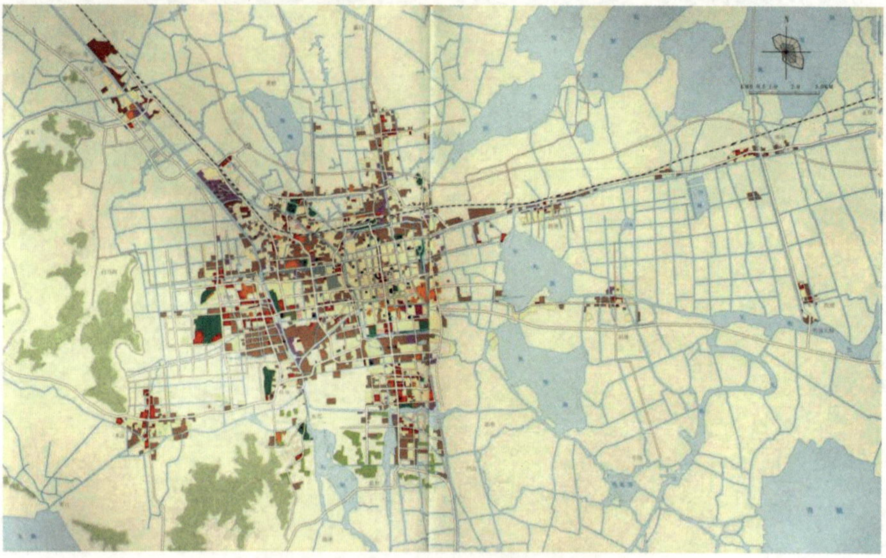

图 3-9　1996 年苏州城市用地现状图

（资料来源：《苏州市城市总体规划（1996—2010）》）

二、1996—2005：以产业园区建设为主的集中型城市化阶段

在自下而上工业化和小城镇大发展的同时，国企改制、对外开放政策的实施和外向型经济的逐步壮大，使得国内经济形势出现较大变化。继设立经济特区之后，1984 年党的十二届三中全会决定将农村改革经验推向城市，加速大中型国有企业机制的转换，通过实施沿海经济发展战略推进全国经济腾飞。1985 年，国务院正式批准将苏锡常列为沿海经济开发区，进一步拓宽其发展空间。

随着经济发展，一般消费品市场由卖方市场向买方市场转变，苏州乡镇企业出现发展危机，进入了改制和“二次创业”阶段。同时，苏州利用外资数额不断增长，外企、外贸、外经都有很大发展。

由于小城镇发展日益暴露出其规模小、集聚经济不明显的劣势，到 20 世纪 90 年代，“做大做强中心城市”成为江苏城市发展的主旋律。省、市政府不仅出台各种政策、措施鼓励中心城市的发展，而且进行了大规模的村镇撤并。城镇化的空间格局以中心城区的外延扩展、开发区建设为主导，自下而上的农村城镇化独占鳌头的局面被打破，与外向型经济发展同步，以“以土地换资金、以空间求发展”为主要特征的“新苏南模式”逐渐形成。

虽然这种以产业园区建设为主的集中型、扩展型城市化从 20 世纪 90 年代初期就已经开始进行，但是从“十五”时期开始才逐渐居于主导地位。

1. 中心城市极化特征明显，城镇体系空间布局不均衡性明显增强

20 世纪 90 年代，尤其是 90 年代中期以来，苏州市城市人口不断增长，城市化水平不断提高（见图 3-10）。1990 年，苏州城市化水平处于进入快速城市化阶段的临界值，到 2000 年，城市化水平已接近 60%，远高于江苏和全国同期水平。根据苏州市统计局公布的数据，2005 年年底苏州城镇化水平为 63.5%，市域城镇总人口为 565 万人。

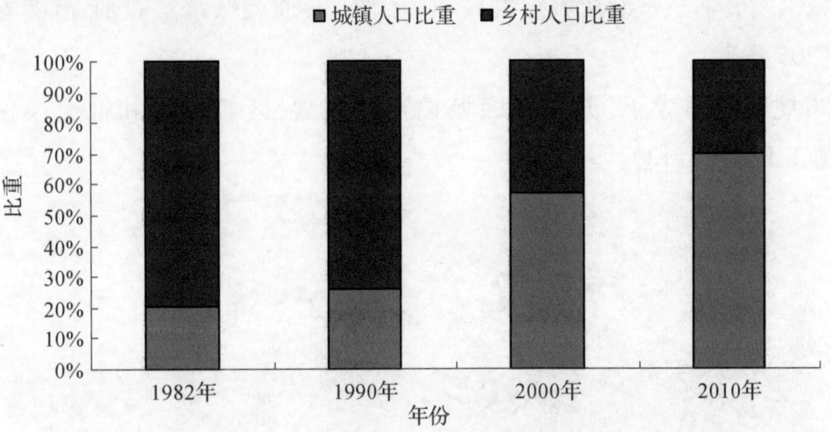

图 3-10 苏州城乡人口构成变化概况

（数据来源：《苏州统计年鉴（2012）》）

（1）做大做强中心城市、乡镇撤并促进苏州城镇体系的调整

在"做大做强中心城市"战略指引下，伴随着高新技术产业开发区和中新合作苏州工业园区的建设，苏州中心城市迅速发展，《苏州市城市总体规划（1996—2020）》对苏州城市性质、城市职能、发展空间格局进行了重新评估。

城市性质调整为"国家历史文化名城和重要的风景旅游城市"，"长江三角洲重要的中心城市之一"。

职能定位调整为"强化中心城市的地位和职能；充分体现苏州历史文化名城和风景旅游城市的性质和特点，创造出独具特色的城市风貌"。

在做大做强中心城市的发展思路下，针对小城镇数量多、规模小、基础设施配套难等问题，乡镇撤并逐步开展，各级城镇中心性的增强有效带动了区域社会、经济整体发展水平的提升。

2000 年和 2003 年，国务院和建设部发出加强和改进城乡规划工作的通知，2001 年，国务院正式撤销吴县市，将之并入苏州城区，设吴中区和相城区；2003 年，苏州市根据江苏省规划作出加快城市化和苏州沿江地区综合开发的决定。在区域内外发展环境发生显著变化的条件下，苏州从 2003 年开始编制《苏州市城镇体系规划（2002—2020）》，并进一步完善和发展《苏州市城市总体规划（1996—2010）》。

《苏州市城镇体系规划(2002—2020)》按照江苏省城市工作会议确定的“大力推进特大城市和大城市建设，积极合理发展中小城市，择优培育重点中心镇，全面提高城镇发展质量”和“将中心城市做强、做大、做优、做美”等精神，提出未来苏州地区城市化的战略方针是：“首位强化中心城市，促进县(市)城合理发展，积极择优培育中心镇，限制、引导一般镇”，提出“一圈三轴”的市域城镇空间格局，“一圈”即苏州中心城区，“三轴”即二横一竖的3条城镇发展轴——沿江城镇发展轴、沿沪宁交通线城镇发展轴、沿虞苏嘉高速公路发展轴(205省道)。

在城市规划的引导下，苏州各级城镇迅速发展，区域经济和社会飞速发展(见图3-11、图3-12、图3-13)。

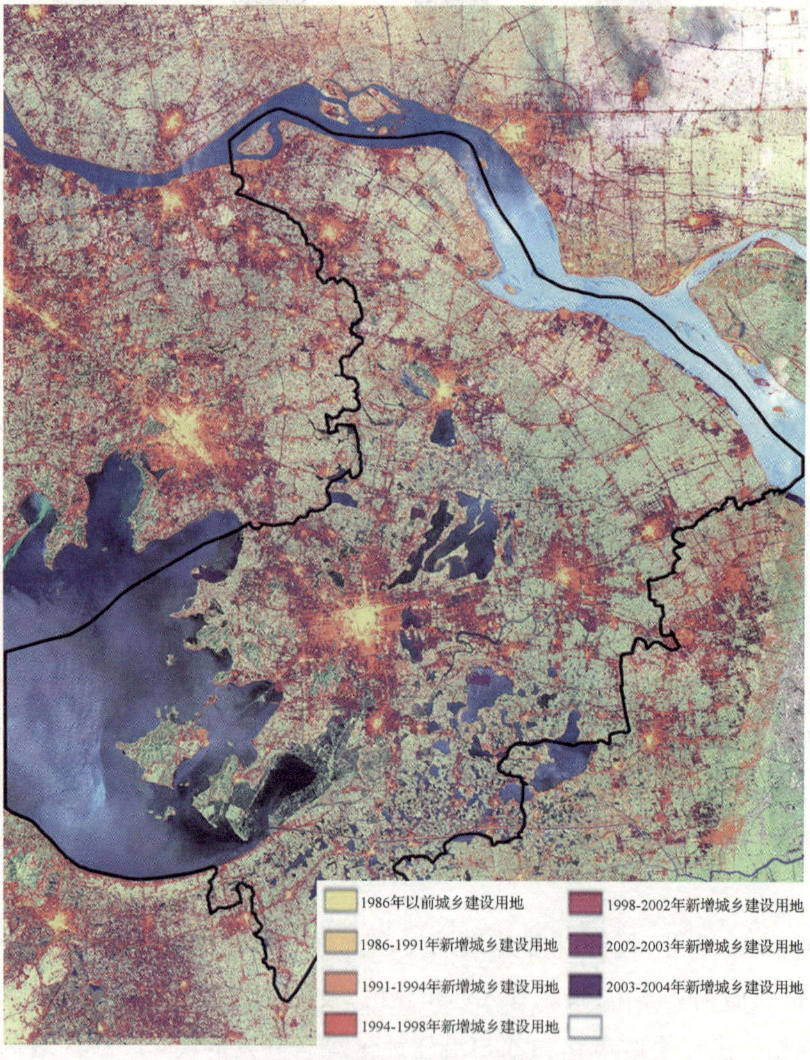

图3-11 1986—2004年苏州市域建设用地扩展示意图

(资料来源：《苏州城市总体规划(2006—2020)》前期研究·用地专题)

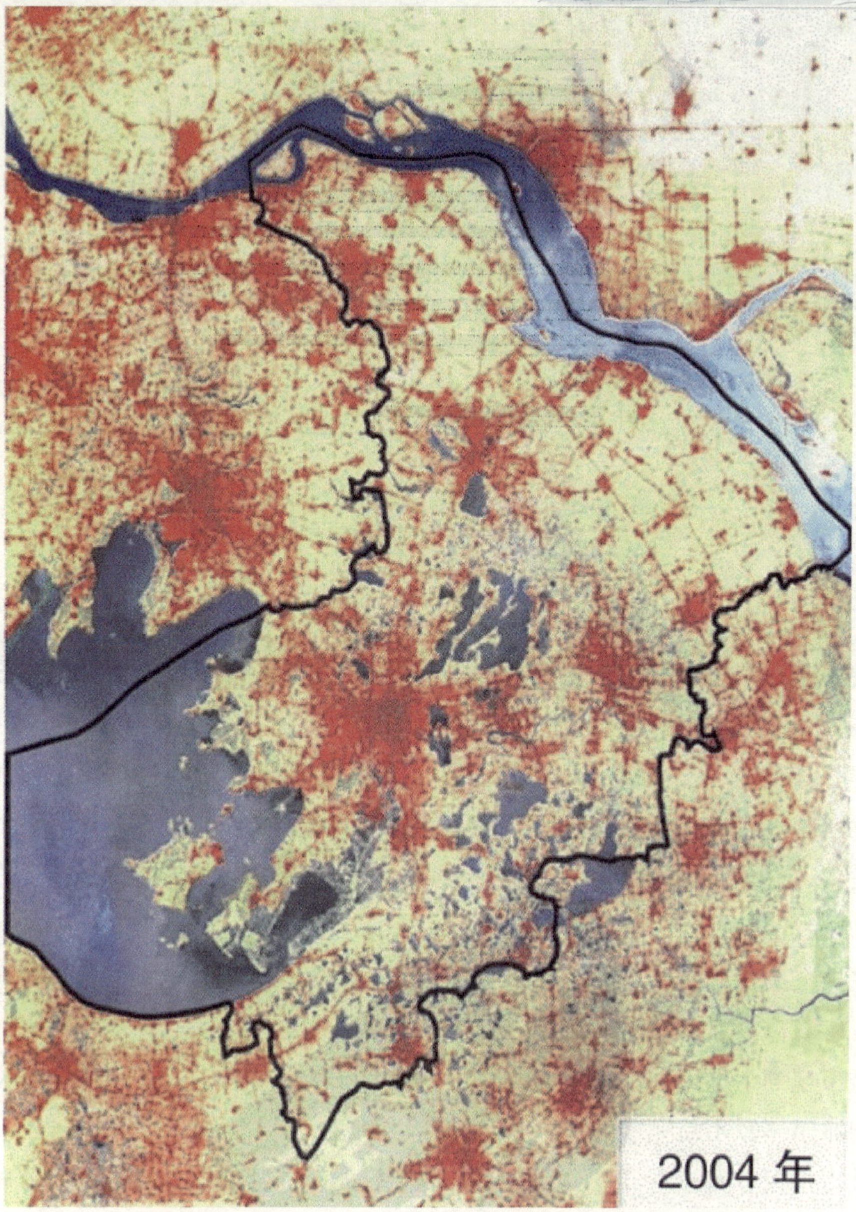

图 3-12　2004 年苏州遥感影像图

（资料来源：严金泉，尚贵华，季秋萍. 苏州城镇化进程中的土地节约利用与可持续发展研究[M]. 苏州：苏州大学出版社，2006：封首彩图）

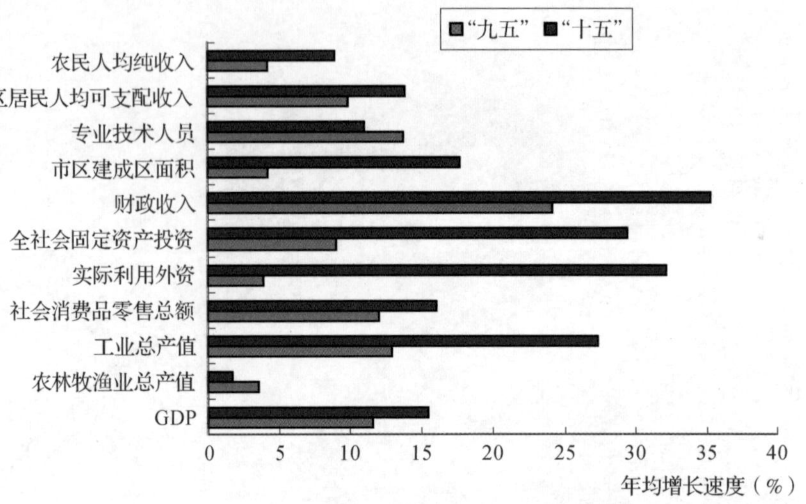

图 3-13 苏州"九五"、"十五"时期苏州发展概况

（数据来源：《苏州统计年鉴(2006)》）

（2）开发区建设对各级城镇空间形态演化的推动力显著

开发区建设在此阶段城市发展中占据了重要地位。至 2005 年，苏州共有 5 个国家级开发区、10 个省级开发区，合计已开发面积 380.43 平方公里，期末从业人员 166.76 万人，占苏州市从业人员数的 42.35%；其中，市区范围内的苏州工业园区和高新技术产业开发区已开发面积合计 106 平方公里，占同期市区城市建设用地面积的 52.43%；从业人员 51.51 万人，占同期市区从业人员数的39.31%。[①] 若是将省级的吴中经济开发区、相城经济开发区、浒墅关经济开发区也考虑在内，则开发区在苏州市区发展中的地位将更加突出。

（3）市域城镇空间结构表现出十分明显的点轴发展特征

以城市规划为指引，以"做大做强中心城市"和产业园区建设为主的城市发展策略使得苏州城镇体系不断完善。

从城市规模分布来看，形成了中心城区居首位、5 个县级市居中、64 个镇居底端的金字塔形状的城市规模体系。

从城市职能分布来看，形成了由苏州市域中心城市、县级市市域二级中心城市，以及中心地型小城镇、交通运输型小城镇、各种专业镇共同组成的城市职能体系。

从城市空间分布来看，形成了"一核五极两轴"的分布特征。中心城市集聚力不断增强，各县级市市区也处于空间极化状态，而沿江、沪宁沿线是人口密集、产业集聚、城镇密集的地区（见图 3-14）。

① 根据《苏州统计年鉴(2006)》计算。

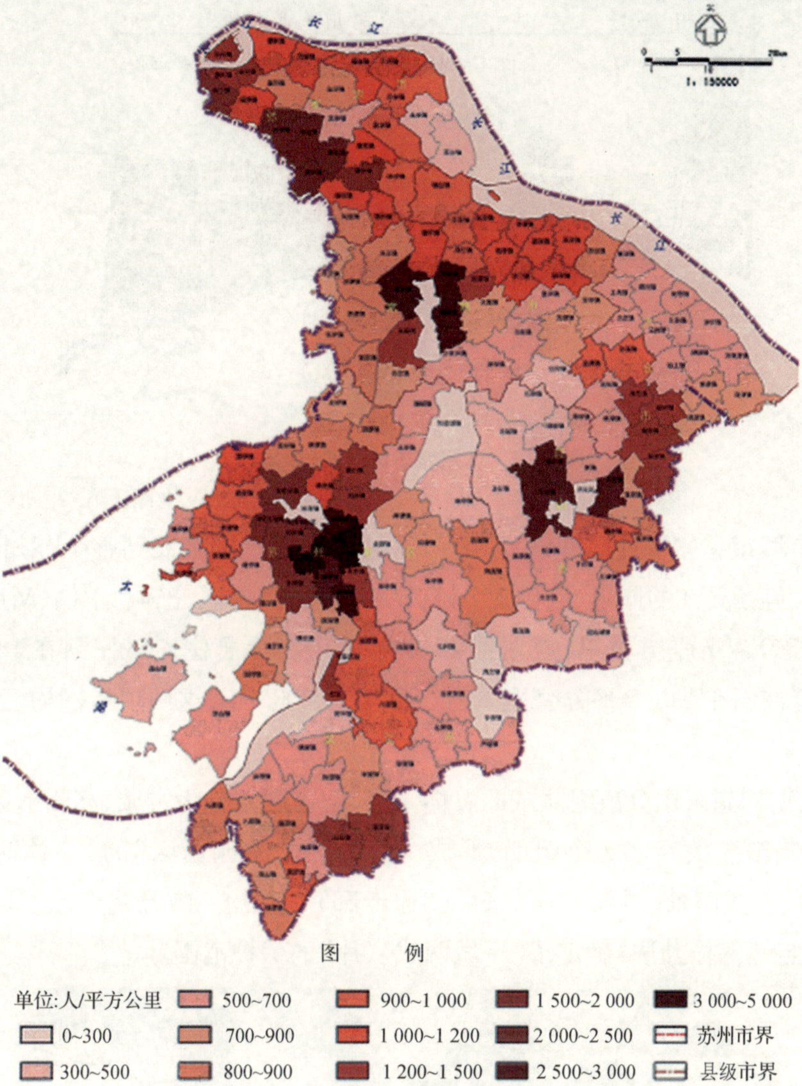

图 3-14　苏州市市域人口分布状况

（资料来源:《苏州市城市总体规划(2007—2020)》）

2. 中心城区结构由“一体两翼”向“一核四城”结构转变

新区和工业园区启动区的建设,对于苏州市区空间演进起到了极其重要的作用。在《苏州工业园区首期开发规划》中就提出了以古城为中心,在古城以西建设河西、河东区,在古城以东分三期建设工业园区的规划结构(见图 3-15)。

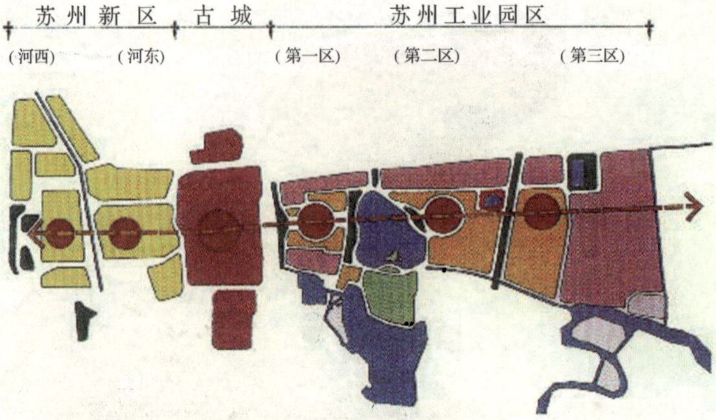

图 3-15　苏州城市结构图（1995）

（资料来源：《苏州工业园区第二、三区总体规划》）

《苏州市城市总体规划（1996—2010）》将城市规划范围扩展到整个苏州市区和吴县市行政区，包括吴江的同里、屯村 2 个镇，昆山的周庄、锦溪、巴城、正仪、南港 5 个镇，规划区面积 2 014.7 平方公里，规划到 2010 年城市实际居住人口控制在 185 万人以内，用地规模控制在 186.6 平方公里以内。事实上，2005 年，这两项指标均已突破规划预期。

96 版规划构想采用分散组团式的总体布局，把市区划分为古城、苏州新区、工业园区、吴县市区、浒墅关新区 5 个组团，形成“古城居中、东园西区”的“一体两翼”结构（见图 3-16），形成南景（风景区）、北廊（交通走廊）、多中心、敞开式形态。《苏州市历史文化名城名镇保护办法》确定了“一城两线三片”的保护范围。

图 3-16　1996 年苏州城市总体规划图

（资料来源：《苏州市城市总体规划（1996—2010）》）

国务院批复要保持“分散组团式”发展，综合协调古城、园区、新区、浒通片、吴县市区以及周边城镇的功能，严格限制城市跨越北部交通走廊发展。

在20世纪90年代中期以后，随着苏州工业园区的蓬勃发展，苏州中心城市迅速向东扩张(见图3-17)。

到2005年，苏州率先实现小康，开始向率先基本实现现代化目标迈进，苏州市区基本形成了“古城居中，东园西区，南吴中北相城”的“一核四城”结构。苏州高新区和苏州工业园区这两个国家级开发区规划引导、以产带城、以产兴城、产城融合，经济、社会发展质量较高，形成了现代化的城市景观，也培育发展了较高等级的商业商务中心，而吴中、相城两个区则发展相对滞后，商业中心的等级较低，能够提供的产品、服务相对较少，还难以承担独立新城的职能。

图3-17　2000年以后中心城区大范围向东扩展(橙黄色部分)

(资料来源:《苏州市城市总体规划(2006—2020)》)

三、2006年以来:新的探索

20世纪90年代开始，外向型经济发展推动城市化，以产业园区建设来带动城市空间拓展和城市空间结构调整，被形象概括为“以土地换资金、以空间求发展”的“新苏南模式”。

在这一模式形成、发展过程中，苏州社会经济曾出现许多矛盾和问题，突出表现为:①经济效益滞后于增长速度;②第一、三产业的发展滞后于第二产业;③基础设施建设滞后于人民生活水平的提高;④社会事业滞后于经济建设的发展;⑤科技进步滞后于项目的增加;⑥人才结构滞后于经济国际化的要求;⑦综合经济实力滞后于南方先进的县市。[1]

在城市空间领域，苏州市域城市空间结构和城市内部结构发生了巨大的变化，出现了诸如城市空间需求旺盛而土地资源总量有限、土地利用效率低、空间结构不合理等一系列问题，在此基础上，苏州以基本实现现代化为目标，开展了新的探索。

1. 苏州城市空间发展问题

(1) 城市空间外延粗放扩张模式难以为继

首先，城市建设用地快速扩张，用地粗放。

20 世纪 90 年代以来，苏州建设用地快速扩张，以市区为例，1990—2005 年间城市建设用地由 37.1 平方公里迅速增长到 202.16 平方公里，而建成区面积则由 37.1 平方公里增长到 195 平方公里。[2] 2005 年末中心城区建设用地 299.55 平方公里，人均建设用地 128.56 平方米。[3] 各建制镇建设用地年均增速更高于中心城区（见图 3-18）。根据《苏州市城市总体规划（2006—2020）前期研究 · 用地专题》测算，苏州未来城市（镇）建设用地极限容量约为1 800 平方公里。[4] 这也决定了曾经在苏州发展中做出重要贡献的“以土地换资金，以空间求发展”模式难以为继。

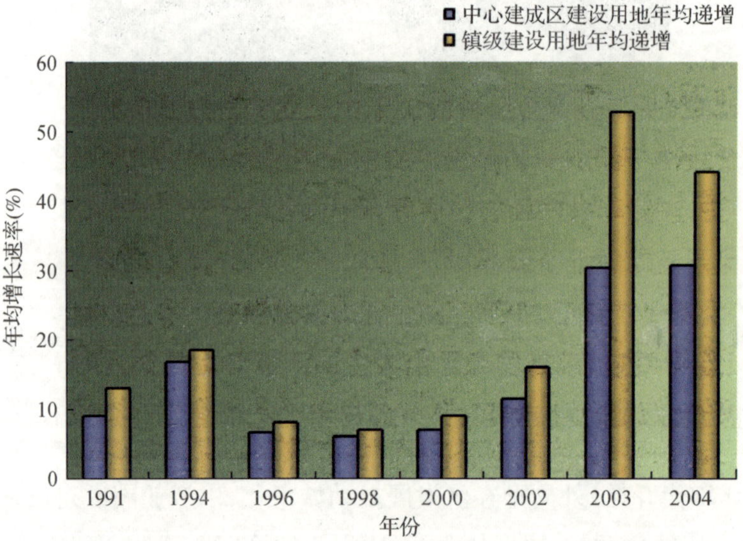

图 3-18　苏州各中心建成区建设用地增长速率与镇级对比（1991—2004 年）

（资料来源：《苏州市城市总体规划（2006—2020）》）

① 苏州市“两个率先”课题组. 苏州之路——“两个率先”的实践与思考[M]. 苏州：苏州大学出版社，2006：247.

② 苏州市统计局. 苏州统计年鉴（2006）[M]. 北京：中国统计出版社，2006.

③ 苏州市城市总体规划（2006—2020）前期研究 · 用地专题.

④ 同上。

虽然国家级、省级工业区的土地使用效率高，但镇级工业区土地利用效率普遍偏低。以苏州工业园区为例，其工业用地投资强度达到 14.8 亿美元/平方公里，居国家级开发区第 3 位①，其中一期工业用地（发展较成熟）的地均产出强度为 234 亿元/平方公里，超出国外发达国家工业区的平均水平 160 亿元/平方公里，接近我国台湾地区新竹工业园区的地均产出强度 260 亿元/平方公里。② 而镇级工业区则处于较粗放的发展状态。

其次，用地矛盾尖锐，城乡空间格局亟须优化。

快速城市化过程中，农地和河湖水面面积锐减（见图 3-19、图 3-20、图 3-21），城乡用地矛盾尖锐，1975—1990 年间，苏州耕地面积减少 19.79 千公顷；1990—2005 年间，减少了 112.52 千公顷。③ 传统的阡陌纵横、河湖密布的鱼米之乡景观被压缩在极其有限的区域范围内。

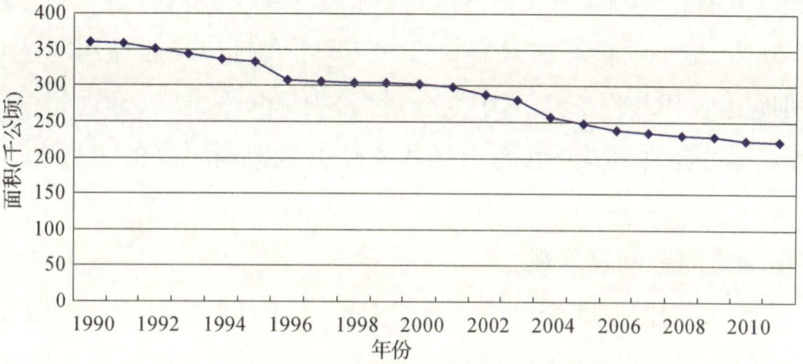

图 3-19　苏州耕地面积（1990—2011 年）

（数据来源：《苏州统计年鉴（2012）》）

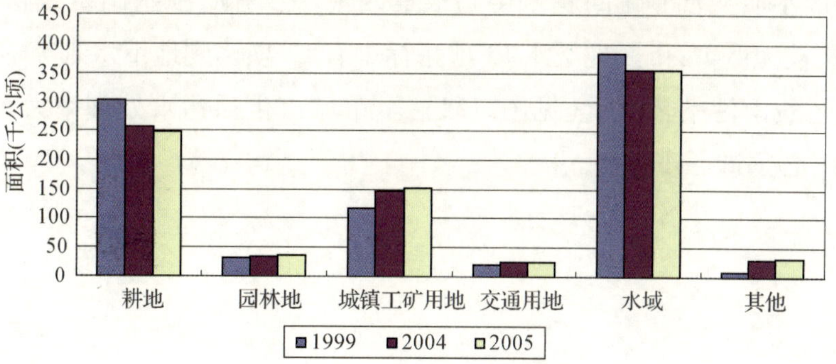

图 3-20　苏州土地利用结构变化

（数据来源：《苏州统计年鉴（历年）》）

① 国家统计局. 中国开发区统计年鉴（2004）[M]. 北京：中国财政经济出版社，2005.
② 苏州市城市总体规划（2006—2020）前期研究 · 用地专题.
③ 苏州市统计局. 苏州统计年鉴（2012）[M]. 北京：中国统计出版社，2012.

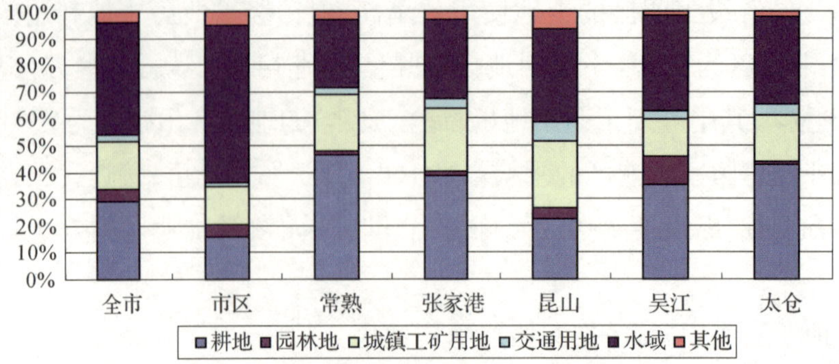

图 3-21　2005 年苏州市分地区土地利用结构

（数据来源：根据《苏州统计年鉴(2006)》计算）

在城市与农村争地的同时，农村用地内部也存在较大问题。苏州自然村数量多、规模小，村庄建设用地过多、土地集约利用水平较低的现象十分普遍。2004 年年底全市域规划范围内共有行政村 1 105 个，自然村约 20 914 个，乡村人口 263 万人，平均每个自然村约 120 人，最小的自然村只有 6 人。① 苏州农村户均居住用地达 0.96 亩，人均村庄建设用地高达 193 平方米，其中太仓最高，为 239 平方米，远远超过江苏省确定的 100 平方米/人的合理标准，也高出国家《村镇规划标准》的上限指标 150 平方米/人。②

第三，环境污染问题不容乐观。

2005 年，苏州市共建成 33 个全国环境优美镇、2 个江苏省环境优美镇和 41 个江苏省生态村③，但环境污染问题仍然较严重：20 条河流总体水质形势不容乐观，30% 总体水质超过地表水Ⅴ类标准，总体水质达到地表水Ⅲ、Ⅳ、Ⅴ类标准的河流分别占 15%、50%、5%；湖泊水质富营养化问题未得到根本改善，金鸡湖、独墅湖氨氮指标和总氮、总磷超标现象较为严重；市区地下水 13 项指标中有 12 项达到地下水Ⅲ类标准；市区和五市（县）城区酸雨污染较严重（见图3-22）；全市城市生活污水处理率为 61.47%，市区为 71.47%，必须进一步提高。④

① 苏州市规划局. 统筹城乡规划建设社会主义新农村. 规划信息第十期，2006－3－13.

② 苏州市规划局，苏州市政府研究室. 苏州社会主义新农村形态建设研究，2007.

③ 2005 年苏州市环境状况公报.

④ 同上。

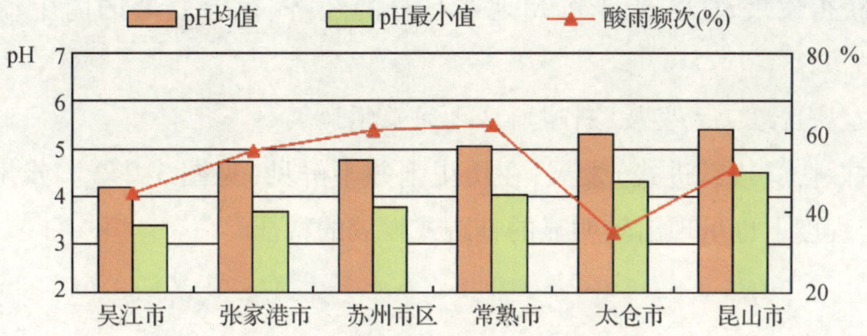

图 3-22　2005 年各市降水情况对比

注：酸雨临界值为5.6。

（资料来源：《2005 年苏州市环境状况公报》）

(2) 城镇之间竞争激烈，城镇体系聚合力较差

尽管中心城市经济实力有了明显提高，但从总体而言，仍然是强区域弱中心，中心城市功能不强。而且“市区与5个县级市经济发展水平相当、产业结构相似，相互之间主要是竞争关系而不是协作关系。苏州市域不是一个内聚力强的经济地域，在长远的经济发展中，必将影响到其竞争力的提升。”①

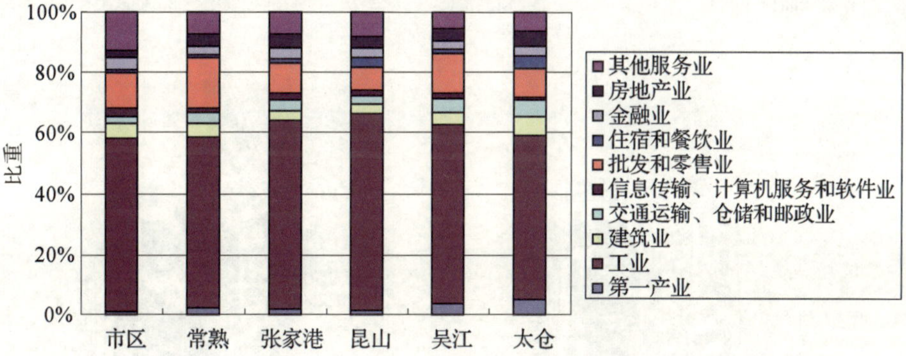

图 3-23　2005 年苏州 GDP 分行业比重

（数据来源：《苏州统计年鉴(2006)》）

(3) 市域城镇空间开发的内生动力不足

苏州地处江南水乡，长期以来，市域城镇空间分布格局呈现较明显的均衡分布特征。20 世纪 70 年代末以来，苏州各级城镇迅速扩张，总体上依然延续了以往的城镇体系空间分布格局。

随着沪宁、苏嘉杭等区域交通建设，以及苏州城乡交通一体化建设，各级城镇沿交通线轴状延伸现象较为典型，区域城镇空间扩张具有较明显的交通指向性。尤其是沪宁高速沿线，沿沪宁城镇聚合轴发展尤其迅速，但是这种发展更主要的是从与南京、上

① 苏州市城市总体规划(2006—2020)·说明书.

海的联系中获得发展动力，源于苏州地区自身的经济、社会发展的内生动力则相对不足。

(4) 中心城区蛙跳式发展，新城旧区之间亟须协调

城市的蛙跳式(或跃进式)发展，在历史上并不鲜见(见图3-24)。苏州中心城区的发展，一定程度上也呈现出较明显的蛙跳式发展的特征。

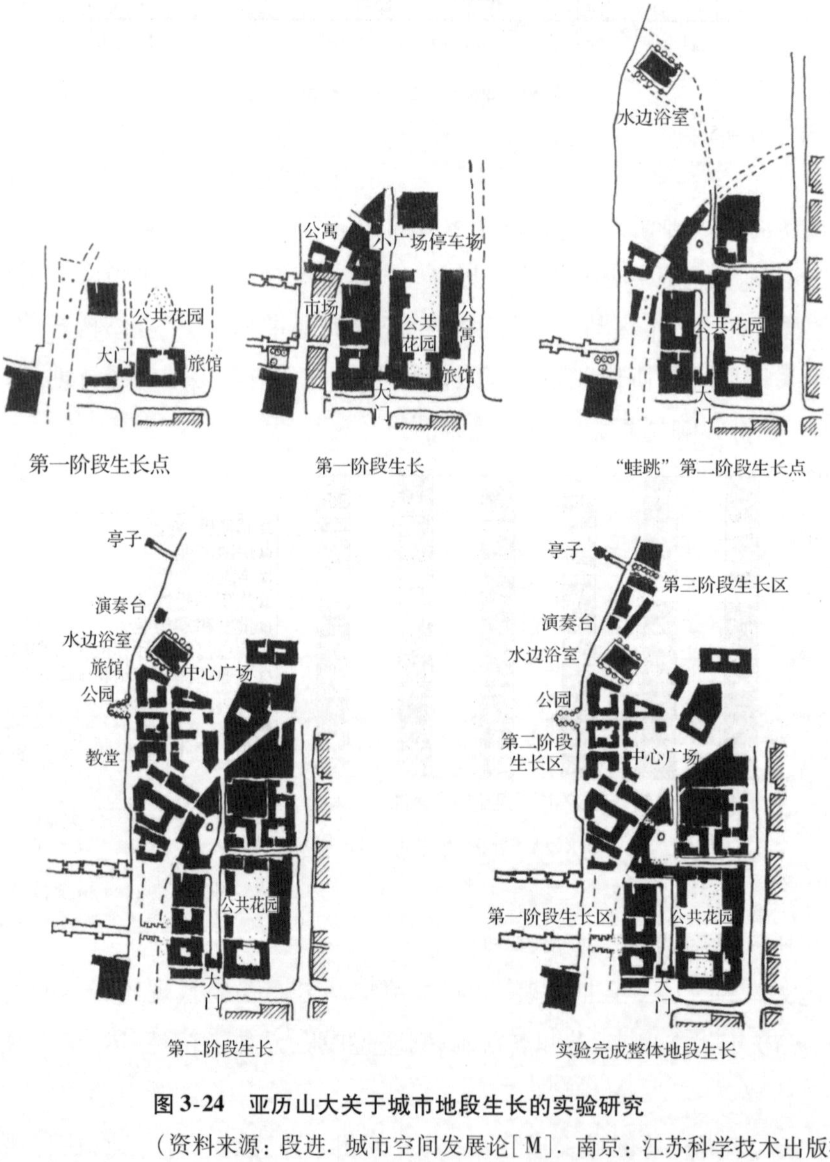

图3-24 亚历山大关于城市地段生长的实验研究

(资料来源：段进. 城市空间发展论[M]. 南京：江苏科学技术出版社，2006)

“十一五”时期以来，新城建设是各区级政府工作的重中之重，如工业园区的独墅湖高教区的建设、吴中区的吴中新城建设、高新区的科技新城建设等，这些新城建设对于优化产业空间、实现产业转型升级有重要作用，但同时，大规模的频繁的新城建设也带来一系列的负面效应，如新城有房无“城”，新城基础设施先进，城市景观极其现代

化，但空无人气。由于公共服务和基础生活服务配套较差，不少家庭工作在新城，居住在老城，造成远距离通勤，人为加重了交通阻塞，造成马路越修越宽，路网越来越密，可车越来越多，路越来越堵，早晚车流高峰期来得越来越早，退得越来越晚。

2. 新的探索

针对以往城市发展的缺陷，苏州在探索中前进，创造出富有地方特色的城乡统筹之路。苏州在城乡统筹方面的特色可以概括为：①加快工业化、城市化进程；②加快制度创新，引导生产要素在城乡自由流动，发挥市场机制配置城乡资源的基础作用；③及时有效地通过政府职能的转变和公共财政体制的改革，为农村居民提供更多的公共物品和服务；④坚持以人为本，结合当地的实际情况实现理论、模式和制度的创新。①

在转型升级的新探索中，《苏州市城市总体规划(2007—2020)·纲要》提出了“构建以名城保护为基础、以和谐苏州为主题的‘青山清水，新天堂’”的城市发展总目标，将苏州建设成为“文化名城、高新基地、宜居城市、江南水乡”(见图3-25)。②

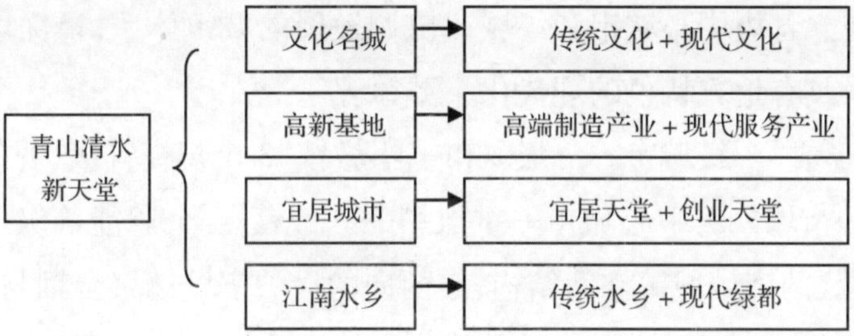

图3-25 苏州城市发展总目标

(资料来源：根据《苏州市城市总体规划(2007—2020)·纲要》绘制)

苏州市委十届十次全会提出了“三区三城”的概念，即把苏州建设成为科学发展的样板区、开放创新的先行区、城乡一体的示范区，成为高端产业城市、最佳宜居城市、文化旅游城市。《苏州市国民经济和社会发展第十二个五年规划纲要》(以下简称《苏州“十二五”规划纲要》)提出，“以邓小平理论和‘三个代表’重要思想为指导，深入贯彻落实科学发展观，以推动科学发展为主题，以转变经济发展方式为主线，以改革开放为动力，以富民惠民为根本，全面实施创新引领、开放提升、城乡一体、人才强市、民生优先、可持续发展战略，着力建设科学发展的样板区、开放创新的先行区、城乡一体的示范区和以现代经济为特征的高端产业城市、历史文化与现代文明相融的文化旅游城

---

① 苏州市“两个率先”课题组. 苏州之路——“两个率先”的实践与思考[M]. 苏州：苏州大学出版社，2006：247.

② 与苏州2006版总体规划对当时现状“假山假水，城中园”和规划“真山真水，园中城”的空间形态描述相比，2007版总体规划提出“青山清水，新天堂”的城市发展总目标强调了发展模式的转变，即从追求简单的经济增长转变为追求社会、经济、环境的全面、协调、可持续发展。

市、生态环境优美的最佳宜居城市，使苏州经济发展更具活力，社会建设更加和谐，科教文化更趋繁荣，民主法制更为健全，生态环境更显优美，力争在'十二五'期末率先基本实现现代化。"①"十二五"期间，苏州要"转变经济发展方式取得明显成效，自主创新能力、国际竞争力和可持续发展能力显著增强，城乡一体化发展水平进一步提升，社会和谐程度和人民幸福指数走在全国前列。"②"三区三城"逐渐从一个总的概念逐步转化，被苏州各级政府、公民、法人、社会团体所接受，细化为具体的政策和标准，落实为具体的行动。

《苏州市城市总体规划(2007—2020)·纲要》和《苏州"十二五"规划纲要》对于苏州市域城镇体系的构想基于城市金字塔、中心地理论等城市地理学经典理论。

《苏州市城市总体规划(2007—2020)·纲要》将城镇化战略定位于"提升苏州城市在区域中的综合竞争能力，建立面向区域的开放式城镇空间结构；做大做强苏州中心城市，提高中心城区在苏州市域的首位度，打造长三角区域次中心；加强市域城镇间的协调与合作，建立各级中心城市和小城镇协调发展的城镇体系；择优培育重点镇，强化服务功能；建设具有地方特色的现代化小城镇。"

至2020年，形成"一级城市—二级城市—小城镇"3个规模等级(见图3-26)；形成"市域中心城市—市域二级中心城市—重点镇—一般镇"4个职能等级(见表3-3)；构建"一心两轴一带"的市域城镇空间结构，东西向的沿沪宁城镇聚合轴与南北向的沿苏嘉杭城镇聚合轴交汇于市域核心，一带是位于市域东北部的沿江城镇带。

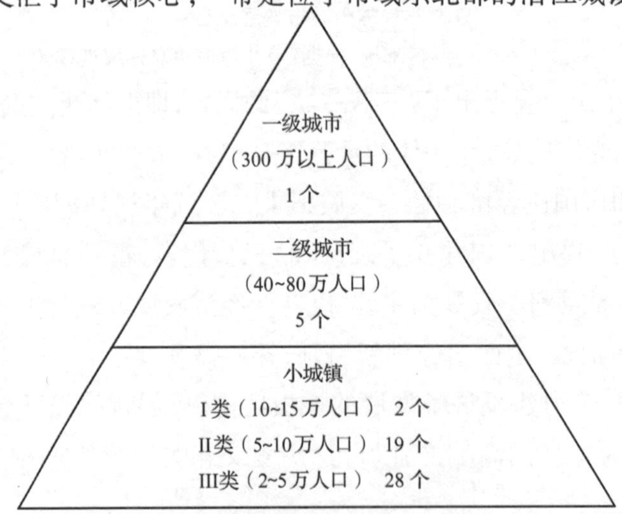

图3-26 苏州市域城镇等级规模结构规划示意图

(资料来源：根据《苏州市城市总体规划(2007—2020)纲要》附表修改)

① 苏州市国民经济和社会发展第十二个五年规划纲要(市十四届人大四次会议审议通过)。

② 同上。

表3-3　苏州市域城镇职能结构规划表

职能等级		城镇个数	职能类型
市域中心城市		1	综合型
市域二级中心城市		5	综合型
重点镇	重点(发展)镇	12	综合型(5)、商贸型(2)、旅游型(1)、工业型(4)
	重点(保护)镇	12	综合型(2)、旅游型(10)
一般镇		27	综合服务型

(资料来源:根据《苏州市城市总体规划(2007—2020)纲要》附表修改)

《苏州"十二五"规划纲要》提出:"提升城市国际化内涵,构筑长三角核心区域城市群。以提高人口、产业、空间、资源的集聚度为目标,推进苏州中心城市与县级市的功能互补、联动发展。完善政策配套,进一步增强中心城市对区域经济社会发展的辐射服务功能。稳步推进强县、强镇扩权试点,强化县级市城区、中心镇集聚农村生产要素、承载农村人口转移的首位功能。加快推进城乡基础设施、基本公共服务一体化,努力形成'市域中心城市、二级中心城市、重点镇、一般镇'协调互动的现代化城镇新格局。到'十二五'期末,城市化率达72%左右。"

在中心城市范围,《苏州市城市总体规划(2007—2020)》提出构建"一心两区两片"构成的"T型"城市空间结构,包括东西城市发展主轴和南北城市发展次轴(见图3-27)。

《苏州市城市总体规划(2007—2020)》确定的中心城区空间结构与功能布局

中心城区形成"一心两区两片"构成的"T型"城市空间结构,包括东西城市发展主轴和南北城市发展次轴:

1. 东西城市发展主轴:由北部高新技术产业带、中部公共设施服务带和南部旅游及文化产业带组成。其中公共设施服务带串联高新区城市中心、古城城市中心、工业园区城市中心。

2. 南北城市发展次轴:以南北公共设施服务带为主体,串联古城城市中心、吴中片城市副中心、相城片城市副中心。

"一心"即以苏州古城为核心、老城三区为主体组成的城市中心区。疏解古城居住、商贸、行政等功能,保护苏州古城等历史人文景观,发展旅游服务、文化产业等功能,形成代表城市核心竞争力的城市中心。规划人口85~90万人。

"两区"即高新区城区和工业园区城区:

1. 高新区城区:强化与城市中心区的联合发展,实现"合核战略",共同建设苏州主城,建设国家级高新技术产业基地和自主创新高地,承担市级商业、文化、娱乐等职能。规划人口70~75万人。

2. 工业园区城区:以工业园区城区为核心建设苏州东部新城,承担国家级高新技术产业园区和服务外包基地、长三角地区现代商贸物流运营中心和文化创意产业中心之一、苏州市中央商务区和重要的城市服务中心职能。规划人口110~120万人。

“两片”即相城片和吴中片:

1. 相城片:建设市域服务中心、苏州北部新城核心区和市级文化、娱乐中心。规划人口45~50万人。

2. 吴中片:建设江南传统文化和自然山水旅游服务基地,市级文化创意、科研教育基地,重要的水乡特色居住区。规划人口35~40万人。

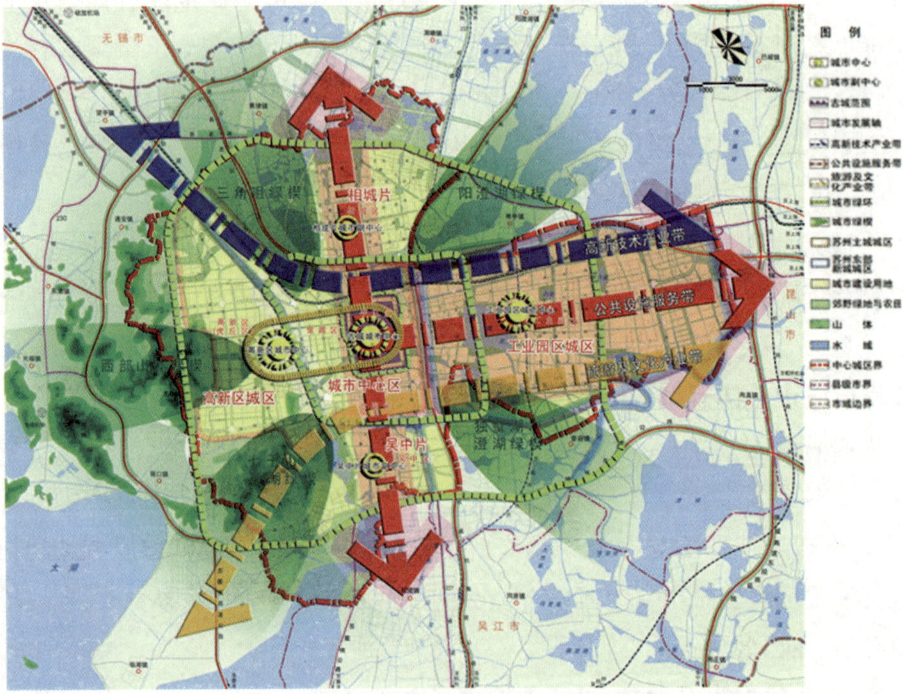

图3-27　苏州中心城区空间结构规划图

(资料来源:《苏州市城市总体规划(2007—2020)》图集)

在相关规划指导下,苏州各级城镇都得到了快速的发展。2011年,全市人口城镇化水平达到71.31%,其中,市区更是高达81.81%(见图3-28)。

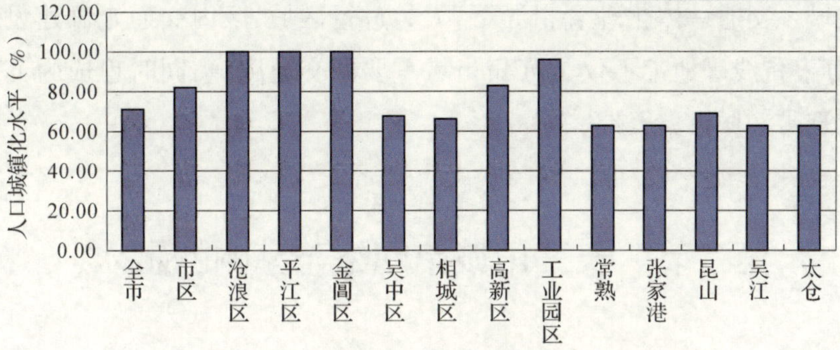

图 3-28 2011 年苏州分地区人口城镇化水平

（数据来源：《苏州统计年鉴(2012)》）

到2011年年底，苏州市建成区面积达到698.90平方公里，城市建设用地面积达到651.57平方公里，其中，市区建成区面积和城市建设用地面积均占全市总量的一半左右(见图3-29、图3-30)。①

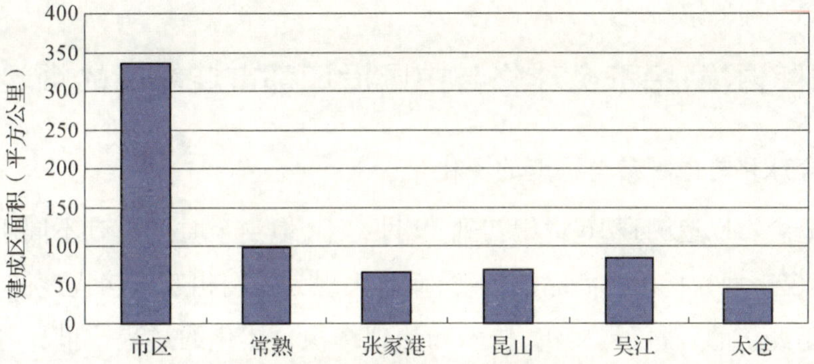

图 3-29 2011 年苏州城市建成区面积

（数据来源：《苏州统计年鉴(2012)》）

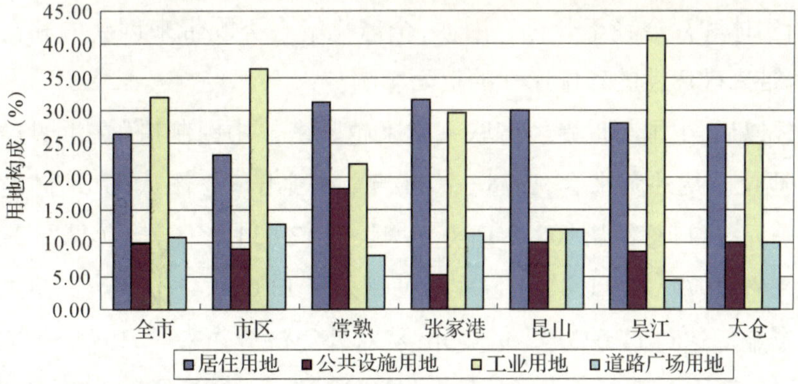

图 3-30 2011 年苏州城市建设用地构成

注：除了这四种城市用地类型以外，还有其他用地类型。

（数据来源：根据《苏州统计年鉴2012》计算）

---

① 苏州市统计局．苏州统计年鉴(2012)[M]．北京：中国统计出版社，2012.

苏州在城乡交通一体化理念指导下，大力进行区域、区内交通走廊建设，沿江、沿沪宁线、沿苏嘉杭线等地带不仅是苏州市域重要的交通廊道，同时也成为苏州市域重要的产业集聚带和城市集聚带。

第二节　长三角城市网络与苏州的融入

城市地理和城市规划学界对城市与区域的关系进行了大量的探讨，城市是区域中的城市，是一个复杂的巨系统，是一个开放的巨系统。在“就城市论城市”的城市规划出现一系列问题之后，以地理学为背景的区域规划、城镇体系规划逐渐崭露头角。故而，在对苏州城市空间转型进行分析之前，必须对其发展的区域背景、面临的机遇和挑战进行详细的分析。

一、国际语境：经济全球化与中国沿江都市连绵区的崛起

1. 经济全球化与中国参与程度的深化

全球化概念可以追溯到16世纪初到19世纪末，但当今时代具有不同于以往的特点，全球化不仅表现为货币和商品的流动，而且表现为人们相互依赖程度的日益增强。全球化不仅是经济的，而且是文化、技术和治理结构一体化的过程。世界各地的人们被联系在一起，受到地球各个角落所发生的事件的影响。① 这种影响既有积极的一面，也有消极的一面，正如《1999年人类发展报告》所言，“全球化……也使生产过程、劳动力市场、政治实体和社会趋于分化。因而，全球化给人类既带来创新的和富有生气的正面影响，也带来破坏性的和排斥性的负面影响。”②

改革开放以后，中国与世界经济联系越来越紧密，“中国制造”在世界经济格局中占据了重要地位。从外贸来看，1978—2011年，中国出口总额从97.5亿美元增长到18 983.8亿美元，进口总额从108.9亿美元增长到17 434.8亿美元(见图3-31)；从利用外资情况来看，1979—2011年，中国实际使用外资13 681.41亿美元，其中，实际使用外商直接投资金额达到11 643.92亿美元；从对外经济合作来看，1979—2011年，对外承包工程合同金额从0.33亿美元增长到1 423.32亿美元，2011年年底，对外承包工程和

---

① 《1999年人类发展报告》编写组. 1999年人类发展报告[M]. 北京：中国财政经济出版社，2002.

② 同上。

对外劳务合作人数达到102.15 万人(见图 3-32)。①

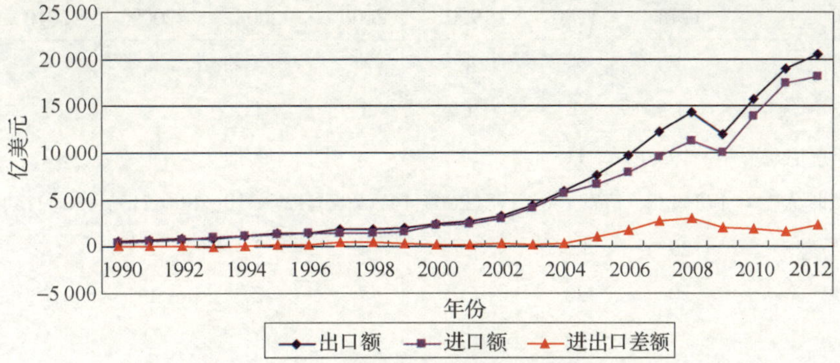

图 3-31 中国外贸发展概况(1990—2012 年)

(数据来源:国家统计局,《中国统计年鉴(2012)》。国家统计局. 中华人民共和国 2012 年国民经济和社会发展统计公报,http://www.stats.gov.cn/tjgb/ndtjgb/qgndtjgb/t20130221_402874525.htm, 2013-2-22)

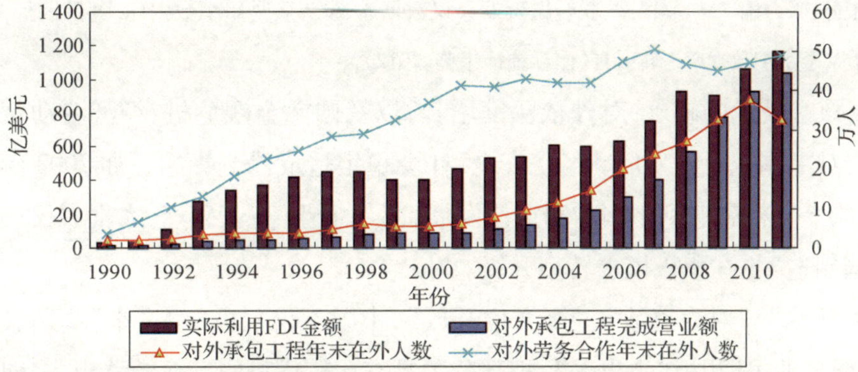

图 3-32 中国利用外资、对外经济合作发展概况(1990—2011 年)

(数据来源:《中国统计年鉴(2012)》)

从国际比较上看,中国进出口贸易总额、出口额、进口额、外商直接投资在世界上的位次逐渐提升,2011 年,中国的出口额居世界第一,国内生产总值、进口额、外商直接投资均居世界第二位(见表 3-4)。②

① 中华人民共和国国家统计局. 中国统计年鉴(2012)[M]. 北京:中国统计出版社,2012.

② 同上。

表 3-4 中国主要指标居世界的位次

指标	1978	1980	1990	2000	2008	2009	2010	2011
国土面积	4	4	4	4	4	4	4	4
人口	1	1	1	1	1	1	1	1
国内生产总值	10	11	11	6	3	3	2	2
人均国民总收入*	175(188)	177(188)	178(200)	141(207)	127(210)	124(213)	120(215)	114(214)
进出口贸易总额	29	26	15	8	3	2	2	2
出口额	30	28	14	7	2	1	1	1
进口额	27	22	17	9	3	2	2	2
外商直接投资	—	60	12	9	3	2	2	2
外汇储备	38	37	7	2	1	1	1	1

注:*括号中所列为参加排序的国家和地区数。

(资料来源:联合国 FAO 数据库、联合国贸发会议数据库、世界贸易组织数据库、世界银行 WDI 数据库、国际货币基金组织数据库。转引自《国际统计年鉴(2012)》)

然而,核心技术的缺乏,对外依赖度增长,以及国际金融危机、经济波动带来的出口不景气,对中国企业的发展和经济安全、社会稳定造成深刻影响。如 2008 年美国华尔街金融风暴直接影响到中国的制造业发展,部分企业停产、破产,大批农民工提前返乡。“中国制造”也在积极谋求转型升级。

“对外开放”、“对内搞活”、“全方位开放”,中国不仅积极“引进来”高新技术产业和生产性服务业,还积极“走出去”,把部分不具有比较优势的产业转移出去,对外直接投资金额也由 2000 年的 9.16 亿美元增长到 2011 年的 651.17 亿美元(见表 3-5)。①

表 3-5 外商直接投资

单位:亿美元

国家和地区	外商直接投资			对外直接投资		
	2000	2005	2011	2000	2005	2011
世界	14 005.41	9 807.27	15 244.22	12 266.33	8 885.61	16 943.96
中国	407.15	724.06	1 239.85	9.16	122.61	651.17
中国香港	619.38	336.25	831.56	593.74	271.96	816.07
中国澳门	-0.01	12.40	43.65	—	0.60	0.62

(资料来源:联合国贸发会议 FDI 数据库。转引自《国际统计年鉴(2012)》)

整体而言,自改革开放以后,尤其是加入 WTO 以后,中国与世界经济的联系越来越密切,越来越深入地参与到经济全球化当中。

① 中华人民共和国国家统计局. 中国统计年鉴(2012)[M]. 北京:中国统计出版社,2012.

2. **世界城市体系的形成与中国城市的融入**

科技信息和经济全球化使劳动、资本、技术、信息等生产要素在全球流动,促进世界范围内资源有效配置和合理开发。跨国公司的扩张、全球生产系统的建立和强化、国际劳动分工和专业化生产的深化、经济的全球化,导致世界城市体系的出现。

这个世界城市体系以全球城市(世界城市)为顶点,以国际性城市为中介,沿国家级重要城市—区域性城市—地方性城市—小城镇的脉络,将全球经济活动纳入其基本框架,调动资源,组织生产、交换、消费和分配,实现社会生产和再生产。它是一个复杂的巨系统,而非各国城市体系的简单叠加。它的形成和发展,对各国城市化的进程将产生巨大影响,不同等级的城市,其职能分工不同,城市基本经济活动的内容也不同,城市化的动力机制也将明显不同。

中国城市越来越深入地融入到世界城市体系当中。以航空运输为例,2003—2012年,中国民航运输国际航线数由194条增长到381条,国际航线运输总周转量从56亿吨公里增长到194.49亿吨公里,旅客运输量从681万人次增长到2 336万人次,货邮运输量从51万吨增长到156.5万吨,中国城市与国外各地城市的联系越来越紧密(见图3-33、图3-34、图3-35、图3-36)。①

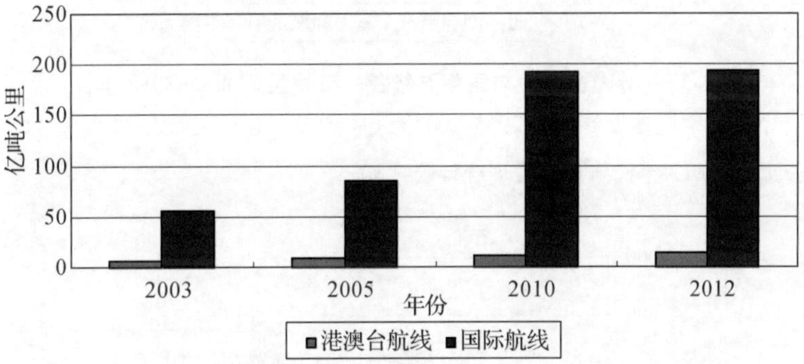

图3-33 港澳台航线与国际航线运输总周转量(2003—2012年)

(数据来源:《中国航空运输发展报告2003/2004》;《中国航空运输发展报告2005/2006》;《2010年民航行业发展统计公报》;《2012年民航行业发展统计公报》)

① 中国航空运输发展报告2003/2004;2012年民航行业发展统计公报.

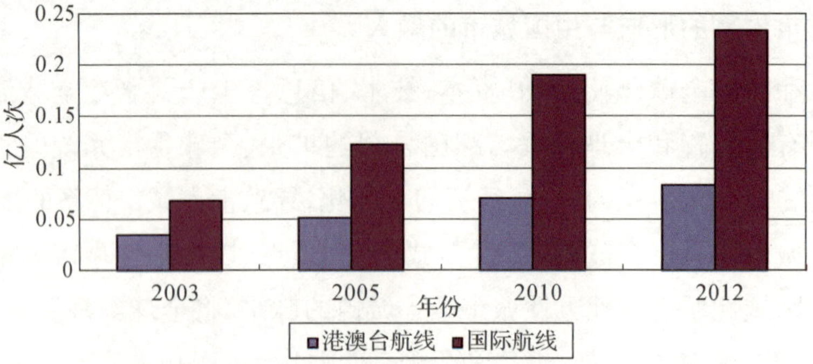

图 3-34　港澳台航线与国际航线旅客运输量(2003—2012 年)

(数据来源:《中国航空运输发展报告 2003/2004》;《中国航空运输发展报告 2005/2006》;《2010 年民航行业发展统计公报》;《2012 年民航行业发展统计公报》)

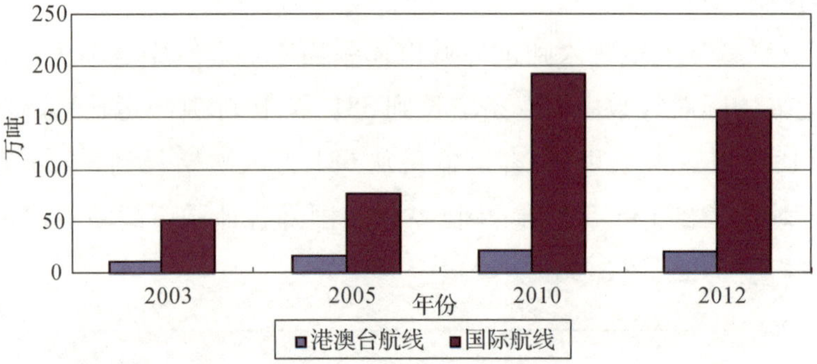

图 3-35　港澳台航线与国际航线货邮运输量(2003—2012 年)

(数据来源:《中国航空运输发展报告 2003/2004》;《中国航空运输发展报告 2005/2006》;《2010 年民航行业发展统计公报》;《2012 年民航行业发展统计公报》)

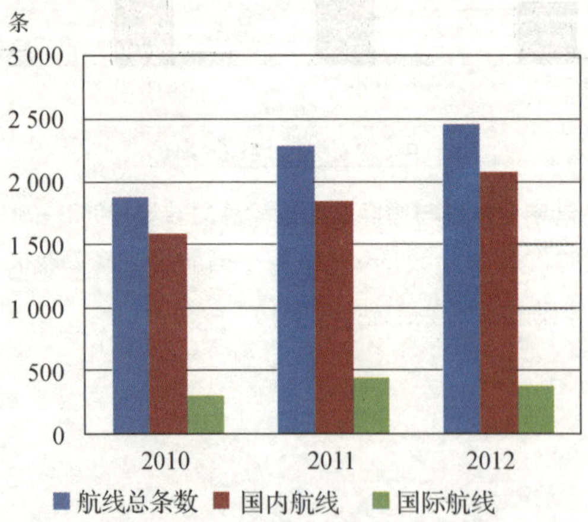

图 3-36　中国民航国际航线示意图

(数据来源:《2010 年民航行业发展统计公报》;《2011 年民航行业发展统计公报》;《2012 年民航行业发展统计公报》)

3. 世界性大都市带的发展与中国上海大都市区的崛起

1957 年，法国地理学家戈特曼提出大都市带的概念，即由多个大都市为核心组成的巨大的城市地域复合体。1976 年，戈特曼在《环绕世界的大都市带体系》中提出，以 2 500 万人为大都市带最低人口规模的话，世界上有 6 个大都市带：美国东北部大都市带、五大湖沿岸大都市带、日本东海岸太平洋沿岸大都市带、英格兰大都市带、欧洲西北部大都市带，还有很少被了解的以中国上海为中心的城市群。[①]

从全球的夜景卫星图上可以清晰地看到世界性大都市带的轮廓（见图 3-37、图 3-38、图 3-39、图 3-40）。在中国，京津唐、长三角、珠三角城市群集聚水平明显高于全国平均水平，沿海、沿江都市连绵区基本成形，但极化现象十分明显，与其余世界性大都市带的发展水平相差较大。

图 3-37　世界夜景卫星图

图 3-38　美国东北部大都市带、五大湖沿岸大都市带夜景卫星图

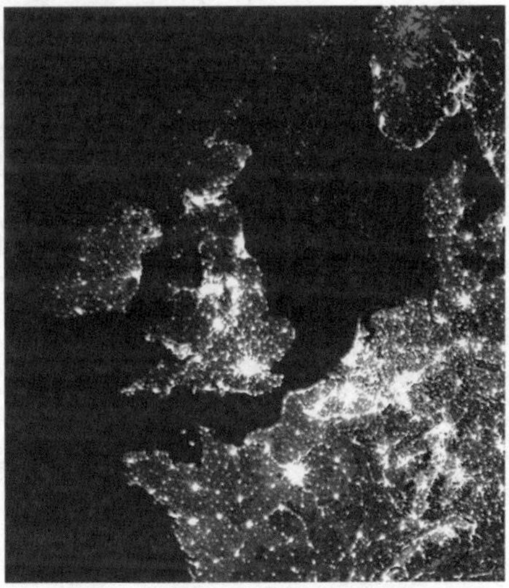

图 3-39　英格兰大都市带、欧洲西北部大都市带夜景卫星图

① 许学强，周一星，宁越敏. 城市地理学[M]. 北京：高等教育出版社，2009.

图 3-40　日本东海岸太平洋沿岸大都市带、中国沿海城市密集区夜景卫星图

（资料来源：人民网. 夜景卫星图看各国经济，http://fujian.people.com.cn/n/2012/0716/c235040-17245418.html，2012-7-16）

二、国内语境：快速城市化与新型城市化

1. 快速城市化

“十五”时期，城镇化战略作为国家发展战略之一实施以后，中国城市化速度加快，城市人口规模和用地规模不断增长（见图 3-41、图 3-42）。1996 年，中国城市化水平首次突破 30%，进入城市化加速发展阶段；2011 年，全国城市化水平突破 50%，居住在城市中的人口首次超过农村；2012 年，全国城市化水平为 52.6%。①

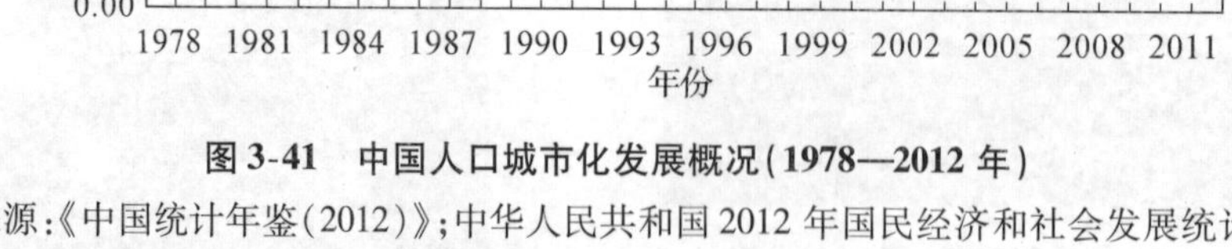

图 3-41　中国人口城市化发展概况（1978—2012 年）

（数据来源：《中国统计年鉴（2012）》；中华人民共和国 2012 年国民经济和社会发展统计公报，http://new.xinhuanet.com/2013-02/23/c_114772758.htm，2013-2-23）

① 中华人民共和国 2012 年国民经济和社会发展统计公报，http://new.xinhuanet.com/2013-02/23/c_114772758.htm，2013-2-23.

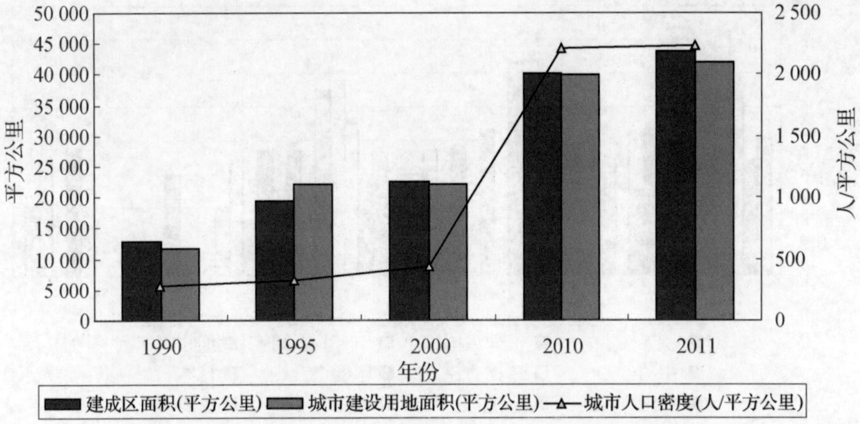

图 3-42　中国土地城市化情况(1990—2011 年)

(数据来源:《中国统计年鉴(2012)》)

2. 城市问题突出

尽管各级城市的基础设施和公共服务设施建设都在全面推进,但是由于城市人口规模、人口密度不断上升,城市发展中资源环境问题、就业问题、住房问题、贫困问题、城市安全问题等日益突出。

(1) 城市环境问题

西方国家在工业化、城市化过程中走的是"先污染、后治理"的道路,中国的工业化、城市化过程中也呈现出"高投入、高能耗、高污染、低效益"的发展特征。

加入全球可持续发展行动框架以后,中国努力实现经济发展模式由"三高一低"向"三低一高"——"低污染、低能耗、低排放、高效能"转变,大力发展循环经济,推进传统工艺技术改造,促进产业转型升级。

从 2000—2010 年的单位国内生产总值能耗来看,中国不仅高于中等收入国家平均水平,甚至高于世界平均水平,从国家(地区)间的比较看,不仅高于英、美、日这些曾经的"世界工厂",高于韩国、新加坡这样的新兴工业化国家,还高于同样是发展中国家的印度(见图 3-43)。①

---

① 中华人民共和国国家统计局. 国际统计年鉴(2012)[M]. 北京:中国统计出版社,2012.

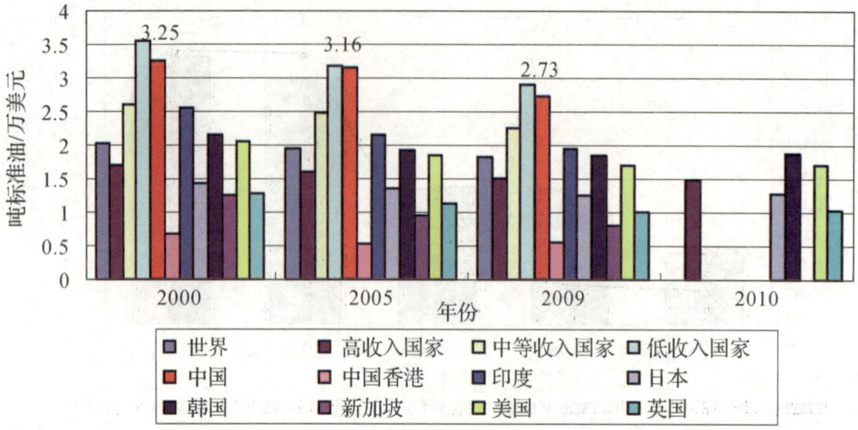

图 3-43　万美元国内生产总值能耗

注：数值为购买力平价法，2005 年不变价。

（数据来源：《国际统计年鉴（2012）》）

高能耗、低利用率使得中国污染物总量不断增加，环境问题，尤其是城市环境问题更加突出（见表 3-6）。国家环境保护“十二五”规划肯定了“十一五”期间环境保护取得的成绩，同时指出，“当前，我国环境状况总体恶化的趋势尚未得到根本遏制，环境矛盾凸显，压力继续加大。同时，随着人口总量持续增长，工业化、城镇化快速推进，能源消费总量不断上升，污染物产生量将继续增加，经济增长的环境约束日趋强化。”①

表 3-6　主要城市废水、废气中主要污染物排放情况和固体废弃物处理情况（2011 年）

			北京	上海	广州	主要城市合计	占全国比重（%）
废水中主要污染物排放量	排放总量	万吨	145 469	214 155	141 610	1 692 152	25.67
	化学需氧量	万吨	19.32	24.9	19.53	431.41	17.26
	氨氮	万吨	2.13	5.04	2.48	49.43	18.98
	总氮	万吨	3.28	1.53	1.5	62.09	13.89
	总磷	万吨	0.45	0.2	0.26	7.83	14.13
	石油类	吨	82.08	776.96	112.15	3 592.59	17.1
	挥发酚	吨	0.92	5.84	0.24	186.28	7.66
	铅	千克	186.18	175.54	682.1	15 729.42	10.13
	汞	千克	1.72	3.39	1.1	66.31	2.34
	镉	千克	12.44	18.22	11.68	2 338.88	6.52
	六价铬	千克	339.62	1 024.61	2 004.86	28 147.21	26.46
	总铬	千克	508.68	2 548.91	5 352.54	37 793.4	12.89
	砷	千克	28.09	38.05	51.65	11 981.6	8.17

① 中华人民共和国环境保护部规划财务司. 国家环境保护“十二五”规划——“一、环境形势”, http://gcs.mep.gov.cn/hjgh/shierwu/201112/t20111221_221592.htm, 2011－12－21.

续表

				北京	上海	广州	主要城市合计	占全国比重(%)
废气中主要污染物排放情况		二氧化硫	万吨	9.79	24.01	7.01	361.97	16.32
		氮氧化物	万吨	18.83	43.54	14.43	465.15	19.35
		烟粉尘	万吨	6.58	8.98	2.23	181.48	14.19
固体废物处理利用情况	一般工业固体废物	产生量	万吨	1 125.59	2 442.2	659.35	34 069.59	10.56
		综合利用量	万吨	748.7	2 358.11	625.51	26 831.1	13.74
		处置量	万吨	348.61	74.89	29.84	6 373.12	9.04
		贮存量	万吨	28.34	11.4	4.76	1 521.38	2.52
		倾倒丢弃量	万吨	—	0.47	—	42.56	9.82
	危险废物	产生量	万吨	11.92	56.36	30.29	400	11.66
		综合利用量	万吨	5.05	30.13	11.83	220.83	12.45
		处置量	万吨	6.86	26.01	18.46	183.38	20.01
		贮存量	万吨	—	0.34	—	—	—

注：主要城市指除港澳台以外的直辖市和省会城市。

（数据来源：《中国统计年鉴(2012)》）

(2) 城市交通问题

经济发展水平的提高、收入的增长，使得城市中汽车的数量不断快速增长。虽然各城市不断地进行着城市立体交通体系建设，大力发展公共交通，优化交通管理，但交通阻塞、交通事故、停车难、汽车尾气污染等城市交通问题仍然十分严重，对城市发展产生不良影响。

以机动车污染物排放为例，2011 年，全国机动车四项污染物排放总量为 4 607.9 万吨，比 2010 年增加 3.5%，其中，一氧化碳(CO) 3 467.1 万吨，碳氢化合物(HC) 441.3 万吨，氮氧化物(NO_x) 637.5 万吨，颗粒物(PM) 62.1 万吨。汽车是污染物排放的主要来源，其排放的一氧化碳和碳氢化合物超过 70%，氮氧化物和颗粒物超过 90%。①

(3) 城市住宅问题

《全球 21 世纪议程》把人类住区的发展目标归纳为改善人类住区的社会、经济和环境质量，以及所有人(特别是城市和乡村的贫民)的生活和居住环境。

1980 年 4 月开始，中国开始了住房商品化改革，1998 年下半年停止住房实物分配，逐步实现住房分配货币化。随着房地产业的快速发展，城镇居民住房条件不断改善，新建住宅面积和居民人均住宅面积基本上呈现稳定增长态势(见图 3-44、图 3-45)。但中国城市住宅问题依然比较严重。随着城市社会阶层分化的加剧，城市居民的住房处境大相径庭。不少城市房价上涨过快，游资炒房、商品房空置率高，与中低收入居民住

① 环境保护部. 中国机动车污染防治年报(2012).

房难、“房奴”现象并存。

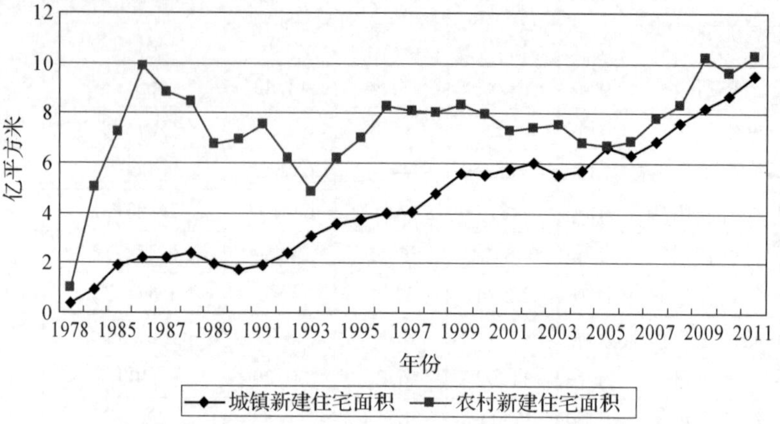

图 3-44 中国城乡新建住宅面积情况(1978—2011 年)

(数据来源:《中国统计年鉴(2012)》)

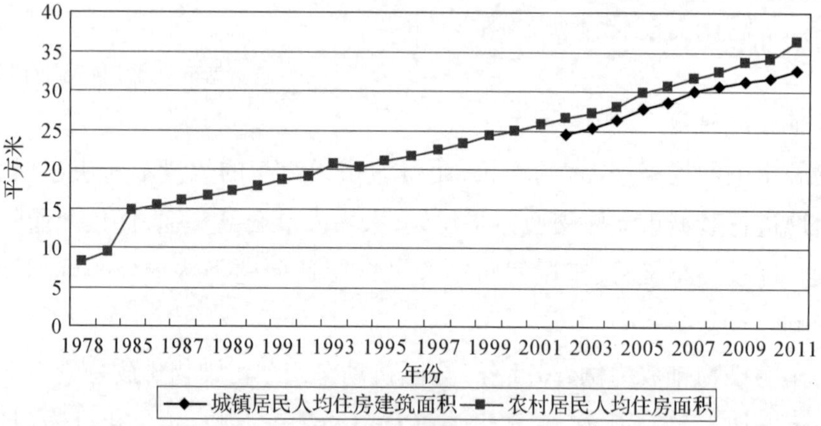

图 3-45 中国城乡居民住房情况(1978—2011 年)

(数据来源:《中国统计年鉴(2012)》)

(4) 城市社会问题

工业革命以后,农村人口大量涌入城市。按照 Mabogunjie(1970)的观点,农村和城市控制性次系统,以及整个社会经济文化的调节机制控制着移民数量。农村控制性次系统主要通过农村各种组织机构、家庭和家族等来实现;城市控制性次系统主要通过安家和就业的难易来实现,社会经济文化的调节机能主要表现为 3 个方面:①背井离乡的农民进城生活需要有一个适应过程,重新学习求职之道、社会规范,建立新的社交网络;②城市自身也需要调节,多建房屋和创造就业机会,以便扩大人口容量,应付新来的居民;③农村也需要调节,设法提高劳动生产率或改变产业结构,以适应失去劳动力的新情况。[1]

1996 年以后,中国进入快速城市化发展阶段。1996—2011 年,中国城市化水平由 30.48% 增长到 51.27%,城市人口年增长速度达到 2 118.33 万人/年,按照《2001—2002 中国城市发展报告》的数据进行测算[2],约需支付 79 437.5 亿元(2000 年不变价格)的城市化成本,而 2010 年全国 GDP 为 268 813.7 亿元(2000 年不变价格),城市化成本约占 2010 年 GDP 的 29.55%,更相当于 2000 年 GDP 的 80.07%。这给中央及地方财政都带来巨大压力。

这些新增居民的就业、居住等都是城市要解决的当务之急。2011 年,全国就业人数76 420万人,城镇登记失业人数达 922 万人,2001—2011 年城镇登记失业人数平均增长速度为 4.1%。[3] 另外,城市贫困、老龄化、农民工的市民化、老城区的更新、城中村改造等问题也困扰着中国城市的发展。

(5) 城市安全问题

城市是人类改造自然界最彻底的地方。地震、火山、洪水、泥石流、冰雪灾害、沙尘暴等都会对城市造成很大的危害,而快速城市化带来的大规模的城市建设往往采用"多快好省"的模式,造成天灾与人祸叠加,加剧了自然灾害的破坏力(见图 3-46、图 3-47)。

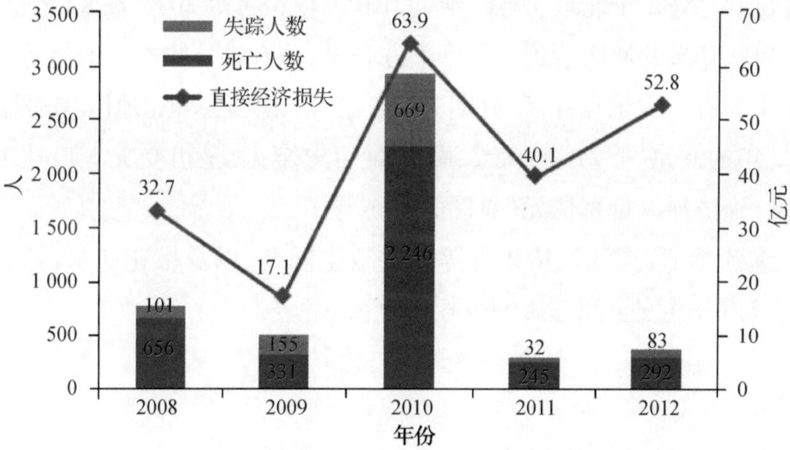

图 3-46　2008—2012 年地质灾害造成的死亡、失踪人数和直接经济损失统计

(数据来源:《2012 年中国国土资源公报》)

---

① 许学强,周一星,宁越敏. 城市地理学[M]. 北京:高等教育出版社,1997.

② 中国市长协会,《中国城市发展报告》编委会. 2001—2002 中国城市发展报告[M]. 北京:西苑出版社,2003:144-145.

③ 中华人民共和国国家统计局. 中国统计年鉴(2012)[M]. 北京:中国统计出版社,2012.

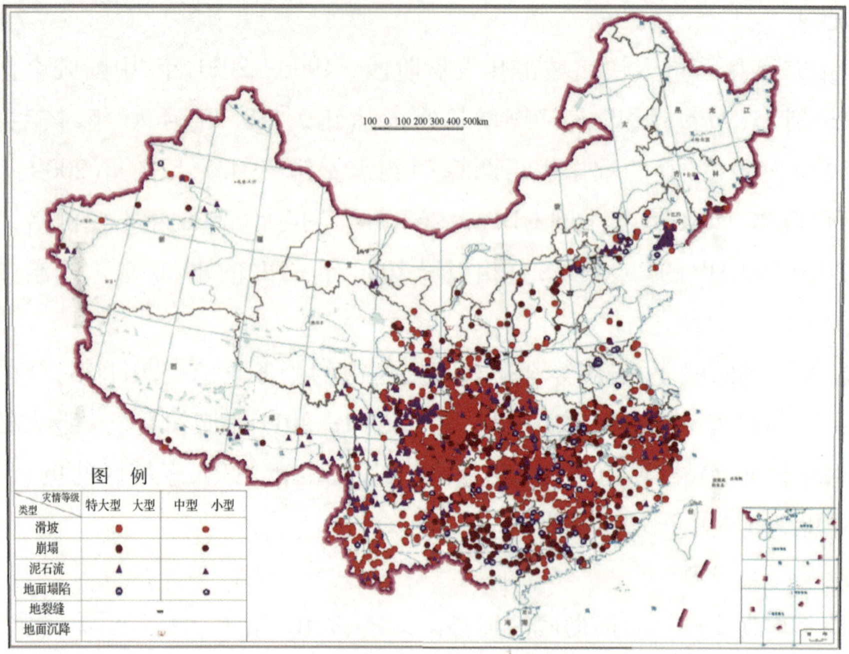

图 3-47　全国地质灾害点分布图(2012 年)

（资料来源:《2012 年中国国土资源公报》）

如《全国地面沉降防治规划(2011—2020 年)》中指出,目前全国遭受地面沉降灾害的城市超过 50 个,分布于北京、天津、河北、山西、内蒙古等 20 个省区市,全国累计地面沉降量超过 200 毫米的地区达到 7.9 万平方公里,并有进一步扩大的趋势。据了解,目前地面沉降主要有三大重点片区,分别为长江三角洲地区、华北地区、汾渭盆地。①

又如 2012 年的北京“7.21”特大暴雨,雨量历史罕见,全市受灾人口达 190 万人,其中 79 人遇难,经济损失近百亿元(见图 3-48)。②

而 SARS、禽流感、黄浦江死猪事件等公共卫生问题,以及松花江水污染事件等工业事故引起的城市公共安全问题影响也相当巨大。

---

① 中新网. 中国首部地面沉降防治规划获国务院批复, http://old.chinacourt.org/html/article/201202/20/475491.shtml, 2012-2-20.

② 中国天气网. 城市之殇——“7.21”北京特大暴雨, http://www.weather.com.cn/zt/kpzt/1696696.shtml, 2012-8-20.

图 3-48 北京"7.21"特大暴雨

（资料来源：东方网，暴雨考验北京专题，http://news.eastday.com/china/sdch-l/beijingbaoyu/index.html）

3. 新型城市化

针对这些城市化问题，"新型城市化"成为人们关注的重点。

与传统城市化只是强调以城市人口占总人口比例高低作为衡量的尺度不同，新型城市化战略全面反思了传统城市化的症结，在承认依然将城市人口比例高低作为城市化计量的条件下，在以生态承载力上限所规定的适度城市化规模的基础上，所谓的"新型城市化战略"特别注重以"七大坚持"为核心，其表述为："坚持实现城乡统筹发展，在区域的基础上思考大、中、小城市与乡村的协调发展，逐步达到减缓和解消城乡二元结构，达到共同富裕的城市化之路；坚持实现城市的创新发展，在转变发展方式的基础上，提升城市发展的能级，创造更好更快的财富积累，提供更多的就业机会；坚持实现城市的绿色发展，走可持续发展的生态文明之路，达到城乡人口、资源、环境、发展四位一体的互相统筹；坚持实现城市的均衡发展，统筹城市内部、城际之间和城乡之间的和谐发展与包容性增长，大力克服城市病带来的交通拥堵、环境恶劣等问题；坚持实现城市公共服务的均质化要求，对教育、医疗、住房、养老保险、社会保障等民生需求实施公平正义的国民待遇；坚持实现城市的宜居性和文化多样性，体现城乡居民的幸福感、安全感和有尊严的劳动和生活；坚持实现城市的现代化管理体系，对人口、就业、资源保障、产业布局、市政建设、城市安全、政策法规等进行科学的规划、设计与施行。"①

① 牛文元. 中国新型城市化报告 2011[M]. 北京：科学出版社，2011：3.

中国的新型城市化战略面临着五大挑战："城市财富积累速率与民生幸福要求的不同步；城市规模快速扩张与要素集约水平的不匹配；城市规模的适度控制与流动人口的过分集聚的不协调；城市物质文明建设与生态文明建设的不同调；城市化高速发展与现代城市管理水平的不适应。"①

新型城市化战略对苏州城市发展提出了更高的要求，城市化水平的评估也从只注重人口、土地指标，转为更注重综合指标的评断。

三、区域语境：长三角一体化

长三角地区②是我国沿海开放、沿江开发两大战略的空间交汇点，是沿海城市带、沿江城市带的重要枢纽。长三角是中国人口最密集、城镇密度高的地区之一，这块21万平方公里的土地，面积不足全国的2.19%，但聚集了全国11.66%的人口、全国15.04%的城镇人口，城市化水平达到66.13%，远超过全国平均水平；创造了全国19.30%的地区生产总值，资本形成总额占全国的16.23%，进出口总额占全国的30.83%，外企投资总额占全国的40.01%（见图3-49）。③

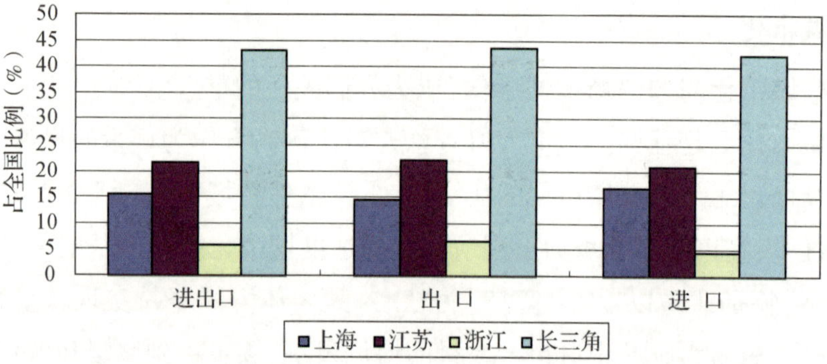

图3-49 长三角外商投资企业货物进出口在全国的地位（2011年）

（数据来源：《中国统计年鉴（2012）》）

在今后相当长一段时间内，长三角地区都是我国经济和城市高度发达的地区，并且由于长三角交通一体化的不断深入，长三角经济、社会一体化进程的逐步推进，长三角的发展更具有活力。

作为长三角城市群的次级核心、与上海国际性大都市地缘最接近的二线城市，苏州的发展既面临长三角区域一体化的发展机遇，也面临着区域内城镇竞争加剧的挑战。

---

① 牛文元．中国新型城市化报告2011[M]．北京：科学出版社，2011：6－20.

② 本节所指长江三角洲区域包括上海、江苏、浙江。

③ 均为2011年数据，根据《中国统计年鉴（2012）》计算。

1. 高铁时代长三角城市关系的重组

《长江三角洲地区现代化公路水路交通规划纲要(2005)》、《综合交通网中长期发展规划(2007)》、《"十二五"综合交通运输体系规划(2012)》的先后制定与实施,为应对长三角社会经济发展的机遇和挑战,建设以上海为龙头的国际航运中心,推动长三角更广泛地融入全球经济活动奠定了良好的基础。

基本建成国家高速铁路网、国家高速公路网是《"十二五"综合交通运输体系规划(2012)》的主要目标之一,完善区域交通网络、建设城际快速网络、强化城市公共交通、推进农村交通建设、发展综合交通枢纽、衔接内地港澳交通是基础设施建设的主要任务。

长三角的快速铁路网建设包括:贯通北京至上海、上海至深圳、上海至成都、上海至昆明等客运专线(见图3-50);推进长三角港口群的规模化、专业化协调发展,加快上海国际航运中心建设,加快建设长三角高等级航道网;扩能改造北京至上海、上海至广州、上海至大连、上海至西安、上海至成都等9条民航国家骨干航路,在长三角的区际交通网络重点工程(民航)包括扩建上海(浦东)、南京、宁波等机场,建设上海终端管制中心,完善上海空港国际枢纽功能;在长三角的城市轨道交通重点工程包括建设上海城市轨道交通网络化系统,建成南京、杭州、苏州、无锡等城市轨道交通主骨架,规划常州、温州等城市轨道交通骨干线路;在长三角的全国性综合交通枢纽(节点)城市包括上海、南京、连云港、徐州、杭州、宁波。①

2012年年底,上海铁路局时速200公里及以上线路的铁路营运里程达2 490公里,有8条高速铁路②,是目前全国高铁运营里程最长、动车组列车开行数量最多的铁路局;上海、南京、合肥、杭州等铁路枢纽高铁动车组列车密集连发,公交化运行,最短间隔不到5分钟发出一列;2010年7月1日,沪宁高铁开通运营,在上海至南京间形成"1小时都市圈"。③

---

① "十二五"综合交通运输体系规划.

② 中国高速铁路分为两种:新建高速铁路的基础设施设计速度至少达到250公里/小时;经升级改造(直线化、轨距标准化)的高速铁路,其基础设施设计速度达到200公里/小时,甚至达到220公里/小时。

③ 高铁网. 长三角高铁"织网成金",http://crh.gaotie.cn/huning/2013-04-12/69975.html, 2013-4-12.

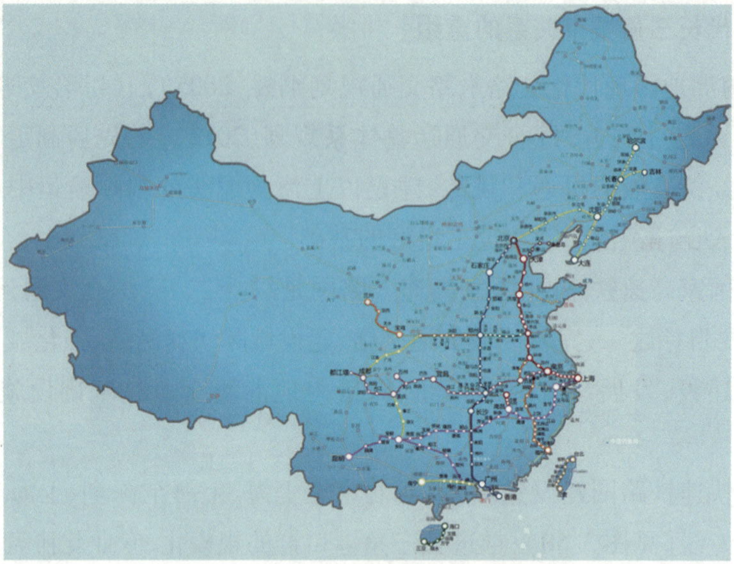

图 3-50　中国高速铁路规划网络示意图

（资料来源：高铁网. 中国高速铁路规划网络示意图，http://crh. gaotie. cn/，2013－4－12）

长期以来，长江三角洲各城市之间的关系主要是一种上下级行政单元的隶属关系、指导关系、调控关系，以及同级政府间的竞争关系，同级行政区域各部门的合作关系相对较为薄弱，尽管各地之间人员、资金、信息、技术等的流动更加频繁，但多为民间层面的合作，政府部门之间的合作多属事务性，以项目合作方式出现。

交通网络的改善与提升、可达性的改变（见图 3-51），促进了区位条件的改变，也推动和促进了长江三角洲各城市之间的关系重组，以前比较严格的城市行政等级体系被打破，各城市之间由竞争关系为主向竞争性合作关系转变，各级城市政府更加关注如何从彼此的合作中谋求“共赢”。

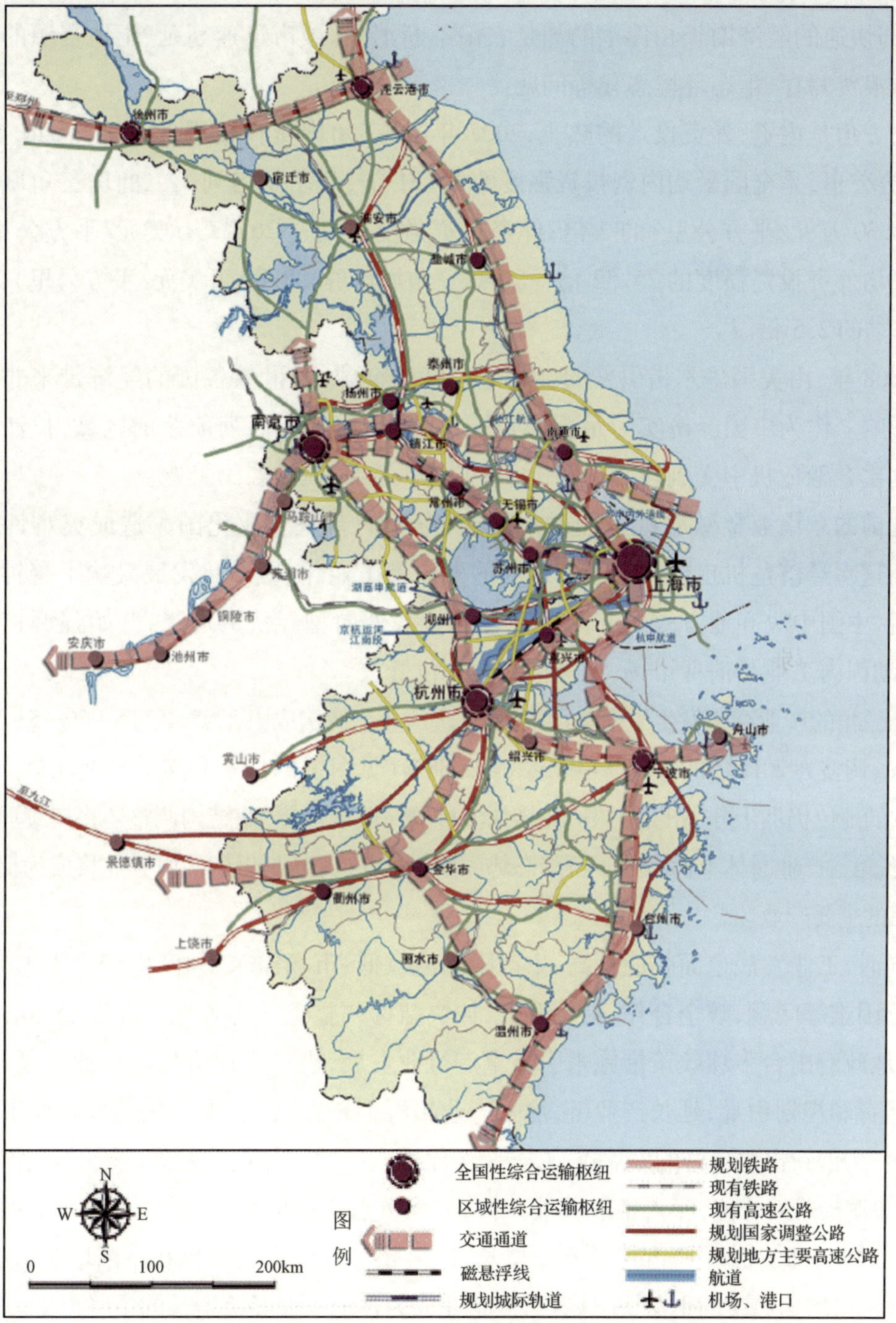

图 3-51　长江三角洲地区区域规划交通通道(2009—2020 年)

(资料来源:《长江三角洲地区区域规划(2009—2020)》)

2. 后危机时代长三角新一轮结构调整

以浦东开发为标志，长江三角洲地区对外开放、对内搞活，工业化和城市化不断深入，但与快速的经济增长相伴生的却是农田不断消失、城市迅速蔓延、土地资源的不足与严重浪费并存、生态环境恶化等问题。

长三角是内资、外资投入的热土，2007 年，长三角内资投资强度高达 2 046.67 万元/平方公里，是全国平均内资投资强度的 14.31 倍，几乎是名列第二的珠三角城市群(1 266.30 万元/平方公里)的 2 倍；外资投资强度也高达 26.27 万美元/平方公里，是全国平均外资投资强度的 25.52 倍，高于珠三角城市群(23.89 万美元/平方公里)，几乎是第三名的 2.5 倍。①

2008 年，由美国华尔街引发的金融危机席卷全球，给世界各国的经济带来非常严重的影响。作为中国经济实力最强、对外开放程度在国内名列前茅的区域，长江三角洲在这次金融危机中受到较大的冲击，一些工厂停工，大量农民工返乡。

此前的东南亚金融危机曾经对东南亚、东亚的新兴工业化国家造成灾难性的影响。而这次经济危机也给中国沿海地区的外向型工业化、城市化发展敲响了警钟。借此契机，中国中央和地方政府开始正视过分依赖外向型经济的后果，开始强调扩大内需、启动国内工业品消费市场，积极扩大全方位开放。

长三角的产业结构发生了根本性改变，三次产业产值构成由 2005 年的 5.95%∶53.73%∶40.32%，调整为 2011 年的 4.74%∶49.38%∶45.88%（见图 3-52）。② 但第二产业在整个产业结构中的地位仍然十分突出，按照产业结构演进的一般规律，产业结构调整还将持续而深入地进行，第二产业总体上而言处于下降态势。第三产业，尤其是生产性服务业将成为促进经济增长的主要产业。

同时，工业发展也面临能耗高、生产附加值较低、市场需求不旺、生产成本上升、企业经营困难等问题，政企合作，提档升级、加快结构调整也成为各地工业发展的必然选择；各地政府出台多项政策措施来引导重点行业发展，进一步促进优势产业发展；通过市场培育和规划引导，延长产业链，加强产业集群的培育，促进地方化经济和城市化经济发展，为创新提供良好的发展氛围，进一步促进生产性服务业的发展；推动新兴产业发展，加快淘汰落后产能，深入推进节能减排；加强重点企业的培育，重点工业企业的产值在规模以上工业产值中所占比重不断增长，产值超亿元的企业数也在不断增长，在后危机时代出口增速趋缓的形势下，这些重点企业成为各地工业经济增长的中坚力量。

① 方创琳，姚士谋，刘盛和. 2010 中国城市群发展报告[M]. 北京：科学出版社，2011：96－97.

② 根据《中国统计年鉴(2012)》计算。

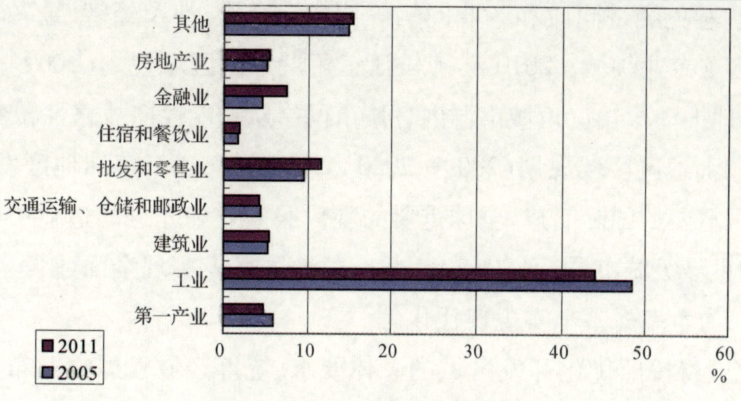

图 3-52　长三角 GDP 构成情况

（数据来源：根据《中国统计年鉴（2012）》计算）

3. 城市间网络：从功能性到战略性

长三角城市群保持着高速度的增长（见图 3-53），城市之间的联系越来越紧密。2007 年，长江三角洲城市群人口总量达到 7 798.89 万人，仅次于成渝城市群（8 678.7 万人）；人口密度更是高达 774 人/平方公里，远胜于其他城市群；经济密度①为 4 484 万元/平方公里，仅次于珠三角城市群（4 639 万元/平方公里），均远高于其他城市群；城镇密度②为 96.52 个/万平方公里，高于其他城市群；在 2002—2007 年间，长三角城市群经济总量增速比全国高 3.05 个百分点，低于海峡西岸城市群（7.37 个百分点）、珠三角城市群（6.07 个百分点）、京津冀城市群（3.82 个百分点）。③

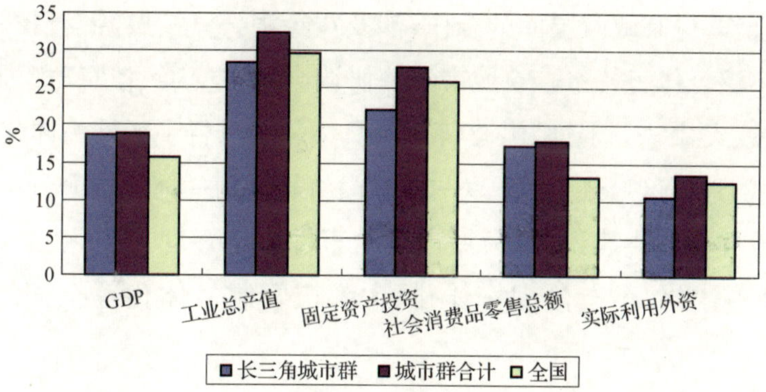

图 3-53　2002—2007 年长三角城市群高速度成长情况

（数据来源：方创琳，姚士谋，刘盛和. 2010 中国城市群发展报告[M]. 北京：科学出版社，2011）

长期以来，长三角城市群的城市网络是基于区域基础设施建设、重大城市安全事

① 经济密度反映单位土地面积经济产出效率。

② 城镇密度反映城市群人口与产业和各种生产要素集聚效率。

③ 方创琳，姚士谋，刘盛和. 2010 中国城市群发展报告[M]. 北京：科学出版社，2011：90－92.

件的应急管理、避免经济同质和产业同构等功能性合作，涉及经济、金融、旅游、科技、文化、信息等多项专业领域。2010年，《长江三角洲地区区域规划（2009—2020）》的制定和实施极大地推动了长三角城市群内各城市网络从功能性向战略性转变。

《长江三角洲地区区域规划（2009—2020）》明确了长江三角洲地区发展的战略定位，即亚太地区重要的国际门户、全球重要的现代服务业和先进制造业中心、具有较强国际竞争力的世界级城市群；到2015年，长三角地区率先实现全面建设小康社会的目标；到2020年，力争率先基本实现现代化。

长三角地区将按照优化开发区域的总体要求，统筹区域发展空间布局，形成以上海为核心，沿沪宁和沪杭甬线、沿江、沿湾、沿海、沿宁湖杭线、沿湖、沿东陇海线、沿运河、沿温丽金衢线为发展带的“一核九带”空间格局，推动区域协调发展（见图3-54、图3-55、图3-56）。

4. 长三角一体化的新内涵

在改革开放以后，长三角地区由于地缘接近，产业同构、经济同质现象十分突出，为了打破“大而全、小而全”恶性竞争的局面，长三角地区在制度层面形成了长三角两省一市省市长会议、沪苏浙经济合作与发展座谈会、长江三角洲16城市经济协调会、各职能部门行政首长联席会议等制度，力求通过城市体系规划、区域规划和政府、民间组织层面的协调来促进区域内资源的优化配置。

长江三角洲地区从20世纪80年代就开始了城市合作与区域合作的努力，既有民间组织层面的合作，也有政府层面的合作，涉及在经济、金融、旅游、科技、文化、信息等多项专业领域广泛合作，长三角16城市经济协调会已在交通、信息、规划、科技、产权、旅游、港口、通关、人才、“一卡通”共享等多个具体领域进行了区域一体化的试点。

《长江三角洲地区区域规划（2009—2020）》将长三角一体化提升到一个新的高度。从早期的基础设施一体化建设、重大城市安全事件应急管理一体化、产业一体化向经济一体化、社会一体化、生态治理一体化、大都市管制一体化等全面综合一体化的转变。

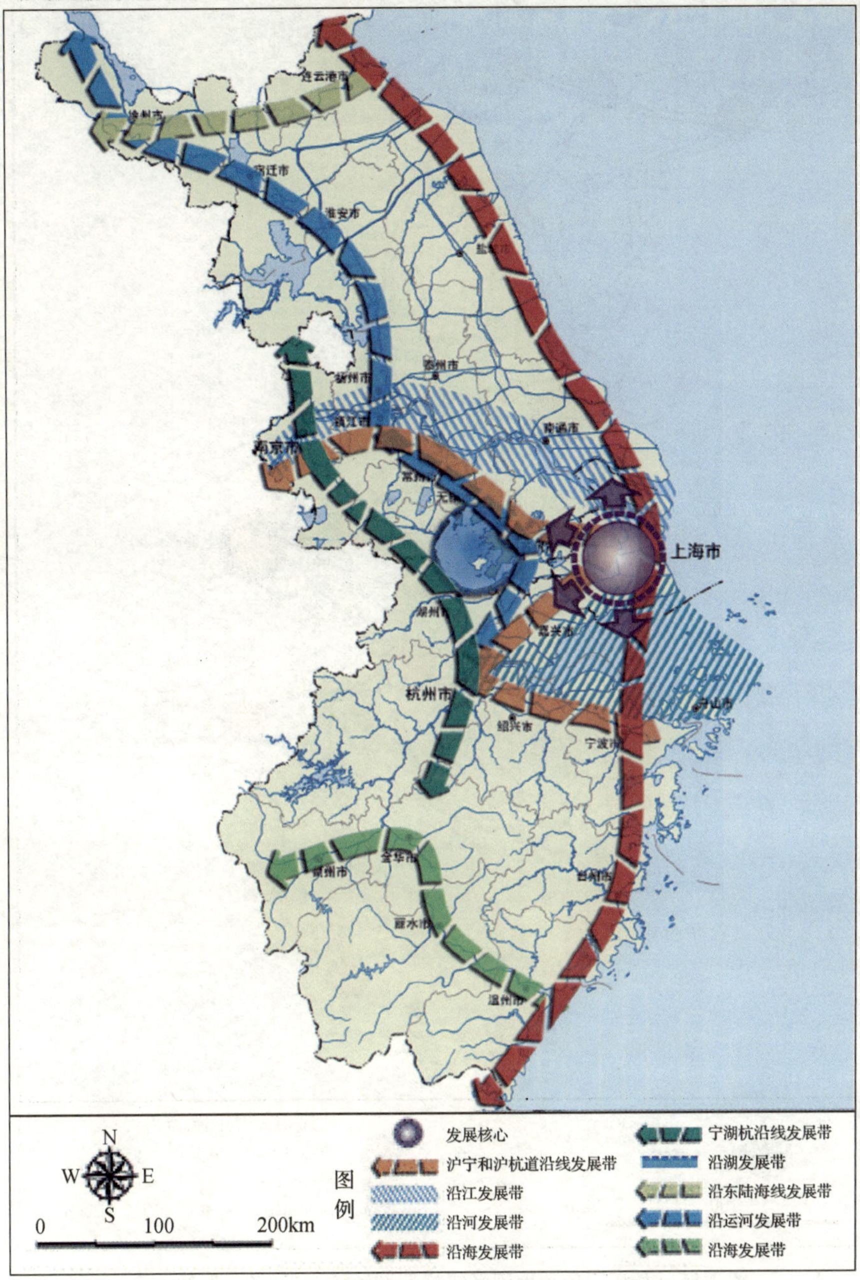

图 3-54　长三角地区区域规划总体布局(2009—2020 年)

(资料来源:《长江三角洲地区区域规划(2009—2020)》)

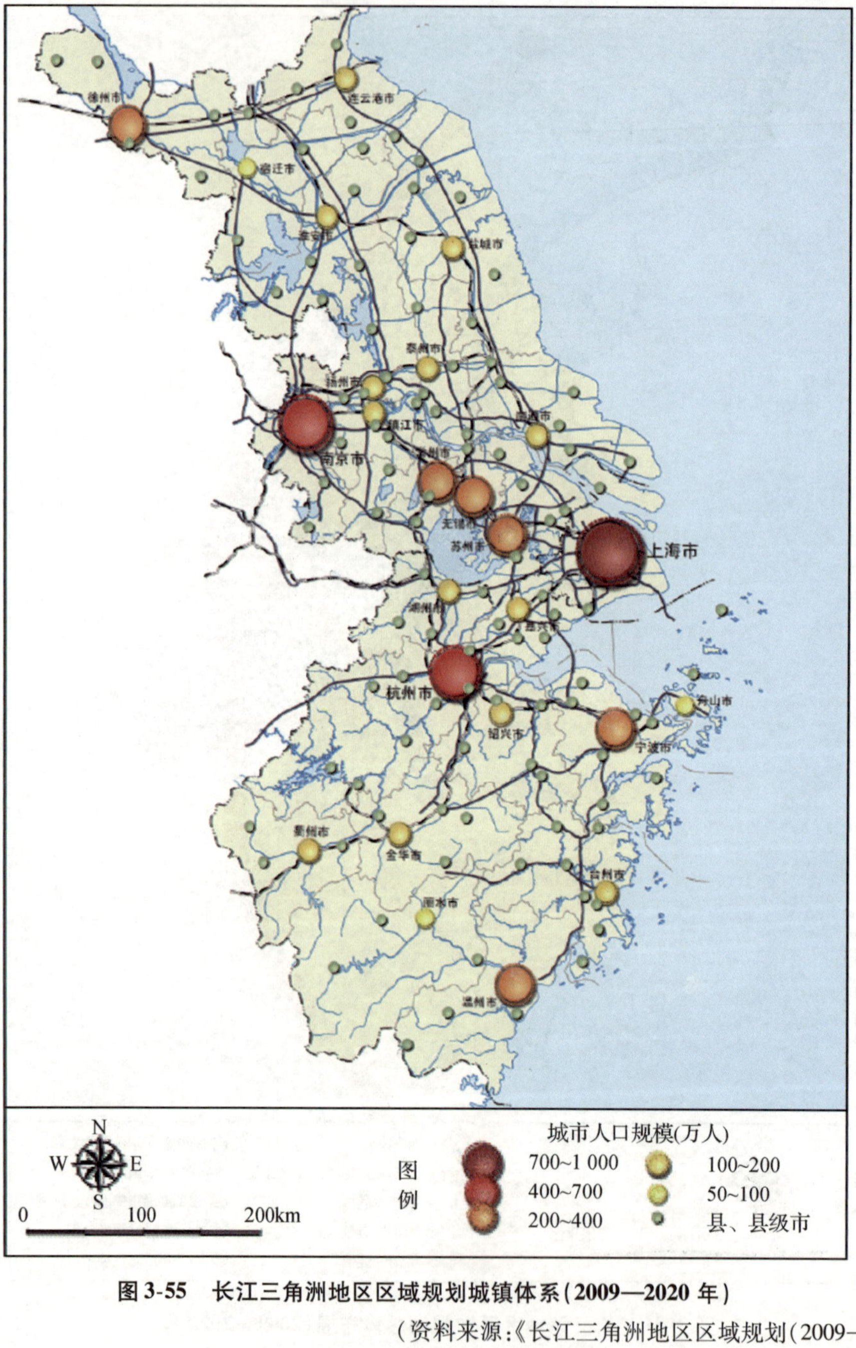

图 3-55　长江三角洲地区区域规划城镇体系(2009—2020 年)

(资料来源:《长江三角洲地区区域规划(2009—2020)》)

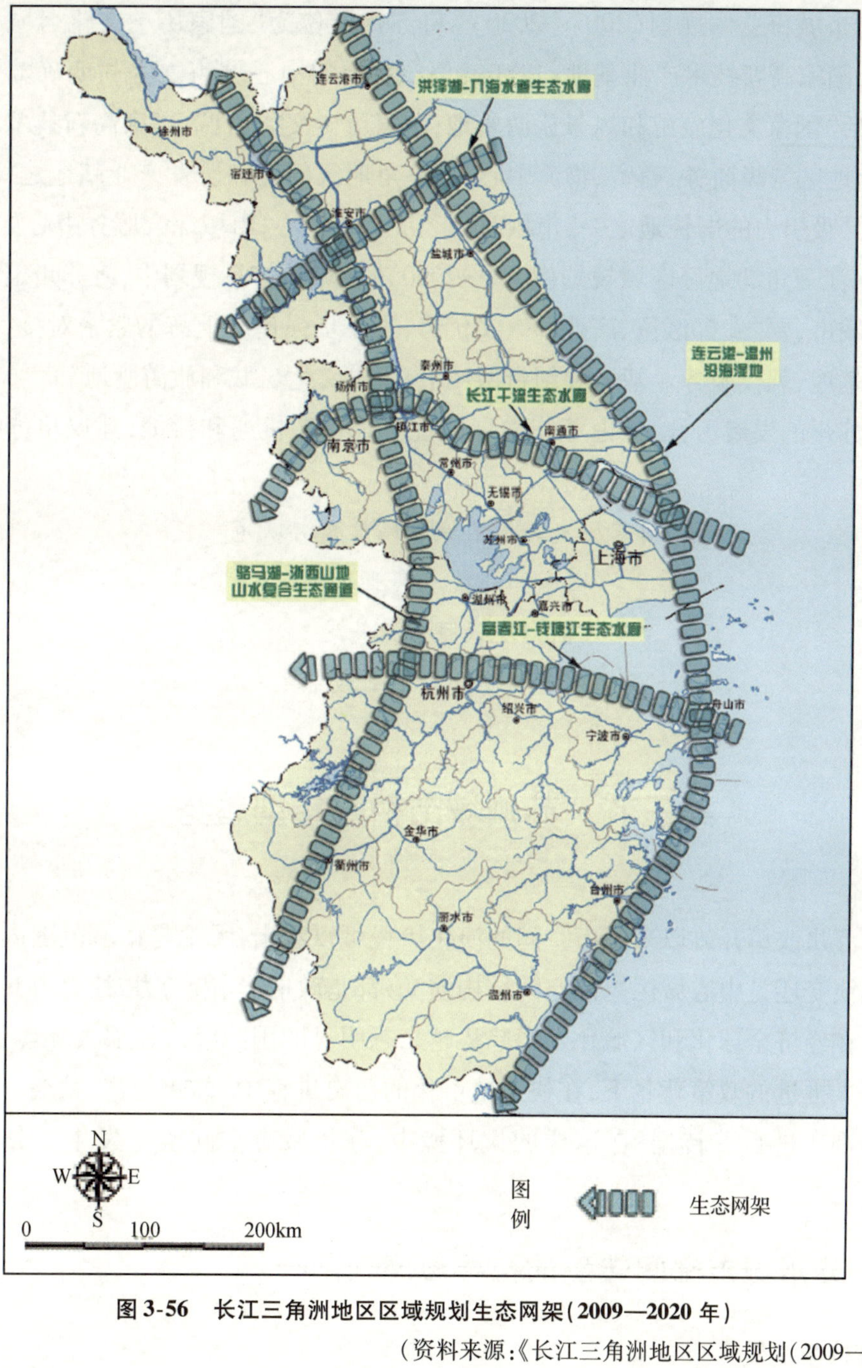

图 3-56　长江三角洲地区区域规划生态网架(2009—2020 年)

(资料来源:《长江三角洲地区区域规划(2009—2020)》)

四、在新一轮调整中苏州的定位

《苏州市城市总体规划(2007—2020)》将苏州定位为“国家历史文化名城和风景旅游城市,国家高新技术产业基地,长江三角洲重要的中心城市之一”,明确苏州的城市职能包括“国家文化旅游和风景旅游基地;国家历史文化名城;国家高新技术产业基地;长三角地区二级商务、商贸、物流中心;长三角地区创意和研发产业基地之一;长三角地区最具吸引力的居住地之一;市域政治经济文化中心;市域综合服务中心”。

而《长江三角洲地区区域规划(2009—2020)》在城镇体系规划中,将苏州定位为区域性中心城市,要“发挥区位、产业和人文优势,进一步强化与上海的紧密对接,建设高技术产业基地、现代服务业基地和创新型城市、历史文化名城和旅游胜地”。

结合苏州的发展历程,考虑苏州发展的优势、劣势、机遇和挑战,建议将苏州城市定位为:

国家历史文化名城和风景旅游城市

国家高新技术产业基地

国家现代服务业基地

长江三角洲重要的中心城市之一

第三节　苏州城市空间转型趋势

回顾苏州改革开放以来城市空间的演化历程可以看出,无论是市域范围内的城镇体系空间演变还是中心城区内部空间结构演变,都是政府力、市场力、社会力共同作用的结果。在经济全球化和区域化发展趋势越来越明显的国际经济发展大环境下,在政府改革深入推进的政策背景下,在快速城市化的历史进程中,苏州经济、社会、生态、政府治理等都在进行着转型,在这样的大环境中,苏州城市空间也将发生十分明显的转型。

一、苏州城市空间转型的指导思想

1. 可持续发展

可持续发展是“既满足当代人需要,又不对后代人满足其需要的能力构成危害的发展”①,其内涵包括经济、社会和环境之间的协调发展。苏州在新的发展探索中,坚持可持续发展理念,以城市规划为龙头,着重实现由“三低一高”产业向“三高一低”产业的转型升级,由资源消耗型经济增长方式向资源节约型经济增长方式的转变,降低不可再生自然资源的消耗量,降低对城乡生态体系的环境影响;着重实现社会转型,打破长期以来形成的“城市偏好”,打破城市户口居民社会身份的优越性,使得各地区、社群能够享受平等的发展机会。

2. 精明增长

欧美城市学界针对第二次世界大战以后大规模郊区蔓延问题提出了多种解决方案,“精明增长”就是其中之一(见表3-7)。2000年,美国规划协会(APA)联合60家公共团体组成了“美国精明增长联盟”(Smart Growth America),确定精明增长的核心内容是:用足城市存量空间,减少盲目扩张;加强对现有社区的重建,重新开发废弃、污染工业用地,以节约基础设施和公共服务成本;城市建设相对集中,空间紧凑,混合用地功能,鼓励乘坐公共交通工具和步行,保护开放空间和创造舒适的环境,通过鼓励、限制和保护措施,实现经济、环境和社会的协调。②

表3-7 “精明增长”与“城市蔓延”要素比较一览表

	精明增长	城市蔓延
密度	密度更高,活动中心比较集聚	密度较低,中心分散
增长模式	填充式(infill)或内聚式发展模式	城市边缘化,侵占绿色空间
土地使用的混合度	混合使用	单一的土地利用
尺度	建筑、街区和街道的尺度是适合人的尺度,注重细部	大尺度的建筑、街区和宽阔的道路,缺少细部
公共设施(商店、学校、公园等)	地方性的、分散布置的、适合步行	区域性的、综合性的,需要机动车交通联系
交通	多模式的交通和土地利用模式,鼓励步行、自行车和公共交通	小汽车导向的交通和土地利用模式,缺乏步行、自行车及公共交通的环境和设施
连通性	高度连通的街道、人行道和步行街道,能够提供短捷的路线	分级道路系统,具有许多环线和尽端路,步行道路连通性差,对于非机动车交通有很多障碍

① 世界环境与发展委员会. 我们共同的未来, 1987.

② 精明增长. 中国城乡规划行业网 · 城乡规划百科, http://www.china-up.com/hdwiki/index.php?doc-view-32.

续表

	精明增长	城市蔓延
道路设计	采用交通安宁措施将道路设计为多种活动服务的场所	道路设计的目的是提高机动交通的容量和速度
规划过程	由政府部门和相关利益团体共同协商和规划	政府部门和相关利益团体之间很少就规划进行协商和沟通
公共空间	重点是公共领域(如街景、步行环境、公园和公共服务设施)	重点是私人领域(如私人庭院、商场内部的步行设施、封闭的社区和私人俱乐部)

(资料来源:精明增长. 中国城乡规划行业网 · 城乡规划百科,http://www.china-up.com/hdwiki/index.php? doc-view-32, 2011-5-17)

3. 城市创新

随着经济全球化的深入、世界城市体系的形成,城市在区域经济发展中的地位有了很大改变。Peirce(1993)提出"Citiestates"的概念来强化城市在全球经济时代的作用,他认为,在经济全球化的状况中,是城市而不是国家成为财富的主要生成者。[①]"在城市的竞争中,对于任何一个城市而言,创新是提升竞争力的关键性因素"[②],"城市竞争力的提升依赖于城市的创新,而创新的一个很重要的方面是科学技术和产业的创新,因此,各类不同的城市都在积极地推进高新技术产业的发展。而建设高科技园区是促进高科技产业发展所需要的建成环境。"[③]要实现产业转型升级、实现可持续发展,必须转变经济发展模式,从要素驱动转变为效率驱动、从投资驱动转变为创新驱动。苏州坚持以创新来带动城市发展,不仅积极推进高新技术产业园区的转型升级,还鼓励核心技术的研发和自主创新,大力发展生产性服务业。

4. 城乡一体化

苏南模式、苏州之路本就强调"一共同",即"共同富裕",在新农村建设、城乡一体化发展作为国家战略提上议事日程以后,苏州在城乡一体化方面做了大量探索。城乡一体化,就是通过城乡统筹,优化配置资源,促进城乡经济社会全面协调可持续发展的一个过程。[④] 在空间形态上城乡有别,要使城市更像城市,农村更像农村,园区更像园区;而在社会形态上,要实现城乡一体,使广大农村既能保持优美的田园风光和鱼米之

---

① Peirce N. R., Johnson C. W., Hall J. S.. Citiestates: How Urban America Can Prosper in a Competitive World[M]. Washington. D. C.: Seven Locks Press, 1993. 转引自孙施文. 现代城市规划理论[M]. 北京: 中国建筑工业出版社, 2007: 542.

② 孙施文. 现代城市规划理论[M]. 北京: 中国建筑工业出版社, 2007: 544.

③ 孙施文. 现代城市规划理论[M]. 北京: 中国建筑工业出版社, 2007: 545.

④ 苏州市城乡一体化发展综合配套改革试点工作领导小组办公室. 苏州城乡一体化发展综合配套改革政策问答, 2009.

乡的特色，又能享受到高度发达的现代城市文明。[①]

二、苏州城市空间转型的动力

在对苏州发展的国际、国内、区域环境下，城市创新、产业重构与转移、节约集约用地与绿色低碳发展等动力将推动苏州城市空间的转型。

1. 城市创新

“苏州正处于转型升级关键时期，人口密度、环境容量、土地开发强度等资源承载力都已接近上限，经济增长的传统动力正逐渐衰退，经济发展迫切需要由主要依靠物质消耗、学习模仿向主要依靠创新驱动转变。”[②]

创新是以新思维、新发明和新描述为特征的一种概念化过程，是推动社会经济发展的不竭动力，是城市竞争力的核心要素之一，涵盖了政治、经济、社会、文化、科技等多个领域。

科学技术是第一生产力，科技创新也就成为社会生产力发展的源泉。苏州“以科学发展观为指引，积极实施《增强自主创新能力行动计划》，努力推进‘三区三城’建设，科技创新核心战略地位日益凸显，自主创新能力显著增强，支撑经济社会健康发展成效明显，适应市场机制和发展需求的科技创新格局初步形成；全社会重视科技、崇尚创新氛围日益浓厚，企业创新活力迸发，创新支撑环境改善，创新型城市建设良好开局；在全省科技进步统计监测中，综合评价连年位列第一。”[③]

在苏州中心城区空间结构优化过程中，科技创新、制度创新、体制创新等是最主要的推动力。

产城融合是近年来苏州城市化发展的重要特色之一。工业化及第三产业的发展与城市化是社会经济发展同一过程的两个侧面。从产业结构演变角度看，这一过程表现为三次产业产值和从业人员构成的此消彼长，以及第二产业、第三产业内部结构的调整；从城乡地域空间组织变化来看，则表现为城市数量的增长、城市范围的扩张、城乡内部结构的调整。

苏州通过因地制宜、科学规划、分类指导、重点突破、以点带面来推动产业结构的调整与升级，高新技术产业和高等级生产性服务业成为经济增长的热点和重要推动力。全市高新技术企业、技术先进型服务企业分别达到968家和79家，分别占全省的

---

① 苏州市城乡一体化发展综合配套改革试点工作领导小组办公室. 苏州城乡一体化发展综合配套改革政策问答, 2009.

② 苏州市科技发展“十二五”规划.

③ 同上。

26%和61%,全市近80%的本土大中型企业建立了研发机构,高新技术产业产值占规模以上工业总产值的比重达到36.6%,战略新兴产业产值占工业总产值近29%。[①] 中心城区更是高新技术企业和生产性服务业高度集中的区域。

城市创新的载体建设不断推进,成为中心城区空间结构变化的重要直接推动力。老城区更新过程中,“退二进三”是主旋律,研发、创意产业等生产性服务是重点培育的产业类型;独墅湖科技创新区、苏州科技城等新兴城市产业载体建设对中心城市空间扩张、空间结构变化形成强有力的推动。

通过创新型城市建设,增加城市创新的有效供给,集聚新人才、发展新产业,变后发优势为主要推动力为先发优势为主要推动力,促进土地集约节约利用,推动有苏州特色的创新型城市空间布局的形成和发展。

2. 产业重构与转移

至2010年末,苏州户籍人均GDP突破24 000美元,即使以常住人口计算,也已超过12 000美元,按国际公认的划分标准,苏州早已进入了后工业化时代,然而深度剖析可以发现,后工业化时代的基本特征在苏州并没得到清晰的显现。[②] 第三产业发展水平较低,尤其是从业人员比重明显偏低;制造业结构虽然得到较大提升,但仍处于价值链末端,与国内深圳、上海、宁波、佛山、广州、无锡、厦门等大城市、特大城市比,工业经济效益综合指数明显偏低,高新技术产值占工业总产值的比重、每平方公里GDP产出均明显偏低,而每万元能耗则相对偏高(见图3-57)。由此可以看出,苏州工业发展层次还是相对较低(见表3-8),转型升级的力度与成效仍然有待进一步提高。

① 苏州市科技发展“十二五”规划.

② 苏州市“十二五”工业发展暨转型升级规划.

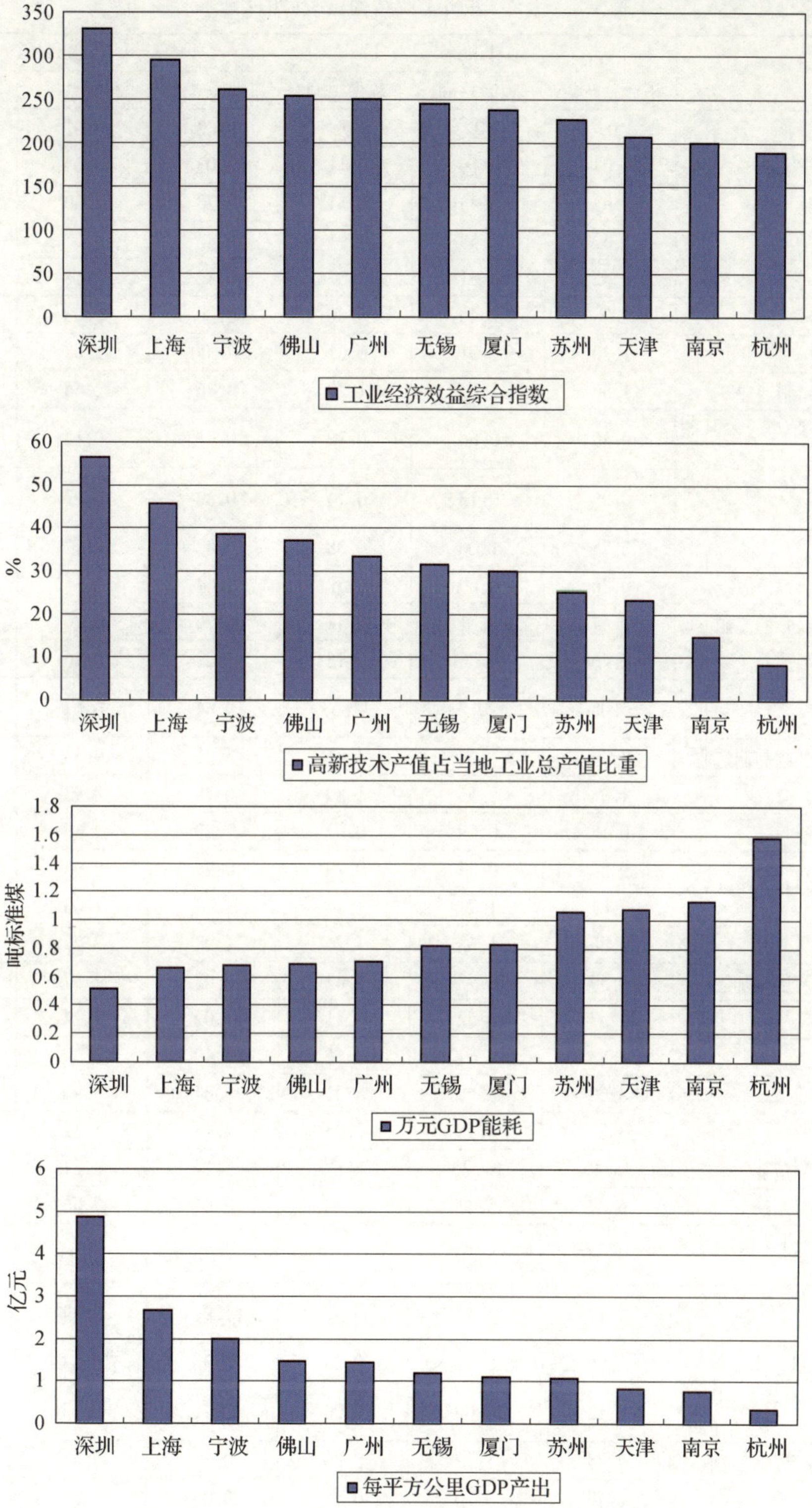

图 3-57　11 个城市工业发展比较(2010 年)

（数据来源:《苏州市“十二五”工业发展暨转型升级规划》）

表 3-8 上海、苏州工业结构比较(2011 年)

	上海			苏州		
	工业总产值	利润总额	利税总额	工业总产值	利润总额	利税总额
有色金属矿采选业	0	0	0	0.02	0.01	0.01
石油和天然气开采业	0.04	0.19	0.11	0.03	0.00	0.01
农副食品加工业	0.92	0.43	0.31	0.28	1.00	0.93
食品制造业	1.52	1.68	1.91	0.43	0.67	0.70
饮料制造业	0.62	0.51	1.03	0.12	0.12	0.27
烟草制品业	2.08	7.46	32.61	0.00	0.00	0.01
纺织业	1.20	1.01	0.61	10.00	3.08	4.25
纺织服装、鞋、帽制造业	1.36	1.97	1.20	4.76	2.44	2.54
皮革、毛皮、羽毛(绒)及其制品业	0.45	0.66	0.40	0.77	0.14	0.17
木材加工及木、竹、藤、棕、草制品业	0.25	0.13	0.14	0.32	0.29	0.31
家具制造业	0.75	1.06	0.38	0.82	0.17	0.21
造纸及纸制品业	0.86	0.60	0.59	1.44	2.35	2.34
印刷业和记录媒介的复制	0.57	0.81	0.48	0.76	0.76	0.73
文教体育用品制造业	0.46	0.35	0.15	1.22	0.16	0.28
石油加工、炼焦及核燃料加工业	5.08	-0.23	11.63	0.04	0.62	0.71
化学原料及化学制品制造业	7.79	6.08	4.61	3.21	9.33	8.97
医药制造业	1.38	2.56	1.80	0.78	0.93	1.30
化学纤维制造业	0.13	0.09	0.07	2.29	4.36	4.42
橡胶制品业	0.56	0.47	0.29	0.91	0.95	1.03
塑料制品业	2.01	1.71	1.04	3.14	1.63	1.72
非金属矿物制品业	1.66	1.63	1.24	1.92	2.27	2.73
黑色金属冶炼及压延加工业	5.59	2.73	1.82	2.08	7.37	7.79
有色金属冶炼及压延加工业	1.53	0.52	0.21	1.02	1.24	1.19
金属制品业	2.83	2.61	1.66	3.40	2.30	2.41
通用设备制造业	8.00	8.62	5.31	5.34	8.96	8.68
专用设备制造业	3.87	4.25	2.35	4.75	5.82	5.38
交通运输设备制造业	15.49	37.35	20.25	3.14	3.81	3.80
电气机械及器材制造业	6.67	5.41	2.40	8.04	7.86	7.63
通信设备、计算机及其他电子设备制造业	18.76	5.30	1.10	36.02	25.11	23.02
仪器仪表及文化、办公用机械制造业	1.11	1.57	0.47	1.94	2.79	2.61
工艺品及其他制造业	0.96	0.77	0.28	0.33	0.03	0.06
废弃资源和废旧材料回收加工业	0.13	0.09	0.06	0.11	0.15	0.28
电力、热力的生产和供应业	4.74	1.37	3.20	0.32	2.47	2.74
燃气生产和供应业	0.49	0.26	0.12	0.06	0.63	0.54
水的生产和供应业	0.15	-0.03	0.19	0.17	0.18	0.23

(数据来源:《上海统计年鉴(2012)》、《苏州统计年鉴(2012)》)

从以上比较可以看出，苏州工业总体结构仍处于价值链的中低端环节，配套协作型经济结构大于自主创新型经济结构，贴牌加工型经济结构大于自主品牌型经济结构，出口导向型经济结构大于自我消费型经济结构。这种产业结构带来的较大缺陷，就是土地产出的贡献度低和中低层次劳动力的占用量高。①

苏州今后将加快产业转型升级力度，把低端制造业和附加值较低的生产环节转移出去，着力发展高附加值产业，提高经济发展质量，实现经济效益的提升和经济效益与社会效益、生态效益的协调——突破核心技术和前沿技术，培育壮大战略性新兴产业、实现产业高端发展与跨越发展；对支柱产业进行技术升级改造，实现支柱产业整体优化升级和技术进步；大力培植发展总部经济和研发经济，促进现代生产性服务业体系的建立和完善，促进制造业由加工制造环节向全行业价值链的高端延伸。

产业结构的调整离不开空间载体的调整，产业布局的调整和优化势必会推动各级城镇内部空间转型，引起市域城镇体系空间结构的演变。

3. 全球化与地方化结合

在经济全球化日益发展的今天，地方化也越来越重要。尽管经济全球化使全球生产系统以前所未有的速度和规模发展起来，但后福特主义弹性专精的生产方式，信息技术和交通、通信技术发展所带来的经济活动和区域组织的网络化发展，使本地化的生产具有更大的活力和竞争力。地方化经济（以及城市化经济）的发展是发达国家和发展中国家吸引外资，吸引全球生产活动在本地植入的关键。地方生产系统与全球生产系统平行，既相互竞争、又相互合作。

东南亚金融危机的前车之鉴，以及华尔街金融风暴、欧洲次贷危机等对中国经济的不利影响，都使苏州对外向型工业化、城市化道路进行反思。苏州、温州，这两个在改革开放以来一直都大放异彩的城市，老百姓对于这两个城市“打工经济”与“老板经济”的调侃和比较，似乎也暗示着根植于当地的本土企业的发展对于地方经济、社会、文化的发展更具有积极意义。

苏州全方位开放的深入推进，将深刻改变经济结构、产业布局，同时，外国人和其他省市人口的大量流动，也对苏州的人口构成、阶层构成等产生巨大影响，推动苏州的人口分布、居住空间结构演变，这些都将造成苏州空间结构的转变和城镇体系空间结构的转变。

4. 节约集约用地

自下而上的乡村工业化、城市化模式，带动了苏州的经济起飞，但也造成苏州建设

① 苏州市“十二五”工业发展暨转型升级规划.

用地布局非常零散的特点。其后，外向型经济的发展，以产业园区为主要载体的城市规划、建设实践活动，特别是新农村建设和城乡一体化先行试验区确立以后，“三集中三置换”确实有效地推动了苏州土地利用由粗放向集约转变，但长期形成的分散格局仍然较明显。

从苏州、南京、上海三城市全市及市辖区单位土地 GDP 值比较可以看出，苏州土地产出略高于南京，但与上海有较大差距，而且南京和上海两城市市辖区土地利用效率明显高于全市土地利用率，而苏州这一优势并不明显（见图 3-58），这说明苏州土地利用集约化程度相对较好，但仍有较大的提升空间。

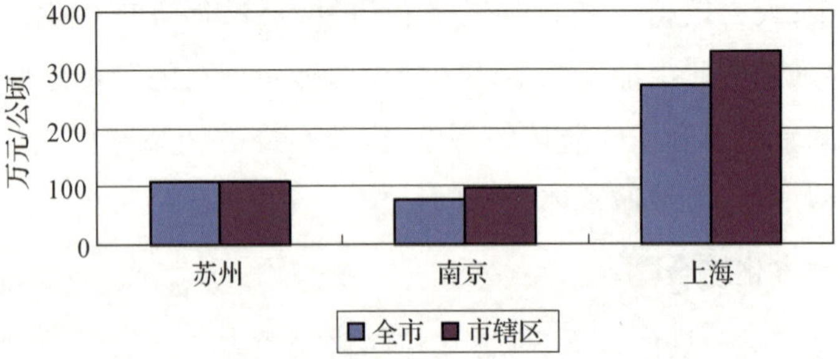

图 3-58　2010 年苏州、南京、上海单位土地 GDP 值

（数据来源：《苏州市“十二五”工业发展暨转型升级规划》）

现在，苏州全市共有 10 个国家级开发区和 7 个省级开发区。中心城市范围内有苏州工业园区、苏州高新技术产业开发区、苏州太湖旅游度假区、吴江经济技术开发区 4 个国家级开发区和吴中经济开发区、相城经济开发区、浒墅关经济开发区、吴江汾湖经济开发区 4 个省级开发区，至 2011 年年底，国家级开发区和省级开发区的已开发面积分别达到 173.80 平方公里和 87.38 平方公里。[①] 这些国家级和省级开发区是苏州经济增长的热点地区，但其发展水平参差不齐（见图 3-59、图 3-60）。另一方面，土地资源又是苏州发展的重要资源瓶颈，在今后的发展中，集约节约利用土地是实现从粗放的外延扩张向集约的内涵挖掘转化的关键。

① 苏州高新技术产业开发区的数据中包括浒墅关经济开发区数据。到 2013 年，吴中经济开发区和浒墅关经济开发区已经升级为国家级开发区。数据来源：根据《苏州统计年鉴（2012）》计算。

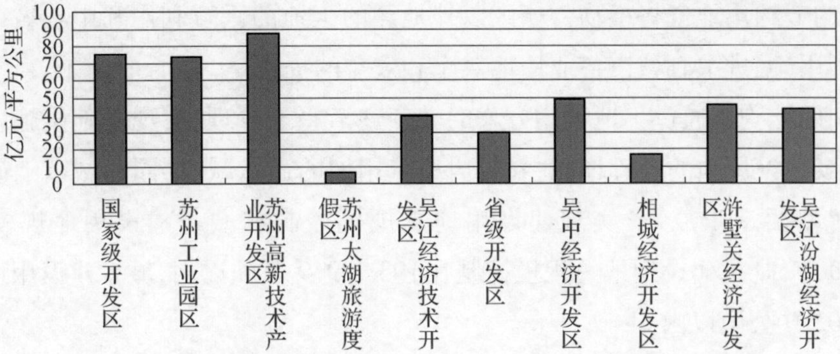

图 3-59　2011 年苏州国家级和省级开发区单位土地面积业务总收入

注:图中“国家级开发区”和“省级开发区”数值分别为苏州所有国家级开发区和省级开发区的平均值。苏州高新技术产业开发区的数据中包括浒墅关经济开发区数据。到 2013 年,吴中经济开发区和浒墅关经济开发区已经升级为国家级开发区。

(数据来源:根据《苏州统计年鉴(2012)》计算)

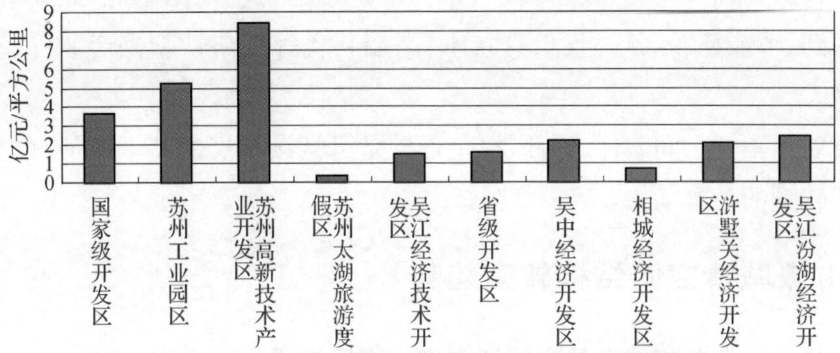

图 3-60　2011 年苏州国家级和省级开发区单位土地面积财政收入

注:图中“国家级开发区”和“省级开发区”数值分别为苏州所有国家级开发区和省级开发区的平均值。苏州高新技术产业开发区的数据中包括浒墅关经济开发区数据。到 2013 年,吴中经济开发区和浒墅关经济开发区已经升级为国家级开发区。

(数据来源:根据《苏州统计年鉴(2012)》计算)

总而言之,在苏州市社会经济快速发展的形势下,一方面,城市化和交通基础设施建设进程加快,建设用地在相当长一段时间内仍将呈现上升趋势,人地矛盾更加尖锐;另一方面,伴随着城市现代化水平的提高,老城区“退二进三”、城市更新,人们对城市生态环境的要求也逐步提高,近郊区的城市人口迅速增长,怎样避免重蹈发达国家,尤其是美国曾经的内城空洞化、内城衰败的覆辙,也对城市土地利用方式转变、土地利用结构转变、土地利用布局转变提出更高的要求。

无论从新型城市化的国家城市化政策要求出发,还是从苏州土地资源瓶颈约束的实际情况出发,苏州土地利用方式均要由传统的外延增长模式向内涵挖掘模式转变,节约集约用地,大量盘活存量建设用地,合理扩展建设用地空间,建设紧缩城市;在中心城市，集约节约用地也将推动古城区以外地区的土地的垂直利用和中心城市地下空间的开发利用，促进中心城市各业用地效率和效益的提升。

土地利用结构将通过土地利用方式的转变逐渐趋于合理，实现基础设施用地的适度增长，城乡建设用地的合理增减，农村居民点用地的逐步减少，同时城镇工矿用地规模的扩张速度要逐步放缓，实现建设用地总规模控制和城乡建设用地规模控制目标——2020 年，全市建设用地总规模控制在 193 289.9 公顷以内，城乡建设用地规模控制在 164 902.0 公顷以内。①

5. **绿色低碳**

"上有天堂，下有苏杭。"在漫长的发展中，苏州一直注重山、水、人、城的和谐共生，形成了良好的城市发展氛围。

苏州紧盯国内外产业发展新趋势，以"绿色、低碳"为导向，集中力量、集中资源、集中政策，加快培育发展以重大技术突破、重大市场需求为基础的新能源、新材料、生物技术和新医药、节能环保、新一代信息技术、高端装备等战略性新兴产业，推动产业结构优化升级。

产业发展离不开空间载体，因此，绿色低碳是可持续发展的基本特征，也是苏州城市空间结构转型的基本动力。

三、市域城镇空间结构转型趋势

1. 构建集中与分散相结合的市域城市空间拓展模式

从发达国家城市化的历史过程来看，城市化水平增长速度随时间变化，呈现较明显的阶段性特征：当城市化水平达到 30% 以后，进入加速城市化阶段，而当城市化水平超过 70% 以后，城市化水平增长的速度将放缓。② 第二次世界大战后，发达国家人口城市化水平增长并不显著，更多地表现为区域城市空间组织和城市内部空间组织的变化。在区域范围内，大城市、中等城市、小城市人口净迁移量随时间变化呈现阶段性特征；而对于单个大城市而言，全市、核心区域、郊区的人口净迁移量也随着时间变化呈现出一定的规律，差异城市化理论模型和城市发展阶段理论模型分别对这两种发展趋

---

① 苏州市土地利用总体规划(2006—2020).

② 即城市化的"S"形曲线规律。

势进行了讨论(见图3-61)。①

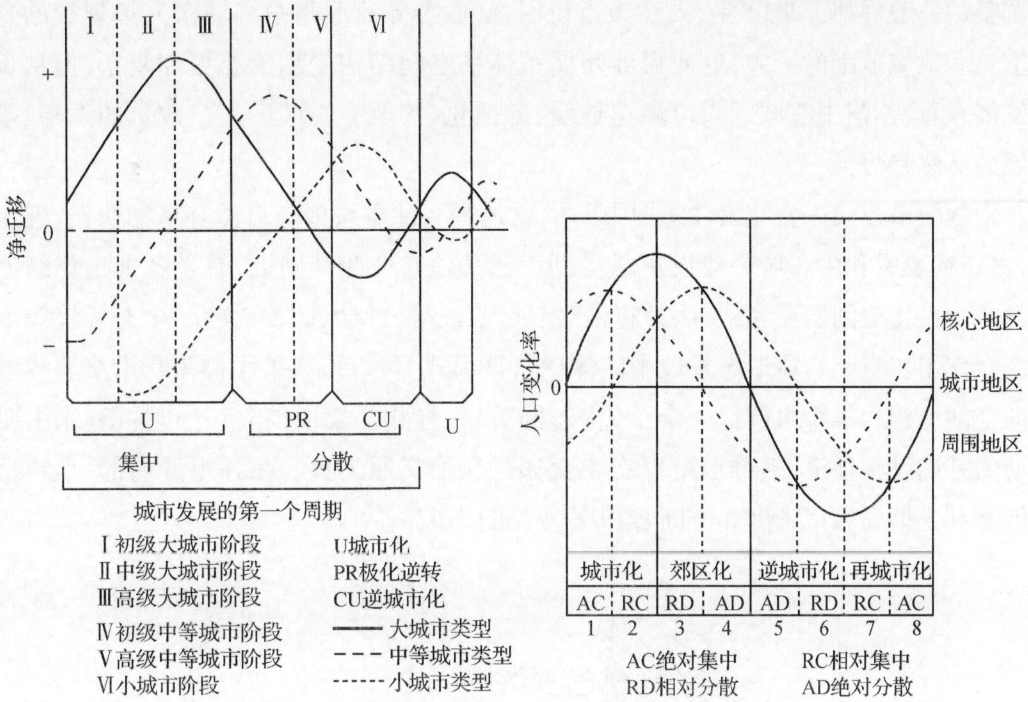

图3-61　差异城市化理论模型(左)和城市发展阶段理论模型(右)

(资料来源:王放.中国城市化与可持续发展[M].北京:科学出版社,2000:64-67.)

苏州在1990年城市化水平为25.87%,进入快速城市化发展阶段,2000年达到57.08%,2010年则达到70.06%,从人口城市化数值看,已经进入城市化成熟阶段。

根据发达国家城市化经验和相关理论模型,可以推测出,在未来几十年间,苏州城市人口增长速度将放缓,城市化特征将突出表现为城市空间结构的调整;中心城市人口集中的倾向将放缓,而张家港、常熟、太仓、昆山这些中等城市将成为人口净迁入量最多的地方,与此同时,随着产业结构调整和产业集群化发展,一些专业镇也会更加兴盛,吸引较多的专业技术人员和工人及其家属。

近几年,苏州中心城区的城市首位度将有所下降,2010、2011年,苏州城市首位度

① 差异城市化理论模型由盖伊尔(H. S. Geyer)和康图利(T. M. Kontuly)于1993年提出,城市发展阶段理论模型最初由霍尔(P. Hall)于1971年提出,1981年克拉森等人对此模型进行了修改。差异城市化理论模型描绘了一个城镇体系中,依据人口净迁移量变化将城市发展划分为大城市发展阶段、极化逆转阶段(中等城市发展阶段)、小城市发展阶段,然后进入下一个发展周期;而城市发展阶段理论模型则描绘了一个大城市区域,根据全市、核心区域、郊区人口净迁入量情况可以划分为城市化、郊区化、逆城市化、再城市化四个阶段。资料来源:王放.中国城市化与可持续发展[M].北京:科学出版社,2000:64-67.

由2.95 下降到 2.92①,似乎也应证了人口重新分布和城市体系规模等级结构与空间结构调整的一般规律。2012 年,吴江撤市设区,必然会导致苏州中心城市人口规模的急剧增长和地域范围的扩大,也使得苏州城镇体系空间结构变化情况更加复杂,但从长远发展来看,苏州中心城区人口增速放缓、郊区化,甚至中心城区人口数量的下降,是发展的必然趋势。

中国城市建设一直非常注重“因天才,就地利”,注重城市与自然环境的协调,近年来,可持续发展和生态城市建设更是受到广泛关注。在此基础上,有学者提出集约型间隙式山水化空间发展模式,认为它是“发展观、经济、社会、政治、文化、生态环境等因素综合作用在空间物质形态发展中的体现”;该模式“可以形成组团群落状沿交通线发展的空间结构。每个组群像一个个‘生态群落’一样相对集中独立……它可利用主要交通为基础设施通道,组群也可以在主交通处交换交通工具。在各组群内部,集约型发展有利于提高城市密度和空间容积率”(见图 3-62)。②

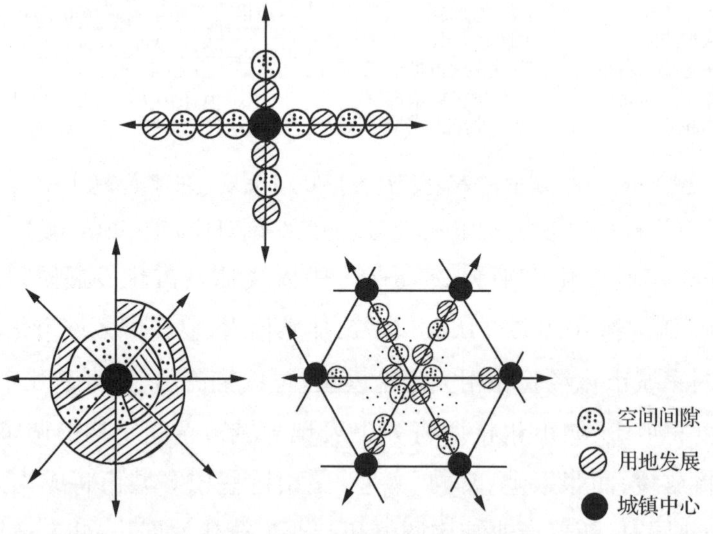

图 3-62　中国城市空间发展模式探索

(资料来源:段进. 城市空间发展论[M]. 南京:江苏科学技术出版社,2006:203)

集约型间隙式山水化空间发展模式既使“人造环境与自然环境和谐共生,符合我国传统文化的价值取向和自然观”,又“具有良好的开放性和弹性,对未来发展变化有较强的适应能力,是可持续发展的空间发展战略模式”(见图 3-63)。③

① 根据《苏州统计年鉴(2012)》数据计算。如果按 2012 年行政区划调整后的中心城市范围计算,则 2010 年和 2011 年的中心城区城市首位度分别为 3.65 和 3.62。首位度 = 区域第一大城市人口数/第二大城市人口数。

② 段进. 城市空间发展论[M]. 南京:江苏科学技术出版社,2006:203.

③ 段进. 城市空间发展论[M]. 南京:江苏科学技术出版社,2006:204.

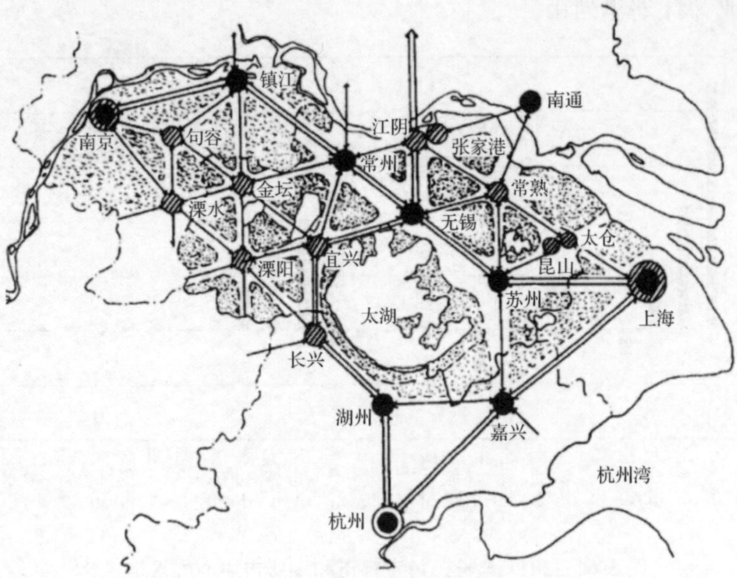

图 3-63　沪宁地区城市空间发展区域模式

（资料来源：吴良镛．发达地区城市化进程中建筑环境的保护与发展[M]．北京：中国建筑工业出版社，1999．转引自段进．城市空间发展论[M]．南京：江苏科学技术出版社，2006：204）

所以，在市域范围内，苏州城乡空间形态演进将呈现较为明显的集中与分散相结合发展的特征。集中型城乡发展体现在城市已建区的更新、调优，城市适建区的填充、优化，城市限建区的合理控制。分散型城乡发展则体现在有地域特色、产业特色、历史文化价值的村镇的保护，以及通过新城区、重点中心镇、一般镇建设来分流现有各级城市中心过于密集的人口，使城市人口规模控制在环境容量允许的范围之内。

2. 由点轴发展向网络城市演化

中国是最早进入封建社会的国家，自秦朝郡县制设立以后，城镇行政等级体系逐渐形成并不断强化，全国和省级城镇体系发展具有较强的首位城市指向，这和首位城市的行政等级优势息息相关。这种行政等级对城市发展的影响在中国、长江三角洲地区，以及苏州市域内有非常明显的体现。

中心性是地理学家克里斯泰勒提出的衡量城镇职能作用大小的一个指标，从长江三角洲地区的中心性计算结果可以很明显地看出，在沪苏浙行政区域范围内的地级以上城市中，上海、南京、杭州、宁波的中心性指数远远超过其他城市，包括在中国经济格局中占据重要地位的苏州、温州（见图 3-64）。

造成这种状况的原因很多，但城市的行政等级无疑也是极其重要的因素。上海是直辖市，南京和杭州是省会城市，而宁波是浙江省第二大城市、副省级城市，同时也是计划单列市、有制定地方性法规权限的较大的市。从这一点也可以解释为什么苏州一直在努力争取成为计划单列市。

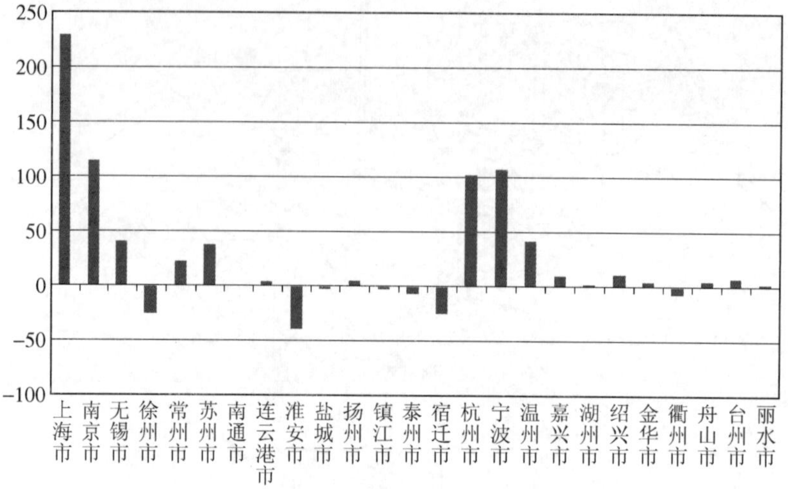

图 3-64　2011 年长三角直辖市和地级市中心性数值

注:中心性 = $T_z - E_z \times T_g / E_g$

T_z 为某城市市辖区的互联网用户数,E_z 为某城市市辖区年末人口数,T_g 为长三角互联网用户数,E_g 为长三角年末人口数。

(数据来源:根据《中国城市统计年鉴(2012)》计算)

无论是《苏州市城镇体系规划(2002—2020)》还是《苏州市城市总体规划(2007—2020)·纲要》,对于苏州城市体系发展的预测都非常强调城镇的等级体系,等级高的城市,其城市规模大,职能多。

实际上,区域内的各个城市的相对关系从来都不是一成不变的。例如苏锡常在 20 世纪 80 年代发展速度差不多,苏州并不占优势,但现在这三个城市的综合实力则有了一定的差距。

从区域的城镇体系发展过程来看,大致可以分为离散阶段、极化阶段、扩散阶段、成熟阶段四个不同的历史时期。① 农业社会时期,城镇发展都很缓慢,城镇规模一般也不大,彼此之间也较少联系,基本上是一种均衡发展的状态。随着工业化的发展,总有一些地方由于地理位置、自然资源等优势率先发展起来,城市人口不断增长,城市面积不断扩大,经济社会实力不断增强,吸引了更多的人口,逐渐成为大城市。随着城市规模的不断扩大,环境污染、交通阻塞、地价上涨、生产生活成本上升等问题日渐严重,而与此同时,交通通信技术的发展也促进了人们逐渐从大城市市区向郊区甚至是远郊区迁移,一些次级中心城市和低等级城镇也逐渐发展起来。一般情况下,这些城市往往集中在与中心城市联系的主要交通干道附近。到最后形成大中小城市协调发展的城

① 许学强. 城市地理学[M]. 北京: 高等教育出版社, 2009: 225 - 226.

市体系（见图3-65）。目前，苏州大致处于由第二阶段向第三阶段的过渡阶段。

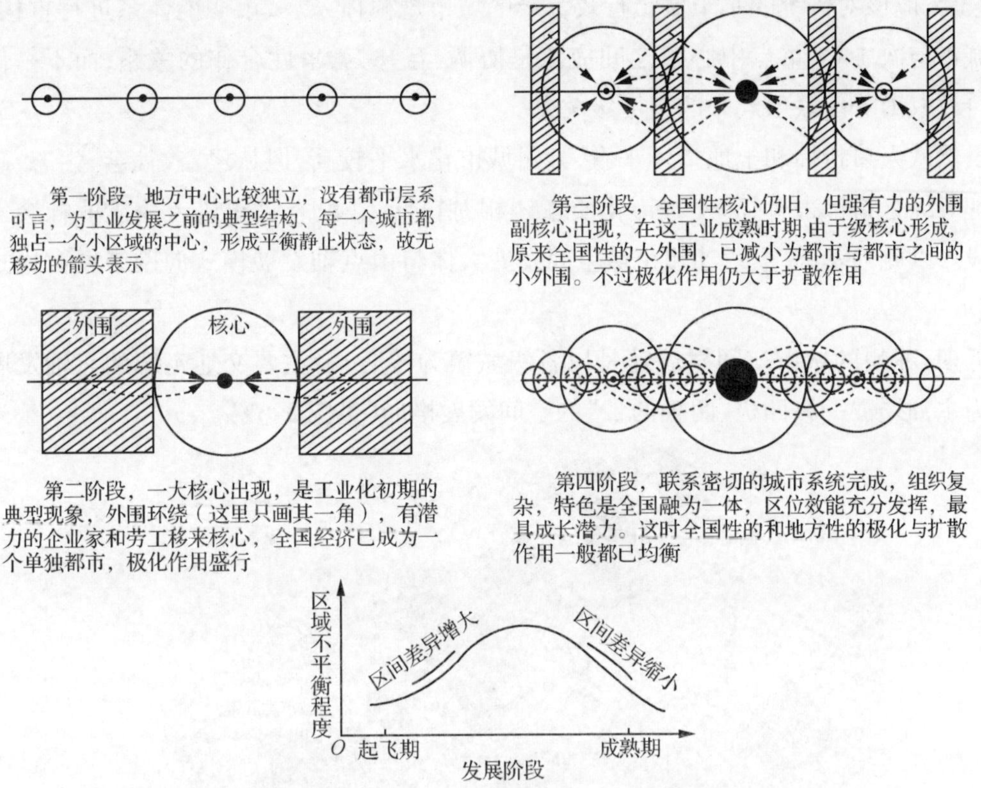

图3-65　约翰·弗里德曼的核心—边缘发展模型

（资料来源：Friedmann J. Regional development policy：a case study of Venezuela［M］. Cambridge，Mass：MIT Press，1966. 转引自段进. 城市空间发展论［M］. 南京：江苏科学技术出版社，2006）

在区域发展过程中，点轴发展模式是经常采用的一种发展模式。连接主要中心城市的发展轴往往是人口集聚、产业集聚的空间“热点”地区。而凭借日益发达的交通通信系统，随着各级城镇的不断发展，发展轴线日益增加，各级城市联系更加紧密，点轴发展模式逐步向网络开发模式转变。

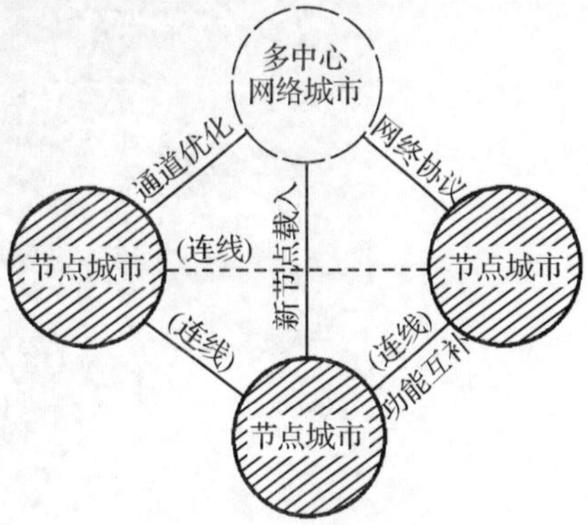

图3-66　网络城市模型

（资料来源：何韶瑶，马燕玲. 基于网络城市理念的城市群空间结构体系研究——以长株潭城市群为例［J］. 湖南大学学报（自然科学版），2009，36(4)）

对于世界性大都市带和欧美都市区的研究可以发现，借助于交通走廊和通信设施，网络城市是城镇体系发展的主要趋势。网络城市指“两个或更多的原先彼此独立但存在潜在功能互补的城市，借助于快速高效的交通走廊和通信设施连接起来、彼此尽力合作而形成的富有创造力的城市集合体”(见图 3-66)。①

今后,应该对传统的基于城镇行政等级的城市规模体系、城市职能体系进行重构,中心城市与次中心、重点中心镇之间应该是协调、互补、竞争性合作的关系,而不是仅仅靠行政权力分配联系起来的上下级关系。

虽然从人口指标和土地指标来看,苏州城市化水平较高,但从经济、社会、生态、政府治理等综合指标来看,苏州城市化质量还相对较低,并没有真正进入后工业社会发展阶段。以此为基础,今后苏州市域空间发展大体将由点轴发展模式向网络城市模式演变。

近期,苏州的城市空间发展还是以各级城镇为核心、沿主要交通走廊的点轴发展模式为主,形成“一核四极、两轴两带”的空间发展格局(见图 3-67)。

图 3-67　苏州市域城市空间结构示意图

(资料来源:根据《苏州市城市总体规划 2007—2020 图集》中“市域城镇等级规模结构规划图”改绘)

---

① Batten D. F.. Network cites: creative urban agglomerations for the 21st century[J]. Urban Stuides, 1995, 32(2).

一核：中心城区，包括姑苏区、工业园区、高新区、相城区、吴中区、吴江区。今后发展主要是实现多中心组团城市发展。

四极：张家港市区、常熟市区、昆山市区、太仓市区。

两轴：沿沪宁城市发展轴、沿苏嘉杭城市发展轴。

两带：沿江城市带、环太湖生态发展带。太湖是华东地区最大的淡水湖泊，也是中国第三大淡水湖，是中国著名的风景名胜地，位于江苏省南部，湖水南部与浙江省相连，太湖周边地区自古就是有名的鱼米之乡，人口密集、农业和手工业发达、文化璀璨，现在，太湖国家级旅游度假区建设和苏州太湖旅游区 AAAAA 级景区建设，以及无锡和苏州两市的太湖新城建设，使得环太湖地区成为城市建设的主要区域（见图 3-68、图 3-69 和图 3-70）。

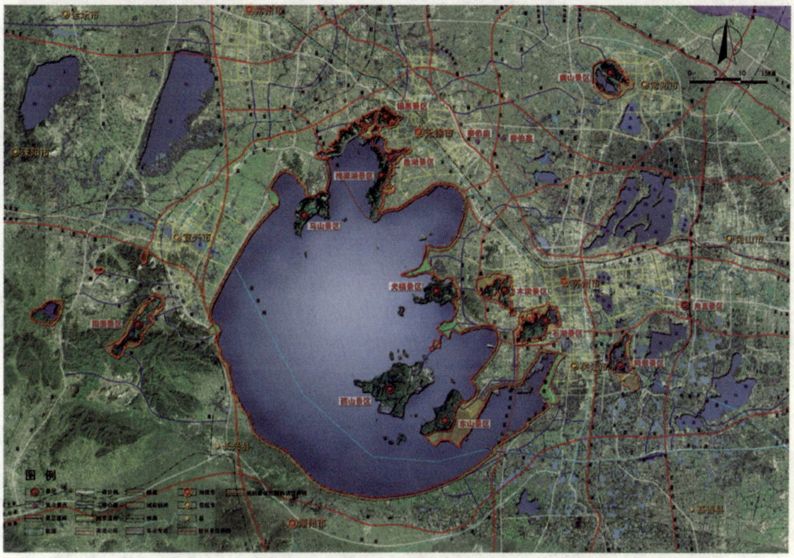

图 3-68　太湖风景名胜区总体规划图

（资料来源：太湖风景名胜区总体规划）

图 3-69　无锡太湖新城规划总体空间结构图

（资料来源：无锡市规划局.“一城一带一岛”——规划引领现代化国际化滨水花园城市建设. 无锡规划网，http://gh.wuxi.gov.cn/BA24/E/6432697.shtml，2013-6-26）

图 3-70　苏州东太湖地区用地规划图

（资料来源：江苏省城市规划设计研究院，江苏省城市交通规划研究中心. 苏州东太湖地区规划研究，2010.7）

未来苏州将通过发达的公路、铁路、运河网络和便利的通信网络，把各级城镇紧密地联系在一起，形成分工合作、富有创造力的城市集合体。

四、苏州中心城区空间转型趋势

在漫长的历史时期，苏州城市发展局限在古城及周边有限的地域范围内，是一个比较典型的单中心城市。

改革开放后，随着经济快速增长，老城不堪重负。根据城市分散发展理论以及古城保护思想，"跳出古城、发展新区"成为苏州的选择。1986 年版苏州市城市总体规划确定了"古城新区、东城西市"的发展格局，1990 年进而将新区扩大为 52 平方公里的总体规划面积，明确将新区作为"高新技术产业开发区、开放型经济集聚区、现代化新城区"三位一体的新苏州城。

1994 年 2 月，国务院批准设立中新合作苏州工业园区，同年 5 月实施启动，规划建设面积 70 平方公里，行政区划面积 288 平方公里。短短几年里，苏州市区的规划及实际开发区建设面积已扩大一倍以上，城市建设呈现明显的轴向扩展方式，形成"一体两翼、古城居中，东园西区"的城市空间结构。

2003 年 3 月，国务院批准撤销吴县市、设立苏州市吴中区和相城区，中心城区面积进一步扩大，行政区划的调整促使苏州提出了"四角山水，十字发展"的空间发展战略。2007 年苏州市城市总体规划中提出构建"一心两区两片"构成的"T 型"城市空间结构，包括东西城市发展主轴和南北城市发展次轴。

2012 年，苏州市中心城市行政区划进行了较大调整，吴江市撤市设区，成立吴江区，成为市区的一部分，原平江、沧浪、金阊三区合并成立姑苏区，中心城市范围、形态、格局发生了很大变化(见图 3-71)。

在新形势下，苏州中心城市内部空间结构该由"4 + 1"转向何方？是在既有规划基础上，延续"一心两片两区"两轴延伸的思路，改变为"一心两区三片"两轴延伸(吴江区的原行政中心松陵镇恰好位于原南北发展轴延伸线上)，还是调整思路，跳出既有框架，在对苏州市中心城市重新定位的基础上，对中心城市空间布局进行战略性思考，重新布局(见图 3-72)。

图 3-71　苏州市区行政区划示意图

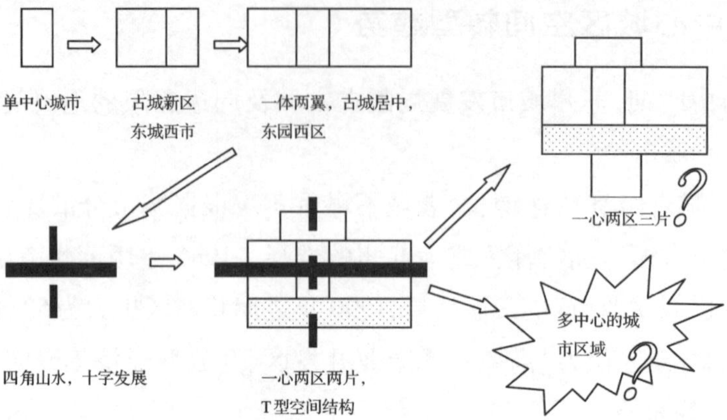

图 3-72　苏州中心城区空间结构演变示意图

（资料来源：根据苏州历次城市总体规划中心城区结构、苏州城市空间发展战略绘制）

从国际城市发展历程看，随着工业社会城市向后工业社会城市转型，城市内部空间结构发生很大变化。芝加哥学派在对芝加哥及其他众多美国城市调查研究的基础上进行归纳总结，提出同心圆、扇形、多核心三种经典城市空间结构理论。其后，城市地理学家根据欧洲、发展中国家发展情况进行了修正，如英国城市模式、城市二元结构模式、城市土地利用方式的垂直差异、美国城市更新和绅士化运动引起的城市土地利用功能区的新发展等。范斯的城市域模式描绘了多核心模式进一步发展的情况，洛杉矶学派对于洛杉矶城市的研究表明，后工业社会城市最典型的特征就是城市空间“碎化”（见图 3-73）。

图 3-73　克拉克提出的后工业社会模式

（资料来源：段进. 城市空间发展论[M]. 南京：江苏科学技术出版社，2006）

中国城市内部空间结构也发生较大变化，郊区工业卫星城的兴起即是其中一种常见形态（见图3-74）。

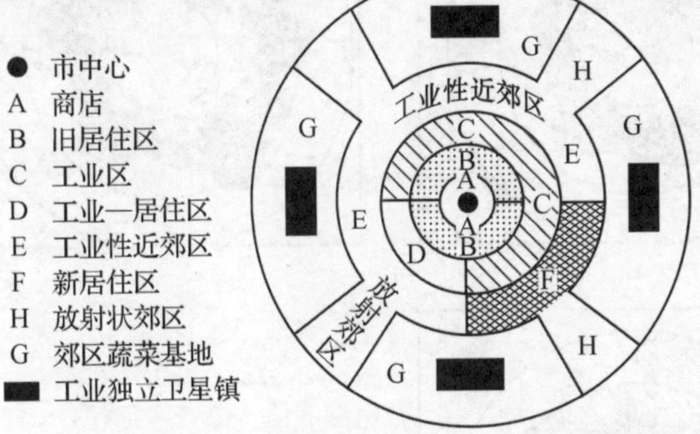

图3-74 中国城市现代城市内部结构模式示意图

（资料来源：武进. 中国城市形态、结构、特征及其演变［M］. 南京：江苏科学技术出版社，1990. 转引自段进. 城市空间发展论［M］. 南京：城市空间发展论，2006：154）

1. 生态城市建设与城市增长边界的确定

产业转型升级、社会经济持续发展等对于环境保护提出更高的要求。尽管苏州积极推进生态城市建设，取得显著成效，张家港、常熟、昆山、太仓建成“国家生态市”，但区域环境质量仍然不容乐观，如太湖富营养化状态依然存在，老城区部分河沟水道黑臭问题仍然较为严重，蓝藻水华爆发隐患依然存在，酸雨频率较高，二氧化硫、氮氧化物、可吸入颗粒物为特征的传统型大气污染尚未解决，灰霾、光化学烟雾和挥发性有机物等复合型污染问题又接踵而至，重金属、持久性有机污染物等土壤污染问题也逐步显现，等等。

如前所述，这既与苏州乡村工业化遗留下来的污染源分散分布有关，也与苏州产业结构不合理有关。而长期以来土地要素的低价大量供应既是乡村工业化的基础，也是低附加值产业能够维持生存的基础。

在田园城市理论中，围绕着田园城市的永久性农业地带能够限制城市往外扩张，以维持良好的环境，这在大伦敦规划中得到了体现（见图3-75）。新城市主义和精明增长也非常重视城市空间增长边界（Urban Growth Boundary，UGB）在控制城市蔓延（Urban sprawl）中的地位。①

① Benfield F. K.，Terris J.，Vorsanger N.，et al. Solving Sprawl：Models of Smart Growth in Communities across American［M］. Natural Resource Defense Council，2001：137－138.

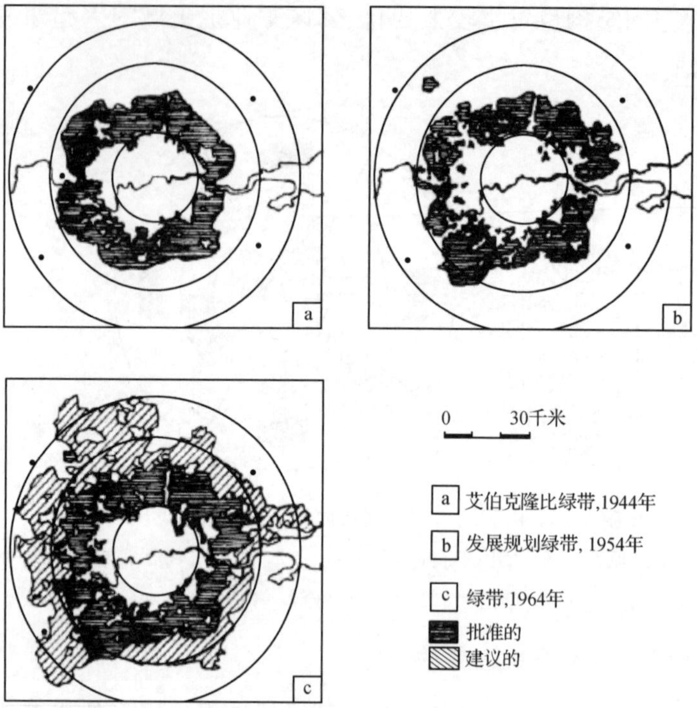

图 3-75　1944—1964 年伦敦绿带

注:这是英国战后最早建立的围绕城市地区的绿带。自 1944 年艾伯克隆比提出建议方案以来,这条都市绿带的范围已经扩大。这条绿带具有多方面作用——控制城市、保护农业和保留游憩用地。

（资料来源：[英]彼得·霍尔. 城市和区域规划[M]. 北京：中国建筑工业出版社，2008）

为了更好地实现生态城市建设目标,实现土地利用方式由外延性扩张向内涵挖潜转变,应借鉴发达国家经验,明确城市空间增长边界,并以立法的形式固定下来,从而把城市建设用地的增长控制在环境容量之内。

建议以京沪高速、绕城东线、绕城南线、绕城西南线作为原市区空间的增长边界,以绕城西南线、常台高速、云龙西路、苏州河路作为吴江区的城市空间增长边界(见图 3-76)。

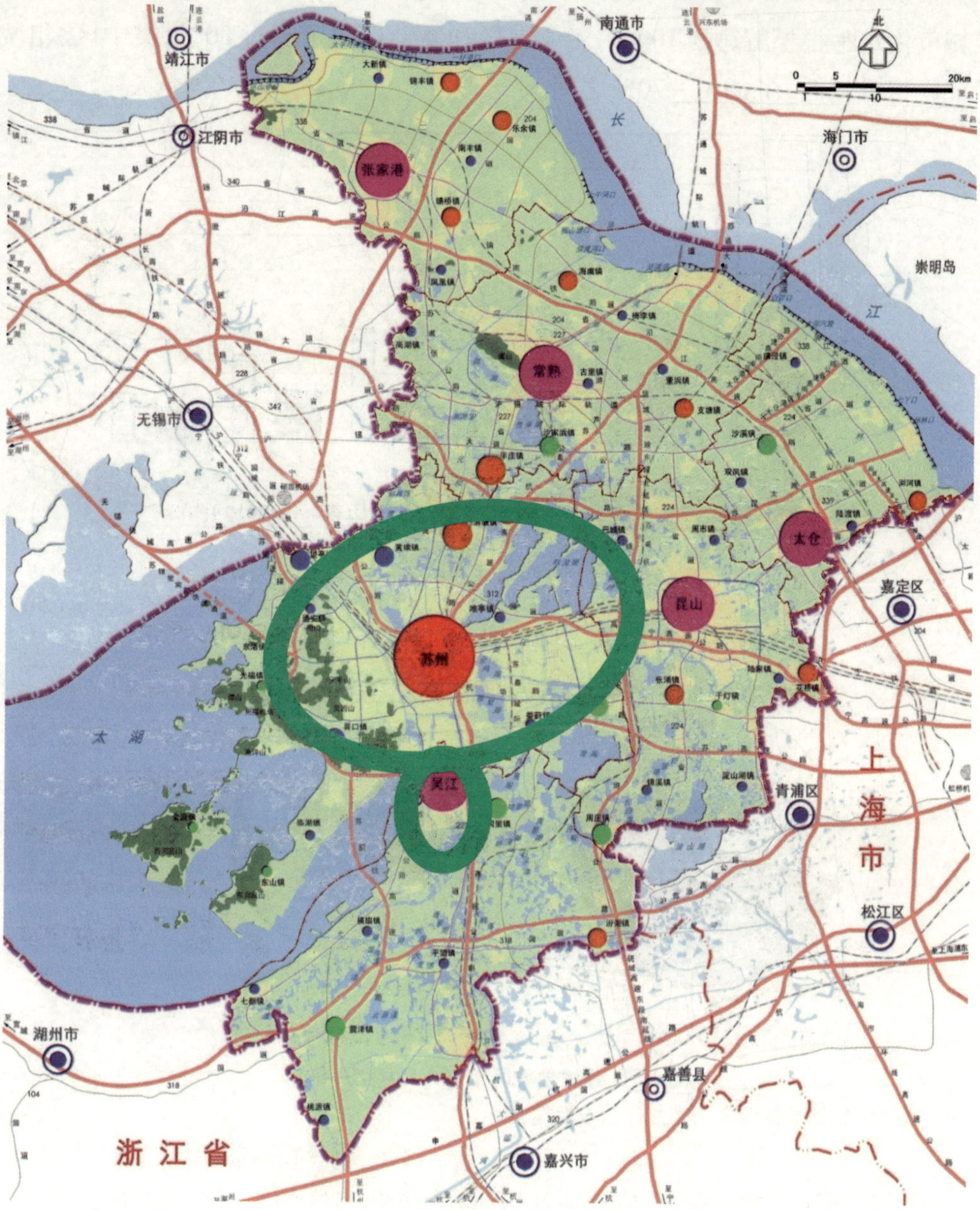

图 3-76　苏州中心城区空间增长边界示意图

（资料来源：根据《苏州市城市总体规划 2007—2020 图集》中“市域城镇等级规模结构规划图”改绘）

2. 集聚与疏散——多中心组团式城市结构

苏州市区是常住人口增长最快的区域(见图3-77、图3-78),也是市域范围内人口的主要集中区,更是各行政辖区内城市化水平最高的地区,原沧浪、平江、金阊三个市辖区城市化水平很早就达到100%,工业园区和高新区也已超过80%,吴中区、相城区和吴江区相对较低,在60%~70%之间。

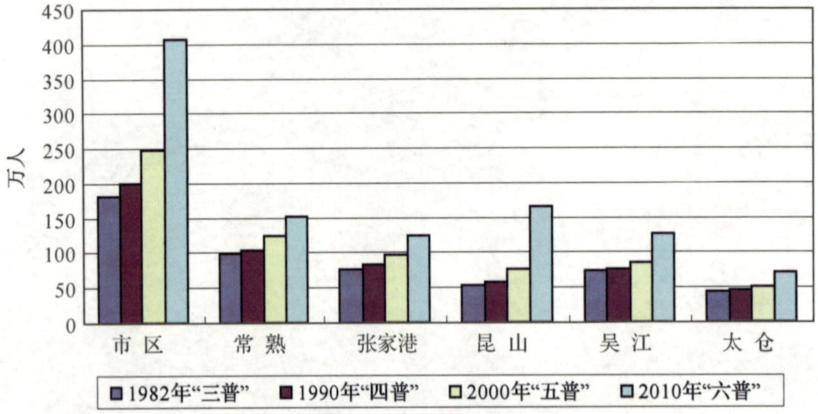

图3-77 苏州常住人口增长状况

(数据来源:《苏州统计年鉴(2012)》)

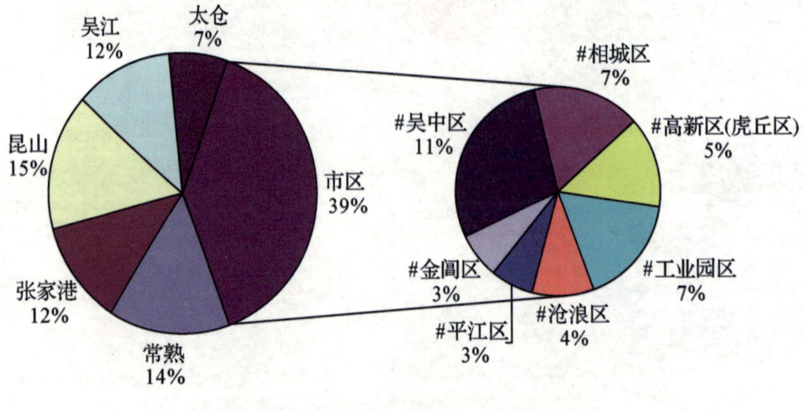

图3-78:苏州分地区常住人口(2010年)

注:2010年数据为第六次全国人口普查数据。

(数据来源:根据《苏州统计年鉴(2012)》计算)

2012年,吴江市撤市设区,成立吴江区,成为苏州市区的一部分,原平江、沧浪、金阊三区合并成立姑苏区。这次行政区划调整既是苏州中心城市发展的要求,也为中心城市发展提供了新的基础。

城市是第二、三产业特有的经济空间,产业结构变迁是城市化的基本动力。在产业转型升级的同时,苏州的城市空间结构也必然发生较大的转型。

如前所述,在今后发展中,苏州城市人口的增长速度会逐渐放缓,以人口分布调整、空间结构变化为主。中心城区的人口分布将向集中与分散相结合的方向发展，对老城区过度密集的人口进行疏散，引导疏散出的人口、散居的农村居民向城市社区集中，特别是引导居民向各新城居住区集中，使其能形成足够的人口规模，促进城市格局的优化。

京沪高铁的建成通车、高铁新城建设，以及苏州轨道交通发展、重要站点商业综合体建设对于苏州空间结构转型有重要的推动作用。

苏州未来将借助于姑苏区与工业园区、高新区（虎丘区）、相城区、吴中区、吴江区之间的快速交通走廊，以及发达的通信网络，构建富有创造力的多中心组团集合城市。

产城融合是城市空间转型、多中心组团城市建设的关键。近年来，苏州出现了路网越来越密、道路里程数越来越长，交通拥堵情况却不减反增的看似矛盾的现象，其形成原因较为复杂，但居住地与工作地不一致、远距离通勤是主要原因之一。有些在老城区工作的年轻白领，由于郊区（特别是远郊区）房价较便宜，因而居住在郊区，每天远距离通勤；还有些包括各种开发区工作人员在内的中产阶层，他们的工作地已经迁移至新兴城区，也已在工作地附近购房，但由于子女就学等原因而选择居住在老城区，也构成大量的远距离通勤。比如吴中经济技术开发区管委会位于越溪，附近有许多中高档居住区，很多工作人员在越溪镇上置业，但由于小区的社区商业不配套、子女入托就学等多种原因，不少人仍旧居住在老城区一带，每天往返通勤。这种因社区配套不齐全而导致小区入住率低的情况在许多社区都有体现。

要解决这一问题，在城市空间转型过程中就要特别注重产业的培育，在规划设计过程中引入新城市主义和精明增长理念，强调公共交通导向，构建形态紧凑、密度适当、混合用地、街道面向步行者、调适性较强建筑为主的都市村庄，或者注重具有生活氛围、有地方特色和文化气息的紧凑型邻里社区的培育。

3. CBD 网络培育——城市功能的提升

中心商务区（Central Business District，CBD）是一个城市中金融、贸易、信息等商务活动最频繁，人流、车流最大，地价最高，交通最便捷，建筑密度最高，吸引力和服务范围最大的区域，是城市、区域经济发展的中枢，也是一个城市面貌和形象最直观的展示地。

苏州是国家级历史文化名城，古城保护以及限高使得苏州的城市天际轮廓线及城市形态与西方经典城市理论之间有很大差异。一般而言，西方城市由 CBD 向四周，地价逐渐降低，建筑物高度和开发密度也逐渐降低，直到进入下一个 CBD 辐射范围。而苏州，由于古城保护，城市空间呈现碗状，大致以内环快速路为界，其中的古城核心保护区及协调区建筑物普遍低矮，而在快速路周边及外围，建筑多为多层、小高层、高层。

目前,苏州市区基本形成了古城核心商业板块、狮山核心商业板块、环金鸡湖商业板块,以及吴中区、相城区区级商业中心,吴江区也基本形成了一定的商业集聚区。

《苏州市商业网点布局规划》提出了“三核两副,两轴三带”的城市商业格局,“三核”指古城核心商业板块,环金鸡湖核心商业板块和狮山核心商业板块;“两副”指结合城市副中心形成两个城市副中心级商业服务功能区,即在相城区形成元和商业服务功能区,在吴中区形成吴中商业服务功能区;“两轴”指东西商业发展主轴和南北商业发展次轴;“三带”指环古城风貌休闲商业带、环金鸡湖风情休闲商业带以及沿太湖旅游度假休闲商业带(见图3-79)。①

图 3-79　苏州市商业网点布局规划图

(资料来源:苏州市规划设计研究院. 苏州市商业网点布局规划. 苏州市规划局,http://www.szghj.gov.cn/szghj/infodetail/? infoid = b775e33a - 6253 - 4296 - bea5 - 4338760e6e5a&categoryNum = 002006, 2011 - 11 - 23)

① 苏州市规划设计研究院. 苏州市商业网点布局规划. 苏州市规划局, http://www.szghj.gov.cn/szghj/infodetail/? infoid = b775e33a - 6253 - 4296 - bea5 - 4338760e6e5a&categoryNum = 002006, 2011 - 11 - 23.

吴江的并入,多中心组团城市的建设以及腹地范围的变化,将对苏州 CBD 演化产生较大影响。在新的发展阶段,应根据苏州中心城市发展实际促进 CBD 网络建设,CBD 网络由处于不同发展阶段的 CBD 组成。

大多数城市 CBD 发展演变可以划分为"传统商业中心(商业、办公混杂)—商业、商务逐渐分化—现代专门化商务办公中心—多商务中心网络形成"这样四个由初级向高级过渡的阶段。① 苏州市 CBD 现在处于由第二阶段向第三阶段转变的过渡期,可以借鉴纽约、伦敦、东京等世界城市 CBD 演变的历史经验,通过规划引导,加快现代化专门商务办公中心的形成。

狮山、古城核心、环金鸡湖三大 CBD 的内容将在随后的"新区中心—古城—工业园区中心商务带的更新与强化"中具体论述。

吴中、相城副中心发展水平相对较低,区域范围内还有一些制造业和低层次批发业,应该深入开展"退二进三"工作,促进制造业和低层次批发业从其核心区域退出,着力发展商业零售和批发,实现大型零售商业设施、行政、商务办公与商业的混合,特别是促进大型商业服务业综合体建设,满足人们多层次的消费需求,促进传统 CBD 的优化。

吴江是"临沪重要的制造业基地,著名绸都,太湖东岸江南水乡旅游城市"(见图 3-80),其中,松陵是吴江的政治、经济、文化、科教中心,先进制造业基地,江南水乡旅游城市;盛泽是著名绸都,世界级的纺织品加工贸易中心,吴江重要的经济中心、商贸中心。② 撤市设区以后,吴江的双中心无疑会更加迅速地融入到中心城市 CBD 网络当中。吴江在城市化进程、经济发展水平上相对落后于其他片区,按照国内外 CBD 发展经验,在今后的发展中,松陵副中心结合城市更新,实现"退二进三",可以重点发展商业、文化、教育体育、行政、商务办公以及旅游休闲产业,促进较高等级商务活动的集聚以及新型商业业态培育,形成片区经济增长的增长极;而盛泽副中心则依托世界级纺织品交易市场,延伸产业链、促进产业集群的提升,促进会展、商务办公、纺织品设计和服装设计等创意、研发等生产性服务业发展,促进以纺织品特色市场为主体的商贸流通业发展,打造辐射全球的纺织品专业交易商业中心。

---

① 许学强,周一星,宁越敏. 城市地理学[M]. 北京:高等教育出版社,2009:285 - 287.

② 吴江区规划局. 吴江市城市总体规划(2006—2020). 中国吴江,http://www.zgwj.gov.cn/upfile/template/contentpage/zgwj_zwgk/bmgkitem.aspx? contentid = 20730, 2010 - 6 - 24.

图 3-80 吴江夜景

（资料来源：吴江区人民政府. 中国吴江，http://www.zgwj.gov.cn/default.aspx，2013－8－28）

同时，沿着与现有商业中心、副中心相联系的主要交通干道延伸方向，特别是一些高等级住宅区附近，注意培育一些新颖别致的较高档次的商店、商务会馆及新饭店，这些地方着力强调规划的引导作用，集约节约用地，强调土地的混合利用和垂直利用。

在可能的情况下，注意创意产业、文化产业和商务办公职能的孵化与扶植，促进其向中心城区北部、南部组团核心增长极方向发展，实现副中心商业职能、管理和控制职能、专业化生产服务职能、生活服务职能和信息中心功能的发挥。

对于各分片区中心，则强调商业、文化、医疗、体育、娱乐、办公等配套服务设施的建设与完善，主要行业以商业零售业和批发业为主，以大型零售商业设施、行政、商务办公与商业混合使用为主。在一些发展条件较优越的分片区中心，如国家级历史文化名镇木渎镇，镇区常住人口达到 20 万左右，可以结合其优越的地理位置、较发达的社会经济状况，着力培育生产性服务业，尤其是创意产业和旅游业，充分发挥其自然与人文历史文化资源优势，实现旅游业的提升和文化创意产业的培育、壮大。

4. 新区中心—古城—工业园区中央商务带的更新与强化

新区中心—古城—工业园区中心组成了串珠状都市区核心，在这个核心发展带内，各中心之间应该是功能性分工合作的关系。

（1）高新区城市中心

苏州高新区依山傍水、地理位置优越、交通便利（见图 3-81），自 1992 年建立至今，形成电子信息和装备制造业两大主导产业，新能源、生物医药和服务外包（BPO）等新兴产业也获得很大发展；形成了综合保税区、科技城（包括光伏产业园、医疗器械产业园）、环保产业园等一批特色载体。2012 年，全区战略性新兴产业产值 1 256 亿元，占规模以上工业产值比重达 53.2%，完成服务外包接包合同额 11 亿美元，离岸接包执行额 5.3 亿美元。[1]

苏州高新区入选江苏省首批省级科技金融合作创新示范区，获批全国首家知识产

① 中国苏州. 苏州概览 · 市县区简况，http://www.suzhou.gov.cn/szgl/sxqjk_4084/201204/t20120410_117734.shtml，2012.4.

权服务业集聚发展试验区、国家高新区建设20周年先进集体，镇湖苏绣产业园荣获“中国创意产业最佳园区奖”，全国首支“科技型”中小企业集合票据发行。

图3-81　苏州高新区远眺

（资料来源：中国苏州．苏州概览·市县区简况，http://www.suzhou.gov.cn/szgl/sxqjk_4084/201204/t20120410_117734.shtml，2012.4）

高新区城市中心基本实现了“大型商业零售、金融、文化娱乐、医疗等综合服务功能”的功能定位。经过多年建设，狮山商业商务板块已经形成规模，现在高新区政府搬迁至科技城，科技城板块逐渐崛起，对狮山路办公金融中心有一定的冲击。

在今后的发展中，高新区城市中心要进行功能提升，从商业办公金融中心向综合性商业商务中心转化，着力发展大型商业零售、金融、文化娱乐、医疗服务等功能，实现从中心商业职能、行政办公职能、金融服务职能、生活服务职能向中心商业职能、管理和控制职能、金融服务职能、专业化生产服务职能、生活服务和信息中心功能转变，加大商务办公、研发、公司总部等职能的培育与集聚。

（2）*观前—石路双核CBD*

观前、石路、南门是苏州市着力打造的市级公共服务中心和商业中心，其发展都不同程度地存在问题。

观前是传统商业街，位于古城保护范围内，用地相对局促。虽然近年来苏州市政府在观前附近进行了较大规模的城市有机更新，把原来的监狱搬迁出城，兴建了相门古城墙和古城楼，但紧邻的平江历史文化街区紫线、古城保护要求限制了商业商务用地的进一步扩张以及土地的垂直利用，只能走产业升级、内涵挖掘的路子。

石路紧邻山塘街历史文化街区，也存在用地不足的问题。近年来金阊区也开展了城市更新，实现土地利用方式的变化，整体而言，进一步平面扩张的余地较小。

南门紧邻护城河，由于用地、市场等方面的限制，一直没有发展起来，较大的吴中商城等商业综合体发展也不理想。另外，南门紧邻吴中区商业副中心，彼此之间的竞争也较激烈(见图3-82)。

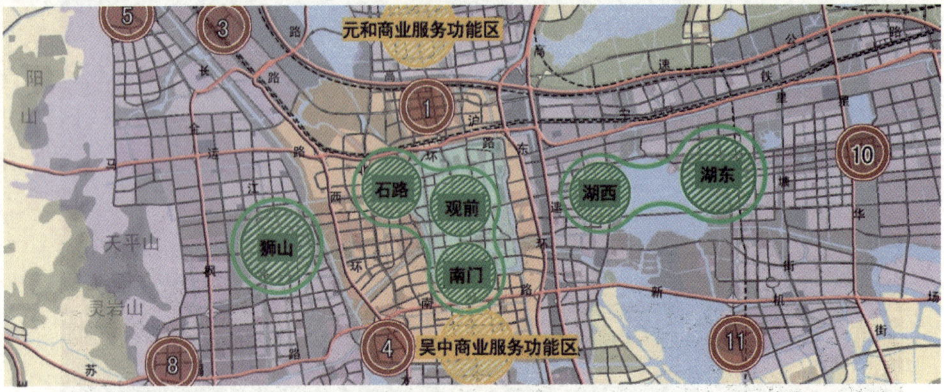

图 3-82 苏州古城观前、石路、南门商业中心分布图

(资料来源：苏州市规划设计研究院. 苏州市商业网点布局规划. 苏州市规划局，http://www.szghj.gov.cn/szghj/infodetail/?infoid = b775e33a - 6253 - 4296 - bea5 - 4338760e6e5a&categoryNum = 002006，2011 - 11 - 23)

所以，对于古城区的这3个CBD，建议在今后的发展中，弱化南门商圈的等级，着力于打造观前—石路双核中央商务区，两者在地缘上本就紧邻，连接两个中心的干将路也是苏州重要的干道商业街，两侧的商务用地已形成相当规模。

苏州高新区和工业园区都是在20世纪90年代建立的，规划建设起点高。狮山商业中心和环金鸡湖商业中心定位高、职能种类多、功能等级高，对于古城中心的商业发展起到了明显的分流作用。怎样保持双核CBD活力，避免西方国家曾出现的内城空洞化现象是苏州必须正面的问题。

在今后的发展中，结合苏州国家级历史文化名城保护区建设，双核CBD应该进一步强化传统CBD的功能，尤其是较高等级的零售商业、行政、商务办公等，同时着重现代游憩商业区(Recreational Business District，RBD)建设，使其既展示传统商业街道、古建筑民俗，又集聚现代化的商业、餐饮、交通、文化创意、商务办公、商务休闲等功能，实现传统与现代的完美结合。同时，观前—石路双核CBD还应建成综合性的城市旅游功能中心，提供多元化的旅游产品和服务，成为苏州的文化艺术中心、休闲娱乐中心、商务会议中心。

(3) 环金鸡湖中心区

苏州工业园区积极推进"服务业倍增计划"，着力实现主导产业由第二产业向"2.5产业"和第三产业转化。目前，工业园区已经成为中国首个"商务旅游示范区"，入选"中国服务外包十强园区"前三甲，引进了香港汇丰、日本瑞穗、韩国国民银行等金融、准金融机构200余家，引进了沃尔玛、家乐福、久光百货、新光三越百货、诚品书店等一大批商业、文化旗舰项目，重点规划建设了一批商业服务业载体。

环金鸡湖中心区是工业园区按照新城的理念着力打造的以高档商品零售业、商务办公、银行业等为主的现代化CBD，高起点规划、高起点建设。《苏州市城市总体规划(2007—2020)》将其功能定位于"金融保险、商务办公、信息咨询等生产服务功能，同时增强商业零售等消费服务功能"，经过几年的建设，环金鸡湖中心区已经基本成形(见图3-83)。

图3-83　苏州环金鸡湖一角

(资料来源：中国苏州. 市县区概览，http://www.suzhou.gov.cn/szgl/sxqjk_4084/201204/t20120410_117733.shtml，2012-4-10)

园区政府非常重视CBD的规划建设，将园区CBD定位为"成为国际一流的长三角商务中心，成为金融后台服务外包的全国中心，成为长三角总部经济的集聚地，成为苏州市最重要的金融和商务中心"，要"重点引进现代服务业，主要是银行与非银行金融机构(包括基金、证券、创投、担保、保险等)、总部、各类中介机构(包括会计、律师、审计、造价等)，以及知名商业百货、酒店旅游、商贸服务等传统服务业"。①

在今后的发展中，环金鸡湖CBD将大致向CBD发展的第三阶段，也就是以专门化商务办公为主特征的CBD转变，成为苏州大市范围乃至长三角次中心等级的商务中心，充分利用其总部经济在苏州大市范围内的先发优势，并加以强化，促进具有指挥和调控功能的跨国公司总部和金融机构的进一步集聚，而一些较低等级的部门，如金融

---

① 中国—新加坡苏州工业园区. 服务业发展指南，http://www.sipac.gov.cn/tzzn/fwy/201107/t20110711_103947.htm，2011-7-11.

公司的票据清算、银行的存取款业务、信用卡办理业务、银行批发业务逐步迁到中心城市次中心的CBD中(如吴中、相城CBD),建设集现代生产性服务业、旅游业、会展、高等级商业等为一体的现代化CBD。

5. 古城更新与现代RBD(游憩商业区)网络建设

苏州历史悠久,素有"白发苏州"之称,老城区位于原平江区、沧浪区、金阊区3个行政辖区内环高架路以内、桐泾路以东部分,共30.92平方公里,由古城和环境协调区组成。

古城在苏州历史上有着举足轻重的地位和作用,在今天,依然是苏州的"根"。古城承担着政治、经济、文化、科技、教育、医疗等多种功能,是苏州人口高度密集、产业高度密集的地方。

从制定《苏州市城市总体规划(1986—2000)》开始,苏州就致力于疏解古城区人口,大力推行"退二进三","跳出古城,发展新区",以实现古城的可持续发展。但工业园区的横空出世,使得古城成为"东园西区、一体两翼"的核心。虽然其后的规划仍极力推行古城区的人口疏散和产业重构,但古城区在行政办公、商业金融、公共服务、教育医疗等方面的垄断优势仍然十分明显。吴县的撤市设区,"4+1"的形成,也无形中强化了古城的核心地位。尤其是在老城区外围环形放射状道路网未成形以前,古城仍是人流、车流高度集中的地方。

"十一五"以来,随着中心城市道路网改造与延伸、快速公交线路的开辟,特别是轨道交通的逐步投入运营,伴随着"退二进三"的深入以及市级行政办公功能的转移,古城区尚未脱离环境容量的制约,又陷入内城空洞化的阴影之中。

苏州是国家级历史文化名城,也是国际旅游的主要目的地之一,在"十二五"期间,苏州确立了"建设国际一流旅游目的地,打造历史文化与现代文明相融合的文化旅游城市"总目标,构建"一核一带三区"①旅游空间布局,这"一核"就是主城旅游发展极核。

2012年,姑苏区、苏州国家历史文化名城保护区的建立,为古城保护与更新带来了新的机遇和挑战。保护与更新,是老城发展的一个重要命题,而旅游开发则是促进古城更新的一个重要手段(见图3-84)。就目前状况而言,苏州古城的旅游业和商业发展档次仍然较低,难以和长三角次中心城市的发展定位相匹配。

---

① 指主城旅游发展极核、沿江休闲旅游带、环太湖休闲度假旅游区、中部湖荡生态休闲旅游区、南部水乡古镇观光休闲旅游区。

图 3-84　山塘夜景

（资料来源：中国苏州．市县区概览，http://www.suzhou.gov.cn/szgl/sxqjk_4084/201302/t20130225_202472.shtml，2013－8－28）

在今后的发展中，古城应该深入发掘其历史文化资源，特别是吴文化的精髓，大力推进文化产业的培育和发展，结合旅游业提升与发展，通过资源整合、产品打造、产业提升、整体推介，为国内外旅游者、本地及周边地区居民提供高档次的旅游、休闲、娱乐、购物等功能，着力打造国际著名的文化体验和商务游憩目的地，推动游憩商业区的完善和提升，增强老城区发展活力，实现"白发苏州"的新生。

6. 科技城与特色产业基地构成经济增长的热点

规模经济、聚集经济、范围经济是城市经济增长与发展的根本动力，而产业园区建设是当代城市规划的重要实践活动。科技城和特色产业基地是经济增长的新热点区域，将对中心城市空间结构的调整起到重要推动作用。

建立既开放互联，又各具特色的创新区域群体，对于苏州建设先进制造业和现代服务业基地极为重要。

苏州依据《国家中长期科学和技术发展规划纲要（2006—2020）》、《关于推进国家创新型城市试点工作的通知》（国发改高技[2010]30 号）、苏州市委、市政府《关于加快建设国家创新型城市的若干意见》（苏发[2010]33 号）等文件，编制《苏州市创新型城市建设规划（2010—2020）》，特别强调了要合理布局产业空间、有效集聚创新资源，苏州科技城（高新区）、纳米技术产业基地（工业园区）、电子信息产业基地、创新园区（国家级开发区、省级开发区）、金融集聚区（环金鸡湖地区）是重要的创新载体建设工程。

苏州科技城是全国首家由科技部、江苏省政府和苏州市政府共建的大型科技创新基地，位于苏州国家高新区西部，濒临太湖，是苏州高新区实施"北扩西进"战略全新规划建设的科技新城，在建设中强调"科技、山水、人文"的完美融合。2010 年 4 月，苏州科技城被列入江苏省首批"十大创新型园区"，目前已建成一批国际标准的产业基地和载体：中国十大最佳服务外包园区——苏高新软件园、苏高新光伏产业园、医疗器械产业园、江苏省第一个专业园微系统园、江苏省第一个IT实训基地、江苏省第一家以服务外包为培养方向的高博软件技术学院和软件大厦等各类创新载体、科研中试楼、产业化用房及功能配套设施超过150万平方米。其商务配套、生活配套和休闲配套设施也很丰富。

苏州十分重视特色产业基地建设。2005年颁布实施《关于印发苏州市特色产业基地建设若干意见及认定申报管理办法的通知》(苏府〔2005〕127号),2006年批准命名苏州市食品(张家港)特色产业基地等42个基地为苏州市特色产业基地①,到2013年1月,已命名7批苏州市特色产业基地。

这些特色产业基地已经成为苏州市经济增长的热点,建议建立既开放互联、又各具特色的创新区域群体,促进现有特色产业基地的升级与新兴特色产业基地的培育,使其不仅在苏州市范围内具有明显的产业发展优势,在江苏省乃至全国范围内也具有明显优势,为"三区三城"发展目标的实现提供坚实的经济基础。

在今后的发展中,要更注意创新和集约节约用地,强调绿色低碳发展,为实现经济、社会、生态的协调发展而努力。

五、古韵今风与兼容并蓄:城市景观优化与提升

农业社会时期,由于各地自然地理条件有较大差异、交通不便,各地的建筑材料、建筑风格、街道景观等差异较大,形成了各具特色的城市景观,如中世纪欧洲城镇教堂高耸的塔尖形成了独特的天际轮廓线,中国由北到南,由于降水量的差异,房屋建筑样式从平屋顶向尖屋顶逐渐过渡,到云南等地则有极富特色的吊脚楼。而相对封闭的地理环境,更容易形成相对独立的文化生态系统,这种独特的地域文化,又会在建筑样式、街道景观、城市景观上得到体现。

进入工业化时期以后,钢铁、水泥、玻璃等新型建筑材料的使用,电梯的发明,框架结构的广泛应用,使得摩天楼出现并越盖越高,国际建筑运动的推广使摩天楼成为工业社会最典型的图腾。第二次世界大战后,摩天楼和现代立体交通系统成为西方国家现代城市中最典型的城市景观。

随着中国对外开放和城市发展的国际接轨,摩天楼和现代立体交通体系的组合也成为中国城市,尤其是新城的典型景观。在中国快速城市化过程中,拆旧建新、"贪大求洋"的情况屡见不鲜,而大量的、快速的城市建设,往往忽视了对传统城市景观的保

① 苏州市人民政府. 苏州市人民政府关于命名苏州市特色产业基地的通知(苏府[2006]160号). 2006-12-14.

护，城市成为钢筋水泥森林的代名词，缺乏个性，“千城一面”成为其真实写照。

苏州在快速发展中，非常注重包括传统城市景观在内的传统文化的保护，也注重不断汲取国际先进技术理念，进行建筑设计和城市设计。

苏州古城极具特色，水陆并行的双棋盘道路网，小桥流水、粉墙黛瓦的街景，构成了独具魅力的城市景观，走在苏州古城，可以轻易地辨识出其地域特征。在规划指引下，苏州古城一直得到了良好的保护与开发，焕发着蓬勃的活力与生机，展示着千年古城、“白发苏州”的独特魅力与深厚的文化底蕴。

在20世纪90年代以后发展起来的新城区，比如苏州工业园区、苏州高新区，摩天楼、玻璃幕墙、城市峡谷、大马路、大草坪是常见的城市景观，苏州传统造园手法被巧妙地与现代城市设计手法融合，月季、葡萄、藤萝、柳树、栀子等传统造园植物与铁树、天鹅绒草、棕榈等外地植物相结合，形成了“洋苏州”、“新苏州”的浓郁风情（见图3-85）。

平门夜色　葑门横街

高新区　科技城　工业园区

图3-85　古苏州、老苏州与新苏州、洋苏州

注：平门和葑门横街均位于苏州古城内。

（资料来源：高山．平江夜色．名城苏州，http://bbs.2500sz.com/bbs/photo-8709832-1.html，2014-1-19；苏州葑门横街·葑门塘．网站首页，http://www.pingjianglu.cn/fmhj/，2014-1-27；苏州高新区工委宣传部．城市新中心宜居科技城．中国苏州高新区，http://news.snd.gov.cn/zt/201309gxqyjkjc/，2013.9；苏州工业园区管理委员会．亮点·2013．中国—新加坡苏州工业园区，http://news.sipac.gov.cn/sipnews/yqzt/yqzt2014/201401ld/zg/201401/t20140107_250656.htm，2014.1.14）

全球化(Globalization)和地方化(Localization)是当今最有活力的两股潮流,我们在建设国际性城市的同时,更应该继承和发扬吴文化的优秀传统,延续江南水乡、人间天堂山水人城和谐共生的城市发展理念,形成古韵今风的城市景观,强调各种文化元素的吸纳、融合,兼容并蓄,推进"白发苏州"的新发展,营造独具魅力的城市景观。

创新,城市发展的基本动力,良好的人文环境,能提供创新的土壤,成为创新发展的乐园,而富于魅力的城市景观,正是这良好人文环境的一个直观体现。

小　结

苏州抓住了"农转工"、"内转外"两次历史机遇,使其社会、经济等得以快速发展,率先实现小康。在向率先实现基本现代化的进程中,既有发展模式的弊端逐渐凸显,苏州必须在实践中继续探索进一步发展的经验。

随着国际经济形势的变化、国内社会经济发展环境的改变,苏州发展面临着新的机遇和挑战。

在快速工业化、城市化的过程中,在其他地区农业社会向工业社会转变尚未完全完成的时候,苏州已经站在由工业社会向后工业社会转变的历史关头。

新农村建设与城乡一体化探索是实现经济可持续发展和社会、生态可持续发展的关键。

以科学发展观为统领,紧紧围绕"两个率先"、"三区三城"、富民强市的目标,苏州全面实施科教兴市、新型工业化、全方位开放、城乡一体化、可持续发展战略,加快经济增长方式转变,大力推进文化建设、社会建设、生态文明建设,改善人民生活。

在新苏州模式的探索实践中,苏州城市的空间转型至关重要。网络城市成为苏州市域城镇空间结构发展的新方向。城乡空间形态演进将呈现较为明显的集中与分散相结合发展的特征;空间结构由点轴发展模式向网络城市模式演变——近期以点轴发展模式为主,形成"一核四极、两轴两带"的空间发展格局,远期则凭借发达便利的交通通信网络,形成分工合作、富有创造力的城市集合体。

而就中心城区而言,多中心组团布局、CBD 网络建设、新区中心—古城—工业园区中心中央商务带的更新与强化、古城 RBD 建设,以及科技城和产业基地建设则成为新的发展方向。

古韵今风、兼容并蓄，在城市化和城市现代化的发展过程中，更好地进行老城的保护和更新，以及新城的开发，促进古城新城的和谐共生，是苏州城市可持续发展的关键所在。

（本章执笔人吴莉娅，女，1978 年生，苏州大学·邦城未来城市研究中心研究员，博士，苏州大学政治与公共管理学院副教授，研究方向为城市化、城乡一体化。）

第四章　社会转型：建设和谐苏州

[提要]

苏州社会转型主要涉及六个问题：其一，人口演变问题。近些年来，苏州人口数量、人口结构、人口空间分布、人口素质均发生一定变化。其二，农民集中居住问题。苏州的城镇化走的是一条“三集中”道路。集中居住带来了农民行为适应问题、消费方式问题以及人际网络变化问题。其三，社区建设问题。近些年来，苏州社区发生较大变化。“老新村社区”、“新型商品房社区”以及“村改居社区”各自特点不同，面临问题也不同。其四，新苏州人融入问题。近些年来，随着社会经济迅猛发展，大量外来人口涌入苏州，成为“新苏州人”，而且形成了典型的“五老群体”，在融入苏州的过程中，“五老群体”各自的需求是不同的。其五，社会力量的崛起问题。随着经济和社会的发展，苏州社会力量开始崛起，集中表现在社会组织的大发展以及公众参与的加强两个方面。其六，老龄化问题。苏州老龄化十分严重，养老事业面临极大压力。

社会转型是一个社会构成转变、社会生活方式转变、社会价值观念转变、社会利益重组以及社会博弈格局转变的全方位变化过程。作为我国最有活力的城市之一，在经济发展高歌猛进的同时，苏州的社会转型也在如火如荼地推进。本章阐述苏州转型中的几个重点问题，并对苏州如何应对这些问题做详细分析。

第一节　苏州社会转型的背景、重点问题以及特色

一、苏州社会转型的“三大背景”

1. 流动人口多

作为我国经济最为发达的城市之一，苏州吸引了大量的流动人口。目前流动人口已经超过600万，与本地人口之比为1∶1，这一比例在我国较为少见。同样经济较为发

达的无锡，流动人口只有300万，远远低于苏州。大量流动外来人口的存在，为城市的发展带来了活力，也改变了社会构成，同时引发社会利益的重组与社会博弈格局的变化。

2. 城镇化进程的高速发展

苏州是我国城镇化进程较快的地区之一。苏州的城镇化进程共经历了三个阶段：第一阶段始于20世纪70年代中后期，苏州依靠乡镇企业与小城镇推动城镇化，创造了举世瞩目的"苏南模式"。第二阶段始于20世纪80年代中后期，苏州依靠开发区"造城运动"推动城镇化，大量开发区由此而生。第三阶段始于20世纪90年代中后期，苏州开始了集中型城镇化道路（农村"三集中"），"苏南模式"转型为"新苏南模式"。经过三个阶段，苏州到目前基本形成完善的城镇体系：中心城区—4个县级市—中心镇—一般城镇。

苏州的城镇化速度之快，令人惊叹。在2 000多年的历史中，苏州只有建成区15平方公里（其中还有部分农田），然而从20世纪90年代中后期至今不到20年时间，苏州建成区已达400平方公里。城镇化进程把大量农田变为建设用地。目前，苏州市农用田面积为500万亩，耕地面积为260万亩，人均耕地面积仅为0.41亩。从2000年至2009年的10年间，苏州耕地持续减少，累计减少了144万亩。

城镇化进程全面影响着苏州转型：首先，城镇化把大量农民变为市民，引发社会构成的变化。其次，城镇化的进程使农民改变了居住方式，引发了社会生活方式与社会价值观念的变化。再次，城镇化的过程也是一个社会建设的过程，必然引发社会利益的重组与社会博弈格局的变化，因此城镇化进程对社会转型的影响是全面而且深刻的。

3. 居民社会需求的变化

随着社会经济的发展以及社会建设的推进，苏州居民的社会需求发生了很大变化：首先，随着收入的增加，居民们更注重生活质量，在追求"高品位"物质需求的同时，更加看重精神需求。其次，在社会事务方面，居民不满足于"被动等待"，更希望主动参与。居民社会需求的变化，必然引发社会利益的重组与社会博弈格局的变化，影响苏州社会转型。

二、苏州社会转型的"六个重点问题"

苏州社会转型包含领域很广，涉及方方面面，其中六个问题最为关键：

1. 人口演变问题

改革开放以后，苏州的人口数量与人口结构发生急剧变化。人口演变是社会构成变化的基础，也是引发社会生活方式与社会价值观念变化、社会利益重组与社会博弈格局变化的前提条件。

2. **农民集中居住问题**

近些年来，伴随着城镇化进程，农民集中居住在苏州成为普遍趋势，农民集中居住导致社会生活方式与社会价值观念的变化。

3. **社区建设问题**

近些年来，苏州衍生了大量新型类型社区，既有的社区也发生了一定变化。社区是社会的基本单位，社区变化必然引发社会利益的重组与社会博弈格局的变化，而社区建设是为了更好地调整社会利益与社会博弈格局。

4. **新苏州人融入问题**

近些年来，大量外来人口涌入苏州，这样就带来了一个融入问题。新苏州人能否融入城市，关系到社会利益的重组与社会博弈格局的重构。

5. **社会力量的崛起问题**

近些年来，伴随着社会建设，苏州社会力量开始崛起，在各个领域发挥着重要作用。社会力量的崛起同样关系到社会利益的重组与社会博弈格局的变化。

6. **老龄化问题**

苏州是一个老龄化极为严重的城市。老龄化对苏州社会经济的方方面面都产生了重要的冲击，对社会价值观念、社会生活方式以及社会博弈等，都带来了深刻的影响。

三、苏州社会转型的“两大特色”

1. **注重循序渐进**

苏州是我国古城保护最好的城市之一。在我国城镇化加速发展时期，很多城市在“大修大建”，但苏州却是循序渐进，辩证处理传统与现代的关系，“留得小桥流水，方有现代新城”是苏州的基本态度。正是由于这个原因，苏州以“双面绣城市”闻名于世，一面是古城，一面是新城，传统与现代二者相得益彰。循序渐进的作风，不仅体现在苏州的城市建设中，而且也体现在苏州的社会转型中。相比我国一些城市“大刀阔斧”地推进社会转型，苏州的社会转型是“和风细雨”、“文火慢炖”式的渐进推进。因此引发的“社会震荡”较少，也更容易被老百姓接受。

2. **注重内涵**

苏州人的性格偏于保守。苏州人不太愿意“挑头”创新，但是苏州人非常注重内涵建设，一旦从事一项事业，苏州人就一定要求做得最好，“不求最早，而求最好”是苏州人的特色。在社会转型中,苏州人也重视内涵建设。例如,我国社区管理体制创新最早不是苏州发起的,但苏州人在推进社区建设后,很快就能通过自身务实的作风以及扎扎实实的努力,取得卓越的成就。在对农民工的关怀方面,苏州也不是全国最早开展行动的城市,但一旦行动起来,苏州人就做得极为出色,很多做法深得农民工的赞誉。

第二节　人口演变

人口演变是社会构成变化的基础,也是引发社会生活方式与社会价值观念变化、社会利益重组与社会博弈格局变化的前提条件。截至2011年,苏州常住人口规模已突破1 000万,目前,苏州外来常住人口已和本地户籍人口相当,苏州已成为全国仅次于深圳的第二大移民城市。庞大的人口数量使得城市公共资源供给面临巨大压力,大量外来人口的涌入对社会管理提出新的挑战。当前,苏州的人口结构还面临流动人口性别比过大、老龄化严重等问题,为应对严峻的人口形势,苏州做了很多有益的尝试。

一、苏州人口数量变化

1. 户籍人口规模稳定,增速缓慢

从2004年到2011年,苏州户籍人口增长平缓,如表4-1所示,2004年苏州户籍人口598.9万人,2011年户籍人口规模较2004年增加43.4万人,达到642.3万人。从年增长率来看,2005年苏州户籍人口年增长率为1.4%,到2008年下降至0.86%,此后从2009年至2011年,户籍人口年增长率均未超过0.86%,2011年户籍人口年增长率为0.72%。

表4-1　2004—2011年苏州户籍人口规模

年份	规模(万人)	年增长率(%)
2004	598.9	—
2005	607.3	1.40
2006	616.1	1.45
2007	624.4	1.35
2008	629.8	0.86
2009	633.3	0.56
2010	637.7	0.69
2011	642.3	0.72

(资料来源:苏州市人口学会,《苏州人口资讯·苏州市"十二五"人口发展规划研究报告》,2010(3);《苏州统计年鉴》,2010—2012)

2. 常住人口规模扩大,外来人口占常住人口比重逐年提高

如表4-2所示,苏州常住人口规模正在逐年扩大,且增速提升明显。2004年苏州常住人口规模为729.1万人,到2011年已经扩大至1 051.9万人。结合表4-1和表4-2可以看到,2004—2010年,苏州常住人口年增长率均高于户籍人口年增长率,2010年常住人口与户籍人口年增长率之差达到了11.01%。外来人口的急速涌入是苏州常住人口迅速增长的主要原因,导致了常住人口规模大大超过了户籍人口规模。2004—2011年,外来人口占常住人口比重逐年提高,2004年外来人口占常住人口比重只有17.85%,到2008年已突破30%,2010年外来人口占常住人口比重已接近40%。目前,外来人口大致为常住人口的一半。

表4-2 2004—2011年苏州常住人口规模

年份	规模(万人)	年增长率(%)	外来人口占常住人口比例(%)
2004	729.1	—	17.85
2005	757.7	3.93	19.85
2006	809.9	6.88	23.93
2007	882.1	8.92	29.22
2008	912.7	3.46	30.99
2009	937.0	2.66	32.41
2010	1046.6	11.70	39.10
2011	1051.9	0.51	38.90

(资料来源:苏州市人口学会,《苏州人口资讯·苏州市"十二五"人口发展规划研究报告》,2010(3);《苏州统计年鉴》,2010—2012)

二、苏州人口结构演变

1. 人口年龄结构演变

(1) 劳动年龄人口比重持续降低,人口红利在一段时间内不会消失,但有下降的趋势

如图4-1所示,从2006年到2012年,在苏州户籍人口中,15~59周岁劳动年龄人口持续下降。2006年,15~59周岁人口有437.28万人,所占比重为71%,到了2012年,该年龄段的人口下降到432.2万人,占66.7%,比2006年下降了4.3个百分点。虽然劳动年龄人口比重在持续下降,但是总量仍旧很大,说明人口红利并未消失。但是,必须注意的是,从长远来看,人口红利下降将是一个大趋势。

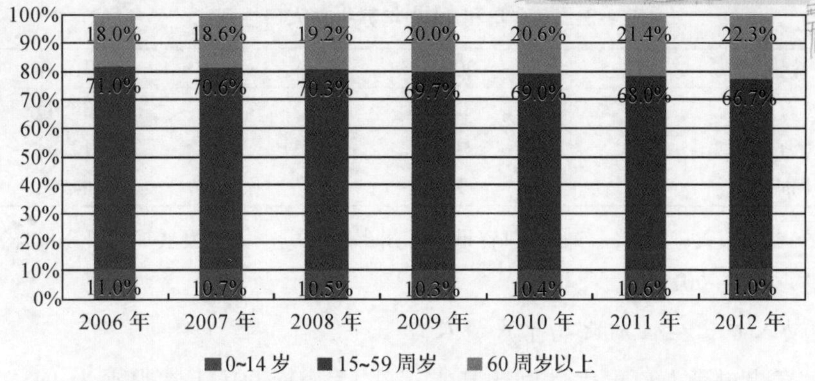

图 4-1　2006—2012 年苏州各年龄段户籍人口比重变化情况

（资料来源：苏州市人口学会，《苏州人口资讯·苏州市"十二五"人口发展规划研究报告》，2010（3）；《苏州统计年鉴》，2010—2012）

（2）少年儿童人口数量回升，比重仍旧偏低

2006 年到 2009 年，苏州 0～14 岁少年儿童的人口数量持续下降，2006 年，苏州少年儿童为 67.79 万，2007 年为 67.05 万，到 2009 年降至 65.19 万。从 2010 年开始，少年儿童的人口数量开始逐渐回升，2010 年少年儿童的人口数为 66.24 万人，2011 年上升至 68.16 万人，2012 年则突破 70 万人。从 2006 年到 2012 年，少年儿童在户籍人口中的比重较为稳定，基本徘徊在 10.5% 左右，但是这一比重远低于全国平均 18.5% 的水平。

（3）老年人口比重持续增加，人口老龄化速度加快，高龄化趋势明显

2006 年到 2012 年，在苏州户籍人口中，老年人口数量不断上升，60 周岁以上的人口从 111.03 万人上升到 144.32 万人。老年人口所占比重也持续增加，从 18% 增加到 22.3%。苏州人口老龄化速度明显加快，集中表现在老年人口增幅已超过户籍总人口增幅，2006 年至 2011 年，苏州户籍人口增幅为 4.25%，而老年人口增幅却高达 23.67%。此外，苏州老年人口正向高龄化方向发展，2008 年，苏州 80 岁以上的老年人口占全部老年人口的比重为14.25%，2012 年，这一比重已经上升至 14.85%。

2. 人口性别结构演变

（1）总人口性别比微升

如表 4-3 所示，据 2000 年第五次人口普查资料显示，2000 年苏州总人口的性别比为98.13。而2010 年第六次人口普查资料显示，苏州总人口性别比为 104.08。2010 年的苏州总人口中，男性有 533.45 万人，占总人口的 51%，女性有 512.54 万人，占总人口的 49%。

表 4-3　2000 年和 2010 年苏州总人口性别比

性别	2000 年	2010 年
男(万人)	336.41	533.45
女(万人)	342.82	512.54
性别比	98.13	104.08

(资料来源:苏州市人口学会,《苏州人口资讯·苏州市"十二五"人口发展规划研究报告》,2010(3);《苏州统计年鉴》,2010—2012)

(2)流动人口出生性别比高于户籍人口

2011 年苏州户籍人口出生性别比基本正常,为 106.40(正常水平为 103 ~ 107),其中一孩出生性别比为 106.08,二孩及以上出生性别比为 107.63,略高于正常水平。流动人口出生性别比为 114.88,一孩出生性别比较为正常,为 107.09,二孩及以上出生性别比却高达 126.21(如表 4-4 所示)。

表 4-4　2011 年苏州户籍人口与流动人口出生性别比

类别	出生性别比	一孩出生性别比	二孩及以上出生性别比
户籍人口	106.40	106.08	107.63
流动人口	114.88	107.09	126.21

(资料来源:苏州市人口学会,《苏州人口资讯·苏州市"十二五"人口发展规划研究报告》,2010(3);《苏州统计年鉴》,2010—2012)

3. 人口城乡结构演变

苏州人口城乡结构变化主要体现在:城镇人口增多,比重大幅度提升;农村人口比重不断下降。由表 4-5 可以看到,1990 年第四次人口普查时,苏州城镇人口只有 146.01 万人,所占比重为 25.87%。到 2000 年,苏州城镇人口上升到 387.73 万人,比重上升到 57.08%。随着城乡一体化的不断推进,苏州城镇人口规模继续攀升,到 2010 年第六次人口普查时,城镇人口已突破 700 万人,所占比重为 70.07%。与城镇人口增多相对应的是农村人口的锐减。1990 年,苏州农村人口有 418.35 万人,到 2010 年只有 313.04 万人,1990 年农村人口所占比重为 74.13%,到 2010 年则为 29.93%,20 年间,农村人口比重下降了 44.2 个百分点。

表 4-5　1990、2000、2010 年苏州城乡人口情况

年份	城镇人口(万人)	城镇人口所占比重(%)	农村人口(万人)	农村人口所占比重(%)
1990 年	146.01	25.87	418.35	74.13
2000 年	387.73	57.08	291.49	42.92
2010 年	732.95	70.07	313.04	29.93

(资料来源:苏州市人口学会,《苏州人口资讯·苏州市"十二五"人口发展规划研究报告》,2010(3);《苏州统计年鉴》,2010—2012)

三、苏州人口空间分布演变

苏州人口空间分布演变主要体现在：人口从市中心向工业园区和高新区扩散。从2001年和2010年的数据对比来看，这一趋势比较明显。当前，苏州生产型企业大多集中在工业园区和高新区，大量外来新增就业人口涌入这两个区。此外，中心区域的居住人口也逐渐向工业园区与高新区转移。2010年，姑苏区、吴中区、相城区的总人口较2001年涨幅并不大，分别只为1.74%、3.11%和0.53%，而工业园区和高新区总人口涨幅最为明显，分别较2001年上涨109.98%和62.01%。

表4-6　2001年与2010年苏州总人口地区分布情况

地区	2001年（万人）	2010年（万人）	2010年比2001年上涨(%)
姑苏区	74.19	75.48	1.74
吴中区	58.51	60.33	3.11
相城区	37.96	38.16	0.53
高新区	21.03	34.07	62.01
工业园区	17.73	37.23	109.98
吴江区	77.03	80.18	4.09
常熟	103.76	106.72	2.85
张家港	85.36	90.79	6.36
昆山	60.03	72.37	20.56
太仓	44.89	47.04	4.79

（资料来源：苏州市人口学会，《苏州人口资讯·苏州市"十二五"人口发展规划研究报告》，2010(3)；《苏州统计年鉴》，2010—2012）

四、苏州人口素质变化

1. 人口身体素质普遍提升

平均预期寿命是反映一个地区人口身体素质的重要指标。2004年，苏州全市人口平均预期寿命为78.08岁，2008年，平均预期寿命突破80岁，为80.39岁，到了2011年，苏州全市人口的平均预期寿命已达81.56岁，比2004年增加了3.48岁。

表 4-7　2004—2011 年苏州全市平均预期寿命情况

年份	全市平均预期寿命(岁)
2004	78.08
2005	78.22
2006	78.92
2007	79.64
2008	80.39
2009	81.01
2010	81.10
2011	81.56

(资料来源:苏州市人口学会,《苏州人口资讯·苏州市"十二五"人口发展规划研究报告》,2010(3);《苏州统计年鉴》,2010—2012)

此外,从婴儿死亡率和孕妇死亡率也能看出苏州人口身体素质的提升。2000 年,苏州婴儿死亡率为 6.84‰,2011 年,婴儿死亡率下降为 3.90‰。苏州孕产妇死亡率从 2000 年的 13.0/10 万下降到 2010 年的 4.10/10 万,2011 年,苏州全市更是没有发生一例孕产妇死亡事件。

2. 人口文化素质明显提升

从 2000 年到 2010 年,苏州人口文化素质提升明显,2000 年第五次人口普查时,苏州大专及以上的人口总量为 32.23 万人,2010 年第六次人口普查时,大专及以上人口为 146.30 万人,增加了 114.07 万人。其中,大学专科生从 2000 年的 20.32 万人增加到 2010 年的88.49 万人,大学本科生从 11.39 万人增加到 53.12 万人,研究生从 0.52 万人增加到4.60 万人。

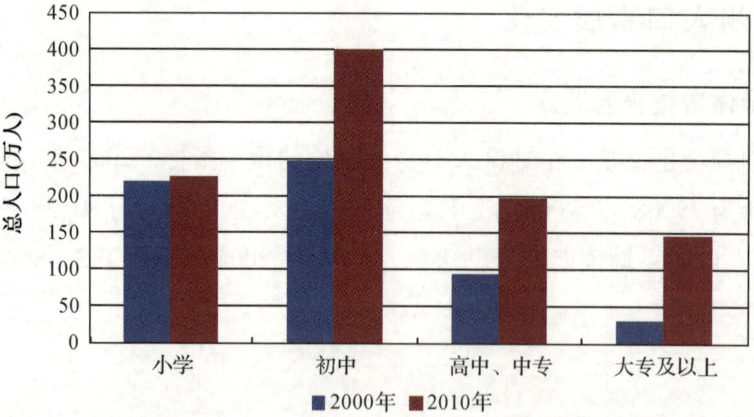

图 4-2　2000 年和 2010 年苏州人口文化程度构成

(资料来源:苏州市人口学会,《苏州人口资讯·苏州市"十二五"人口发展规划研究报告》,2010(3);《苏州统计年鉴》,2010—2012)

五、苏州调控人口措施

1. 控制人口数量的相关措施

其一，坚持人口和计划生育目标管理责任制，实行“一票否决”制。

其二，对独生子女父母进行奖励，发放奖金，并建立由财政支付的长效发放机制。

其三，创新流动人口计划生育管理。具体采取的措施是：一是出台《苏州市流动人口计划生育工作办法》，该办法填补了流动人口计划生育的立法空白。二是推出苏州市非户籍人口计划生育服务卡制度，办理该服务卡的育龄妇女可以获得规定的免费服务、奖励服务等。该制度将非户籍的成年育龄妇女纳入了苏州计划生育服务的管理体系。此外，苏州还建立了全员人口数据库，并建立部门之间基础数据定期更新制度，这有利于相关信息的实时共享。

2. 优化人口结构的相关措施

其一，综合治理外来人口出生性别比。首先，通过开展各项丰富多彩的活动，如关爱女孩活动等，营造出男女平等的社会氛围；其次，加强对城乡结合部非法从事计划生育技术服务医疗机构的清理，禁止开展非医学需要的胎儿性别鉴定和选择性别的人工终止妊娠，严厉打击“两非”等违法行为；再次，加强对外来流动人口的孕情监测。

其二，积极发展养老服务事业，全面建立基本养老保障体系。具体措施如下：一是大力兴办养老机构，特别加大对民办养老机构的扶持力度。当前，苏州拥有养老机构超过190家，其中民办养老机构50多家，护理院30多家。二是注重居家养老的发展，大力兴建日间照料中心、配餐中心等，积极探索“虚拟养老”模式，老年人只需通过电话或网络就可以享受上门服务。总的来说，苏州已基本形成“以居家养老为主体、社区服务为依托、机构养老为支撑，各类养老服务组织协调发展，覆盖城乡全体老年人”的社会养老服务体系。三是建立城镇职工基本养老保险、农村基本养老保险、老年居民社会养老补贴三个层次、覆盖城乡的养老保障体系。

其三，优化外来人口结构。一方面，苏州建立了以居住年限、合法稳定住所和城镇社会保险参加年限为基准的落户政策，优化外来人口结构。另一方面，通过产业结构的转型升级，引进高层次人才，以提升外来人口的质量。苏州的产业结构正由传统的低端制造业、劳动密集型产业向新能源、新材料、电子医药、节能环保、软件、服务外包等高端新型产业及现代服务业转型，产业结构的转型升级，吸引了一大批高层次人才来苏州落户。为此，苏州也给出一系列优惠措施吸引高端人才，如2005年苏州制定“紧缺高层次人才引进资助办法”，对引进人才给予5万~100万的安家补贴；2006年苏州实施“千名高层次创新创业人才引进工程”；2007年苏州实施“姑苏创新创业领军人才计划”,计划每年择优引进科技领军人才,给予50~250万的安家补贴,并给予包括科研经费、工作场所及融资贷款等一系列扶持措施。工业园区、高新区等也先后出台了人才引进计划,扶持力度更大。

3. 提升人口素质的相关措施

其一,实施人口出生缺陷社会化干预工程。2005年开始,苏州在全市范围内全面开展出生缺陷社会化干预工程,具体说来采取了以下几项干预措施:一是免费提供婚育服务手册,倡导婚检及孕前服用营养素。二是为孕妇提供产前筛查、为高危人群提供深度检测和观察服务以及对新生儿普遍进行足底血筛查与听力筛查。三是推出优生健康券制度,目标人群用于唐氏筛查,可享受100元政府补贴,用于购买优生优育疾病险,可享受50元政府补贴。四是推出免费婚检制度,建立婚前检查、婚姻登记、人口计生宣教一体的“一站式”婚育服务窗口。五是将优生优育检测项目纳入生育保险报销范围,给予孕产妇一次性生育营养补贴300元与围产保健补贴700元。

其二,推进0~3岁科学育儿指导服务体系建设。具体措施包括:一是积极建立科学育儿营养保健中心、科学育儿师资培训基地以及科学育儿技术示范基地。当前,苏州已有200家公益性0~3岁科学育儿项目点投入运行,通过政府购买服务和项目化管理方式,推出科学育儿公共指导免费服务券,为0~3岁幼儿的家长提供公益性的指导服务。二是加强科学育儿的宣传与教育。如打造电视媒体课堂《育乐园》,编印《苏州0~3岁科学育儿指导手册》,建立苏州0~3岁科学育儿公益讲座制度等。当前,苏州已形成了面向0~3岁婴幼儿、家长及其带教人员的市、区(县级市)、街道(镇)、社区(村)四级服务网络。

其三,大力发展教育事业。苏州始终将教育放在优先发展的位置,“十一五”期间,全市教育经费总投入为620亿元,其中预算内教育经费达405亿元。在此期间,全市学前三年教育毛入园率、残障儿童入学率达98%以上;小学、初中入学率、巩固率、高中段教育毛入学率均为100%;高等教育毛入学率已达到63%,比江苏省平均水平高出23个百分点;从业人员继续教育参与率为58%;老年教育普及率达15%。在高投入的基础上,苏州坚持基础教育特别是义务教育段的均衡发展,一方面,改善乡镇学校的办学条件,提升其办学水平并对其进行达标升级评估验收,另一方面,对外来工子弟学校进行合格达标建设。当前,全市有幼儿园405所,其中省、市优质幼儿园316所。全市334所小学、189所初中已全部建成苏州教育现代化学校。除了对基础教育的重视外,苏州还不断发展职业教育和高等教育,“十一五”期间,全市共有中等职业学校48所,高校24所。全市高等院校在校生已从“十五”期间的14万人增加到目前的19万人。

六、苏州人口演变的思考

从苏州人口演变看，苏州人口问题的最大症结就在于外来人口。目前苏州已经成为我国第二大移民城市，外来人口对苏州社会经济发展而言非常关键。外来人口一方面给苏州带来了活力，另一方面也给苏州带来了很大压力，带来城市承载力、生态容量、治安、公共设施等诸多问题。

不言而喻，在未来的相当长一段时间内，苏州人口发展的重点就是妥善处理外来人口问题。一方面，要积极推动外来人口融入苏州；另一方面，也要按照合理的人口承载力适当控制流动人口规模。目前苏州已经拟定2015年常住人口控制在1 100万左右，这是一个综合了经济发展、社会发展、生态环境、历史状况等因素所确定的比较合理的人口规模。当然，为实现人口规模控制在1 100万的目标，不能依靠“硬堵”的方法，阻止外来人口流入苏州，而是要通过产业升级、社会政策调控等方法，避免无业人口无序流入，逐步消除以往购房入籍房地产导向的人口剧增的负面影响，争取达到合理控制流动人口规模的目标。同时要警惕来自某同一地的外来人口过分集聚群居，倘若社会治理缺失，形成帮派，将影响治安稳定。在保持合理人口数量的基础上，还要积极提高人口素质。无论对本地人口还是对外来人口，都需一视同仁加强优生优育、各级教育以及职业培训的力度。

另外，还有一部分人口必须重视，就是包括旅游人口在内的流动人口。苏州每年接纳旅游人口8 000万人，这是一个巨大的数字。旅游人口在给城市发展注入活力的同时，也带来了很多问题，如交通问题、基础设施问题、环境问题等。对于这部分人口，苏州在做相关基础设施和社会服务的规划时，要把他们纳入其中，未雨绸缪。

第三节　农民集中居住问题

苏州现实条件是人多地少，为了更好地发挥土地的效用，近些年来，苏州加快了城镇化进程。苏州城镇化发展的一个特色是“三集中”，即农村工业项目向园区集中，农田向适度规模经营集中，农民向新型社区集中。“三集中”使大量农民变为市民，住上了城市的现代化小区（集中居住小区），但集中居住也带来了生活方式的适应问题。为了让农民更好更快地适应城市空间与城市生活，苏州本着“以人为本”的理念，做了大量工作。

一、集中居住与行为适应

空间的演变必然带来行为适应问题，这是一个环境心理学的难题。农民习惯原来密度小、高度低、设施简单的空间，突然住进了密度大、高度高、设施复杂的空间，必然难以适应。尤其对一些上了岁数的农民来说，更是感到难以适应。

由于难以适应新的空间，集中居住后，农民的行为就出现了两个问题。其一，替代空间的问题。农民的一些生活习惯需要相应空间的支撑，如农民过去晒衣服与晒被，总习惯在相对开敞的空间进行，集中居住后，这种开敞空间不复存在。尽管集中居住区每家都设置阳台供晒衣物，但农民的生活习惯有一定的惯性——总要依靠以前的思维与方式来考虑和处理问题，他们总在寻找以前的开敞空间。当这种空间找不到时，他们就会寻找相应的替代品。于是，公共草坪、树木甚至是路灯都成为这种开敞空间的替代品。农民还有一种生活习惯是爱惜自己的东西，什么东西都不愿意丢弃，哪怕是已经用不到的东西，如以往的农具等。没有集中居住以前，这些东西有足够堆放的空间，集中居住后，堆放的空间明显不足。一些农民家里堆放不下，或者不舍得用家里有限的空间堆放物品，于是就寻求一些能够利用上的替代空间，如楼道口、楼外空地等，见缝插针地堆放物品，使得公共空间变得比较凌乱，也容易造成一定的安全隐患。另外，集中居住前农民有“扎堆”的习惯，而“扎堆”需要一定的开敞空间作为支撑。目前，社区中，除了公共草坪是较大的公共空间外，大规模的公共空间较少，于是楼前以及楼角甚至草地等都成了“扎堆”的替代空间，也造成一定的空间混乱。以上几种替代空间的情况，使得社区的容貌与卫生大受影响。其二，破坏空间的问题。农民集中居住后，空间设施发生了变化，对于以前没有习惯的设施，居民的破坏行为明显增多，社区的一些基础设施，例如路灯、防盗门、楼角、楼道等都易遭到一定程度的破坏。

为了使农民行为适应新的空间，苏州秉承“以人为本”的原则，采取了多项措施，推动农民的适应。

其一，加强宣传工作。苏州在不少农民集中居住社区中设立一些宣传栏，不仅向居民宣传行为习惯方面的知识，还借此进行一些安全教育、健康教育等，提高集中居住农民的素质。

其二，加强空间关怀。为了让农民能够适应新空间，一些社区在空间设置方面推出了人性化的做法。如在昆山、太仓的一些社区中，一楼没有设计住户，而是形成一个封闭的大空间，这是为照顾农民原有的生活方式而设置的。过去在农村，“红白事”需要大伙帮忙，要求有较大的空间。集中居住后，由于条件不允许，这种空间不复存在，使农民产生失落感。一楼封闭的大空间一定程度上弥补了这种缺憾，使农民心理得到缓冲。遇到“红白事”，这个空间就租给居民，满足他们聚会的需要。如果将来居民生活方式完全“市民化”了，这个空间可以改为娱乐或者体育用途，也不浪费。

其三，进行信息公开。在农民集中居住前，为了让农民未雨绸缪，及早做好准备，适应未来的空间，苏州各级政府积极做好信息公开工作。公开的信息有：为什么集中？在什么地方集中？怎样集中？应做好哪些准备？信息公开给农民一个缓冲与准备时间，对于农民适应未来的空间是大有裨益的。

其四，科学预留空间。为了更好地使农民行为适应新的空间，也为以后更好地满足已搬进新社区农民的需求，苏州还做足预留空间“文章”。在土地资源极为紧张的情况下，留出一些空间先发展生态农业，待将来需要之时，再赋予土地合适的用途。

二、集中居住与消费方式变化

集中居住对消费方式产生了一定影响。目前苏州集中居住区的农民的消费方式正在悄然转型，表现为三个方面：

其一，消费结构正从简单转向复杂。在集中居住之前，农民的消费结构相当简单。他们居住在各自村落的房屋里面，每一家都有自己的土地，日常生活所必需的粮食、蔬菜都是自己生产的，基本上不需要花钱购买，只是偶尔购买一些简单的衣物与日用品。集中居住以后，农民的消费结构悄然发生着变化。农民居住进楼房后，失去了原本赖以生存的土地，日常生活所需的粮食、蔬菜都必须购买。除此之外，随着生活水平的提高，出现了过去很少有或没有的消费内容。一是手机消费，目前，集中居住区的农民基本上人均一只手机。二是家电消费，集中居住区的农民与城市居民一样，绝大多数家庭拥有洗衣机、冰箱、空调、电脑等。三是房屋消费，许多集中居住区的农民都对自家房屋进行了精装修。四是购车消费，以前农民出行主要是靠步行和骑自行车，而现在，很多人购买了汽车。五是健身消费。在集中居住后，少部分人规律性地去健身房进行锻炼，还有部分人偶尔去健身房锻炼。六是奢侈品消费。集中居住后，奢侈品的消费也渐渐在农民的生活中开始增多。

其二，消费行为正从保守转向开放。集中居住前，农民的消费行为模式体现为储蓄型家庭理财行为以及积累型商品支付行为。储蓄型家庭理财行为是指以远期消费为目的的储蓄在家庭消费预算中占有较大的比重，储蓄占家庭可支配收入比重较大。积累型商品支付行为是攒够了钱之后才通过现金支付方式一次性买断商品，而不是通过信贷消费或分期付款的方式来进行商品购买。集中居住后，很大一部分农民开始选择贷款消费以及透支性消费。选择社会化家务劳动消费的农民也越来越多。

其三，消费手段正从传统转向现代。在集中居住前，农民的消费手段主要是货币，也有少数农民使用“物物交换”的手段。集中居住后,消费手段越来越现代化,运用网上银行、手机银行、自助缴费终端、商场和超市的刷卡消费等现代消费手段的农民不断增多。这主要有两个方面的原因:一方面,受到科技发展的影响(目前连他们的养老保险以及补助金的支付都采用“打卡”形式)。另一方面,受集中居住的影响。集中居住使得农民相互学习变得更为容易,一些先进的手段容易得到传播。

为了促进农民消费方式有序、合理、健康地转型,苏州采取了一些相关措施:

其一,保证就业,夯实农民消费方式转型的基础。就业是最有效的增加收入的途径,扩大就业是增加农民收入的根本性措施,也是拉动农民消费的重要环节。苏州各级政府把改善农民就业环境、增加农民就业岗位作为重要职责,千方百计促进农民就业。苏州在集中居住社区中搭建规范的就业平台,建立就业指导中心和社区服务站,社区还与相关职业中介机构联手,定期举办就业招聘专场等,促进农民的就业。同时,社区还提供“提升就业能力”的条件,把农民统一纳入就业培训体系,进行岗前或岗后培训,通过上门培训、订单培训等形式使就业人员具备一定的技能和素质,并能随着产业层次和产品更新状况不断提高。

其二,加强社会保障,构筑农民消费方式转型的必要前提。农民消费方式能否实现转型与社会保障密切相关,只有保障农民养老、医疗的权益,减少“因病致贫”的风险,才能真正增强他们的消费能力,优化消费结构,提高消费质量。苏州市政府结合本市实际,出台了《苏州市征地补偿和被征地农民基本生活保障试行办法》。根据这一文件,苏州各县级市和吴中区、相城区还先后制定了具体的实施办法,对集中居住农民的社会保障做了系统规定:对被征地农民实现就业并参加城镇职工基本养老保险的,其本人的被征地基本生活保障个人账户,可换算并入其城镇职工基本养老的个人账户;原参加农村基本养老保险的被征地的农民的个人账户,可换算为城镇职工基本养老保险的缴费年限和个人账户;实行基本生活保障的被征地农民,符合最低生活保障条件的,纳入城镇低保的管理范畴。

其三,强化教育,引导农民消费方式的合理转型。消费方式与消费者的素质紧密相联,因此强化教育,引导农民消费方式健康、有序而合理地转型,显得十分重要。苏州积极开展消费教育和法律意识教育,引导农民健康、科学、理性地消费。例如:吴中区深入推进“民主法治村(社区)”创建活动,定期在“3·15”国际消费者权益日等时段举行大型宣传活动,向集中居住区农民宣传“消费与发展”的涵义,为集中居住区农民提供咨询、投诉、服务平台,受到了农民的欢迎。

三、集中居住与人际网络变化

空间演变也带来人际网络的变化。过去传统农村社区是“熟人社会”,人们认识的人不多，但彼此之间极为熟悉。集中居住后，这种情形不复存在。为了检验集中居住对人际网络以及人际关系造成的影响，调研组在研究中，于苏州几个集中居住村庄中发放问卷，进行调研，共发放问卷200份，回收有效问卷173份。重点设计了“集中居住后，您的人际网络发生什么样的变化”、“集中居住后，您的朋友成分（主要是职业与社会地位）发生什么样的变化”、“集中居住后，您和您以前村落邻居、朋友的联系发生什么样的变化”、“集中居住后，您从人际关系中获得的帮助和支持发生什么样的变化”等四个问题，从村民的回答结果可以得到如下结论：

首先，村民的人际网络规模不断扩大。对于“集中居住后，您的人际网络发生什么样的变化”这一问题，村民回答结果见表4-8。

表4-8 集中居住后，村民人际网络的变化情况

选项	人数	百分比(%)
变大了	89	51.4
变小了	34	19.7
没有变化	26	15.0
不清楚	23	13.3
缺失值	1	0.6
合计	173	100.0

（资料来源：笔者实地调查。调查地点：苏州原金阊区白洋湾街道富强社区、苏州原平江区城北街道新天地社区等）

由表4-8可见，有51.4%的人认为自己人际网络的规模扩大了，感觉变小的人只占19.7%，显然，总体而言，集中居住导致村民人际网络规模的扩大。

其次，村民人际网络的异质性上升。对于“集中居住后，您的朋友成分（主要是职业与社会地位）发生什么样的变化”这一问题，村民回答结果见表4-9。

表4-9 集中居住后，村民朋友成分的变化情况

选项	人数	百分比(%)
没发生什么变化	22	12.7
出现一些微小的变化	39	22.5
变化很大	97	56.1
不清楚	9	5.2
缺失值	6	3.5
合计	173	100.0

（资料来源：笔者实地调查。调查地点：苏州原金阊区白洋湾街道富强社区、苏州原平江区城北街道新天地社区等）

由表4-9可见，集中居住后，村民人际网络的异质性上升，56.1%的人认为集中居住后，现在的朋友构成变化很大。

再次,村民与原来的邻居、朋友联系变弱。对于“集中居住后,您和您以前村落邻居、朋友的联系发生什么样的变化”这一问题,村民回答情况见表4-10。

表4-10 集中居住后,村民和以前村落邻居、朋友联系的变化情况

选项	人数	百分比(%)
和之前一样密切	46	26.6
联系得不如以前多	73	42.2
很多都不怎么联系了	43	24.9
不好说	4	2.3
缺失值	7	4.0
合计	173	100.0

(资料来源:笔者实地调查。调查地点:苏州原金阊区白洋湾街道富强社区、苏州原平江区城北街道新天地社区等)

由表4-10可见,选择“和之前一样密切”只有26.6%,选择“联系得不如以前多”以及“很多都不怎么联系了”的各占42.2%与24.9%。可见集中居住后,村民与原来的邻居和朋友联系变弱。

另外,村民人际网络的支持作用下降。对于“集中居住后,您从人际关系中获得帮助和支持发生什么样的变化”这一问题,村民回答结果见表4-11。

表4-11 集中居住后,村民从人际关系中获得帮助和支持的变化情况

选项	人数	百分比(%)
没什么变化	22	12.7
变多了	40	23.1
变少了	84	48.6
不清楚	18	10.4
缺失值	9	5.2
合计	173	100.0

(资料来源:笔者实地调查。调查地点:苏州原金阊区白洋湾街道富强社区、苏州原平江区城北街道新天地社区等)

由表4-11可见,22人认为集中居住后,自己从关系网络中获取的帮助和支持没有什么变化,占总人数的12.7%;40人认为集中居住后,自己从人际关系网络中获取的帮助和支持比集中居住前要多,占总人数的23.1%;而84人认为集中居住后,自己从人际关系网络中获取的帮助和支持比集中居住前要少,占总人数的48.6%,这说明大多数村民的人际网络规模变大,但没有给自己带来更多的社会支持。由于与以前邻居、朋友联系变弱,村民得到的社会支持反而减少。

综合而言,集中居住导致了人际网络的变迁。尽管村民认识以及交往的人增多了,交往对象更“杂”,但是作为“代价”,村民与原来的邻居、朋友联系变弱,社会支持反而下降。

为了克服集中居住对人际网络的负面影响，更好地优化村民的人际网络，苏州有针对性地采取了以下对策：

其一，开展针对性的活动推动人际交往。苏州的街道与居委会发挥了主体作用，通过举办一些有意义的活动，在农民集中居住区推动人际交流，建设和谐社区。例如：举办一些针对儿童的娱乐活动，这样的活动不仅对小孩子有好处，还可以“小手牵大手”，带动成人之间的交流与互动。再例如，街道与居委会在相关社区开展了“邻里旧货互换”活动，社区居民把家里的旧物以及闲置物进行交换。由于物品闲置不用也是对资源的一种浪费，因此，这种活动本质上有利于生态环境保护。同时，这种活动还协调了邻里关系，创造了良好的人文环境，可谓一举两得。另外，部分街道与居委会还根据居民兴趣、爱好等，组织一些针对性的活动，例如，养花、体育运动、老年人健身等，吸引相同类型的人参与，使他们在共同的爱好和兴趣中相识与相知。

其二，通过文化建设整合社区人际网络。社区人际网络整合离不开文化建设。文化是整合人际关系的“凝固剂”，共同的文化可以使人们之间的交流有共同的话题。苏州通过开展一些文化方面的活动，丰富了集中居住社区居民的文化生活，同时又带动人们之间的交流与互动。集中居住后，有些居民成天无所事事，精神空虚。为此，街道与居委会积极倡导居民成立各种文化小组，开展相关文化活动。为了推进相关活动，街道与居委会给予场地与设施支持。为了进一步用文化带动交流，苏州还鼓励集中居住社区与其他类型社区形成“社区联盟”，在文化上互通有无，取长补短，不仅丰富了居民的文化生活，更大大带动了人际关系的发展。

其三，通过一些空间安排促进人际网络拓展。在推进集中居住过程中，苏州不少社区不是以原村落为基础安置居民，而是以“抓阄”的形式随机分配住所，集中安置各个村落居民。这样的方法，一方面保证了住房分配的公平性，另一方面也在“无形中”促进了农民人际网络的拓展。因为这样的分配打乱了原来邻里的配置，使农民更有可能与其他村村民成为邻里，增加了交流与互动的机会。

四、苏州推进农民集中居住的思考

在今后很长一段时间内，苏州城镇化战略的重点以及社会转型的重点就是农民集中居住。在人多地少的苏州，农民集中居住是大势所趋。农民集中居住是人口转型的重要问题，其战略意义不言而喻。农民集中居住不仅是个空间过程，更是一个社会过程，因此应该正确认识这一过程的复杂性。目前很多农民尚未适应这一工程，尤其是年龄比较大的居民，集中居住后，在个体行为、消费方式以及人际网络等方面，都出现了种种不适应。

今后苏州在加大集中居住力度的同时，还应当进一步做好农民的适应工作。其一，要认识到农民集中适应问题的长期性与复杂性，切不可急于求成，而是要循序推进。其二，农民是这一进程的主体，要从他们的需求出发推进集中居住，而不是一切由“外人”安排，这样才能最大化地减少“社会震荡”，使他们更好地适应集中居住。因此必须详尽调查农民的需求，然后有的放矢地开展工作，这是当务之急。其三，为了更好地帮助农民适应集中居住，应进一步做好相关规划、引导、辅助等工作。尤其应做好空间引导，利用空间引导行为适应与人际网络，是国际上通用的做法。我们也可以借鉴相关经验，或者进一步因地制宜地积极探索。其四，为了更好地推动农民适应集中居住，建议引入社会工作与心理咨询，做专业的辅导与干预。社会工作与心理咨询的全面发展，也为农民适应集中居住领域问题的解决提供了坚实基础。

第四节　社区建设

社区是社会的基本单位，苏州的社会转型很大程度上体现在社区建设方面。随着城镇化的推进以及社会经济的不断发展，苏州出现了不少“村改居社区”（由农村社区向城市社区转型的社区），大量涌现“新型商品房社区”，而既有的“老新村社区”也发生了变化。“老新村社区”、“新型商品房社区”以及“村改居社区”各自特点不同，面临的问题也不同。为了更好地推动社区建设，苏州根据社区的不同特点，有的放矢地采取了相关对策。

一、“老新村社区”的社区建设

1.“老新村社区”的特点

（1）历史悠久

苏州不少“老新村社区”是计划经济体制下，在单位职工福利分房以及社会福利分房基础上形成的，社区房屋大多在20世纪80年代初期建造，建筑时间较早。

（2）社会资本相对雄厚

一部分在单位分房基础上形成的“老新村社区”有着很高的“业缘性”，生活在小区内的居民很多是同一单位的职工，有共同的生活背景、相近的价值观以及互相重叠的社会网络。“业缘性”叠加“地缘性”，使居民之间的熟识度较高，居民的归属感较强，群体凝聚力较大。尽管居民的对外社会关系网络并不发达，但内部社会关系网络比较紧密,社会资本比较雄厚。另外一部分不是在单位分房基础上形成的"老新村社区",居民在一起居住也有十几年甚至几十年,居民之间也有着深厚的感情,人际关系比较融洽。

(3) 弱势群体相对较多

"老新村社区"的一个突出特点是弱势群体较多,是企业离退休人员、下岗失业工人、低收入家庭、困难人员的"四难人群"聚集地,老龄化人口、残疾人等比例较高。

2."老新村社区"的主要问题

(1) 设施问题

"老新村社区"成立的时间较早,受当时建筑条件与建筑技术的限制,再加上年久失修等原因,导致建筑质量不高,基础设施不完备。目前,这些社区普遍存在屋顶渗漏、围墙失修、道路破损、绿化缺损、居民活动场地缺乏等问题。例如,由于历史原因,部分社区地势低于周围道路,每逢雨天,雨水倒灌,给居民生活带来较大的影响。

(2) 失业与再就业问题

在"老新村社区"中,很多居民都是原国有企业职工,一些企业改制或倒闭,导致失业人员增加。部分居民失业后,由于自身素质不高、知识结构单一,在目前的就业市场上很难找到理想工作,因此只能从事一些收入低、技术含量少的体力工作。

(3) 贫困问题

整体上来说,"老新村社区"居民整体收入偏低,贫困问题比较严重。一些原有企业的离退休职工,主要经济来源为退休金,平均每月收入仅一两千元。还有部分居民依靠低保生活。另外必须指出的是,还有一些生活标准略高于低保线的贫困人群生活状况也不容乐观,由于低保人群能够享受到各种隐性补贴,事实上,部分生活标准略高于低保线的贫困人群的生活水平还在低保人群之下。另外,如果加上疾病等因素,更使得这部分人群的生活质量大打折扣。

3."老新村社区"的建设路径

针对"老新村社区"的特点,苏州有针对性地采取了以下对策:

(1) 注入外部资源

其一,实施"结对子"工程。苏州要求社区辖区单位与社区居民"结对子",实施"对口"帮助。"结对子"是苏州社会建设的一大特色,这种方式可以明确责任,有针对性地对社区弱势群体进行帮助。其二,扶持社区发展。对于"老新村社区",各级政府部门如民政、卫生、劳动与社会保障、工商等部门都对社区予以大力扶持。例如,政府部门针对社区开办的各种服务,像托老所、便民服务店等,给予政策与资金支持,并减免税收。政府部门与人大部门定期组团深入社区,听取居民意见,解决实际困难等。

(2) 改善居住环境

其一,进行“老新村改造”。近些年来,苏州开展大规模“老新村改造”,完善基础设施。改造包括以下环节:对道路整饬,对建筑立面进行粉刷;安装防盗门等设施;统筹安排水、电、气、通信管线施工等。经过“老新村改造”,部分“老新村社区”居住环境得以大大改善。其二,积极采取预防措施。对于一些难以克服的居住环境问题,苏州积极采取预防措施,予以应对。如针对部分社区地势低于周围道路,苏州有关部门每逢大雨,事先安排排水队值班,未雨绸缪,通过这种方法弥补设施不足的问题。其三,进行房屋更新。对于一部分基础设施与房屋质量较差的“老新村社区”,苏州进行拆除重建。其中有的地方居民暂时迁出,建好后居民回迁,这样既改善了基础设施,同时也不破坏社会资本与邻里关系,体现了“以人为本”以及“循序渐进”的特点。

(3) 发挥社会资本的优势

苏州各级政府针对“老新村社区”的特点,鼓励社区利用社会资本与邻里关系开展工作。如政府鼓励居委会利用自身资源,为社区居民安排一些非正规就业,鼓励社区利用社会资本优势,开展一些自助服务(如在养老方面的自助服务、社区志愿者服务等)。

二、“新型商品房社区”的社区建设

1. “新型商品房社区”的特点

(1) 基础设施相对完善

商品房是开发商以盈利为目的,满足不同居民需求的住房类型,因此,相比其他类型社区,近些年来新建的“新型商品房社区”无论是房屋质量、基础设施还是小区环境,都比“老新村社区”好很多。

(2) 居民阶层地位较高

相对“老新村社区”居民而言,大多数“新型商品房社区”的居民具有一定经济实力和文化水平,他们对社区服务的需求层次相对较高,需求内容更加多样化。同时,居民也具有较强的维权意识。

(3) 社会资本不足

“新型商品房社区”基本上是一个“陌生人社会”。由于小区居民来自不同地域,同时社区成立时间比较短,居民相互之间大都不认识,加上居民之间注重隐私,缺少交往,因此邻里关系冷漠,此类型的小区缺乏完善的社区人际网络与雄厚的社会资本。但是,此类社区中存在另外一种社会资本,就是基于“理性”原因而引发的合作意愿,业主委员会就是这种社会资本的产物。这种社会资本对于社区的管理与发展也具有重要意义。

2.“新型商品房社区”的主要问题

与“老新村社区”相比,“新型商品房社区”的问题相对简单,就是居民参与严重不足,居民对社区缺乏归属感。“新型商品房社区”的居民很多是“白领”,有着自己的事业,社区对于他们而言,仅仅是个“地理名词”,而不是“情感名词”。他们大多对社区事务不感兴趣,也无暇参与社区事务。除了老年人之外,在“新型商品房社区”中,社区参与是严重不足的。

3.“新型商品房社区”的建设路径

针对“新型商品房社区”的特点,苏州有针对性地采取了以下对策:

(1)通过“抓手”加强社会资本

“新型商品房社区”不像“老新村社区”,居民之间不容易互动。为此苏州积极寻找“抓手”,促进居民交流。一个“抓手”是孩子。孩子是家长共同关注的话题,容易拉动居民之间的互动。为此,苏州在“新型商品房社区”中开展一系列“小手拉大手”活动,促进居民互动,提升社区社会资本。另一个“抓手”是兴趣与爱好。相同的兴趣与爱好容易使居民之间形成交流。为此在“新型商品房社区”,社区以“花鸟小组”、“集邮小组”以及“书法小组”等为“抓手”,推动人际交流。

(2)加强社区业主委员会等组织建设

组织建设是积累社会资本的有效途径。在“新型商品房社区”中,街道(社工委)以及居委会积极推动业主委员会建设,并做好协助与监督工作。业主委员会建设调动了社区居民的积极性,并在维护居民权益等方面发挥了重要作用。

三、“村改居社区”的社区建设

1.“村改居社区”的特点

(1)“半熟人社会”

与“老新村社区”“熟人社会”以及“新型商品房社区”“陌生人社会”不同的是,“村改居社区”是“半熟人社会”。“村改居社区”由各个村庄迁移合并以及村民集中居住而成,人们之间相识但不熟识,人们之间的交往不是“全面化”与“人格化”的,但也不是“片面化”与“匿名性”的,而是处于二者之间,呈“半全面化”与“半匿名性”状态。“半熟人社会”性质决定着“村改居社区”管理手段的特殊性,即“村改居社区”既不能像城市社区那样主要依赖制度进行管理,也不能像农村社区那样主要依赖道德进行管理,而必须制度与道德并重,二者不可偏颇。“半熟人社会”的性质决定着社区认同度较高，社区凝聚力和向心力也较强，对提高集体行动的能力和社区管理的绩效都是大有好处的。

(2) 社区有自己的经济支撑

“村改居社区”不同于纯粹的城市社区，它有自己的集体资产实体作为经济支撑。在“村改居”之前，农村社区就有一定的集体资产。“村改居”后，村集体资产也被合并，以股份合作社的形式进行资本化运作，促进集体经济的可持续发展。集体经济发展了，社区各项事业的建设也就有了经济上的支持与保障。正是因为有自己的经济支撑，“村改居社区”一般都自己组织与管理物业，雇佣辖区内“4050”（四五十来岁的人）就业困难群体组成社区环境保洁队、绿化养护队及物业管理公司，一方面解决了社区劳动力就业问题，另一方面让居民（村民）参与到小区的管理中来，提高了居民（村民）自主管理的积极性与参与性，增强了社区的凝聚力和向心力。

2. “村改居社区”的主要问题

(1) 失业问题

“村改居”后，部分年龄较大的居民如“4050”人员，不能再像以前一样靠土地生活，由于这部分人文化素质不高，适应能力较差，就业存在着一定的困难。尽管社区物业吸纳了其中一部分，但仍有部分居民就业问题尚待解决。

(2) 区容环境卫生问题

当前在“村改居社区”中，社区环境卫生问题普遍比较严重，突出表现在基础设施被破坏、空间滥用比较严重、垃圾杂乱无章等方面。这些问题的出现与社区转型有着密切的关联：“村改居”的居民习惯了传统的农村生活方式，空间突然变化，但他们原有的生活习惯不可能一下子转变，因此居民对空间的不适应，导致了区容环境卫生问题的增多。另外，区容环境卫生情况的不容乐观，与外来流动人口较多也有着密切的关系。与本地人口相比，外来流动人口对社区的归属感更差，因此保护社区环境卫生的自觉性相对比较低。

(3) 外来人口问题

当前，苏州“村改居社区”吸引了大量的外来流动人口。原因在于：首先，“村改居”小区一般都位于城乡结合部，区位条件相对较差，对于外来打工人员而言，相对较低的租金容易被接受。其次，苏州城乡结合部工厂较多，离“村改居社区”比较近，方便打工者租住。再次，“村改居社区”是农户拆迁后形成的，之前都进行拆迁补偿，由于居民原居住面积比较大，因此住房补偿面积也比较大，很多拆迁户可以得到两套以上的住房。把多余的一套或者几间住房出租出去，是许多“村改居社区”居民谋生的重要方式，这导致外来流动人口的大量涌入。由于外来流动人口与苏州本地居民在生活习惯、语言以及文化上存在差异，二者之间往往容易产生矛盾，由此也容易引发一些治安问题与环境问题。

(4) 社区服务相对薄弱问题

与城市社区拥有相对完善的社区服务体系相比，“村改居社区”则相形见绌。在很多“村改居社区”中，部分社区服务还由社区本身解决，缺乏市场化机制。以社区养老服务为例，大多数社区只能在老年人生病时派人送往医院，还缺乏市场化的“上门服务”机制。

(5) 历史遗留问题

不少“村改居社区”都有历史遗留问题，比较突出的表现在集体资产方面。由于“村改居社区”一般由几个村庄合并而成，各个村庄都有自己的集体资产。“村改居”后集体资产合并，涉及如何“分红”的问题。如果合并集体资产平均“分红”，会引起原集体资产较多的村庄村民的不满，如果集体资产按原有各村的存量分红，会引起原集体资产较少的村庄村民的不满，同时使得集体资产合并毫无社会意义。

3. “村改居社区”的建设路径

针对“村改居社区”的特点，苏州有针对性地采取了以下对策：

(1) 有序进行转型

对于“村改居社区”，苏州并没有急于转变，而是渐进式有序推动“村改居社区”转型。首先，保持体制的稳定性。在新成立的“村改居社区”居委会中，苏州仍让原村委会的人员占有一定比例，一方面可以减少磨合成本，使社区体制平稳过渡，减小社会动荡，另一方面可以因地制宜地开展工作。毕竟“半熟人社会”的特点决定了社会资本与人际网络在“村改居社区”中能够发挥较为重要的作用，而外来管理人员缺乏社会资本，因此难以因地制宜地开展工作。其次，积极向城市社区对接。在社区功能、运作模式以及组织建设方面，政府积极推动“村改居社区”与城市社区对接。

(2) 妥善处理历史遗留问题

苏州各级政府帮助“村改居社区”妥善处理各种历史遗留问题。例如，在集体经济壮大的过程中，将“增长部分”适当向原资产较少的村庄村民倾斜，政府给予一定的补贴，扩大原资产较少村庄村民集体资产的“基数”，逐步弥补“落差”，这样一方面既不损害原集体资产较多村庄居民的利益，另一方面，又逐步缩小了集体资产分配的差别。

(3) 加强社区服务

为改善“村改居社区”的社区服务，苏州政府采取“两手”办法。其一，苏州政府逐渐将部分社区服务如低保服务、环境卫生服务等，纳入城市社区体制。其二，对于另外一些社区服务，如养老服务、治安服务等，苏州采取相关政策，引导低偿、有偿的经营性服务,使社区服务向政府办、社会办、个人办、合资办、股份合作办等多样化转变。

(4) 吸引外来人口融入

在"村改居社区"中,政府以及居委会通过一些途径,积极推进外来人口融入。其一,通过一些活动,加速外来流动人口融入社区的进程。其二,适当吸收外来流动人口参与社区管理,使他们逐步享受同等待遇。其三,挖掘外来流动人口自身潜力,积极鼓励外来流动人口建立协会,推动其"自我组织"与"自我管理",实施"以外管外",政府与居委会则予以一定的人、财、物支持。

四、苏州社区建设的思考

社区是社会的基本单位,是社会转型的基础。"基础不牢,地动山摇",社区建设的意义不言而喻。苏州的社区建设尽管取得了很大成就,但是也面临着很多困难,存在着诸多问题,不容忽视,尤其要看到的是,一些"老新村社区"建设面临的困难很大,需要倾注更多精力。

为了更好地促进社区建设,笔者认为,今后还应做好以下工作:其一,对社区建设予以高度重视,为社区建设投入更多精力。尤其应大力提高社区工作者的待遇,调动他们的积极性,因为社区工作者积极性的提高,对于社区建设是至关重要的。其二,要通过各种途径调动公众参与,不仅在人际关系相对陌生的"新型商品房社区"要调动公众参与,在"老新村社区"以及"村改居社区"也要加强公众参与。通过公众参与,增强居民"自治"的能力,满足居民的各种需求,更好地促进社会转型。其三,加大对"老新村社区"的扶持力度。苏州社区建设最薄弱的环节是"老新村社区",按照"木桶理论",决定木桶容量的不是最长的一块板,而是最短的一块板,而在苏州社区建设中,"老新村社区"就是最短的一块板,它在某种程度上代表了苏州社区建设的水平,因此要从各种渠道加大对"老新村社区"的扶持力度。其四,积极探索"村改居社区"的新思路。由于苏州城镇化进程的高速发展,"村改居社区"已经成为苏州社区发展中的一支重要力量。苏州的"村改居社区"的社区建设,不能照搬其他地方的经验,因为各地文化之间存在差异。苏州必须从自身的文化出发,构建自己的"村改居社区"建设模式,这是今后一段时间内的重点工作。

第五节 “新苏州人”融入

随着苏州社会经济的发展，大量外来人口涌入苏州，随之带来了“新苏州人”融入问题。“新苏州人”融入关系到苏州经济发展，关系到苏州社会稳定，是苏州转型中的重大问题。当然，“新苏州人”不是一个同质性群体，而是一些异质性群体的统称。在融入过程中，这些异质性群体有着不同的需求，而苏州有关部门也针对他们的特点，采取一些针对性措施，满足他们的需求。

一、“新苏州人”概况

随着我国经济的迅猛发展，城镇化进程的持续快速推进，数以亿计的流动人口流向珠江三角洲、长江三角洲和其他区域的一些大中城市。流动人口急剧增长所带来的城市管理问题，已经成为我国转型时期的巨大挑战。

苏州地处长江三角洲地区，自南宋经济重心南移后，一直是我国东南沿海经济繁荣的地区之一，自古便有“上有天堂，下有苏杭”的美誉。改革开放以后，随着苏州日益开放和国际化，越来越多的国内外人士来到苏州，变成“新苏州人”。其中既包括拥有苏州户籍的外地人，同时又包括一些长期工作或生活在苏州但没有苏州户籍的外地人。“新苏州人”的具体数量是多少，目前还尚无定论。但可以肯定的是，外来人口已经超过了本地人口。因为目前在苏州，仅仅没有户籍的流动人口就占了目前人口总数的一半以上。

“新苏州人”在苏州数量很多，同时形成了“组团”。在“新苏州人”中，出现了典型的“五老群体”，即“老外（外国人）群体”、“老板（经营者阶层）群体”、“老师（白领）群体”、“老妈（外来白领的父母）群体”、“老乡（农民工）群体”。在融入苏州中，“五老群体”各自需求是不同的。

二、“老外群体”的融入

1. “老外群体”的背景

“老外群体”是外国人的统称。改革开放后，越来越多的外资企业落户在“人杰地灵”的苏州。进入21世纪，随着改革进程的逐步推进，苏州对外籍人士的吸引力与日俱增，来到苏州就业、生活的外国人越来越多。据不完全统计，目前在苏州的外籍人士达6万余人，来自美国、德国、英国、印度、澳大利亚、加拿大、瑞典、日本、韩国等30多个国家，其中绝大部分是来华务工的外企高管、职业经理人、专业技术工程师、外企普通专业技术人员等。

2.“老外群体”的需求

来苏州发展的“老外群体”大多是外企技术人员，或是总公司派遣到苏州分公司的管理者，他们具有雄厚的技术资本以及较高的收入。因此，“老外群体”在就业方面并不存在难点，但是他们的需求比较复杂，主要体现在子女教育、社会保障、文化生活和社会交往等四个方面。

（1）子女教育需求

由于母语的不同，部分“老外”孩子很难跟上同班同学的学习进度，因而“老外”家长大多送孩子进入国际学校接受教育，但是学费负担也更加沉重，每人每年的学费需要15万之多。不仅如此，“老外群体”子女教育还面临“文化对接”难题，部分“老外”认为中国教师比较严厉，态度较差，而且实行应试教育，孩子的自主性和创造性得不到尊重。因此“老外群体”对教育的需求是，一方面希望能够降低教育成本，另一方面希望孩子能够得到素质教育。

（2）医疗需求

“老外群体”对苏州的医疗服务抱怨颇多。在我国，“看病难”是重要问题，一方面医院人多拥挤，排队费时，手续繁复，环境比较嘈杂，工作人员服务态度一般，另一方面医生会开很多药，但医疗效果有限，药费又贵。医疗服务质次价高、管理落后的现状，更令语言不通的“老外”“头痛不已”。因此，“老外群体”融入苏州的一大需求便是希望苏州的医疗服务能有较大改善。

（3）文化生活需求

“老外群体”对文化生活的需求是比较强烈的。首先，“老外群体”喜爱文艺演出。他们不仅对外国歌剧、芭蕾等文艺演出有着强烈的需求，而且更是对中国传统文化艺术，如戏曲、民族歌舞、武术、杂技等有着浓厚的兴趣。其次，“老外群体”喜爱体育运动。在国外，体育活动比较普及，被认为是生命的重要部分。在满足“老外群体”的文化生活需求方面，苏州目前还不尽如人意。例如：苏州提供的文艺演出内容比较单一，场次也较少，特别是环境好、质量高的文艺演出更少。即使文艺演出的内容确实是中国的传统艺术精髓，但因为语言方面以及文化背景方面的障碍，降低了“老外群体”的观赏兴致。此外，目前苏州对外开放的体育运动场所凤毛麟角，没有足够的适宜“老外群体”开展体育活动的设施和场所。

（4）社会交往需求

据访谈调查，很多“老外”有与苏州人进行社会交往的需求。但是由于语言、居住区域等原因，大多数“老外”社会交往对象仍然主要是朋友及同事，与当地居民很难来往。

3. 苏州促进“老外群体”融入的做法

苏州市政府为了能让“老外群体”更好更快地融入苏州这个“大家庭”，采取了许多措施，做出了许多努力。例如：苏州建立了姑苏人才计划服务中心“一站式”服务平台，出台了生活待遇的制度规范，为各类国外人才在居留、出入境、落户、医疗、保险、住房、税收、通关、子女入学等方面提供最优服务。例如：在苏州市政府的官方网站上，开设了许多方便“老外群体”的信息窗口和资料下载平台。再例如，苏州市园区管委会充分关注到外籍人士及其家人的生活需求，成立了外商投资企业协会、境外女士联谊会（联谊对象包括外籍人士及我国港、台、澳人士），为外籍人士开启了解苏州的“窗口”，还组织丰富多彩的文艺活动让“老外”零距离触摸吴地文化，切身感受中国文化的神韵。

三、“老板群体”的融入

1. “老板群体”的背景

“老板群体”是经营者阶层的统称。苏州是一个自然环境和人文环境相得益彰的人居新天堂、一个产业环境和创新环境相得益彰的事业大舞台、一个政策环境和服务环境相得益彰的人才首选地。目前，苏州正处在加快推动经济转型升级的关键时期，美好的发展前景以及对于私营企业的相关优惠扶持政策，吸引了众多投资商及创业者选择苏州作为企业发展基地。截至2012年9月，苏州全市私营企业总数达22.4万户，注册资本总额达8 228.7亿元，个体工商户总数达40.8万户，这其中很多企业主是无苏州户籍的外来人口或者最近几年才加入苏州户籍的外来人口。由此看来，“老板群体”已成为“新苏州人”中的重要群体。

2. “老板群体”的需求

作为经营者阶层，“老板群体”融入苏州的需求主要体现在创业方面、守业方面及家庭方面。

(1) 创业方面的需求

在创业方面，“老板群体”的需求主要体现在融资、知识产权保护以及寻找伙伴环节。很多“老板”在苏州“人脉”有限，创业资源较少，融资便成为创业中最大的困难，因此他们对融资有着强烈的需求。对于研发导向型的私营企业经营者来说，知识产权保护不足是重要隐患。当前我国知识产权保护处罚力度不够，取证困难，聘请律师的维权成本过高,因此不少“老板”对知识产权保护有着强烈的需求。作为外来创业者,不少“老板”对于苏州的商务游戏规则不是很了解,对于苏州本地文化理念、行为模式、社会关系等也相对陌生。找到合适的本地合作伙伴,对于其创业成功往往是至关重要的,因此不少“老板”对合作伙伴也有着一定的需求。

(2) 守业方面的需求

在守业方面,受国际金融危机的影响,苏州部分民营经济的发展遭遇到一些瓶颈,表现在:第一,国内外市场需求明显减弱;第二,运行资金仍趋紧张;第三,企业运行成本增加。苏州民营经济发展所遭遇的瓶颈对于“老板”来说是一个大难题,他们渴望政府能够帮助他们解决转型升级所面临的主要困难,实现可持续发展。

(3) 家庭生活方面的需求

大多数“老板”事业繁忙,难免忽略了家庭生活,特别是对子女的教育。一些“老板”长时间在外忙于工作,与家人相处时间有限,还与子女之间产生了一些隔阂与距离,因此他们对家庭生活有着强烈的需求。

3. 苏州促进“老板群体”融入的做法

苏州政府积极扶持民营经济的发展,采取了很多优惠政策。特别值得一提的是2012年2月18日,苏州市人民政府印发《苏州市人民政府关于促进民营企业创新发展的工作意见》,旨在进一步增强民营经济发展新优势,引导和支持广大民营企业在自主创新中有新提升,在转型升级中有新突破,在稳中求进中有新作为。苏州所辖区、市(县级市)也积极采取扶持政策,如2013年1月,经市人民政府批准,将74家民营企业列入2013年张家港市“领军型创业创新人才团队”,这74家民营企业将享受到更多的优惠和扶持政策。

四、“老师群体”的融入

1. “老师群体”的背景

“老师群体”是“白领阶层”,如教师、医生、律师以及各种管理者的统称。他们具有较高的学历。这部分人来到苏州,由于起点较高,加之能力较强,因此一般拥有稳定的工作以及较高的经济收入,生活有保障。他们年富力强,对事业有着一定的偏爱,并且希望通过自己的努力继续实现更高的事业和人生目标。

2. “老师群体”的需求

这个群体文化程度较高,对生活品质要求较高。他们更偏重社交需求与自我实现需求等高层次需求。

(1) 社交需求

在苏州的“老师群体”具有较强的社交需要。他们希望通过自身努力，实现人生抱负与获得事业成功。事业成功与人生抱负离不开“人脉”资源的积累，因此他们对社交有着更高的需求。部分“老师”常常通过文化沙龙、专业培训班、研究生班、联谊会、周末度假、品茶、喝咖啡、打保龄球等各种渠道，扩大社交面，结交新朋友。

(2) 自我实现需求

拥有较高学历的“老师群体”，有着比其他阶层更为强烈的自我实现需求。例如，“老师群体”中的一部分人积极参与政治生活与社会管理；一部分大学教师和研究所的科研人员在工作之余，努力为市政府做咨询工作；一部分人通过各种渠道参与志愿活动。

3. 苏州促进“老师群体”融入的做法

其一，关心生活。苏州从多方面关心“老师群体”的生活。如针对部分白领，推出了“优租房”，为他们提供环境优美、设施齐全且价格低廉的居住条件。其二，给予精神支持。如苏州每年开展“十佳文明新苏州人”等评选系列活动，给“新苏州人”（包括“老师群体”，而且“老师群体”由于素质相对较高，更容易成为当选者）更多的荣誉感、责任感与归属感。

五、“老妈群体”的融入

1. “老妈群体”的背景

“老妈群体”是外来“白领”的父母的统称。近年来，很多外地人来苏“打拼”，不能在原籍地照顾父母。部分外地人经过一段时间奋斗后成为“白领”阶层，在苏州置业安家。为了尽孝心，同时也为了方便照顾他们的小孩，一些“白领”把家乡的父母接到苏州居住。目前在苏州各个社区，尤其是工业园区的社区中，出现了操着不同方言的“老妈”。“老妈”初来乍到，人生地不熟，他们的需求更多体现在精神方面。

2. “老妈群体”的需求

(1) “老有所乐”需求

与苏州本地老年人一样，外来“老妈”期盼丰富多彩的老年生活。首先，他们需要家庭的温暖以及子女的孝顺，享受天伦之乐；其次，他们也需要参与社会活动，渴望与邻里、亲朋好友的接触和交流，害怕孤寂。但是目前很多来苏“老妈”除了照看孙辈之外，几乎都没有什么活动，有的“老妈”甚至连社区的大门都没出去过。很多“老妈”希望政府、居委会或小区多组织活动把他们纳入其中，帮助他们融入所在社区，融入苏州。

(2)“老有所医”需求

随着年龄的增长,老年人体质逐渐下降,老年病与慢性病逐渐增多,因而看病需求较为强烈,来苏“老妈群体”也不例外。但由于我国福利体制的分割,医疗“异地对接”有很多困难,导致很多“老妈”在苏州看病不方便。不少“老妈”希望苏州能够创造一些条件,满足他们的就医需求。

(3)“老有所养”需求

外来“白领”来苏州打拼,工作繁忙,即使有心,也较少能有时间陪父母。而父母也体恤子女工作压力大,希望尽量自食其力,不给子女添麻烦。一些身体好、手脚灵活的“老妈”自理没有问题,而对于一些上了年纪需要别人照顾的“老妈”来说,养老便成为一个棘手的大问题,成为其重要的需求。

3. 苏州促进“老妈群体”融入的做法

苏州积极为“老妈群体”服务,主要体现在以下方面:

其一,苏州市各级党委、政府千方百计给予“老妈群体”更多关爱。早在2007年1月1日,苏州市就出台了《苏州市老年人优待办法》,规定有暂住证且在苏有固定住房一年以上的外地老人与本市户籍老人一样,可以申办苏州市老年人优待证或苏州市高龄老人优待证,各级政府为此每年支出600多万元。持有优待证的新苏州老年人可优惠或免费参观游览苏州的公园、风景名胜区、旅游景点和公益性文化设施等;60至69周岁的新苏州老年人,在购买专项乘车保险后,可购买IC卡老年月票,乘坐苏州市区指定线路的公交车;70周岁及以上的新苏州老年人,在购买专项乘车保险和办理乘坐市区公交车高龄卡后,可持卡免费乘坐市区公交车;苏州火车站、长途汽车站和轮船码头,对持有老年人优待证和高龄老人优待证的新苏州老年人同样实行优先购票、检票的优待服务。

其二,为了增强“老妈群体”的归属感,苏州各地还通过丰富多彩的活动,帮助他们尽快融入苏州。例如,全市很多地方开办了“苏州话培训班”,让“老妈群体”学讲苏州话,走近“吴侬软语”。

六、“老乡群体”的融入

1.“老乡群体”的背景

“老乡群体”是农民工的统称。随着工业化与城镇化进程的加快,大量农村人口涌入城市,出现了“民工潮”现象。苏州地处长江三角洲,经济发达,工厂众多,形成了一个强大的“磁场”,吸引了全国各地的农民工。这些农民工聚集苏州,成为“新苏州人”,亦即“老乡群体”。这个群体目前在新苏州人中数量最多,占了绝大多数。目前在苏州,“老乡群体”的融入最为关键,其他群体的融入更多具有“锦上添花”的意义,而“老乡群体”的融入则具有“雪中送炭”的意义。

2.“老乡群体”的需求

城乡生活水平的明显差距使得大量农民工流入城市,挣钱是他们最直接的目的和最迫切的需要。总体而言,“老乡群体”的需求以基本生活需求为主,但是农民工中的年青一代已经不仅仅满足于基本生活需求,他们有着更高的需求。

(1) 就业需求

就业是农民工在城市“安身立命”的根本。就业质量决定了农民工的经济收入,是融入苏州的基础所在。希望找到稳定且收入较高的工作,几乎是所有“老乡”的心声。当然由于现实条件所限,“老乡群体”大多就职于劳动密集型和技术含量低的行业,而且收入也比较低。

(2) 居住需求

大多数农民工收入较低,居住条件较差。虽然“老乡群体”不敢奢求太好的住房条件,但是他们还是希望改善现有的居住条件,希望尽量有一个较好的环境以及相对较全的基础设施。对于一部分年青的农民工而言,能够在城市中拥有自己的住房,是他们的最大需求。

(3) 社会保障需求

“老乡群体”希望和苏州本地人享受同样待遇的社会保障。“老乡群体”在城市遭遇风险的几率较高,而其自身抵御风险的能力弱,因而对社会救助有着尤其迫切的要求,社会救助是农民工进城的最后一道“安全阀”。但是目前我国各个城市都是以户籍作为社会救助的依据,因而难以满足他们的需求。

(4) 子女教育需求

很多农民工带着子女到苏州打工,子女入学关系到“老乡群体”融入苏州的好坏。在子女教育方面,大多数“老乡”希望自己的孩子能够和本地人孩子享受一样的教育资源。对于符合国家生育政策的随迁子女,应当更多地给予关注。

(5) 发展需求

一些新生代农民工有着更高的需求,他们希望得到“同城待遇”,希望在苏州安家,得到当地人的尊重与理解,希望得到更多的社会服务,希望自己生活得更加充实。也有一些新生代农民工通过在城市打工,增长了见识,锻炼了才干,愿意回到其本乡本土创业发展,这是苏州经济发展的溢出效应,应当积极鼓励。

3. 苏州促进“老乡群体”融入的做法

在“五老群体”中，苏州扶持力度最大的就是“老乡群体”。在就业、居住、社会保障、子女教育等方面，苏州均推出了一系列的扶持措施：

(1) 促进农民工就业

首先，苏州为“老乡群体”提供了完善的就业服务。一是建立城乡统一的就业和失业登记制度。苏州全市实行城乡统一的就业和失业登记制度，发放统一的《就业失业登记证》，消除了本地人口与外来人口的差别“待遇”。二是积极提供就业岗位。苏州每年都会通过“春风行动”等活动，举办大量招聘会，为农民工提供就业岗位。三是多渠道发布就业服务信息。苏州通过制作宣传材料向农民工发布就业服务信息，如自2008年起向求职的农民工发放免费的“春风地图”。从“春风地图”中，农民工可以快速获得苏州各级公共人力资源市场、培训机构和劳动监察机构的地址。

其次，打造健全的职业技能培训体系。一是形成多元化的农民工培训供给体系。当前，苏州一方面通过公办力量保障农民工培训的基本供应，另一方面还积极鼓励和扶持民间培训机构参与农民工职业技能培训。二是强化农民工培训激励体系。为激励农民工自觉参加职业技能培训，提升自身素质和能力，苏州积极推出农民工培训激励措施，包括：依托定点培训机构，为农民工提供紧缺职业工种的一次性免费技能培训；对参加紧缺工种培训的农民工实行差额补贴，具体来说，对初级工培训实行全额补贴，对中级工以上(含中级工)培训补贴80%，个人只承担20%；为经过培训并考核合格的农民工颁发相应的职业资格证书或职业能力证书；举办各种类型的职业技能竞赛，并给予获胜者及参加者相应奖励。

再次，维护农民工就业的合法权益。一是保障农民工获得应有的劳动报酬。一方面，苏州定期开展农民工工资支付专项检查工作，对无故克扣、拖欠农民工工资，违反最低工资规定的企业采取“零容忍”的态度，依法进行查处。另一方面，苏州通过强化“工资指导线”、“劳动力市场工资指导价位”和“人工成本预测预警”等三项制度以及大力推进工资集体协商，探索建立农民工正常工资增长机制。二是确保农民工职业安全。一方面，苏州通过组织农民工参加安全生产培训及劳动安全竞赛、改善农民工工作环境等途径，从源头上防止各类安全事故的发生。另一方面，苏州还建立了职业病危害预警预报机制，切实保障农民工个人职业安全。

(2) 改善农民工住房

在改善农民工住房方面，苏州的特色在于大力兴建农民工“集宿房”。苏州采取了政府投资、用工单位出资、吸纳民资、租用闲置厂房改建、农民资金入股等多种投资建设渠道，加强农民工“集宿房”建设。另外，苏州还将农民工纳入住房公积金制度覆盖范围。

(3) 完善农民工社会保障

苏州历来重视农民工的社会保障,一方面通过统一社保政策、统一经办流程、统一社保待遇,将农民工纳入城市职工社会保险制度,另一方面将农民工子女纳入本地学生医保范围,以减轻农民工的后顾之忧。针对农民工工作流动性大的这一特点,苏州还为农民工建立了畅通无阻的社保转移机制。另外,苏州还积极探索将遭遇突发性困难的农民工纳入临时救助的范围,以期给予农民工更全面的社会保障。

(4) 解决农民工随迁子女义务教育

在对待农民工随迁子女义务教育问题上,苏州遵循"两个为主"原则,即"以流入地政府为主,以公办学校为主",大力吸纳农民工随迁子女进入公办学校。当前在苏州,只要父母有稳定居所、稳定工作和稳定收入一年以上,随迁子女就具备进入苏州公立小学的条件。条件不够者,还可以通过"积分制"的形式予以解决。除此之外,苏州还积极扶持农民工子弟学校,例如,政府通过补贴等方式组织公立学校教师到农民工子弟学校授课等。

(5) 推动农民工"同城待遇"

苏州目前积极推进农民工"同城待遇",主要表现在两个方面:

首先,建立新市民综合服务中心,以服务促管理。2011 年年底,苏州全市 36 个街道、63 个乡镇均已挂牌成立了新市民综合服务中心。新市民综合服务中心具备管理服务、权益维护、文化教育、党团活动四大功能,主要提供八项服务,一方面满足了农民工对城市公共服务的基本需求,另一方面有助于农民工更好、更快地融入城市。

其次,启动居住证制度试点工作。2011 年 4 月 1 日,苏州在全省率先启动了居住证制度试点工作。居住证制度推行后,外来人口在苏州居住、务工、经商更加便捷,同时在就业、子女入学、社会医疗等方面,也获得了更多苏州"市民"待遇。"居住证"取代"暂住证","暂住"变成了拥有归属感的"居住",对外来人口的单一管理变成了服务保障和管理并重的新模式,制度上的变化,带来的将是服务理念与服务项目的改变和提升。

七、"新苏州人"融入的思考

苏州是一个移民城市,在某种程度上讲,外来人口将决定苏州今后的走向。在控制人口总量的前提下,如何保证"新苏州人"融入,具有很重要的意义。

那么如何更好地促进新苏州人融入呢? 在现有的基础上,工作重点是加强"老乡群体"的融入。在所有人群中,"老乡群体"的融入难度是最大的,也是最有意义的,正如前文所言,如果说其他群体的融入是“锦上添花”的话,那么“老乡群体”的融入无疑是“雪中送炭”。目前我国各个城市都在探索农民工市民化,因“以人为本”著称的苏州,应当在农民工市民化方面(即推动“老乡群体”融入)积极探索,引领全国。就苏州目前情况而言,推动“老乡群体”融入还需要强化以下五个环节:

1. 分类实施社会保障工程

在扩大农民工社会保障覆盖面的基础上,苏州还需要根据农民工不同人群特点以及需要分类,实施社会保障工程。

总体而言,对于工作稳定、在城市居住时间长、本人愿意居留城市的农民工,苏州可以优先考虑将其纳入城镇保障体系;对于收入少的农民工,当前主要任务是提高最低收入、加强技能培训;对于无力缴纳社会保险的,可以适当启动救助程序,提供医疗救助、教育救助、培训救助等。

就局部环节而言,养老保险、失业保险、医疗保险的推进都要因地制宜,有针对性。尤其是医疗保险环节更应如此,苏州各级政府在制度设计上要提供不同层次的险种,增加农民工参保的选择性,在管理上要纳入统一的服务体系,这样农民工可以根据自己的经济收入状况自主选择参加各种保障水平的医疗保险。农民工群体中有劳动合同、收入稳定的,可与其所在单位其他城镇职工一样参加基本医疗保险;未签订劳动合同、收入不稳定的可以参加大病统筹等险种;在镇以下企业从事临时性工作或季节性工作的可以参加新型农村合作医疗保险,使各类人各得其所。另外,还需扩大运输、建筑等工种农民工工伤险的覆盖面。

2. “破冰”农民工随迁子女中学教育

当前,我国农民工随迁子女教育方面的成就还仅局限在义务教育小学教育阶段,而初中教育以及高中教育情况还难言乐观。苏州也不例外,加强农民工随迁子女初中教育与高中教育,需要更多的付出。就苏州而言,以下几个方面需要强化:

首先,进一步放开对符合国家计划生育政策的跨省农民工随迁子女异地中考的限制。中考非常重要,让打工的农民工子女回“老家”进行中考,有些不近人情,尤其是一些在城市居住多年的农民工,为他们提供方便,对符合政策的随迁子女就近中考,十分必要。

其次,给予符合国家生育政策的随迁子女多元化的学校选择。不仅要开放苏州的民办高中、职业技术学校,还可以尝试性地适当开放重点示范高中,让农民工随迁子女根据自己的实际情况,选择适合自己的学校。但对那些违背国家计划生育政策者仍然应当坚持适当的门槛。

再次,适时出台异地高考政策。只有实现异地高考政策和异地中考政策相互衔接，才能实现异地考试政策社会效益的最大化。

3. **开展城市适应性教育**

不少农民工刚进入苏州，面对的是完全陌生的社会环境，在农村习得的生活方式、行为方式和交往方式已经不适应这一新环境。为了让农民工尽快适应城市生活，融入城市环境，需要对农民工进行城市适应性教育。对农民工进行城市适应性教育的主体可以多元化，企业可以在岗前培训中穿插对农民工城市适应性的教育；社区可以利用节假日将本社区的农民工集中起来，定期举办城市适应性教育的课程；社会组织可以组织农民工参加城市适应性教育的小组活动等。另外，农民工城市适应性教育内容应该丰富化，不仅要包括城市生活方式、行为方式和交往方式的教育，还应包括法制教育、安全教育、市情教育，对苏州文化的认同，等等。没有对当地文化的认同和融入，在文化心理上始终会停留在外来者、他乡人的立场。关于这一层次的工作，仍然大有可为之处。在对农民工进行城市适应性教育的同时，不可忽视对农民工的心理疏导，可更多邀请心理医生对农民工进行个人或团体的心理辅导，以缓解适应压力，舒缓紧张情绪。

4. **提高农民工的组织化程度**

人们能够通过组织获得必要的社会支持，组织是人们立足社会并且获得个人发展的基础。当前在我国，农民工的组织化程度非常低，很多农民工既没有积极融入到城市的各类组织中，也没有建立自己的组织。因此，一旦农民工权益受到侵害，他们也没有办法依靠组织来维护自己的合法权益。特别是由于农民工群体分散在城市中，他们的合法诉求也因缺乏组织而无法得到聚集，从而失去农民工群体的整体“话语权”。因此，提高农民工组织化程度有助于农民工壮大自己的力量，提出群体的合法诉求，有利于农民工更好地融入城市。苏州在农民工组织化方面已经取得了巨大成就，今后可以进一步加大力度，保证农民工通过社区或社会组织实现“自我联接”，提升组织化程度，最终实现农民工群体的“自我服务”、“自我教育”和“自我管理”。

首先，根据苏州农民工人数众多、工作分散、流动性大的特点，可以因地制宜、因企制宜地创新工会组建形式。比如，在农民工相对集中的建筑施工企业，可以组建以工程项目工会为主体的工会联合会；在小型的非公有制单位，可以建立楼宇工会、市场工会以及区域性和行业性工会。加强工会的组建，能够充分发挥组织的力量，可以切实维护好农民工的合法权益，帮助农民工解决实际问题。

其次，社区应积极鼓励农民工以兴趣、爱好、利益以及地域为基础，成立各种协会，更好地丰富农民工的社会生活，拓展农民工的人际网络，维护农民工的合法权益。

再次，各级职能部门也可以积极推进农民工的组织建设。例如，计划生育部门可以推进外来农民工计划生育协会建设,配合当地职能部门开展工作,同时也可以使农民工参与社会事务,一举两得。事实上,目前在计划生育领域,农民工自治组织已经有所发展。今后还可以加大力度,向更多领域扩展。

5. 实施项目推进

在社会发展中,项目推进是一个非常好的形式。农民工市民化领域同样需要项目推进,主要原因在于:一方面,项目推进可以解决具体问题,满足农民工的需求。另一方面,项目推进可以广泛调动各种社会力量,群策群力,共同推进农民工市民化事业。

当然,在另外四个群体——"老外群体"、"老板群体"、"老师群体"、"老妈群体"的融入方面,苏州政府部门所做的工作仍有很多需要进一步提高的环节。

第六节　社会力量的崛起

随着经济和社会的发展,苏州社会力量开始崛起,集中表现在社会组织的大发展以及公众参与的加强。社会组织与公众在苏州社会的各个方面都发挥着重要的作用。同时,苏州政府也积极推动社会组织与公众参与,提供了一些扶持政策、载体与平台。

一、社会组织的发展与作用的发挥

近年来,苏州市社会组织开始崛起,发展迅猛。截至 2012 年,全市登记的社会组织有3 998 家,其中社会团体 2 268 家,民办非企业单位 1 730 家。另外,备案的社区社会组织也有 7 159 家。苏州目前社会组织总数达 11 157 家,比 2011 年增长 21.6%,万人(户籍)拥有登记的社会组织 6.4 家。全市社会组织提供了近 25 000 个就业岗位,成为促进就业的"孵化器"、政府转移职能的"承接器"以及现代服务的"新业态"。2012 年 10 月 18 日,国家民政部副部长顾朝曦一行来苏州调研时,对苏州的社会组织给予了高度的评价:"社会组织大有可为,苏州的社会组织更是有形象、有作为、有影响力。"

苏州的社会组织在社会建设中逐步发挥了重要作用,主要表现三个方面:

其一,开展公益服务,造福民生。公益性是社会组织的重要特征。当前,苏州社会组织提供公益服务,主要涉及扶贫救助、养老助残、医疗卫生、文体科普、妇幼保护、服务"三农"、法律援助、支教助学、生态环境、促进就业等重点而急需的民生领域。在这些领域中,社会组织发挥作用明显。仅以服务和帮助残疾人为例,2013 年 3 月 11 日,"苏州市助残社会组织孵化园"成立,为残疾人提供全方位服务,并提供技术培训(内容包括婚纱制作与加工、毛衣编织、核雕加工等),帮助有自主创业意愿的残疾人走上创业的道路。目前苏州已经有19个助残组织入驻孵化园,为残疾人提供物质和文化需求。另外,苏州计划在"孵化园"成立后的三年内实现三分之二的助残公共服务由社会组织承担的目标。这些都为残疾人事业发展做出了积极贡献。

其二,维护公众权益,化解社会矛盾。社会组织来源于民间,具有贴近公众与贴近基层的优势,它们能够依靠社会资本解决民间矛盾、化解民间纠纷,减少公众自发行动给社会带来的对立、排斥、冲突,使社会更加和谐与稳定。在苏州有很多社会组织化解社会矛盾的案例,如苏州市桐泾南路510号"苏州社区大院管委会"这个"自组织"的社会组织,就发挥了这方面的功能。苏州市桐泾南路510号有100多户居民,物业撤出后,社区管理处于"真空"状态,环境糟糕,治安不好,人际关系紧张。在这种情况下,居民自己组织起来,制定了"大院自治公约",选举了"苏州社区大院管委会",行使物业职责。"苏州社区大院管委会"积极开展工作,有效地解决了各种社区问题,而且使所在社区始终保持整洁有序,从未发生过车辆被盗现象,成为模范社区。"苏州社区大院管委会"目前已经成为一种经验而被广泛推广。

其三,提供社会服务,满足群众需求。社会组织可以依靠自身的灵活性,更加方便地解决贴近民生的特殊需求,提供社会服务,以补充政府和市场无法涉及的领域。在苏州,就有很多满足群众的特殊需求的社会组织,旅游民间社团——"银发伴游团"就是一例。作为苏州首家民间旅游社团,"银发伴游团"是南环第三社区十多位老人发起成立的。这些老人大多是"空巢"老人,有的不与子女同住,有的老伴已离开人世。这些老人平时生活有点单调,很想出门看看,但是毕竟年岁已高,单独出门游玩的话,家人与亲戚都不放心。于是社区的"空巢"老姐妹就自己组织起来,成立了一个集体外出旅游的组织,把社区所有的"空巢"老人纳入进来,不久以后,又扩大了人群范围。以后老年人出去游玩,有了组织依托,统一由组织负责。该社团已经伴游4年,广受苏州老人的欢迎,满足了很多老人的精神需求。

二、公众参与的加强与作用的发挥

社会管理是一个多主体互动的过程,离不开公众的参与,公众参与有助于社会管理的科学性与民主性。在历史上,苏州是"强政府、弱社会"的典范,公众参与严重不足。但是随着近些年来社会建设的推进,公众参与开始崛起。苏州人通过各种渠道,积极参与社会管理。例如,苏州政府向社会开展征集"苏州精神"活动,短短几个月,就收到了9 800多条应征稿件,足见苏州居民参与社会管理的热情。这样的事例在苏州还很多,充分说明苏州的公众参与已然崛起,苏州群众有参与公共事务的意识,也有参与的意愿,愿意参与到政府与社会的事务管理中。

与此同时，公众参与在苏州社会管理中发挥了不可或缺的作用，主要表现在三个方面：

其一，有助于保证政府决策的科学性。政府与专家的智慧毕竟有限，群众的智慧不可忽视，尤其在一些民生领域，群众利益牵涉其中，因此群众的智慧更是不可或缺。在旧城更新、地铁修建、城市发展等多个方面，公众都给政府提供了很多好的“点子”，大大促进了决策的科学化。

其二，有助于推进各项社会事业。公众参与推动了苏州很多社会事业的发展。以慈善事业为例，历年来，苏州慈善在社会各界特别是社会爱心企业、爱心人士的广泛参与和大力推动下，全市累计募集慈善款物 23.21 亿元、支出 14.93 亿元。其中，市一级募集款物 4.38 亿元、支出 3.85 亿元，救助困难群众近 60 万人次。2012 年，苏州被评为“全国公益慈善七星级城市”，就是公众参与的功劳。以环保事业为例，目前，苏州拥有多支较为稳定的志愿者队伍，活跃在各个领域。志愿者队伍已经成为苏州环保的中坚力量，为苏州的“碧水蓝天”发挥了重要的作用。有一支志愿者队伍尤其值得一提——苏州市金阊区环保志愿者协会，该协会以离退休的中老年人为主，有 400 多人。年龄最大的有 97 岁，最小的也有 50 多岁。他们开展各种环保活动，进行大量宣传，还办了自己的刊物。这支队伍有个优良的传统习惯，凡是长跑骑游到目的地景区的，他们必将当地景区的垃圾捡拾干净。2010 年至今，他们平均 4 个月一次骑自行车组队进行保护“母亲湖”的环太湖环保宣传活动，堪称典范。此外，吴中区的环保志愿者队伍也颇有特色，志愿者不仅往太湖中投放鱼苗，净化水质，而且还开展植树造林、打捞蓝藻及水面漂浮物、监测水质、监管排污口等各种活动。这些活动，都促进了环保事业的发展。

其三，有助于培养居民的责任意识。公民参与社会管理，容易产生责任意识，这种责任意识对于社会发展是必需的。例如，苏州姑苏区胥江街道新沧社区的青少年利用假期开展了以“保护我们的母亲河——胥江河”为主题的环保实践活动，参与苏州环保实践。队员们实地考察、调查记录了母亲河的实况，重点对河道的水质情况进行观察检测。队员们还把保护环境的意识向家人、朋友进行宣传，让更多的人加入到保护母亲河、保护水资源的行列。通过这样类似的活动，青少年们培养了环境保护意识，可谓收获颇丰。

三、政府对社会组织发展以及公众参与的扶持

目前苏州社会组织不断壮大，公众参与如火如荼地推进，这些都离不开政府的扶持。近些年来，苏州努力从管理型政府向服务性政府转型，对社会组织发展以及公众

参与倾注了前所未有的扶持力度。

1. 政府对社会组织发展的扶持

(1) 提供扶持政策

近年来，苏州政府立足本市实际，建立健全一系列针对社会组织的富有指导性和可操作性的政策与措施，逐步形成转移政府职能、税收减免等配套细则，创造有利于社会组织发展的政策环境，建立本地区促进社会组织发展的政策体系。尤其原沧浪区政策支持力度更大，该区先后出台《沧浪区社会组织发展五年规划》《沧浪区社会组织发展扶持政策》《沧浪区社工关怀培养“3U”计划》等扶持政策，逐步建立和完善社会组织发展的政策环境。

(2) 扩大资金支持

苏州政府通过购买公益服务等途径，为社会组织提供资金保障。2012 年苏州启动了公益创投项目，投资 1 000 万，通过“背对背网上打分”、“面对面现场评议”等环节，52 个来自社会组织的公益项目将分享 1 000 万元公益创投资金，领域涉及新生代农民工融入城市、自闭症儿童康复支持、单亲妈妈增能等项目。公益创投项目计划每年举办一次，支持力度将不断增大。与此同此，各个区、市(县级市)“微创投项目”此起彼伏地展开，也为社会组织的发展提供了资金支持渠道。

(3) 搭建参与平台

为推进苏州社会组织的孵化和健康发展，苏州政府建设“苏州公益园”。“苏州公益园”旧址是一个老的咖啡馆，面积有 1 800 多平方米，政府投入 200 多万的资金进行改造。苏州公益园的主要任务在于：一方面是孵化创业初期的社会组织，给予资金、场地和其他一些支持，提升服务社会的能力。另一方面也对一些公益项目进行设计、创意，引领全市的公益类的社会组织的发展。“苏州公益园”内部科学规划，有孵化区、服务区等各种功能区。另外，为了推动社会组织的发展，苏州目前还积极推进公益坊建设，先后建设了数个公益坊，除此之外还计划建设一批新公益坊。公益坊是公益组织集中入驻的模式，具有集中效应与互补效应，而且政府对于落户公益坊的社会组织实施“免费入驻”，为社会组织发挥作用搭建了重要平台。

2. 政府对公众参与的扶持

(1) 推出各种公众参与活动

苏州政府为了调动公众的参与，推出各种活动。“太湖放鲢”活动就是苏州扶持公众参与的一例。在太湖水环境保护中，蓝藻一直是个威胁，为了缓解蓝藻污染，太湖渔业管理委员会与苏州吴中区政府推出“认捐花白鲢、洁净母亲湖”活动。从生态学角度，“太湖放鲢”利用了“生物链”的效应，通过物质循环的方法解决蓝藻问题，其生态效益非常明显。据科学测算,花白鲢对蓝藻的消化率为30% ~40%,其体重每增加1千克就可消耗约十几千克乃至几十千克的蓝藻等浮游植物,水中的氮与磷等元素因而会大大减少,对改善水质有着明显的效果。从社会学角度,"太湖放鲢"活动提高了公众参与的积极性,充分发挥了公众的力量,具有增进社会建设之功效。

(2) 打造公众参与载体

公众参与社会事务,仅凭"一腔热情"是不够的,还需要相关的载体。苏州积极打造公众参与载体,方便居民参与,已经形成了几种模式,在全国都较为有名。一是前平江区平江路街道"民意直通车"模式。"民意直通车"是通过民情民意的搜寻采集机制、研判分流机制、办理追踪机制、答复反馈机制,将社区居民的意见与要求递交相关职能部门,为居民解决实际问题。二是网络模式。苏州开设"寒山闻钟"等多种网上的"民意直通车",居民将意见与要求通过网站分类提交职能部门,职能部门通过了解相关情况后,予以解决并给予回复。三是社区民主协商会模式。这种模式首先在江苏省试点,当前在苏州开展得较为普遍。社区民主协商会模式的机理在于:当出现社会纠纷时,相关部门和社区作为调解人,同时请来被投诉一方的代表和投诉居民代表,召开圆桌会议,在多方协商的氛围下,发表各自的意见,并协商合理解决纠纷矛盾的办法。通过这样几种载体,公众不仅可以在网上充分发表自己的意见和看法,同时也可以"面对面"解决问题,大大提升了公众参与的积极性与有效性。

目前在苏州,公民参与已经成为上上下下各级政府的共识,曾经有这样一个事例很具典型性。苏州吴中区实施绿化工程,特意就绿化种树问题征求公众意见。为了倾听民声、集中民智,城管局一方面召开座谈会,征求人大、政协、临街经营户及交警、市政相关部门代表对设计方案的意见,另一方面还在主要道路口设置宣传点,征求过往群众对设计方案的意见,努力搭建公众参与环境管理的平台,增强决策的科学合理性。

(3) 通过项目推动公众参与

通过项目形式推动公众参与是苏州加强公众参与事业中的一大亮点。早在2003年开展健康城市建设时,苏州就已经积极利用项目推进的形式。健康城市办公室推出特色项目,由社区根据自身实际申报,专家评审择优立项。获得立项后,居委会组织居民投入项目的实施。项目的主题与健康有关,如吸烟多的社区申报禁烟,老年人多的社区申报养老服务,慢性病多的社区申报慢性病干预,等等。其中前平江区历史街区社区"爱河护河"特色项目就很有特点,在环境保护与社会建设中发挥了重要作用。该项目的主题是利用社区的力量保护河道清洁,项目开展后,社区利用志愿者组织"护河队",制止人们往河中乱扔乱排的行为,既维护了社区生态环境,同时人们之间也形成了良好的社会关系,一举两得。

三、苏州社会力量崛起的思考

社会力量的崛起不仅是苏州社会转型的重要特征，也是我国社会发展的必然趋势。随着社会主义民主的逐步深化，社会组织以及公众参与将在我国社会管理中起着越来越重要的作用。苏州所在的苏南地区是“强政府、弱社会”的典型，因此在推动社会力量发展方面意义更为重大，面临的困难也比较大。

为了更好地推动社会力量，发挥其在苏州社会管理中的作用，以下两个方面值得重视：

其一，改变管理模式。政府必须真正实现思想转型，把社会组织看作政府的“伙伴”，按照优势互补的原则，合理界定二者的空间与界限，真正实现“小政府、大社会”的格局。另外，政府应秉承“有所为、有所不为”的原则，推进社会管理，给予社会组织与公众参与更大的空间。

其二，加强政策扶持。在长期“强政府、弱社会”的背景下，苏州社会力量的发展略显不足，在这种情况下，在原有基础上，应当加大政策扶持力度，壮大社会力量。例如，可以因地制宜地利用授权委托、直接资助、服务合同、补贴等多种模式，加强政府与社会组织之间的合作，使社会组织在养老、慈善、环保事业中发挥重要作用。对于社会组织开展的活动，政府也应在税收、信贷、用地等方面给予大力支持。

第七节　苏州人口老龄化与养老事业的发展

苏州目前面临老龄化的严峻挑战，不仅老年人口比重大，而且增长速度较快。为应对老龄化的挑战，苏州做了大量的工作，积极推动养老事业的发展。但是目前苏州还有不少环节需要进一步提升。人口老龄化与养老事业的发展在本章第二节已经有所涉及，但是由于这一主题颇具重要性，笔者将其单列一节进行阐述。

一、苏州面临人口老龄化的严峻挑战

我国目前正面临老龄化的严峻挑战。1999 年年底，我国 60 岁以上的老年人占总人口比例达到 10%，进入了老年社会（我国以 60 岁作为老年人标准，而国际上一般采用 65 岁作为老年人标准）。目前我国有老年人口接近 1.9 亿，老龄化率为 13.26%，形势比较严峻。

与全国平均水平相比，苏州老龄化形势更为严峻。1982 年苏州就已步入老龄化社会，比全国提前了17年。到2011年，苏州的老龄化率已经超过22%，并且老年人每年还在以4~5万的速度净增。预计到2015年，苏州老年人口将超过150万；到2020年，老年人口将超过180万，老龄化率将达26.4%；到2030年苏州老年人口总量将上升到247.7万，老龄化率也将上升至37.4%。这是一个非常严峻的局面。

苏州的老龄化还伴随着一些不利因素。其一，高龄化趋势。苏州目前人口预期平均寿命达81岁，达到发达国家水平。这也导致目前苏州高龄化增长速度远远快于老龄化增长速度。其二，失能老年人增多。苏州老年人中失能或者半失能老年的比重不断增加。其三，失独家庭增多。计划生育的实行以及目前社会意外死亡的增加，导致目前苏州失独家庭增多，对养老事业带来挑战。其四，空巢家庭增多。随着计划生育的实施以及社会流动的加快，苏州空巢家庭增多。2000年苏州家庭平均人口数量是3.15人，到2010年降至2.84人，由此可见一斑。

老龄化的来势凶猛，对苏州社会的影响非常大。首先，对劳动力结构带来影响。老年人口增多，适龄劳动力人口减少，使得社会负担加重，影响了社会经济的发展。其次，对养老事业带来严峻挑战。若要更好地使老年人老有所养、老有所依、老有所乐、老有所为，就需要付出更多，需要整个社会的不懈努力。

二、苏州推动养老事业的特色

为应对老年社会的挑战，苏州大力发展养老事业，基本形成了“9064”的养老服务格局。即全市老年人口中，90%的老年人享受由社会化服务提供的自助式养老（居家养老）；6%的老年人享受由日间照料中心等服务组织提供的互助式养老；4%的老年人享受由养老机构提供的集中式养老（机构养老）。苏州在更高层次上建立健全了以居家养老为主体、社区照料为依托、机构养老为支撑，各类为老服务组织协调发展、覆盖城乡的社会化养老服务网络。在养老事业发展中，苏州的特色在于以下三个方面：

1. 扶持力度较大

与我国大多数城市相比，苏州对养老事业扶持力度非常大。对于机构养老，苏州规定：凡新建具有介助、介护性质的民办养老机构，每张床位给予10 000元的一次性建设经费补贴；对利用闲置房屋改（扩）建新增生活能自理、介助和介护床位按每张2 500元、4 000元、5 000元给予建设经费补贴。2011年，苏州提高民办养老机构运营补助标准，将原每张介助、介护床位月运行补贴从80元、100元分别提高到120元、200元。苏州还规定：经苏州市、各市（区）卫生行政部门审批成立的护理院及养老服务机构内设的医疗机构，凡符合条件的，社保部门及时给予医保定点。

对于居家养老，苏州规定：凡新建、改（扩）建的日间照料中心（托老所），不论公办或社会力量兴办的，休息床位达到20张以上，具有配（就）餐室、阅览室、文体活动室、健身康复室、医疗保健室及其他附属设施的，按建筑面积在200平方米、400平方米、600平方米及以上，各级政府分别一次性给予20万元、40万元、60万元的建设经费补贴。对服务功能、服务项目达到要求，建设面积尚未达标的老年日间照料中心（托老所），酌情给予补贴。凡社区新建具有固定场所，并配备冰箱、微波炉、灶具、就餐桌椅器皿、清洗消毒设备等必要设施的老年助餐点，各级政府一次性每家给予2万元的建设经费补贴。

2. 老年人待遇较高

苏州积极提高老年人待遇，在全国走在了前列。例如，政府对部分弱势老年人实施"买单"服务或者予以补贴（发放服务券，每月500元或者700元），主要包括以下老年人：年满60周岁、日常生活需要介助或介护的"三无"、"五保"对象、低保和低保边缘孤寡老年人；年满60周岁、日常生活需要介助或介护的重点优抚对象；年满60周岁、日常生活需要介助或介护的困难"二无"老年人（无子女、无劳动能力）；年满60周岁、日常生活需要介助或介护的独生子女家庭的困难老年人；年满60周岁、无子女照顾或子女残疾的苦难老年人等。

3. 人力资源建设较强

养老事业的发展，人力资源是关键，为此苏州积极加强专业队伍建设，出台了很多激励措施。苏州规定：凡养老服务组织吸纳具有社工专业资格人员从事养老服务的，按社区工作者奖励办法给予相应奖励。凡持有《养老护理员职业资格证书》的服务人员，在同一为老服务机构工作1年以上，每月给予100元特岗补贴；工作年限每增加1年，月特岗补贴增加100元；工作11年以上，月补贴800元。苏州还鼓励子女、亲属或邻居照顾老人，凡政府援助养老的老人，其援助经费可以给予服务老人的子女、亲属或邻居。苏州还依托市人社局培训指导中心定点的培训基地和苏州卫生职业技术学院，对养老服务人员实行免费培训。

三、苏州推动养老事业发展的成就

近年来，苏州在推动养老事业，尤其是推动居家养老事业方面，取得了显著的成就，主要在于以下四个方面：

1. 居家养老服务载体建设取得明显成效

苏州积极加强居家养老服务载体建设。在街道层面，设立社区养老服务中心，在居委会层面，设立社区养老服务站，农村地区则在镇级层面建立社区养老服务中心，行政村层面建立社区养老服务站。一部分社区养老服务中心与社区养老服务站直接为老年人提供服务。一部分社区养老服务中心与社区养老服务站并不提供直接服务，主要从事如下工作：一是负责政府买单服务对象的认定；二是配合区级层面对老年人提供养老服务；三是管理社区养老服务的志愿者。目前苏州社区养老服务中心和社区养老服务站已经基本普及，发展水平引领江苏，在全国也居于领先水平。

2. "虚拟养老模式"引领全国

"虚拟养老模式"由原苏州沧浪区首创。沧浪区从2003年开始酝酿"邻里情虚拟养老模式"，到2007年逐步成型。"邻里情虚拟养老模式"是养老事业的一次创新，获得"民政部科技成果创新奖"。

"邻里情虚拟养老模式"依托非企业单位——苏州市鼎盛物业管理公司，与电信机构合作，以中国电信通讯技术为硬件支撑，以"居家乐"221养老服务系统为技术支撑，以居家养老对象会员制为基本的组织形式，采用ISO9001：2000国际质量管理体系标准，建立了居家养老虚拟平台——"邻里情"虚拟养老院，将老年人的服务需求与几十个服务单位提供的服务对接。老年人只要一个电话，就有人上门提供服务和跟踪质量随访，这一模式深受老年人的欢迎，被老年人亲切地称为"没有围墙的养老院"。

由于资源的聚合作用，"邻里情虚拟养老模式"提供的服务多种多样，共分为6大类53项，其中洗衣做饭等便民家政类有17项，修理水电等物业维修类共14项，陪同就医等助医保健类9项，生日提醒等人文关怀类8项，还有娱乐学习类3项和应急求助类。虚拟养老模式提供的服务具有标准化与规范化特点，对服务时间、服务质量都有明确的要求。

"邻里情虚拟养老模式"不仅成本低，而且比较灵活，尤其是契合当今信息时代的特点，因此在江苏省内以及全国得以迅速推广，甚至一些发达国家都前来苏州学习经验。

3. 多主体提供服务的局面初步形成

目前，苏州多主体提供社区养老服务的局面初步形成。其中，提供服务以政府购买社会组织服务为主，服务内容包括生活照料、家政服务、精神文化等三大类，如助养、助学、助乐、助医、助为、助餐等。服务对象分为两部分，一小部分是政府"买单"的老年人。政府认定部分特殊老年人为服务对象，对这部分老年人发放服务券，老年人用服务券换取服务，服务人员到政府部门结账。绝大部分老年人需要为服务付费，但由于政府给予社会组织以及相关服务机构一定的扶持政策，因此在一定程度上降低了服务的成本，也在一定程度上惠及付费服务的老年人。

其他主体也提供服务，如居委会为老年人提供娱乐服务、心理咨询服务等。政府指派相关法律部门以及律师事务所为老年人提供法律咨询服务，基本上是免费。志愿者提供一些生活照料服务、修理服务等。卫生部门以及社区卫生服务站提供保健服务与医疗服务等。一些心理机构为老年人提供心理服务，尤其对于居委会解决不了的老年人心理问题，相关心理机构更能够发挥重要作用。老年人彼此之间也能够提供部分心理慰藉服务以及娱乐服务等。

4. 集中居住养老模式得到一定发展

为了更好地推动养老服务，彰显规模效应，苏州还积极探索集中居住养老模式，并形成了“张家港模式”与“蒋巷村模式”。“张家港模式”的做法是村庄利用新农村建设，在居民楼区单设老年人住宅楼，让老年人集中居住在一起。苏州常熟的“蒋巷村模式”也闻名于世。为有效避免老年人与年轻人因生活习惯差异而产生的矛盾和冲突，减少家庭因代沟等发生无谓的摩擦及纠纷，蒋巷村从2004年起分几次出资建造了150套独具蒋巷村特色的老年公寓房，整个老年公寓绿化覆盖率超过50%，环境优美，宽敞明亮，室内由村里统一配备了家具、家电、通讯设备、厨卫等设施。老年公寓旁还建起了门球场等老年人活动场所。当然，蒋巷村还是希望老年人与子女合住，为此同时出台“年奖励2 000 ~3 000元”的政策，鼓励老年人与子女同堂居住。

四、苏州养老事业发展的思考

尽管苏州养老事业取得了一定成就，但是与发达国家相比还有很大差距。今后还应强化以下方面，以“更上一层楼”。

1. 增加服务种类与形式

苏州目前的养老服务主要是家政服务，占据绝对比例。其他的服务尤其是高级服务，如精神慰藉服务、上门护理服务、临终关怀服务等，由于服务人力短缺或者服务人员素质不足等问题，目前还不完善，今后需要增强服务。今后，根据市场规律可以推出多种服务形式，例如从服务类别考虑可以推出单项服务与多项服务；从服务范畴方面考虑可以推出全护、半护、陪护、钟点等多种方式；从服务时间来考虑可以推出包月、包季、包年、会员卡等多种方式。

2. 形成分类体系

老年人不是一个同质群体，从年龄方面可分为低龄老年人、中年老年人以及高龄老年人，从健康状况划分可分为健康状况较好的老年人、健康状况不佳的老年人。不同的老年人需求是不同的，“一刀切”地提供服务，很难满足老年人需求。因此今后需要形成分类战略，满足各种类型老年人的需求，既“雪中送炭”，又“锦上添花”。

3. 促使老年人互助

养老事业的发展,需要发挥老年人的能动性,需要倡导老年人之间的互助。苏州目前已经有老年互助组织,但服务领域较为狭窄,多集中在娱乐方面,今后还应积极引导,拓宽老年人互助的范围,向日常服务、心理慰藉、互相照顾等领域深入。为进一步完善老年互助组织,还应积极推进与完善养老时间储蓄制度,以推动老年人之间的互助。养老时间储蓄的机理在于:年轻人与一些低龄老年人为一些高龄老年人服务,其服务通过记账形式储蓄起来,将来可以享受同样时间的服务。

4. 开发物业潜力

物业是社区养老服务的一支潜在"有生力量",把物业潜力挖掘出来,不仅可以弥补养老资源的不足,同时对于物业本身也是一次机会,可谓"双赢"。因为物业提供的服务中本身就涵盖了社区养老服务的一部分,二者有着一定的"交叠空间",只要因势利导,整合一些其他资源,就可以取得良好的效果。另外,物业部门为老年人服务也能带来社会资本,即在社区中树立威望、品牌以及人脉,这对于物业部门相关工作的开展是大有裨益的。当前在苏州"新型商品房社区"中,可以通过政府招标以及委托服务等形式,把养老服务交给物业部门,物业部门在原有服务的基础上可以借助政府支持扩大服务范围,或者吸纳"加盟单位",为老年人提供保姆服务、小时工上门服务、家庭房屋门窗和上下水修理服务、电器维修服务、上门做饭服务、代理购物服务等,甚至可以开展协助洗澡、修理指甲及修脚、理发等服务。

5. 调动企业积极性

苏州目前积极动员社会组织参与养老服务,但是对企业目前的激励措施严重不足,原因在于养老服务公益性较强,而社会组织正好是非营利组织,因此契合了这种需要。而企业是营利组织,因此使有关部门有所"顾忌"。但是,企业对于养老服务事业非常重要,尤其高层次养老服务要走市场化道路,更离不开企业作用的发挥。今后苏州应积极打造"龙头产业",使养老事业迈上新台阶。养老服务属于微利行业,需要通过一定的政策引导,适当整合行业资源,积极塑造"龙头产业",以"连锁加盟"的形式发展养老服务产业。"龙头产业"可以实现规模效益,其可以通过统一管理、统一物流配送、统一人员培训和统一服务规范等方式,有效减少行政管理和运营成本,用较小的投入获得最大的产出,使有限的养老服务资源获得最恰当的使用和最大化的效益。

6. 加强社会资本作用

社会资本对于养老事业的发展而言十分重要,不仅可以弥补养老资源不足,而且还能够增进人际和谐。目前就苏州而言,关键是要大力推动邻里互助。利用邻里互助推动养老服务，在改革开放前司空见惯。改革开放后，市场经济的运行以及人们价值观的多元化使得邻里关系趋于淡漠，利用邻里互助推动养老服务也就逐步淡出人们的视野。笔者认为，像这样的优良传统，我们应当继承发扬。这不仅是推进社区养老服务的需要，同时也是建设社会主义精神文明的需要。可以将一些邻里互助行为纳入政府购买服务范畴。如果邻里确实能够照顾老年人生活，对老年人帮助很大，经当事老人同意，可以把补贴发给邻里。这样一方面可以使老年人得到帮助，另一方面又可以不使“好人吃亏”，对于弘扬社会正气有重要意义。另外，政府可以在项目申报方面对一些邻里互助行为予以资助。为了弘扬这种传统美德，建议在公益创投中加大邻里互助养老服务的力度。同时通过积极的宣传，倡导邻里互助养老服务，对典型事例给予重奖。

参考文献：

[1] 苏州市人大. 苏州市基本农田保护整改情况汇报[R]. 2010.

[2] 苏州市人口学会. 苏州人口资讯 · 苏州市十二五人口发展规划研究报告[R]. 2010(3).

[3] 苏州市统计局，国家统计局苏州调查队. 苏州统计年鉴(2010)[M]. 北京：中国统计出版社，2010.

[4] 苏州市统计局，国家统计局苏州调查队. 苏州统计年鉴(2011)[M]. 北京：中国统计出版社，2011.

[5] 苏州市统计局，国家统计局苏州调查队. 苏州统计年鉴(2012)[M]. 北京：中国统计出版社，2012.

[6] 苏州市“两个率先”课题组. 苏州之路：两个率先的实践与思考[M]. 苏州：苏州大学出版社，2006.

[7]《走向和谐：苏州城乡社区建设新探索》编委会. 走向和谐：苏州城乡社区建设新探索[M]. 北京：中国社会出版社，2009.

[8] 苏州市行政管理学会. 加强社区建设 创新社区管理——苏州的实践与探索[M]. 北京：红旗出版社，2012.

[9] 孟焕民，徐伟荣，陶若伦，等. 农民集中居住区建设的若干思考——苏州农村较大型集中居住区调查[J]. 现代经济探讨，2010(4).

[10] 宋言奇. 农民集中居住社区建设个案研究[J]. 城市问题，2008(9).

[11] 何艳，张斌. 苏州市人口老龄化问题及对策研究[J]. 上海商学院学报，2012(5).

（本章执笔人宋言奇，男，1972 年生，苏州大学 · 邦城未来城市研究中心研究员，博士，苏州大学社会学院教授，研究方向为城市社会学。）

第五章　管理转型：迈向多中心的城市公共治理

[提要]

城市化是迈向现代化的重要途径，近代以来，随着科技革命带来的全球化、工业化和信息化，城市的蔓延和更新日益加快。改革开放三十多年来，社会主义政治制度的自我完善推动了市场经济的繁荣和工业的发展，进而促进我国城市化的快速发展。

由此产生一系列经济、政治、社会、文化和生态等全方位的转型，为城市治理带来了严峻挑战。

苏州作为长三角地区的核心城市之一，无论是文化教育还是经济增长，长期以来凭借其创新精神，都保持在全国前列。

在城市公共治理转型方面，苏州同样摸索出一条独特的变迁模式，即以多中心理论为基础，通过开展"政社互动"、"政会互融"、"政企互联"、"政民互通"、"政政互助"等丰富多彩的实践活动，尝试构建多中心治理下苏州城市管理的新体制。

改革开放以来，经过三十多年高速持续性发展，国家经济日益繁荣，人民生活明显改善，综合国力取得长足进步。在市场化和工业化的推动下，伴随着地理空间的外延拓展和内部更新，一个个卫星城市闪耀登场，古老的城市也焕发出新的生机活力。市场的成熟、人口的增长、工业的发展，其背后是社会需求量的增加和质的提升。换言之，城市自身的进一步发展对城市公共治理提出了更高的期待和要求。党的十八大明确提出要全面建成小康社会，全面深化改革开放，为了进一步实现"两个全面"，提出推进工业化、信息化、城镇化、农业现代化的"新四化"概念，并且进一步指出全面建成小康社会关键在于推动经济转型，"把改革红利、内需潜力和创造活力叠加起来，形成新动力，使质量和效益、就业和收入、环境保护和资源节约有新提升"。改革三十多年的实践经验告诉我们，无论是完善公共产品供给，还是实现公共服务均等化，调整产业结构，开启新型城镇化进程，通过地方政府的强有力主导，转变政府职能，对于"打造中国经济的升级版"至关重要。

第一节 城市公共治理转型的时空定位

一、全球视野中的政府与城市

城市化是每个社会走出古代、跨越传统、迈向现代的重要途径。近代以来，随着科技革命带来的全球化、工业化和信息化的扩张，城市的蔓延和更新也日益加快。构建现代文明的物质基础，即市场经济，在很大程度上推动了资本和技术在城市化进程中的积极作用。因此，城市发展往往被看作是经济繁荣或者由此带来的人口扩张所产生的社会后果，也就是说，城市化是一种自生自发的人类进步秩序。然而实际上，进一步深入探究历史中著名城市的兴衰历程，我们最终会发现，无论是早发国家还是后发国家，城市化的背后总存在一个强有力的推手，那就是政府及其强制性权力。换言之，发展态势良好的城市总是市场机制与政府机制共同作用的结果。

1. 市场主导的诱致型城市化

所谓城市化，从现象上来看是地域产业结构转换引起农村人口向城镇人口转变的过程。一个地区的城市化水平是评价其现代化程度的重要指标。根据世界各国城市化进程中不同主体发挥作用的大小和权重，可以将城市化分为市场主导的诱致型城市化和政府主导的强制型城市化。

市场主导的诱致型城市化，主要是通过建立和完善市场体系，健全市场机制，发挥市场的基础性资源配置作用，把培育市场体系，发挥市场作用作为推动城市化的核心动力。西方早期发达国家普遍采取这一路径以实现城市的发展。从实践来看，早发国家的市场机制含有更多自发形成的因素，属于自生自发的经济秩序。通过漫长的数百年时间，调整政府与市场关系，制定并不断完善法律制度，最终确立了以市场为核心的经济发展模式。因此，发达国家的城市化是建立在成熟的市场体系和完善的市场机制基础上，通过市场的有序推进和结构变迁，逐步扩大城市规模，持续调整产业布局。从理论上看，自近代以来，西方学者对城市的形成、更新和扩张保持着持久与广泛的关注。较早的城市研究认为，是商品交易推动了城市产生，城市就是一种市场社区。这就是“商业贸易理论”，即认为：“在任何一种文明中，城市生活的发展都必须依靠工商业……如果没有进口保证生活必需品的供应，没有出口用交换品抵偿进口，城市就要灭亡。"[①]随着工业革命的展开，经典城市理论逐渐发现了工业化与城市化之间存在的密切关系，即工业化在发展初期，通过调整生产供给以满足城市发展的各种需求，从而推动了城市化速率。然而随着城市居民对服务需求的扩大，工业结构单一性已经难以适应这一变化，当工业化速率逐渐落后于城市化，城市的发展会反过来推进产业结构的调整。从商业到工业，对城市形成和发展的动力机制研究跟随实践的发展而不断扩充，然而基本的理论立场，即对自由秩序的坚定信仰始终没有改变。

然而实践证明，自由放任的政策没有在英美等早发国家内实现城市的持续性良善治理，也没有帮助第三世界国家快速现代化、城市化。以拉美为例，第二次世界大战后，拉美各国迅速从传统农业社会转向现代工业社会，人均 GDP 比 20 世纪初增加了 4 倍，人均寿命从 40 多岁提高到 70 多岁，成人识字率从 35% 提高到 85%，20 世纪 50 年代到 80 年代间，工业年增长率保持在 6.6% 左右。可以说，拉美工业化时期，也是加速城市化发展的关键时期。20 世纪 50 年代拉美城市人口增加 45%，七八十年代增加约 44%，到 1990 年，拉美城市人口已经达到了 3 亿多，其城市人口比重约 72%，与发达国家比重相当。然而正是这种无控制的发展政策，造成一系列问题的涌现。首先，就是城市人口的大爆炸，大量农村人口涌进城市，而且人口高度集中于少数几个城市，出现"城市首位度"奇高的现象。其次，人口急剧膨胀，加上缺乏政府长远的规划，给城市管理带来巨大压力，使原本因为快速城市化产生的环境污染、住宅拥挤等自然和社会生态问题，变得更加严重。生活垃圾、汽车尾气、河流污染、工厂烟雾等已经成为危害城市儿童健康的主要杀手。与日益恶化的自然环境相比，由于政府提供的城市公共服务极其有限，作为现代城市居民最为基本的医疗保障和社会福利等各项基础条件或设施都非常匮乏。此外，极端贫困人群规模越来越大，逐渐成为城市地区随处可见的"边缘群体"。由于这类人群没有固定的工作和稳定的收入，因此"贫民窟"往往成为暴力活动和毒品犯罪等泛滥的地方，各类骚乱事件时有发生，成为威胁社会稳定的主要因素。

"拉美失败"的根源在于公平与效率的失衡，这种不平衡使拉美在成为全球城市化最快地区的同时，也成为最难以治理的地区。随着社会历史的不断发展，实践发现，将经济水平作为影响城市化进程的唯一变量，难以解释全球范围内城市规模扩张和发展路径的多样化，特别是第二次世界大战后东亚各后发型现代化国家的城市化经验，在一定程度上转变了学术界理解城市化中政府行为的态度。对于更多的发展中国家来说，他们的城市化教训和经验，都为正确看待市场与政府在城市化中的真实作用提供了丰富的案例。事实上，无论是英美，还是德日，目前城市发展状况良好的国家中总能

---

① ［比］亨利·皮雷纳. 中世纪的城市［M］. 陈国樑，译. 北京：商务印书馆，2006：84.

看到政府之手的有效作为。相反，拉美和印度的城市化道路却从反面印证了缺乏强有力的政府规划执行，最后光鲜亮丽的城市终究会被一个个破旧不堪的“贫民窟”所吞噬。

图 5-1　拉美：快速城市化中的贫民窟

图 5-2　日本东京：传统与现代的完美结合

2. 政府主导的强制型城市化

越来越多的学者认识到，由于缺乏相应的社会资本、制度约束和法治积累，在后发国家想要直接复制发达国家现代化、城市化的演化历程，是十分困难同时也是具有较高风险的。与自由主义发展路径形成鲜明对比的是东亚等国的迅速崛起。第二次世界大战以后，日本经济得到迅速恢复，20 世纪 80 年代韩国、新加坡、中国台湾和中国香港等国家和地区的经济也取得了飞跃式发展。东亚奇迹般的经济增长，引起全世界的瞩目。新国家主义则逐渐成为解释这类后发国家经济发展最有效的理论工具。

“找回国家”的理念为后发国家打开一条新的赶超之路，这条道路有两个特点。首先，新的发展路径强调政治优先性，国家政府成为经济交易的关键塑造者。“政府更加关心国家在世界产出中占据的份额”，“把单个国家视作活跃的经济单位”，“只要能够为国民提供更多财富”，就可以经常性“违反市场规则，干预经济交易”①。其次，改变新古典经济学倡导的以价格机制为标准的短期经济行为，强调关注经济的长期效益。“当国家官僚为不同的经济行为体设定不同价格，那么在国际市场创造的长期投资就显得有利可图”，而不会出现传统认定发展型国家“故意错误定价”的风险②。回归国家学派对后发国家相对成功的城市化历程的通常解释是“政府主导的强制型城市化”。所谓政府主导的强制型城市化，是指在城市化进程中，政府承担了核心行动者的角色，根据国家经济社会发展的总体布局和未来方向，通过组织和发动城市统一布局建设，制定相关城市产业发展、基础设施等整体性规划，并通过一系列强制性政策和措施，来

① Michael Mandelbaum. The Fate of Nations[M]. Cambridge: Cambridge University Press, 1988:332.

② Alice H. Amsden. Asia's Next Giant: South Korea and Late Industrialization[M]. New York:Oxford University Press,1989:13 – 14.

约束和规范各类社会资源的自由流动。根据政府干预程度和利用市场程度的不同,可以进一步将政府主导的强制型城市化划分为三种类型:一种是计划经济下政府完全干预的城市化;一种是以政府主导为主,市场调节为辅的城市化;第三种是在城市化初期通过政府主动引导,以培育和完善市场体系为目标,在市场逐渐健全的过程中推动城市化。

以日本为典型案例。第二次世界大战后,日本虽然很早就实行市场经济,但整个城市化进程随处可见政府的踪影,特别在国土规划和土地利用,法律保障和公共服务,人才培养和就业政策等方面表现尤为突出。首先,第二次世界大战后为保证城市化有序进行,日本政府对国土资源进行了大规模整治,设置"国土厅",制定《国土综合开发法》,先后四次颁布"全国综合开发计划"。为实现产业和区域间的平衡发展,日本政府还从抑制地价、转移产业等多个方面进行宏观调控,既保证了农业用地和国家粮食安全,又有效缓解了城市空间的过度膨胀,提高了土地的利用效率。其次,东亚各国最突出的特点是政府在推动城市化的同时,更加注重城市公共服务的供给,提高公共物品的品质,以满足不断增长的人口和生态需求。以日本住房政策为例,在政府的全额资助下,自1955年的"住宅公团"实施以来,日本已经相继出台共7个"住宅建设五年计划",基本满足了城市新居民的住房需求。目前,日本的住宅自有率高达60%以上,居世界前列。此外,在加快城市经济建设的同时,日本政府十分关注农村和农业的未来发展趋势,为城市的可持续发展提供必要条件。一方面,通过推动农村土地集约化,增加对农业机械的投资力度,全面实现机械化,从而有利于实现农业的现代化,为工业化和城市化奠定物质基础。另一方面,加强农村的基础设施建设,注重农村经济发展,为农村劳动人口提供了更多的就业机会。尤其值得一提的是日本政府在城市发展的过程中对人力资源的开发和培养给予了高度重视。第二次世界大战后,日本非常注重农民市民化问题,高度重视对农民的职业培训,按照《社会教育法》《青年振兴法》等法律规定,大力建设图书馆、公民馆,实现农民教育的正规化和制度化。

同样是城市化,拉美和东亚给世界展现了截然不同的两种图景。应该说,过度城市化引起社会需求激增与滞后的政府管理之间的巨大落差,使拉美国家的城市化显现出逆现代化趋势,这是我国城市化必须极力避免的问题。而日本等国,既通过市场的基础性资源调节作用,提高了劳动者的积极性,解放了生产力,同时更通过政府的有效作为,缓解了自由市场带来的各种社会不公平问题。尽管同市场失灵一样,政府也存在漏洞,许多问题得不到彻底解决,但由于政府的存在能够弥补市场失灵带来的损失,因此,政府干预对于后发国家的城市化来说,显得格外重要。

二、我国城市化进程中的公共治理演进

我国历史上从宋代开始,以城市为空间载体的市民社会,随着商品经济的发展而逐渐萌芽和成长。然而数百年间,由于各方面原因,我国城镇化经历了漫长又迟缓的发展,直到改革开放,才以前所未有的速度和规模迅速推进。这一演进历程,不仅对我国未来发展至关重要,而且对整个世界的现代化进程也产生了直接影响。根据前文对城市化类型的划分,我国的城市化既经历了计划经济时期政府完全干预的强制型城市化,同时随着改革开放的发展,中央政府适时下放一定的权限,因此同时也进入了以政府主导为主、市场机制调节为辅的第二种强制型城市化阶段。在这个过程中,中央与地方之间的博弈,为地方政府获得了城市公共治理创新的空间。

1. 城市治理空间的拓展

我国城市化的路径选择与发展历程有其深刻的历史和时代背景。其中,经济体制是奠定政府在我国城市化中主导地位的基础。改革开放以前,在高度集权计划经济制度下,城市规划完全受中央指令调控的影响,城市建设主体只有政府,而且地方政府基本是通过接受中央政府的计划指令管理社会,地方政府服从中央政府,不存在中央政府与地方政府的博弈关系。博弈理论最先产生于经济学领域,因具有强大的解释力被广泛运用。博弈分析方法也是透视中国城市化进程中地方政府治理创新的有力工具。博弈论即是研究理性的行动者之间的策略选择①。

在城市公共治理中,地方政府可被视为理性行动者,地方政府的理性行为或来自于政绩追求,或来自于自身利益。地方政府官员也具有经济人的一面,具有一定程度的自利倾向②。尤其是在改革开放以来,我国确立了以经济建设为中心的大方向,为改革计划经济的僵化体制,20 世纪 80 年代中央采取放权以来,地方政府获得更多自主性,地方的政府发展经济的积极性被调动起来。客观上,经济方面的政绩成为官员晋升的重要指标,受政绩考核制度的激励,地方政府创新经济发展的能动性得以释放,变得充满发展动力和扩张冲动,“政府最终成为推进城市化的核心行动者,在城市化进程中同时担任战略制定者、制度供给者、进程执行者和绩效评定者的多重角色”③。在改革开放的初期,中央政府的确能够保持较高的权威,然而,随着改革开放的深入,地方政府经济实力的增强,市场化的深入使中央政府和地方政府因利益目标的差异而形成

---

① 谢庆奎. 政治改革与政府创新[M]. 北京:中信出版社,2003:229.

② 金太军,张劲松. 政府的自利性及其控制[J]. 江海学刊,2002(2).

③ 谷荣. 中国城市化的政府主导因素分析[J]. 现代城市研究,2006(3).

的博弈日趋明显。例如，一些地方政府出于自身政绩或局部利益的需要，出现了对中央宏观调控政策或执行不力，或阳奉阴违甚至扭曲利用，致使宏观调控政策的作用被显著淡化的现象。中央政府与地方政府的博弈既有积极效应，也有消极效应。仍以中央政府和地方政府宏观调控博弈为例，积极效应包括：其一，迫使中央政府更加积极主动地思考宏观调控政策的合理性和完备性；其二，迫使中央政府更加积极主动地认识深化宏观调控体制改革、建立新型的中央与地方关系的重要性和迫切性。消极效应包括：其一，弱化了中央宏观调控政策的有效性，增加了宏观经济波动性，损害了国民经济发展的持续性；其二，强化了地方政府行为的本位性，分割了全国市场的整体性，降低了社会资源的流动性。[①] 而这一原理同样适用于观察城市化进程中地方政府的治理方式之变动。

改革开放以后，随着经济体制变革，一元经济利益主体逐步为国家、区域、企业和个人等多元经济利益主体所取代，地区经济利益主体地位不断加强，我国城市公共治理迎来巨变，市场机制的席卷、社会力量的壮大、利益主体的多样化等成为令人鼓舞的现实，然而，我国从传统产品经济向市场经济转化的过程远未完结，而且新旧体制并行产生了许多前所未有的新矛盾，并使以前较为隐蔽的矛盾显性化、复杂化、多样化。地方政府的管理模式也最先遭遇市场的反弹，地方政府官员的治理模式经历着潜移默化的变化。但同时，地方政府的管理模式又受到中央政府的影响，其治理目标相对存有不一致之处，中央政府以获得国民的政治支持最大化为目标，地方政府官员则期望晋升官职，如果两者目标一致，则能够对地方发展形成合力，创造有利环境，如果两者目标不一致，那么地方与中央之间就呈现某种张力，可以说，正是这一张力，为地方政府的治理创新营造了自主空间。地方政府与中央政府的博弈，是地方政府获致更大自主权的过程，对中央政府而言则是分权的过程。

地方政府在博弈过程中最重视的是经济分权，中央权力下放最主要的是经济管理权力的下放，包括计划权、管理权、信贷权、投资权、外汇管理权、进出口权等，这也为后来地方政府实施公共管理创新营造了物质基础。在市场力量的形塑下，社会格局不断重组，区域间资源要素流动愈加频繁，人们在市场经济中的“经济人”意识不断强化，甚至夹带有社会失范等现象。地方政府在发展经济的同时势必乐于维护社会秩序的稳定，以此维系经济发展，并通过自身绩效获取中央政府更大的支持。同样的，我国地方经济的不断发展使社会管理频频面临新情况新形势，地方政府为实现和扩大区域的利益，被激发出创新社会管理的积极性，中央政府也乐见地方政府在城市治理中的积极

① 左峰.中央政府与地方政府在宏观调控领域的博弈分析[J].中央财经大学学报，2007(7).

主动性。当然,必须看到,地方政府与中央政府的博弈过程中,为获得中央政府的更大支持和青睐,地方政府间的竞争越来越加剧,各地不惜成本盲目推行城市化,造成城市泡沫危机。① 这是因为中央政府和地方政府的政策博弈很大程度上源于政绩考评体系的简单化、模糊化和片面化。地方政府在城市治理中会有机会主义行为倾向,以城市治理作为快速提升绩效的方式而忽略了城市治理的本来目的,同时也助长了城市治理公共政策的不稳定性,某种程度而言,这也是博弈过程中所产生的消极面。

2. 城市政府职能的嬗变:"地方政府公司主义"

随着中央政府与地方政府关系的改变,地方政府谋划区域发展的动能得以释放。在社会经济发展过程中,形成了区域竞争的局面。我国地方政府主导社会经济发展的现实中,区域竞争实际上是政府间的竞争。"所谓地方政府间竞争,是指一个国家内部不同行政区域地方政府间为提供公共产品,吸引资本、技术等流动要素而在投资环境、法律制度、政府效率等方面展开的竞争。"②地方政府在经济发展、城市建设上展开的竞赛亦可称之为"经济锦标赛",按照政府"经济人"假设,政府竞争的目标是获取经济收益最大化。在区域竞争中,地方政府兼具了"政府"和"投资人"的双重身份。一方面,地方政府是国家政权的组成部分,负有社会管理的职能,这一身份要求政府不以追逐经济利益为追求;另一方面,地方政府是国有地方经济的投资者,具有促进国有地方经济发展和资本增值的经济职能,而且负有发展地方经济的责任。正是由于身份的双重性,地方政府在我国经济发展中扮演着极其重要的角色,充当了地方经济建设中的主导者,并促进了地方政府公共政策的转向。具体而言,地方政府是政府公共政策之间的竞争者,因为"作为地方经济利益的维护者,为获取有价值的稀缺资源推动经济发展,地方政府之间积极展开竞争,包括投资环境的竞争、法律制度的竞争和政府效率的竞争,而公共政策成为竞争主要手段"③。

对应于市场之于经济发展的效应,地方政府在发展经济的过程中出现了公司化的趋势。斯坦福大学政治系教授戴慕珍通过对中国农村经济发展过程的研究,提出了"地方政府公司主义"的概念:一方面,在经济发展的过程中,地方政府具有了公司的许多特征,官员们像董事会成员那样行动;另一方面,在地方经济的发展过程中,地方政府与企业密切合作。一个地方政府协调辖区内各个经济事业单位,似乎是一个从事多

---

① 曾宪明.从政府主导型到市场主导型:中国城市化的战略转换[J].广东农工商职业技术学院学报,2006(3).

② 张紧跟.地方政府间竞争视角下的公共服务型政府建设[J].中山大学学报(社会科学版),2011(6).

③ 汪伟全.区域竞争中的公共政策与地方经济增长[J].理论探讨,2009(1).

种经营的实业公司。[①] 地方政府在招商引资、土地征用等方面介入经济活动的强烈冲动就是鲜明的公司化行为特征,因此,"地方政府公司主义"成为地方政府的重要特征。

1980 年代,苏南的地方经济发展就是"地方政府公司主义"的典型,"在中国特色的发展经验中最具政府公司化意义,最具有政府直接配置资本、干预分配色彩的典型地区,就是苏南。"[②]当时苏州参照国家资本主导工业化的管理方式发展乡镇企业,通过地方政府实现对农村土地和劳动力资源的控制,降低了地方工业化的启动成本,并同时快速完成了资本的原始积累,由此造就了"苏南模式"。在 20 世纪末期,苏南"地方政府公司主义"的特征更为明显,一方面,地方政府广泛而深入地介入到招商引资活动中,制定招商引资政策,担当招商引资主体,政府官员亲自出马,带队出国,推介项目,同时兴办工业园区,筑巢引凤;另一方面,地方政府动用财政资金,投资兴建大批国有企业,直接从事经济活动。在中央提出对国有经济布局进行战略性调整的大背景下,苏南地区对于经济效益差的国有企业,从甩包袱的角度出发,任其破产倒闭或被兼并,同时又斥巨资,在所谓的高新技术产业及第三产业领域兴建了大批企业。[③]

作为苏南的重要成员,苏州的经济社会发展在地方政府公司化中取得了突出成效,其城市治理也因各级地方政府掌握了大量财富。这些财富促进了社会事业的发展,改善了民生。例如:从乡镇企业时期开始的内部化处理外部风险机制,调节和平衡村社内部的收入分配关系,兴建农村道路、水利等基础设施,在发展教育事业、完善市政基础设施建设、财政转移支付等方面给民众带来福利。城市规划的进步为提升苏州城市公共治理的绩效打下了坚实的基础。然而,对于已经取得的成绩,苏州人没有丧失冷静的判断力,还保持着应有的认识:"任务还很艰巨,矛盾也很突出。"如何在实现经济高速增长的同时,使老百姓也能获得改革红利;如何一边增加经济 GDP,一边提高百姓幸福感;如何提高自主创新能力;如何转变传统发展模式;如何推动城乡一体化;如何改善城市生态环境;等等。这诸多问题是苏州开启新一轮改革绕不开的重要话题。就目前来看,在苏南模式所体现出的政府替代市场的发展逻辑下,城市未来的发展,其根本还在于政府自身的转型。

---

① 赵树凯. 地方政府公司主义与治理困境[N]. 北京日报,2006-10-16.

② 温铁军等. 解读苏南[M]. 苏州:苏州大学出版社,2011.

③ 夏永祥. "苏南模式"中地方政府公司主义的功过得失[J]. 苏州大学学报(哲学社会科学版),2012(4).

三、苏州城市公共管理:综合协调统筹的城市化发展道路

1.“政府—市场—社会”的互动协作

政府、市场与社会之间的关系构成了当今社会三维立体的时空大背景,以改革开放为标志,市场机制日渐成为我国经济发展的重要手段,由此也导致了我国经济社会结构的深层变迁,“社会结构逐渐出现国家、市场、社会三者之间的分化。而国家、市场、社会也成为形塑我国社会整体的最重要的三极力量,涉及从宏观到微观的各个层面。”①政府是国家行为主体,政府与市场、社会作为形塑我国社会整体的三极力量,三者之间相辅相成。但实际上,它们也存在着不平衡性,尤其是在我国的城市化进程中体现尤为明显。

我国的城市化进程是在生产力还比较落后的情况下进行的。由于市场发育还不够完善,特别是“在传统计划经济模式的影响并没有消失,转型期种种利益因素的影响下,城市政府对城市建设还有着强烈的投资冲动。因此,城市政府必然成为建设、管理和维护具有公共产品性质的城市公共设施的主导力量”②。

城市化进程中政府以主角的身份对城市资源配置产生作用,实际上,以政府为唯一主体进行城市资源配置的模式构成了我国传统城市管理模式。以政府为单一主体实施的城市管理能够贯彻政府所具有的强制力和执行力,也具有行政权威效应,能够直接产生作用,学术界称这样的模式为“单中心”治理模式③或者管制型城市模式。“传统的管制型城市模式凸显的是政府的作用,政府执掌着社会管理的权力并且有充分的干预机会,当政府认为需要贯彻和执行某个政策时独自就可以决定。从这个意义上来说,行动的决定权就掌握在政府手中,政府所采取的行动就是合法的治理。”④但这种模式存在诸多弊端,特别是城市化进程中,随着利益的分化和冲突的加剧,经济关系更加复杂,而政府管制模式缺乏柔韧性,因而在市场经济时代,管制型城市模式越来越难以适应城市化发展的需要。

与之相对的,随着市场力量的发展壮大,市场机制在城市治理中发挥的作用越来越大。企业在城市治理和公共产品供给中起到了独特的作用,以美国为例,如“城市的

---

① 陈伟东,舒晓虎.社区空间再造:政府、市场、社会的三维推力——以武汉市J社区和D社区的空间再造过程为分析对象[J].江汉论坛,2010(10).

② 周诚君,洪银兴.城市经营中的市场、政府与现代城市治理:经验回顾和理论反思[J].改革,2003(4).

③ 张文礼.多中心治理:我国城市治理的新模式[J].开发研究,2008(1).

④ 王佃利,王桂玲.城市治理中的利益整合机制[J].中国行政管理,2007(8).

自来水等自然垄断行业,企业并非由政府出资兴建,其产品也并非由政府购买提供给市民,而是由获得城市政府特许的企业生产提供"①。市场力量对城市治理的优势也得以体现,运用市场化工具和尊重市场经济规律,吸引优质企业为城市治理提供物质支持,有利于激活城市治理的内在动力和活力,并能够最终推动城市化进程的蓬勃发展。

与此同时,在城市化进程中,社会被重新发现和定义。社会组织是社会中零散的个体力量的组合,可成为沟通政府与公众的重要桥梁,及时把公众对政府的要求、愿望、建议、意见集中起来反馈给政府,同时把政府的意图和对相关问题的处理意见转达给公众。社会非盈利性组织、社会公众以及其他社会组织在维持社会秩序,参与政治、经济与社会事务的管理和调节中有了更多的空间。总之,如何协调优化城市管理资源分配,实现完善的城市治理体系,依然是我们亟须关注的问题,那么城市化进程中的治理也不应忽视对蓬勃兴起的社会力量的关注,旧有的城市治理模式也迫切需要转变。

城市化进程中的公共治理是合作式的治理,它不同于传统的单纯依靠政府或者市场实施有效整合与管理。传统的管理方式主要有两种,"一种是依赖政府机制,采用集权化和官僚制的管理手段;另一种是采用市场机制,利用市场调节进行自主供给。但是两种机制都存在着缺陷,在进行公共产品供给时,都不可避免地出现了一系列治理问题,影响着治理效率的实现和治理实践的运作"②。实际上,哪怕仅仅是政府与市场的结合,也会产生出市场失灵和政府失败共生时态的"双重困境",这种"双重困境"有三个明显的特点:第一,市场失灵总能从政府失败中找到明显的原因,或者在政府失败中找不到明显的原因,但跟政府管理密切相关;第二,政府失败中总能找到市场失灵的影响,利益链条、寻租行为常常导致政府官员被"俘获";第三,仅从政府途径解决市场问题,或者仅从市场途径解决政府问题,都往往难以取得实际效果。③

市场与政府间的选择是复杂的,或者以为仅靠政府和市场就能解决问题也是不现实的,而应该在"政府—市场—社会"关系中获取答案。公共治理就是以合作式的治理对待政府或市场机制所面临的问题,并把社会力量也囊括进来,形成有效治理。与之相应的是多中心治理模式,从学术界对其定义来看,"多中心意味着在社会事务管理过程中,并非只有政府一个主体,而是存在着包括中央政府、各级地方政府、各种政府派生组织、各种私人机构以及公民个人在内的多个决策中心"④。在多中心治理范式下,

---

① 孟延春.美国城市治理的经验与启示[J].中国特色社会主义研究,2004(3).

② 高秉雄,张江涛.公共治理:理论缘起与模式变迁[J].社会主义研究,2010(6).

③ 江永清,徐辉.共生态困境:政府、市场双重失灵的治理——兼对三鹿婴儿奶粉事件多维剖析[J].武汉大学学报(哲学社会科学版),2009(1).

④ 唐娟.政府治理论[M].北京:中国社会科学出版社,2006:84.

其治理过程乃是合作治理，正如研究者指出“公共治理中的‘多中心’实质是一种民主合作管理，它是一种直接对立于一元或单中心权威秩序的思维，它意味着地方组织为了有效地进行公共事务管理和提供公共服务，实现持续发展的绩效目标，由社会中多元的独立行为主体（个人、商业组织、公民组织、政党组织、利益团体、政府组织），基于一定的集体行动规则，通过相互博弈、相互调适、共同参与合作等互动关系，形成多样化的公共事务管理制度或组织模式”①。实际上就是在政府、市场和社会的大框架内以相互密切合作的方式实现有效治理，而这又是以治理网络的方式搭载起治理主体的。

在实际的治理过程中，政府、市场和社会几大主体以各自为中心，各自带动形成中心内部机制的有序运转，并由此构成一种治理网络，这个治理网络将参与治理的所有组织和社会成员纳入其中，不同的政府层级、区域市场和社会组织在不同的层次上相互关联，并协同运转和构筑形成一个完整严密的公共治理体系。

实际上，城市化进程中的公共治理是为了达成善治。善治是治理的目标，即实现良善的治理，而这些都离不开正确处理政府、市场与社会之间的关系。著名学者俞可平把“善治”界定为“公共利益最大化的公共管理。善治是政府与公民对社会公共生活的共同管理，是国家与公民社会的良好合作，是两者关系的最佳状态”②。这就揭示了国家和政府与社会之间的关系。善治作为多元合作治理的追求目标，它根本上还是要在政府、市场和社会当中寻求一种和谐的合作关系。当然，政府、市场和社会在实现善治的过程中，各自发挥的功能有所不同，所起的作用也有所差别，就现实而言，政府主导和掌握了绝对的公共资源，以其权威具备了推动善治的最直接的动力，故而政府主导的善治，或者说政府推动下的政府与市场、政府与社会间的合作是可行的。尤其是在中国国情之下，政府在经济建设、社会建设和市场培育上具有不可替代的作用，政府主导推动形成“政府—市场—社会”和谐互动是现实的。善治的实现也需公民社会的发育，随着社会力量的壮大，政府会让渡部分权力给社会，但是这些过程并不意味着社会争夺政府的权力和资源，而是由此形成一种联手协作关系，共享公共资源的分配权力，为政府公共利益之行为提供支持，这也是以保有政府的主体地位为前提的，“对中国的现实而言，政府既需要提高制度化的能力，加强治理，也需要推动社会力量的建设，并在治理网络中提升网络治理的能力”③。在当前，重视和发挥政府的功能具有战略意义。

---

① ［美］迈克尔·麦金尼斯. 多中心体制与地方公共经济［M］. 毛寿龙，李梅，译. 上海：上海三联书店，2000：69－75.

② 俞可平. 善治与幸福［J］. 马克思主义与现实，2011（2）.

③ 王家峰，孔繁斌. 政府与社会的双重建构：公共治理的实践命题［J］. 南京社会科学，2010（4）.

总而言之，在城市化进程中，政府责任尤为重大，公共治理“是以政府为主体、多种公私机构并存的新型社会公共事务管理模式，是建立在市场原则、公共利益和相互认同基础之上的国家与公民社会、政府与非政府组织、公共机构与私人机构的合作”①。同时，“公共治理是公共权力部门整合全社会力量，管理公共事务、解决公共问题、提供公共服务、实现公共利益的过程”②。作为公共权力部门的政府是理所当然的整合全社会力量的主导，也是形塑城市化进程格局的核心行动者。故而城市化进程中的公共治理转型的实质就是实现“政府—市场—社会”互嵌式共生发展，这当中又以政府的主导和推动为特征。

2. 综合协调统筹的苏州城市化发展道路

政府是城市化进程中的政策制定者和执行者，能够有力促进政府自身与市场、社会的密切协作，从而达成“政府—市场—社会”的协调一致。这当中，需要政府发挥政治智慧，需要从大局着眼综合协调统筹市场机制发挥作用、有序引导社会力量参与到城市治理中，为此，苏州专注于在这方面做足功课，坚持综合协调统筹规划苏州城市化发展的方向。

回顾苏州城市化的历史，以官方推动城市发展的印迹造就了苏州的繁华。历史上，苏州以得天独厚的优越条件，滋养了工商业的繁荣。到明代中叶，苏州作为全国首要工商业城市的地位已然确立。至清中期，苏州的城市发展步入鼎盛时期。在当时，苏州的城市工业迎来了蓬勃发展的时机，行业分工日愈精细，诸如纺织业、碾米业、酿酒业、印刷业、铁器制作业和珠宝制作业等日益兴盛。城市工业的发展使得城市人口进一步增加，苏州府城的人口已超过 100 万，加上郊区市镇的人口，则城市人口达到 150 万人以上。城市地域面积也逐渐扩大，逐渐形成以府城为中心、以郊区市镇为“卫星城市”的城市布局，在当时历史背景下无疑是大城市。相较于传统城市发展所面临的商业凋敝、工业不彰的局面，苏州城市发展呈现出了清新活泼的气息，展现了生机盎然的活力，而这又是与当地官员的开明作风和积极推动息息相关。

改革开放以来，苏州抓住各种发展“红利”和契机，创造了诸多经济奇迹，在城市化进入快车道的同时也面临着发展的诸多瓶颈，诸如环境承载能力渐退、自然资源紧张、土地利用不合理、环境污染等问题，以及城市人口规模的扩大和人口密度的提高，城市发展空间更见紧缩，而且苏州经济发展的对外依赖程度较高，增添了发展的风险，这些都是苏州亟待解决的问题。

---

① 谭海波，何植民.论公共治理机制及其整合[J].社会科学家，2011(2).

② 张成福，李丹婷.公共利益与公共治理[J].中国人民大学学报，2012(2).

挑战和机遇并存，2009 年，苏州市提出未来发展的“三区三城”战略目标，要把苏州建设成“科学发展的样板区、开放创新的先行区、城乡一体化的示范区，成为以现代经济为特征的高端产业城市、生态环境优美的最佳宜居城市、历史文化与现代文明相融的文化旅游城市”。2011 年苏州进一步提出，要以转变经济发展方式为主体，围绕建设“三区三城”总目标，全面实施创新引领、开放提升、城乡一体、人才强市、民生优先、可持续发展战略，加快建设新城市、集聚新人才、发展新产业，着力“建设宜居新苏州、打造创业新天堂、共筑幸福新家园”。这当中，城乡一体化是针对我国传统的城乡二元结构的超越。计划经济时期的二元结构是以牺牲农村为代价的，而且这种二元结构也难以持续，没有农业和工业、农村和城市的携手并进，国民社会经济发展存在隐患，必然会形成畸形的城市化，就会进一步制约社会经济发展，更遑论全面建成小康社会和实现现代化。苏州在城市化进程中推进城乡一体化，既能够促进公平正义在城乡居民中的实现，也能够创造新的市场，在发展中造就繁荣，以繁荣拉动发展。而这恰恰需要政府在实践中建立综合协调统筹机制，密切调动政府、市场与社会参与到城市治理中，如苏州推进的“三集中”（工业企业向规划区集中、农业用地向规模经营集中、农民居住向新型社区集中）；“三置换”（农户将集体资产所有权、分配权置换社区股份合作社股权，土地承包权、经营权置换基本社会保障，宅基地使用权及住房置换城镇住房）；以及积极运用市场杠杆提升发展，形成了农村社区股份合作、土地股份合作和农民专业合作为主旋律的“三大合作”模式等举措，有力地保障了城市化进程中的民生福祉和社会安定，显示出苏州所坚持的综合协调统筹的城市公共治理的效用。

苏州的城市化进程是大势所趋，苏州所坚持的综合协调统筹的城市公共治理注重城市的内涵式发展，与之相呼应的是城市公共治理指标，这是苏州城市化进程中所要实践和实现的：

（1）经济发展

经济发展和经济增长是发展经济学的重要概念，但两者有所区别。经济学理论表明经济增长是一定时期经济总量和财富的增长水平，即产出的增长，而“经济发展是指在经济增长基础上，一个国家经济与社会结构的现代化演进过程，即一个国家经济、政治、社会文化、自然环境和结构变化等方面的均衡、持续和协调的发展”①。而且“经济发展就是在经济增长的基础上，一个国家或地区经济结构和社会结构持续高级化的创新过程或变化过程”②。仅有经济增长并没有可持续性，经济发展才包含经济质量和结

① 文华. 经济发展与经济增长的理论综述[J]. 延边大学学报(社会科学版)，2011(5).

② 周天勇. 新发展经济学[M]. 北京：经济科技出版社，2001：25－26.

构的改善,以及社会的发展、文化的繁荣和民生的惠及。

(2) 生态文明

生态是关于生物与生物,生物与其环境彼此之间的交互关系。苏州经过三十多年改革开放,经济社会已经取得显著成绩,然而随着外来人口的涌入和现代工业的发展,环境污染、资源匮乏等一系列生态问题的出现,增加了社会管理的难度。近年来,苏州市委、市政府高度重视生态文明建设,将"生态现代化"列入"五大目标"之一并进一步明确了生态建设的"六个确保",致力于建设生态环境优美、人与自然和谐的现代化新城。例如:在密集人口和核心地理区位实施的"退二进三"战略,大力推动第二产业搬离城市中心,积极调整产业结构,引导三产发展等。

(3) 文化繁荣

苏州是名副其实的文化名城,历来以人文荟萃、底蕴丰厚而被世人称道。文化是引领人类社会前进的灵魂,是创造力和凝聚力的源泉,文化资源处处有闪光的创意,"创造新的思想和新的表达形式的能力正在成为新经济条件下一个国家或地区经济发展的基础,文化可以被看作是信息经济中获得成功的关键"①。苏州积极发展创意产业,打造文化产业的高地,创设国家创意产业园基地。总之,在城市化进程中,苏州市始终把文化视作苏州的第一优势,大力弘扬"崇文、融合、创新、致远"的苏州城市精神,倡导"公平、正义、和谐"理念,营造"知荣辱、树新风、促和谐"的社会环境和"人人为我,我为人人"的社会风尚,加速了文化的繁荣。

(4) 社会融合

苏州市长期以来一直处于我国改革开放前列,"三快、三多"特点明显。所谓"三快"是指经济发展快、城市化进程快、人口增长快;所谓"三多"是指外来务工人员多、农民转市民多、境外人员多。城市体量急剧增大,社会融合问题凸显,苏州在党中央关于社会管理创新的总体引导下,确立了以党组织为核心、村(居)委会为主体、社区为主力、其他各类社会组织和广大居民参与为基础的新型社会体制格局,注重社会协同与公众参与,积极推动形成党的十八大提出的"加快形成党委领导、政府负责、社会协同、公众参与、法治保障的社会管理体制"的战略目标,在实践中充分运用市场杠杆和社会力量,形成公共治理的合力,有力促进了社会的融合。

① 苏启林,陈丹,李凡. 创意产业:由内涵界定到政策设计的演进[J]. 中国工业经济,2007(8).

第二节　苏州城市公共管理转型的基本向度

身处改革开放前沿地带的苏州，在全国乃至风云激荡的世界经济舞台中展示了强劲的发展势头，为这座历史悠久、人文荟萃的城市增添了多姿多彩的现代文明成果。改革开放以来苏州发生了翻天覆地的变化，但依然保持着清丽典雅的江南风韵，流水人家、杨柳依依、山水清嘉，构成了和谐的市民生活和水乡风情画卷。时至今日，这座有着2 500多年建城历史的城市，处处散发着因多年历史积淀而拥有的迷人魅力。同样要看到，苏州也是社会转型大坐标中的一分子，转型期的矛盾和问题同样是苏州所附带的。总体而言，改革开放以来，随着社会主义市场经济不断深化，经济发展的格局已发生了重大变化，一些矛盾也逐渐地凸显出来，社会大转型对当前的社会管理提出了新的要求。与此同时，非公经济蓬勃发展，社会空间得到进一步释放，为城市公共管理创新提供了新的途径，这也是苏州所面临的处境。当前，苏州主要有两个战略性的任务，其一，率先基本实现现代化。基本实现现代化是我国的战略目标，根据中央精神、省委要求和苏州实际，苏州吹响了率先基本实现现代化的号角。率先基本实现现代化，承载起的不仅是一座城市的荣光与梦想，更是华夏儿女千百年来所希冀的永续发展的美好愿景，苏州责无旁贷。其二，加快城乡一体化综合配套改革进程。推进城乡一体化建设，真正缩小乃至消除城乡差别，形成城乡一体化新格局，关乎根本民生和公平正义。率先基本实现现代化和推进城乡一体化都面临社会管理的问题，诸如社会安置、资源配置和矛盾纠纷等问题，这些都需要以社会管理创新的方式加以解决。中央从全局出发，适时提出完善健全"党委领导、政府负责、社会协同、公众参与、法治保障"的社会管理格局的要求，在贯彻中央精神和江苏省要求的过程中，苏州紧紧把握苏州城市公共管理存量中"三快、三多"的特点，在具体实施中，坚持以科学方式加强和创新城市公共管理，注重社会协同、公众参与，在实践中取得丰硕成果，取得了"三少、三增"的效果，即群体冲突少、越级上访少、社会犯罪少，幸福感增高、安全感增加、正义感增进。循着科学的社会管理创新理念，苏州城市公共管理创新既全面又符合规范性，在实际中走出了一条具有苏州鲜明特色的城市公共管理创新之路。

一、观念更新：从经济增长到公共服务

1. 发展型政府的逻辑起点

在特殊的历史时期，计划经济确实能起到保障国民基本生活的作用，然而从长期

看，计划经济不仅难以保证经济的可持续发展，反而会严重束缚生产力的解放和发展，压抑人们劳动的积极性和创造性，甚至会因为某些不符合客观规律和实际情况的决策，造成意想不到的不良后果。面对日益严重的经济困境，十一届三中全会确定了“以经济建设为中心”的基本路线，并通过权力下放，在各地造就了以经济绩效为主要追求目标的发展型政府。所谓发展型政府，是指发展中国家在向现代化工业社会转变的过程中，以推动经济发展为主要目标，以长期担当经济发展的主体力量为主要方式，以经济增长作为政治合法性主要来源的政府模式。①

经过十年“文革”动乱，新中国建立之初通过革命夺取政权所获得的合法性，随着社会的发展和历史的进步，由于意识形态的衰退而逐渐被消解。历史和事实一再证明，只有看得见、摸得着的经济绩效，才能建立和完善社会保障福利制度与教育医疗等公共服务体系；只有健全的社保和公共服务体系，才能切实提高人民的生活水平；只有老百姓真正感受到政府带来的实惠，才能体现社会主义制度的优越性，才能提高国家的军事实力和综合国力，才能在国际社会展现一个清晰的中国形象。归根结底，现代国家的发展，都需要以坚实的经济基础作为后盾。然而由于长期计划经济体制遏制了商品经济的基本发展，因此改革开放初期，在既缺乏资金积累又缺失市场机制的情况下，为了迅速发展经济，地方政府开始承担起企业的角色，于是各地相继兴起了“地方政府公司主义”。

改革开放浪潮中，以异军突起的乡镇企业为主要特色的苏南模式，成为地方发展型政府的典型个案。1978 年以后，中央通过分权化改革重新梳理中央与地方关系，通过提升地方政府自主性，最大限度地激发了地方政府发展区域经济的积极性。苏南地区拥有良好的农业基础，开放的商品经济观念，优越的地理位置和难得的历史机遇，再加上客观存在人多地少的矛盾，因此发展非农产业，解决大量农村剩余劳动力，成为苏南模式的突出特点。在当地乡镇政府的强力推动下，特别是充分发挥了广大农村干部的重要作用，自 20 世纪 80 年代开始到 90 年代末，在十多年的实践中，苏南模式极大提高了社会生产力。农副工三业空前发展，平均每年以 30 % 以上的速度递增；固定资产快速增加，农民收入成倍上涨，不仅保证了绝大多数人的基本生活，而且农民生活水平也得到极大改善。然而随着市场经济的不断完善，经济体制改革的目标渐渐明晰，苏南模式的优势也逐渐弱化，特别是其内在缺陷也逐渐暴露，即乡村集体企业产权的模糊性：政企不分导致企业背负了沉重的社会包袱，因而在开放竞争的市场中难以应对

① 郁建兴，徐越倩．从发展型政府到公共服务型政府——以浙江省为个案[J]．马克思主义与现实，2004(5)．

来自各方的冲击。外部严峻的发展形势推动了从"苏南模式"到"新苏南模式"的转变。不过需要强调的是,尽管改变了政府发展经济的主要思路,但是以政府为主导的经济社会发展基本路径和手段依旧不变。

面对乡镇企业经济效益衰退的困境,苏州地方政府选择以招商引资作为寻求突破的路径。长期以来,外贸经济在苏州具有其得天独厚的发展优势,其"地处长三角中心,拓展国内市场的地缘优势十分明显;毗邻上海,物流路径便捷,并且金融融资渠道丰富,比较适合 IT 产业发展的要求;多年国有经济和乡镇企业的发展,培育了一批素质较高的产业工人;再加上'强势'政府的'强力'招商"①,短短几年间,苏州经济获得了高速增长。2004 年年底,作为一个地级市,苏州 GDP 总量达 3 450 亿元,增速居长三角地区之首,名列全国第四,远超省会城市南京,2005 年的人均 GDP 仅次于上海。一时间,"苏州模式"成为"新苏南模式"的代表,引起各大媒体和社会各界的广泛关注。

然而对于外向型经济发展模式的内在缺陷,苏州地方政府清晰地认识到"任务还很艰巨,矛盾也很突出"。产业结构不合理,自主创新程度比较低,依赖出口拉动需求,人口与环境资源矛盾突出,特别是与经济的高速增长相比,当地居民的获益相对较少,典型的表现是城市居民人均收入与人均 GDP 不相匹配。2008 年波及全球的世界金融危机爆发,过度依赖外资的隐形陷阱暴露,随着越来越多外资的撤离和诸多外企的大量裁员,苏州开始显现出经济"空心化"的特质。苏州向何处去,成为政府在发展转型的特殊时期首先需要解决的问题。

2. 服务型政府的逻辑转变

服务型政府的基本内涵是指,"为全社会提供基本而有保障的公共产品和有效的公共服务,以不断满足广大社会成员日益增长的公共需求和公共利益诉求,在此基础上形成政府治理的制度安排",其本质是对过度强调经济成就,而忽视社会全面均衡发展的"经济建设型政府"②的超越。

进入 21 世纪以后,我国接连遭遇了非典、地震等重大公共突发性事件。2001 年随着加入世贸组织的客观要求,构建服务型政府的呼声日渐高涨。2004 年初,中央政府第一次明确提出要"建设服务型政府"。2005 年的十届三次人大会议的《政府工作报告》中再次强调"在社会主义市场经济条件下,政府的主要职能是经济调节、市场监管、社会管理和公共服务","公共服务就是提供公共产品和服务,包括加强城乡公共设施建设,发展社会就业、社会保障服务和教育、科技、文化、卫生、教育等公共事业,发布公

① 陈振烨. 争论"苏州模式"[J]. 招商周刊,2005(32).

② 迟福林. 全面理解"公共服务型政府"的基本涵义[J]. 人民论坛,2006(3).

共信息等，为社会公众生活和参与社会经济、政治、文化活动提供保障和创造条件，努力建设服务型政府”。2006年10月，《中共中央关于构建社会主义和谐社会若干重大问题的决定》再一次明确提出“建设服务型政府，强化社会管理和公共服务职能”。2007年党的十七大将“加快行政管理体制改革，建设服务型政府”作为当前和今后一个时期我国政府改革和发展的目标模式；2012年党的十八大更是提出了“建设职能科学、结构优化、廉洁高效、人民满意的服务型政府”的行政改革目标。

作为后发国家，从最初的服务行政到后来提出“服务型政府”，一方面是改革开放到了一定阶段，从经济改革到政府改革的特定历史情境中的必然产物；另一方面，更深刻的全球时代背景是后工业社会的到来，给后发国家带来种种治理危机的客观要求。对于西方早发国家来说，在基本完成现代化任务之后，“服务型政府”本质上是一种“后现代政府形态”；而后发国家的“服务型政府”则“融进了先发国家的现代化和后现代化内容”，因此，其理论基础也不仅是登哈特等人提出的“新公共服务理论”①。

自古享有“人间天堂”、“鱼米之乡”美称的苏州，抓住历史机遇，长期领跑苏南，2011年提出将要在“十二五”末率先基本实现现代化。这个关键的历史节点上，政府职能再定位显得尤为重要。事实上，早在2003年，苏州就率先提出了建设服务型政府的具体原则和要求：从更新政府观念到转变行政职能，从改良运作机制到提升行为水平的全方位转变，充分展现了苏州市委、市政府主动适应国际国内市场经济发展新形势，积极完善社会主义市场经济体制新要求的主导性和前瞻性良好姿态。

在2003年苏州市政府制定的《江苏省苏州市人民政府关于苏州市服务型政府建设纲要》中，明确指出苏州市建设服务型政府的总体要求是：坚持以邓小平理论和“三个代表”重要思想为指导，时刻牢记全心全意为人民服务的宗旨，切实遵循立党为公、执政为民的要求，以加快发展为第一要务，以富民强市和争当全省“两个率先”先行军、全国率先发展排头兵为己任，以实现好、维护好、发展好最广大人民的根本利益为出发点和落脚点，忠实履行宪法和法律赋予的职责。深化政府改革，推进职能转变，改进管理方式，提高服务水平，加快构建行为规范、运转协调、公正透明、廉洁高效的行政管理体制，努力把苏州市的各级政府建设成为法治化、负责任、守信用、公开透明、为民亲商、高效运作的服务型政府。在坚持依法服务、廉洁服务、诚信服务、创新服务、高效服务和人性服务的六项基本原则下，从九个方面，全面开展建设服务型政府的新工程：推进政府改革，加快职能转变；坚持依法行政，正确行使权力；完善决策机制，实施透明行政；加强效能建设，争创优良业绩；构建电子政府，提高服务效率；优化财政收支管理，

① 施雪华．“服务型政府”的基本涵义、理论基础和建构条件［J］．社会科学，2010(2)．

建立公共财政框架；维护市场秩序，打造“诚信苏州”；强化监督约束，规范行政行为；改进公务员管理，提升公务员素质等。

二、结构重组：从政府管理到公共治理

1. 治理理论：地方结构重组的基本依据

现代意义上的治理范式与国家机器的变迁存在密切关联，“治理首先体现了国家的隐退趋势：治理意味着国家在原则上要避免成为社会游戏的直接参与者。国家的直接介入只能出现在特殊条件下的非常情况中。治理要求国家遵循辅从性原则，即国家的直接介入只是针对那些只能由国家才能完成的任务，如涉及垄断的领域，对抗各种风险的集体保护（安全领域）或是维护社会团结的任务。”[①]国家在此时实际上是以“战略家”和“掌舵者”的身份制定社会事务的宏观方略，并以“局外人”的态势保持社会整体平衡。而治理范式的转变也要求实现“国家重建”。弗朗西斯·福山对“国家重建”给出了明确定义：国家重建（State-building）是新政府机构的建立和现有政府机构的加强[②]。在治理的国家范式中，国家重建所指称的新政府机构的建立和现有政府机构的加强，“加强”体现为政府治理能力的加强，而非仅仅指规模的增加。对应我国，“言及国家重建，乃在于此‘构建’不是在‘一穷二白’的基础上进行‘国家’建设（该任务已早由近现代以来的中国革命初步完成），而是在原有的‘国际’制度体系上的改革，是谓之‘重建’，其真实含义，是侧重于‘国家转型’，即在‘路径依赖’下的选择性构建。”[③]那么，在公共治理中，国家重建视阈下的地方治理体制必然涉及相应的制度建设和结构重组。

所谓地方政府结构体系，是指一定主权国家范围内，为了实施统治和管理，在各级各类地方政府及相关部门之间形成的相互关系，以及在此关系基础上形成的政府管理框架。新中国成立六十余年来，我国对地方各级政府的结构性调整，前后开展约十余次之多。然而，反反复复的改革最终总是陷入“精简—膨胀—再精简—再膨胀”的怪圈。正如结构功能主义的基本观点所指出的那样，系统的结构决定其功能，健全、完善、合理的结构才能产生良好的功能。因此，城市化进程中，尽管清晰明确的政府定位

---

① ［法］雅克·舍瓦利埃. 治理：一个新的国家范式［J］. 张春颖，马京鹏，译. 国家行政学院学报，2010（1）.

② Francis Fukuyama. State-Building：Governance and World Order in the 21st Century［M］. Ithaca，NY：Cornell University Press，2004：1.

③ 孙远东. 社区重建抑或国家重建：快速城镇化进程中农民集中居住区的公共治理［J］. 苏州大学学报（哲学社会科学版），2011（5）.

是实现地方政府结构重组的基本前提和必要条件，然而，根据时代发展趋势，特别是社会经济的发展需求，来优化地方行政结构，才是推动地方政府管理创新的根本着力点和有效途径。

行政体制改革历来是我国深化改革的重要组成部分，对带动各方发展，影响全局方向具有至关重要的意义。十八大报告指出，要把深化行政体制改革作为推动政治建设和政治体制改革的重要任务之一，必须深入推进"四个分开"，"建设职能科学、结构优化、廉洁高效、人民满意的服务型政府"，同时有序稳步推进大部制改革。十八大的新精神、新要求和新部署，对地方政府结构体系的调整具有关键性指导作用。

改革开放后，随着社会主义市场经济体制的确立和公民社会萌发，地方社会自主性不断提升。这些新生主体性力量要求打破传统的政府主导的一元化管理模式，与地方政府形成适度平衡和建设性互动关系的多元结构，亦即是要求从一元化管理走向多元主体共治，构建以公民发展为中心、面向公民需要的、积极回应环境变化、使地方充满发展活力的新型社会管理格局——良善的地方治理。这意味着今后地方治理的结构将是一种包容政府、企业、社会团体、专家、公民个人等所有涉及相关公共事务的利益相关者共同参与的网络结构，这其中包括了政策制定者、政策执行者、政策受益者以及可能的政策牺牲者，这也意味着今后的地方治理将建立在所有利益相关者利益充分展开和博弈以及责任明确界定的基础上，形成多元主体共同参与和互动合作的网络状治理机制。

任何一个完善社会系统的自身维持、延续和发展，都离不开经济体系、政治体系、社会体系和文化体系，这四大组织结构间的协作共治。其中，这四大结构分别承担了适应功能、目标功能、整合功能和发展潜能①。具体到地方治理，其最为显著的特征是治理主体的多元化，这意味着地方公共事务中政府不再是唯一的管治中心，第三部门组织甚至是私人部门都能介入到地方公共事务中，成为地方治理的主体，这也意味着地方政府权力的扩散和转移。从政府自身而言，地方政府的权力外移是对于行政成本过高的自然反应；从政府—社会的互动关系而言，地方政府在引进多元主体参与地方治理的过程中，其自身所拥有的权力必然受到限制，形成多元主体对政府的监督，因而政府在权力转移过程中并不一概愿意，尤其是在利益攸关的问题上更是如此，但是公民社会的日益成熟已对此造成了强大的压力，政府放松对某些社会领域的管制已是大势所趋。因此，如何构建全面的城市治理体系，激活各个系统所蕴含的具体功能，从而

① 涂晓芳，魏葱葱.结构功能主义视角下地方政府治理创新路径研究——以青岛市政府为例[J].国家行政学院学报，2013(1).

实现良性治理过程的生成,是地方治理结构重组的基本目标。

2. 园区经验:城市政府结构重组的重要实践

苏州工业园区从一开始就十分重视政府职能的转变,力求在政府与企业关系方面突破传统体制,建立一种既能适应我国国情,同时又符合社会主义市场经济发展要求的新模式。按照省市有关授权,苏州工业园区管委会主要负责行政区内的区域规划、环境保护、法规制定、投资项目审批、土地管理、人员招聘、出入境审批、税收、公益事业管理、维护社会秩序与保持社会稳定等十项职能。把属于企业的职能还给企业,属于社会的职能还给社会,属于中介组织的职能还给中介,这样就基本做到了政府职能的准确定位。

与其职能相呼应,园区管委会坚持改革、统一、精干、主权、逐步完善等五项原则,管委会下设机构职能综合归并,最大限度精简,至今只设16个常设部门和1个借鉴新加坡经验办公室。这些部门的职能一般涉及上级几个甚至几十个部门,同时在机构设置方面坚持因事设岗、因岗选人,保证管委会人员编制严格控制在300人以内,工作人员实行一岗多能,交叉兼职,比正常编制规模少了三分之二的人员。这样就最大限度地体现了"大部制"和"精简、统一、效能"的政府机构设置原则,极大地提高了政府办事效率。

最后,高效服务体系的形成。形成高效的服务体系是亲商理念的确立,"精简、统一、效能"是政府机构设置的落脚点和归宿。一切政府管理范式的创新,最终都必须落实到具体的操作实践上,才能体现为优秀的投资环境和高效的政府办事效率,才能达到吸引外资、发展经济、改善民生的最终目标。苏州工业园区管委会以亲商理念的确立为先导,以"精简、统一、效能"的政府机构设置为支撑,积极吸收借鉴新加坡政府管理经验,并结合园区实际,摸索出一整套高效、便捷、低成本的政府操作模式。

这种模式首先体现在园区管委会对企业的一站式服务中心的设立上。一站式服务中心的设立,是苏州工业园区管委会政府操作模式的一大亮点。这一操作模式的独特之处,就在于它作为管委会的直属机构具有充分授权性。这一中心不是政府各职能部门设立的窗口机构,而是直接由管委会充分授权的事业单位。在这种体制之下,企业和公民办事只需到一站式服务中心的一个窗口就可把所有事项办完,极大地精简了企业和公民的办事流程。

苏州工业园区管委会政府操作模式的另一个亮点,就是社会服务承诺制度的建立。为了规范政府行为,强化政府服务,创造良好的投资环境,苏州工业园区管委会于1998年颁布了《苏州工业园区管理委员会社会服务承诺》,2000年又对其进行重新修改。按照社会服务承诺的有关规定,园区管委会严格执行关于清理整治乱收费的相关规定。任何单位和部门未经批准,不得擅自增加收费项目和提高收费标准。在对企业收费问题上,园区管委会要求做到透明、公开、合法,目前园区管委会已经做到了在本级政府层次上的零收费。同时,园区管委会在执行对企业的管理服务职能时,明确不得推诿扯皮,不得敷衍塞责。任何部门和个人,在接受企业的申请、咨询及办理正常审批手续时,都要想企业之所想,急企业之所急,不得无故拖延甚至刁难。

为了防止由于机构少、职能多而可能出现的"职能缺位",园区实行了以事为中心的"专题工作制",凡是涉及几个部门的事情,园区确定由一位分管领导牵头,由相关部门和相关人员组成专门小组,明确责任,提高效率,从而实现了精简与效率的统一。

3. 一市多制:城市治理体制的多样化

自改革开放以来,为顺应时代变迁的需求,我国地方政府机构已经经历了数次结构性调整。特别是在追求经济跨越性增长的压力之下,各地为激发城市生产性功能,通过建设开发区或申请保护区等途径,将传统城市行政管理体制与各类城市的多样性功能相互嵌入。这种发展路径在"国家—社会"关系转型初期的低制度空间中确实发挥了巨大的作用,但也出现了管理体制割裂化倾向,其中,苏州可谓是这类现象的典型,被称为"一市多制"。所谓"一市多制"是由于在不同历史时期中,地方政府在本地区管辖范围内通过建立"特区"的形式来达成不同的区划调整目标,从而造成的"碎片化"、复合型治理结构。在苏州集中表现为行政层级的复杂性,从现在广域地级市范围看,苏州既包括传统老城区和乡镇县级市,也包括以工业园区和高新区为代表的经济型开发区。同时,随着2012年9月三区合并,老城区内部的平江区、沧浪区和金阊区被整体纳入国家历史文化名城保护区[①]。除此之外,吴中区和相城区虽然主要沿用的是传统市区管理体制,不过,在各自区划内也都成立了相应的乡镇开发区。随着"一市多制"管理优势的逐渐衰减,其隐性弊端开始显现。一方面是传统市区管理机构的臃肿导致财政负担逐渐加重,另一方面是市级管理机构的直接调控力相对较弱,与其城市地位不相符合。如何增强市级层面上的宏观驾驭力,加强"市区一盘棋"的全局意识,实现公共服务建设和供给的统一管理,是未来城市治理体制调整和结构重组要面对的问题。

① 2012年8月,江苏省政府就设立苏州国家历史文化名城保护区作出批复,将苏州市平江区、沧浪区和金阊区整体纳入保护区范围,进行统一规划管理。其管辖范围与"姑苏区"一致,但苏州国家历史文化名城保护区属于非行政机构,由苏州国家历史文化名城保护区管委会负责。苏州国家历史文化名城保护区和姑苏区将实行"一个机构、两块牌子"的管理方式。

三、流程再造:从层层审批到绿色通道

为了适应率先基本实现现代化的需要,苏州率先推进行政管理体制改革,推动政府转型,构建服务型政府。以行政审批制度改革与完善政务公开为技术载体,以强化行政执法责任制及其规范保障为制度保证,以调整乡镇职能与理顺投资体系制度为核心内容,主要围绕这三个基本向度展开具体改革措施。

1. 行政审批制度改革与完善政务公开

深化行政审批制度改革,在进一步规范审批行为的同时,减少行政审批事项,简化审批环节,是苏州构建服务型政府的技术改进,与以推行电子政务为核心的政务公开,可谓一脉相承。近年来,苏州市行政服务中心根据市委、市政府“经济转型升级,行政服务更要转型升级”的具体要求,积极贯彻落实苏州市作风效能建设“五大行动计划”,在创新服务模式,提高服务效能,优化服务环境等方面不断取得新成效。自2002年9月12日正式揭牌运行以来,苏州市行政服务中心已经覆盖有44个部门和单位,467项审批与管理、服务事项,累计办件突破600万件,日均办件2 200余件,办事群众对“中心”服务的满意率始终保持在99%以上。仅2012年一年就受理各类办件922 589件,较2011年同期增长8.03%,承诺件承诺期内提前办结率为97.02%,按时办结率达到100%①。

电子政务(E-Government)是现代信息技术在政府行政管理领域引发的一场革命性变革,为实践行政审批制度改革、进一步完善政务公开提供了技术保障。早在1999年,苏州市政府就意识到互联网的快速、便捷、透明等特性将会对未来政府行政产生重要影响,因而适时创立了“中国苏州”网,通过打造各级政府部门发布和分享信息的平台,以改善投资环境,扩大招商引资跑道;倾听群众呼声,关注民意民生,密切党群联系;同时方便进行政务监督。2003年,“围绕建设服务型政府,以信息传递处理的电子化、办公业务的自动化、公共服务的网络化为重点”②,成立了市信息化工作暨电子政府建设领导小组。近年以来,更是相继启动了“以数据共享为核心的市权限内企业投资项目网上联合审批平台”、“行政审批场景式智能引导服务平台”项目建设,并在全省范围内率先搭建“市公共资源交易信息网站”,通过信息化技术的运用,实现了服务资源的有效整合,不仅方便企业办事,简化审批程序,而且为政府了解企业和市场的真实需

① 苏州市行政服务中心网站,http://www. fwzx. suzhou. gov. cn/CenterInfo/Info. aspx? ParentCatalogGuid =46d36fe6 - 347d - 406f - a298 - 208b3aa7b648&ChildCatalogGuid = a64789d7 - 1213 - 4daf - 99a8 - 87251dd5a96b.

② 沈安华. 互联网上的苏州:简析苏州市各级政府的网站建设[J]. 苏南科技开发,2004(2).

求和服务反馈提供了基础平台。

通过电子化的政府内部运作体系，苏州市打造了内部标准统一、功能完善、安全可靠的电子政府基础网络。实现了政府内部信息共享，促进了公文流转网络化、无纸化；创建了综合应急指挥系统，有利于指令通达、快速反馈，迅速决策和综合部署，大大增强了应对突发事件的能力；建立宏观经济管理、社会保障、金关、金税、金盾、智能交通指挥等电子化业务系统，提高服务和管理水平；充分利用视频会议、可视电话、电子邮件等手段，改善工作交流方式。政府内部的电子化运作，十分有利于政府提供更优质更即时更透明电子化的公共服务。十年来，随着"两集中、两到位"工作的深入开展，行政服务初步实现了被动审批型向主动服务型、传统审批型向智能服务型、单一审批型向综合服务型、串联审批型向并联服务型的四大转变，在便民的同时，不断完善政务公开机制，已然成为苏州对外展示自我形象和新时代精神的华丽名片。

2. 强化行政执法责任制及其规范保障

源于地方实践的行政执法责任制，是建立在行政执法理论基础上的责任制和评议考核制的统称，具体是指地方政府把实施法律法规的职责落实到相关行政执法部门，由执法部门以岗位责任制的形式落实到具体执法机构和执法人员，地方政府部门对责任对象提出目标要求，并进行监督考评的制度。因为行政法制化建设在社会转型期具有特别的现实意义，所以一些地方政府为防止和解决各行政部门推诿扯皮或重复执法的现象，通过理顺各行政执法主体的职能，以评估实际执法效能为主要手段明确了行政执法责任制。1997 年，党的十五大报告提出，"一切政府机关都必须依法行政，切实保障公民权利，实行执法责任制和评议考核制"。1999 年，《国务院关于全面推进依法行政的决定》进一步指出，要"积极推进行政执法责任制和评议考核制，不断总结实践经验，充分发挥这两项相互联系的制度在行政执法监督中的作用"。

苏州市为了强化法律监督机制，促进政府部门廉政建设、提高执法效率，为市场经济的建立和完善创造良好的外部环境，早在 2006 年就拟定了《关于推行行政执法责任制工作配套制度建设的指导意见》。通过构建、完善和落实行政执法评议考核制度、行政执法责任追究制度、行政执法公示制度、行政执法程序制度、行政执法听证制度、行政执法案卷评查制度、重大行政执法决定备案制度、行政执法主体资格制度、行政执法人员资格制度、行政执法自由裁量权基准制度、规范性文件备案审查制度、行政执法监督制度和行政执法人员学法培训制度，共涉及从组织到程序到制度等十二个领域的改革，大大强化了行政执法责任制及其规范保障。

3. 调整乡镇职能与理顺投资体系制度

农村税费改革之后，乡村治理结构发生了重大变化。2000 年，中共中央、国务院发出《关于进行农村税费改革试点工作的通知》,率先在安徽省进行农村税费改革试点。在随后的几年中,国家不断降低税率,并逐步缩小农业特产税征收范围,直到2006年正式取消了农业税。从此,乡镇政府以整合和汲取社会资源为核心的"管治"功能大幅衰退,同时开始直接面对社会发展转型过程中更加错综复杂的经济、政治、社会、文化问题。从有关学者的调查来看,2005年以来,人们对乡镇职能的认识已经有了新变化:对经济发展的重视程度依旧没有发生根本性改变,而对社会治安、文教卫等社会事业,以及农村各项公共服务体系等多项职能,提出了更高的要求;在一项有关乡镇政府职能的调查中,有近93%的被访者认为乡镇政府的主要职能是"公共服务"①。

特别是近十年来,随着经济转轨进入深水区,土地资源矛盾日益凸显,环境污染问题日益严重,城乡差距扩大,社会矛盾和冲突也逐渐增多,加快乡镇政府职能转变的步伐被提上日程。然而,由于地方政府投资主体的地位没有发生根本改变,纵向间政府委托代理机制没有完全理顺,事业单位改革长期难以落实,市场的基础性资源配置作用难以发挥,民间组织发育不良:种种矛盾的核心直指投资体系制度。由此可见,加快调整乡镇职能,对于加快促进城市化、稳步推行现代化具有重要意义;其中关键在于理顺投资体系制度,换言之,即进一步理顺政府与市场、政府与企业,以及政府与社会的关系。

改革开放三十多年以来,从直接兴办和发展企业到主导产权制度改革,从开发区建设到招商引资,苏州市的基层乡镇政府始终起着主导作用②。在长期的城市化实践中,苏州市始终把小城镇作为城乡一体化的重要载体,积极实施"区镇合一",推行强镇扩权改革试点,推进"优二进三"、转型升级,推动一批经济发达镇逐步发展成为现代新型小城市。通过持续推进"三个集中",仅2011年全年,新开工农民集中居住区2 000万平方米,新增7万农户进城镇落户。全市累计110多万农民实现了居住地转移和生产生活方式转变,88%的工业企业进入工业园,80%的耕地实现规模经营,43%的农户实现集中居住。③ 除此之外,为了更好地实现资源优化配置,优化产业布局,从2009年起,园区便率先全面有序开展撤村建居工作。2011年,园区工委、管委会将幸福社区建设行动计划列入园区九大行动计划之一,全区社区建设得到进一步加强。随着各镇农民生活逐步得到保障,其思想观念也开始与城市接轨,园区本着确保动迁居民入股的集体资产保持不变、现行的各项待遇和补助不变、现有各项富民增收政策不变的"三不

① 吴理财.从"管治"到"服务"——关于乡镇政府职能转变的问卷调查[J].中国农村观察,2008(4).

② 张建英.中国地方政府经济职能转型的实证分析:以苏州市为例[J].江苏社会科学,2011(1).

③ 蒋宏坤,周乃翔.蒋宏坤、周乃翔同志在全市城乡一体化改革发展暨村庄环境整治工作会议上的讲话[R].2012-3-19.

变”原则，在2012年年底，正式撤销娄葑镇、唯亭镇、胜浦镇建制，分别设立娄葑、斜塘、唯亭、胜浦4个街道办事处，为进一步深化行政体制改革，顺应城乡一体化要求，以及园区下阶段改革发展奠定了良好基础。

进入新世纪，在快速推进“三化”的同时，苏州各乡镇政府坚持“两个率先”，紧紧抓住城乡一体化发展综合配套改革试点的契机，以新型工业化推动农村产业发展，以城市化提升农村社区建设，以经济国际化塑造农村发展理念。通过加大农村社会保障和基础设施投入，以及理顺投资体系，强化了各乡镇政府的公共服务职能，使苏州逐步成为全国城乡居民收入差距最小、村级集体经济实力最强、农村社会保障体系最全、农村基础设施建设最好的地区之一。

第三节　苏州城市公共管理协同创新中的“5政”模式

城市化进程中的公共治理转型是实现“政府—市场—社会”的互嵌式发展。作为发展中国家，市场机制和社会体系还有待完善，政府在城市化进程中的积极作用不应该被刻意地削弱。同时，作为长期受计划经济左右的集权体制国家，我们也要改变以政府为唯一主体的城市治理模式。政府应该更多地是以调控、引导和间接的方式发挥作用，才能够将城市化进程中的社会风险、管理风险降到最低，并保障我国城市化进程向可控的、健康的、良性的方向发展。身处改革前沿的苏州，立足于加强和创新社会管理的中央精神和战略目标，突出政府在社会管理创新中的优势，在实践中探索出一套“政社互动、政会互融、政企互联、政民互通、政政互助”社会管理机制协同创新的“5政”模式，开创了城市化进程中城市公共治理的新格局，有力地支持和推动了苏州和谐城市化效应的实现。

一、“政社互动”：探索政府与社区互动关系的新机制

“政社互动”所要达成的是政府与社会良性互动，内在的包含政府与社会平等的地位，也即在实际中突破了以往政府主导的一元体制。而政社互动也有哲学向度的理论支撑，长期以来，主体哲学“自笛卡儿把‘主体’或‘自我’规定成一切意义和价值的源泉和基础，自然界和其他人的性质、语言和行动的意义都随‘自我”的含义而界定”①。这一理论在实际中呈现了越来越大的局限性，而交互主体哲学则以更为科学的视界实

① 张伟琛. 对主体及主体哲学的批判[J]. 河南师范大学学报(哲学社会科学版)，2007(34).

现了主体间的平等地位和交往平等，这是一种进步。政社互动在实际上使得政府与社会实现了主体间的平等态势，呈现出了越来越明显的交互主体的特征，契合了事物发展规律，也由此，在理论和实践上很好地支撑了政社互动的理念。苏州的政社互动是走在全国前列的，在实践中，苏州紧紧围绕做好政府与社会间的规范和制度化，注重改善政府权能和培育社会，真正使得政社互动支撑起了社会管理创新这个大舞台。

1. 太仓："政社互动"推动基层民主自治

政府在社会管理中难以做到包揽所有公共事务，"包打天下"是不现实的。苏州正在推进的以"政社互动"为核心的社会管理模式，是对社会协同、公众参与的核心概括。在实际中，政府与社会多元主体共同参与社会管理，形成政府与社会协同配合、有效对接的良性互动治理的局面。由于"政社互动"是多元共治的体现，能够弥补政府行政的缺陷或漏洞，深化社会管理，有效促进经济社会协调发展，故而在实践中展现了很强的活力。

2008 年，根据党的十七大报告精神，为了全面推进政府行政管理和基层群众自治的有效衔接和良性互动，苏州太仓率先开展了政社互动的实践探索，开创了规范政府与社会关系的先声。太仓实践中尤为出彩的是在"政社互动"推动下的村民自治。村民自治的目的在于还权于民，要推进基层民主自治则必须理清政府的权责界限，为此，太仓向社会明确表达了"尊重自治权力，建设有限政府"的先进法治思想和"共同参与、和谐善治"的管理理念。四年来，太仓市从多个方面进行了深入探索和实践。第一，加强组织领导，出台行动纲领，达成互动共识。在由市委书记和市长带头的"政社互动"推进工作领导小组的指导下，形成建设法治型服务型政府的共识，发展并提升基层自治能力的共识，以及规范政府权力、发展基层民主的共识。2009 年 5 月，出台了《关于建设政府行政管理与基层群众自治互动衔接机制的意见》，成为"政社互动"实践的启动钥匙。第二，通过勘定权力边界，制定《基层群众自治组织依法履行职责事项》和《基层群众自治组织协助政府工作事项》，明确了需要自治组织协助办理的事项 28 条，从而理顺了"行政权力"和"自治权利"之间的界限。其次，2010 年年初，在城厢和双凤试点，由政社双方平等协商签订《协助管理协议书》，通过签订委托协议，正确处理了基层政府和自治组织、自治组织履行法定职责和协助政府管理，以及村(居)民民主管理与村(居)委干部自行管理的三个关系。最后，太仓还建立了平等主体间的"双向评估"体制，从而为政社双方构筑了一座桥梁。

"政社互动"形成了政府调控同社会协调互联互动、政府行政功能同社会自治功能互补的良好局面，太仓村民自治的进步充分说明了"政社互动"的功效。太仓村民自治取得了卓然成效，苏州于 2012 年发文全市推广。而太仓市也已经开始通过开展"三社联动”和“七大建设”来努力实现“三个自主”的发展目标，不断推进、深化和拓展社会管理的生态和水平。①

图 5-3 太仓市“政社互动”工作会议

图 5-4 民政部基层政权和社区建设司领导专题调研

2. 园区社工委：创新政社互动新局面

社工委是社会管理创新的产物。湖东、湖西社区不设街道，只有社工委。社工委的全部工作就是公共服务，经费统一由管委会拨款，由管委会主任担任组长，分管领导担任副组长，与社区职能关系紧密的一把手担任指导委员会委员，设立窗口承担政务服务的职能，为居民提供服务，社工委下面是居委会，这是一种创新的社会管理体制。社工委创立以来开展了卓有成效的工作，诸如开展“社情民意联系日”活动，从 2011 年 5 月至今解决了 700 多个问题，在此基础上推进制度化。社工委的成立拓宽了反映民情的渠道，是对现有管理体制的补充，很好地起到了衔接体制内与体制外的作用。又如，在社区居民普遍关心的物业管理上，社工委推动物业管理办公室相关的组建、指导和监督等工作，让居委会通过积极动员优质的业主等方式征集业委会代表、调动业委会代表的积极性。其次，将一些协助物业、居委会解决问题的热心居民公开化，鼓励大家积极参与，在实际中取得不错效果。

社工委也是政社互动的生力军，湖东社区工委开展的“中西文化大课堂”就是生动体现。湖东社区的外籍居民有 3 000 多人，占社区人口的 10%。湖东社区工委秉持政社互动的原则，以“中西文化大课堂”为载体服务和管理社区。大课堂主要由三大块构成：第一，说法堂。针对外籍人士缺乏对我国法律认识的情况，社区邀请公检法等部门宣讲法律知识和案例。通过全力贯彻“教育牵引策略”，确保了外籍居民形成强烈的法

---

① 材料及数据来源：太仓市政法委. 太仓市开展“政社互动”工作情况汇报[R]. 2012－5－12。所谓“三个自主”是指自主指标、自主考核、自主报酬。“三社联动”指社区组织、社会组织和社会工作者的互相协作，广泛参与。“七大建设”是从苏州市十二五期间制定的加强社会建设创新社会管理的“十项任务”中，选取与民生直接相关的，诸如居民收入倍增、公共服务均等化、营造城乡美好环境等七个项目。

律意识和观念,从而不仅“知中国法”,也“守中国法”。此外,居委会与律师事务所签订了合同,外籍人士遇到法律上的事务,居委会可以为其找到合适的律师。第二,主要是中外文化互动,诸如外籍人员教做西式糕点,本地居民教授包饺子,加深了居民交流和融洽了居民情感。又如,外籍人士对社区调解委员会的性质和功能有疑问,通过社区工委和企业沟通,让外籍人士明白调解委员会不仅维护职工利益,也维护企业利益。也包括从和谐的角度介绍社情民情,以及在邻里发生矛盾时通过活动达成互相谅解。经过沟通,许多外籍人士也开始理解本地民俗并向本地居民生活方式过渡。第三,主要是文明志愿者方面。通过工委、居民和政府部门通力合作,越来越多的外籍人士开始改变不愿参加社会活动的心理,积极主动地融入到各项公益事业和公众活动中,例如参加“爱心无国界”志愿者活动中的“啄木鸟”志愿队,在园区范围内寻找错误的英文标识,提请相关部门更正,提升园区的国际形象。在融合过程中,外籍人士的归属感也得到增强。社工委推动下的工作取得斐然成效,增进了邻里情谊,加速了中外文化融合,睦邻友好、和谐共融的新型社区氛围愈加浓郁。

二、“政会互融”:培育政府与社会组织关系的新动力

随着城市化进程的加速,市场力量不断介入并夹带着社会结构的变动,计划经济时期的“全能政府”已不适应当今需要,向公共服务型政府转变则是必然选择,社会组织承接部分公共服务职能依然是趋势。与此同时,城市化进程中所形成的权力格局的重塑,也为社会组织发挥其功能创造了空间。从治理层面来说,社会组织嵌入到社会治理中,有利于弥补政府力量的不足,同时,社会组织在提供就业岗位、增进社会和谐稳定方面能够有所作为,只要引导得对路,能够起到很好的正面效果。苏州所实践的“政会互融”模式,通过加强政府与社会组织的融合,实现政府对社会组织的有效引导和管理,明确权能和发挥各方主体地位,形成了合理调适国家与社会关系的全新方式。

行会是具有共同利益的群体聚合而成的组织,具有特定的利益、目标和价值取向,诸如各类商会、协会等。同时,行会也发挥着社会整合和利益聚合的作用,具备相对规范的动员能力。行会组织是社会管理中不可忽视的重要力量,尤其是在当今转型时期,政府要转型,作为政府组织部门之外的行会也在转型以适应新的社会经济环境,“如何在有序的状态下顺利完成转型,形成政府与民间组织构建和谐社会的合力,合作主义作为一种主张政府权威和社会团体进行制度性合作,实现双方受益的结构变迁理论体系,为我们在构建和谐社会中塑造民间商会组织的重要角色,发挥民间商会组织

的功能提供了独特的视野。"①这当中的合作正是可以通过政会互融的方式,使得政府能够对行会组织加以合理调控和引导,携手并进,进而形成社会和谐管理的合力。苏州具有深厚的商业传统,在实践中积极发挥各级主动性,在"政会互融"方面累积了许多卓有成效的经验。

1. 张家港:书写政会互融的精彩

政权离不开真正的社会组织的支持,张家港的政会互融建设特征在于,通过行业协会承接政府部分职能,协助政府化解企业之间的矛盾,服务壮大协会和协调企业管理,以达到实质的政会互融。协会围绕政府的施政,充当起化解政府、企业和老百姓之间矛盾的桥梁作用,既促进了经济发展,又和谐了社会,也提高了自身建设能力。协会组织参与社会管理作为张家港社会管理创新的特色和品牌,实现了与基层互补、与社会互融,促进了基层政权建设,在实际中达到了很好的效果。

张家港市政府与建筑业协会的互动是一个典范。相对于西方国家的协会以与政府博弈、制衡为目的,张家港建筑协会是在政府指导下成立的,协会自己管理自己,自主性很高。建筑行业是高危行业,报价和评优是最关键的两个环节,通过政会互融,建筑业协会就能协同政府更好地加以控制。以招标投标为例,原先实行的是最低价中标,实践之后发现最低价中标导致很多工程质量差等一系列问题,但是这又超越了政府管理权限和能力,于是改为合理定价中标,但是政府不是专业的评判机构,由其来认定优质工程并没有说服力。于是通过协会处理,协会会长、副会长由民主选举产生,秘书长由管理部门的人员担任,协会非常熟悉行业的一切情况,由协会合理定价时,政府也同时介入,这样的做法就最大限度地做到公平、公正和公开。又如,在建筑企业,欠薪是一大问题,农民工相对处于弱势,讨薪比较难,协会通过成立担保公司为会员担保,并且这部分资金会运营、增值和分红,实现了双赢。保证金是企业拿出来的,协会有对不自律的公司的制裁措施,如拉黑名单,在网站上公布,同时有相应的管理机制,比如评分。通过政会互融,也带动了企业做好工地生活服务设施,为农民工营造了良好的环境。总体说来,随着政会互融不断深化,张家港的整个建筑行业很自律,没有发生违法乱纪现象,行业内部没有恶性竞争。

张家港政会互融的另一代表是新市民共进协会。这是2010年成立的专门服务于新市民的机构,主要工作是引导新市民自我管理、自我服务、自我约束,协助政府管理。张家港目前有654 000新市民,其离开一个月就要注销,数据需要实时更新,这些工作

① 吴巧瑜.转型期民间商会组织的角色与功能——从合作主义的理论视角分析[J].学术研究,2007(8).

都是由协会完成的。目前，在社区和新市民聚居地成立了29家分会，现有6 000多个新市民参与。协会运转以来，一是开展协会组织的自身建设，积极引导新市民参与，做好维权、维稳和社会保障等工作，架起了政府和新市民之间的桥梁。二是新市民集中管理，通过给新市民打分，政府以此为依据给新市民提供入学、入医和入户等优惠政策。协会坚持做好"贴心人和娘家人"，再做"明白人"，通过开展慈善事业和培训活动，和劳动部门合作，对未成年人提供不同的培训项目，这一做法受到了很多家长的好评。协会从创建至今，这些工作已初见成效。

图5-6　中国东方丝绸市场协会安徽纺织分会成立

图5-7　美国安妮皇后郡郡长带团参观沧浪社区建设

2. 盛泽：异地商会在社会管理创新中放光彩

盛泽位于吴江区，经济发达，自古就以商贾云集而著称。改革开放以来，全国各地客商大量涌入，外来经济从业者更是占了很大部分比重，各类商会和行业协会如雨后春笋般涌现。自1996年福建客商在盛泽镇成立第一个异地商会"闽南经济促进会"起，如今在盛泽的各类异地商会、协会已有1 000多家。各类商会、协会是社会管理可以借重的资源，为此，盛泽党委政府发挥创造性思维，近年来，盛泽镇按照"充分尊重、广泛联系、加强团结、热情帮助、积极引导"的工作方针全面推进商会工作，促进商会在保增长、促发展、促和谐的稳定大局中发挥积极作用。

商会积极行动，促进了盛泽经济健康发展。盛泽的纺织产业是支柱产业，吴江市纺织商会结合自身行业情况，紧紧抓住民营经济发展中存在的难点、热点问题进行深入调研，提出有针对性、前瞻性、可操作性的意见和建议，为市委、市政府的决策提供参考意见。在维护社会和谐稳定方面，盛泽有诸多开创性的点子。例如，当地政府和在盛异地商会定期召开治安管理联席会议，由统战办牵头，每个月举行一次例会，及时通报各商会近期工作情况和商会主要领导人的动态，探讨商会工作过程中遇到的困难和问题。通过面对面共议盛泽治安管理，不仅强化了商会之间的联系，也加强了党委、政府与商会之间的互通有无，帮助政府及时了解企业情况，掌握第一手资料，提高了治安管理工作的能动性。在政府支持下，商会积极做好信息咨询服务，及时向会员提供政策和经济信息，依法维护会员的合法权益，并协助政府有关部门开展招商引资、经贸洽谈、就业服务等活动，为盛泽的经济社会发展注入动力。商会积极行动，积极承担社会责任，会员们积极参与扶贫帮困、光彩事业等社会公益事业，带动了盛泽企业社会责任感意识的上扬。如此种种，通过把商会纳入到社会管理创新体系中，不仅强化了商会的社会责任感，更推动塑造了社会有序和谐的局面。

3. 沧浪区："幸福联盟"团队——幸福声里说和谐

邻里情幸福联盟是沧浪区（2012 年 9 月与平江区、金阊区合并为姑苏区）于 2007 年 6 月开始试点的，是由社会群团、各类民间组织和各类志愿者队伍组成的联合体。幸福联盟首创了"1+2+1"管理模式，即在社区坚持社区党组织一个领导核心，设置社区工作站和社区居委会两个办事机构，建立"幸福联盟"一个活动组织。党组织和工作站、居委会等密切合作，合理分工，社区党组织是社区各类组织和各项工作的领导核心，党的领导保证了能够以党组织的强大体系支撑社区管理体系架构；社区工作站是承接政府部门、街道办在社区的事务性工作的平台，提供面向基层群众的公共服务；社区居委会是社区居民实行民主选举、民主决策、民主管理、民主监督的自治组织；幸福联盟则在实际中发挥整合社会管理资源、积极引入社会力量参与共治的作用，在承接政府购买的服务、培育和发展社区公益性或服务性民间组织、招募社区志愿者、协调和组织联盟成员、推进社区科教文卫事业、培养居民民主和自治意识方面发挥重要作用。

幸福联盟的运作是制度化和规范化的，不仅有专门的《幸福联盟章程》等一系列规章制度的保障，也充分发挥了联盟成员的创造性，这种全新的社区管理模式为民间组织力量的健康发展撑起一片"艳阳天"。以双塔街道幸福联盟运行为例，该幸福联盟设立有扶贫救助的"志愿者救助中心"，为困难家庭子女进行结对助学帮困；在社区党委指导下，"小巷总理"围绕解决居民生活问题，活动开展得有声有色；以党员、志愿者队伍、关心和支持社区建设的组织力量组成的"幸福驿站"紧贴社区生活点点滴滴，营造了情真意切的社区归属意识，实质形成了社会协同、公众参与的管理格局，形成了和谐共生的社区文化内涵，极大提高了公共服务的质量，维护了社区居民的切身利益，营造了"有困难，找联盟"的贴心氛围，带动了居民幸福感的提升与和谐社区的成形。幸福联盟已经实现了沧浪区全区 6 个街道 64 个社区全面覆盖，她的发展壮大，展示了社会管理大格局的美好前景。

三、"政企互联"：打造政府与企业合作关系的新平台

企业是市场经济中最为活跃的参与主体，最真实地诠释了"经济人"的特质。当

前，市场力量深刻地型塑了社会的方方面面，企业这一最活跃的市场主体无疑是核心。在社会管理创新大格局中，抓住了企业工作这一块，也就抓住了市场经济中社会管理的靶向和牢固根基。为此，苏州各级政府围绕“政社互动”全面展开工作的同时，在“政企互联”方面加大工作力度，通过持之以恒的努力，政企互联顺利展开下来，进一步强化了政府与企业的关系，也增强了社会管理创新的动能。

1. 常熟工会：政企互联架起金光大道

职工是主要的社会群体之一，搞好社会管理和维护社会稳定，首先需要职工的稳定，从某种意义而言，职工的稳定是社会安定有序的基石。工会是联系广大职工的桥梁和纽带，是名副其实的“职工之家”，从这个层面上说，工会工作在社会管理系统中占据重要地位。常熟以工会为载体加强社会管理创新的实践展示了其内在的生命力。

首先是健全企业职工代表大会制度，凡是进入工会的企业百分之百建立职工代表大会制度。职工代表大会制度是企业民主管理的载体，是企业步入和谐发展的工作机制，也是丰富和深化职工主体地位的具体体现。常熟工会已基本实现凡是关系职工切身利益的重大决策都要经过职工代表大会通过，充分保障了职工权利。其次，依托工会组织，同步组建劳动争议调解委员会。在 2010 年成立了常熟市劳动争议调解委员会，借助其他政府部门的资源和力量来充实已有的调解组织，工会企业的劳动争议在工会的调解庭和仲裁庭就能够实现调解和仲裁。在政府部门和工会之间，经过一个分庭的衔接把调裁关系理顺了，使得调解劳动争议的效果明显提升，工会的主体地位也得到提高，参与社会管理的力度也得到加大。仅 2011 年，常熟市调解中心和工会仲裁庭共处理劳动争议 74 件，其中裁决 30 件、调解 17 件，处理率达 100%，取得了圆满成绩。

除此之外，常熟积极推动市镇村企业三级式一体化建设，大力推动各级层面的裁调对接实体化建设。具体做法坚持“四个有”——有阵地、有人员、有经费、有制度。阵地建设充分利用资源共享，通过人事部门窗口代理劳动争议的调解和仲裁；通过动员工会干部，主动和劳动部门合作，聘用劳动部门的同志，壮大队伍建设；在经费来源上，按照企业工资总额 2% 的标准缴纳工会费，其中 40% 上交总工会，60% 作为企业工会活动经费，切实保证了经费来源；制度建设上，由总工会统一制定，切实保障了基层工会运转有章可循。总体而言，这项工作意义重大，对职工群体劳动争议的调解和仲裁起到了很好的调节作用，夯实了社会稳定的基础。

常熟工会工作开展得有声有色，重要的原因之一是注重实现职工和企业的双赢，双赢的结果造就了工会工作的勃勃生机。职工稳定就是企业稳定，只有企业发展了，工人的利益才能得到保障，工会坚持把职工的利益和企业的利益统一起来，以创建劳动关系和谐企业为目标。常熟工会积极推动企业和员工双向承诺制度以明确双方义务，企业对员工的承诺包括严格遵守一系列的法律法规、签订劳动合同、当年为职工要办的实事等，职工对企业的承诺包括遵守厂里的各项规章制度，以正常合法的渠道申诉劳动争议，围绕企业的生产献计献策等，这样就把企业和职工的利益结为一体了。工会还在去年和今年发了两次关于工资专项合同的公开信，通过公开信，晓之以理、动之以情，呼吁民营企业和职工签订工资专项合同，仅2011年签订工资专项合同的企业就有6 909家。如何把工会与政府部门完美地衔接起来，则是以工会为载体的社会管理创新必须重视的问题。为此，常熟成立了一个劳动三方协调组织机制，由人事局和总工会等五家单位组成，人事局代表地方政府，工会代表职工方，工商联、经信委和商务局代表企业方，由人事局牵头组成例会，形成机制化、制度化，在实际中有效解决问题。同时，通过加强工会的领导建设，工会由分管书记分管，市长联系工会，主要领导都是四套班子成员，凡遇到重大问题，情况能直通领导层，也就增加了工会的话语权，工会的自身建设得以强化，其推动社会管理创新的动能也越来越大。

2. 非公党建：党委政企合作织“锦花”

非公党建虽以党的建设为主，但是与政企互联有着密切联系。非公党建是强化党的执政能力、发展党务人才和优化党组织的良举，不断探索非公经济党建模式是苏州一直在坚持的战略性举措。与传统的单位党建相比较，非公党建具有其独特性和复杂性，原有的党建模式需要加以改进，苏州在探索非公党建实践中不断开拓创新，形成了诸多独具特色的经验和成效。

园区的非公党建注重点线面结合，有层次有重点地推进，注重抓重点大企业，坚持楼宇建党的基本路径。据悉，园区的500强外资企业基本上都建立了党组织。在实际中，企业建立的党组织作用发挥得很好，比如三星半导体公司的党组织涵盖了3 000多员工，党委公开挂牌，配有党委办公室和专职党务工作者，在员工居住楼建有党员服务中心，党组织很有凝聚力和战斗力，企业的很多事情依靠党组织就能够妥善解决。党组织在企业生产中发挥了积极主动的作用，对企业有利，同时，提高了党员的先锋模范作用，扩大了党组织的影响力和对优秀员工的吸引力，实现了企业和党组织双赢的局面。

随着城市化的发展，楼宇在一定程度上形成了人们全新的聚合空间，按楼宇为单位的管理是网格化管理的趋势。把握住了楼宇党建的先机，一定程度上也就是占领了党建工作的决胜起点。苏州工业园区在国际大厦组织了一个楼宇党建示范点，楼宇党建打破了分散的党建资源配置方式，形成了统筹集约的党建合力，实现了党建由封闭的体内运作方式向楼宇内外相互促进的转变，实现了楼宇党建与楼宇经济发展的互促双赢。园区200米以上的高楼有140～160栋，目前已有三个代表性楼宇党建——国际大厦、星海大厦、会计外包服务基地。会计外包服务基地是把会计事务集中起来，统一办公。2013年9月份，财政部的副部长对会计外包服务基地的党员服务中心提出了赞扬。党建工作的开展不仅提升了载体的知名度，并且增进了楼宇中工作人员的工作热情。总体而言，苏州各地区的非公党建都取得了斐然成效。

图5-8 园区“非公党建”系列活动

四、“政民互通”：营造政府与民众互信关系的新氛围

政府是现代政治经济社会的核心组织者，也是社会的“守护者”，而人民群众则是政府守护的对象，没有民众也不能成其为政府。从契约论来看，契约论认为政府是经过众人的“同意”之后以立约的方式产生的，政府的责任就是服务公众。实际上，马克思主义的国家学说科学地阐述了政府产生和发展的规律，总体说来，政府必须以服务人民为宗旨，那么，政府也必须走到民众中间去，走群众路线。只有在实际中贯彻“政民互通”，才能一改以往政府高高在上的姿态，政府才能真正地深入到民众当中去，才能出现政通人和的局面。苏州市政府深谙这样的道理，在实践中，依托自身特色和实际情况，有序推进政民互信，努力打通政府与民众的隔阂，创造性地开展了诸如“警民恳谈”、“6688工作法”等方式，极大地拉近了民众与政府的距离，进一步深化了政民之间的联系，进而推动政府治理能力的提升，营造了政通人和的局面。“政府治理行为的水平和质量，是对政府治理模式稳定性、有效性和合法性的直观度量。”①政府治理能力的提升加深了民众对政府治理能力的信赖，同时，政府自如驾驭社会治理的空间更大了，释放给民众的空间也增加了，对民众的参与展现了更为信任的姿态。

1. 平江区：“警民恳谈”熔铸政民和谐关系

原平江区的“警民恳谈”活动是社会管理创新的一个生动脚注。东中市五金特色街的交通治理是“警民恳谈”活动取得实效的过程。东中市是一条商业街，混合了交通

① 胡鞍钢，魏星. 治理能力与社会机会：基于世界治理指标的实证研究[J]. 河北学刊，2009(1).

和商业功能，随着市场的繁荣，商家的增多，人流越发拥挤，加之面积有限，车辆随意停放，正常通行都很难保障，给管理带来很大的压力，一度成为市政协、人大提案反映的焦点问题。为了解决这一问题，当地部门没少下工夫，最终发现根源问题在于没有地方停车。交警支队经过调研，设置单行线，以车辆分流的形式控制流量，但是商家却受到影响，造成顾客进店和店主配送货物均不方便，也影响了经济秩序。问题没有得到圆满解决，迫使当地管理部门重新调整解决问题的思路，通过与商会、其他部门会商，警民恳谈，商家代表提出了许多建设性的意见，诸如建议将限制单行改为在高峰期限制通行，再者，把小巷设置成单行线，一侧可以停车，规划了两三百个停车位，既解决了商家需求，也满足了附近居民的需求。与此同时，商家在五金商会的牵头下，专门组织了一个交通管理志愿者队伍，由商家解决志愿者的吃饭、工资等问题，每个月每户商家付50元。志愿者不仅维护、疏导了日常交通，也帮助商家搬运一些货物，极大地缓解了交通警力紧张的局面。此外，在东中市还设置了一些即停即走的车位，这些车位的维护和疏导也是靠志愿者，经过一番治理，东中市的交通状况得到很大的改观。

平江区“警民恳谈”的实践正是对东中市目前面临的五个现实矛盾的一种突破。第一个是历史原因与现实发展需求的矛盾，第二个是交通公共资源与商家利益的矛盾，第三个是交警职能与商家经济发展需求的矛盾，第四个是商家经营环境与发展需求的矛盾，第五个是街道对苏州的贡献与苏州应该承担何种义务的矛盾。从中也可见当地社会管理创新经历的三个阶段的变化，政府部门、商会商家、社会组织找到了一条有效的管理道路。总结东中市交通治理的经验，可看出，第一，要坚持政府主导、部门联动、商会商家积极参与的管理模式，积极开展社会化管理，同时引进志愿者等社会资源。东中市五金特色商业街办公室是地政府推动下成立的，由副区长主管，交警、工商、城管、街道和公安等部门合作开展工作。对于商家而言，当然是希望车位越多越好，越方便越好，但政府管理必须兼顾大众的利益，管理部门设置隔离带会影响到商家生意，商家有意见，为此，商会做了很多沟通工作。第二，政府和商会积极推动传统的经营模式向现代经营模式转变，鼓励商家搞电子商务，采用物流配送，把交通拥堵的矛盾通过组织配送来解决。第三，通过商会积极与公安交流，通过警民恳谈，政府放权，商会作为民间组织参与到社会管理中，商家从原来的被管理者变成积极的参与管理者，并拿出资金支持志愿者队伍，这种模式有生命力，推动了经济和交通协调发展，最终使得单赢变双赢。

总的说来，社会管理创新不是政府的“独角戏”，也不能仅仅依靠社会奉献，它所折射的是中国整体的行政改革所面临的问题和挑战，即如何打造“无缝隙政府”。从我国的情况出发，政府创新也必须加快推进社会管理体制创新建设，深化志愿者服务社会管理的功能，如此才能充分发挥社会、志愿者的价值，真正让人民群众参与到社会管理中。政府跟社会组织之间要保持竞争放权和合理分工，发挥社会中介组织的作用，带动社会化的管理走向成熟，所以，社会管理创新中政府必须坚持对不该管理的事务逐步放手，向服务型政府转变。在实际中，"警民恳谈"这个平台传达了政府部门综合服务的理念，政府部门从治理的角度与商会、商家的代表共同商议。比如，在征求大家意见的基础上，针对特色商业街的情况在道路上划出一条线，允许店家适度占道，但是要摆放整齐，社会管理由此实现了基本和谐。此外，政府通过发展购买服务、购买管理来进行社会管理创新，取得了良好成效。例如，平江区整个道路保洁是以市场化方式运作，由政府出钱购买服务，极大地提高了保洁质量。如此种种，无不说明，"警民恳谈"活动契合着社会管理创新的时代大背景，也展示着它的范本意义。

2. 金阊区："6688 工作法"助力社会管理创新

原金阊区的"6688 工作法"是在实践中发展而来的一套基层建设和管理创新模式，即"六必访、六必到、八必报、八规范"，通过整合社会组织和居民共同参与到社会管理中，把整个社会衔接形成网络状、立体化的管理格局。"六必到"是指各社区党组织通过党员思想波动必到、党员志愿服务必到、党员群众困难病重必到、社区突发事件必到、重大邻里矛盾纠纷必到、新建党组织必到的方法，重在增强对辖区内居民事务特别是六种情况要第一时间到达、第一时间处理、第一时间向上汇报，进一步增强基层组织凝聚力，夯实社会管理基础。"六必访"是指社区党组织每月必访六类人群，即困难党员群众、独居（空巢）老人、残疾重症家庭、流动党员、失业人员、刑释解教人员，重点关注辖区内的弱势群体，对他们开展经常性走访，及时了解掌握其动态情况并为其提供救助服务，同时分类登记，形成台账，及时掌握不同群众的不同需求。"八必报"是指设立八类党员先锋岗，包括环境美化、平安和谐、医疗计生、居家养老、创业就业、代理协办、拥军优属、非公党建等八类，统筹负责社区服务项目，党员骨干依据自身特长认领岗位、开展服务，畅通信息交流与传播渠道，对分管范围内的突发情况要及时向上汇报。"八规范"是不断健全社区专职工作人员的管理制度、职业礼仪和规范，形成八种创优服务方式，即为党员群众教育培训提供"菜单式"服务，对困难党员群众给予"关怀式"服务，在征求党员群众意见时采取"主动式"服务，对受理事项进行"全程式"服务，对辖区单位开展"共建式"服务，对流动党员提供"暖心式"服务，对窗口受理群众实行"满意式"服务，对非公企业人才实行"助推式"服务，在服务基层的过程中不断优化方式、丰富内涵。

对关乎社会稳定的公共治安问题，金阊区做了有益的探索。在处理棘手的治安问题上，街道吸收退休党员、干部、青年积极分子组建治安积极分子巡防队伍，通过与公安巡防联合起来巡防，不仅使得合法性增强，也提高了巡防涵盖面。同时，社区成立了综合治理办公室，积极动员辖区各单位参与。比如，居民与物业管理公司的矛盾是比较多的，这时综治中心进入物业后，治安巡防队伍就能够联合物业公司共同解决矛盾纠纷，不仅提升了物业管理的层次，也有利于社会稳定。“6688 工作法”另外一个创新之处是建立了一个相对完善地信息平台，形成一套“信息采集—电子屏—反映给网格”的流程，这个平台能够及时协调各部门对问题及时处理，使工作规范化，做到重点区域重点管理，形成网络化管理格局，实际上建立了“联合管理”、“联合调解”、“联合处置”、“联合创建”的机制。

再有，“老娘舅”调解纠纷的功能更加彰显，留园街道社区有 5 011 户常住居民，流动人口 2 000 多户。从 1995 年成立第一支“老娘舅”纠纷调解队伍开始，至今已经搞得红红火火，得到社区上上下下的一致认可。以此为基础，社区建立了“社区调解委员会—老娘舅队伍—邻里和事员”三级调解网络，按照“6688 工作法”的工作规制，在实际中展现了很强的适应力，比如小区有老人意外晕倒，“老娘舅”当机立断办好一切事情，老人被抢救回来了。又如“金阿姨”扶贫志愿者队伍，依据“6688 工作法”的“八必报、八规范”等工作规范，与空巢老人、病人家庭、残疾家庭、高龄家庭等结成对子，每月走访，平常电话联系，充分发挥了社区志愿者和骨干的作用，极大地提高了工作的自觉性和主动性。

归纳总结“6688 工作法”，我们可以看到，第一，它能够快速及时和全面地掌握情况，有助于为及时处置提供基础。第二，它为社区工作提供了一套可行的制度规范，诸如社区日志、党情备忘录和社区大事记等，比如“民情日志”以六必访、实行包产到户的形式加强社区工作者与居民的沟通，有助于实现社区的法治，有利于工作的交接。第三，它有助于年轻工作人员很快进入角色。第四，它有助于拉近基层工作者与群众之间的距离，有利于工作的开展。第五，作为社会管理创新的新举措，它能够启发我们获得下一步工作的灵感。“6688 工作法”开展近两年以来，提高了社区工作者的管理和服务能力，激发了社区工作者的工作主动性和积极性。也需看到，“6688 工作法”在得到社会认同的同时，对很多问题是无能为力的。此外，当地政府对其越来越重视，拨出了一定的经费，但是总的说来，资金不足是社区治理所遇到的一个大问题，政府对社区的资金、政策支持也很重要。此外，政府执政理念还有待转换，这些都需要在发展中加以解决。

对于“6688 工作法”的前景，我们似乎可以有更多的期许，但这里面有值得深入思考的问题。第一，社区基层工作者的自我约束和要求及其对工作应有的状态、姿态和心态，要体现其对社会的奉献，但是要反思：社区的性质是什么？社区是否干了力所不能及的事情？作为一个基层组织，如果建立在每个人奉献精神的基础上，这个组织不能长久。所以要重新审定社区到底应该管什么,如此才能明确服务对象,了解服务对象是否有相应的社会关系,进而承担相应的义务。社区服务提供过多,有些交给社会负担,但是社会负担全部都压到由社区来承担,这会出问题,而且这种服务是淡化了公民的社会责任感,这与我们要建设的公民社会是背道而驰的。那么,社会组织购买公共服务,理清社区的概念,培育市民社会,推动社区需要回归本位都是需要着手做的。第二,现在社区已逐渐成为为百姓服务和解决问题的平台,社区工作者付出很多,政府要保护和爱惜社区人才,注重科学使用人才,在实际中不仅要保护和激励,更要有相应的政策体现。最后,社区(主体)参与管理,政府也要承担责任,要推动政府与社会组织互动起来。要想形成互动、互融关系,就意味着政府不应该把该管工作的分出去。同时,社会组织一定要发展起来,但是刚成立的组织不是一开始就能参与管理的,有一个发展成熟的过程,里面可能裹挟寻租等问题,这当中就要发挥政府充当监护人的作用。这正如研究者在论及社区向自治回归过程中的政府作用时所言,"让社区向自治回归,更好地发挥社区的福利递送功能,并不意味着政府可以在社区中缺位,而是要以新型的政府—社区关系为构架,全方位支持社区自治组织、志愿者组织等社会力量,提高社会福利的可及性和水平。"①实际上,社会组织通过社会管理创新,可以倒逼政府管理创新,现在我们的政府的管理模式在试图摆脱计划模式,走向市场经济模式,但是政府思维仍然没有摆脱单向性、封闭性、简单性、迫切性这四个困境。必须改变政府急于求成、急于求大的现状,改革政府管理创新,推动社会组织健康成长,最终形成政社协调的局面。

金阊区在实践中形成的"6688 工作法"同样是政民互信的生动体现。"6688 工作法"作为基层政府、社会组织互信合作以及与民众上下沟通的重要机制,建立了一个相对完善的信息平台,及时协调各部门联系和处理应急事件,使得基层政府的服务功能在潜移默化间实现了。纵观"6688 工作法"的成效,在这个风险社会中,"公共社会面临着比以往任何时代都多的不确定因素或始料未及的风险,如大规模的失业、金融风险、贫富差距加大、生态风险和社会冲突等,这些风险的发生都会对人民的日常生活安全产生严重威胁。"②基层政府推动形成的"6688 工作法"为强化政民互信提供了一套可行的制度,政民关系浓于水,政府成为社会成员抵御风险的后盾,诸如党情备忘录、社区大事记、民情日志等,以包产到户的"六必访"形式加强与居民的沟通,得到了群众的拥护。同时,政府的管理能力与服务效率有所提高,政府的积极作为得到群众的热烈呼应,这些都诠释了城

① 张秀兰,徐晓新. 社区:微观组织建设与社会管理——后单位制时代的社会政策视角[J]. 清华大学学报(哲学社会科学版),2012(1).

② 张秀兰,徐月宾. 和谐社会与政府责任[J]. 中国特色社会主义研究,2005(1).

市化进程中苏州“政民互信”的价值所在。

3.“寒山闻钟”:网络问政拓展城市公共管理新空间

随着互联网的不断发展,网络在现代人的生活中扮演着越来越重要的角色,被称为“草根媒体”。“网络问政”是随着网络平台不断发展而新兴的政治现象,是党和政府利用互联网与网民相互沟通的平台,是新时期一种新型的执政方式。2011年起,苏州市委市政府开办了“寒山闻钟”网络论坛,为广大苏州市民的网络问政提供了一个积极互动的虚拟平台。苏州“寒山闻钟”论坛主要开设了“开门纳言、咨询投诉、信息发布”等几大版块,每个版块都有政府各职能部门负责人员为市民网络问政和监督提供及时的回应和互动。

截至2013年4月,“寒山闻钟”论坛平均每天拥有150个主题,800~900个回帖,每日访问人数达到1.3~1.5万人次,并且已经累积主题7万多,累积回帖约79万,累积访问量也高达1 500万。与苏州其他网络问政渠道相比,苏州“寒山闻钟”论坛访问和参与人数高出15%~25%。这些数字足以表明,作为一个服务性平台,“寒山闻钟”论坛由于其网络问政和监督的简洁性、快捷性和有效性,已经为民众所接受。

目前,苏州“寒山闻钟”论坛里几乎90%以上的信息发布都由苏州阳光便民服务员发帖来公布,而每当信息公布后,瞬间就会出现对此表达不同意见的民众回帖,这些民众相互对峙,以各自的语言来诉说、来看待事情的优劣。而且发布的信息越重要,影响的民众范围就越广,发表意见的人就越多。例如:“公车管理,三不放过”这个信息发布后4天,就有三千多人观看,约80人还纷纷参与其中各抒己见,这便大大地提高了民众对网络问政的积极性和主观性。而苏州市政府也能从中获知民众的需求,如政策不在网上发布就无法让人信服,一旦正式执行起来将会有很多麻烦,而“寒山闻钟”这个网络平台恰好便利了政策发布过程中的政民互动,促进了政府与民众的交流与沟通。

“寒山闻钟”论坛为了弥补网络问政有效性不足的局限,加入了各种不同元素的问政方式,从而使民众愿意加入,愿意相信这种网络问政的平台,并且可以开放式地对政府的政策表示不满,或者提出意见,这大大增加了民众对于网络问政的兴趣。在这里,充斥着辩论与答辩,让民众充分地相信这些信息的来源可靠性,而民众也可以在五花八门的问政系统中找到属于自己擅长问政的方式,从而提升对网络问政的兴趣。在“寒山闻钟”论坛里,咨询投诉占据了很大比例,本来民众只能通过常规的政策发布渠道才能得到准确信息,而现在民众可以将自己遇到的、想问的、碰到烦恼的有关政策的相关事宜发布到论坛上,从而得到合理的答复或者等各级政府和职能部门处理此事。从此可见,苏州“寒山闻钟”论坛相比其他渠道,对于民众来说是个更加快捷的了解政策和解决问题的服务性平台。通过该平台,民众也能更加真诚理性地面对政府的各项政策。

图 5-9　苏州“寒山闻钟”论坛搭建“政民互动”新平台

五、“政政互助”:构建城市政府间协调关系的新形式

政府是城市化进程中公共治理的“主梁”,随着市场经济的不断发展和区域经济一体化的推进,地区间的共同利益和相互联系不断增多,城市公共治理呈现了区域糅合的局势。加强政府间联系作为强化城市公共治理的方式也得到越来越多人的重视,尤其是实务领域所带来的积极效应,这也是我们关注城市化进程中政府与政府互通关系的转型缘由所在。因此,城市化进程中政府之间的合作共建是强化府际关系的必然趋势。苏州所实践的“政政互助”,在原有的府际合作基础上有了进一步深化,拓宽了政府间合作的方式和路径,是社会管理创新探索的新方式,展示出了良好的前景。

1. 震泽:庭所共建谋社会管理创新之实

震泽的“庭所共建”是政民互通的生动写照。震泽镇靠近浙江,南临乌镇,西达南浔,社会情况相对复杂,矛盾频发。震泽的行业、销售布局各地,发生的工伤事故也比较多,经济纠纷,工伤纠纷,往往就找到震泽,案子多,这些压力就压到庭所部门,考验着本来不多的人手,严峻的现实倒逼当地部门找寻新的社会管理模式,合作共建就是出于现实压力,由当地部门发挥主动性和创造力而产生出来的。总的来说,当地通过部门间合作共建积累了一定的经验,例如当地推行的综治委工作例会。综治委由法庭、派出所、司法所、交警、城管、环保、城建、劳保等成员单位和联动单位组成,每个月定期开展工作例会。一线部门在例会上加强相互协作,从而告别单兵作战,走向“联合作战”,在实际中收到了很好的效果。这当中,派出所和法庭共建是震泽最具代表性也是最核心的合作共建模式。法官和警官严格来讲是互相监督的,也是互相支持和互相配合的,这是一体两面,庭所共建有利于最大限度地发挥部门各自的优势。民警能够在第一时间掌握信息,反应快,有丰富的处置突发性事件的经验,而法庭的优势在于能够从法律的角度去思考问题,它的调解网络非常广,信息搜集也很广泛。通过"庭所共建",在实践中能够发挥整合优势,也加快了部门办事效率。震泽的"庭所共建"在实践中取得了很好的效果。例如,在2011年12月31日,一所小学的厕所墙塌了,压死了一个学生,警察马上出动,司法所跟进调解。公安起到维护社会稳定的作用,司法所施展调解,法庭参与,显示了三个好处:第一个是法律知识得到了进一步的宣传。法庭的人来了,依法赔偿就有现场的支持。第二个是进一步得到司法确认。学校和学生家长达成赔款协议了,协议书签字以后就归法院的司法确认,确认了以后直接交执行庭执行。第三个是免除了群众来回奔波这样一个劳民伤财的过程。法庭、司法、公安都在场,如果调解不好,法官当场可以写起诉书,当场解决掉问题,由此可见,"庭所共建"便利了老百姓,提高了法律效率,确实能做到小事不出城,大事不出镇,难事不上交。

震泽镇"庭所共建"机制之所以能够积极有效地推行,源自于以下三方面因素:首先,震泽的历史悠久,当地政府与民间关系有着较为密切的联系,部门合作共建机制有一个良好的人文氛围。第二,党政领导重视共建,把共建观念放在首位。正如某警官所说,在党委政府的高度重视下,法庭工作就是再忙,即使庭长不能出席,庭长助理或者副庭长也会过去,部门领导的到场,凸显了办事力度。第三,震泽镇的庭所共建有一个成熟的框架机制,震泽镇综治委和23个村、4个社区以及250家相关规模的企业签订了协议,形成了密切的合作共建网络。比如,针对工伤事故,要有劳动保障,至少有一个副处长要出面,安检、劳动、公安、保险和司法等部门都要参与。一个村出了事件以后,村书记、村主任必须要参加。这样基本上能够保证相关部门全部到位,同时也体现了政府部门的公正。

另外,震泽镇合作共建的实践推动形成了一个流程——绿色通道。劳资纠纷是比较常见的问题,震泽镇成立了专门的劳动监察中队,中队的任务是去查用人单位与工人是否签订劳动合同,按劳动合同法规定,超过一个月不签订劳动合同的要双倍补贴,企业停产倒闭以后必须支付职工一年的工资以作经济补偿。这些问题出现后,第一时间是要使职工工资的发放得到保障。这里面就有一个流程,涉及劳动仲裁的由仲裁委员会做出仲裁,再由法院来立案,形成了冻结、诉讼的系列流程。对于突发事件,能够做到第一时间沟通,特事特办。这些做法,既达到制度的要求,有制度的依据和合法性,同时又更快捷地达到原来程序所能达到的效果,这体现着创新精神。

合作共建机制本身也是一个交流机制,是合作机构交流能力不断提升的过程。以法庭为例,通过请资深民警到法庭给青年法员上课,讲授对一些突发性事件的处置方法以及巡回审判法庭设置的物理间距等内容,很受法员欢迎。针对现在大部分干警学历很高，但是做群众工作的能力比较差，沟通能力有待加强，在面对突发事件时经验不足的情况，法庭设置了一个民警调解能力培训基地，法庭上有专人指导调解，每个受训民警每个月有几天到法庭办理案件，参与调解，极大地提升了民警的自身能力。此外，通过加强合作，司法安全工作也做得扎实了，这些做法对于共建单位各自能力的提升，包括青年法官办案能力和民警调解能力的提升，都大有裨益。

当前，社会管理的任务很繁重，震泽同样也面临警力不足等难题，只有真正发挥好“社会协同、社会广泛参与”的作用，才能破解这些难题。震泽成立了一个吴江市申请、苏州市备案的特约调解员协会，协会下设 4 支队伍，每支队伍由 10 个人组成。第一支队伍是说法队伍。第二支队伍是法律咨询队伍。第三支队伍是各行各业的行业协会，包括宗教协会、体育协会等，通过协会组织的力量化解矛盾纠纷的效果明显。第四支队伍是新震泽人队伍。新震泽人愿意参加调解员协会，参加这样的组织使他们有荣誉感和归属感。

展望震泽的“庭所共建”，在先前工作的基础上，震泽正在实践推进连环共建、复合共建等更为全面的合作共建机制，将有助于打破部门间壁垒，实现资源共享和府际密切合作的大推进，届时，“社会协同、公众参与”的精髓也将更加深化。

2. 盛泽：府际合作探索社会管理创新之路

吴江盛泽经济发达，本地人口 13 万多，持暂住证的外来人口 18 万多，总共加起来 31 万多人口。庞大的人口压力给当地的社会管理带来不小的挑战。流动人口为盛泽的经济建设做出了很大贡献，因而盛泽对待外来人口的心态是宽和的，希望外地人来扎根，共同建设家园。在盛泽，常见有外地人两代人都在这里打工。政府部门积极引入当地企业参与解决外来人口住房问题，新建了一批新盛泽公寓，大部分是 70～90 平方米。但是在管理过程中，流动人口会认为本地人有地方保护主义，会欺负外地人。到后来，盛泽镇就想出一个办法，与留在盛泽人数最多的县进行沟通，安徽金寨留在盛泽镇大概五万人左右，在盛泽的河南固始人大概有七八万人，盛泽镇领导就去和这两个县的县委县政府的领导沟通各项有关外来人口的事宜。比如，针对外来人口关心的医疗门诊问题，盛泽镇政府与金寨县通力合作，成立了金寨县盛泽门诊部。

盛泽和金寨共同加强社会管理的经验还在于，为做好社会稳定工作，以社会管理创新为突破口，盛泽党委政府与金寨县委县政府沟通，看能不能成立一个驻盛泽办事处。经过认真的商讨以后，2011 年 11 月开始筹建金寨县社会管理吴江工作站，作为设立在盛泽的一个办事处，与盛泽共同搞好社会管理。实际操作中，盛泽党委组织提供办公条件，金寨县派出公务员，现在工作站常驻有 4 名工作人员，分别来自公安局、交警大队、司法局和财政局，负责维稳也负责招商，盛泽镇有专门的联络员与工作者协调沟通和衔接工作。此外,工作站和当地政府签订有合作备忘录,起到联络、沟通、汇报、交流这样一个平台的作用。这一共同加强社会管理创新的举措,一下子就显示出了不凡的效果:第一,金寨县在吴江的民工有八万人,绝大部分都在盛泽,由金寨工作站协助管理。借助社会治安管理创新,劳动力流入地和流出地两地管理部门实现协作管理,有助于破解流动人口管理难题。当出现事故后,流动人口对家乡政府派过来的人很信任,同样的处理他们会觉得很公正、公平。比如,从金寨过来的打工人员在本地老板的工厂里出现了工伤,盛泽政府按照实际秉公处理,但是打工人员心理上总觉得盛泽方面是有偏见的,而金寨的工作站参与进来以后,处理事情就得心应手了,在工伤、交通事故、家庭矛盾纠纷等方面非常有效。第二,在吴江的八万金寨人占金寨县人口的百分之十,是金寨县的主要劳力,他们为金寨的经济发展作出了很大贡献,金寨政府也要为他们服务,通过工作站可以把医保、低保和社保等涉农政策及时送达给民工,金寨籍民工的利益诉求经由工作站向当地政府反映。再者,以金寨县最难管的流动人口计划生育问题为例,由工作站与盛泽对接成立金寨县计划生育流动人口协会,这个协会直接受盛泽社会事务局管理,并实行信息网络化。第三,金寨县地处皖西,是国家级贫困县,经济发展比较落后。借助中部突起的东风,安徽紧锣密鼓地开始了皖江承接产业转移计划,金寨县紧趁这个契机,成立这个工作站,借着吴江的经济发展承接一些产业到金寨去,可以说,工作站还充分发挥了招商引资的功能。目前,盛泽公司在金寨的投资额达2.5亿元。第四,在盛泽的金寨籍外来人成立了一个协会,是以金寨籍的企业主为骨干,主要工作是加强企业创业人才建设,为外来人口的打拼提供帮助。举个例子,如果个人创业需要资金,由协会直接贷款或由协会出面担保,因为协会抱团优势,担保实力增强,马上实行联保贷款一百万都不成问题。平时工作站与协会之间通过加强联系,在政策法规等方面加以引导,促进了协会的和谐发展。

纵观盛泽与金寨县之间的合作,在实践中达到了维稳、维权、维利(维护当地利益)、借力、借机的效果,为社会管理创新,化解矛盾纠纷打开了一片新的天地。金寨县社会管理吴江工作站在盛泽处理的关涉金寨县籍劳动力的22起纠纷中,涉案金额达145万元,赢得员工的普遍赞赏。工作站的工作开展得好,对当地建设起了极大作用,也推进了金寨的经济发展和提升了社会管理水平,实现了双赢。工作做得好,许多不是金寨籍的外地人也来找工作者帮忙解决问题。工作站取得了卓有成效的成绩,金寨县对工作站的支持力度也越来越大,已经在建三层楼的办公楼,工作站的工作条件也将不断优化,这将推动盛泽和金寨的合作迈向更高水平。

第四节　城市公共管理创新中的“苏州模式”:前景与展望

一、城市公共管理体制创新的目标定位:多中心治理

在一个城市化快速推进,城市面临全面转型和剧烈变革的时代,城市公共管理创新必须顺应天时地利人和之需。冷战以来,经过一段时间经济繁荣和政治相对稳定的发展时期之后,全球范围内的世界各国,不止是发展中国家,对于许多发达国家而言,城市的可持续发展也遭遇到前所未有的治理问题。如何应对全球化和区域化的冲击,如何降低行政管理成本,用有限的财政实现城市善治,提高管理绩效,环境污染、贫富分化、基础设施建设和公共福利分配等都成为每个早发国家必须面对的问题。而这些复杂问题在发展中国家遭遇不稳定的现代化和碎片化的现代性的双重挑战之间,则显得更加棘手。

一方面,社会问题的复杂化对传统单一主体治理模式提出了严峻挑战。另一方面,社会分工日益精细化和公共决策逐渐民主化的进程,呼唤新型治理模式的出现。那么这种由多元治理主体构成,强调尊重社会的参与,以实现多元合作与协同的多中心治理模式必然应运而生。

在我国,随着城市化进程不断推进,对城市公共事务的管理模式也经历着从政府唱独角戏的管制模式向多元协商的城市治理模式的转变。根据众多学者的研究成果①,与传统城市管理模式相比,城市治理模式在管理的目标、主体、体制、职能、领域、过程、工具以及规范等方面都具有明显的特色,具体参见表5-1。

表5-1　传统城市管理模式和城市治理模式的比较

	传统城市管理模式	城市治理模式
管理目标	以物为本位的绩效目标,重视单纯的管理城市经济增长	以人类发展为本位的城市目标体系,实现管理城市经济、社会、环境复合系统的整合发展
管理主体	政府及公共部门	政府、公共部门,非政府组织,企业、社区基础组织、志愿组织等
管理体制	科层制	科层组织、合作机制、网络化结构、自治体制
管理职能	政府是公共物品的直接提供者	政府是公共管理的宏观协调者

① 郭正林.城市管理创新导向:从政府管理到公共治理[J].城市管理,2004(1).

续表

	传统城市管理模式	城市治理模式
管理领域	政府管理城市全部公共事务	政府管理城市公共事务的基础部分
管理过程	后果导向的反应式管理	原因导向的预见式管理
管理工具	政府权力与管制	政府管制、分权与授权、多方谈判、协商与合作、社区自治等
管理规范	法律法规	法律法规、合约信用、自治规则

从城市管理模式与城市治理模式两者的比较不难看出，所谓多中心治理的城市管理体制的基本特点可以归结为三点。首先，治理主体的多元化。城市治理的主体不仅仅是政府和公共部门，社会各个部门，如私人部门、半公共机构和公益组织等都参与到城市公共事务建设的过程中。其次，治理形式的合作化。城市治理不是政府机构单独决策、实行垂直管理的过程，而是各主体之间进行协商合作的过程，与城市发展利害相关的社会主体——利益相关者，都能够以平等的地位参与城市治理的全过程。最后，治理结果的调适化。公共和私人部门在治理过程中相互协作、相互影响，是一个自然发展的过程，产生的结果不受任何个人或机构的完全控制，从而有可能不同于原先的估计。

尽管我国的城市管理发展历程同全球发展潮流密不可分，但是中国特色的历史文化和政治体制使得城市管理也形成与其他国家所谓的强调网络和协同的合作治理不同的治理模式，具体说来，就是政府主导下的城市多中心合作治理。

二、多中心治理的城市管理体制的基本原则

1. 从管理到服务：客户导向，公众需求

多中心治理的城市管理体制最为重要的原则之一在于，在坚持从管理到服务的转变中，秉持服务客户的理念，从满足公众的需求出发。这原本是新公共管理运动中兴起的管理概念，而在中国语境中，所谓满足公众需求，所谓服务型政府的根本在于坚持“以人为本”。城市公共管理创新必须“以人为本”。以人为本是我们党的立党宗旨，也是国家发展大局的指导思想，城市公共管理创新也应该从以人为本出发。马克思指出“人是全部人类活动和全部人类关系的本质、基础”、“创造这一切、拥有这一切并为这一切而斗争的，不是‘历史’，而正是人，现实的、活生生的人。‘历史’并不是把人当做达到自己目的的工具来利用的某种特殊的人格。历史不过是追求着自己目的的人的活动而已”①。以人为本，不仅主张人是发展的根本目的，回答为什么发展、为谁发展

① 马克思，恩格斯. 马克思恩格斯全集（第2卷）[M]. 北京：人民出版社，1957：118－119.

的问题;而且主张人是发展的根本动力,回答怎样发展、靠谁发展的问题。因此,“依靠最广大人民群众”,包括丰富的“民生”内涵,蕴含深刻的“民意”导向。在现代民主政治的背景下,一个在民意方面没有目标、民生方面没有建树的政党和政府,不可能获得合法性,更不可能实现长治久安。注重民意、关注民生是我们党的优良传统,是我们党长期执政中的经验总结,也是社会管理创新中的出发点。苏州城市公共管理创新实践紧紧围绕社会与“人”,探讨政社互动、政会互融、政企互联、政民互通、政政互助,都体现了国家与社会、政府与公民之间的逻辑关系。实践证明,社会发展如果围绕这两条核心主线,这种发展就是符合规律的,如果远离了这两条核心主线,即使社会推进了,也会险象重生、危机四伏。古今中外,概莫如此。

城市公共管理创新如何“以人为本”?以人为本就是要把社会看成是国家的对应主体,把公民视为政府的对应主体。要让社会和公众参与到社会管理创新中来,着力点不是在动员,而是在对社会深入了解,对公民充分信任。了解是起点,信任是基点。政府为人民服务如果不了解社会实际,服务会异化为浪费与折腾,政府为人民服务如果不相信群众,服务会异化为怀疑与对抗。要准确、真实地了解社会,政府就必须放下身段、摆脱架子、拿出诚意、管好自己,人民群众才会像在革命战争年代那样,奉献自己的所有,展示无穷的智慧;要相信、依靠群众,政府就必须反思自己、改变观念、转变作风、杜绝腐败,人民群众才会像在革命战争年代那样,与政府鱼水情深、血肉相连。社会管理创新的伟大力量深深扎根于人民群众之中,要激发市民在城市公共管理中的首创精神,就必须关注社会变化、关心群众疾苦。群众只有感受到了政府的温暖与诚意,感觉到了与政府之间的平等,城市公共管理创新才会充满生机与活力。其中,最重要的是在坚持党的领导同时,完善党的政治领导与思想引导,这是保持城市公共管理创新沿着正确方向前进的前提。

2. 从管理到合作:市场机制,提升“4E”(活力、能力、决断力和执行力)

传统的城市管理模式,将政府作为单一管理主体,其不良后果之一,在于行政权力不断膨胀,导致城市管理行为僵化刻板、高成本低效益的状况。要实现行政的现代化,推动城市管理走向多中心治理的平等合作,前提之一就必须改变高度行政化的管理过程,引入市场机制,在推动经济发展的同时,不忘促进社会公平,实现效率和效益的双丰收。首先要树立“有限政府”理念以取代“全能政府”的传统认知。政府和市场一样都有治理失效的可能,都存在调节机制失败的风险,因此,必须合理协调这两种机制在城市公共事务治理中的相互关系,实现和谐和平衡。其次,要明确城市生态系统中各个不同治理对象的特点，从而探索不同的治理模式。① 引入市场机制，不代表政府的退场，更不意味着市场可以取代政府在城市管理中的重要作用。许多涉及社会稳定发展、地方安定团结，特别是需要实现社会公平正义的领域，政府仍然必须占据完全的主动地位。但是对于另外一些城市管理方面，如城市绿化、城市垃圾等问题就可以通过市场运作的方式，实现高效治理。最后，多中心治理的提出，市场机制的引入，大大扩展了非行政权力的运行空间。实践这一基本原则的关键，是要明确界定城市治理中政府的职责和范围。只有在确定双方行为边界的前提下，政府才有可能将城市管理工作通过合同承包、特许经营、政府补助等方式委托给私营部门，同时将公共物品生产中一些具体职能让渡给企业或半行政性质的机构。②

3. 从管理到治理：社会协同，公民参与

城市治理不止是政府和市场的职责，生活在城市中的每个市民同样有不可推卸的义务，因此，在城市管理向治理转变的过程中特别需要注重提升公民的素质。"公民"概念最早出现在古希腊，意指具备参与城邦公共事务管理的人。马克思关于社会成员具有公民与私人双重身份、以及公权利与私权利双重权利的理论告诉我们，从市民的私利主体走向公民的公共主体进程，需要从封闭到开放、从暗箱到公开、从狭隘到宽容、从自利到自治、从自发到自觉的进化过程，这也是完成人的现代化的过程。这个过程需要逐步摆脱国家对私人领域的干预，凡是社会能够自治的领域政府就不插手，凡是公民能够自理的事务政府就不动手。我国的公民从臣民起步，不可能一步到位地成为具有参与公共事务能力的现代人，这需要政府的引导，最根本的是要肯定公民是权利主体，而不仅仅是义务主体，因此，政府也应该从管理社会事务的垄断转为主导，更应该在社会管理创新中，从主导转为引导与指导。从总体而言，公民素质的提升需要政府的角色转变，从而为公民素质的提升营造环境与氛围，为公民自身发育提供良性平台；公民素质的提升也需要公民自己转型，在城市公共管理创新中转变观念、校正形态、摆正心态、改造行为。苏州城市公共管理创新实践证明，"社会协同、公众参与"除了需要供给公民参与的渠道与制度外，更需要激发公民意识，激励公民热情，提升公民能力，否则，就会凝固和冻结公民参与的积极性。

---

① 薛立强. 论中国城市治理结构的优化[J]. 天津商业大学学报，2012(3).

② 卢金慧，邱伟. 我国城市治理新思路——多中心治理[J]. 中共桂林市委党校学报，2012(4).

三、城市公共管理体制创新的未来趋势

1. 全程化

从广义大城市管理的角度出发，城市规划、城市建设到城市运行，三者是相互衔接、不能割裂的整体。因此，在多中心治理的城市管理体制中，首先要超越传统的“建设—管理”的二分思维，建立“规划—建设—运行”三位一体的全程管理观。其中，只有具有前瞻性、能够满足市民生活需求的合理规划，才能充分体现一个城市发展的灵魂所在。所以，推动城市规划从由专家主导的技术型决策走向遵循市民现实需要的公共型决策，是未来城市规划的基本方向。从理想蓝图走进现实，关键在于城市建设的科学化和持续化，可以说，只有为城市经营营造良好的人居和营商环境，才有可能为新型城镇化发展提供物质基础。最后，如果说城市规划是灵魂，城市建设是躯干的话，城市的日常管理运营则是城市焕发青春的源源不断的活力所在。

2. 多元化

达成政府、企业和社会的合作伙伴关系，是实现城市多中心治理的基本要义，其中明确各主体之间的职责关系是关键。首先，政府是城市治理的核心治理主体，特别是各层级中掌握丰富资源和权力的一把手，他们的行动选择、行动偏好，将对治理绩效产生莫大的影响。其次，非政府组织和私营企业分别是城市中的重要治理主体和特殊的治理主体。随着市场经济的不断发展，市民社会的逐渐成长，两者将通过行政许可、行政指导、合同承包、特许经营等多种途径，从政府手中获得越来越多的政府项目，承担越来越重要的社会责任。最后，社会公众是城市治理的必然主体。城市教育水平的提升，公众权利意识的觉醒，对生活质量和水平提出了更高的要求。如果能够通过政策网络把公众需求有效纳入行政规划中，那么将有效减少城市居民的集体行动。可以说，任何一个城市的任何一个领域和事务，一旦失去了老百姓的关注、支持和参与，都会陷入瘫痪而不可能获得成功。

3. 制度化

城市公共管理创新就是对政府体制改革提出更高的要求。从“政府本位”向“社会本位”转变，是城市公共管理创新的时代趋势。政府若能在规范自身行为、自身改革和培育孵化社会组织、强化社会参与公共事务等方面有更大的突破，形成长效机制，势必能够极大地推动社会管理创新。此外，城市公共管理创新要求政府必须把“人”的主体性凸现出来，彰显人的尊严与人的地位。人的全面发展要求社会可持续发展，政府应该在长效机制上下功夫，否则，城市公共管理创新就会成为无源之水、无本之木。因

此,有必要防止三种倾向:①急功近利。城市公共管理创新不是一种政绩,而是实实在在的改善民生、重塑国家—社会、政府—公民关系。早出成效、快出成效固然是好,但是,如果违背了社会发展规律,忽视整体协调与具体细节,会导致城市公共管理创新后续乏力,也会导致公众主人翁热情的递减。②单兵独进。城市公共管理创新不能居高临下,凌驾于社会之上,不能脱离城市市民的需求,“悬浮”于公民之外。政府和社会没有真正相互衔接,就无法激励社会群体、社会组织、公民个人的主动性和能动性,这就需要改革政府体制,改变传统的自上而下的官僚体系传递,扭转公民只能被动接受改革成果的格局,构建双向沟通的渠道,凝聚改革的合力。③单一经济取向。社会管理创新不再是将经济发展视为第一要务,而是为了营造一个人与自然之间、人与人之间的和谐社会环境,实现公民个人、社会组织、政府体制、国家制度的全面完善递进,实现经济发展、文化发展、社会发展与政治发展的全面合理走向。可以这么说,城市公共管理创新实质上就是社会体制改革,它是一种更为全方位的改革。社会体制改革必将倒逼政府体制改革,冲破现有政府思维模式中仍然残余的单向性、单一性、封闭性、简单性、急迫性困境,这是我们党的宗旨使然,也是我们国家的性质使然,没有回头路。

4. 数字化

现代网络技术的迅猛发展,不经意间改变了城市治理中信息传播的方式,从而对整个治理模式产生了巨大影响。互联网的匿名性、交互性和快捷性使得网络问政、网络监督、网络反腐形成一股潮流,很大程度上方便了市民参与城市公共事务的治理过程。面对众多网络舆情推波助澜下发生的群体性事件,越来越多的地方政府正在思考如何在赛博空间中搭建政社互动的有效平台,增进双方沟通,及时准确地传达信息。在可以预见的未来,数字城市将成为主要的发展趋势。因此,地方政府首先应该与时俱进,鼓励地方官员和行政人员了解网络、学习网络,特别是在工作中运用网络;要积极建设并切实完善各级各部门政府门户网站,提高政府信息的即时性、沟通的交互性和回应的实效性;通过网络平台推动电子行政,精简政务,改善流程,方便市民,从而树立良好的政府形象,构建新型现代化数字城市。

5. 标准化

实现城市多元治理体制的标准化,核心在于建立城市管理公众满意度评价体系。普通民众的满意度评价调查,有利于明确城市管理工作的具体内容,提高民众对所在城市的效能感,从而形成相应的归属感和认同感;其测评结果作为一种重要参考,有利于明确下一步工作的重心,提升城市管理服务水平。同时,建立城市管理公众满意度评价体系,符合党中央在绩效评估中提高群众满意度评价的价值导向。具体的措施有建立第三方合作评估机制、定期发布城市管理公众满意度评价报告等。

小 结

创新的目的是为了走向和谐。苏州在实践中探索了一套“政社互动、政会互融、政企互联、政民互通、政政互助”的城市公共管理创新经验，成效显著。其中的关键是真正贯彻落实党中央关于加强和创新社会管理的精神。同其他城市一样，苏州城市公共管理创新还处于过渡期。如何把现在与将来衔接起来，如何将城乡一体化进程中的共同问题以及苏州发展中的具体问题，一揽子考虑，并抓住核心突破口，这是城市公共管理创新面临的共同课题，也是未来苏州城市公共管理创新的着力点。我们相信，只有积极推动政府体制改革，释放社会组织能量，加快公民社会建设步伐，才能使“党委领导、政府负责、社会协同、公众参与”的社会管理局面越走越宽广，并最终推动实现党的十八大提出的“加快形成党委领导、政府负责、社会协同、公众参与、法治保障的社会管理体制”的目标，这也正是“苏州模式”的价值所在。

（本章执笔人张晨，男，1976 年生，苏州大学・邦城未来城市研究中心研究员，博士，苏州大学政治与公共管理学院副教授，研究方向为地方治理、城市治理。）

专题研究一 苏州城市空间演进

——纵向与横向探讨苏州城市空间的现状与未来走向

[提要]

通过对苏州从20世纪80年代至今的城市空间组织变化进行研究分析,归纳了苏州城市化发展的三个阶段,梳理了苏州空间演变的四个阶段。

结合重点地区发展的分析,从城市形态与城市空间结构两个角度解析了苏州城市空间演进的机制和重点区域发展的特点。

通过对苏锡常城市发展的比较,进一步总结出城市空间演进的路径及存在的问题,从理论角度归纳苏州城市空间转型的方向,为其他城市的发展提供实践和理论的借鉴经验。

第一节 苏州城市空间发展历程

一、苏州城市化发展历程

苏州是一座历史悠久的文化名城,拥有2 500多年的城市建设史。悠久的历史长河中,苏州曾作为江南的区域中心城市发展了很多年。但是,近代以后,苏州的经济地位逐渐下降,发展速度也随之降低,到解放战争时期,已转变为一个"畸形"的消费城市。20世纪80年代以前,苏州并不是国家经济重点发展区域,因此其城市发展一度缓滞不前;20世纪80年代后,国家处于改革开放时期,苏州充分利用有利的环境和地理位置优势,实现了经济的超速发展,一跃成为我国经济增长速度最快的地区之一;90年代以来,苏州加大对外开放力度,依托开发区建设,外向型经济迅速崛起,再次进入高速增长阶段;如今,苏州可称为中国华东地区的特大城市之一,是全国首批历史文化名城,亦是中国十大重点风景旅游城市之一。

1. 乡镇工业化阶段(1980—1990 年)

20 世纪 80 年代以前,苏州的城市发展可以说一直是依托古城来进行。由于建设资金问题,城市建设活动主要集中于古城之中,古城外围的建设活动则发展十分缓慢。随着城市人口数量的不断增多,住房矛盾日益显著,苏州的城市发展开始寻求一种新的城市发展途径。

80 年代初,苏州开始在古城周边建设部分居住区,从而在一定程度上缓解了人口高速增长带来的居住压力;此后,古城内部的部分工业场地逐渐迁移至古城外,从而使古城内部环境有了很大程度的改善。另外,一系列措施的实施也有效促进了苏州城市环境的改善,大大提高了城市发展速度。

80 年代中期及以后,苏州城市化发展速度逐步加快,这主要是由于乡镇工业的大发展。改革开放以后,乡镇工业的发展为城市的建设提供了有力的资金支持,从而使苏州从之前发展缓慢不前的状态发展成为具有繁荣商业景象的新型城市。

在乡镇工业化阶段,苏州城市发展依然以古城区的发展为主。但是,居住用地和工业用地已经在城外有所扩展,多集中于古城西侧和南侧,围绕着古城边缘、地理条件适宜开发的地区进行建设扩展。这个时期,苏州城市空间的扩展程度还比较小。

2. 开发区发展阶段(1990—2000 年)

20 世纪 90 年代是信息化时代,也是知识经济时代,此时的中国正在默默发生着变化。改革开放带来的契机更加促进了沿海地区的发展,尤其是长江三角洲和珠江三角洲地区。90 年代,苏州抓住了这个经济发展的重大机遇,使得经济进一步增速发展。这一阶段,苏州的城市发展已经不再主要依赖乡镇工业的发展,而是依赖外资的大力推动。

这一阶段,苏州紧紧抓住开发开放的大好机遇,先后设立了 5 个国家级开发区、12 个省级开发区以及一大批乡镇开发小区。因为开发区是苏州市对外开放的窗口,其拥有优越的投资环境、完善的基础设施和高效的行政服务,可以为苏州的城市经济发展起到很好的推动作用。新区的发展就是一个很好的例子,新区依附古城区向西横向发展,形成了古城和新区两个组团。新区开发区的发展建设,有力地推进了苏州的城市化进程,为苏州的经济发展、缓解人口压力等提供了更优异的条件。

3. 城乡统筹阶段(2000 年至今)

“城乡统筹”字面上解释是“城”、“乡”在一定的时代背景中互动发展,以实现“城”、“乡”发展双赢为目的的发展格局。但是,城乡统筹的重点在于城市对乡村的带动作用。

随着改革开放的继续深化和经济的不断发展，苏州的社会和经济等方面发生了很大变化。苏州人口急剧膨胀，住房用地需求不断增大，造成人口规模和用地规模的急剧增长，苏州的城市规模急剧扩大。这个时期，苏州明确提出了城市化战略，大力促进了苏州乡镇经济的高速发展，加快了苏州"城市化"进程。但是，近期，苏州城市化速度明显放缓，侧面反映出一味追求城市化而导致忽略了乡镇和城市本身的特色是十分不妥的做法，应该更加注重优化城市功能和提高人民生活质量，找出一条适合苏州并且具备"苏州特色"的新型城市化道路。

二、苏州城市空间演进的阶段

1. 以古城为中心的改造阶段（解放初期—1985年）

从新中国成立初期至1985年，苏州的城市发展基本是以古城为中心的发展模式，重点建设项目集中于古城区之中。这一阶段，苏州对古城建设潜力深入挖掘，对其原有设施场地、工业场地等进一步加以改善。众多小型工厂合并成为规模较大的工厂，以期能够得到更好的发展，同时古城区内也兴建了一批新工厂。由于工业用地增多，占用了部分原有农田、空地，甚至居住用地，因此不可避免地造成了古城区内规划布局的混乱状况。这一发展状况为苏州开始以古城为中心的新型改造建设道路奠定了基础。

20世纪70年代末至80年代初，苏州市政府改变由房管部门单方面建房分房的方式，由职工所在单位建房分房，并鼓励私人建房，其中规模较大的居住区多分布在古城区的西侧和南侧。由于工业对古城环境的污染及破坏，80年代初开始，部分重型污染企业逐渐迁出古城区，同时政府开始加大对古城内的环境修复力度。

总之，这一阶段无论是居住区发展，还是工业等的发展，均是以古城区为中心的改造发展。

2. "古城+新区"西向发展阶段（1986—1994年）

1985年之前的苏州城市建设已然有向古城外发展的趋势，当时的建设用地多分布在古城的西侧和南侧。1985到1994年间，苏州的城市向外迅速蔓延扩展，一方面为了保护古城，另一方面为了促进经济发展，重点向西发展，形成"古城+新区"的新型城市发展模式。这一发展模式可以在1986年的苏州城市规划中充分体现出来（如图Ⅰ-1和图Ⅰ-2）。

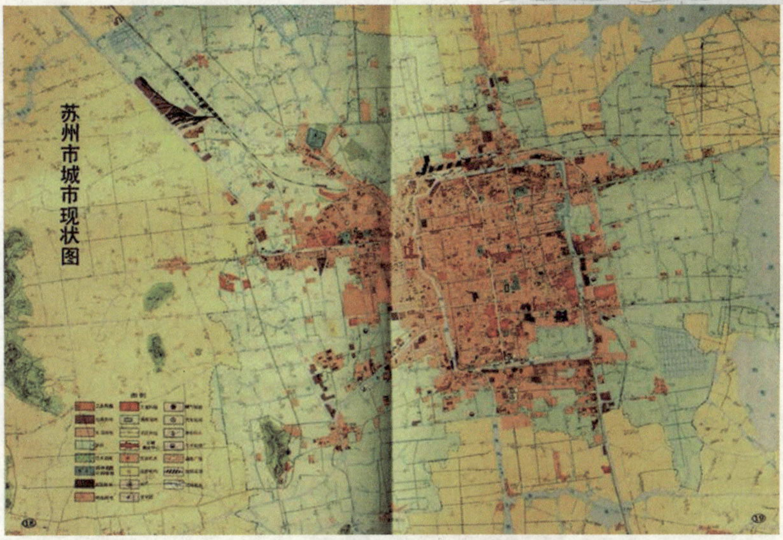

图 I-1　1986 年苏州市城市现状图

图 I-2　1986 年苏州市城市总体规划图

从图Ⅰ-1和Ⅰ-2可明显看出苏州城市建设区域在古城西侧明显发展，该区域即为新区开发区。该区与风景区靠近，并且毗邻虎丘山、狮子山等，自然条件相对优越，具有不错的发展潜力。此种横向发展模式突破了多数城市惯用的放射性发展模式，根据苏州的切实现状来进行合理的规划设计，充分利用当地地理优势、自然优势、文化优势，将城区规模扩大，使城市有了明确的发展轴向，这样能够更加有效促进城市经济文化的高速发展。当然，任何事物不可能完美无缺，此种规划亦有其劣势，但总体上城市的发展趋势值得进一步深入。

3.“一体两翼”轴向发展阶段（1995—2005 年）

为适应社会经济发展和城市建设的需要，1994 年苏州成立了工业园区，工业园区的建设改变了苏州的命运，也改变了苏州的城市发展结构。从此，苏州的城市发展模式不再是“古城＋新区”的西向发展模式，而是形成了“西新区，中心古城区，东部工业园区”新的城市发展模式，这种模式即“一体两翼”式的轴向发展模式。这三个区域之间存在一条无形的虚设轴线，即自然山水轴线。新增设的工业园区，其设计采用典型的轴线规划布局形式，无形之中与城市整体形式有所契合。工业园区内的建设采用组团分区形式，分为河西组团、河东组团、古城区、园区一期、园区二期、园区三期六个组团，各组团自西向东呈带状分布（如图 I-3和图 I-4）。园区内的轴线则是公共设施的建设，并且通过公共设施与古城和新区有机串联起来。

图 I-3　1996 年苏州用地现状图

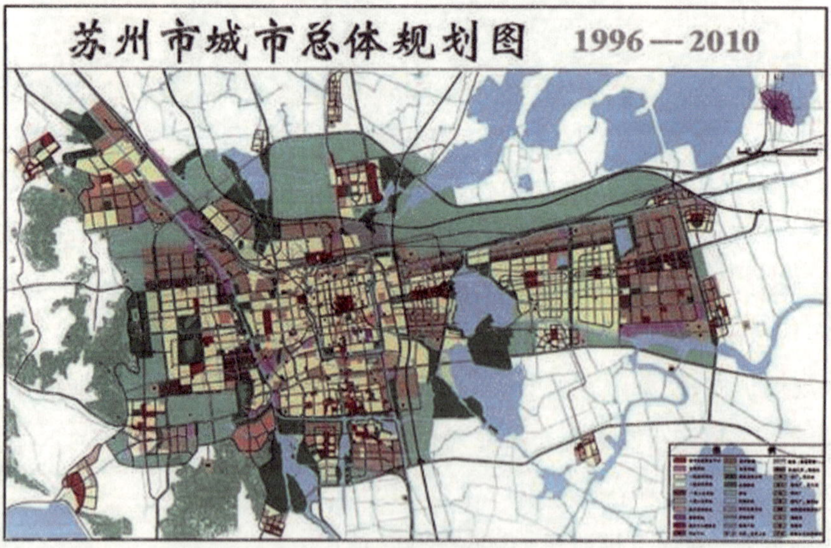

图 I-4　1996 版苏州市城市总体规划图

从图Ⅰ-3和图Ⅰ-4可以明显看出苏州城市的发展趋势为东西横向发展，自新区建设后，其中改变尤为明显的区域即为东部的工业园区用地的增设。工业园区与新区各以古城区为核心横向发展，其中工业园区整体也呈带状结构。

4.“四角山水”演变发展阶段(2006年至今)

苏州城市空间在此阶段飞速扩展，人口规模同时不断扩大，由此，苏州现有的城市发展空间已经不仅仅局限于古城的东西两侧，逐渐开始出现同时向东西南北向四周扩散之势，这就形成了“四角山水”的发展模式。

所谓“四角山水”，是吴良镛先生提出的，意指“以古城为中心，东西两端的园区、高新区和南北两端的吴中区、相城区为四片‘风叶’，在‘风叶’之间镶嵌着阳澄湖等四方山水，构成苏州‘山水园林城市’的理想完美格局。”

2006年，全国各地经济发展稳定，遵循科学发展观的指导。在之前的发展时期内，苏州急于发展，为求经济利益，极度忽视城市生态要求，古城区与新区不断进行深层的改善和发展，工业园区的建设也如火如荼地进行。轰轰烈烈发展之后，在科学发展观的大政策指引下，苏州开始意识到城市高速发展的弊端。快速的城市发展在带给人们加倍的经济利益的同时，也对自然环境造成了严重的破坏，曾经的美丽山水大大褪色。如若再不补救，那么苏州最后只能成为工业制造的“机器”，再难寻回“山水园林城市”的影子。面对这种情况，苏州开始寻找新的发展道路，改变现有发展模式，提出建设新的城市发展策略，优化城市发展结构，积极保护城市生态环境，努力再现青山绿水、江南水乡的美丽苏州。于是，有了“四角山水”的城市发展模式。“四角山水”的城市发展模式并非只为了缓解人口压力、加速城市发展，更是为了使城市空间重新融入自然和重新与传统文化元素相融合，它能够最大程度减少对自然环境的盲目破坏，避免不必要的自然资源浪费，还能够适当控制城市发展形态和城市发展规模，总体来讲这是一种更为理性的城市发展模式。

三、苏州城市空间形态的演变

1. 单中心城市形态

从新中国成立初期到改革开放以前，苏州一直都是以古城为发展中心，从而形成了苏州的“单中心”形态。

1949—1972年间，苏州的整体城市形态并未发生过大变化，城市建设活动几乎没有向古城区外围发展的趋势，反倒是古城区内建设明显增多。这段时期，苏州的城市发展速度稍显缓慢，古城区内人口数量不断增多，城内用地渐显不足。加之在此期间古城区内工厂数目迅速增多，工业用地也相应持续增加，由此产生了城内居住用地和自然景观用地被侵占的现象。此时的古城区内城市布局景象错综复杂，混乱不堪。

为了适应社会发展，古城外围边缘开始出现部分居住区，这些居住区多分布于古城区的西侧和南侧。随着居住区的少量外移，工厂区域分布也逐渐发生了变化，但是总体还是以古城区为中心，依附于古城区进行发展建设。

2. **东西轴向发展形态**

自80年代中期开始，苏州的城市发展方向开始以古城区为中心进行横向发展。

首先，以古城区为中心向西发展建设新区开发区，形成了“西区”“东城”的局面（如图Ⅰ-5），展现出“古城＋新区”的城市发展模式。1994年苏州工业园区的建立再一次改变了苏州城市发展的模式，形成了由西到东“新区—古城区—工业园区”的横向城市发展轴，即“东园西区，一体两翼”布局（如图Ⅰ-6）。

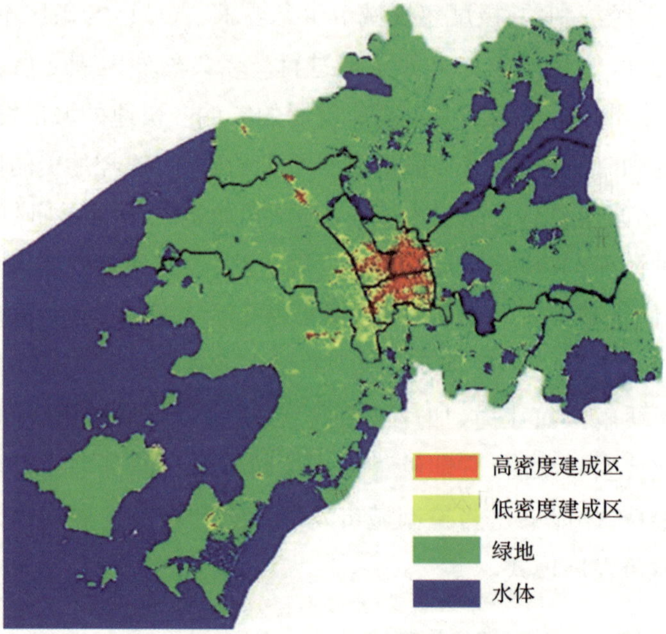

图Ⅰ-5　1986年苏州空间形态遥感分析图

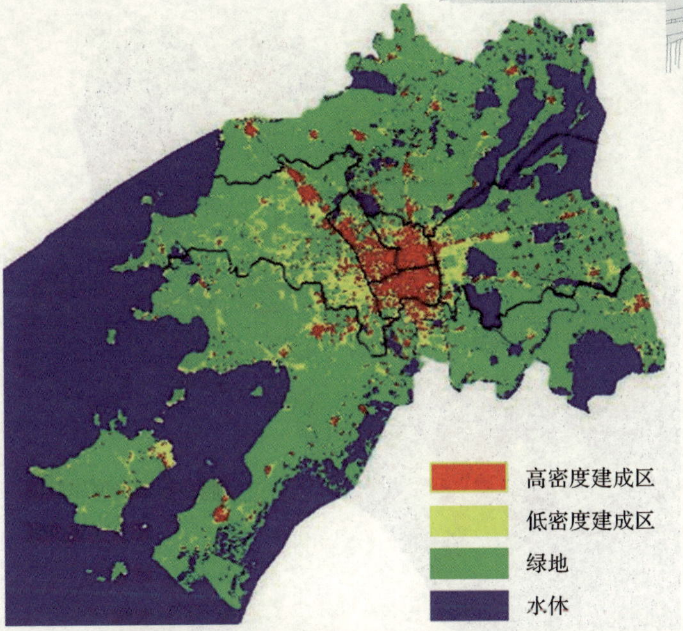

图Ⅰ-6　1998 年苏州空间形态遥感分析图

至此,苏州城市发展呈现出东西轴向发展形态。三个区域通过自然山水相互连接,形成自然东西向轴线。

3. 风车组团发展形态

1996 年苏州总体规划调整对城市的发展影响巨大,基本上改变了苏州 20 世纪 90 年代的“东园西区中古城”轴向发展布局,形成了苏州当前的“四风叶”模式。这一发展模式其实是城市发展的必然结果,由于人口规模不断增大,城市规模自然会进一步发展。古城区是苏州城市发展的中心,城市发展必会围绕古城区进行,在城市东西向已经发展建设的情况下,南北向发展是必然趋势。由此,出现了风车式的组团发展形态(如图Ⅰ-7)。

从图Ⅰ-7 中可以看出,2006 年苏州的城市规模相较 1998 年明显扩大。城市发展方向如同风车一样,呈现组团发展形态,各组团分别为东部的工业园区、中部的古城区、西部的高新区、北部的相城区以及南部的吴中区。

苏州在这个阶段郊区化最为繁盛,空间扩展不再是古城东西两侧的两翼发展,而是“四面开花”,形成“东西南北中”五个发展组团(苏州新区、工业园区、吴县市区、浒墅关新区、古城)。1996 年总体规划中将苏州分为 5 个组团,组团之间以绿化带、河流、干道以及开敞空间分隔开,形成古城居中、东园西区、南景北廊、四角山水、多中心的开敞式城市布局形态(如图Ⅰ-8)。而真正开始形成苏州市“五组团”布局模式的契机是吴县被并入到苏州市区,从而形成南吴中区和北相城区。

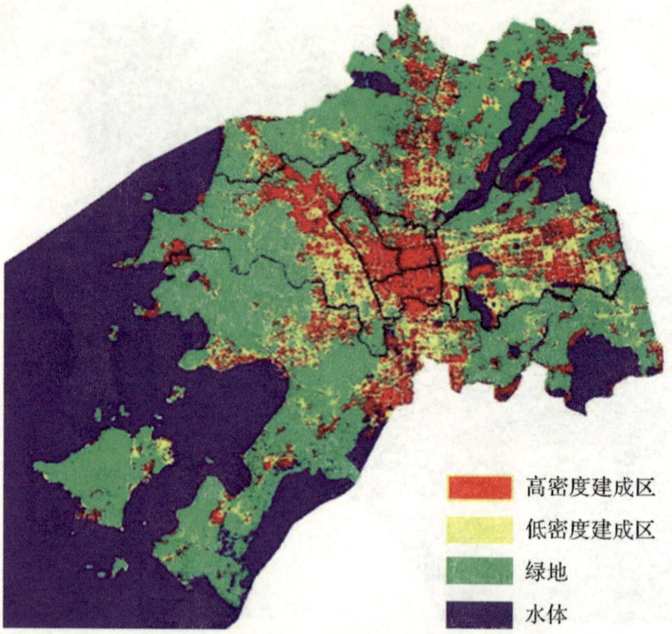

图Ⅰ-7　2006年苏州空间形态遥感分析图

图Ⅰ-8　1996年总体规划“五组团”雏形

4. 十字轴形发展形态

随着新一轮行政区划调整，以及南北向交通的快速发展，苏州“风车组团”状态的外围组团呈现出进一步外向扩展的趋势，扩展方向与新建交通路网一致，南向和北向有着很大的拓展空间。

这样的布局结构不仅可以增大城市交通的接触面，还可以改善城市交通的组织形式。这决定了苏州城市形态必然会进一步延伸拓展，最终形成十字轴线形发展形态。

四、苏州城市空间结构的演变

如富利(L. D. Foley)提出的城市空间结构的含义所述:“城市空间结构处于动态变化之中,从某个时点上看,城市空间结构相对稳定,但从历史发展过程看,城市空间结构却一直处于不断变化之中,因而有必要在城市空间结构中引入时间层面。”城市空间结构包含时间和空间的双层变化,随着时间的推移和城市的发展,不断发生着变化。

1. 居住用地空间结构

改革开放初期,苏州人口增长缓慢,人们居住空间主要集中于古城区内,城市发展基本处于稳定状态。自1978年改革开放以后,苏州的居住人口开始逐渐增多,同时古城区内工业的发展对居住区不断侵占,造成了居住用地和农业用地不足的状况,住房和用地矛盾非常严重。为缓解住房和用地矛盾,古城区外围开始出现初具规模的居住区,多分布于古城区西侧和南侧,这一举措有效缓解了住房供需的矛盾。同时,苏州市政府改变由房管部门单方面建房分房的方式,由职工所在单位建房分房,并鼓励私人建房,从而加快了住宅的建设,缓解了住房紧张带来的压力。

改革开放以后,苏州城市发展逐渐走向稳定状态,到了90年代,随着改革开放步伐的加快,苏州迎来了一个新的经济发展高峰。经济的发展势必引起人口的增加,人口的增加必然促进居住区的建设,于是在这个阶段围绕古城建设了大量的居住小区,来满足人口增长带来的居住需求。

随着城市发展逐渐加快,苏州由东西横向发展模式逐渐转向“风车组团”模式。期间,人口数量随着城市规模的扩大不断增加,于是除了古城区及其附近,在城市的许多区域,如新区、工业园区、吴中区、相城区等都进行了大量的居住空间开发建设。典型的社区有新区的彩虹一村、彩虹二村,园区的莲花新村等。

总体上来讲,苏州居住用地一直呈现增长态势,这主要取决于城市人口的不断增加,并顺应城市发展方向和规模。

2. 工业用地空间结构

新中国成立初期,苏州的城市发展几乎局限于古城内部的建设发展,由于建设资金严重匮乏,只能充分利用原有设施进行工业发展,甚至占用居住用地和农业用地来进行发展。工业在古城内的大力发展对自然环境和人文环境产生了严重破坏,使得政府渐渐意识到这一点,于是,将部分对环境破坏较大的重工业企业迁出古城区,搬迁到城郊,暂时性改善了古城区的环境。

80年代新区、开发区的规划促进了苏州城市进一步发展,此时新区建设“主要解决科学教育事业、信息交流、金融贸易、商业服务、居住等方面的要求,并适当发展一些无污染的技术密集型工业",这一阶段苏州对工业和高新技术等产业的发展高度重视。随后一段时间内,苏州市域企业总数量呈现下滑状态,工业园区的建设为工业企业的发展提供了更充裕的空间,改善了苏州工业发展低迷的状态。这个时期增加的工业企业主要为国有经济企业和外商独资、合资企业,仍然注重高新技术产业的发展。

3. 商业服务用地空间结构

改革开放之前,由于苏州古城区强调工业的发展,商业用地被迫限制发展,商铺数量逐渐萎缩,古城区内的商业呈现一派委顿气氛。改革开放之后,苏州实行复苏商业街的政策,促使古城区内的商业网点迅速增加,不断发展,最后形成了具有特色的商业街区。90 年代开始,苏州市区的商业飞速发展,其所在空间已经不只局限于古城区内,随着城市发展规模的不断扩大,古城外也进行了大规模的具有特色的商业服务用地建设,如新区的大润发购物广场,园区的华联苏州分公司、欧尚超市等大型卖场,以及园区的金鸡湖左岸高档商业街。

商业服务用地由少到多、由点向面开发建设,城市内的商业连锁经营不断发展壮大,这种具有活力的商业形态给苏州带来了意想不到的经济推动作用。

五、苏州城市空间演进的机制

1. 自然环境限制作用

自然环境资源对一座城市的发展起着不可或缺的作用:一方面,美好的自然环境可以优化城市形象,营造美好的城市环境;另一方面,自然资源对城市发展有限制作用。好的自然环境可以吸引人们驻足,并且能够带给人们意想不到的收获,同时甚至能够促进一座城市的文化传播和发展。与此同时,一座城市的自然环境对它的发展也有着巨大的限制作用。例如,为了保持美好的自然环境,工业用地的建设需要考虑众多生态因素,并进行相应的生态保护建设,一定程度上会对工业发展产生或多或少的影响。

苏州以其秀美的自然风光和优雅的园林景观闻名于世,其境内拥有太湖、阳澄湖、澄湖、金鸡湖、独墅湖等大面积的湖泊水域。同时,城市西侧还拥有天平山、灵岩山、七子山、阳山等小型山体。苏州正可谓是一个山清水秀的城市,自然环境资源对它有着特殊的意义。

改革开放初期,苏州急功近利式地大力发展重工业企业,古城区自然环境遭到严重破坏,最后不得不将重污染企业迁出古城区。随着环保意识的加强,古城区的自然环境得到重点修复，颇具特色的园林旅游业得以顺利发展，为城市的发展创造了良好的条件。《苏州市城市总体规划(1986—2000)》中提出古城保持假山假水"城中园"和路河平行的"双棋盘"格局，新区形成真山真水"园中城"和路河相错的套棋盘格局。城市按东西向呈长方形发展，以虚实相结合的中轴线将山、水、古城、新区紧密联结。1994年工业园区规划提出保留区内现有的湖泊和主要水道，以突出苏州"水城"的特色，并提供赏心悦目的景致。同时，适当分配绿色户外空间，以创造高质量的环境。此举无疑为苏州带来了意料之外的发展机遇。

优美的自然环境是苏州旅游业和工业良好发展的重要基础。经济的快速发展带动了城市空间的不断扩张，这种情况下，我们应该更多考虑如何保护现有资源，如何合理利用自然资源，如何在不破坏自然资源的情况下进行城市发展，如若不然，城市的发展必然将受到阻滞。

2. 城市发展政策影响

城市的发展政策对于一个城市的发展起着导向作用，正确的政策能够更好地促进城市的发展，反之则会阻碍城市的发展。新中国成立至今，苏州的城市发展过程中也受到众多发展政策的影响。

新中国成立之初，"生产优先"的城市发展策略对苏州城市发展造成的影响，直接表现为工厂的大量兴建以及对自然环境保护的严重忽视，使苏州古城区的环境迅速恶化。于是，后期的相关政策多是针对古城区的环境修复和治理，如1979年到1985年期间，从古城内部搬迁出数十家污染严重、治理难度大的工厂和车间。

1982年，苏州召开新中国成立后第一次城市建设工作会议，制定了"保护古城，建设新城"的政策，将经济建设与特色文化和自然环境相结合，城市开始向古城外扩展。

2006年苏州开始实行"古新合核、西育太湖、东连沪西、南优松吴、北拓平相"的城市发展策略(如图I-9)。

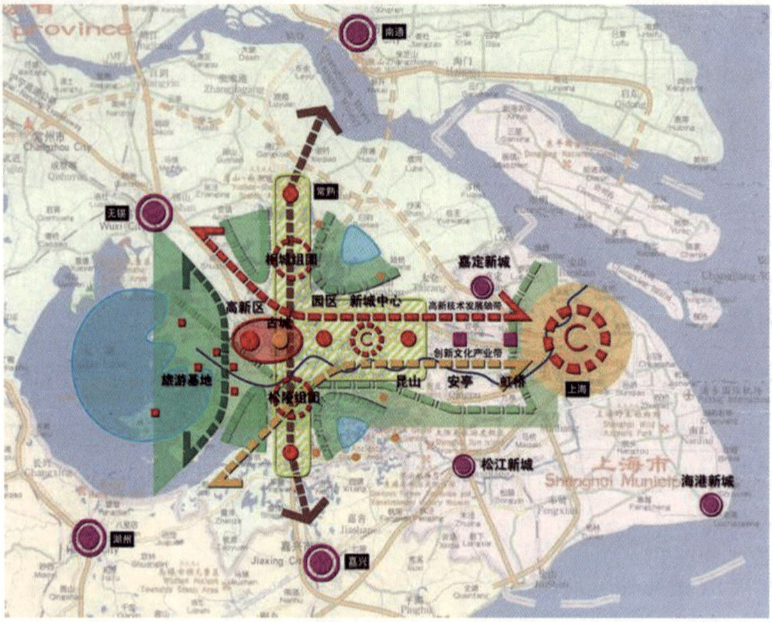

图 I-9　2006 年苏州城市发展策略图示

“古新合核”指把古城区和新城区看作一个整体来考虑城市建设问题。其实，从苏州城市发展过程来看，2006 年苏州的城市中心仍然是古城区。古城区内人口众多，人流量巨大，同时，新城区的发展使得大量的上班族出行必须穿越古城区，进一步加大了古城的交通出行密度。如此一来，势必会对古城区造成很大的交通压力，进而对古城形成很大破坏。于是，只有将古城、新城作为一个整体来考虑安排居住、工作、生活等活动，才能在根本上解决交通拥堵等问题，进而使“古城 + 高新区”这个整体成为重要的综合性城市中心区。

“西育太湖”指对太湖的自然资源和人文资源进行保护，禁止大规模的开发建设，创造著名的旅游度假胜地。西部临太湖地区经济发展相对缓慢，因而其历史人文和自然景观资源保存相对完好。受交通日益便利的影响，在这些自然保护区开始出现少量城市建设活动，主要表现在商品房建设方面，使太湖的环境和自然资源受到越来越大的威胁。为了避免太湖环境被破坏，《苏州市城市总体规划(2006—2020)》明确提出：对太湖山水的生态资源和人文资源进行保留，禁止大规模的开发建设，努力打造国际著名的旅游度假胜地，适当地进行旅游资源的开发，对于那些危害自然景观保护、没有经过规划审批以及当地居民自发建设的用地进行限令拆除或用地置换，从而完成对太湖自然资源的保护。

“东连沪西”指苏州位于有上海、苏州、无锡和常州构成的长三角经济圈的“区域中轴”之上，东临上海，优越的地理位置利于苏州的快速发展。

“南优松吴”指苏州南部的吴中区和松陵组团，建设集居住、旅游、文化教育等功能于一体的区域。南部将2001年由吴县市分出来的吴中区和吴江市的松陵结成一个整体，形成松吴组团。此区域处于东至上海青浦、西至太湖东岸的苏州南部水乡风貌带上，主要发展居住产业、生活性服务业、水乡旅游、文化创意产业等。

"北拓平相"指苏州北部相城新城与苏北城市相联系，可以加强城市交流，促进苏州北部新城的建设拓展。北部城市发展是为了满足目前最急迫的空间扩展要求，以相城区为基础建设苏州北部新城，重点发展交通枢纽和商贸物流功能。同时苏州北部地区是向常熟、苏北加强辐射的重要跳板，是苏州未来城市发展最为重要的功能拓展区。

由上可见，正确的策略往往能够更好地促进城市的发展。

3. 城市重大设施带动

交通设施的建设对一个城市的发展具有至关重要的意义，交通相当于城市的筋脉，是城内城外相互沟通的关键所在。多年间，道路的修建对于苏州的发展起到了积极带动作用。

20世纪50年代开始苏州拓宽和改建部分道路，并积极修建交通要点地区，使得古城区与城外的交通、苏州与其他城市的交通流畅无比。例如，60年代相继完成了景德路、十全街、公园路、观前街、石路等的改造；70年代开始建设东环路，同时还修建了一些通往园林名胜区的道路，如虎丘路和枫桥路等，以方便和适应旅游业的发展；改造北大门地段，梳理苏州火车站、长途汽车站和客运轮船码头的交通关系，实现北大门的"三桥一路"，改善整体环境，这一地段是苏州的交通咽喉地带，交通压力巨大，苏州火车站及其周边道路的成功修建，很大程度上缓解了交通的压力；改建干将路，从而将工业园区、老城区和新区有效联结起来；高速公路建设促进了苏州与外界的畅通交流；苏州轨道1号线和2号线建成通车，使得城市内部交通压力减小。这些重大基础设施的建设不断加快苏州城市空间的拓展。

4. 行政区划调整影响

行政区划作为政府应对大环境的政策手段，对土地利用的空间特征及演变过程具有较为显著的影响。苏州先后经历了多次行政区划调整，为城市空间拓展带来了重大的发展机遇。1983年，江苏省实行市管县体制，苏州市辖常熟、昆山两市以及太仓、吴江、吴县、张家港四县，由于乡镇企业的大发展，中心城市仍然只作为市域的政治、文化中心，经济中心的地位反而有所下降。2001年，吴县撤市建区，并入苏州城区，优化了苏州的城市布局。2002年苏州高新区与虎丘区合并，从而拓展了城市发展空间。2012年新一轮行政区划调整，撤销苏州市沧浪区、平江区、金阊区，设立苏州市姑苏区；撤销县级吴江市，设立苏州市吴江区，进一步加强了苏州的综合竞争能力和可持续发展能力。自此，苏州市划分为姑苏区、吴江区、相城区、工业园区和高新区五个区。这次行政区划调整使得吴江市整体纳入主城，让苏州城区面积扩至2 910平方公里，大部分经济指标占苏州全市的比重超过50%，更让苏州城区与上海实现无缝对接。

第二节　苏州重点区域发展

一、苏州高新区空间发展

1. 苏州高新区发展历程

苏州高新区是苏州市委、市政府按照国务院“保护古城风貌，加快新区建设”的批复精神于1990年11月开发建设的，1992年11月被国务院批准为国家高新技术产业开发区，位于苏州市的西部。虎丘区始建于1951年，当时称郊区，2000年9月8日被批准改名为虎丘区，下辖横塘、虎丘、浒墅关3个镇和白洋湾街道、浒墅关经济开发区。2002年9月，苏州市进行了区划调整，建立苏州高新区、虎丘区。其中，高新区下辖狮山、枫桥、横塘、镇湖4个街道及浒墅关、通安、东渚3个镇，下设科技城、浒墅关经济开发区、苏州西部生态城、苏州高新区出口加工区和保税物流中心。

2. 苏州高新区空间发展历程

随着苏州城市化进程的推进，苏州高新区与母城之间的关系也一直发生着变化。

苏州高新技术产业区成立以前，其所在位置是古运河以西的原永和、星火、曙光3个村。那时的苏州城区基本上保持着古运河以东的老城区的规模。随着人口的迅猛增长，原有的古城区规模已经无法满足需求，而拥挤的交通和人流也在逐步毁坏苏州古城的风貌。苏州城市规模亟须扩张，而一河之隔的古运河以西地区成为苏州市城市化发展的首选。

1992年，苏州市政府作出“依托古城，开发新区”的决策，成立了苏州高新技术产业开发区。1994年苏州东部工业园区建立，城中形成“东园西区”的形势，古城区依旧是核心。“东园西区”的迅速崛起，使得苏州跳出古城区的局限，形成了“一体两翼”的全新城市格局。高新区创立之初与老城紧密相连，共同组成了苏州的主城区域，成为城市的生活服务中心和市域政治、文化中心。高新区的建设整合了古城区的公共设施，尤其是交通设施，使得古城不再是封闭拥塞的核心，加强了人与人之间、城市功能之间的沟通。高新区之中，工业用地规划占据大部分，随之并存的自然会有居住用地、商业网点等，并逐渐发展壮大(如图I-10)。

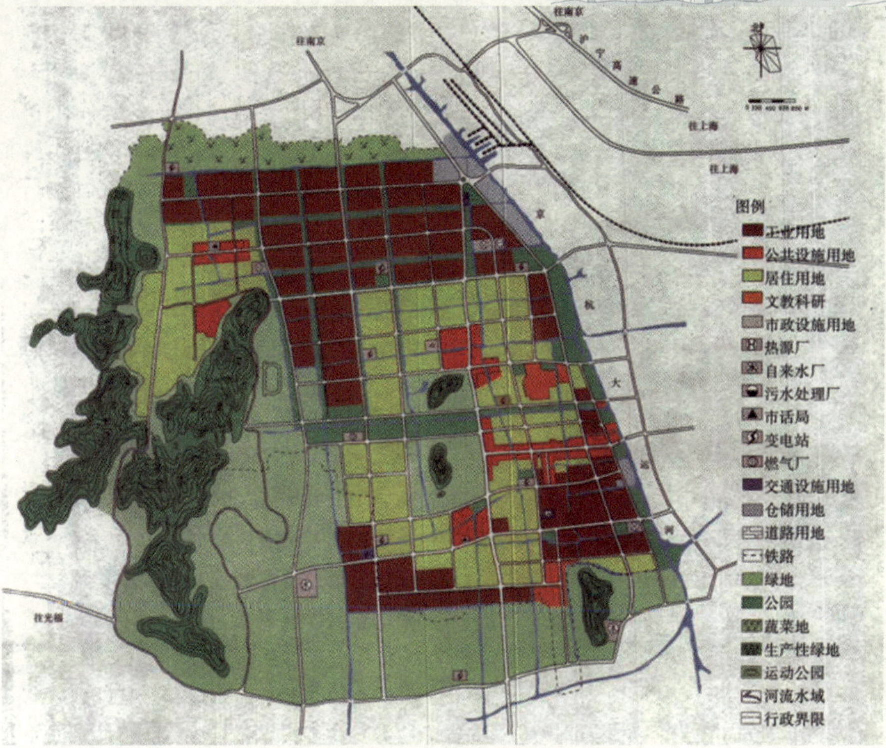

图 I-10　1994 年苏州高新区总体规划图

2001 年，苏州市城市总体规划进行了调整，城市发展模式由“一体两翼”发展到了“五组团”，“东拓、南延、西优、北控、中疏”的战略部署大大加快了苏州市城市化的进程。“西优”指的就是高新区的优化调整，高新区在城市规划中的发展目标是“调整、优化西部高新区现有产业结构和用地结构，先进制造业主要向浒墅片区拓展，建设以居住、旅游为主的现代生态型城市组团”。可见高新区的定位随着城市发展规划的调整发生了转变，已经不单纯是开发区、工业集中区，而是向着“中心城区”发生转变。

随着高新区的不断发展，其发展空间渐显不足，综合考察之下，向西部继续拓展成为了必然选择。高新区西部尤其是太湖区域拥有优良的生态环境，良好的自然资源优势为高新区随后多年的强有力发展奠定了基础（如图 I-11）。

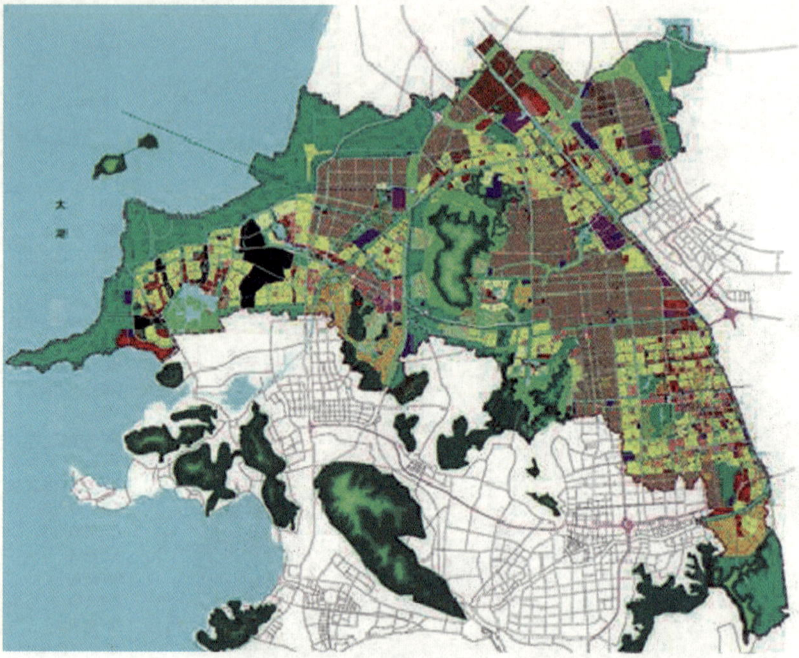

图 I-11　2009 年苏州高新区总体规划图

高新区西部绝佳的生态环境使其成为苏州乃至长三角地区资源条件独特的区域，这是后工业化时代的核心竞争优势。未来高新区区域地位和城市职能的提升，尤其是高级服务业的发展，将主要通过太湖滨湖地区的建设来实现。

2009 年苏州科技城正式破土动工。苏州科技城位于苏州国家高新区西部，濒临太湖，背靠大阳山国家森林公园，是苏州高新区实施“北扩西进”战略全新规划建设的科技新城。2012 年，位于苏州科技城西侧的苏州西部生态城正式启动。作为苏州全市城乡一体化综合配套改革先导区的重要组成部分，西部生态城将以太湖湿地公园为“绿心”、生态廊道为“绿链”、滨湖景观带为“绿环”，建成一座集旅游休闲、文化创意、民间工艺及高品质居住、办公于一体的低碳生态型山水新城。这两项重大项目推动着高新区的空间发展不断向西拓展，逐步迈向太湖时代。

3. 苏州高新区发展特点

作为苏州较早成立的经济开发区，高新区有着其独特的发展特点，有需要改进的地方，但是也有值得借鉴参考的方面，可简要归结如下：

(1) 依托行政区划调整，由拼合式发展逐步融合，板块空间明显

高新区前期发展主要是通过“乡镇合并”、“一区几园”的跳跃式扩展，形成“1 + N”、“一拖几”的格局，导致“块块经济、区块经济”十分明显，也导致了产业板块分散化发展，生活功能和产业功能混杂。因此，通过乡镇行政区划调整逐步建设而成的苏州高新区，总体表现出产业空间布局较分散、板块经济明显的特征（如图 I-12）。

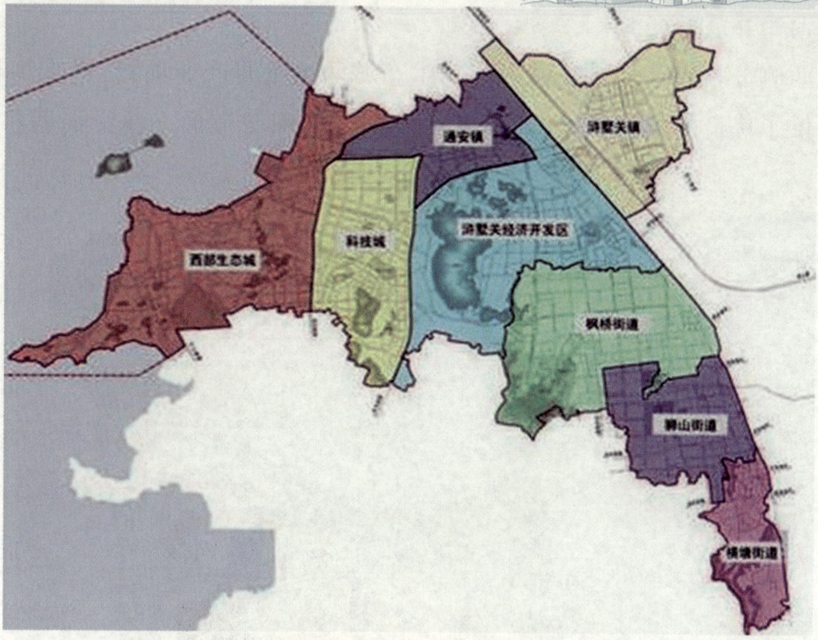

图 I-12　苏州高新区空间板块分布图

(2) 空间结构模糊,功能布局交错

高新区空间布局存在的问题主要是大规模产业组团扩展与填充并存,生态环境不断被侵蚀,工业区和生活区相互交错干扰,表现为城乡建设用地蔓延,空间结构日趋模糊,功能布局不尽合理。

从高新区城镇建设用地的功能构成来看,工业用地比例明显偏高,公共设施用地比例相对偏低。高新区 20 年来迅猛发展的同时,也出现了这样的局面:一方面,以狮山路为代表的中心城区工厂与商住区犬牙交错,现代服务业占 GDP 的比重迟迟难以提高。另一方面,城区中心高密度开发与外围工业用地的粗放建设并存。外围大量早期各乡镇自办工业区与开发区统一开发建设的产业园区相互交叉,建设密度、建设水平参差不齐。虽然工业(产业)用地布局调整趋于加快,但历史遗留的乡镇、村镇工业区还有待进一步调整。高新区已提出"建设成为先进产业的聚集区、体制创新和科技创新的先导区、生态环保的示范区、现代化的新城区",逐步分类集中各种产业用地,但外围原各乡镇工业用地较为分散,沿主要交通道路蔓延,在一定程度上制约了产业功能区的升级与发展。部分村镇工业用地与住宅建设用地交叉,基础设施不完善,废物处理不达标,对环境影响较大。

从空间规划来看,现状公共设施用地多集中于高新区东侧,外围城镇的服务设施不足。高新区集中了市、区级公共服务设施,商贸业发展相对较为均衡,但生产性服务业发展相对滞后;而外围城镇和产业区的商贸、科教设施建设严重滞后。

(3) 有向西拓展的趋势

高新区西侧分布有苏州科技城和苏州生态城两大重要产业项目,这为高新区的进一步发展提供了优良的条件,指引高新区的空间结构和城市形态继续向西扩展(如图Ⅰ-13)。

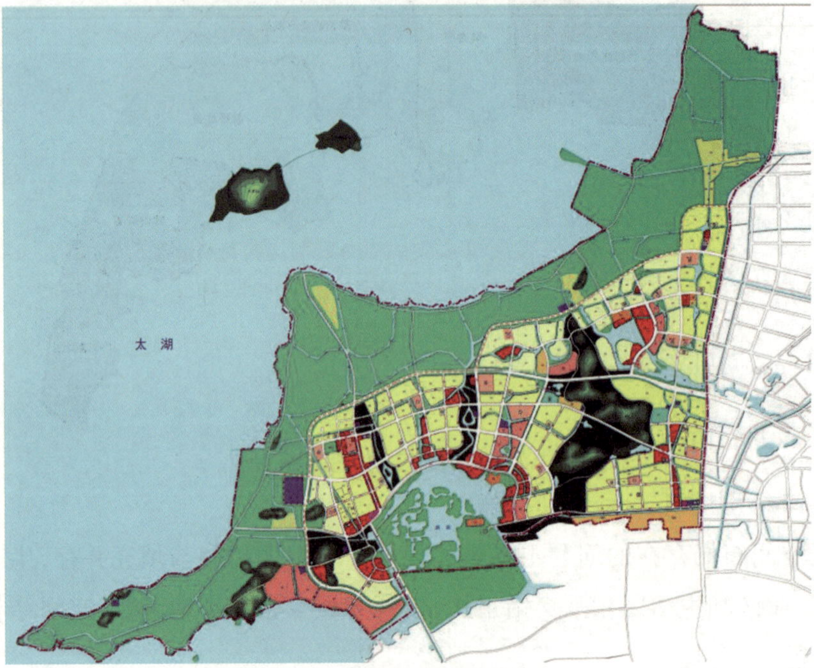

图Ⅰ-13　苏州高新区西部生态城规划方案

二、苏州工业园区空间发展

苏州工业园区于1994年2月经国务院批准设立,同年5月实施启动,位于苏州市区东部,行政区划面积约288平方公里。苏州工业园区的发展目标是:建设成为具有国际竞争力的高科技工业园区和现代化、国际化、信息化的创新型、生态型新城区。

1. 工业园区空间发展历程

工业园区最初的规划编制于1994年,该规划运用了"新镇"的编制概念,利用公共中心轴线、邻里中心等先进规划理念,确定了70平方公里园区的总体开发思路,奠定了园区发展的基本框架,有效地指导了园区的规划建设。该规划结构突出贯穿"河西新区—苏州古城—园区一、二、三期中心"的轴线处理,土地使用根据明确的功能加以划分,轴线及其两侧的条形地带布置居住区及其商业中心,高新技术为主导的轻型工业围绕商业中心和居住区,使工作地点和必要生活设施靠近居住用地(如图Ⅰ-14)。

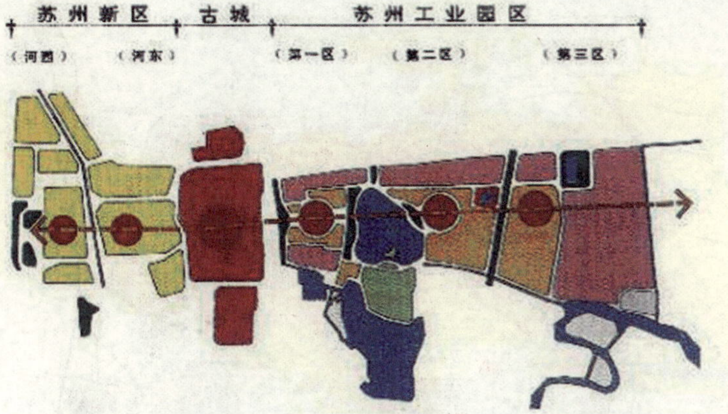

图 I-14　苏州工业园与苏州古城、新区的结构关系示意图

根据 1994 年版苏州工业园区总体规划，园区分为三期建设，每期地段有着明确的主流功能：第一期地段为现代化的商业中心，周围建设相应的居住和工业用地；第二期地段为科技中心，提供一个从事研究开发活动的高科技工业园及具有高品质、湖滨环境的居住区；第三期地段为自给自足的新镇，用于用地较广的轻工业，提供主要的公用设施和基础设施及居住用地（如图 I-15）。

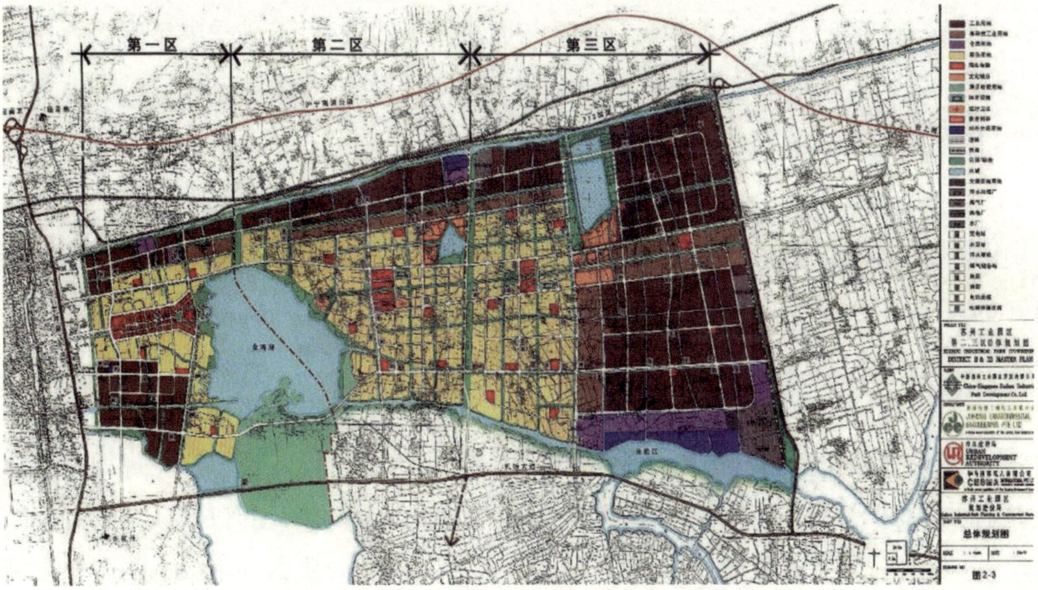

图 I-15　1994 年苏州工业园总体规划图

2001 年苏州工业园区重新规划布局。经过几年的发展，苏州工业园区开始更加注重中新合作区和外围地区、周边乡镇的协调发展，强调在现状基础上的整合。规划提出了“一区六组团”、“东西中心轴线 + 南北生态景观轴”、“五条生态廊道”的空间结构，对园区空间发展的进一步调整和完善起到了一定的指导作用（如图 I-16）。

图 I-16　2001 年版苏州工业园区规划调整

2007 年中国城市规划设计研究院编制了新的苏州工业园区规划。这使得工业园区的总体功能定位进一步提升，从“工业区”转变为“新城”。此时的园区发展面临着瓶颈，资源优势不甚明朗，如何转型成为重点问题。新的规划提出，协调东部新城与南北滨湖、滨江地区的关系，协调中新合作区与周边城镇的关系，打破受限于中新合作区的“围篱”，全面提升园区的功能综合性，促进园区产业转型。

2. 工业园区空间发展的特点

(1) 源于新加坡花园城的理想模式

从最初编制的新加坡工业园区总体规划来看，苏州工业园区充分借鉴了新加坡新城(New Town)建设的成功经验。苏州工业园区在规划初始就明确地借鉴了新加坡概念规划的做法，并明确提出了未来需要达到的目标——创造一个能与苏州现有城市完美结合，具有良好的居住和工作环境，高效、洁净的现代化园区。规划设计者延续了新加坡“卫星城”的理念，将园区定性为一个“具有现代功能的新城”，因此在规划中充分考虑多层次的生活服务设施的需求，除了多种类型的工业以外，还有住宅、学校、商业、医疗、文化、体育等各种设施，并预留了湖西商务区和湖东商业区等市级生活服务设施用地。

这一面向“现代新城”的建设目标形成了我国开发区建设当中独特的“理想新城发展模式”，苏州工业园区由此成为开发区发展中的特例并引起广泛关注。该模式之所以取得巨大成功，基本原因在于“在明确的发展边界基础上有一个理想的、超前的综合发展规划”，园区规划充分考虑了与苏州古城的关系、产业发展与居住、商贸、景观的关系，使得工业区在向“城区”转化过程中实现平稳过渡。

(2) 内外结合的中轴空间布局结构

空间布局结构包含了两个方面的内容:一方面是规划对于城市整体空间的传承和延续,即空间结构要有开放性,不是一个自封闭系统;另一方面是规划区内部空间结构的有序性。对于苏州工业园区规划而言,很好地兼顾了园区与城市发展的空间关系,又保证了园区内部结构的有序性。

从城市空间来看,园区的规划一方面充分考虑了园区与城市空间上的相互关系,尊重和延续了城市的总体框架。在古城西侧是已初成规模的苏州新区,是国家级高新技术开发区,园区的选址位于古城东侧,在空间上较好地延续了城市的东西向轴线发展关系。另一方面,园区内部功能组织上充分考虑了与古城的衔接,规划中延续了"干将路是苏州古城区东西贯通的主要商业轴线"的格局。因此,规划在园区金鸡湖西片区集中布局了主要的商业服务设施,在轴线的另一端金鸡湖东片区集中布局科文中心、博览中心、商业中心等大型服务设施,这些集中服务设施将古城的东西主轴与园区内部功能良好地结合在一起,强化了该轴线在苏州整体城市形态中的主导地位。同时,"轴线式规划"不仅保证了园区自身有良好有序的空间关系,轴线西联古城、东向拓展的规划布局也形成了以古城为依托的开发态势,降低了园区前期启动的成本,使得园区进一步发展有较强的"母城"支撑,逐步发展成为一个和苏州老城有机联为一体、又具自身特色的苏州新城。

从内部空间结构来看,园区规划的70平方公里用地为东西长向用地,因此轴线式的布局形成了三大不同功能片区:第一期用地位于湖西,规划定位为现代的商业中心,同时拥有平衡的居住和工业用地。第二期用地位于湖东,定位为科技中心,主要利用水域沿岸的环境和翠绿的景色,提供一个从事研究及开发活动的高科技工业园,以及具有高素质湖滨住屋的优良环境。第三期为外围自给自足的新镇,主要用于轻工业发展用地。这三大功能区在空间上有序布局,从而形成完善的有机整体。

(3) 景观导向的空间开发引导体系

苏州工业园区用地范围内河流湖泊密布,水系发达,属于南方典型的"水乡"地区。在规划中需要重点解决两个问题:一是总体层面的河湖水网体系的合理保护利用,二是重要水系周边地区的景观规划。在园区各种不同类型的规划中,充分体现了"以人为本"、"公共利益至上"的人文色彩,从而使滨水绿化景观成为园区最为人称道的风景线之一。

工业园区北临阳澄湖,南沿吴淞江,区内有娄江及金鸡湖、阳澄湖、沙湖、独墅湖等湖泊,大小河流40余条,水网密集,构成了江南水乡特有的地理特征。园区规划充分尊重现状道路网和水网,构建了结合道路骨架的"道路绿线"和依托河流水系的"水网绿线”,以线性道路绿化作为网络绿化系统的主要形式,使得园区处处见绿;以大面积集中公共块状绿地(公园、广场、街头绿地)作为网络型绿化系统的核心节点,让整个园区绿化体系“画龙点睛”。

现有规划侧重于三个方面:一是,注重规划网络型绿化,充分发挥道路及河流绿地的联系功能,使各种类型的绿地与水体、道路的景观环境一体化,发挥最大的生态效益。二是,将主要湖泊融入城市功能,形成了环金鸡湖中央商务区、阳澄湖生态旅游度假区、独墅湖科教创新区“三大功能板块”,成为三种园区经济发展模式的代表,并具有鲜明的环境特色。三是,将城市旅游理念融入到水系景观开发中,目前园区已形成了“金鸡湖是经济湖,阳澄湖是养生湖,而独墅湖则是读书湖”的旅游品牌特色,每当阳光明媚时,游人如织。

三大功能板块的景观设计中,最为突出的是环金鸡湖地区滨水景观的设计。金鸡湖位于园区 70 平方公里规划区的中心地带,占地 7.4 平方公里,比杭州西湖大 1.8 平方公里。根据园区总体规划,周边 5 平方公里将建成公共绿地和现代商住娱乐区(如图 I-17)。正是这一定位,使得金鸡湖成为人们关注的焦点。人们常说,占地约 12 平方公里的金鸡湖是苏州工业园区的“眼睛”,这说明经过十几年建设,“公共利益导向”的金鸡湖景观规划设计取得了圆满成功,金鸡湖已经成为苏州工业园区的“名片”。

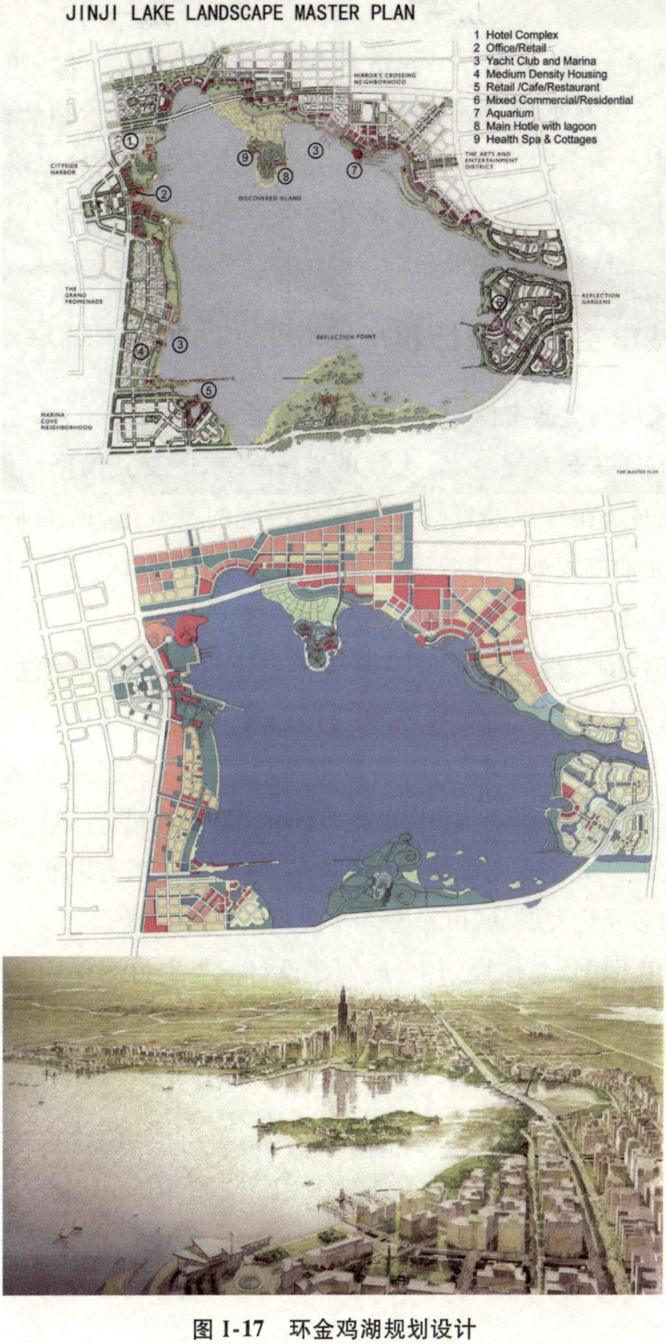

图 I-17 环金鸡湖规划设计

第三节　苏锡常城市建设比较

苏州、无锡、常州三市(简称苏、锡、常),地处经济发达的长江三角洲核心区域,自然条件优越,水陆交通方便,工农业生产水平较高,以轻纺、电子和高新技术为特色的加工工业在江苏省乃至全国占有重要地位。然而,为了促进区域对外开放,全面建设小康社会和从根本上改善投资环境,在充分挖掘土地利用潜力的同时,必须重视处理好城市土地利用与可持续发展的关系。

一、无锡城市空间拓展历程

无锡是太湖流域的交通中枢,北倚长江,南濒太湖,东接苏州,西连常州,京杭大运河从中穿过,是著名的"鱼米之乡"。无锡的城市发展,既受到国家总体经济社会发展政策的调控,更多的是在继承和发扬工商文化传统的基础上,以工业化为动力,通过"苏南模式"乡镇企业的发展带动城镇化,发展壮大经济开发区,促进外向型经济,推进区域城市化、城镇组团化和城乡一体化,加速实现城市化。

20 世纪 80 年代的无锡,其人口增长速度不是很快,城市拓展面积增长不大,城市发展速度缓慢,城市功能结构比较单一,城市形态基本保持纺锤形。

1995—2010 年无锡市总体规划调整城市布局,提出建设"城外城"(无锡新区)、"城中城"(无锡旧城)、"山水城"和中心商务区(CBD)的构想。这一时期无锡城市化发展处于转折期,人口增长速度加快,城市向东、西北和西南方向扩展,城市拓展面积增大,城市功能向多元化发展,城市形态逐步向组团形态发展。

2001—2020 年无锡市总体规划中,规划建设目标提到将无锡中心城建设形成"七片一带"的总体布局结构,构筑"山水城林"一体的城市总体框架(如图Ⅰ-18、图Ⅰ-19 和图Ⅰ-20)。

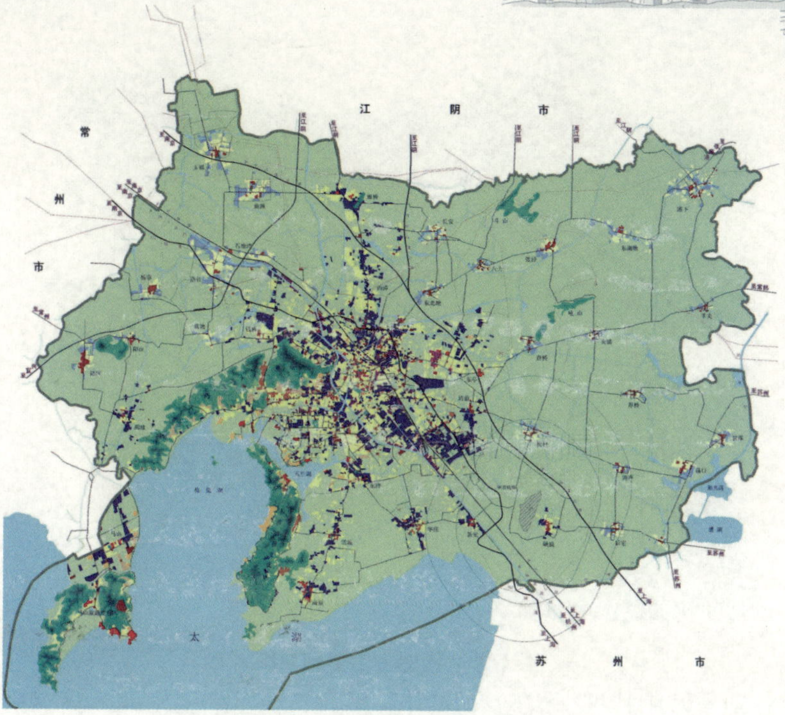

图 I-18　2001 年无锡市用地现状图

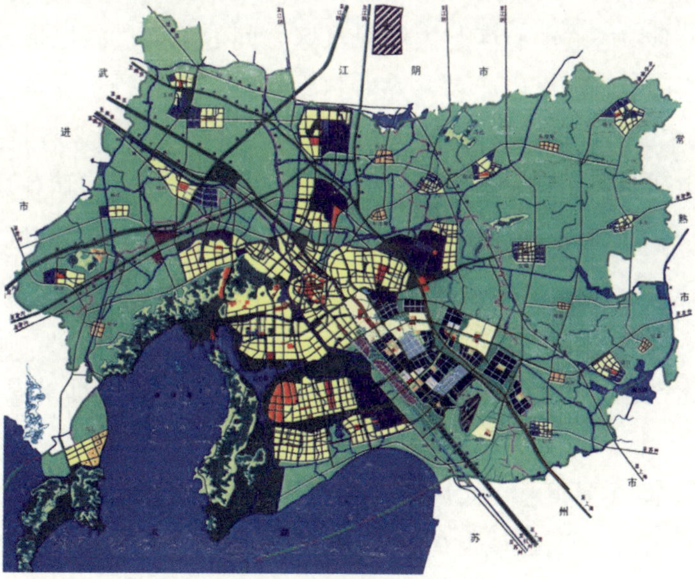

图 I-19　2001—2020 年无锡市总体规划图

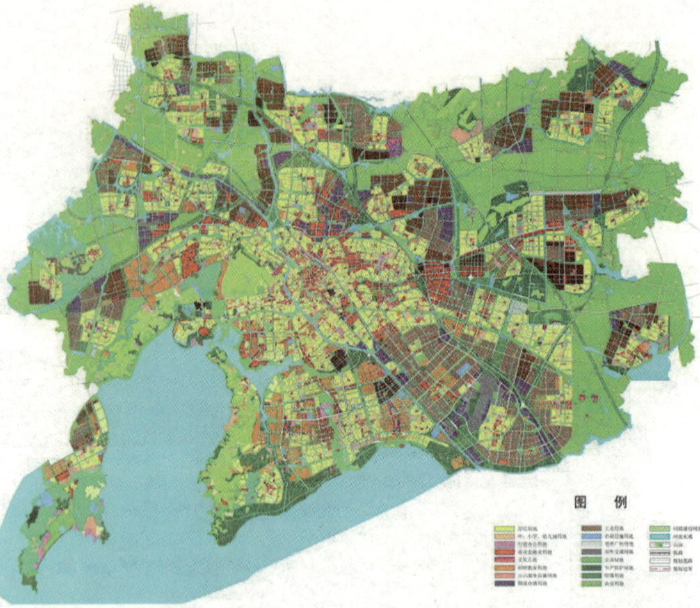

图 I-20　无锡市远景规划图

“七片”分别指城中片区、蠡溪片区、东亭片区、新区片区、山北片区、锡北片区和滨湖新城片区七个区域。具体来讲,“城中片区”指以居住和生活服务设施为主的综合区,承担行政、商业、金融、文化等综合职能;“蠡溪片区”指以居住、商贸、旅游服务、体育为主的综合区,是中心城中心区与太湖风景区之间的重要过渡地带,规划在青祁路东、太湖大道南形成中心城次中心;“东亭片区”指以工业、居住、商贸为主的综合区,规划建成中心城东翼的居住新区和次中心;“新区片区”指以工业、居住、物流为主的综合区,其工业以外向型经济和高新技术产业为主;“山北片区”以居住功能为主,保留传统的特色手工艺生产基地和集中成片的无污染纺织企业;“锡北片区”包括堰桥和西漳地区,堰桥是以行政办公、居住和现代高科技园区为主的综合区,西漳是以现代物流、居住和工业为主的综合区;“滨湖新城片区”指以教育、科研、体育、旅游服务、高品质居住、高新技术产业园和生产型公共服务设施为主的综合区,远景规划为城市的副中心。

七大片区的规划主要得益于无锡市的行政区划调整政策——2000 年,无锡将锡山市撤市设立锡山、惠山二区,撤镇设街道。各片区以京杭大运河、太湖大道、312 国道、沪宁铁路、惠山、五里湖、梁塘河等作为边界,以湿地、山体、林地、河湖水系、田园等空间要素作为分隔,以快速交通网络相联系。

二、常州城市空间拓展历程

常州与苏州一样,也是一座有着三千多年悠久历史的文化古城,现辖金坛、溧阳两个县级市和武进、新北、天宁、钟楼、戚墅堰五个行政区。

整体来讲，常州的城市空间是南北轴向发展，影响一座城市形态形成的因素有众多，比如说当地的地形、气候、水文状况、土地和政策等，这些因素都不是独立产生作用的，它们之间相互制约、相互融合，最后共同作用于城市。

对于常州这座城市来讲，影响其城市空间拓展的主要因素莫过于城市交通系统。道路交通可谓一座城市的咽喉，发达的交通与常州的发展有着十分深刻的联系。

20 世纪 80 年代之前，常州的主要交通方式为步行和水运，因而城市外围多沿着大运河及其他航道发展，城市内部则呈组团式发展形式。

进入 80 年代，铁路在人们日常交通生活中日益占据越来越高的地位，自此沪宁铁路和大运河共同构成了城市的两条横向发展轴。城市内部不再是单纯团状发展模式，开始沿着铁路和运河的轨迹逐渐东西向发展。

90 年代以后，常州发生了显著的变化，经济发展迅速稳定。为了更进一步地发展，常州市进行了行政区划的调整。常州和武进分址建设，得以摆脱“市县同城”，扩展了城市空间。此段期间常州市大力修建交通设施，形成了“环形放射”型路网（如图 I-21 和图 I-22）。

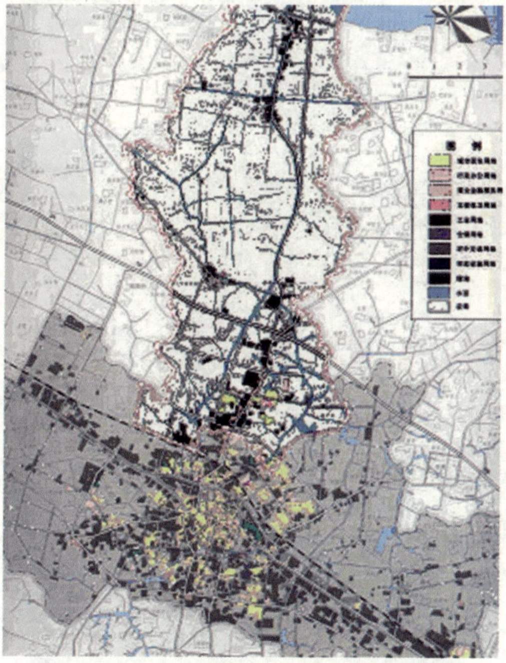

图 I-21 1995 年常州市用地现状图

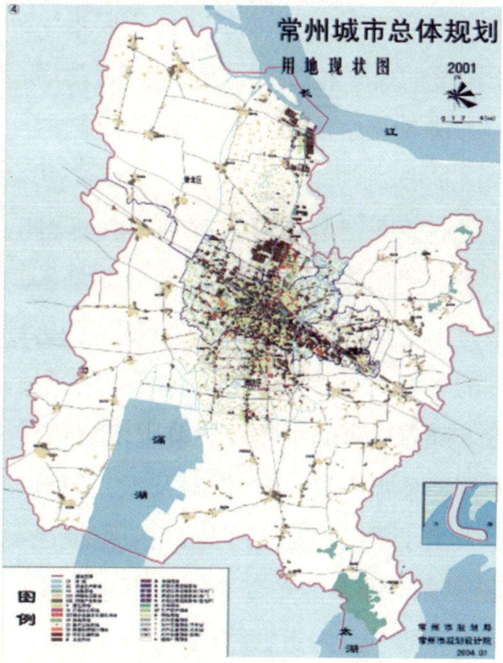

图 I-22 2001 年常州市用地现状图

常州和武进分址建设，常州市得以从“市县同城”的困境中摆脱，城市空间大规模扩展。“环形 + 放射”路网的建成使得城市空间可达性全方位提高，推动常州市空间进一步演化。随后，常州高新技术园区成立，沪宁高速公路通车，常州港开通，沿江工业园区成立。在此基础上，原先的对外交通道路优势逐渐失去，沿路的企业工业用地不断发展更替，居住用地、公共设施用地等也随之演变，但是变化并不很大。直到2003年，常州几条主要道路两侧的工业用地保持原状，只有西外环的青龙路两侧的工业用地开始密集。

常州城市空间扩展过程中，工业用地、居住用地和商业用地也不同程度发生了变化。

80年代，工厂多集中于城市中心位置，城市外缘土地利用率并不高。90年代初期，一些工业企业开始沿着城市两条发展轴发展建设。90年代中期开始，随着城市空间的进一步发展，城市的各项基础设施逐渐完善，更多工业企业开始沿着城市南北轴兴建厂房，特别是一些对交通线路依附性强的工厂，连续地向外延伸。此时期，常州的城市空间拓展形态已不是单向发展轴，而是发展成了综合性发展轴，从而进一步形成城市轴向扩张。

80年代，常州的居住区与工厂用地一样，都集中于中心城区，另外沿着城市对外交通干道也有分布。90年代初期，新增的居住区开始集中于城市内部对外道路之间的区域内，主要集中于城市的南侧和西侧。90年代中期后，新增的居住区主要集中于城市的北侧和西侧。2003年后，新增的居住区开始向城市的北侧和南侧的新区扩展。

商业网点的发展进程和居住区的发展有些相似，如在80年代，商业场所多是设置在重要交通网络节点附近，更多的是在对外交通网络的重要节点附近。随着城市的不断发展演进，道路交通网络愈加丰富，居住用地及工业用地也发生了翻天覆地的变化，商业用地也逐渐延伸到非对外交通的城市主要干道的重要节点附近，并开始形成一些社区中心。

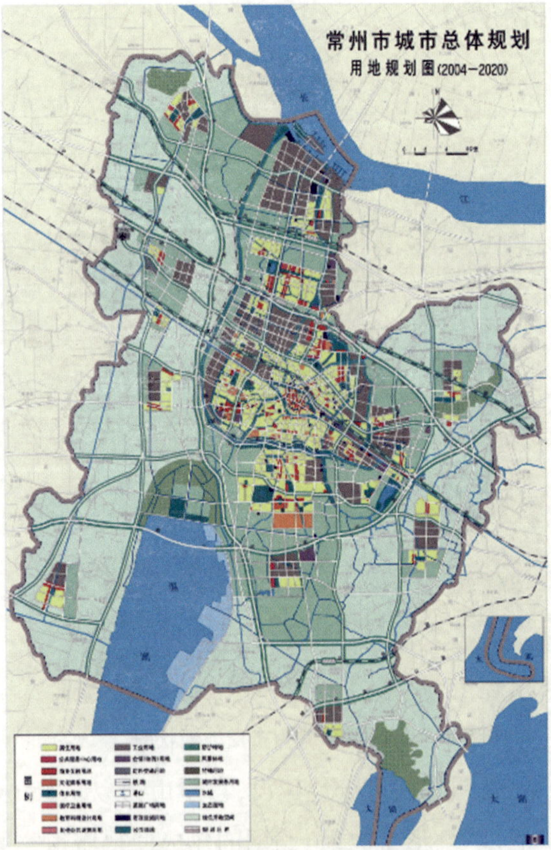

图 I-23　2004年常州市城市总体规划图

2004版常州市城市总体规划中，全市形成“二横一纵”城镇聚合发展轴（如图I-23）。“二横”指沪宁铁路交通发展轴和沿江高速公路城镇聚合发展轴。“一纵”指镇广线城镇聚合发展轴。

三、苏锡常城市空间演进比较

改革开放以来，我国城市建设用地规模和结构发生很大变化，通过对苏锡常三个城市的空间演进进行比较，将其共有特点归结如下：

1. 城市用地规模短期内迅速扩大

苏锡常三市均是历史古城，都拥有得天独厚的地理优势和资源优势，但是在新中国成立以前的漫长历史长河中均发展缓慢。直到新中国成立以后，随着社会经济性质的改变，城市用地规模和结构发生很大变化，尤其是改革开放以来，苏锡常三市进入了蓬勃发展的新时期，城市建设用地迅速扩大，彻底摆脱了低速发展期。

2. 城市用地结构发生较大变化

新中国成立前，苏锡常三市以传统的轻纺、手工业和商业为特色，工业占地较少，以居住、公共建筑等生活性用地占主导地位。新中国成立后，随着工业，尤其是重工业的发展，工业用地迅速扩大，成为仅次于居住用地的第二大项用地。多项数据表明，城市性质已经发生很大变化，工业已经成为主导物质生产部门。改革开放后，由于全国工作重心和区域经济发展战略的转变，东部沿海地区成为吸引外资和经济建设的重点，苏锡常三市市区经济、县域经济以及乡镇企业和外向型经济迅速发展，不但引起城市用地规模扩大，而且促使用地结构发生重大变化。具体表现为：工业用地比例继续提高；居住及公建等生活性用地扩展速度接近或超过生产性用地；对外交通和城市道路等功能性用地比例上升。一切都说明城市用地结构趋向合理，城市综合功能得到有效加强。

3. 城市空间形态演进出现新特征

在大都市区化和城乡一体化模式推动下，苏锡常城市空间形态表现出一些新的独特之处，归纳如表 I-1：

表 I-1　苏锡常城市空间演化的形态与特征比较

时间 / 要素	演变前	演变后
演化因素	郊区化	大都市区化
结构模式	单中心扩散	多中心、网络化发展
参与主体	独立市级和县级管理主体	多层级市—区（镇）利益主体

（1）演变机制由郊区化拓展转向大都市区化一体化发展

这种多因素作用下的地域空间扩大化是苏锡常城市空间发展的一个必然阶段。

大都市区化反映了大城市及其辐射区域对社会经济生活的作用不断增强的过程,是"城市区域化、区域城市化"的结果。在这个过程中,城市空间日益与城市功能紧密相关,尤其是外围空间越来越多地承接了市级的公共服务设施建设、大型房地产建设。这种由上而下的城市功能外溢甚至引发了城市呈波浪式推进的空间扩张,从而带来"大尺度广域化的城市化空间、连绵成片的就近拓展、跨越行政界限和地区界限的发展"(如图 I-24)。

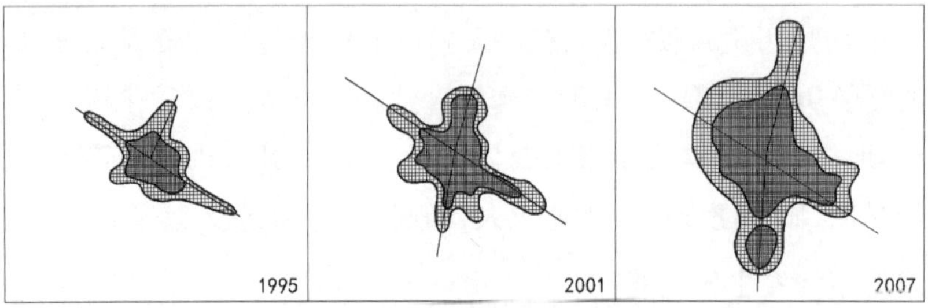

图 I-24　常州市区城市空间发展

(2) 结构模式由"单中心扩散"转向"多中心、网络化发展"

在调研中发现,苏锡常城市空间形态,尤其是苏州市城市形态,受到中心城和外围县市次中心的共同影响,导致城市和乡村(镇)的发展处于相互交错状态,众多不同土地产权"斑块"交叉(如图 I-25)。这种不同等级空间交错的状况,部分学者称之为"半城镇化空间"蔓延区,"是一种空间临近、连绵成片的松散的城镇组合"①;部分学者甚至直接将这种扩大化的城市空间区域称为"大城市外围地区②"或"中心城区外围地区③",并认为这是城市空间发展中的一个特殊阶段。

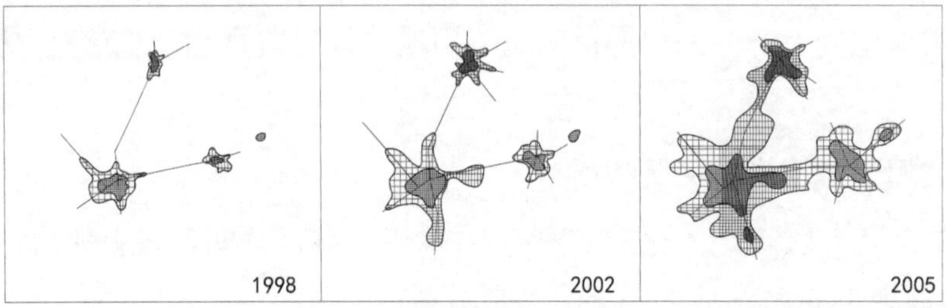

图 I-25　苏州市区城市空间发展

---

① 赵民,柏巍,韦亚平."都市区化"条件下的空间发展问题及规划对策[J].城市规划学刊,2008,(1).

② 彭涛,易晓峰.大城市外围地区的二重性特征——以广州市花都区为例[J].城市问题,2007,25(4).

③ 任雨来,江曼琦,白吉祥,等.天津市中心城区外围地带规划建设时序与发展模式研究[M].北京:中国建筑工业出版社,2007:4-5.

(3) 空间拓展参与主体由“独立市级和县级管理主体”转变为“多层级市—区(镇)利益主体”

早期城市空间发展研究当中,各个城镇主体独立发展,随着苏南发展模式的影响扩大,苏南地区开始采取以乡镇政府为参与主体的组织资源方式,各级政府主体能动性不断加大,政府出面组织土地、资本和劳动力等生产资料,出资办企业等,原来被忽视的基层主体逐步成为了影响城市拓展和区域土地利用的重要角色,这也促使城市空间拓展内在参与者的地位产生重大变化。

4. 开发区成为城市空间拓展的主要载体

从苏锡常城市空间拓展的历程来看,开发区已经成为城市空间拓展的重要因素,不仅反映在城市形态和用地结构上,更反映在城市经济空间结构、城市人口和社会空间结构的影响上。以常州新北区(国家级高新区)为例,1992 年,常州国家级高新技术开发区建立,面积为 5.63 平方公里;1993 年,常州国家级高新技术开发区扩界,辖区面积扩大至 30 平方公里;1995 年,常州新区建立,进行新区区划调整,面积扩大至 116 平方公里(如图 I-26)。每次开发区扩界都带动了常州城市结构的重大转变。

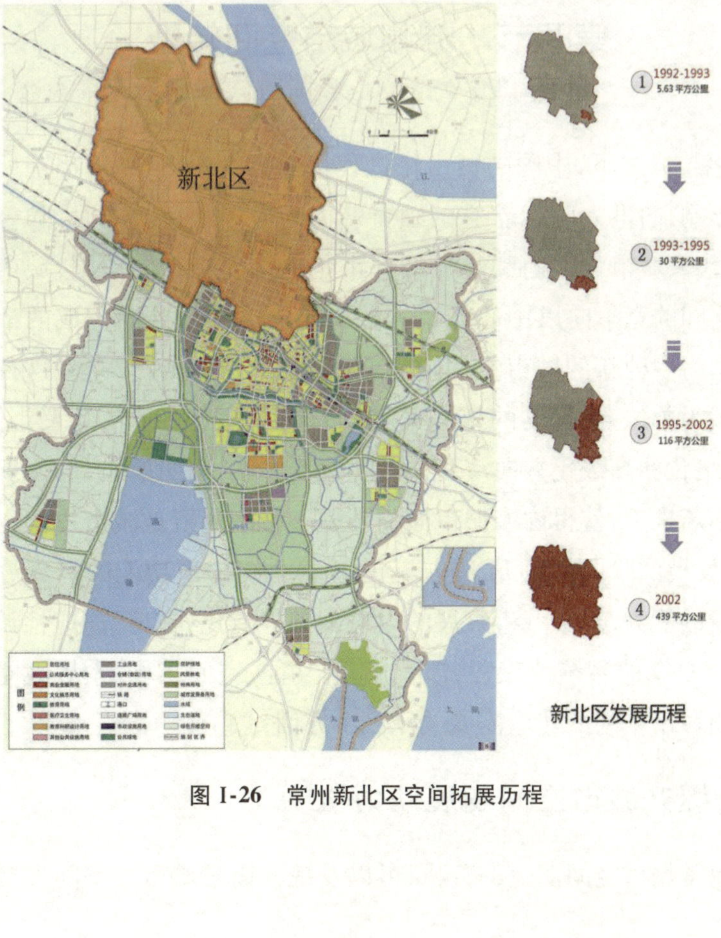

图 I-26 常州新北区空间拓展历程

5. 城市空间积极向滨湖发展

太湖是苏锡常地区重要的生态和景观资源，在发展中，各城市均表现出较强的“亲水”特点，不断营造各种“太湖新城”、“滨湖新城”，借用优势开发资源进而带动城市的拓展成为当前的主流。

以无锡太湖新城为例，无锡通过建设太湖新城，培育和发展新的城市中心。这是深入推进城市南进战略、拓展城市发展空间的重要举措，在一定程度上加快了无锡建设区域性中心城市的进程，对完善无锡城市的集聚、辐射和带动功能，全面提升城市国际竞争力具有战略意义和深远影响。太湖新城总面积约150平方公里，东起京杭大运河，西接梅梁湖，南依太湖，北望蠡湖，地势平坦，风景优美，环境优越，是无锡目前保存最为完整、开发价值最大的板块。

总之，苏锡常三座城市发展模式的成功之处值得引借，实践规划建设中应结合城市本身的特色进行适当的改善，吸取类似城市建设过程中的经验教训，以求创新与传承中不再重蹈覆辙。

第四节　苏州城市空间转型

当今全球化趋势之下，中国的城市化进程快速推进，并且展现出前所未有的规模和全面深刻的影响，向世人昭示着它的独特魅力与中国特色。同时，随着城市化逐步走向高级阶段，代表城市化方向和趋势的都市化也从世界走向中国，城市之间的竞争也由单个城市之间的竞争向以中心城市为核心与周边城镇共同构成的都市区的竞争转化。都市区作为一种新的城市空间形态，逐步登上了历史的舞台，这种空间形态更加强调以大区域为单位、大尺度的核心聚集，形成多核心、多轴带的聚集体系，整个结构向扁平化、网络化和高级化方向演变，构建“紧凑开发，精明增长”的发展模式。

都市化的不断推进，使得许多城市面临转型。城市转型是城市发展更为高级的一种形式，是城市发展的阶段性跃升，是城市通过其系统内部功能的涨落分化和组织而产生的自我更新的能力，对于城市发展的内外部条件变化作自我适应性调整。城市转型本身就是一个复杂的系统性工程，涉及产业、功能、空间结构、发展战略等等。本研究认为未来苏州城市空间的转型需要关注三个方面：

一、整合提升城市空间发展动力机制

通过对苏锡常城市空间演变的分析，可以发现苏锡常城市的空间发展动力机制呈

多元化,其动力主要来源于工业化、大都市区化以及非农化(见表 I-2)。

表 I-2　苏州城市空间转型的发展动力机制转变

发展动力	目前	未来
工业化	初期工业化动力 资本带动、制造业驱动 制造业和一般服务业	工业化中后期 技术创新驱动 先进制造业和现代服务业
大都市区化	大都市区功能外溢	大都市区一体化建设
非农化	被动城市化 不完全城市化 城市化质量不高	健康城市化

首先,起源于高新技术产业区的发展、以次级(省、市、县)园区甚至村镇工业园为代表的工业化发展成为了苏锡常城市空间不断拓展的最大动力。依靠资本投入的制造业推动工业化发展,不仅对苏锡常城市经济产生巨大作用,而且对社会生活产生巨大影响。

其次,大都市区是城市地域空间形态演化的高级形式,是大城市发展到一定阶段所出现的一种空间现象,具体表现为"大尺度广域化的城市化空间、连绵成片的就近拓展、跨越行政界限和地区界限的发展";而大都市区化反映了大城市及其辐射区域对社会经济生活的作用不断增强的过程,是"城市区域化、区域城市化"的结果。在这个过程中,城市空间日益与城市功能紧密相关,越来越多地承接了市级的公共服务设施建设、大型房地产建设。这种由上而下的城市功能外溢甚至引发了苏州城市呈波浪式推进的空间扩张。可以预见,未来大都市区化的作用力还会进一步增强。

最后,非农化是苏州城市发展的第三种动力。在发展的早期,非农化主要表现为农村工业化,包括乡镇企业发展和小城镇建设。在苏州城市空间发展中具体表现为由于各类征地(特别是工业用地)造成的农村人口的"非农化",这是被动城市化的一种类型,也就是说农民主观上不愿意被城市化或还没作好城市化的准备,但由于受各种客观原因的影响而不得不放弃农业生产方式和乡村生活方式,而被动融入城市的过程。

这三种动力对苏州城市的整体空间演化起到了重要作用,也可以说苏州城市的空间演变是上述这三种力量复杂交叉的结果。笔者认为,在未来这三种动力依然会存在,但其内涵和作用方式将发生不同的演变。

①根据迈克尔·波特的城市发展理论,城市发展动力会由"资本要素推动"向"资本驱动"、"知识技术驱动"和"财富驱动"不断跃迁提升。而目前苏州已经进入工业化中后期,因此必将逐步转向技术更新、产业升级和创新服务环境的内涵式发展,实现"技术创新、产业升级的先进制造业和生产性现代服务业双轮推动"发展。

②未来随着城市的进一步发展,大都市区效应将进一步扩大,对苏州城市的推动力将由“大都市区外溢效应”提升为“大都市区一体化建设效应”。大都市区一体化发展的步伐会不断加快,促使苏州全面提升建设水平,走集约紧凑发展道路;使城市整体多点蔓延发展转向轴向与多中心网络化发展,并形成专业化分工及特色化地区板块。

③在城乡统筹和城乡一体化建设的国家政策导向下,非农化产生的“不完全城市化”状态和运作模式必将为“健康城市化”所替代。因此,未来如何把握这三种动能的转变并合理加以整合,是实现苏州城市空间转型的重要目标之一。

二、开发区优化推动城市空间转型

对苏州而言,开发区是城市演化的重要载体之一,不管是早期的高新区、苏州工业园区,还是近期的生态科技城,都成为影响苏州城市空间拓展的重要因素。从开发区的发展和转型的角度来关注苏州城市的整体转型是关乎转型质量的重要议题。

一般来说,在开发区建设初期,其对所在城市的影响较小,更多的是对母城的依赖和索取,在空间发展模式上更多地呈现离散式蔓延发展,即在开发区划定范围内不断填充,向外“摊大饼”。在不断成长过程中,随着交通网络的建立,开发区建设更多的是沿各城镇增长轴向或产业园区独立分散延伸拓展,在空间上逐步与主城遥相呼应,开始承担周边地区的部分服务功能;随着开发区结构与功能的不断完善,开发区对所在城市的影响日益显著(见表I-3)。其凭借在产业、资金、人才、体制、创新等方面的优势,通过输出、辐射效应带动所在城市的产业升级和空间重组。由此,开发区开始承担主城的部分或大部分产业功能,促进中心区人口和产业疏散以及功能的优化和升级,包括改善城区人居环境及加速城市郊区化进程。由于在空间形态上的高速成长,原来处于边缘位置的开发区往往很快就与中心城区连成一片,成为主城的重要的空间结构组成部分。开发区这种高速整体式的空间扩张方式不仅带动城市空间规模的快速增长,甚至诱发了城市整体空间结构的转变,在一定程度上改变了传统单中心城市同心圆式蔓延发展的格局。

以苏州高新区为例,其空间发展经历了最初的乡镇工业园和国家级工业园区共同快速发展,各乡镇群雄并起,延续了苏南模式下传统乡镇企业经济,呈现离散蔓延式发展状态;随后通过行政区划调整,区政府和乡镇形成了一定的职能分工,中心和外围的发展有所聚集,实现了相对聚集均衡的状态;而在未来,基于大都市整体发展的地域功能安排,这种均衡发展的状态将会被打破,在新的起点上形成适应非均衡发展及有序发展的空间结构。由此形成了从“离散蔓延发展”经历聚集均衡发展,实现非均衡有序发展的转变。

表 I-3 开发区推动下的城市空间结构与空间增长的转变

空间增长模式	离散蔓延发展	聚集均衡发展	非均衡有序发展
空间拓展形态	内部填充和"摊大饼"式向外蔓延	沿各城镇增长轴向和产业园区独立分散延伸拓展	围绕增长核心,沿增长轴线有序、可控式的集中发展
主体能动性	各自为政的独立发展方式	整体可控、局部无序的分散发展	高度整合、资源有效利用、严格控制发展
空间开发绩效	集约度很低、土地资源浪费	集约度较低、土地资源利用率较低	集约度较高、土地利用率显著提高

三、探讨苏州城市空间转型的发展模式

通过对苏州发展模式的探讨以及对模式优化准则及理念的思索,苏州城市空间转型发展应选择"产业、人居、生态"三相互动发展模式。所谓"三相互动",即在苏州城市空间的进一步发展中,确立"以第二产业为主体,以人居环境塑造为依托,以生态优化为补充"的目标导向和战略规划,通过实施"以第二产业为基础,人居环境为依托,生态优化为补充"的发展模式,达到三者相互依赖、互为促动,并最终实现社会、经济、文化协同共进,经济、社会、环境与人口综合发展的目标。

产业、人居和生态"三相互动"模式超越了苏州城市空间过去单一化功能构架和功利主义目标模式,突出强调苏州作为一个复合性功能地域,政治、经济、社会、文化、环境综合协调发展的多要素协同机制,在产业经济与人居环境建设的关系方面,突出人居环境塑造的重要作用,意在突出"以人为本"的建设理念在城市空间建设中的灵魂与核心地位。在产业与生态环境的布局关系上,明确两者的互动互利关系,一方面突出苏州城市空间的功能特点和现实需要,强调第二产业发展的基础性地位;另一方面从长远的宜居和可持续发展战略着眼,必须注重整个区域生态环境的改善和优化,并积极推进生态农业的产业化进程。

"三相互动"模式首先强调"以第二产业为主体",这是针对苏州城市空间的重要载体——开发区的本质特征而言的。因为兴办各类经济技术、高新技术开发区的初衷就是通过吸引外资和技术,建立现代化工业,并借此改造传统产业结构,带动苏州整体的工业化进程。因此发展工业是开发区的显性功能,是整个开发区赖以存在的基础。然而需要特别指出的是,城市空间以工业为基础绝不意味着工业项目多多益善。它不是对工业项目的一种量的需求,更不是传统工业的重复建设。苏州的工业必须立足于新兴产业,即适应现代新技术革命要求的资本密集型与技术密集型产业;必须立足于对中心城和相关区域具有升级带动作用的产业,只有这样,其工业发展才能在城市空间的整个发展过程中起到基础性、主导性的作用。

"以人居环境塑造为依托"在于人居环境是苏州城市空间发展的重要变量,人居环

境的建设将直接影响城市空间的综合发展水平和可持续发展程度。其建设与塑造必须在三个相关层面上展开:一是环境与景观层面,二是第三产业层面,三是文化产业层面。第一个层面的目标在于建设城市空间特有的自然—人文景观布局合理、生态平衡的人文居住环境,这不仅是营造我们常说的投资"硬环境",而且更主要的是符合可持续发展的长远战略目标;第二个层面是通过商业、房地产业、文化娱乐事业等生产或生活性服务业的发展,集聚人气与活力,提升城市综合发展的内在动力;第三个层面是通过实实在在的投入使文化产业的依托地位得以凸现和保证,文化事业与文化产业大量兴办将使城市获得社会与经济的双重效益。

关于"以生态优化为补充",即在苏州城市空间未来发展的整体规划中,生态空间的控制与保护应占有相应的位置,城市空间应该给生态留出足够的空间与通道,使其成为城市空间发展的有机组成部分。应当充分利用苏州城市空间既有的水系网络以及大片农田区和自然生态区,打造生态廊道和生态保护片区,为区域环境提供优化的生态条件,以弥补产业区对于人居环境的影响。

此外,在以上三个层面之外,还需要重视农业的发展。在后工业化时代,工业与农业、城市与乡村的对立似乎正在逐渐消失,城市居民与乡村居民之间的天然隔膜也好像在慢慢消失。发达国家中的城市化潮流显示出人与自然的融合,以及人与空间的再分配,一些后发型工业化国家,一反传统模式,通过工业对农业改造和一二产业的互为补充、相互促进来实行国家的工业化与城市化,都反映了这种潜在趋势。苏州城市空间建设应走出一条新的工业化、城市化之路,通过积极的、有效的、科学的途径,即政策引导、市场驱动、教育辅导来解决城市空间建设中征用土地和农业人口安置等问题,通过二次改造——即对农业进行资本化、市场化改造,使农民不离土、不离乡就完成社会角色的转换,即从传统的农民转变为现代意义上的农业工人,从而有效地解决了工业化过程中征用土地问题,又保障了农民利益,并带动农民从传统农业文明向现代工业文明、信息文明的过渡。与此同时,苏州城市建设中还应该发展一批产业化农业、观赏农业、旅游农业,不仅可使工业与农业形成良性互动,而且将使城市经济、人口、环境获得协调发展。因此,"以农业为补充"的原则是贯彻社会经济综合发展目标,实现社会经济、环境与人口和谐一致发展的可持续发展战略的具体实践,意义尤为重大。

参考文献:

[1] 潘勋.苏州城市空间组织演变研究[D].苏州科技学院,2009.
[2] 周一晴.苏州城市空间组织演变研究[D].苏州科技学院,2007.
[3] 郭琦.开发区发展与城市空间演变关系——以苏州市为例[D].苏州科技学院,2009.
[4] 朱东风.1990年代以来苏州城市空间发展[D].东南大学,2006.

[5] 范凌云. 苏锡常城市边缘区演化发展中生态问题研究[C]. 转型与重构——2011 中国城市规划年会论,2011.
[6] 杨保军. 人间天堂的迷失与回归——城市何去？规划何为？[J]. 城市规划学刊,2007(6).
[7] 张落成,吴楚材,姚士谋. 苏南地区近 20 年城市用地扩展的特点与问题[J]. 地理科学进展,2003(6).
[8] 杨山,陈升. 大城市城乡耦合地域空间演变及其景观格局——以无锡市为例[J]. 生态学报,2009(12).
[9] 柴寿升,鲍华,常会丽. 基于区位与空间结构理论的城市会展产业空间布局与功能优化研究[J]. 青岛科技大学学报(社会科学版),2010(3).
[10] 葛丹东,黄杉,华晨. "后开发区时代"新城型开发区空间结构及形态发展模式优化[J]. 浙江大学学报(理学版),2009(1).
[11] 王长伟. 城市产业结构转型与空间结构重构研究——以苏州为例[D]. 苏州大学硕士学位论文,2011.
[12] 王琳,杨建军,陈锋义. 开发区转型特征及推动策略探析[J]. 浙江经济,2007(11).
[13] 宋田桂. 苏南开发区面临的挑战和转型[J]. 改革与战略, 2010(4).
[14] 刑海峰. 对城市开发区发展战略转型的思考[J]. 城乡建设,2008(1).
[15] 王兴平. 中国城市新产业空间——发展机制与空间组织[M]. 北京:科学出版社,2005.
[16] 王缉慈. 创新的空间[M]. 北京:北京大学出版社,2001.
[17] 刘艳军,李诚固,徐一伟. 城市产业结构升级与空间结构形态演变研究——以长春市为例[J]. 人文地理,2007(4).
[18] 王磊. 城市产业结构调整与城市空间结构演化——以武汉市为例[J]. 城市规划汇刊,2001(3).
[19] 张艳. 开发区空间拓展与城市空间重构——苏锡常的实证分析与讨论[J]. 城市规划学刊,2007(1).
[20] 张晓平. 我国经济技术开发区的发展特征及动力机制[J]. 地理研究,2002(1).
[21] 王慧. 开发区与城市相互关系的内在肌理及空间效应[J]. 城市规划,2003(3).
[22] 王兴平,崔功豪. 中国城市开发区的空间规模与效益研究[J]. 城市规划, 2003(9).
[23] 朱传军,卢新梅,韩长生. 基于模糊积分的开发区土地经济效益评价[J]. 中国土地科学,2009(5).
[24] 王宗赐,韩伯棠,钟之阳. 国内经济开发区的不平衡发展——基于评价西部大开发之政策角度[J]. 北京理工大学学报(社会科学版),2010(1).
[25] 孙月平. 江苏开发区转型升级的新趋向[J]. 群众,2010(7).
[26] 谢群. 我国高新技术产业开发区资源配置及产业成长模式研究[J]. 工业技术经济,2009(8).
[27] 卢锐,曾明星,张晔. 制度、创新体系与开发区的转型研究[J]. 科学学与科学技术管理,2011(7).
[28] 许艳,濮励杰,张丽芳,等. 土地集约利用与经济发展时空差异研究——以江苏省为例[J]. 南京大学学报(自然科学版),2009(6).
[29] 夏燕榕,曲福田,姜海,等. 基于集约评价的城市开发区规模计量研究——以南京市省级以上开发区为例[J]. 中国人口 · 资源与环境,2010(2).

(本专题执笔人雷诚,男,1977 年生,苏州大学 · 邦城未来城市研究中心研究员,博士,苏州大学金螳螂建筑与城市环境学院副教授,硕士生导师,研究方向为城市发展战略、土地开发控制。)

专题研究二　苏州城市交通转型

——兼论城市交通和土地利用协调发展

[提要]

交通转型有利于支持、引导城市发展实现转型。主动引导型和结构复合型是交通转型期的两大基本特征。城市交通与土地利用开发协调发展，是城市交通转型发展的重要环节。本专题以苏州为研究主体，分析了苏州城市交通发展的优势、劣势、机遇、挑战，在借鉴国内外城市与交通发展经验基础上，总结了苏州市在交通引导城市发展、交通基础设施规划建设、交通发展政策、交通多方式一体化、商业设施布局、教育资源均衡发展、工业区员工通勤出行解决方式等方面的经验，另外，分析了城市交通在发展过程中的一些教训，并对苏州未来城市交通发展进行了展望，探究对类似地区转型发展的借鉴意义。

从古至今，交通基础设施的发展建设对于城市经济社会发展和土地利用空间布局都起着强有力的支撑与引导作用。由于我国城市发展初期以粗放型快速扩张为主要发展模式，交通的发展亦是以大量的资金以及土地资源的投入使得基础设施来满足不断增长的交通需求。然而，这种粗放型的交通发展模式造成了大量的资源浪费和环境污染问题。面对城市交通拥堵、环境污染等问题日益凸显，以及能源、土地等资源约束，人们开始重新审视以往的城市交通发展模式并寻求新的发展模式。

近年来，随着我国城市化进程的加快提升，城市交通基础设施建设迅猛发展，城市交通设施的作用、结构正处于转型时期。一方面，交通设施建设逐渐由“被动适应型”向“主动引导型”转变；另一方面，交通设施结构也逐渐由“单一型”向“复合型”转换。在这一时期，城市交通与土地利用能否实现协调发展，是城市交通转型发展的关键。本专题以苏州为研究主体，分析苏州城市交通转型发展过程中的经验和教训，探究对类似地区转型发展的借鉴意义。

第一节　苏州交通发展条件分析

一、苏州城市用地与交通现状

1. 地理区位

苏州地处长江三角洲地区的地理中心，位于江苏省东南部，东临上海，南邻浙江省嘉兴、湖州两市，西傍太湖，与无锡相接，北依长江，与南通隔江相望，是我国著名的历史文化名城和重要的风景旅游城市。沪宁、苏嘉杭、沪苏浙等多条高速公路贯穿全境，沪宁城际轨道、京沪铁路、京沪高速铁路东西横越，京杭大运河南北纵贯，经济地理区位优势明显。

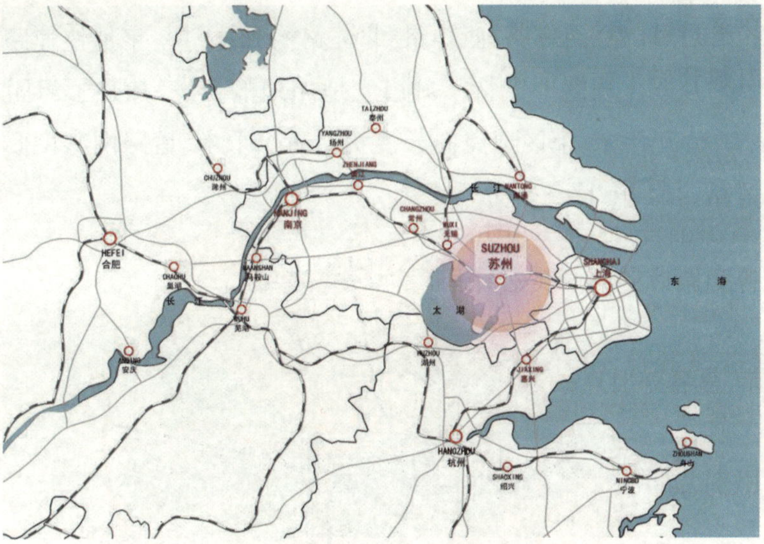

图Ⅱ-1　苏州市区域位置图

（资料来源：邦城规划苏州公司提供）

2. 城市用地现状

苏州市区现状用地空间结构为“一环加十字”。“一环”即沿绕城高速公路的城镇建设用地，主要以工业用地为主；“十字”即“东园（工业园区）、西区（新区）、南吴（吴中、吴江）、北相（相城）、中古城”形成的十字结构。城市化水平的快速提高，使得苏州市区规模不断扩大，沿东—西（沪宁沿线）、南—北（苏嘉杭）这两条主要轴线，以工业用地为主不断延伸。周边建制镇用地结构呈现“综合生活服务区 + 工业区”的形态。改革开放以来，苏州市区城市建设用地增长表现出较强的经济中心指向、交通指向、江河指向的空间特征①。

苏州市区现状商业金融业形成“市级 + 地区级 + 社区级”三层体系结构，其中“市级 + 地区级”按用地组团呈现“集中式”布局，该类型以观前街商业区、石路商业区、南门商业区、新区狮山广场商业区、工业园区中央商贸区、工业园区湖东文化水廊区、相城中翔商贸区等为代表；“社区级”呈现“分散式”布局，该类型以工业园区的邻里中心为代表。

3. **城市交通现状**

（1）对外交通

苏州市区高速公路形成“申”字形结构。东西向为沪宁高速公路，南北向为苏嘉杭高速公路，绕城高速环绕苏州市区。“一环加十字”的用地布局形态及遍布市区的高速公路出入口使得苏州市区各个组团的对外交通联系非常便捷。

（2）道路设施

苏州市现状城市道路总体呈“方格网”布局，形成了以快速干路、主干路为骨架的城市道路网络。以东环路、南环路、西环路、北环路构成的“井”字形快速路和连通性强的城市干道网络，在一定程度上支持了城市土地用地的开发，加强了组团地区之间的交通联系。至2011年年末，市区道路总长度为2 965千米，道路网密度8.82千米/平方公里，人均道路面积29.17平方米。

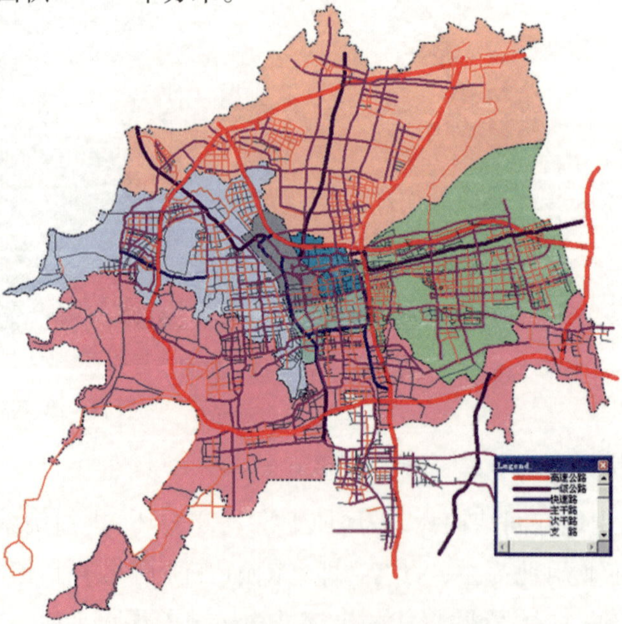

图Ⅱ-2　苏州市现状道路等级分布图

（资料来源：笔者绘制）

① 中国城市规划设计研究院. 苏州市城市总体规划(2007—2020)［R］. 2007.

(3) 公共交通

苏州市现状公交网络由轨道交通和地面常规公交构成。苏州轨道交通1号线全长25.7千米,共设置24个站点,沿城市东西交通走廊干将路布设,于2012年4月28日建成通车,日均客运量13万人次。苏州轨道交通2号线全长26.4千米,共设置22个站点,经过城市的"两新城、两枢纽、一商业区",于2013年12月28日建成通车。截至2012年年底,地面常规公交285条,公交运营车辆3 826辆,总里程6 480千米,线网日客运量171万人次。2000—2012年,地面常规公交指标年均增长车辆数为18%,线路数为23%,线路总里程为27%,客运量约为13.4%,显示客运量增长速度小于公交设施投入的增长速度,说明单纯靠基础设施建设解决城市交通问题是行不通的,必须从城市交通产生的本源上,也即从城市土地利用布局入手,加强交通需求管理控制策略。

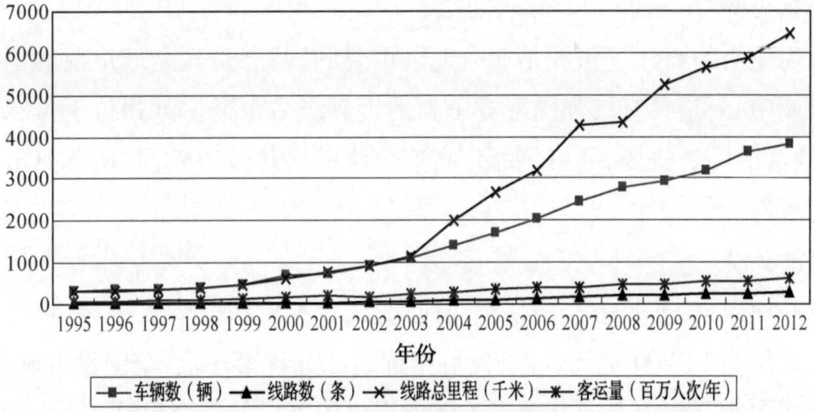

图Ⅱ-3 苏州市地面常规公交发展

(资料来源:苏州市客运管理处)

(4) 交通运行

从过去十几年居民各种出行方式所占比例变化来看,非公交机动化出行的比例显著提高,1996年为8.4%,而2006年则高达23.3%;电动自行车以其便捷、快速的特性,在居民出行的交通工具中正在占据越来越多的比例,相比于2000年,居民选择电动自行车出行的比例增长超过1倍;地面公交出行比例增长较慢,2011年为17.7%。因此,从交通方式结构来看,有2个变化趋势:个体机动化出行的比例显著提高;自行车出行向个体机动化出行转移。

表Ⅱ-1　苏州市历年居民交通出行方式构成

（单位：%）

年份	步行	自行车	电动自行车	公交	非公交机动车	其他
1996 年	18.8	63.7	4.8	4.3	8.4	—
2000 年	27.7	41.8	12.6	6.4	11.1	0.4
2006 年	26.5	17.9	20.7	10.4	23.3	1.2
2011 年	21.9	6.7	29.2	17.7	24.0	0.5

（资料来源：历年城市综合交通调查）

二、苏州交通发展条件

1. 苏州交通发展面临的优势

（1）区位优势

以上海为龙头的长江三角洲是亚太地区重要的国际门户、全球重要的现代服务业和先进制造业中心，是具有较强国际竞争力的世界级城市群。苏州位于长三角的核心区域，周边地区的民航机场、港口、铁路、高速公路网络化效应较高，使苏州市具有优越的区域交通条件。

（2）经济优势

自改革开放以来，苏州市经济持续快速增长，年平均增长率达到14.4%，2012 年全市地区生产总值为12 000 亿元，经济发展指标居江苏省第一位、全国设市城市第五位，雄厚的经济实力为苏州市交通基础设施建设提供了可靠的资金保证。

（3）各级政府部门的重视优势

近年来，政府部门先后完成城市总体规划、综合交通规划、轨道交通建设规划、有轨电车规划、公交线网及场站规划、轨道交通与其他交通设施一体化规划、慢行交通系统规划等，并规划建设覆盖整个市区的公共自行车系统。多元化的交通方式为居民出行提供了多样化的选择，高效率的换乘条件为居民提供了舒适便捷的绿色交通出行环境。

2. 苏州交通发展面临的劣势

苏州交通发展面临的劣势主要是自然山水阻隔劣势。苏州城区西部有阳山、天平山、上方山、七子山等山脉，东部有金鸡湖、独墅湖、阳澄湖等湖泊，北部有京沪铁路和沪宁高速公路等交通廊道，南部有吴淞江和太湖稍，自然山水和交通廊道限制了部分组团之间的交通联系。因此，苏州交通发展的自然山水阻隔劣势明显。

3. 苏州交通发展面临的机遇

（1）国家交通发展政策

《国务院关于城市优先发展公共交通的指导意见》（国发〔2012〕64 号）提出，各级城市要通过提高运输能力、提升服务水平、增强公共交通竞争力和吸引力，构建以公共交通为主的城市机动化出行系统，同时改善步行、自行车出行条件。国家公共交通优先发展政策为苏州市建设公交都市的愿景提供了政策保障。

（2）苏南现代化建设示范区规划

《国家发展改革委关于印发苏南现代化建设示范区规划的通知》（发改地区[2013]814 号）在城乡现代化建设中指出，苏南各市要强化城市产业集聚、公共服务、文化创新功能，彰显城市特色风貌，营造高品质的创业宜居和商务商业环境，提升城市国际化水平；在提升基础设施保障能力中指出，要坚持综合提升、适度超前的原则，推进交通、能源、水利、信息基础设施一体化建设，形成布局合理、功能完善、安全高效的现代基础设施体系，全面提升现代化建设的支撑保障能力；在推动特殊功能区转型升级中指出，要总结推广苏州工业园区建设经验，积极引导城市完善开发区周边的市政配套、商务服务、居住生活功能。苏南现代化建设示范区规划的实施为苏州交通指明了发展方向。

（3）苏州轨道交通规划建设

苏州轨道交通 1 号线、2 号线已经开通运营，3 号线、4 号线及其支线处于建设阶段。轨道交通 1 号线开通后日均客流 13 万人次，平均运距为 8 千米，沿线地面公交日客运量由开通前的 27 万人次减少为 23 万人次，说明轨道交通客流除了有一部分是从地面公交方式转移而来，还有一大部分是从小汽车方式转移而来，因此，可以说明轨道交通对优化城市交通结构、缓解交通拥堵、减少城市碳排放具有重要作用。根据轨道交通相关规划，未来苏州市轨道交通将形成 9 条线共 400 千米规模的网络。可见，轨道交通的规划建设为苏州城市交通发展注入了活力。

4. 苏州交通发展面临的挑战

（1）机动化水平快速提升的压力

随着苏州经济的快速增长，汽车拥有量增长迅速，特别是私人小汽车拥有量增长速度，大大超过同期民用汽车的增长速度。2012 年苏州市区机动车总量达 89.32 万辆，其中汽车 78.2 万辆，摩托车 11.12 万辆。私人小汽车由 2000 年的 1.29 万辆增加到 2012 年的 61.08 万辆，12 年间增长近 47 倍，年均增长 42%，私人小汽车拥有水平为 128 辆/千人，在全国设市城市中处于较高水平。根据城市居民出行调查，2011 年居民非公交机动车出行比例为 23.8%，其中私人小汽车出行比例达到 22%。个体机动车的过度使用，无疑会给苏州市有限的交通基础设施资源、城市用地的拓展方式带来一定的压力。

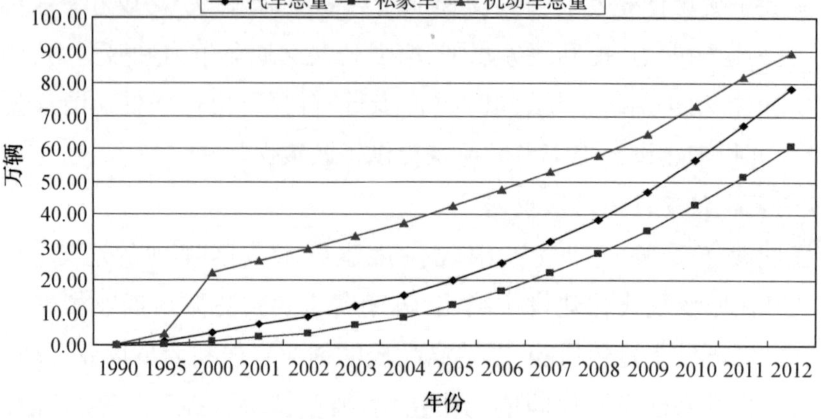

图Ⅱ-4　苏州市机动化发展水平

（资料来源：苏州市公安局交通巡逻警察支队）

（2）城市交通可持续发展的压力

2012年苏州市区常住人口488.77万人，其中户籍人口248.48万人、暂住人口240.29万人，城市化水平为69%。近年来苏州户籍人口增长缓慢，而暂住人口增加迅速，2012年市区暂住人口是2000年的13.9倍。随着城市化、工业化进程的加快，城市人口日益膨胀，居民的交通出行需求日益增大，随之而来的交通拥挤、交通事故、环境污染等问题凸现，能源、土地资源供给压力凸增，成为制约城市经济发展及人民生活水平提高的瓶颈，影响城市交通的可持续发展。

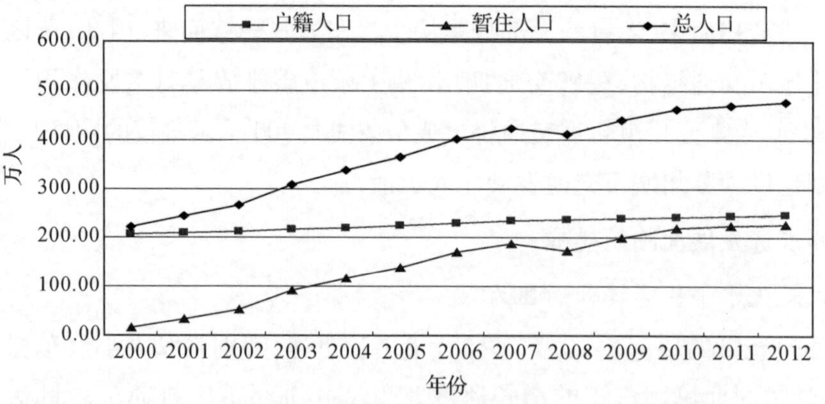

图Ⅱ-5　苏州市区人口发展水平

（资料来源：苏州市公安局）

第二节　城市规划与交通发展理论研究

一、精明增长规划理论

精明增长是针对城市蔓延增长问题所采取的各种城市土地管理和发展引导措施，它提倡的发展模式是平衡多种土地使用功能的混合，并配以多种模式的交通系统来为步行、自行车、公交和小汽车等各种出行方式服务。其核心原则包含土地的混合使用、紧凑的建筑设计、提供多样化的住宅选择、可步行的邻里、具有强烈场所感的富有特色和吸引力的社区、保护开敞空间、增加与鼓励已有社区的发展增长、多样交通方式的选择、可预测的公正的和成本效率高的发展决策、市民参与城市发展的决策过程①。

(1) 土地集约、紧凑、混合利用

精明增长理念认为土地的混合利用是取得良好居住环境的关键因素，通过土地混合利用可以为公共交通提供稳定的客源，而且能够减少居民不必要的出行需求，创造适合多种活动的街道空间，促进地区内聚式的增长。

(2) 推广紧凑的住宅设计

设计紧凑的住宅是为了集约化利用土地，为开敞空间提供更大的余地，住宅占用更小的基地将促使住宅增加层数，建造立体停车设施等，使更多的土地用于绿地等开敞空间的建设和保护。紧凑的建筑设计能够给多样化的交通方式以支持，节省基础设施方面的投资。

(3) 提供多种选择的住宅

为各种收入水平的居民提供符合质量的住宅是精明增长理念的重要组成部分，高质量的住宅不仅是一个社区基本的组成部分，而且也是影响交通方式、公共服务设施、能源消耗的重要因素。通过提供多种层次的住宅选择可以减轻对于小汽车的依赖，能更有效率地利用能源、创造就业和居住的平衡，为支撑一个公交车站和商业服务中心提供基础。通过提供多样的住宅能够在同一社区包容不同收入水平的居民，遏制日益明显的社会阶层的分隔。

(4) 创造适合步行的社区

主要包括两个方面：一是各种公共设施（如商店、学校、交通站点等）位于安全便捷

① 马强. 走向“精明增长”：从“小汽车城市”到“公共交通城市”[M]. 北京：中国建筑工业出版社，2007.

的步行可及范围之内；二是应该使步行成为可能，这就要为步行者提供相应的设施以及土地混合利用、紧凑布局，街道设计应该将步行者、骑自行车者、公共交通利用者和小汽车使用者的需求置于平等的考虑之中。

(5) 交通出行方式多样化

精明增长取代单一的以私人小汽车为主的交通模式，鼓励交通出行方式多样化。在城市中考虑建设适合步行的社区，将居住、商业、公共设施等用地混合、集约地布置在一起，使居民可以通过步行、自行车或公共交通方式方便快捷地到达想去的场所，满足生活娱乐等需求，同时需要保障步行、自行车空间的连续性和公共交通的可达性，增加其吸引力。

二、新城市主义规划理论

新城市主义是在社区、邻里或街道等各尺度上再造实体环境的规划设计措施①。新城市主义反对城市用地低密度蔓延，倡导传统的社区邻里模式，它强调邻里社区要功能混合和适宜于步行，而非单一土地使用功能的单调重复或仅适于小汽车使用。新城市主义推崇区域范围的开敞空间规划、以人的活动（而不是车的使用）为核心的建筑与环境设计，以及住房与就业机会的多样化和平衡。新城市主义的规划设计原理反映在三个不同尺度的空间层次上。

(1) 区域尺度

新城市主义认为规划应超越行政边界的限制而将区域作为考虑的背景；承认城市增长的必然性，容许其增长；建立永久性乡村保护区，确保其今后不会被城市发展所侵吞；建立临时性乡村储备区，以备将来高质量的城市发展之用；明确设定区域性廊道（铁路、高速公路、水道、绿带、野生动物通道等），作为区域内不同地方之间的联系或分隔界线，形成区域基本架构；以区域性公共交通站或枢纽为中心组织空间开发，形成节点状布局、整体有序的网络结构；在与中心区毗邻的边缘地区，应按照城市内部邻里街坊的模式组织空间开发；注重区域内住宅开发量与就业机会、教育设施条件之间的平衡。

(2) 邻里社区尺度

新城市主义反对僵化的绝对的功能分区，尤其反对尺度巨大的功能单一化，倡导每个区段（尤其是邻里街坊）的功能多样化和完善化，从而促使各个区段独自生长成为有机的城市细胞。新城市主义在空间层面规划设计坚持以下几个基本原则：

一是紧凑型原则。要生成有活力的社区，足够的人口密度是基本前提，因而要有足够的容积率和紧凑度，这样也可以提高土地与基础设施的利用效率。

---

① 丁成日等. 城市规划与空间结构——城市可持续发展战略[M]. 北京：中国建筑工业出版社，2005.

二是适宜步行的原则。为了支持步行与公共交通出行,减少私人小汽车出行,应该将各种公共活动空间和公共设施布局于公交站点的步行可达范围之内,而公交站点与住宅中心点之间的距离也应该在步行范围之内。

三是功能多样化原则。要在邻里街坊内或以公交站点为中心、步行距离为半径的范围内,布置商店、服务业、绿地、中小学、活动中心以及尽可能多的就业岗位,以便支持步行和公交主导的生活方式。

四是可支付性原则。通过紧凑型开发,提高土地以及基础设施的使用效率与效益,降低开发成本;通过在社区中提供多种不同价格的住宅,让更多不同阶层的家庭都有可能支付得起。

(3) 街道和建筑尺度

新城市主义认为街区的尺度应控制在长183米、周长549米范围以内;街道不宜过宽,以便于步行者穿越;道路两旁及道路中央设立绿化带,美化街道的同时,又收缩了道路视觉尺度,减少行人穿越街道时的心理压力;中心商业区尽量为步行专用街;减少地面大面积停车场,改用地下停车以及沿街边停车的方式;留出足够多的建筑退后带,与人行道、沿街停车带交织在一起共同构成城市街边公共活动空间。

第三节 国内外城市与交通发展经验

目前,世界大多城市面临公共交通与私人小汽车的激烈竞争,许多城市公交市场占有率持续下降,使城市交通问题越来越突出。然而,近几十年来,世界上仍有不少城市,如新加坡、波特兰、苏黎世、库里蒂巴、香港等,通过城市交通与土地利用一体化建设,实施公交优先发展的公共政策,打造出让世人瞩目的城市发展模式。

一、强调土地利用与交通整体规划的花园城市:新加坡

“花园城市”新加坡面积699平方公里,人口460万,经过精心的城市规划和建设,是名副其实的“热带雨林园林城市”。在过去40年间,新加坡从贫穷的第三世界国家发展成为亚洲最具活力的、现代工业化的经济体之一,其关键因素在于建立了一个综合高效的交通运输系统。在交通发展政策上,采用“胡萝卜(激励公交出行措施)”+“大棒(惩罚小汽车出行措施)”的模式,引导居民出行采用公共交通①。具体体现在四个方面:

① 北京城市规划设计研究院.城市土地使用与交通协调发展——北京的探索与实践[M].北京:中国建筑工业出版社,2009.

第一，整合土地使用和交通规划以充分提高土地利用的效率，减少路网建设的盲目性和冗余度。新加坡将土地面积的约15%用于道路建设，大力建设完善的道路交通网络及配套的基础设施。通过将交通发展规划与城市总体规划有机结合起来，并将城市道路建设与土地开发进行一体化推进，短时间内构筑了由普通公路、城市快速路、地铁系统和轻轨系统组成的四级交通体系。

第二，发展以公共交通为导向的交通系统。通过将各种城市活动（如工作、购物等）用公交系统紧密联接起来，将用户在不同交通工具间转换时所需的步行距离控制在合理的范围内，从而真正体现使用公交系统的方便性和快捷性，让公共交通系统实现门对门交通和无缝交通。目前新加坡公交出行分担率高达64%，具体分别为：地铁分担17%，巴士分担36%，的士分担11%，远远高于亚洲其他国家的城市。

第三，通过交通需求管理限制私人汽车和中心商业区道路资源的使用，促使出行者选择公共交通系统，从而达到节约资源、提高效率的目的。新加坡是第一个引入区域交通发证管制的国家，其优点在于促使出行者选择地铁和公交，并使一天当中各个时段的交通流均匀分配。新加坡还倡导了小汽车限量系统，要求每个想要购买小汽车的人需要通过投标的方式获得注册和拥有车辆的权利。

第四，通过使用先进的智能交通系统提高道路交通网络的效率。交通控制中心将城市快速路监控信息系统、车速信息系统、优化交通信号系统、路口监测系统、整合交通管理系统等连接在一起，实现数据采集、信息发布以及策略实施一体化，基本实现对都市交通系统的智能管理和调控，保证良好的交通服务水平。

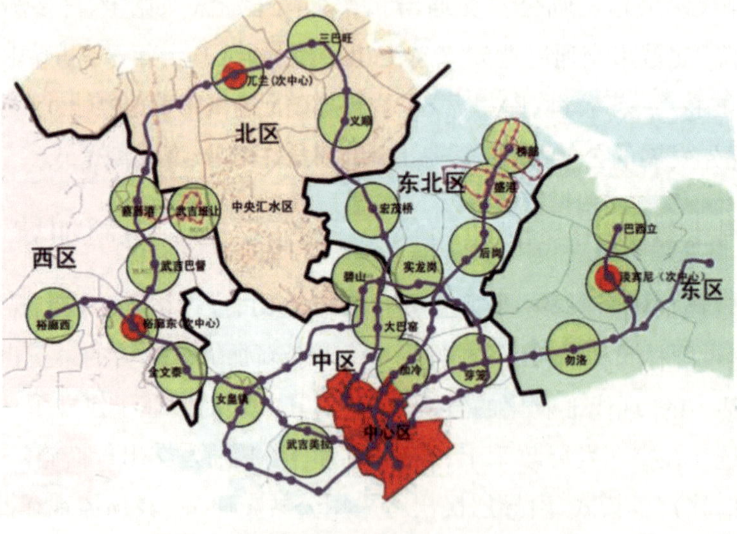

图Ⅱ-6　新加坡轨道交通与新镇布局关系图

（资料来源：邦城规划苏州公司. 邦城规划，2013（1）：28）

二、实施“公交第一”政策的公交都市:苏黎世

享有“欧洲百万富翁都市”之称的苏黎世是瑞士最大的城市,城市面积92平方公里,人口36.7万。苏黎世不仅是瑞士最大的金融中心,而且是西欧重要的金融中心,2008年被评为世界上“生活质量最好的城市”。苏黎世城市交通的出行结构十分合理:私人汽车仅占27%,公共交通占37%,步行占28%。苏黎世的成功很大程度是因为实施了一系列经过精心策划的措施,如提供便捷高效的多模式公共交通系统、有效地分配道路空间、在居住区实施宁静化交通、对公交常客给予折扣票价等,所有这些措施都偏向有轨电车、公共汽车、自行车和行人交通。苏黎世通过将道路面积的很大一部分分配给了有轨电车、公共汽车和自行车,辅之以很多使用这些方式的措施,成功打造出欧洲最有效的地面交通系统①。

苏黎世建立了多层次整合的公共交通网络系统,其公共交通系统主要是由有轨电车、公共汽车、区域性郊区铁路、无轨电车组成,其中有轨电车是公共交通网络的支柱,营运里程占总公共交通运营里程的三分之二。在大苏黎世地区内区域性的公共交通服务网是由三个层次组成的整合性网络:第一层次是由长途郊区铁路承担的放射形干线网络,连接城市内的主要活动中心与外围的市镇;第二层次的公交网络覆盖于第一层次的骨架网络上,将第二层次公交线路与郊区铁路车站相连接,协调第二层次公交线路与郊区铁路的运营时刻表,以缩短换乘时间;第三层次是由主要服务市中心、精细方格网的有轨电车线路,在高密度的建成区内循环往返,提供在城市内几乎到处可以上下和短途的公交服务。苏黎世多层次整合的公共交通网络形态与区域出行起讫点分布形态相吻合。

---

① [美]罗伯特·瑟夫洛. 公交都市[M]. 宇恒弓持续研究中心,译. 北京:中国建筑工业出版社,2007.

图Ⅱ-7　苏黎世城市鸟瞰图

（资料来源：邦城规划苏州公司提供）

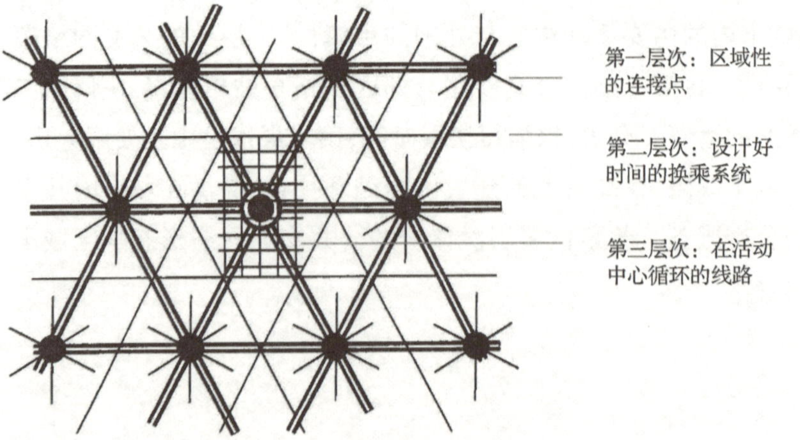

图Ⅱ-8　苏黎世多层次公共交通网络

（资料来源：引自《公交都市》）

苏黎世城市交通政策的核心是将道路空间重新分配给高乘载率的公共交通车辆，补充支持这一政策的是先进的技术，不仅在路口给有轨电车和公共汽车车辆以交通信号优先，并且将不间断的车辆运营是否准点的信息提供给公交车辆驾驶员、中央计算机控制中心和乘客。

苏黎世在改善公交的同时，也对私人小汽车的使用进行了限制。在苏黎世开小汽车出行意味着要在大多数的交叉口停下来，排在公共汽车的后面等待，停车等待有轨电车通过，绕开居民区行驶，以及在商业区支付高昂的停车费用。

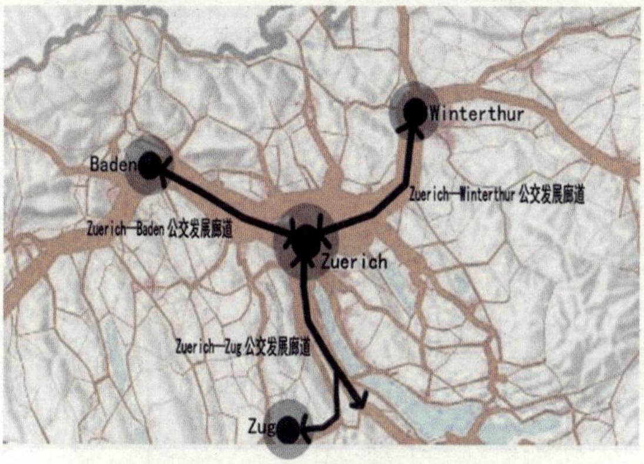

图Ⅱ-9　苏黎世公共交通廊道系统示意图
（资料来源：邦城规划苏州公司提供）

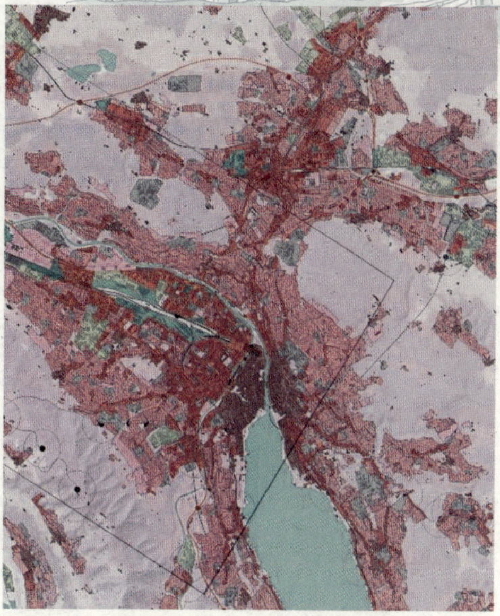

图Ⅱ-10　苏黎世公交廊道为导向的城市发展
（资料来源：邦城规划苏州公司提供）

苏黎世通过落实一系列精心策划的“公交第一”的公共政策，创造了一个宜居、令人向往的和可持续发展的公交都市。

三、致力于城市用地精明增长实践的玫瑰之城：波特兰

以“玫瑰之城”著称的美国俄勒冈州波特兰市，是美国西北部太平洋地区仅次于西雅图的第二大城市。该市面积378平方公里，市区人口56万，都市区人口200万左右。作为美国城市规划的成功典范，波特兰闻名于世。1997年，波特兰市发布了《地区规划2040》，为波特兰市中心的紧凑发展和辐射性的交通网络建设做出了完整的规划，意在设定城市发展边界（UGB），通过坚持以公共交通导向土地发展模式，实践“精明增长”理念，将城市三分之二的工作岗位和40%的居住人口集中在现有中心（商业中心和轨道交通换乘集中处）与公交线路周围。

《地区规划2040》是波特兰大都市区发展管理的50年战略，它包括土地利用和交通政策，这些政策允许波特兰都市区内的各县市管理城市增长，在保持区域生活质量的同时保护和改善自然资源，改善城市基础设施。其指导思想包括：

- 鼓励在城市主要街道上的商业中心和主要公交线路上更有效地使用土地。
- 提倡使用所有类型的交通系统，包括骑自行车、步行和使用大众交通工具。
- 提供为所有居民服务的多种住宅选择。
- 制定区域范围内不同类型开发项目所需的停车泊位的上下限数目，通过不过量

提供停车位，高效地使用城市土地。

目前，波特兰道路面积率在20%以上，市区有700辆公共汽车、170辆轻轨车，居民公交出行率达45%，正在向着一个高效和宜居的公交都市转型。

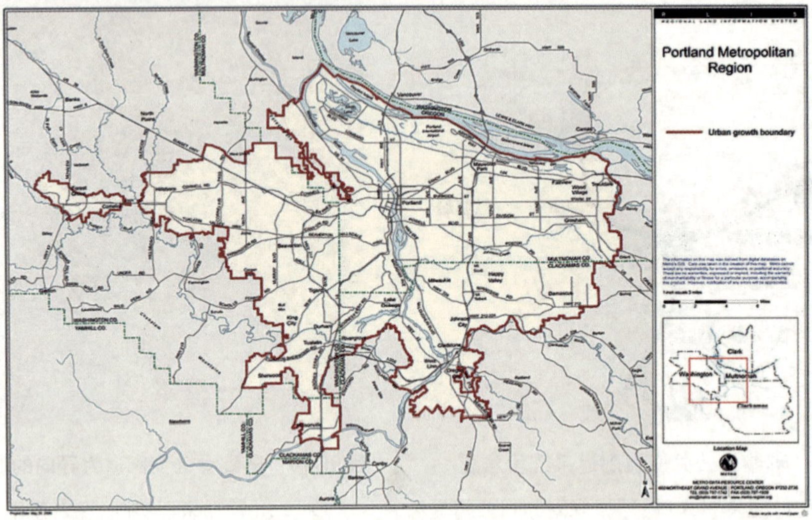

图Ⅱ-11　波特兰都市区城市增长边界

（资料来源：邦城规划苏州公司提供）

四、坚持轨道交通与土地利用整合开发的国际都市：香港

近30年来，我国香港持续不断地进行交通基础设施建设和交通运输政策、规划研究以及运营管理的成功操作，逐步建立了一个高效的交通运输网络和综合交通体系，有效地支持了城市交通与土地利用的协调发展。以地铁建设为核心，城市土地利用与城市交通协调发展的模式，一方面为维持香港经济持续健康发展、高密度的居住与就业和高强度的土地开发提供了有效保障，另一方面构筑了卓越的综合交通网络，推动了城市土地开发，并创造了新的商业和居住环境，为城市轨道交通建设与城市开发有机结合塑造了良好的典范。

图Ⅱ-12　香港土地利用与交通干线关系图

［资料来源：顾新. 香港轨道交通规划理念和经营模式对深圳的启示. 规划杂志，2005(5)］

香港轨道交通建设成功的关键在于秉承先进的规划理念和独特的经营模式。前者表现为宏观层面上的“以轨道为骨干的交通系统与城市空间格局高度融合”，以及微观层面上的“以车站为核心的珠链式土地利用模式和交通设施无缝接驳模式”；后者表现为建立公私合营的行业结构、坚持独立审慎的商业运作并以规范健全的法制环境为保障①。

香港轨道交通规划设计手段表达了“轨道与土地集约经营”的理念。一个突出的表现是把高密度的住宅及商业发展项目放置在邻近轨道车站的地方。通过对香港大量车站实例的解剖发现，香港在轨道线路规划及车站设计中，充分利用了两个典型的建设模式：即土地利用的“珠链式开发”模式和综合交通设施的“无缝接驳”模式。一方面，在维持城市开发总量平衡的前提下，城市建设围绕站点腹地展开，距离车站越近的地方开发强度越高，反之则逐渐降低。既实现车站核心区（一般在500米步行半径范围）高强度综合开发，又保持核心区外良好的生态环境。另一方面，利用车站组织道路网络、公共交通、人行系统的无缝接驳，使轨道成为主要交通方式和主要接驳对象，实现交通网络与交通设施的整合。同时，政府的策略规划鼓励位于车站周边地块的高密度发展②。香港《建筑物（规划）准则》第123F章规定了车站周边各类用地的容积率和覆盖率。1991年《都会计划总体发展密度指引》将紧靠车站的地块列为一等密度

---

① 顾新. 香港轨道交通规划理念和经营模式对深圳的启示［J］. 规划杂志，2005(5).

② 柏立恒. 香港轨道交通与土地规划［J］. 北京规划建设，2007(3).

区,允许容积率6.5。目前位于城市商业中心的中环、铜锣湾、尖东、旺角等车站周边地块的开发容积率大多在9～15之间,新近建成的机场铁路、将军澳支线的车站地区发展密度也都在5以上。根据政府制定的《铁路发展策略2000》,预计2016年全港人口增至890万人,将建成250千米以上的轨道线路。而轨道站点腹地更成为物业、商业和人口的聚集节点。届时轨道站点500米半径步行范围内将吸引全港约7成的居住人口和约8成的就业岗位,轨道交通在公共运输系统中所占比例增至45%,大大降低市民对道路交通工具的依赖。

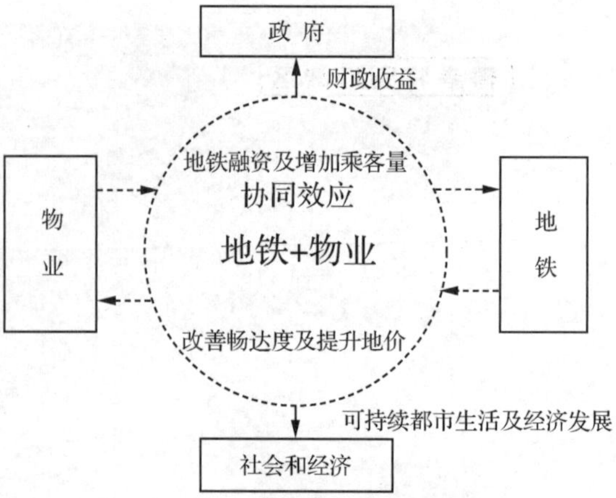

图Ⅱ-13　香港“地铁＋物业”发展模式

［资料来源:柏立恒.香港轨道交通与土地规划.北京规划建设,2007(3)］

五、国内外城市交通发展经验

1.构建衔接一体化的综合交通体系

交通衔接系统是城市集聚辐射功能的基础性设施,是城市内部各交通方式间及城市与周边地区之间联系的重要条件。良好的交通衔接系统,有利于提高城市客货运输系统的整体效率,更好地为乘客出行提供便捷、快速和安全的运输条件,并且保证城市货物流通的连续性、快速性和安全性。新加坡通过建设国际航运中心、自由空港和引导城镇布局的轨道系统,构建了与国际对接的内外交通系统。

2.坚持城市交通与土地利用规划一体化

城市交通之于城市如同人体的骨骼和血脉。一个优秀的城市规划必须将交通与土地利用融为一体,有机协调起来。波特兰利用多模式的交通干道和大容量的公交系统服务于区域中心,利用轻轨服务于较小规模的具有多种用地功能的中心,区域内超过85%的新开发项目建在离公交车站步行5分钟的范围内。新加坡通过整合交通和土地利用,建造简洁紧凑的以公共交通为导向的社区,保证交通能够公平地到达住宅、学校以及医疗设施。

3.实施有利于公交优先发展的公共政策

公交优先发展是一个有前景的交通发展模式,是一条通向未来的可持续之路。苏黎世根据“公交第一”计划,在稀缺的道路空间使用上,将市中心的大量街道重新划分用于安排有轨电车、公共汽车和非机动化的交通方式，使得公共交通比私人小汽车在出行时间上更具有竞争力，并通过法规，要求凡是居住区居民超过300人，在居住区400米范围内必须设施一个公交车站。波特兰1999年采用的交通规划法主要强调减少对汽车的依赖，并作出了一系列可行有效的计划：在未来20年内减少20%的总行车历程，在未来30年内减少25%的总行车历程，减少10%的停车需求。减少交通总行车历程意味必须要减少汽车的出行，而市民的出行却不一定减少，所以必须减少私人汽车的出行，增加公交出行。

4. 建立分级的公共交通服务体系

通过周密地整合大容量的干线服务、中等级的连接服务，以及社区规模的支线服务，许多城市建成了先进的、分等级的公共交通服务形式。苏黎世建立了一个与区域出行起讫点分布相吻合的多层次公共交通网络，其中市中心的有轨电车和区域铁路在公共交通系统中占有主导地位。

5. 制定对小汽车拥有和使用的制约机制

大多城市在对公交、自行车和行人提供便利设施的同时，也对个体小汽车拥有和使用采取限制措施。新加坡从1972年起通过一系列对小汽车的附加税、养路费，以及小汽车限量系统来逐渐缩紧控制岛上小汽车的保有量。虽然新加坡的人均收入是世界上最高的国家之一，但只有不足30%的家庭拥有小汽车。苏黎世积极推广交通宁静化，在居民区街道上设置了减速带、缩窄路口宽度、设置斑马线和其他设施来降低行车速度，并在市中心通过减少路边停车位和提高路外停车费用来限制小汽车的使用。

第四节　苏州城市与交通发展经验分析

一、坚持交通引导的城市发展理念，引导城市空间结构轴向扩展

1. 交通引导城市发展理念

“交通引导发展”理念认为，交通不仅是城市发展的支撑系统，还要充分借助交通与土地利用的互动作用来引导城市发展，并实现自我良性发展，具体表现在三个方面：

第一，平衡交通供应策略、方式、规模与用地性质和开发强度的关系，引导城市用地布局和优化城市空间结构，形成“交通引导发展”的土地利用发展模式，而不是单一

地以交通支撑城市发展，从而实现土地利用与交通的协调平衡。

第二，以资源占用、能源消耗、生态环境要求为约束，以特定的交通供应总量来调控交通需求增长，引导交通发展模式和交通方式结构优化，通过有选择的交通供给来引导和影响交通需求，而不是一味地满足交通需求的增长，从而实现城市交通供需的动态平衡。

第三，依据城市用地功能分区和区位，对中心区、外围区等不同城市地区的道路、公交、停车等不同交通设施进行统筹安排，明确差别化、分类别、有时序的交通设施供应策略和布局，而不是让各项交通设施孤立地发展，从而实现交通设施资源的充分利用和资源整合的放大效应。

先进的交通技术引导了城市空间结构的演变，而新空间结构下的土地利用又形成了新的交通需求。城市土地利用与城市交通之间的相互作用促成了城市空间结构的不断拓展。随着城市经济的不断发展，城市规模不断扩大，势必引起城市空间向外围拓展。城市外部空间的扩展方式大致有三种形式，即圈层式扩展、轴向扩展、组团式扩展，其中圈层式扩展往往使城市演变成“摊大饼式”向外围无限蔓延①。这种方式在国内外许多城市的实践下显现出诸多弊端，为近年来城市规划所避免采用的方式。而轴向扩展方式以及组团式扩展方式分别以其独特的优势被众多城市所采用。城市的轴向扩展主要是由于城市快速交通和对外交通的建设，在发展轴线上，凭借快速便捷交通，极大地促进了人与人之间的社会交流，从而引导和带动轴线两侧的土地开发建设。此外，沿着轴线向外部延伸，轴线两侧高密度的开发建设满足了人们偏好短距离的出行习惯，即大量的出行目的通过快速交通在发展轴上即能得到实现。当然，这与轴线两侧的土地均衡利用分不开。组团式发展的最大优势便是可以通过有机疏散的原理有效缓解中心城的压力。组团式扩展一般是由多个分布于中心城外围的组团通过快速交通与中心区形成良好的互动发展。在这两种扩展模式实践中，较为典型的做法便是在中心城外围建造卫星城或者形成向外辐射状的城市发展轴。

交通工具的运量越大，对城市的聚集效应越强。因此，大运量的公共交通系统通过促使土地的高强度开发，从而引导城市形态向集约化方向演化。各种不同的交通方式因其形成的交通可达性不同，从而形成城市结构也不同，交通与土地的相互作用不断促进了城市结构的变化。在城市可持续发展的背景下，新城市主义者们倡导采用“公共交通导向开发的模式”，即 TOD 模式，来引导城市土地利用和城市的发展。TOD

---

① 肖秀珍. TOD 策略对城市空间结构的作用[D]. 长安大学,2007.

模式主要是通过沿公共交通的发展方向,让城市布局更为紧凑,土地开发较为混合,以人的尺度设计,更倾向于公共交通的城市设计。随着交通技术的不断发展,快速轨道交通的出现使这种城市空间演变更加显著。在众多的交通与城市结构的关系模型中,不论是汤姆逊模型,还是塞维诺模型,抑或是黄良会模型,都体现出轨道交通在引导城市结构拓展方面有着巨大的作用①。沿着轨道交通的延伸方向,通过轨道交通的布局促进土地的整合利用,把社会经济活动逐步集中到轨道交通沿线,使城市的布局呈现有序的增长,从而形成城市的发展轴。

以快速轨道交通为骨干的公共交通系统形成大容量的公交走廊,能够支撑起交通走廊沿线的土地高强度开发,并引导旧城改造、新城建设、土地布局优化等。城市快速路则达到有效截流大量过境交通的作用,同时也可作为新城与老城之间的机动化快速联系通道。

因此,交通引导发展对于引导城市空间和功能合理布局,完善城市交通体系和功能,促进社会经济可持续发展具有重要意义。

2. 案例:交通引导苏州城市土地利用空间分布

苏州有文字记载的历史已逾 4 200 年,是举世闻名的重点风景旅游城市和典型的园林城市,是国家首批历史文化名城之一。古城基本保持着古代"水陆并行、河街相邻"的双棋盘格局、"三纵三横一环"的河道水系和"小桥流水、粉墙黛瓦、古迹名园"的独特风貌,是国内保存最好的古城之一。但随着苏州经济社会的迅猛发展,苏州城市化、工业化、机动化进程突飞猛进,苏州古城人口、交通需求总量激增,古城保护面临着环境容量、交通压力等多方面的考验。为保护历史文化名城、缓解城市交通压力、优化城市土地利用格局和城市空间结构,苏州市政府适时提出建设轨道交通、引导外围地区新城发展,以达到疏散古城功能的目的。

① 郑明远.轨道交通时代的城市开发[M].北京:中国铁道出版社,2006.

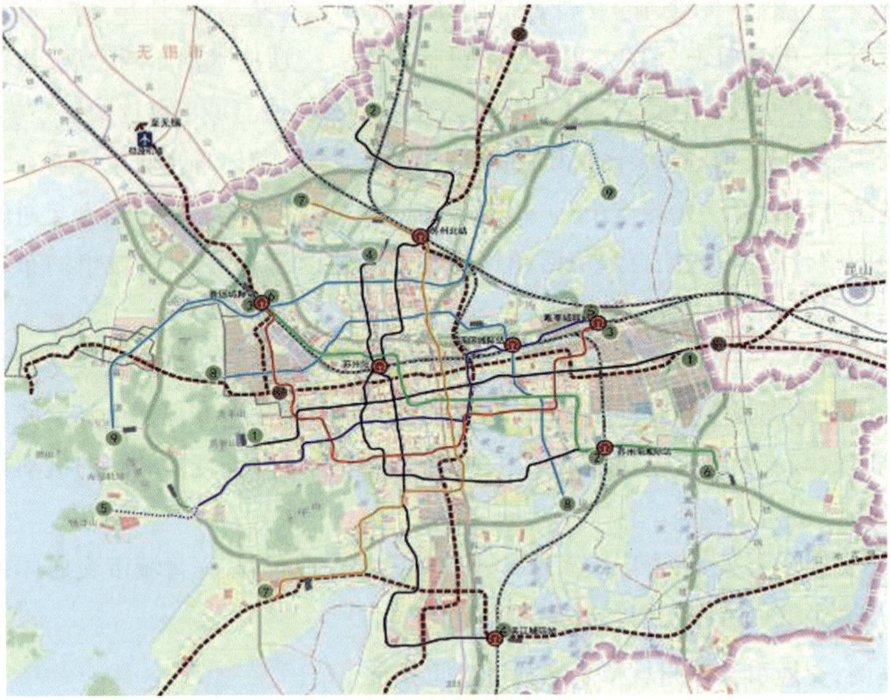

图Ⅱ-14　苏州市快速轨道交通线网

（资料来源：苏州市快速轨道交通建设规划）

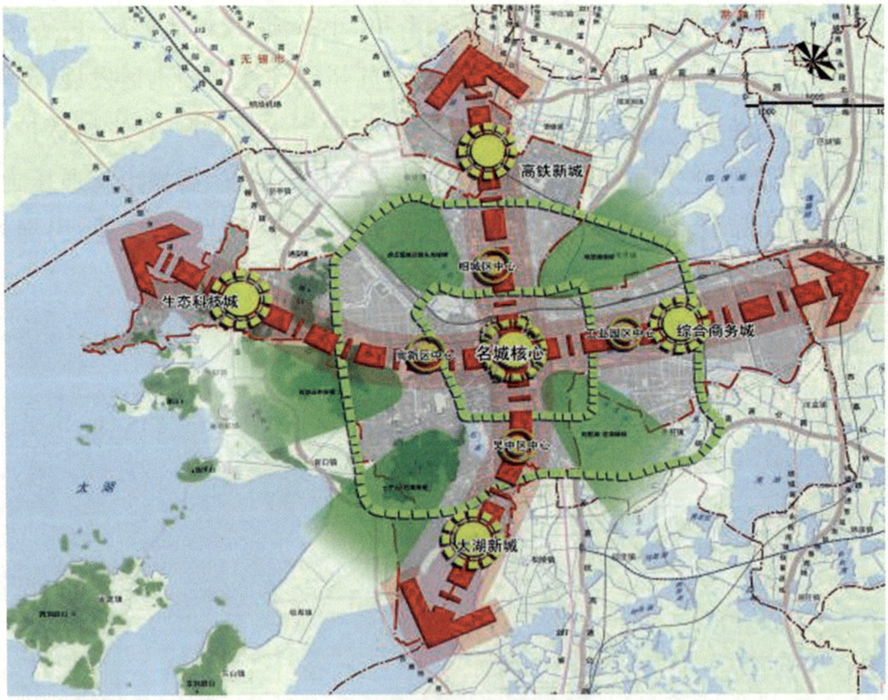

图Ⅱ-15　苏州市城市空间结构示意图

［资料来源：苏州市城市建设规划(2012—2015)］

苏州轨道交通线网从规划至开通，不仅改变了沿线居民的出行方式选择行为，同时也引导了城市整体空间结构的改变。虽然苏州的轨道交通目前尚未形成网络，但是已通车运营的轨道交通1号线、2号线与在建的3号线、4号线以及有轨电车对引导城市空间结构演变的作用已经凸显。1、3号线与2、4号线分别呈东西、南北走向，即沿苏州东西、南北两大交通走廊布设。目前，在两大交通走廊的外围延伸处已经建立了并将进一步打造四座新城，即东部综合商务城、西部生态科技城、南部滨湖新城、北部高铁新城。而这四座新城正是苏州"东西通廊"、"南北通廊"上的重要节点，已经成为苏州迈入"轨道交通时代"的发展重点。以快速轨道交通为骨干的公共交通系统使得苏州的核心古城功能得到了有机疏散，并形成了新的空间结构定位——"一核四城"。"一核四城"这种新型的城市结构模式能有效避免因空间不断扩张、人口高度集中给中心古城带来的发展受限问题，从而有效缓解古城区的压力。

目前苏州古城部分行政办公、医疗、教育、会议等城市公共功能正在有序迁出古城，主要设置在轨道交通覆盖的新城区，以降低古城区交通需求。交通发展政策方面，在古城区实施交通分区政策，将古城划分为三个交通分区：一是慢行优先区；二是机动车限行区；三是公交优先区。在历史文化街区和商业街区的核心区域，禁止机动车驶入，打造安全舒适的慢行街区；在主要传统街区内除慢行优先区之外的区域，通过设置单向交通，协调街区出入口并合理组织交通流线；其他区域，实施以公交优先的交通政策，引导形成以公共交通为主导的交通出行模式。另外，古城区通过城市内环快速路和环护城河道路分离过境交通，在古城周边结合公交枢纽设置停车换乘点，遵循"方便出城、限制入城"的原则进行交通管制，控制进入古城的机动车。未来苏州古城居民出行将以公共交通和慢行交通为主，出行比例中轨道和常规公交不低于45%，慢行交通不低于40%①。

图Ⅱ-16 苏州河街相邻示意图

（资料来源：邦城规划苏州公司提供）

图Ⅱ-17 苏州水陆并行格局

（资料来源：邦城规划苏州公司提供）

① 苏州规划设计研究院有限公司. 苏州市近期建设规划(2012—2015)[R]. 2013.

表Ⅱ-2　交通引导发展下苏州各行政区人口变化情况

（单位：万人）

年份	姑苏区		工业园区		高新区		吴中区		相城区	
	户籍人口	暂住人口	户籍人口	暂住人口	户籍人口	暂住人口	户籍人口	暂住人口	户籍人口	暂住人口
2006年	77.17	33.48	28.94	24.38	30.37	26.05	56.69	52.23	35.50	35.83
2012年	75.12	26.85	39.17	60.61	34.57	38.65	60.92	72.52	38.70	41.66
增减幅度(%)	-2.66	-19.80	35.35	148.61	13.83	48.37	7.46	38.85	9.01	16.27

（资料来源：苏州市公安局）

同时，在轨道交通沿线覆盖的新城区，通过完善生活、教育等配套设施，增强吸引中心区居民迁入、定居新城区的力度，减少中心区人口、就业岗位的过分集中，为合理分散中心区的功能发挥了作用。近年来，苏州市常住人口由2006年的400万人增长到489万人，而古城所在的姑苏区常住人口由111万人降低到102万人，市区人口增长的区域主要分布在交通引导发展的城市外围地区，特别是工业园区，增长幅度达87.1%。未来，随着轨道交通网络的规划建设，轨道交通线路1 000米范围将覆盖65%的居住人口和60%的就业岗位。

二、坚持规划的科学发展观，超前建设功能明确的交通基础设施

1. 交通基础设施规划建设理念

城市交通是城市经济发展的基础和前提条件，科学、先进、合理的交通规划对引导城市空间形态塑造、促进城市对外交流、优化产业布局、带动城市经济发展等有着积极作用。在当前一直倡导可持续发展的背景下，城市交通规划应体现以人为本、平等性、协调性、有序性、平衡性、延续性的原则。城市交通的本质是服务于人的空间移动，因此不仅要满足当代人的交通出行需求，更要为后代人能够更好地交通出行提供可持续保障。而有序的交通应当贯彻“高标准规划”、实施建设中“严过程管理”的方针，形成逐步开发的良好态势。在有序发展的同时，必须考虑交通基础设施建设与土地混合利用的平衡，尽可能实现职住平衡，以减少不必要的长距离交通出行。

（1）科学的规划技术理念①

首先，根据城市的交通区位、城市特色、产业结构等确定规划区交通发展的总目标和发展策略。其次，结合城市空间结构布局，实现土地开发与交通的协调发展，为城市设计出多层次、分区域、适度超前的交通网络。再次，根据城市的功能分区的土地用地

① 陈启宁．苏州工业园区的城市规划［J］．规划师，1999(2)．

性质布设适合该功能区的基础交通设施。除了全覆盖的交通规划，还可以通过制定一系列的交通专项规划来补充和深化。

(2) 规划的组织运作体制

健全的规划运作体制是保障一系列交通规划得以严格执行的重要保障。

(3) 规划法规体系

规划在于实施，法规制度则是各项规划得以顺利实施的强大保证。因此，城市规划应该以法律法规的形式予以确定，不得随便变动。对部分规划内容进行调整时，应该有严格的审批程序予以监督。

(4) 超前的建设思想

超前的交通基础设施建设是建立在超前的交通规划之上，适度超前的思想不仅包括建设时间上的适度提前，也包括提前为今后新的交通项目预留建设的条件。在适度超前的规划指导下，应以高质量的交通基础设施引导城市土地的开发利用，同时为城市今后的交通发展提供优化、可行的选择。

2. 案例：工业园区道路的规划建设

苏州工业园区经过近 20 年的不断探索、创新与实践，已经形成了一套具有工业园区特色的完整的城市规划框架体系。这套规划体系主要包含三部分内容，即规划的技术理念、组织运作以及法规制度[①]。在规划的技术理念中，通过概念规划指导分区总体规划和发展指导规划，在总体规划中确定综合交通体系规划。

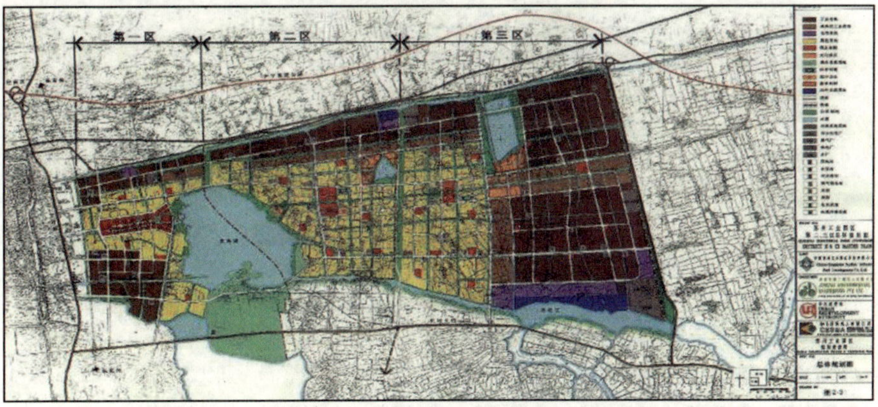

图 II-18　苏州工业园区土地利用总体规划图(1994 年编制)

[资料来源：苏州工业园区土地利用总体规划(1994)]

苏州工业园区的用地规划明显地分为由中心轴向外扩展分布的商业区、居住区、

① 施玉初，杨晓敏，莫栋升，等. 借鉴与实践——苏州工业园区城市规划建设即管理经验浅谈[J]. 江苏城市规划. 2006(9).

工业区三种功能区。这种独特的功能用地布局结构有效缩短了人们居住与就业、购物、娱乐等交通出行的空间距离。另外，工业区的货运需求量大，重型车辆多，因此被布置在外围区且紧靠外围的交通干线，可以使不同种类的交通需求自然地分开，有效避免货运需求与客运需求出现混杂的局面。园区根据辖区内不同功能区土地利用、片区功能、开发强度以及地理条件等方面的差异，因地制宜地构建了与各功能区功能相适应的道路网系统。

图Ⅱ-19　苏州工业园区远期总体用地规划图(2007 年编制)

［资料来源：苏州工业园区土地利用总体规划(2007)］

随着园区交通的不断发展，园区构筑“两横两纵”的城市快速路为园区整体路网的骨架，“两横”即北环东延快速路和南环东延快速路，“两纵”即东环路和星华街，其主要功能包括沟通园区与周边地区、服务过境交通与园区内部长距离出行。此外，常规公交规划、慢行交通系统规划等一系列的专项规划让园区逐步形成了一个多层次的道路网络。在规划实施的组织运作中，苏州工业园区管委会通过提高全员规划意识，建立简洁、高效、统一的规划管理体系等，使得园区各项规划建设得以合理组织、有序实施。园区的规划一经确定，便成为必须遵守的法规，以避免规划内容被随意变更。同时，园区建立了城市规划的动态更新制度，即随着城市开发建设的不断推进，每隔一段时间对全局的规划进行一次调整更新，以使城市的开发建设平稳向前推进。

苏州工业园区在交通规划及实施过程中，始终贯穿着超前的思想，例如道路均以高标准进行建设，北部工业区开发之初苏虹路便建成通车以引导道路两侧的土地逐渐开发利用，在园区外围规划预留高速公路出入口，为轨道交通线路的规划建设预留用地空间，等等。坚持“先规划后建设，先地下后地上”的开发建设原则，苏州工业园区借鉴新加坡“需求未到，基础设施先行”的做法，适度超前建设重要的基础设施，避免了城市道路“开膛破肚”现象。

三、实施交通发展政策的地区差异化策略，有序调节城市交通流的时空分布

1. 交通发展政策地区差异化理念

(1) 基于功能定位的道路基础设施差异化配置

道路密度指在一定区域内道路网的总里程与该区域面积的比值。高道路密度有着诸多优点，例如能够形成机动车、非机动车、行人分流系统；为组织单向交通提供可能；有利于分流干路交通流；为路边停车创造条件。然而，过高的道路密度则会造成城市土地资源浪费、整个道路网通行速度降低等。因此，应针对开发强度、土地利用性质、交通供需特征等不同的区域差异化布设道路。

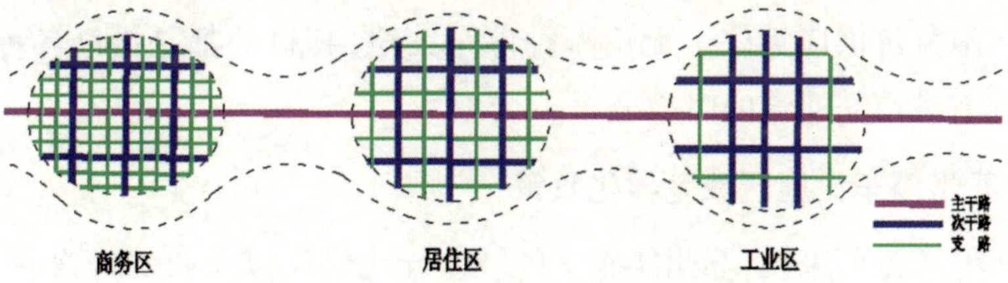

图 II-20　城市不同功能区道路网络概念图

（资料来源：笔者绘制）

城市中心区的开发强度一般较高，居住区与公建区密集，交通强度大，交通需求以客运需求为主，因此在保证行人与非机动车安全通行的情况下，应适当在有限的空间内增加道路面积以提高道路交通容量。尤其是 CBD 地区，是交通量产生与吸引的高发生源，为满足这种较高的交通需求，道路间距一般设置较小，道路通行空间分配必须更多地考虑到非机动车以及行人。对于居住区的道路，主要为居住区内的居民日常出行

服务，应布设较为密集的支路，以更好地体现出居住区道路“达”的特性。此外，为保障居民生活环境的安全化、宁静化，应设置较宽的行人步行空间且通过减速设施等对居住区内的机动车通行速度予以限制，同时应避免过境交通穿越居住区，特别是居住小区。而对于工业区，其特定的发展定位决定了大量的货运交通需求占了主导地位，建设完善的交通基础设施来满足大量的货运需求将为该区域经济的快速发展提供有力支撑。因此，工业区道路布设应更多地考虑货运通道的设置，一般布设以主干路、次干路的道路类型为主。主干路主要功能为联系工业区与对外交通干道，次干路是工业区内部联系通道，也是工业区内部与主干路的连接线。考虑到一些大型企业对大地块用地的需求，支路则较为稀疏。

（2）基于需求调控的停车设施差异化策略

城市停车配置作为城市静态交通的主要内容，只有坚持结合“供需统筹、以供定需”实行“差异化”的策略，才能为整个大的交通系统的正常运转提供基础。城市的停车设施超量供给必将刺激停车需求的快速增长，相对的，限制性的供给则可相应地抑制停车需求。同时，合理的停车设施布设可有效引导区域交通的良好运行，反之，会造成资源的浪费或者进一步恶化交通环境。“差异化”的停车配置主要包括四个方面的内容①，即区域上的差异化、类型上的差异化、时间上的差异化以及价格上的差异化。区域上的差异化主要根据不同区域交通特征的差异进行停车分区划分，进而为各分区分别制定限制性供应、平衡供应以及扩大供应等策略。类型上的差异化通过停车设施的不同类型的供应来达到调控分区交通流分布、出行方式结构改变、土地利用优化等。根据停车需求在时间上的需求差异实施停车供应，这种时间差异主要体现在停车设施的利用时间以及利用时段。价格上的差异化则针对不同区域、不同停车设施以及不同车辆种类而实施分价供应策略。无论哪种停车策略，其目的都是借助各种政策、经济调控手段来调节城市交通流的时空分布。

2. 案例：苏州停车设施区域差异化政策

就机动车停车方面来说，苏州实施了区域差异化供应以及收费价格差异化调节这两大策略。

停车设施供应方面，采取分区域差异化供应的策略。将苏州市划分为4类区域：一类区（古城区）实行严格控制；二类区对停车位供给适度控制；三类区由于地区城市建设用地相对宽松，相应地提高停车设施供给；四类区现状停车矛盾不明显，则实施适

① 张泉等. 城市停车设施规划［M］. 北京：中国建筑工业出版社，2009.

度满足停车需求的策略①。具体实施过程中，根据建筑项目的不同功能采用不同的停车位配建标准值。

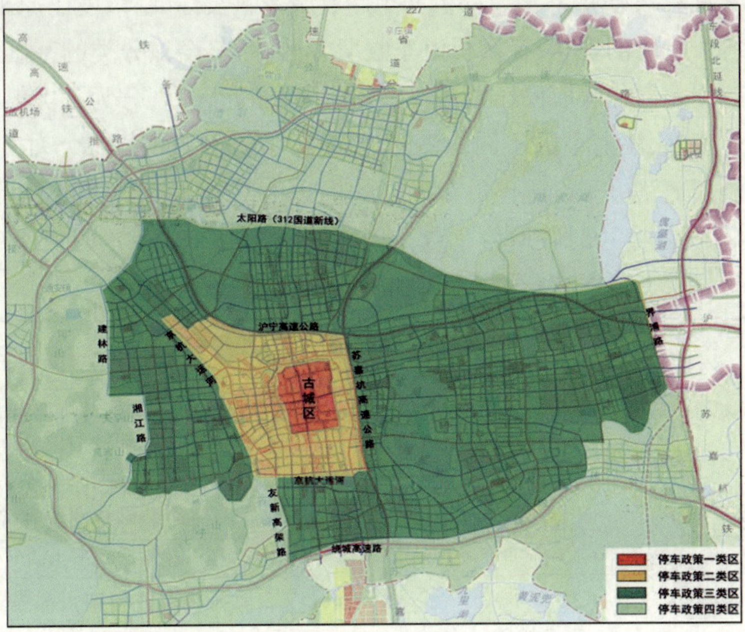

图Ⅱ-21　苏州市停车政策分区示意图

［资料来源：苏州城市综合交通规划（2007—2020）］

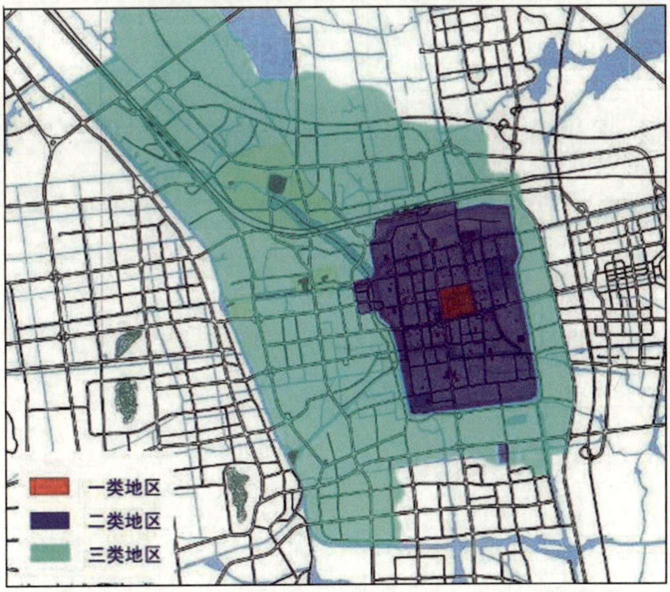

图Ⅱ-22　苏州市姑苏区机动车停放服务地区划分示意图

（资料来源：笔者绘制）

---

①　中国城市规划设计研究院. 苏州市城市综合交通规划（2007—2020）［R］. 2007.

停车收费方面，则充分发挥价格的经济杠杆作用，优化配置有限的停车资源，逐步缓解供求矛盾，解决停车难问题，苏州市物价局于2006年6月发布了《苏州市区机动车停放服务收费改革意见》。新的“苏州市区机动车停放服务收费标准”改变了原来市区机动车停放服务收费统一定价的现状，在实行停车收费分区、停车设施分类的基础上，针对不同车种实行停车时间差异化收取停车费用。苏州市区（姑苏区）划分为三类停车分区，针对利用道路、室内、室外、住宅小区不同的停车设施采用分时、计时收费。如对于小型车在一类停车分区利用道路停车设施停放车辆，1小时以内部分按4元/半小时收取停车费，1小时以外部分按5元/半小时收取停车费，规定时间内则按10元/次收取停车费。

表Ⅱ-3　停车位规划配建建议标准（部分）①

物业性质	分类	单位	机动车停车位（单位：个）		非机动车停车位（单位：个）	上下客货车泊位
住宅	福利房、微利房、危改房	户	标准	0.3	1.0~1.4	专门或利用内部道路每幢楼设置1个装卸货泊位、1个上下客泊位
			古城区	0.2		
	多高层商品房	户	标准	0.8	1.0~1.5	专门或利用内部道路每幢楼设置1个装卸货泊位、1个上下客泊位
			古城区	0.6		
	别墅式	户	标准	1.5	0.5~1.0	
	小单元公寓式住宅	户	标准	0.25	1.0~1.5	专门或利用内部道路每幢楼设置1个装卸货泊位、1个上下客泊位
			古城区	0.2		
	集体宿舍	间	标准	0.1	0.5~2.0	专门或利用内部道路每幢楼设置1个装卸货泊位、1个上下客泊位
商业	商业（不足2 000m² 营业面积）	100m² 建筑面积	标准	0.4	3.0~5.0	每1 000m² 建筑面积设1个装卸车位
			古城区	0.3		
	商业（2 000m² 以上营业面积）	100m² 建筑面积	标准	0.5	3.0~5.0	每1 000m² 建筑面积设1个装卸车位
			古城区	0.4		
	独立购物中心	100m² 建筑面积	标准	1.8	3.0~5.0	每1 000m² 建筑面积设1个装卸车位
			古城区	1.2		
	居民区内配套商业零售	100m² 建筑面积	标准	一般不提供	3.0~5.0	每1 000m² 建筑面积设1个装卸车位
			古城区			
	居民区内配套肉菜市场	100m² 建筑面积	标准	0.2	4.0~6.0	每1 000m² 建筑面积设1个装卸车位
			古城区	0.15		
	独立农贸市场	100m² 建筑面积	标准	1.0	5.0~10.0	每500m² 建筑面积设1个装卸车位
			古城区	0.8		
	旅馆	客房	标准	0.3	0.2~0.3	每100个客房设1个装卸车位、1个小型车辆港湾式停车位、0.5个旅游巴士上下客泊位
			古城区	0.2		
	餐饮娱乐	100m² 建筑面积	标准	2.0	2.0~5.0	每1 000m² 建筑面积设1个装卸车位
			古城区	1.5		

（资料来源：苏州市物价局）

① 苏州市物价局.苏州市区机动车停放服务收费改革意见,2006.

表Ⅱ-4　苏州市市区机动车停放服务收费标准(小型车蓝牌照)

类别	地区	停放时间	单价(辆)	备　　注
道路	一类	1小时以内部分	4元/半小时	不足半小时按半小时计算
		1小时以外部分	5元/半小时	不足半小时按半小时计算
		规定时间	10元/次	以停车点工作时间为准;24小时连续工作的,以零点为起止点
	二类	1小时以内部分	4元/半小时	不足半小时按半小时计算
		1小时以外部分	4元/半小时	不足半小时按半小时计算
		规定时间	8元/次	以停车点工作时间为准;24小时连续工作的,以零点为起止点
		间断式停放1个月	350元/月	供沿街商家自备车辆白天停放(7:00—22:00),实行车位不固定、不预留的资源利用优先原则,商家应向道路停车管理单位办理审核手续,通过合同形式明确双方的权利和义务
	三类	1小时以内部分	4元/半小时	不足半小时按半小时计算
		1小时以外部分	3元/半小时	不足半小时按半小时计算
		规定时间	7元/次	以停车点工作时间为准;24小时连续工作的,以零点为起止点
		间断式停放1个月	300元/月	通过合同形式明确双方的权利和义务
	小区外周边指定道路	间断式停放1个月	150元/月	供附近居民夜间停放车辆,停放时间为22:00—次日8:00,其他时间停放(包括提前和超时停放)按道路临时停车计费,实行车位不固定、不预留的资源利用优先原则,并由道路停车管理单位与消费者以合同形式明确
室外	一类	1小时以内部分	6元/1小时	不足1小时按1小时计算
		1小时以外部分	4元/半小时	不足半小时按半小时计算
		规定时间	8元/次	以室外停车场工作时间为准;24小时连续工作的,以零点为起止点
	二类	1小时以内部分	6元/1小时	不足1小时按1小时计算
		1小时以外部分	3元/半小时	不足半小时按半小时计算
		规定时间	6元/次	以室外停车场工作时间为准;24小时连续工作的,以零点为起止点
	三类	1小时以内部分	6元/1小时	不足1小时按1小时计算
		1小时以外部分	2元/半小时	不足半小时按半小时计算
		规定时间	5元/次	以室外停车场工作时间为准;24小时连续工作的,以零点为起止点

续表

类别	地区	停放时间	单价(辆)	备　　注
室内高级	一类	1 小时以内部分	5 元/1 小时	不足 1 小时按 1 小时计算
		1 小时以外部分	3 元/半小时	不足半小时按半小时计算
	二类	1 小时以内部分	5 元/1 小时	不足 1 小时按 1 小时计算
		1 小时以外部分	2 元/半小时	不足半小时按半小时计算
	三类	1 小时以内部分	5 元/1 小时	不足 1 小时按 1 小时计算
		1 小时以外部分	1 元/半小时	不足半小时按半小时计算
室内普通	一类	1 小时以内部分	4 元/1 小时	不足 1 小时按 1 小时计算
		1 小时以外部分	3 元/半小时	不足半小时按半小时计算
	二类	1 小时以内部分	4 元/1 小时	不足 1 小时按 1 小时计算
		1 小时以外部分	2 元/半小时	不足半小时按半小时计算
	二类	1 小时以内部分	4 元/1 小时	不足 1 小时按 1 小时计算
		1 小时以外部分	1 元/半小时	不足半小时按半小时计算

（资料来源：苏州市物价局）

四、坚持土地开发与交通一体化策略，构建土地开发与交通双赢模式

1. 土地开发与交通一体化理念

为了实现城市的可持续开发，进一步集约化利用城市土地，在当前大力建设轨道交通的背景下，以轨道交通站点为载体的地下空间的一体化开发日益受到广泛重视。这些交通设施在地下往往结合商业、餐饮、娱乐、停车场等一些满足现代人生活理念的公共设施整体开发，从而形成所谓的地下城市综合体①。在国内外许多发达城市的实践下，在地下城市综合体方面已经形成了一定的开发建设经验。

（1）地下综合体开发建设的策略

为最大限度地发挥轨道交通建设的综合效益，在坚持以人为核心的前提下，地下空间开发利用时应该坚持规划的统一性、建设的整体性以及目标的协调性原则。地下空间与轨道交通的开发建设影响深远，工程量浩大且不具可逆性，因此，需妥善处理二者开发建设的空间与时序关系②。

（2）地下综合体的特征

从开发空间方向上看，地下城市综合体主要有垂直方向和水平方向两类。垂直方向上的地下城市综合体一般是借助某一个建筑体，将轨道交通设施以及其他不同功能

① 景涛. 城市轨道交通下的城市地下空间综合开发利用研究[D]. 西北大学，2008.

② 刘志义，韩英姿. 城市轨道交通建设与地下空间开发[J]. 铁路工程造价管理. 2011(5).

的多重空间有机结合在一起;而水平式地下城市综合体更多的是考虑轨道站点与周边重要功能区的通道联系。在实际开发案例中,单纯的垂直方向或水平方向的地下综合体开发很难达到土地合理利用的经济效益、社会效益、生态效益的目标统一。因此,建成的地下城市综合体往往是两类开发方向的结合。

(3) 地下综合体的布局与组织

垂直方向:垂直开发的地下城市综合体中,一般将轨道交通车站以及商业等设施相结合,并经过一定的交通方式加以组织方能实现其功能,这种组织不仅包括平面上的,也包括竖向上的。因此,在各设施具体布置时,就应该从多方面考虑。首先,不论从安全的角度,还是从结构和施工的角度,地下城市综合体的建筑布置都应简单。考虑到车站属人群集散地,内部交通复杂,而地下商业的人群交通流向具有随意性,且逗留时间较长,不利于进行交通组织。为避免大量商业的人群对车站的正常使用产生影响以及便于紧急情况下的人员快速撤离,应将地下商业与车站分层布置,二者之间可通过通道进行连接。为了安全,商业只能布置在地下一层,二层以下可以布置停车设施。商业停车场和商业营业场所之间,原则上应该分层布置,停车场在下层。

水平方向:采用这种开发方向的特点即以车站为核心,向周边横向扩展开发并进行功能分区,交通设施与周边各功能区适当地分隔,这种方式便于交通流线的组织,也利于空间景观的组织,因此,在实际中也较为常见。轨道交通站点区域的地下空间一体化开发应体现现代化都市背景下工作、生活、换乘的概念,努力实现无缝对接。轨道交通车站除了应设置地面出口外,在横向上应设置与周边各重要建筑的地下通道。周边地下通道在保持顺畅的前提下,可根据实际情况设置成地下步行街等形式。

(4) 实现土地开发与交通双赢

轨道交通车站作为轨道交通线路的节点,不仅仅是轨道交通吸引和疏散大量客流的地方,其周围往往是已经存在的或者是后期开发建设形成的经济活力区。一方面,轨道交通的运营为区域带来了大量人群,极大地促进了区域经济的进一步发展;另一方面区域经济活力得到强化的同时又为轨道交通提供持续且可观的客流支撑。轨道交通与区域经济的这种相互促进关系使得轨道交通站点周边土地开发真正实现了双赢目标。

2. 案例:星海广场站与地下商业一体化建设

苏州工业园区湖西CBD中心的星海广场站即属于地下空间一体化开发的项目,该站设于星海街与苏华路交叉路口地下,是苏州首个集交通、餐饮、购物、服务、生活、休闲等业态于一体的轨道商业综合体①。此综合体将高层建筑的地下空间,甚至地下几层彼此沟通,与城市轨道交通成为一体,通过地面与地下空间的综合设计,创造出地面及地下一体化的公共开放空间,因此地下空间具有交通顺畅、彼此通达、功能齐全、舒适便利、空间丰富、充满活力的特征。

在轨道交通车站设计阶段,在考虑了满足轨道交通本身的运营功能的前提下,将地下轨道交通车站与商业相结合,实现同步设计、同步施工、同步运营。该轨道商业综合体分为地上的休闲广场和地下的三层下沉式广场,并以苏华路为界分为南北两个广场,总建筑面积约5.4万平方米,包括5 000平方米下沉式广场、1.8万平方米地下购物商城和2.7万平方米地下车库。星海广场站设计重点考虑人、车流线问题,优化车站、商业、停车三者之间的人流布置,优化车库进出流线。综合考虑商业业态需要,北地块为商业布置,增加南地块地下二层停车面积,以保证一定的商业面积及停车数量。地上周边地区主要为办公、商业大厦等;地下一层以小型餐饮为主;地下二层是与轨道1号线车站站厅"无缝衔接"的地方,除了设置有大量商铺外,还有一部分停车场,同时将站厅层非付费区打开并与下沉式广场相连接;地下三层则为拥有700余个车位的CBD大型公共停车场。为实现车站与周边交通换乘的便捷性以及商业的连贯性,已建成6个地下通道,实现与周边道路、商务设施的连通。

图Ⅱ-23　轨道1号线湖西CBD中心星海广场站一体化地下空间

(资料来源:邦城规划苏州公司提供)

星海广场站首开苏州系统开发地下空间的先河,高度集约化、立体化的地下公共空间设计实现了社会效益与商业效益的完美融合,对于整合苏州轨道交通建设以及地下空间探索开发都具有重要意义,也将成为苏州CBD全面升级的加速器。

---

① 苏州市规划设计研究院. 苏州市轨道交通一号线与地面交通衔接换乘规划[R]. 2011.

五、优先发展高效、集约、低碳交通方式，营造绿色交通出行环境

1. 公交优先发展理念

公交优先在狭义上指将公共交通放在城市交通发展的首要位置，构建以轨道交通、常规公交、有轨电车等大容量公共运输工具为主体的，多种方式协调运行、紧密衔接的综合客运系统。而广义上的公交优先不仅包括城市交通系统内部的优先，还包括在规划和税收、补贴政策等方面的优先。公交优先体现的是城市和交通发展的一种观念和意识，它要求法规、政策、规划、设施建设和运营管理等都在公交优先的目标下统一起来，作为一项社会系统工程共同实施①。城市应当大力发展公共交通，建立以轨道交通为骨干、常规公交为主体、出租车为补充的，多方式合理分工、紧密衔接、具有足够吸引力的公共客运系统。实施公交优先的措施主要有建设大运量轨道交通、优化地面常规公交、建设高效的换乘系统和完善票价系统等，此外还有公交优先设计措施，如设置公交专用道、交叉口公交优先设计与控制、公交停靠站交通设计等，还要引入先进的信息技术对公交运营实行信息化管理，推进公交运营管理从传统管理方式向智能化、及时化、精准化转变。城市规划应以公交优先发展为前提和基础，如制定和实施以公共交通导向的城市规划与土地开发利用等。交通规划要以公共交通为主，个体交通为辅，制定科学先进的城市公共交通近期计划和远景规划，城市交通发展政策向公共交通倾斜，如增加公共交通财政补贴、完善公交场站建设、增加公共交通车辆投入、合理布设公交线路和场站、提高设施服务水平等。

2. 交通多方式一体化发展理念

交通多方式一体化狭义上指交通系统内部的一体化，即设施平衡、运营协调和管理统一。设施平衡指道路网络、轨道交通网络等各种基础设施均衡发展，重视多方式的换乘接驳、停车设计和管理等；运营协调指各种方式在运营时间、换乘衔接等方面相互统一、彼此协调、安全运营，增强集体效益；管理统一指在各管理部门分工合作、协同运营，实现信息一体化和高效运营②。广义上的一体化还包括交通系统与其他因素的协调，如交通系统与社会经济相互适应、交通与土地利用协调发展、交通与生态环境实现可持续发展、城市交通与对外交通紧密衔接等，其目的是加强不同交通系统间的关联性，形成综合性强、效率高的一体化交通。

---

① 徐循初. 城市道路与交通规划[M]. 北京：中国建筑工业出版社，2007.

② 陆锡明等. 城市交通战略[M]. 北京：中国建筑工业出版社，2005.

(1) 运营管理一体化

运营管理一体化指各种交通方式在信息共享、票制、运营时间等方面的一体化。公交公司、轨道交通运营部门、出租车公司等各种行政管理部门应当实现信息共享、分工协作，促使各种交通方式形成优势互补、协调发展的一体化系统。在票制方面，公交、轨道交通、出租车、公共自行车等不同的出行方式应当有统一的票制系统，如推行“一卡通”等方式促进公共交通出行方式的发展、实施换乘票价优惠政策等。

(2) 设施一体化

设施一体化指多方式系统应当紧密衔接，形成便利的换乘系统。如在条件允许下建设常规公交与轨道交通换乘枢纽站、考虑“P + R”换乘、“B + R”换乘等。轨道交通运量大、速度快，可以在城市交通系统中发挥长距离快速运输的功能，而常规公交站距小、覆盖面广、灵活性高，可以延伸轨道交通的覆盖面，形成长短途运输优势互补，通过换乘枢纽的建设可以实现两种出行方式的紧密接驳，有效提高公共交通的服务水平和出行比例。“P + R”中的 P 指停车，R 指换乘，意为“停车 + 换乘”，是许多大城市的上班族目前普遍采用的交通模式，家住郊区的人将车开到城郊结合处的交通枢纽，在“P + R”停车场停车，换乘轨道交通到市中心上班。“P + R”模式的发展促成了公共交通出行与小汽车交通方式的衔接，是缓解中心城区交通压力的有效手段之一。除了“P + R”外，还有“B + R”换乘，即“自行车 + 轨道交通”换乘，在轨道交通站点附近设置自行车停车场，供骑自行车的人停放自行车，延伸轨道交通的服务范围。在换乘系统建设中，要结合不同方式的出行特点进行设计，缩短换乘距离，实现不同方式间的“零换乘”。如自行车出行距离在 1 000 ~ 2 000 米，根据这个范围合理规划自行车停车场的规模；常规公交、出租车及小汽车停车后的步行换乘距离应控制在 200 米以内，无法实现时考虑采用自动扶梯、电梯等方式改善换乘环境。

图 Ⅱ-24 “P + R”换乘指示标志

(资料来源：邦城规划苏州公司提供)

图 Ⅱ-25 “P + R”换乘中心示意图

(资料来源：邦城规划苏州公司提供)

3. 绿色交通发展理念

绿色交通是一个理念，是以减少交通拥挤、降低能源消耗、促进环境友好、节省建设维护费用为目标的城市综合交通系统。狭义的绿色交通更加强调交通系统的环境友好性，主张在城市交通系统的规划建设和运营管理过程中注重环境保护与生活环境质量。广义的绿色交通包含了推动公交优先发展、促进人们在短距离出行中选择自行车和步行的出行模式，节约能源、保护环境、建立公共交通为主导的城市综合交通系统等①。绿色交通是实现健康的、可持续发展的城市交通系统的必由之路。它的发展目标是通达、有序，安全、舒适，低能耗、低污染三个方面的完整统一，以及交通系统的高效性和效率的持久性。绿色交通强调以人为本，多模式一体化发展，鼓励发展大运量、环保型的交通工具，保护非机动车出行空间。

步行　自行车　轨道交通

有轨电车　BRT（快速公交系统）　常规公交

图Ⅱ-26　绿色交通方式

（资料来源：邦城规划苏州公司提供）

绿色交通坚持“以人为本”的规划原则，注重人的舒适性，考虑人的可达性高于车辆的可达性。不仅要考虑交通出行者的舒适性、安全性和高效性，同时也要考虑道路周围居民是否受到尾气污染、噪声、振动等危害。绿色交通发展应注重系统内部的协调性和效率性，以及与外部系统的协调共生。一般情况下，可通过以下主要途径积极促进绿色交通的发展与完善：建立方便、快捷的多层次公共交通系统；为步行和自行车交通提供空间；引导私人小汽车适度、合理使用；不断提高交通工具的环保性能；积极

① 陆化普．城市绿色交通的实现途径［J］．城市交通，2009(6)．

建设智能交通管理系统。

(1) 建立便捷换乘的公共交通系统网络

公共交通分为地面公交和轨道交通，后者包括地铁、轻轨、有轨电车等多种形式。公共交通在道路空间占用、道路环境污染和能源消耗等方面具有其他交通方式无法比拟的优越性。应当通过推进“公交优先”战略、建立换乘枢纽站、协调公交与各种交通方式间的便捷换乘与票价优惠等措施，提升公交系统的服务水平，提高其运营管理水平，建立便捷换乘的公共交通系统网络。

(2) 建设慢行交通系统，为步行和自行车交通提供空间

慢行交通指出行速度不大于 15 千米/小时的交通方式，主要指步行和自行车。慢行交通是出行起点始发和出行终点到达的必要方式，在交通结构中占据很大份额。城市道路空间分配应为步行和自行车交通提供空间，通过在繁华商业区开辟步行街区、设置步行专用道和自行车专用道、设置人性化过街设施等营造出舒适、安全、便捷、清洁、宁静的慢行交通系统。

一个与城市发展相适应，与公共交通一体化、无缝衔接的安全、舒适、方便、高效、低成本的慢行交通系统(自行车与步行)，有助于打造舒适、健康、可持续发展的高品质城市。长距离、高强度的出行需求由公共交通来完成，衔接交通、短途出行由自行车加步行的交通方式来解决，这是一种可持续发展的绿色交通模式。

图Ⅱ-27　都市自行车专用道

(资料来源：邦城规划苏州公司提供)

(3) 确保交通工具的环保性能

主要做法有利用新技术研发并推广小排量、环保型的交通工具；倡导公共交通方式技术革新，采用清洁能源等。

(4) 建立先进的智能交通系统

智能交通系统是将先进的信息技术、通信技术、控制技术以及计算机技术等有效地集成运用于整个交通运输管理体系，从而建立起的一种在大范围内、全方位发挥作用的，实时、准确、高效的综合运输和管理系统。它通过引入信息技术实现人、车、路与环境的和谐，实时监控交通系统运营状态并进行即时调度，从而实现资源的优化配置，提高交通运输效率，缓解交通阻塞，提高路网通过能力，减少交通事故，降低能源消耗，

减轻环境污染。

4. 案例：苏州工业园区智能公交系统发展模式

2012 年，苏州工业园区智能公交建设项目获得“2011 年中国智能交通示范工程奖”和“寻找中国智慧城市”技术创新奖。工业园区智能公交系统为苏州建设“智慧园区、非凡城市”做出了贡献。

苏州工业园区智能公交项目于 2009 年 3 月开工建设，目前区内公交已有近 500 辆公交车完成 GPS 终端、智能投币机、电子量油和视频监控等设备的覆盖，全区安装 410 座电子站牌，覆盖率达 40%，线路的报站准确率达到 99.56%。

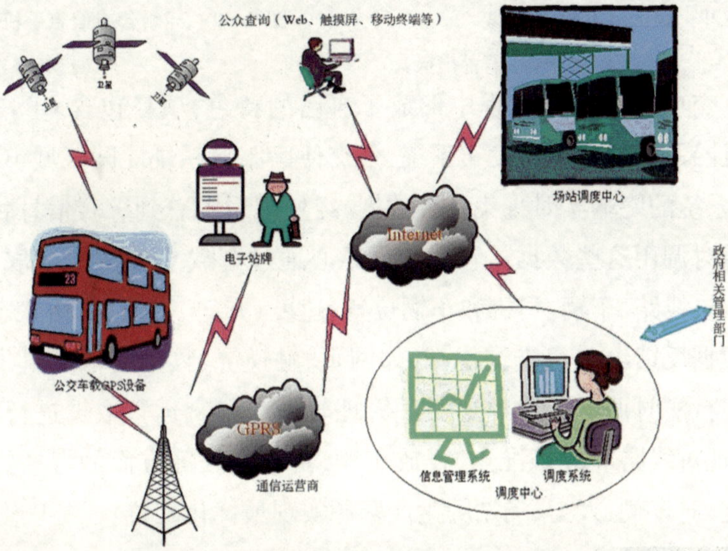

图Ⅱ-28　苏州工业园区智能公交系统运作概念图

（资料来源：《苏州日报》2009 年 9 月 11 日）

苏州工业园区公交智能综合平台涵盖公交日常应用管理的各个方面，是全国公交行业应用中最先进的系统。在全国范围内，苏州工业园区智能公交系统首次将公交管理全面集成为一个先进且智能的系统，主要体现在以下 5 个方面：

一是以 GIS 应用为核心，实现对公交线路、人和车辆全方位多角度监控。

二是结合 GIS 电子地图，将区内公交和进入园区的近 70 条公交的线路信息统一纳入园区公交线网管理。

三是建成智能化的排班和现场实时调度系统。

四是从公交行业应用实际出发，完成了全国第一套公交行业综合办公自动化系统。

五是完成了对外数据的接口建设，可与工业园区其他信息化建设项目进行安全、稳定的数据交互。

图Ⅱ-29　园区公交电子站牌

（资料来源：笔者拍摄）

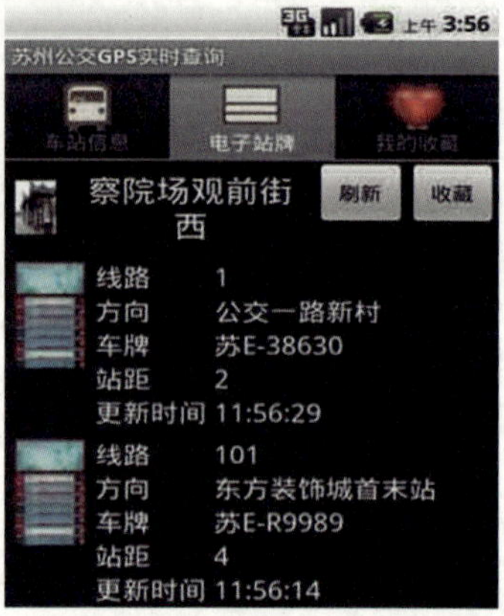

图Ⅱ-30　苏州公交信息手机终端查询

（资料来源：笔者拍摄）

园区智能公交项目在发展过程中形成了自己的特色，项目包含 GPS 运营监控系统、公交视频监控系统、电子站牌发布系统、公交便民服务系统。园区城市管理局统筹整个系统，各子系统的终端实时采集各种数据，经处理后汇总到综合信息化管理平台，管理部门可以随时调用这些数据。管理调度中心通过车载 GPS 实时获取车辆运营信息，包括公交站点、线路、车辆、司机和车辆位置、速度、方向、客流、营运状态等，并将得到的动态运营数据反馈给公众查询终端，如网页、触摸屏、移动终端及电子站牌等，同时对运营车辆实行实时调度。此外还通过管理软件对公交运行数据进行实时监控和统计分析，为实现对线路的准班准点、投放车辆、营运里程等方面的考核提供依据，实现公交智能调度，对车辆、人力、场站等生产资源实现最优化配置。

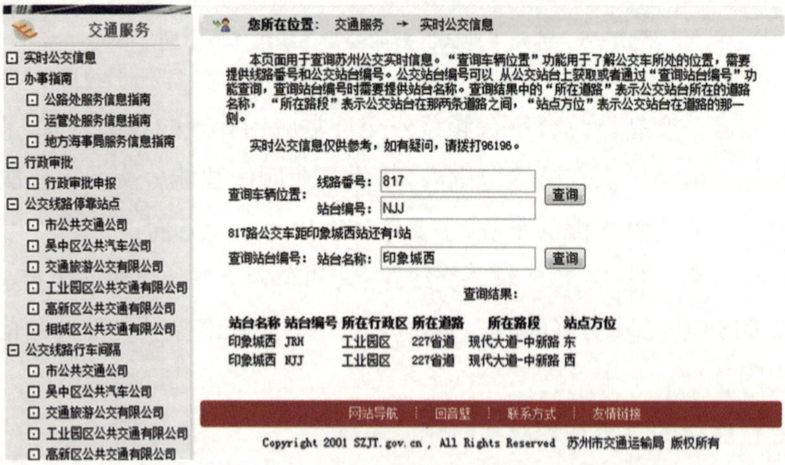

图Ⅱ-31　苏州公交信息 Internet 终端查询

（资料来源：苏州公交信息网站）

苏州工业园区智能公交项目是推进“公交优先”战略的重要举措，通过引入先进技术促进了公交运营管理方式的革新，从传统的人工管理方式向智能化、及时化、精准化转变,项目的建设发展极大地方便了市民的出行。目前苏州市民可以在公交电子站牌查看车辆运行信息,也可以通过"96196"电话查询、移动掌上公交短信查询、登录苏州交通纵横网站和苏州移动生活网等多种途径实时查询车辆到站信息。

5. 案例:苏州轨道交通站点地区交通设施一体化系统

苏州轨道交通1号线自2012年4月份开通运营以来,日均客流量约13万人次,整体呈上升趋势,至2013年4月已增长了29%,其客流的增长得益于站点地区良好的交通设施一体化系统的建设。苏州轨道交通通过与周边的步行设施、常规公交、出租车、停车场、自行车等设施进行良好的衔接换乘,在总体上对全线换乘设施的设置位置、规模和形式进行界定,从而形成较为方便的交通一体化系统。

步行设施主要考虑轨道站点内部和站点外部两个部分:内部主要考虑站内客流的组织并由此决定车站出入口的布局以及行人过街通道的选择;外部则重点考虑各种交通换乘设施与轨道出入口之间的交通组织。与常规公交设施的衔接换乘包括公交中途站点和公交枢纽。出租车临时港湾式停靠站设置在轨道出入口附近的路段上,也可结合站点周边地区建筑物布局进行设置。自行车则考虑私人自行车和公共自行车两部分,所有地铁出入口附近均按需求设置自行车停车场,自行车停车场距离轨道出入口的距离一般控制在20~50米。对于社会车辆的停车换乘需求,则结合沿线地区用地情况建设社会公共停车场,一般在外围地区站点设置"P+R"停车场。

表Ⅱ-5　工业园区轨道交通1号线站点地区交通设施

站点	公交站点	公交枢纽	出租车设施	非机动车停车(泊位)	社会公共停车场(泊位)
东环路站	√		√	√	
中央公园站	√	√	√	√	√
星海广场站	√	√		√	√
东方之门站	√	√	√	√	√
文化博览中心站	√	√		√	√
时代广场站	√	√	√	√	
星湖街站	√	√		√	√
南施街站	√			√	
星塘街站	√	√	√	√	√
钟南街站	√	√		√	√

(资料来源:根据苏州市轨道交通一号线与地面交通衔接换乘规划整理)

以星塘街站交通设施一体化系统为例,星塘街站位于苏州工业园区星塘街与翠园路交叉口,周边分布有多个住宅小区,此外还有白塘生态公园等。站点附近设有星塘公交中心，规划面积为7 000平方米，此外还有“津梁街北”、“琉璃街”、“星塘公交中心西”等公交站点，多条公交线路衔接，换乘便利，其中快线1号线路连接园区星塘公交中心与高新区新升新苑首末站，迅速沟通高新区、老城区、园区，所经过的道路都划定公交专用通道，线路上行环城高架，下行独墅湖隧道，单程只需30分钟。站点周边现有一个“P+R”地面停车场，可停放机动车200辆，未来将结合南侧规划的公交枢纽建成可容纳机动车800辆的“P+R”地下换乘停车场，且采用免费停放的方式鼓励出行者采用“P+R”方式实现换乘。此外，站点周边还设有公共自行车网点，为周边住宅区的居民和白塘生态公园的游客提供出行便利。

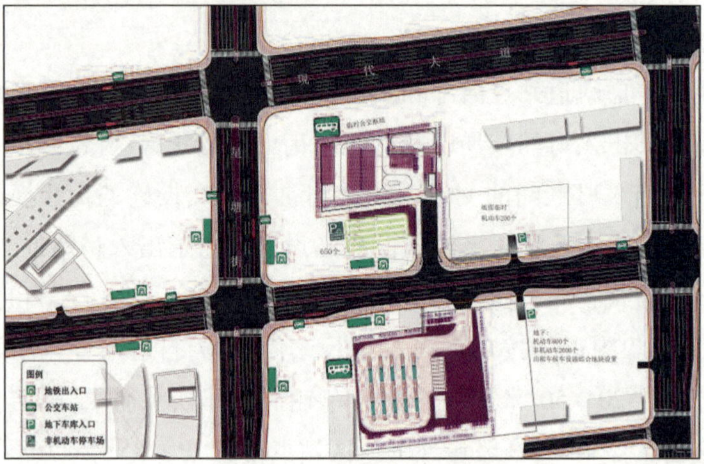

图Ⅱ-32　星塘街站站点地区交通设施

（资料来源：苏州市轨道交通一号线与地面交通衔接换乘规划）

通过建设轨道交通1号线站点周边的交通设施和交通运营系统，进一步整合了城市交通资源，构筑起轨道交通与地面交通方便、快捷、人性化服务的换乘衔接系统，从而扩大了轨道交通的辐射范围，提升了公交系统的吸引力，为优化城市交通结构，构筑公交优先一体化的城市综合交通体系奠定了良好的基础。

6. 案例：苏州公共自行车发展经验

苏州公共自行车系统于2010年8月30日正式启动，截至2013年6月，苏州市累计发卡超过23万张，共建设了640余个公共自行车网点，运营车辆15 000辆左右，每辆车平均周转率约6~7次/日，园区公共自行车周转率更是达到了11次/日左右，即平均每天公共自行车的使用次数超过了9万人次。

图Ⅱ-33 苏州公共自行车停靠点

（资料来源：http://image. baidu. com）

发展公共自行车交通系统，是苏州优先发展以公共交通自行车换乘（B + R）及停车换乘（P + R）为核心的城市公共交通组合交通模式，其目的是解决公交末端“最后一公里”问题。这一举措的推出，不仅为市民提供了更加便利的公共交通服务，也提高了公交出行分担率，是解决城市交通“两难”问题的重要途径。公共自行车交通系统倡导绿色交通，减少人们对小汽车的依赖，减少环境污染，因而成为了提升城市品质的重要战略选择。

苏州公共自行车在发展过程中形成了自身的技术特点，主要有：

① 使用最新的物联网技术对整个公共自行车租用系统进行智能化管理，各站点实现了 24 小时无人值守和通借通还功能，调度管理中心实时监控和调度各站点的使用状态。

② 使用无线通信技术，站点建设无需开挖路面，增设站点比较容易，节省大量的建设费用和建设周期。

③ 大力推广绿色出行和低碳生活的理念，公共自行车站点可以使用太阳能供电系统。

调研发现，苏州公共自行车的使用者主要为本市市民，年龄集中在 22 ~ 30 岁，中青年使用者比例高达 60%，50 岁以上的市民占 20% 左右。市民使用公共自行车的目的多为上班或上学，比例达 37%，其次是逛街购物，占 32%，还有一部分为观光游览和锻炼身体，占 18% 左右。

表Ⅱ-6 公共自行车使用者出行目的

出行目的	上班或上学	逛街购物	锻炼身体	观光游览	临时办事	其他
比例（%）	37.2	32.1	8.0	9.7	11.7	1.1

（资料来源：笔者调查）

市民认为公共自行车的优点主要有方便省事和缓解交通压力，占 63% 左右，说明公共自行车作为一种短距离交通工具，在方便市民短途出行、加快门到门出行方面起到了一定作用。

表Ⅱ-7 公共自行车的优点

看重优点	方便省事	成本低廉	低碳环保	缓解交通压力	锻炼身体	其他
比例(%)	36.3	8.1	19.8	26.4	7.1	2.3

（资料来源：笔者调查）

从苏州居民公交出行（包含轨道交通）接驳方式来看，到达车站和离开车站选择公共自行车的比例均为4.4%，与使用私人自行车的比例相当，说明公共自行车在解决居民公交出行末端“最后一公里”的问题上地位凸显。

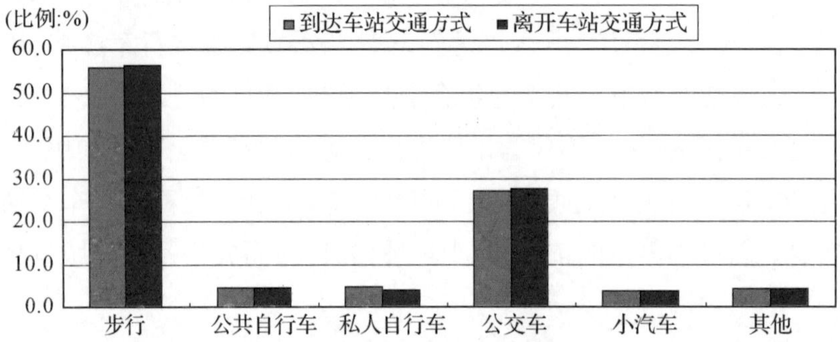

图Ⅱ-34 苏州居民公交出行接驳方式

（资料来源：笔者绘制）

六、合理布局商业设施，平衡居民弹性出行时空分布

1. 城市商业设施布局理念

商业是城市的命脉，是城市经济繁荣与发展的不竭动力。商业区聚集了大量的人流和物流，交通则满足了人和物空间转移的需求，两者是相互促进、相辅相成、共同发展的关系。商业区的发展需要与之相匹配的交通系统进行人流的集聚和疏导，如果不能与城市交通系统做到良好的协调和整合，就会产生拥堵、混乱等问题，成为制约商业发展的“瓶颈”；反之，交通系统的改善会促进商业的繁荣，增强人流集聚效应，带动交通系统运输效益的提高。商业设施从等级体系上可分为市级商业设施、地区级商业设施和社区级商业设施。不同等级的商业设施定位不同、层次不同，其对应的商业客流出行行为差异迥然。

“市级＋地区级”商业设施一般按用地组团呈现“集中式”布局，要求交通系统能满足大规模人流集中与疏散的需要，增强商业设施的集聚效益；同时应最大限度地减少高密度的客流对城市交通的影响，一般做法是将商业设施集中布置在次干路附近。

"社区级"商业设施则以社区为载体进行布局,一般在城市中呈"分散式"布局,以特定居住区的居民为主要服务对象,以便民、利民和满足居民生活消费为目标,提供日常生活需要的商品和服务,形成短半径的社区小商圈。以邻里单元(Neighborhood Unit)为代表的社区级的商业设施布局理念在国内外众多城市得到成功应用。邻里单元是1929年由美国人科拉伦斯·佩里创建的理论,与之一脉相承的还有社区规划、邻里中心等概念,其目的是要在小汽车交通开始发达的条件下,构造出一个适合居民生活、舒适安全和设施完善的居住社区环境①。邻里单元是一种着重强调节约用地、提高城市开发密度的发展理念。它考虑以城市道路、河流等天然限界为边界划定一个邻里单元,在这个单元里除了开发住宅,还配置相应的能够满足住户各种需求的公共空间和商业开发,诸如小学、零售商店、休闲娱乐设施等。邻里单元内的住户通过步行就可以满足各种需求,而不需要跨区的长距离、大范围出行。邻里单元内的道路系统是生活性道路,为满足单元内的出行需求而设置,外围不再设置大型商业等服务设施,与单元外围的交通性道路保持独立,既有效地阻止过境交通的穿行,又保证外围道路的通畅无阻。

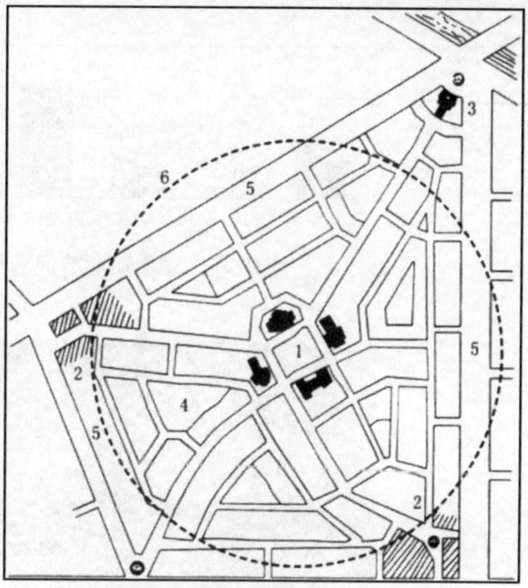

1—邻里中心, 2—商业和公寓, 3—商店或教堂,
4—绿地(占10%的用地), 5—大街, 6—半径1/4英里

图Ⅱ-35 佩里的邻里单位示意图

[资料来源:城市规划原理(第四版)]

2. 案例:苏州观前街地区居民交通选择行为

观前商圈地处苏州古城的几何中心,东起临顿路,西至人民路,南靠干将东路,北达旧学前、因果巷,区域东西长800米,南北长700米,占地58.3公顷,已成为苏州市区的商业、文化、休闲、娱乐、旅游和餐饮中心。观前商圈自古就是苏州的繁华区域,不仅老店、名店云集,商业繁华,亦有玄妙观道教文化,名声远播海内外,因而有"姑苏第一街"的美称。

目前观前商圈日均客流量达到15万人次,节假日高达30万人次。据调查统计结果,公交车和地铁两种交通方式的出行比例较高,并且节假日利用公共交通出行的比例明显有所增加,主要是因为节假日出行者明显增多,道路很拥挤,利用公共交通出行

① 吴志强,李德华.城市规划原理(第四版)[M].北京:中国建筑工业出版社,2010.

不仅可以缓解交通拥挤,也更加方便快捷。工作日时,选择私人交通方式出行的出行者则会明显增多,这跟工作日时观前街的道路状况以及出行者的出行目的都有关。

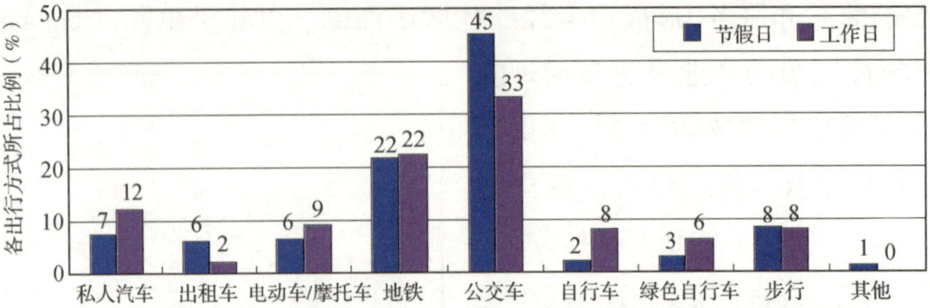

图Ⅱ-36　观前商圈节假日与工作日出行者出行方式比较

(资料来源:笔者绘制)

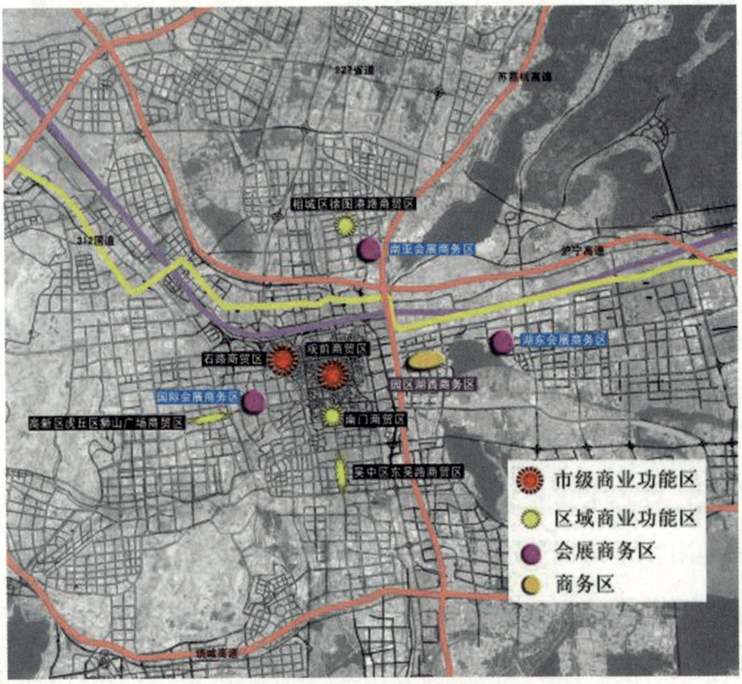

图Ⅱ-37　苏州市商业功能区布局现状图

(资料来源:苏州市商业网点规划)

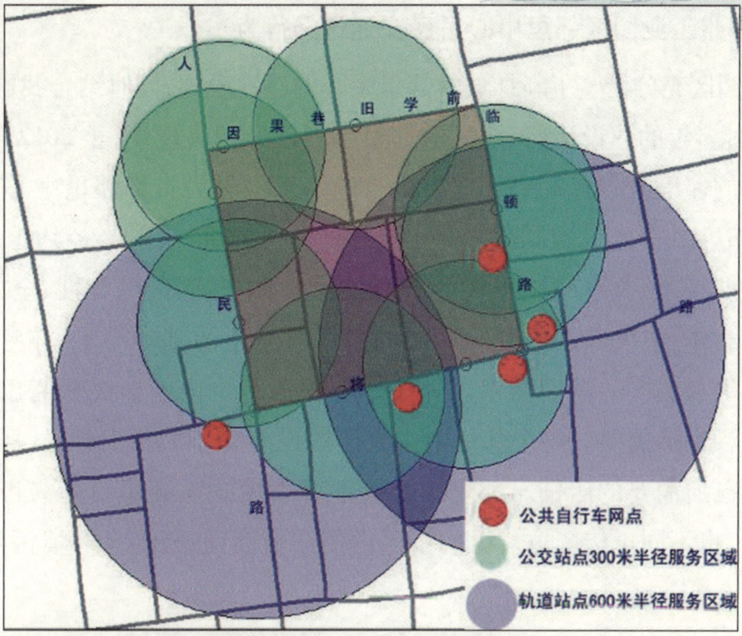

图Ⅱ-38　观前商圈公共交通站点服务区域示意图

（资料来源：笔者绘制）

观前商圈内部的街巷呈棋盘状分布并与外围城市道路相接，这种道路格局基本延续了历史上该片区的城市肌理，使得人流可以通过有特色的小街小巷予以引导和疏散。商圈内部以步行为主，在步行街上设有座椅供行人休憩。外围道路则配备了完善的公共交通基础设施：公交站点、公共自行车网点以及“临顿路站”和“乐桥站”两个轨道交通站点。多种公共交通方式的配合服务，实现了整个观前商圈公共交通全覆盖，不仅为居民和游客的出行提供了极大便利，也不断地为该片商业区域的蓬勃发展注入新的活力。观前商圈地区通过现代智能交通技术停车诱导系统，有效引导了该商业区域机动车辆的有序合理停放，一改停车混乱的局面。

图Ⅱ-39　观前地区的停车诱导系统电子显示牌

（资料来源：笔者拍摄）

3. 案例:苏州工业园区邻里中心居民交通选择行为

苏州工业园区充分借鉴了新加坡的邻里中心的建设模式,同时结合我国的居住区规划特点①。经过多年的建设运行,园区的邻里中心已经初具规模,至2012年年底,已经建成投入使用的邻里中心有11个,其中最小的邻里中心为贵都邻里中心,用地为0.9公顷,最大的邻里中心为东沙湖邻里中心,用地3.0公顷,辐射半径约1公里左右②。园区邻里中心集商业、文化、体育、卫生等功能于一体,是园区综合性、全方位、多功能的社区级服务载体,不仅满足了社区居民的各种日常生活基本需求,亦考虑了居民文化、娱乐、品牌等高层次的消费需求。邻里中心服务范围内的居民只需出行很短的距离即可满足各种生活需要。每个邻里中心大厦内设有完善的指引标志,居民可以轻松方便地找到自己所需要的店铺。邻里中心商业开发模式摈弃了沿街为市的粗放型商业形态的弊端,也不同于传统意义上的小区内的零散商铺,杜绝了环境污染、噪音扰民等问题。

图Ⅱ-40 工业园区邻里中心分布示意图

(资料来源:笔者绘制)

① 戴德胜.新加坡新镇空间结构层次变化及其适应性分析[J].邦城规划.2013(1).

② 苏州工业园区邻里中心发展有限公司网站,http://www.sipnc.com/CHN/page.asp? id=990.

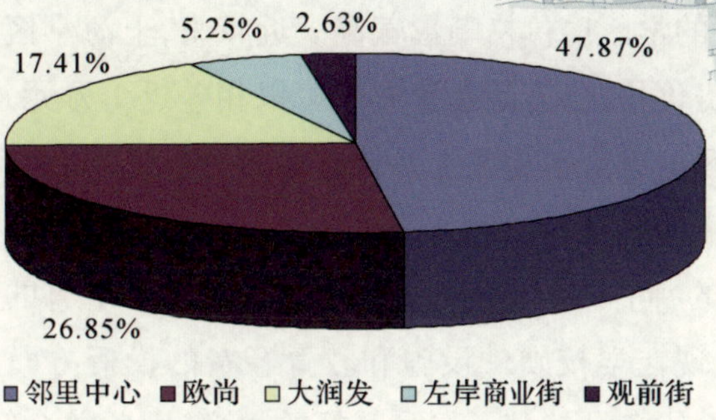

图Ⅱ-41　工业园区消费者日常消费场所选择情况

（资料来源：笔者绘制）

邻里中心作为一种成功的社区商业模式已深刻影响了苏州工业园区居民的消费行为和方式。根据调查显示，消费者选择在邻里中心完成日常消费行为的比例达到47.87%，其次是欧尚、大润发之类的超级市场，这说明邻里中心在园区具有较高的被认同度。邻里中心的消费者主要是园区的居民以及园区的工作者，两者比例分别为31.34%和48.00%。而从选择的交通工具来看，消费者到邻里中心的主要方式是步行和公交车，分别占总出行方式的36.97%和27.77%，这符合邻里中心的建设初衷，即减少长距离的出行。

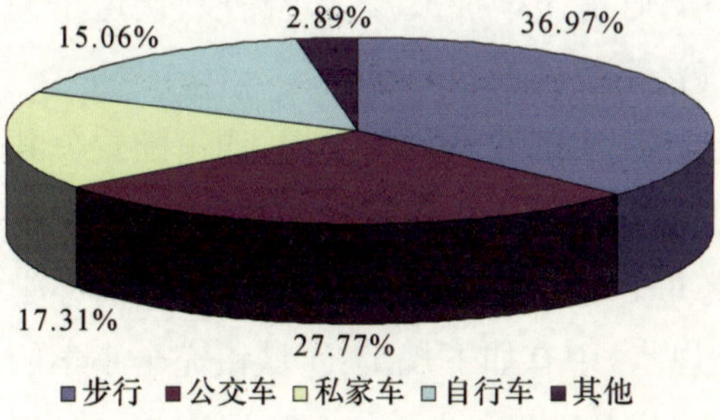

图Ⅱ-42　邻里中心消费者至邻里中心交通方式

（资料来源：笔者绘制）

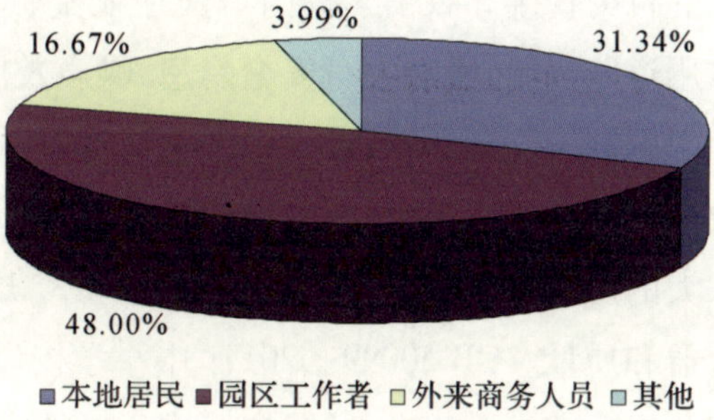

图Ⅱ-43　邻里中心消费者居住地分布

（资料来源：笔者绘制）

七、引导中小学教育设施合理布局，优化就学出行交通方式结构

1. 中小学设施布局对周边地区的影响

教育自古以来就备受重视，有"十年树木，百年树人"的古训，现今社会也不例外，许多家庭都认为孩子的未来在教育，把教育作为一项终将盈利的长期投资，而好学校的作用非常重要。"学区房"就是这样一个时代的产物，它从某种意义上讲是房地产市场的衍生品，更是现行教育体制下的一个独特的现象，随着社会竞争的日益激烈，家长为使孩子不输在教育的起跑线上，不惜花费重金购置一套属于教育质量好的小学或中

学学区的房产,造成好的学区房价格畸形偏高。近年来,上海学区房价格一路飙升,与同一区域的非学区房房价相比,多的每平方米可以相差近1万元。北京地区同一区域的学区房单价与非学区房单价也相差上万元,且房源吃紧。而南京各区的学区政策信息无不牵动着学区房市场的走向。

教育资源是有限的,同一时间不同学区的教育发展水平有的会高一些,有的会低一些,这种不均衡既表现在学校硬件设施和教育经费的投资方面,又表现在师资水平的差异方面。家长总希望自己的孩子接受最好的教育,因此总会倾向于选择教育资源相对丰富、教育水平相对较高的学校。这就势必造成好的学校生源激增,导致周边交通设施的负荷随之增大,引发一系列的交通问题。随着近年来私家小汽车以及电动自行车数量的激增,城市的交通状况逐渐变得拥堵、混乱。中小学学生年龄较小,在交通出行环境中属于弱势群体,在如今的家庭多为独生子女的背景下,为了孩子安全地上下学,为了节约孩子上下学的时间,家长多选择亲自护送,这势必引发新的交通出行方式,同时也带来新的停车需求。而我国大多数城市普遍存在中小学校周边停车设施不足的问题,因此许多家长的小汽车选择在学校周边道路的机动车道上停车等候,而自行车、电动自行车等交通工具则大量占用非机动车道以及人行道。如此接送小孩上下学的行为直接导致了学校门口交通混乱、道路交通延误增加波及周边路段、接送车辆占用道路空间、增加人身安全隐患、噪声及废气污染等一系列问题。

因此,城市在发展建设过程中应注重教育公平,实现教育均衡发展,均衡配置公共教育资源,预防和治理教育不合理差距,避免因教育资源配置不合理而对城市交通带来大的影响。现代化教育提倡规模办学,规模办学可以发挥城市集聚作用,提高办学效益和质量。GB 50099—2011《中小学校设计规范》中有如下规定:①城镇完全小学的服务半径宜为500米,城镇初级中学的服务半径宜为1 000米。②学校周边应有良好的交通条件,有条件时宜设置临时停车场地。学校的规划布局应与生源分布及周边交通相协调。与学校毗邻的城市主干路应设置适当的安全设施,以保障学生安全跨越。在500米和1 000米范围内,中小学学生上下学一般不会跨越城市道路或主干路,方便学生就近入学,如果学校提供住宿或具体到不同城市,可根据当地社会事业状况确定。为了确保中小学生能就近入学,采用划分施教区的方法。以每所小学或初中为中心,按照服务半径要求,划定一定居住区域,每所学校向各自施教区范围内的学生提供服务。中小学教育资源的合理配置,一方面可以为就近入学的中小学学生提供上下学出行的安全保障,另一方面也使区域交通流的空间分布均衡化。

2. 案例:苏州中小学学生上下学出行交通模式的解决思路

目前苏州市区共有中小学学校102所,学生20多万人。2013年苏州市中小学生出行结构的调研数据统计结果显示,随着学生年龄的增长,家长接送的比例逐渐下降,6~9岁年龄段以及10~12岁年龄段接送比例分别高达92.59%和85.71%。学生上下学的主要出行方式为步行、电动自行车、自行车、公交车以及小汽车,小汽车对周边地区交通的影响较大,但是仍有20.45%的学生采用这种交通方式。采用公交车方式上下学的学生约占到10.07%,同时也发现43.37%的学生是采用步行上下学,这说明一大部分的学生是选择了就近入学。早上到校时间较为集中,一般在6:30—7:30,下午因学校采用错时放学措施等一些因素,放学回家的时间相对分散。

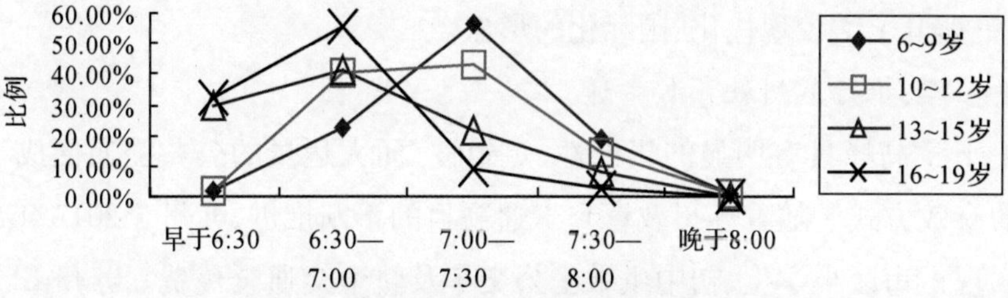

图Ⅱ-44 苏州市中小学生上学时间分布

(资料来源:笔者绘制)

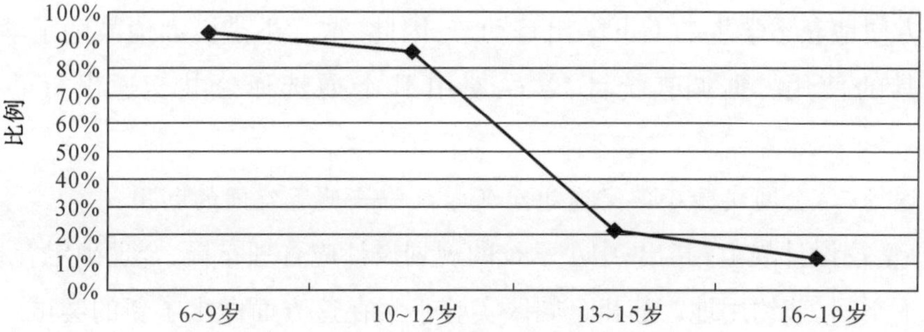

图Ⅱ-45 苏州市不同年龄段学生的接送比例

(资料来源:笔者绘制)

表Ⅱ-8 苏州市中小学学生上下学出行方式结构

交通方式	公共交通	自行车+电动自行车	小汽车	步行	其他
比例(%)	10.07	25.99	20.45	43.37	0.12

(资料来源:笔者调查)

如此之高的接送比例以及较为集中的上学时间对学校周边的交通产生了一定的影响。为维护学生的安全及避免家长接送过程中对周边交通产生过大影响,学校以及政府部门从以下三种途径做出了努力及创新。

(1) 途径一:开行校车

校车是为学生上下学提供交通服务的一种集体运输工具。在我国,校车开行主要是为服务那些不能就近入学的外籍学校学生或公共交通不能满足需求的农村地区的学生等。苏州新加坡国际学校以及苏州德威国际学校是苏州两所较为典型的采用校车接送学生上下学的学校。苏州新加坡国际学校是一所为苏州和邻近地区的外商子女提供幼儿园至中学教育的国际化教育学校。苏州德威国际学校则以外籍人员子女和归国华人子女为服务对象,以正宗的英式教育为学校特色,学校设置有幼儿园到初中各阶段的教育。因为生源相对比较分散,两所学校都开行了校车。对于学生来说,校车的开行既满足了学生上下学的出行需求,又保障了学生的出行安全。此外,校车的开行避免了学生上下学时段学校周边出现交通混乱的局面,也保证了学校学习环境的宁静化,更提升了学校现代化、国际化的形象。

(2) 途径二:推行苏州教育E卡通

学生上下学高峰具有明显的集聚性、短暂性,而大运量的公共交通便成了接送学生上下学的有效方式。随着苏州教育E卡通项目的不断推进,苏州于2012年9月底在全国率先实现了市区小学生、初中生乘坐公交车及轨道交通全免费。苏州E卡不仅覆盖了市区义务教育阶段的市区公办、民办学校,还延伸到了所有外来工子女学校,方便了学生的上下学出行活动。由于学生用E卡通乘车全免费,加之使用E卡通可让家长通过手机方便地获悉学生的上下学出行动态,因此,这一举措极大地鼓励了学生对公共交通工具的使用。据调查统计,学生使用E卡通选择公共交通出行的比例达到10%。

(3) 途径三:金阊实验小学交通组织新尝试——地下空间的利用

《中小学校设计规范》指出:中小学校的规划设计应合理布局,合理确定容积率,合理利用地下空间,节约用地。苏州金阊区实验小学在这方面做出了新的尝试。金阊区实验小学位于广济路东侧,校门口即是留园路与广济路交汇的十字路口,毗邻石路商圈,交通区位较为敏感。为保障学生的安全,较大限度地减轻学校周边的交通压力,同时考虑家长接送学生的需求,学校在校前建设了足够空间的校前广场(轮滑广场),并于校内操场下方开辟出一万多平方米的地下停车场①。

根据人车分流原则,机动车辆通过独立的机动车出入口进入校园,且进入校内的机动车辆全部进入地下停车场。地下停车场设两个出入口,其中位于广济路—留园路交叉口东出口道的为单向入口,利用信号灯进行进入车辆控制;位于校区北侧西杨安浜出口的为双向出入口,允许机动车通过出入口坡道直接进出地下停车场。地下停车场主要分为三个部分,包括位于西南侧的非机动车库,而机动车库内大部分是供接送

---

① 苏州市规划设计研究院. 金阊区实验小学校迁建项目交通影响分析[R]. 2009.

学生的家长车辆等候区和供教师停放的职工停车区。同时,还建设有两个供学生下车的港湾式停靠带,能供7~8 辆车辆同时停靠,供学生临时下车,在上学时段将由疏导老师统一疏导,有三个楼梯可进入学校教学楼。放学时段,学生则可直接通过楼梯进入接送平台等候。地下非机动车库也设有直达学校内部的楼梯,方便教师停车后快速进入学校。通过非机动车方式接送学生的家长则可在上学和放学的时间进入学校南侧的地面轮滑广场等候接送学生。为了使上下学时段家长接送学生更加有秩序,学校专门制定了家长接送学生的详细方案,并对家长进行宣传介绍。除了校内提供的接送设施,学校周边公共交通设施有留园路公交站,停靠该站点的 11 条公交线路可以为学校区域提供 1 071 人次/高峰小时的运力。此外,轨道交通 2 号线在学校南侧步行距离约为 350 米处设有石路站,也可为学生的上下学提供服务。

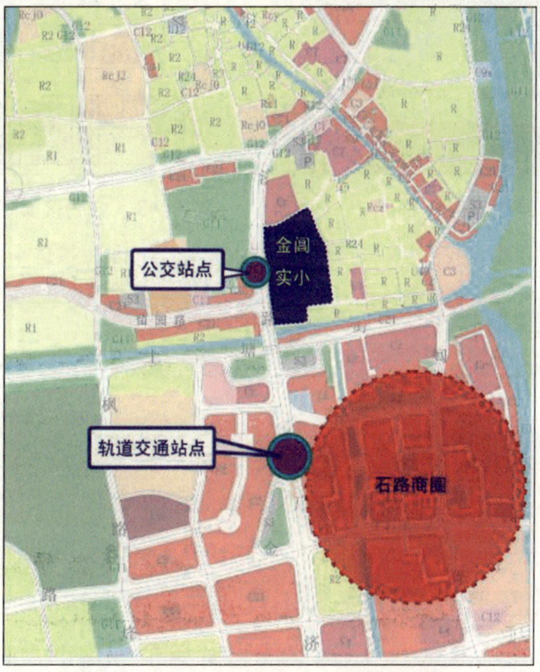

图Ⅱ-46　金阊区实验小学区位示意图

(资料来源:笔者绘制)

由于金阊实小周边商业发达,地下停车场也在学校放假期间及平时放学后的时段向周边商业区开放,供社会机动车停放使用。金阊区实验小学地下空间的创新利用,配合轮滑广场利用以及周边公共交通设施利用,同时辅以道路交叉口的交通优化组织,不仅满足了家长接送学生的需求,有效舒缓了学校周边短时、大规模车辆集聚给城市交通带来的不良影响,同时也缓解了周边商业区机动车停放的压力。

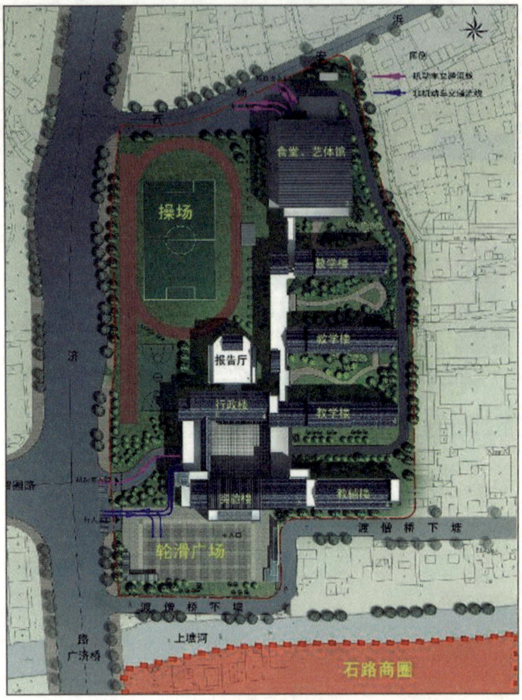

图Ⅱ-47　金阊区实验小学总平面图

（资料来源：笔者根据学校迁建项目修改）

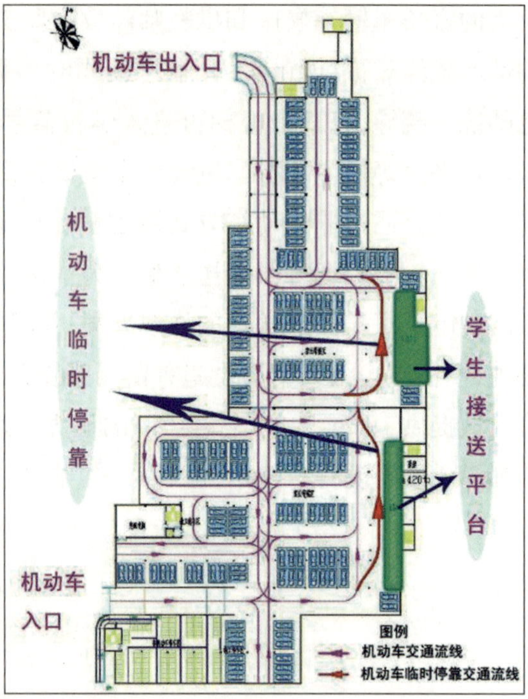

图Ⅱ-48　金阊区实验小学地下停车场学生接送平台示意图

（资料来源：笔者根据学校迁建项目修改）

八、倡导就业—居住平衡规划理念，重点解决工业区员工通勤出行

1. 就业—居住平衡规划理念

就业—居住平衡是指在地方政府的行政范围之内实现工作机会与住房单元在数量上的基本均等①。这一理念在新城市主义者中得到推崇，强调区域范围内要注重住房与就业机会的多样化及平衡，这种平衡不仅要在数量上达到平衡，同样应该在质量上达到平衡②。即必须强调两点：一点是要注重区域范围内的就业机会与居住在此的劳动力素质相匹配；另外一点就是区域范围内的住房的价格、位置、大小等要与在此就业的人员相吻合。此外，在平衡和混合的交通走廊发展模式中这一理念同样得到强调，一段交通走廊上各种土地使用达到一种均衡状态，这样城市的各部分是相互往来的，就业结构、经济和其他方面都是相互依赖的，因而可以减少交通需求，提高交通的有效性。

在某一区域范围内或者沿着城市交通走廊布置均衡的居住、服务和就业等土地功能，人们就近居住、就近工作、就近消费娱乐等，由于人们的出行目的基本上在一定范

① 丁成日等. 城市规划与空间结构——城市可持续发展战略[M]. 北京：中国建筑工业出版社，2005.

② 李涛. 城市交通与城市土地的协调发展研究——以城市快速公共交通引导城市开发[D]. 2006.

围之内就可以得到满足,因此无需再跨区域或者跨交通走廊出行。丹麦首都哥本哈根在1960年的城市总体规划中便将这一理论融入其中,即在手指状的交通走廊上设置相匹配的就业与居住用地,使得整个区域呈现出均衡的发展状态,其机动车的出行量只占其他类似城市的40%,同时非机动车成为了该市通勤的主要交通方式。类似的,自从20世纪30年代瑞典首都斯德哥尔摩在其交通走廊上进行了就业与居住的平衡,该城市居民出行双方向的分布分别是55%和45%,大大提高了交通基础设施的效率。

在就业—居住平衡关系中,加强交通基础设施、公共服务体系和生活服务体系配置,建设综合功能完善、环境优美、交通便捷的生活居住区,可以实现就业—居住平衡,缩短通勤者的出行距离①。因此,在区域内或者沿交通走廊布置均衡的就业与居住用地不仅可以有效减少城市的交通出行总量,而且可以有效缓解城市的交通潮汐问题。

2. 案例:苏州工业园区工业区员工通勤模式的探索

采用轴向布局规划形式的苏州工业园区,将园区由西向东划分为一、二、三区,分别通过金鸡湖和南北延伸河流、东沙湖和星华街绿色隔离带进行分割。每个分区都在核心地区布置较大规模的公建用地,主要以商业金融为主,外围布置居住用地,其中散布一些邻里中心作为下一级的服务设施用地,再外围则是工业用地②,这种各个片区向心布置各种用地的模式体现出的特点就是各个分区自成体系,居民大部分的日常工作生活和娱乐可以在各个片区内完成。然而,随着园区由湖西向湖东逐渐动态发展,园区三个区不再是独立的自给自足式,而出现了大量东西向跨区出行需求,呈现东部新城整体发展的态势。园区的规划住宅档次较高,租、售价格不菲,而园区大多数的就业者从事的是第二产业,特别是外来务工人员,难以支付区内商品房的费用,从而选择居住在园区之外,进而引发潮汐性交通出行需求。2011年苏州市生产总值中三次产业比例分别为1.7∶55.6∶42.7,从业人员中三次产业比例分别为4.5∶58.4∶37.1,较高的二产比例吸引了大量的外地务工人员。根据统计数据,苏州市区2012年户籍人口248.12万人、暂住人口228.34万人,暂住人口比2000年增长了13.9倍,面对如此大的一个二产职工群体,城市必须为其提供相应的住房、市政设施等方面的服务。为解决这些员工的通勤问题,工业园区主要从以下三个方面作出了努力。

(1) 建立集宿区:以友达光电融园集宿区为例

友达光电企业位于园区苏虹路、玲珑街、娄江、华池街围合地区,南侧为万科玲珑

---

① 陆化普,丁宇,张永波.中国城市职住均衡实证分析与关键对策[J].城市交通.2013(5).

② 杨晓敏,刘浩,钱峰,等.苏州工业园区低碳生态型城市规划与管理的初步探索[J].江苏城市规划,2011(6).

湾、雅戈尔未来城、中海湖滨一号等高档住宅区。为解决企业职工的住宿以及通勤问题，友达光电企业就近在工业园区娄江北侧唯亭镇选址投资建造了友达光电融园集宿区，并于2003年建成投入使用。该集宿区占地面积80亩，建筑总面积10万平方米，共10幢宿舍建筑楼群，可入住员工近万人，并实行封闭式管理。融园集宿区内配备了电视房、餐厅、超市、网吧、训练教室、篮球场、书吧、活力馆等生活娱乐设施，为员工提供了一个安全、和谐、人性化管理的生活环境。融园集宿区与友达光电企业之间距离

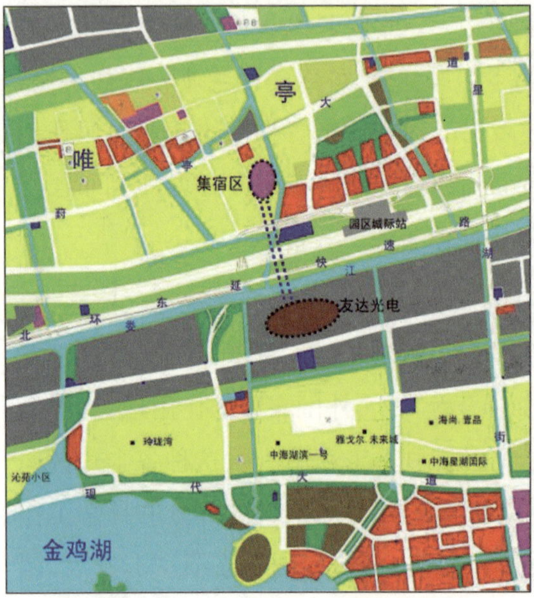

图Ⅱ-49　友达光电与融园集宿区区位示意图

（资料来源：笔者绘制）

图Ⅱ-50　友达光电融园集宿区平面图

（资料来源：邦城规划苏州公司提供）

1公里左右，且两地之间有过娄江步行桥连接，因此，企业职工们可采用步行或者自行车交通方式完成上下班通勤，同时也避免了通勤交通对于其他道路交通的干扰。

（2）建设便利中心：以“青年公社”为例

“青年公社”位于苏州工业园区三区的青丘街以西、星龙街以东、钟园路以南的矩形区域内，用地总面积为22.7公顷，建筑总面积24.7万平方米，包括公寓、便利中心、区域小公园三部分，是一个现代化、花园式的综合性出租型公寓区。为集约利用

图Ⅱ-51　“青年公社”区位与周边用地布局示意图

（资料来源：笔者绘制）

土地，“青年公社”的开发采用了高密度聚居的模式，在设计时采用整体设计的方式，即将公寓区、便利中心、休闲区融合成一体进行整体规划设计。其中，便利中心考虑了商业、餐饮、娱乐、商务、服务以及其他社会配套设施等多种功能。“青年公社”周边用地功能较为单一，20～30分钟的自行车车程内分布着大量的企业和工厂，“青年公社”的建设初衷便是为这些工厂企业解决大量的外地职工的住宿问题，进而为园区营造一个良好的通勤交通氛围。在“青年公社”对外交通方面，公寓区的主出入口西侧专门规划了供不同企业用车接送员工上下班的候车区域，在公寓区南侧增设公交的始发站，此外，还考虑到大量的自行车停车需求，在每栋公寓楼的底部都设置了自行车车库。

“青年公社”作为园区内首座为流动人口设立的居住小区，具有良好的社会意义，它是住宅供应体系的延伸，对于开发区，特别是劳动密集型的开发区具有典型的示范作用，有效地缓解了城市工业快速发展和外来人口大量涌入而产生的副作用。

图Ⅱ-52 “青年公社”平面图及实景图

（资料来源：邦城规划苏州公司提供）

（3）因地制宜，发展企业通勤车方式

企业通勤车，即接送职工上下班的客运包车。一般是经营者在约定的时间内，为企事业单位职工上下班提供包车客运服务。苏州是全国最早出现企业通勤车的城市之一,早在1995年便出现了企业通勤车的雏形,当时像苏钢、苏化等之类的大型工厂就已经有了专门接送职工上下班的自备车。

考虑到道路通行条件以及公交站点布置的影响、公交不能触及所有工厂所在地(即存在所谓的"公交盲区")、企业职工的上下班时间较为固定且人员相对集中以及许多企业的上班时间制度问题,为保障职工的正常上下班,苏州工业园区以及苏州高新区大量的企业选择采用通勤车的方式解决职工的上下班问题。随着苏州外向型经济的持续快速发展,包车客运市场迅速发展。据园区安委会相关数据统计,园区范围内共有430余家企业在使用通勤车,其中320家企业长期租用通勤车,这些通勤车涉及苏州近86家客运企业,每天3 774辆企业通勤车运送员工在25万人次左右,占员工通勤出行量的1/4左右。对于苏州这样一座制造业高度密集的城市,企业通勤车作为公交的一种补充方式,已成为园区各大中型企业不可或缺的员工运送方式之一,在整个苏州的开发建设中发挥着重要作用。

第五节　苏州城市与交通发展教训分析

一、错失轨道交通建设的合理时机,交通发展面临机动化进程的巨大挑战

1. 轨道交通建设的合理时机

轨道交通以其容量大、速度快、安全、准时等一系列优点在缓解城市交通压力、引导城市空间发展、调整城市用地布局以及促进城市化进程方面发挥着巨大的作用。鉴于轨道交通高昂的建设成本以及城市经济发展水平,应该确定合理的轨道交通建设时机。轨道交通建设过于提早,不仅造成巨大的基础设施资源浪费,也不利于培育轨道交通客流;建设过于迟缓,减少私人交通工具出行的作用将体现得不明显。

(1) 影响轨道交通建设时机的因素

轨道交通的建设时机有对城市发展起到积极良性引导作用的主导型、基本满足城市发展的满足型、落后于城市发展对交通需求的追随型、因城市交通环境恶化而不得已考虑轨道交通建设的饥渴型。造成建设时机差异的主要影响因素包括国家政策、城市规模、经济实力、交通需求、城市机动化水平。

国家关于轨道交通建设方面的政策引导着城市轨道交通建设的方向。根据《国务院办公厅关于加强城市快速轨道交通建设管理的通知》(2003)81号文件规定,申报发展地铁的城市应达到以下基本条件:城区人口在300万人以上;国民生产总值(GDP)

1 000 亿元以上;地方财政收入一般预算 100 亿元以上;规划线路上的远期单向高峰小时客流达到 3 万人次以上。城市轨道交通主要服务于中长距离的居民出行并且需要一定的客流相支撑,因此,城市轨道交通的建设需要与城市规模相适应。城市规模不仅包括城市人口规模也包括城市用地规模。轨道交通建设投资巨大,且一旦建成不具可逆性,政府不仅要在前期建设投入巨额资金,还需对近期运营亏损进行补贴,因此需对城市轨道交通修建时机进行慎重考虑。大多数大城市不但小汽车拥有量高速增长,汽车使用率也大幅度增加。随着城市化进程的进一步加快,不断提高的机动化水平将带来城市交通的恶化,而轨道交通的建设则能有效缓解地面道路上的交通压力,同时也能满足居民的出行需求。

(2) 轨道交通修建时机的确定原则

① 适应性原则。城市轨道建设规划作为交通规划中的一部分,应当与城市的总体规划相适应。城市轨道交通建设必须与能源节约、环境保护、城市协调结合起来,与城市经济发展水平相适应,同时要与城市交通的机动化过程相适应。

② 及时性原则。在轨道建设的各项条件都已经具备,也就是时机成熟的时候,应该及时地投资建设轨道交通。根据国外一些城市的发展教训,如果对公共交通的投资建设过于迟缓则对增加乘客数的效果不明显。因此要在小汽车大规模发展之前就建立轨道交通优先的机制,以避免小汽车的激增给城市交通带来巨大压力。

(3) 轨道交通修建时机的确定方法

轨道交通修建时机可通过常规的成本效益分析来确定,进行成本效益分析时应当适当地考虑对轨道交通建设时间选择有依赖的其他重要因素的动态影响。《东亚大城市的机动化和大容量快速交通所扮演的角色》研究报告提出了以影响因素中的城市人口规模和经济水平(人均收入)两项重要影响因素构建收入—人口的规格化的指标 IPN,计算一个评判建设时机过早、合适或者过晚的 IPN 指标①。

$$\text{IPN 指标} = \sqrt{\frac{\text{收入}}{\text{平均收入}} \cdot \frac{\text{人口}}{\text{平均人口}}}$$

通过 IPN 指标的计算获得一个变量平均时间的价值(我们称它为适当时机选择),该价值低于早些地铁运营的指标,高于晚些地铁运营的指标。为了计算出 IPN 指标,该报告根据国际 46 个城市的地铁运营年份的人口和 GDP 历史数据,得出其人口平均值为 280 万、GDP 平均值为 6 020 美元。IPN 指标的平均价值的时间间隔评估是 0.73 到 1.27(95% 置信度),在平均时间间隔价值之内的 IPN 指标可以认为是适当的时间,

① 东亚大城市的机动化和大容量快速交通所扮演的角色,http://www.doc88.com/p-777890613741.html.

IPN 指标低于0.73 的价值时间选择被认为投资建设过于提早,IPN 指标高于1.27 的价值时间选择被认为投资建设过于迟缓。

由于该评价方法仅仅考虑了人口规模和经济实力两个指标,因而 IPN 指标不是绝对的评价标尺。在实际操作过程中,应结合城市交通需求、机动化水平等其他影响因素综合评价。

2. 案例:苏州轨道交通建设时机分析

苏州市轨道交通发展大致经历了 3 个阶段:起步阶段、前期研究阶段和建设阶段。

起步阶段(2000 年以前):1996 年版苏州城市总体规划确定城市用地总体布局形式为"分散组团式",分为五个组团(即中心分区、苏州新区、工业园区、吴县市区、浒墅关新区五个规划分区),形成"古城居中、东园(工业园区)、西区(苏州新区)、一体两翼,南景(风景区)、北廊(交通走廊)、多中心、开敞"的城市形态。这一时期,轨道交通规划网络为一横加一纵"十字式"布局。该阶段轨道交通规划理念是沿城市主要交通走廊布置,基本上是为疏解中心区的交通压力服务的。

前期研究阶段(2000—2002 年):2001 年,吴县市撤市建区,并入苏州市区,苏州市区从而形成"古城居中、东园(工业园区)、西区(苏州新区)、南吴中(吴中区)、北相城(相城区)"的空间结构。为加强各个组团的交通联系,轨道交通规划网络为"十字 + 环"布局。该阶段轨道交通线路布局的规划理念是在疏解中心区的交通压力的基础上,通过设置环线加强 1 号线与 2 号线之间的联系,分流进入市中心的过境客流。

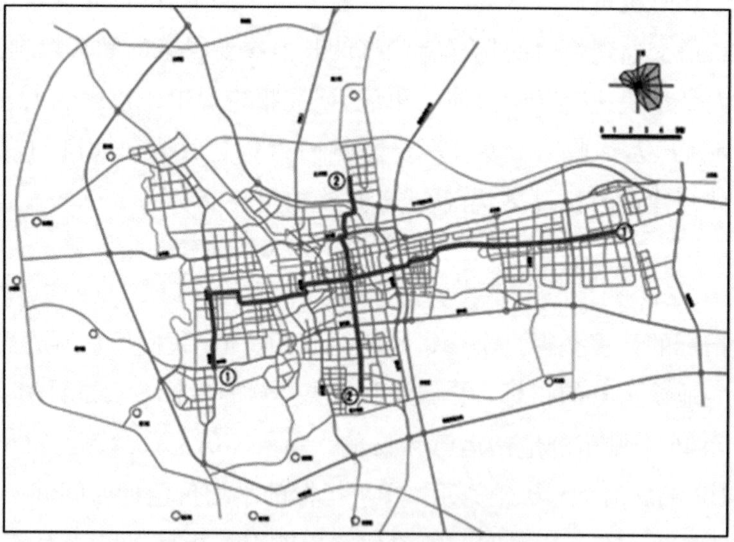

图Ⅱ-53 苏州轨道交通"十字"结构布局图

(资料来源:笔者绘制)

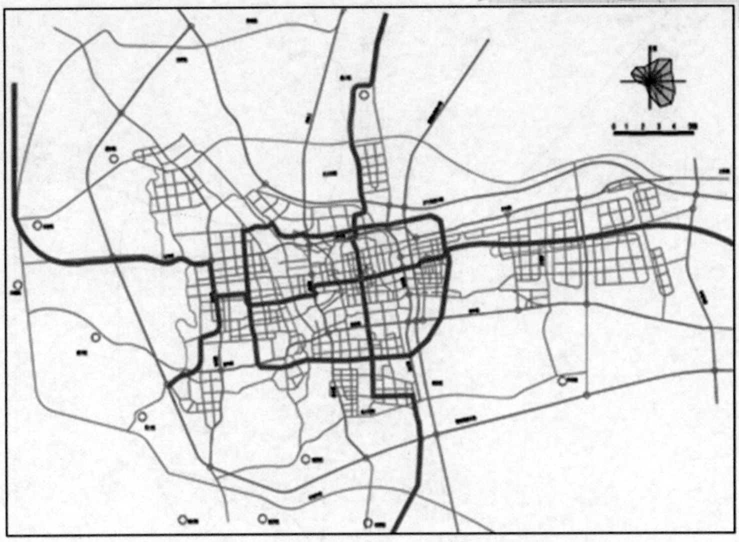

图Ⅱ-54　苏州轨道交通"十字+环"结构布局图

（资料来源：笔者绘制）

建设阶段(2002 年以后)：该阶段轨道交通规划网络为"双横双纵"布局。"双横"为 1 号线和 3 号线；"双纵"为 2 号线和 4 号线。1 号线属于交通疏导型线路，位于苏州市城市的东西向轴线上，沿线通过全市性重要的商业中心、文化娱乐中心和交通中心；2 号线属于交通疏导兼城市引导型线路，极大促进了城市第二大发展轴——南北轴线的快速发展，有利于城市均衡发展；3 号线属于交通疏导型线路，联系了苏州高新区、吴中区和苏州工业园区，是解决东西向客流的又一条主要通道；4 号线属于交通疏导兼城市引导型线路，位于苏州市南北向轴线上。

近年来，苏州市国民经济高速发展，总体水平显著提高。2004 年苏州市地区生产总值1 320 亿元，人均地区生产总值已达 6 395 美元(按总人口 337 万人计算)。此时，苏州在经济实力、人口规模方面已经充分具备了建设轨道交通的基本条件。然而，实际上苏州轨道交通的第一条线路推迟于 2007 才开始修建并于 2012 年开通运营。

通过由收入与人口计算得到的苏州历年的 IPN 指标变化情况可以看出，苏州的最佳修建地铁时间为 2001 至 2005 年间。2004 年这一开工修建时间选择符合 IPN 指标所反映出的最佳修建时间，而 2007 年已属于建设时机过于迟缓。根据苏州以往交通出行方式结构中的小汽车方式出行比例来看，2006 年的小汽车出行比例仅为 8% 左右，目前已增长到 22%。私人小汽车拥有量由 2000 年的 1.29 万辆增加到 2012 年的 61.08 万辆，12 年间增长近 47 倍，年均增长 42%。因此，在小汽车发展的转折点，苏州市错失了轨道交通建设的关键时期。在这种情况下，通过轨道交通的建设运营降低小汽车的拥有率和使用率、减缓机动化速度的效果将大打折扣。

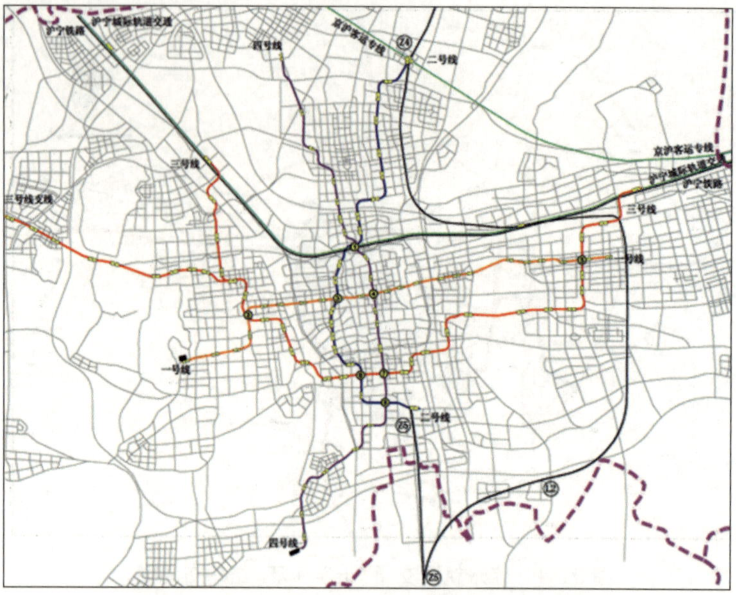

图Ⅱ-55　苏州轨道交通"双横双纵"结构布局图

（资料来源：笔者绘制）

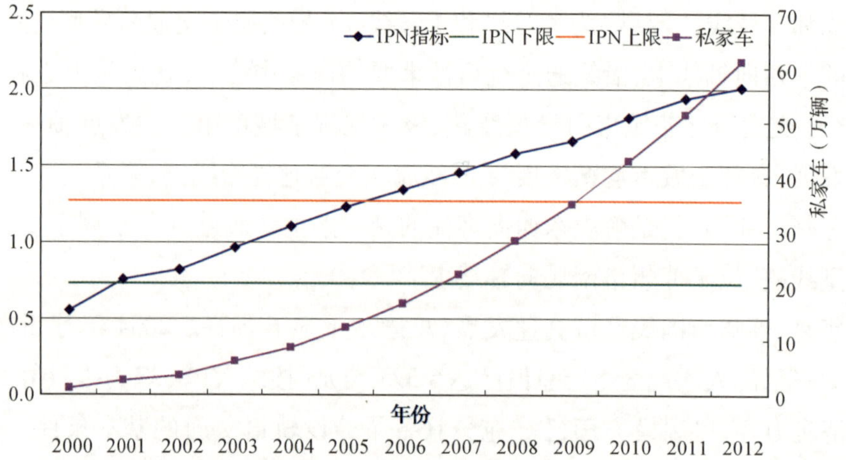

图Ⅱ-56　苏州历年的 IPN 指标

（资料来源：笔者绘制）

二、重大交通基础设施布局偏位，难以发挥区域统筹协调功能

1. 重大交通基础设施布局理念

城市交通设施是交通系统的重要组成部分，也是交通技术进步和交通方式革新的基础和前提。重大基础设施建设是实现区域经济社会一体化的重要条件和保障。其布局和建设除了必须顺应城市空间发展的需要，还必须对其空间结构演化具有引导的作用。因此，重大交通设施规划方案应坚持可持续规划，近远期、远景相结合，注重方

案可实施性。通过对区域交通基础设施进行协调和对接,实现共享,优化资源配置。

(1) 重大交通基础设施区域共建共享

区域经济社会一体化是未来区域发展的必然趋势和客观要求。区域共享的重大交通基础设施的规划建设不仅是交通科技实力的象征,同时也是区域竞争力的体现。在经济区域一体化背景下,区域各大城市之间的发展竞争角逐日益激烈。但是,城市间的合作也已经成为各地区促进经济发展的重要选择。因此,加快重大交通基础设施建设尤其是跨行政区域的重大交通基础设施建设,有利于促进区域各城市间的经济合作,提升区域各城市的整体竞争力。

(2) 重大交通基础设施引导城市发展

从古至今,交通基础设施的建设对城市发展的引导作用都已相当的明显,尤其是重大交通基础设施的建设,往往可以带动整个城市进入新的发展阶段。因此,重大交通基础设施建设必须先行。城市重大交通基础设施建设会对城市空间结构产生重要影响,如城市道路交通骨架建设在满足了城市基本活动和居民生活需要的基础上,同时引导了城市空间拓展,形成各种拓展形态。当城市进入快速发展时期,重大交通基础设施建设重点便以便捷的快速路和高速路为主,这又引导了城市空间结构的形态做出适度调整以更适应城市新的发展。

(3) 重大交通基础设施布局原则

重大交通基础设施对城市的发展以及对周边地区都有着重大的影响作用。其建设耗时长、投资大,一旦建设落成很难拆除,因此,重大交通基础设施布局建设应该注重以下原则。一是布局合理。应按照区域发展总体战略、城市发展战略和生态功能区划等要求,与城镇空间结构布局、资源分布和产业布局相适应,统筹地区发展和国防建设需要,合理布局。二是衔接顺畅。注重与其他运输方式的衔接,加强与城市交通的融合,发挥综合运输整体效率。提高与周边地区重大交通设施的合作性、连通性。三是规模适当。重大交通基础设施建设耗时长、投资大,且一旦建成很难拆除,因此,应科学预测重大交通设施的运输需求,合理确定总体规模,实现重大交通设施服务能力与经济社会发展要求相适应。四是绿色发展。统筹规划基础设施资源,充分利用既有基础设施,节约集约利用土地;加强生态环境保护,贯彻低碳发展理念,避让环境敏感区和生态脆弱区,走资源节约型、环境友好型发展道路。

2. 案例:苏州吴江南北快速路路由分析

(1) 吴江城市空间结构布局

吴江位于江、浙、沪的交界处,东邻上海,西濒太湖,南连浙江,是江苏省和浙江省经济活动交流的重要通道与发生地之一,同时也是多条国省干线、重要航道和高速公路的汇集处,这些交通干线为促进本地区城市间经济、产业的合作和信息、人才、资源的流动发挥了积极作用,也为强化区域内部联系提供了有力支撑。吴江下辖9个镇及两个省级开发区,在城市空间上形成由松陵和盛泽构成的“双核”结构。2012年9月苏州行政区划调整后,吴江正式成为苏州市辖区之一。

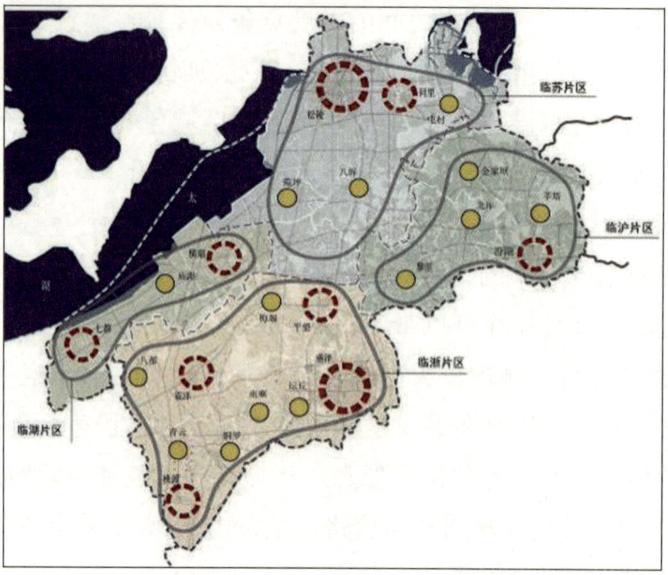

图Ⅱ-57　吴江城市空间结构图

(资料来源:吴江城市总体规划)

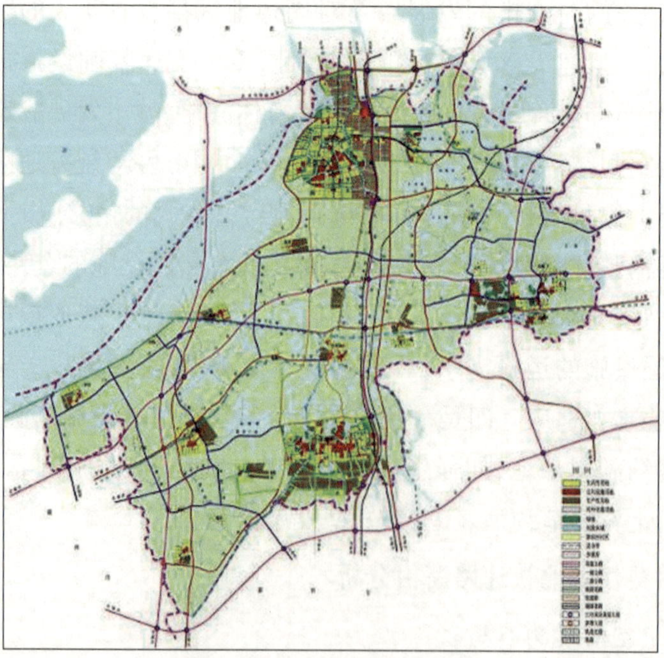

图Ⅱ-58　吴江土地利用布局图

(资料来源:吴江城市总体规划)

在多元动力机制驱动下吴江形成了分散化城镇空间——快速城市化下的典型苏南小城镇发展模式。依据产业集聚开发、城镇型功能中心的培育、特色功能区域的形成以及环境保护和旅游开发，吴江城市空间形成了四大片区，即临苏外向型经济区、临浙民营经济区、临沪综合经济区、临湖生态经济区①。

临苏外向型经济区：包括松陵、同里、菀坪以及平望的太浦河以北地区。该片区是城市利用外资、发展现代服务业的集中区域。产业发展上以外向型经济和现代服务业为主导，依托松陵城区构筑城市的经济、文化、服务、旅游、物流综合功能片区。

临浙民营经济区：包括盛泽、震泽、桃源以及平望的太浦河以南地区。该片区是城市工业经济尤其是民资发展的集中区域。同时，盛泽城区作为吴江"一市双城"的另一增长极核，与北部松陵城区的城市综合功能相协调，成为相对独立的城市发展单元。

临沪综合经济区：包括汾湖镇，具有紧临上海的区位优势，是吴江全面接轨上海发展的前沿阵地。

临湖生态经济区：包括七都和横扇，该片区地处太湖之滨，河泊连绵，溪流纵横，具有典型的江南水乡风光，拥有天然的滨水自然景观资源，是城市重要的生态敏感区域。

(2) 吴江区域交通网络

吴江现状公路网络主要呈"三横四纵"布局："三横"为苏州南绕城高速公路、松北公路和318国道；"四纵"分别为东太湖公路、227省道、苏嘉杭高速公路和苏同黎一级公路。

吴江规划交通网络形成"三纵三横"高速公路网以及"三纵三横"一级公路网的公路网骨架。高速公路网中，"三纵"即苏震桃高速、苏嘉杭高速、苏州东绕城高速南延线；"三横"即苏州南绕城高速、沪苏浙高速、申嘉湖高速。一级公路网中，"三纵"即苏震桃公路、227省道改线和苏同黎公路；"三横"即松金公路、318国道、震盛公路。

① 江苏省城市规划设计研究院. 吴江市城市总体规划(2006—2020)[R]. 2007.

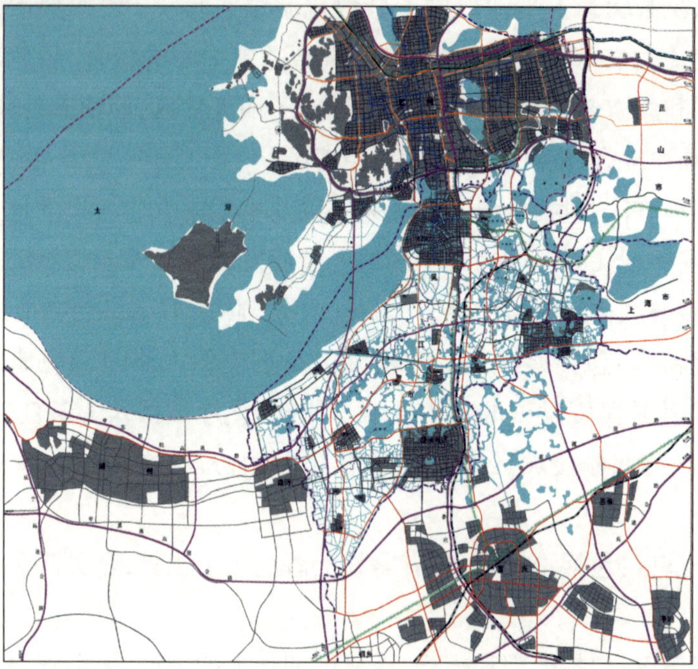

图Ⅱ-59　吴江区域交通网络

（资料来源：吴江城市总体规划）

（3）吴江南北快速路路由分析

吴江松陵、盛泽两城区是两个相对独立的发展单元，空间分布上两城区位于城市南北两端，相距约25公里，城市双核在空间上分离较远且呈现出发展不均衡。此外，临苏外向型经济区与临浙民营经济区之间的板块沟通需要，及强化规划的盛泽物流园区作为区域物流中心地位的需要等都表明了吴江南北向的交通联系的重要性。然而现有的交通联系主要为两城区东侧的227省道和苏嘉杭高速公路，服务城市内部南北向交通出行的基础设施仍较为欠缺，在西片，南北向的联系需求未能得到满足①。

结合多方面的发展需要，吴江在双核的西侧规划了两条南北向快速通道，分别是临太湖的苏震桃一级公路以及直接连接两城区的南北快速路，如图Ⅱ-60所示，目前南北快速路已建设投入使用，苏震桃一级公路局部建成。南北快速路是以城市道路性质为主，兼具区域公路属性，以服务吴江城市双核城区内部出行为主要目的。苏震桃一级公路北侧与苏州的西环快速路相通，南侧经桃源镇与浙江省嘉兴市桐乡城区联系。

从功能方面分析，南北快速路的修建强化了松陵城区与盛泽城区间的交通联系，然而在服务双核间联系的同时并没有使得两大城区与苏州其他区域以及浙江的联系便捷顺畅。而苏震桃一级公路作为对外联系的交通通道无法对盛泽城区的发展起到

① 江苏省交通规划设计研究院有限公司.吴江南北快速路规划[R].2007.

带动作用是一大遗憾。同时，苏震桃一级公路由于较长段沿太湖布设，对所经的临湖生态敏感区环境必然造成较大影响，线路的这一弊端也相当明显。这些均与吴江空间结构未来发展方向不相适应。再者，苏震桃一级公路与西部规划的苏震桃高速公路布局较为靠近，建设后将使得临太湖片公路网密度偏大，同时也造成一定的土地资金等资源浪费。因此，两条高等级公路的布局与城市空间结构布局以及与临湖生态区资源保护要求并不协调，同时也造成了一定的资源浪费，难以发挥区域统筹协调功能。

事实上，为避免南北快速路与苏震桃一级公路的布局偏位问题，可以将苏震桃一级公路与南北快速路“合二为一”，使得公路网布局得到优化，如图Ⅱ-61 所示。通过比较可以发现，图Ⅱ-61 中的线路布局更为优化，不仅让两大城区间的联系以及与苏州其他区域和浙江的联系更为顺畅，也将会减少对临太湖生态区的影响，同时也将节省出一定的土地资源与资金。但是令人遗憾的是，已经投入运行的南北快速路在行政区划调整后明显难以发挥应有的交通联系和引导城市发展的功能。

因此，对于城市的重大交通基础设施的布局规划方案应坚持可持续规划，近远期、远景相结合，注重方案可实施性。通过对区域交通基础设施进行协调和对接，优化资源配置。同时，决策部门应注重多方案的比选。在体现城市特色和符合未来城市经济社会发展要求的基础上，建立与土地利用相协调的城市交通基础设施，充分发挥交通对城市发展的引导与支持作用。同时，城市交通的发展应向着环境友好型、资源节约型、可持续发展型的方向发展，让各项交通资源的投入能够发挥出最大化的作用。

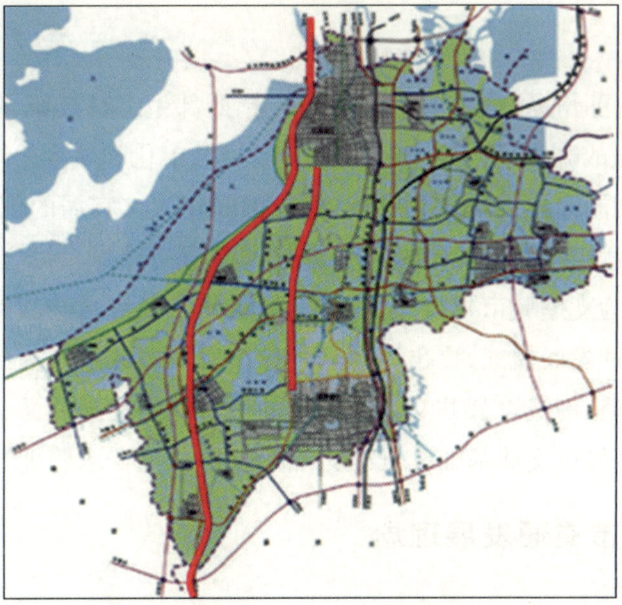

图Ⅱ-60　南北交通通道示意图(已建成)

（资料来源：笔者绘制）

图Ⅱ-61　南北交通通道示意图(概念方案)

(资料来源:笔者绘制)

第六节　苏州城市交通发展展望

面向未来发展,苏州提出了"东部综合商务城、西部生态科技城、南部滨湖新城、北部高铁新城"的新城战略定位,未来将通过加快新型城市化和城乡一体化发展步伐,全力打造布局合理、功能完善的现代化苏州,建成国际化人文宜居的创新名城。城市交通是城市经济社会赖以生存和发展的基础设施,是体现一个城市综合竞争力和现代化水平的重要标志。为支撑城市可持续发展,实现苏州市经济社会战略目标,苏州城市交通必须选择正确的发展模式,提出一系列可持续发展的政策与措施,如确立优先发展城市公共交通战略、构筑以公共交通为主导的城市综合交通体系、推进城市公共交通的行业改革、加强城市交通基础设施建设、加快实施交通需求管理等。

一、苏州城市交通发展理念

1. 绿色高效

坚持公交优先发展,大幅度提高集约化交通比重;坚持绿色交通理念和生活方式,倡导和鼓励"公共交通+步行+自行车交通"相结合的绿色交通模式;坚持对小汽车交通有序引导,鼓励使用低能耗低排放汽车①。

2. 公平和谐

协调不同交通参与者的交通需求和权益,保障人们通勤、通学、生活等基本出行的安全畅达,保障交通不便者和低收入人群的交通权益不受侵害;协调交通与城市土地使用、文化景观、生态环境等之间的关系,引导紧凑集约发展,保护文化生态环境;协调区域交通、城市交通和城乡交通关系,促进交通高效、便捷、一体化发展。

3. 智慧理性

推进交通规划、建设和政策决策的科学化、民主化,避免决策失误和资金资源浪费;推进交通设施建设的标准化、规范化,提高交通设施建设精细化水平;推进交通系统运行管理的信息化、智能化,提升交通系统运行效率和服务水平。

二、苏州城市交通发展策略

1. 区域交通融合策略

积极构建高标准综合交通系统,打破区域交通瓶颈,主动融入长三角区域的交通体系,在服务区域的同时提升自身功能和地位②。

2. 设施建设导向策略

优先建设与城市结构、产业布局相关的重大交通基础设施、城市轨道交通和公共交通基础设施;以公共交通基础设施建设引导土地合理利用开发;适当保证道路建设与用地的协调发展;通过调控停车设施等手段调控交通需求。

3. 公交优先发展策略

在法律、投资、财税、规划、建设、管理和服务等各个环节,为公共交通发展提供优先条件;明确政府企业权责,改进公交监管制度;落实公交行业用地、资金、道路通行权等保障措施;改革公交收费政策,实现一票制,鼓励换乘。

4. 交通方式引导策略

利用交通政策调控小汽车的使用,通过制定交通需求管理措施,缓解中心城区尤其是古城区的交通压力。

严格控制出租车发展规模,加强政府对行业的监管力度,严格执行明晰的准入

① 中国城市规划学会城市交通规划学术委员.苏州宣言:中国城市交通发展模式和方向[R].2010.

② 中国城市规划设计研究院.苏州城市综合交通规划(2007—2020)[R].2007.

制度。

合理引导电动自行车的使用,主要以服务短途出行为主。完善电动自行车的技术标准,严格限制超标准电动自行车上路。建立高效便捷的公共自行车系统,强化公共自行车与公共交通方式,特别是轨道交通的接驳。

5. 差别调控策略

通过差别化交通发展政策的引导与调控,实现对城市交通拥堵分类治理,对城市空间和土地使用分类优化,对城市资源、文化和环境分类保护。

6. 交通需求管理策略

制定交通政策,保证过境交通与城市交通的协调;尽快研究制定针对古城区的交通需求管理政策;制定合适的公共交通优先政策。

7. 公众参与策略

将多层次、多方式、广泛的公众参与作为必备程序和制度,有序推进城乡交通发展过程中公众参与的法定化、制度化建设。

三、苏州古城交通发展策略

1. 发展策略

交通需求管理策略:制定严格的交通需求管理策略,限制古城区穿越性交通,在古城外围进行合理分流。

交通方式引导策略:通过交通管理措施和公共交通投入,以“公共交通+步行+自行车”方式为主导,优化古城内部交通方式结构。

2. 发展重点

通过外围过境通道的构筑和相应的交通管理措施,严格控制古城内的穿越性交通。原则上不应再增加新的进出古城通道,古城区现有的与周边地区的联系通道以维持现状为主。建设“井字内环”和城市中环的机动车快速路,沟通古城区与周边组团,引导城市向外围4个新城发展。分流穿越古城的交通流,确保对古城的保护。

尽快研究制定针对古城区的交通需求管理政策。古城区由护城河环绕,仅由16座桥梁与外部地区联系,具备实施交通拥堵收费的地理条件,在此基础上需要完善具体收费规则以及相关机制,以达到缓解古城区交通拥堵的目的。提高古城区停车收费标准,并在古城周边枢纽点设置停车换乘点,减少进出古城的机动车流量。根据不同车种,制定相应的需求管理对策,对于货车,尤其是大货车在古城区内应当提出严格的措施,对于其他小货车、营运车辆等的管理政策也应该同步制定。

加大古城区交通结构调整力度,率先确立公共交通的主体地位。建设环古城的停车换乘系统,鼓励进出古城的小汽车换乘公共交通系统。加大轨道、公交站点的覆盖面,增强公交吸引力。率先提高出租车古城内的运营效率,减少古城交通资源的浪费。全面落实公交各项优先措施,率先确立公共交通主体地位。

四、苏州城市交通发展主要任务

1. 构建区域开放型城市对外交通体系

确保苏州市长三角地区次级中心城市的地位,建设以轨道交通、高速公路为骨架的快速通过性交通通道;加强与周边机场、港口的快速通道建设,充分利用区域交通枢纽促进苏州经济发展;加强城市出入口通道的建设,强化苏州与周边地区的联系;积极推进城市对外综合客运枢纽及其无缝化换乘系统建设。

2. 构建功能明确、路权合理、等级完备的道路交通体系

协调城市用地与道路交通的关系,加强快速路的建设,引导城市发展;扩展现有干路系统,确保各个功能区之间的联系;建设关键断面的交通通道,保证各个组团间的顺畅联系;改善道路网结构,形成合理级配,合理处理交通节点;加强停车系统的建设规划,推动停车系统改革;加强对步行、自行车系统道路空间资源和路权的保护,改善绿色交通条件与安全环境,营造人与环境和谐共存的交通空间,提高道路网整体运行效率。

3. 构建公交主导的客运交通体系

引导城市交通结构合理发展,加快公共交通骨干线路的建设;加强公共交通枢纽换乘站的建设;加快轨道交通、快速公交和公交专用道建设,加快城市公共客运枢纽和配套停车设施建设,积极发展城乡公交、支线公交、社区公交、旅游公交、呼应公交等多元化公交服务,建立不同等级合理衔接的公共交通网络服务体系;严格控制出租车总量,提高其使用效率,发挥其作为公共交通的补充作用。

4. 构建多种方式联运的交通系统

注重各交通方式的合理分工与协调;确保非机动车与公共交通系统的衔接;推进停车换乘系统的建设,充分发挥各种交通方式的作用,满足居民的多样化出行需求。

(本专题执笔人肖为周,男,1971 年生,苏州大学·邦城未来城市研究中心研究员,博士,苏州大学城市轨道交通学院高级工程师,研究方向为城市交通规划与管理。)

专题研究三　苏州城市旅游转型

——创意理念下城市旅游业发展效应

[提要]

随着发达国家创意城市蓬勃发展，国外创意城市发展的理念、模式和路径等逐渐对创意城市旅游业产生了深远影响，为中国创意旅游发展提供相关启示。首先，在界定创意旅游资源的概念和特征基础上，结合国内外对创意产业的定义，提出了创意旅游资源的分类方案，并综合运用德尔菲法和层次分析法，构建了创意旅游资源的评价体系及因子权重和等级划分标准，以苏州市中心城区为例，实证分析了创意旅游资源分类、评价和空间分异。研究得出，创意旅游分类体系包括创意主题园区、创意城市景观、创意社区、创意旅游商品和创意活动5大主类和21个亚类；苏州中心城区创意旅游资源数量丰富，类型多样，总体资源品质优异，创意旅游开发潜力大。其次，在此基础上，综合运用最近邻指数、Voronoi多边形、地理集中指数、不平衡指数、核密度分析和使用者温度计量模型等方法，深入研究城市创意旅游资源空间效应。由此产生一系列经济、政治、社会、文化和生态等全方位的转型，给城市治理带来了严峻挑战。结果显示，创意旅游资源的融入促进了区域旅游资源空间效应的发挥，苏州中心城区由以姑苏区为"单核心"的"众星拱月"空间格局转变为以姑苏区—工业园区为"双核心"的"日月同辉"空间格局，从而实现苏州中心城区"双核"旅游空间发展模式，有利于提高苏州整体旅游吸引力和竞争力，进而促进城市旅游可持续发展。最后，从文化体验创意产品、休闲度假创意产品、亲水娱乐创意产品、都市时尚创意产品等方面提出创意旅游产品开发体系，并阐述了创意旅游视角下的苏州都市旅游的提升战略。

第一节 引 言

一、研究背景和意义

1. 研究背景

随着体验经济时代的到来，消费者越来越倾向于具有个性化、体验式的旅游产品，并希望在旅游过程中获得更多的体验经历。现今的旅游者不再满足于初级层次上的观光旅游，而是追求新颖时尚和注重自我享受，对旅游产品的需求逐渐向休闲化、个性化和参与性变迁。然而，我国旅游消费模式仍然以观光旅游型为主，即走马观花式的参观型旅游活动居多，文化型、享乐型等具有创意的游览形式较少，难以满足日益转变的旅游者体验需求。同时，传统大众观光旅游方式过于依赖自然、环境等元素，其发展模式是以消耗物质资源作为其增长的代价，导致了自然资源的逐渐消失和环境的不断破坏，伴随文化含量不足、创新意识不够等弊端，对旅游业的可持续发展造成严重制约。近年来，国家旅游局提出全面推动我国旅游产业转型升级，实现我国旅游产业由粗放型向集约型方向转变的战略，旅游业发展由注重规模扩张向扩大规模和提升效益并重转变，由注重经济功能向发挥综合功能转变。因此，将创意元素注入旅游产业，推动旅游模式创新是实现我国旅游产业转型升级的必由之路。

苏州是国内外著名旅游城市，以古典园林为核心、以观光旅游产品为主导的传统旅游发展模式难以满足旅游市场由“大众观光”向“大众休闲”和“个性体验”转变的需求。近年来，苏州旅游业不断寻求新的突破，积极谋求实现城市旅游转型。目前，一些创意旅游形式，如旅游演艺、特色旅游街区、城市主题公园、创意产业园区等得到了较快的发展，尤其是工业园区成为苏州旅游品牌新优势，对旅游业的发展起到了积极的推动作用。但目前苏州的创意旅游总体上发展水平还不高，尤其学术界仍缺乏对于苏州创意旅游发展基础——创意旅游资源有关问题的全面和深入的研究。基于此，构建适用于创意旅游资源的分类和评价体系，并以苏州中心城区为案例地，进行城市创意旅游资源分类、评价和空间效应分析，在学术上和现实方面都具有一定意义。

2. 研究意义

(1) 理论意义

目前，国内外学者从不同角度对创意旅游进行了研究。国外主要将其作为新型旅游形式和产品进行研究，国内则多从产业视角探讨创意的旅游运用、产品创新和创意产业与旅游业的融合发展，对创意旅游的研究也集中于概念辨析和特征总结，对创意旅游本体——创意旅游资源关注不足，创意旅游资源的分类、评价和空间效应研究还为空白。首先，旅游资源是旅游活动得以展开的载体，目前，我国对传统旅游资源的评价研究已相当成熟，对休闲旅游资源、科技旅游资源、生态旅游资源和冰川旅游资源等专项旅游资源的分类和评价体系也进行了积极探索，为此类旅游发展提供了保障。创意旅游以创新性、趣味性和体验性，拓宽了旅游资源的类型与范畴，国家标准《旅游资源的分类、调查与评价》(GB/T 18972—2003)中的分类评价体系并不完全适用于创意旅游资源。因此，有必要建立一套科学、合理的创意旅游资源分类和评价体系。其次，旅游资源是旅游目的地吸引旅游者的最重要因素，也是确保旅游开发成功的必要条件之一，其空间效应体现了旅游资源对旅游空间结构所具有和发挥的效能程度，是旅游区域布局研究的物质基础。基于此，本研究的研究成果对丰富和完善我国资源分类与评价体系、丰富创意旅游研究内容有重要意义。

(2) 实践意义

苏州的创意旅游仍处于起步发展阶段，对创意旅游资源的本底状况和构成尚未做过全面系统的调查分析与综合评价，创意旅游资源与传统旅游资源融合发展水平不高，没有发挥整体旅游资源的区域空间效应，对创意旅游资源更缺乏合理的规划。因此，本研究以期把握创意旅游资源的分布规律，并进行合理保护和开发，推动创意旅游与传统旅游融合发展，优化旅游发展空间结构，实现旅游资源的区域空间效应，对促进苏州市旅游业转型升级，提升城市旅游竞争力，实现把苏州建设成为具有国际竞争力的优质创意旅游城市的目标具有重要作用。同时可为我国其他城市创意旅游的开发和旅游产业的提升提供参考。

二、研究内容

- 本专题研究综览了国内外大量相关研究文献，对文献进行了较为认真细致的梳理、归纳，总结出国外创意城市对旅游业的影响和启示，为本专题中有关基本概念和体系的建立、模型的构建、理论分析与实证研究打下了坚实基础。
- 在分析创意旅游资源内涵和特征基础上，构建适用于创意旅游资源的分类和评价体系，并以苏州中心城区为实证对象，进行城市创意旅游资源分类、评价分析。
- 通过研究苏州中心城区创意旅游资源数量、类型、品质的地区分布差异，分析创意旅游资源空间布局特征；运用最近邻分析方法研究创意旅游资源的加入产生的空间效应，并通过 Voronoi 图进行验证。同时，运用核密度分析法研究加入创意旅游资源后苏州中心城区旅游资源空间形态的变化，并提出“板块旅游”发展模式构想。

- 在对苏州中心城区创意旅游资源进行分类、评价的基础上，结合各区域创意旅游资源分布特征和其空间效应，提出苏州创意旅游产品体系开发策略。

- 充分结合国外创意城市对旅游业的影响，分析苏州中心城区传统旅游资源和创意旅游资源空间布局形态、特征及其旅游发展现状，提出苏州都市旅游转型升级战略。

三、研究方法

1. 定性研究方法

本研究使用的定性研究方法主要有文献分析法、概念分析法和归纳演绎法等，总结提炼了国外创意城市发展对旅游业的影响与启示、创意旅游资源定义及其特征，并提出了苏州创意旅游产品开发路径和产业提升策略。

2. 定量研究方法

本研究综合使用了多种定量研究方法，主要有用于探索创意旅游资源评价体系因子权重的层次分析法，用于分析苏州中心城区创意旅游资源布局特征的地理集中指数、配合指数，以及用于研究创意旅游资源空间效应的地理集中指数、Voronoi 多边形和核密度分析。

(1) 层次分析法

层次分析法是一种定性与定量分析相结合的多因素决策分析方法，主要用于求解层次结构或网络结构的复杂评估系统的评估问题。层次分析法也是一种较为成熟的、在旅游资源评价中广泛应用的评价方法。

层次分析法一般分为四个步骤，首先是构造判断矩阵：

$$X=\begin{bmatrix} x_{11} & x_{12} & \cdots & x_{1n} \\ x_{21} & x_{22} & \cdots & x_{2n} \\ \vdots & \vdots & \cdots & \vdots \\ x_{n1} & x_{n2} & \cdots & x_{nn} \end{bmatrix}$$

其中，$x_{ij}=x_i/x_j$，表示在该层次下，因素 x_i 对 x_j 的相对重要性指数，其定量化标度值采用萨蒂 1—9 标度法（表Ⅲ-1）①。

① ［美］T. L. 萨蒂. 层次分析法——在资源分配、管理和冲突分析中的应用［M］. 许树柏，等译. 北京：煤炭工业出版社，1988.

表Ⅲ-1　1—9 标度值对照表

标度值	含义
1	表示两个因素相比,具有相同重要性
3	表示两个因素相比,前者比后者稍重要
5	表示两个因素相比,前者比后者明显重要
7	表示两个因素相比,前者比后者强烈重要
9	表示两个因素相比,前者比后者极端重要
2,4,6,8	表示上述相邻判断的中间值
倒数	表示元素 x_i 对 x_j 比较得指数 x_{ij},则 x_i 对 x_j 比较得指数 $x_{ji}=1/x_{ij}$

其次,进行层次排序和一致性检验。采用方根法计算判断矩阵 X 最大特征根 λ_{max} 所对应的特征向量,再经归一化处理,得到同一层次相应因素对于上一层次某因素相对重要性的排序权值,即层次单排序,并采用自上而下的方法计算,逐层合成,获得总排序结果。同时,由于创意旅游资源评价体系的复杂性及判断矩阵构造的主观性,因此必须对判断矩阵进行一致性检验,保证结果的合理性。利用判断矩阵的随机一致性比例 CR 值来衡量是否具有一致性,由以下公式求得:

$$CR = CI/RI$$

$$CI = (\lambda_{max} - n)/(n-1)$$

其中,λ_{max} 为矩阵 X 的最大特征根,RI 为平均随机一致性指标,可查表求得(表Ⅲ-2)。当随机一致性比率 $CR<0.10$ 时,判断矩阵具有令人满意的一致性;当 $CR>0.10$ 时,就要适当调整判断矩阵。①

表Ⅲ-2　判断矩阵平均随机一致性指标 *RI* 值

n	1	2	3	4	5	6	7	8	9	10	11
RI	0	0	0.58	0.90	1.12	1.24	1.32	1.41	1.45	1.49	1.51

(2) 地理集中指数

地理集中指数是反映研究对象集中程度的重要指标,可反映某类事项在地域上的集中分布或扩散程度。② 本研究通过分别计算 3 大主类和不同亚类创意旅游资源地理集中指数来衡量分布均衡状况,其公式为:

$$G = 100 \times \sqrt{\sum_{i=1}^{n} (x_i/T_i)^2}$$

① 陶卓民,林妙花,沙润. 科技旅游资源分类及价值评价[J]. 地理研究,2009,28(2):525-535.

② 薛熙明,朱竑. 广东基督教教案的时空演变(1584—1910)[J]. 地理研究,2008,27(3):693-702.

式中，G 为景区的地理集中指数；x_i 为区域 i 占有该类旅游资源数量；T_i 为区域 i 拥有该类旅游资源总数；n 为区域总数。G 取值在 0 ~ 100 之间，G 值越大，景区分布越集中；G 值越小，则景区分布越分散。

（3）配合指数

评价区域旅游资源条件的优劣及其开发价值，还应考虑其资源的组合情况，为比较苏州中心城区 5 个区域各类资源组合的协调度，本研究采用概率论中的均方差系数表示配合指数，以近似反映各地区内部创意旅游资源的组合状况，计算公式为：

$$V_i = \sqrt{\frac{\frac{\sum (x_j - \bar{x}_i)}{n}}{\bar{x}_i}}$$

其中，V_i 为 i 地区资源配合度指数；x_j 指该地区各类资源占资源总数的比重；$\bar{x}_i$ 表示该地区各项资源占资源总数比重的平均值；n 为资源类型数。配合指数在 50 以下，说明各项资源组合情况较好；配合指数在 50 ~ 80 之间说明资源组合较不协调；配合指数在 80 以上说明资源组合很不协调。①

（4）最近邻指数

旅游资源是旅游区域形成的物质基础，也是旅游区域空间竞争的物质依托②，其空间分布形态将直接影响旅游资源开发的可能性和便利性。旅游资源的空间集聚效应可反映旅游资源空间分布的集中与离散程度，通常采用最近邻指数判别，分布形态可分为集聚型、随机型和均匀型。

为深入分析加入创意旅游资源后苏州中心城区旅游资源空间分布形态的变化，本研究引入最近邻分析法来衡量传统旅游资源和加入创意旅游资源后整体旅游资源的最近邻指数。

最近邻分析法最早由生态学家 Clark 和 Evans（1954）提出③，通过计算最近邻指数衡量点状目标在空间中的临近程度。测算研究区域内每个点状目标与其最近邻点间的欧氏距离，并取其平均值，即为该研究区域内点状目标的实际平均最邻近距离（简称最邻近距离）r_1。

当区域中的点呈随机型分布（Poisson 分布型）时，其理论最近邻距离计算公式可表示为：

① 王凯．中国主要旅游资源赋存的省际差异分析[J]．地理学与国土研究，1999，15(3)：69－74．

② 朱宾丽．池州市旅游资源空间结构与市场预测研究[D]．安徽：安徽师范大学，2010．

③ Clark P J, Evans F C. Distance to nearest neighbour as a measure of spatial relationships in populations [J]. Ecology, 1954, 35: 445－453.

$$r_E = \frac{1}{\sqrt[2]{\frac{n}{A}}}$$

其中，r_E 为理论最近邻距离；n 表示研究区域内点个数；A 为研究区域面积。最近邻指数即为实际平均最近邻距离与理论最近邻距离的比值[①]，计算公式为：

$$R = \frac{r_1}{r_E}$$

其中，R 即为最近邻指数。当 $R>1$ 时，空间点有均匀分布趋势，R 理论最大值为 2.15，此时空间点为均匀六边形分布；$R=1$ 时，空间点呈随机分布状态；$0<R<1$ 时，空间点有集聚分布倾向；当 $R=0$ 时，表示空间点完全集中，即所有点占据了空间位置。[②]

（5）Voronoi 多边形

为检验最近邻指数所得结论，本研究构建 Voronoi 多边形，并测算其面积变异系数进行验证。

Voronoi 多边形可定义为 $T_i=\{x: d(x, p_i)<d(x, p_i) \mid p_i, p_j \in S, P_i \neq P_j\}$，是对平面的一种剖分，在任意一个凸 Voronoi 多边形中，任意一个内点到该凸多边形的发生点 p_i 的距离都小于该点到其他任何发生点 p_j 的距离，这些发生点就叫 Voronoi 多边形的质心或发生元。[③] Voronoi 多边形可以帮助判断点集的空间分布属于哪一种形式，一般通过 Voronoi 多边形面积变异系数来衡量。[④]

Voronoi 多边形面积变异系数（Coefficient of Variation，CV）是 Voronoi 多边形面积的标准差与平均值的比值，可衡量现象在空间上的相对变化程度。Duyckaerts 研究提出，当点状目标为随机分布时，CV 值为 57%（包括 33% ~64% 的值）；当点状目标为集聚分布时，CV 值为 92%（包括大于 64% 的值）；当点状目标为均匀分布时，CV 值为 29%（包括小于 33% 的值）。[⑤]

（6）核密度分析

本研究选取核密度分析法来研究加入创意旅游资源后苏州中心城区旅游资源集

---

① 谢志华，吴必虎. 中国资源型景区旅游空间结构研究[J]. 地理科学，2008，28(6)：748－753.

② 汪德根，陆林，陈田，等. 呼伦贝尔——阿尔山旅游区空间组织[J]. 地理研究，2006，25(1)：161－170.

③ 王新生，余瑞林，姜友华. 基于道路网络的商业网点市场域分析[J]. 地理研究，2008，27(1)：86－92.

④ 党国峰，杨玉霞，张晖. 基于 Voronoi 图的居民点空间分布特征研究——以甘肃省为例[J]. 资源开发与市场，2010，26(4)：302－305.

⑤ Duyckaerts C，Godefroy G. Voronoi tessellation to study the numerical density and the spatial distribution of neurons [J]. Journal of Chemical Neuroanatomical，2000，20(1)：83－92.

聚区的变化。核密度分析法是空间分析中运用最广泛的非参数估计技术,通过在每一个数据点处设置一个核函数,将该点的属性分布在指定阈值范围内(半径为 h 的圆),密度值在中心位置最大,且随距离衰减,到极限距离处密度为0,衰减方式由核密度函数决定。整个区域的分布密度计算公式为①:

$$f(x) = \frac{1}{nh^d}\sum_{i=1}^{n} K\left[\frac{x - x_i}{h}\right]$$

其中,$K\left[\frac{x - x_i}{h}\right]$为核密度方程;$x_i$ 为每个点的核密度;x 为网格中心处的核密度;h 为阈值;n 为阈值范围内的点数;d 为数据的维数。这样,通过对区域内每个要素点依照同样的方法进行计算,并对相同位置处的密度进行叠加,就得到要素在整个区域的分布密度。在 ArcGIS 的空间分析模块中可实现直接计算。②

四、创新之处

首先,本研究突破性地提出了创意旅游资源分类和评价体系,填补了创意旅游资源研究空白,完善了我国资源分类与评价体系,丰富了旅游资源研究内容。

其次,本研究针对创意旅游资源空间效应进行研究,视角独特。目前,学术界对旅游资源空间布局和结构研究较多,鲜有对旅游资源空间效应的研究,对创意旅游资源空间效应的研究更是空白。因此本研究视角新颖独特,从该视角研究创意旅游资源对旅游地资源布局和旅游空间结构的影响,对合理布局区域旅游线路,优化区域旅游空间发展模式,推动区域旅游业转型升级具有重要意义。

第三,本研究充分运用有关统计分析和空间分析等方法,通过地理集中指数、配合指数分析苏州中心城区创意旅游资源空间分布特征,通过最近邻指数、Voronoi 多边形和核密度分析,并结合学术界较为先进的 ArcGIS 软件研究苏州中心城区创意旅游资源空间效应,运用建筑学剖视图原理中的"使用者温度计量模型"分析姑苏区和工业园区旅游活动空间组织的特点与紧密性。研究手法综合性、独特性强。

最后,本研究基于对创意旅游资源的空间效应分析,结合姑苏区和工业园区资源特征,提出构建融合了创意旅游资源的苏州"双核"旅游空间模式,对于城市旅游空间发展模式是一个创新。

---

① 刘锐, 胡伟平, 王红亮, 等. 基于核密度估计的广佛都市区路网演变分析[J]. 地理科学, 2011, 31(1):81-85.

② 张景秋, 贾 磊, 孟 斌. 北京城市办公活动空间集聚区研究[J]. 地理研究, 2010,29(4):675-682.

第二节　国外创意城市发展对旅游业的影响及启示

一、国外创意城市发展对旅游业的影响

创意城市是在城市发展进入后工业化时代的背景下伴随产业转移、城市重生和创意产业兴起而出现的一种推动城市复兴和重生的模式，是着眼于文化、艺术创造过程中所表现出来的创造、创新能力的驱动力与活力进行城市规划并建立在消费文化和创意产业基础上向社会其他领域延伸的城市发展模式。[①] 在全球性竞争日趋激烈、资源环境的约束日渐增强的形势下，它使地方城市从主要依赖自然客体资源的发展转向着重开发人类主体资源，努力解放文化生产力，重塑城市形象，再获生机，实现持续发展的战略转型。[②] 2004 年，联合国教科文组织推出全球创意城市网络（Creative Cities Network）项目，旨在通过对成员城市促进当地文化发展的经验进行认可和交流，从而实现在全球化环境下倡导和维护文化多样性的目标。当前，世界上一些富有远见的城市已率先步入"创意"时代，如伦敦、鲁尔、巴黎、首尔和巴塞罗那等，同时，这些著名的创意城市也是最受欢迎的旅游城市。在对这些国外创意城市发展进行分析的基础上，本研究从创意城市发展对旅游吸引物、旅游产品开发、旅游空间、旅游产业、旅游营销、旅游地形象、旅游者和旅游政策的影响等方面进行了深入系统的分析。结果表明，国外创意城市的发展对旅游业起到极大促进作用，为我国创意城市的旅游发展提供了非常有价值的借鉴和范式。我国创意城市旅游业的发展还需要做出以下努力：大力推进创意城市的建设发展；运用创意思维整合旅游资源，提高旅游吸引力；推进创意旅游产品开发；整合传统—创意旅游空间，构建板块旅游；加大创意产业与旅游业融合力度；更新旅游营销模式；运用创意手段提升旅游地形象；抓住创意城市发展机遇，实现旅游政策更新。

1. 国外创意城市发展对旅游吸引物的影响

世界上许多创意城市，如纽约、伦敦、巴黎、东京、新加坡和首尔等，其创意空间和标志性景观与旅游者的集聚耦合度很高。从发生学角度看，大都市的创意空间和大型创意地标等因其自身的文化（Culture）、创意（Creation）和艺术（Arts）成为都市主要的

---

① 刘平．国外创意城市的实践与经验启示[J]．社会科学，2010(11)：26－34.

② 冯学钢，于秋阳．论旅游产业与创意城市的融合发展[J]．社会科学，2010(11)：13－18.

旅游吸引物，由此围绕都市创意空间，形成了都市旅游中心地。① 国外创意城市发展对旅游吸引物的影响具体来说有以下几种类型：

(1) 创意空间和城市景观等成为旅游吸引物

在当代西方城市的全球品牌和标准化店铺的满意度降低的背景下，很多游客希望得到特殊的旅游产品和旅游体验，独立的艺术馆、电影院、餐馆和音乐场馆等成为一些团体参观的主要景点②。在众多创意旅游吸引物中，创意、文化和艺术成为关键因素，创意城市中富有的创意空间和创意城市景观等成为重要的旅游吸引物。例如，纽约城市十大景点有时代广场、中央车站、洛克菲勒中心、中央公园、麦迪逊花园广场、自由女神像、大都会美术馆、世贸纪念塔、帝国大厦、布鲁克林大桥等；悉尼歌剧院、悉尼大桥和悉尼当代艺术博物馆是创意城市电影之都悉尼部分最著名的景点；创意城市中的媒体艺术之都里昂，拥有游客钟爱的高卢罗马博物馆、装饰艺术博物馆、里昂歌剧院和里昂艺术博物馆等旅游景点。

创意城市具有的特色音乐、美食和手工艺品等为游客提供的是非视觉感官的刺激，但是，在视觉层面，创意城市的城市景观设计同样可以吸引游客。③ 创意城市的城市景观建设中融入了更多美学意义上的文化艺术元素，使得城市景观建设赏心悦目。兰德利认为，建设创意城市的目的在于将城市打造成一件活生生的艺术品，城市中的规划师、建筑师、工程师、学者、企业家、艺术家以及一般市民均可参与城市艺术品的建设，这一大众参与模式促进了创意城市文化景观个性化和特色化的发展。④ 以美国的圣达菲为例，它是获联合国全球创意城市“民间艺术之都”称号的城市，以其民间传统手工艺开发而闻名。圣达菲城市所有的新建筑都表现出西班牙村庄风格，全部用泥坯建成，门窗装饰得异常鲜艳，整个城市犹如一个艺术品，该市也因此成为美国最美的城镇之一，吸引了来自世界各地的民间艺术家、设计师和众多游客，“圣达菲风格”已经成为全球公认的艺术和工艺标准。⑤

(2) 节事活动等创意活动成为旅游吸引物

就供给方来看，节事常常为城市树立形象与文化身份，通过吸引游客而为旅游业创造外部生产经济效应（外溢）。就消费方而言，创意城市的节庆对游客会产生极大的

---

① 张建. 都市创意产业与旅游产业融合发展的态势及其整合对策研究[J]. 旅游论坛, 2009,2(1): 76-81.

② Pappalepore I, Maitland R, Smith A. Exploring urban creativity: Visitor experiences of Spitalfields, London[J]. Tourism, Culture and Communication,2010, 217 - 230.

③ 同上。

④ 王慧敏. 创意城市的创新理念、模式与路径[J]. 社会科学, 2010(11): 4-12.

⑤ 王克婴. 比较视域的国际创意城市发展模式研究[J]. 山东社会科学, 2010(4): 39-44.

吸引力,并使游客从城市节庆和贸易展览会及其提供的越来越多的文化产品中受益。[①] 比如,巴塞罗那的索纳尔高级音乐与多媒体音乐艺术节、当代音乐节、LEM 电子音乐艺术节和爱丁堡的文化艺术节等,节日期间多场演出遍布城市,树立了城市的艺术或文学形象,成为城市重要的旅游吸引物,吸引大量旅游者前往城市参与节事活动。

(3) 体验活动成为旅游吸引物

大多数游客认为当参观一个地方并体验其民族的文化时才会得到一种真实的体验,这是游客旅游的动因。尽管现代技术使游客更容易实现虚拟旅行,但游客还是更倾向于实际旅行。[②] 创意城市的空间和经济特色有助于增强其无形吸引力,可以吸引那些想要离开大中心城市已建成的旅游区和希望发现"人迹罕至"地方的游客,让他们体验"真正的城市"。这样的城市被视为文化区或"旅游泡沫"的对立,并且有计划、有组织地促进旅游消费。创意城市更加真实是因为他们往往包括多个位于传统街道的小单位。手工商业街的消亡、店铺和熟练的生产者集群逐渐消失,这些在保护英国文化过程中十分令人痛惜,因此剩下的部分尤其受到关注(例如:伦敦 Marylebone 商业街和哈顿公园)。另外,被重新利用或修复的建筑中的许多创意企业,能使游客在游览时觉得他们是"还原过去"。[③] 世界上许多城市已经开始发展游客的创意学习体验,如意大利咖啡生产商 illy's Università del Caffè 在 11 个地点提供咖啡和咖啡制作课程,从 1999 年以来,约有 22 000 名学员毕业;巴塞罗那则通过创意住宿的形式增强游客体验,如在酒店内举行时装表演以及用单独设计的卧室展示设计师的作品。Richards 和 Wilson 将创意城市的旅游体验类型总结如表Ⅲ-3 所示。[④]

表Ⅲ-3 创意旅游体验类型

体验	渠道
学习	车间、作坊
审美	开放的画室和工作室等
观赏	旅途
购物	商店橱窗

另外,创意城市的生活方式也成为旅游吸引物。由于创意城市文化、科技和艺术

① 露丝·陶斯(Ruth Towse). 节日、创意城市和文化旅游经济学[J]. 艺术百家, 2012(4): 48-57.

② Marian Walker. Cities as Creative Spaces for Cultural Tourism: A Plea for the Consideration of History. PASOS. Revista de Turismoy Patrimonio Cultural, 2010, 8(3): 17-26.

③ Pappalepore I, Maitland R, & Smith A. Exploring urban creativity: Visitor experiences of Spitalfields, London[J]. Tourism, Culture and Communication, 2010: 217 - 230.

④ Richards G, Wilson J. Tourism development trajectories: From culture to creativity. In G. Richards &J. Wilson (Eds.), Tourism, creativity and development[M]. New York: Routledge, 2007: 1-34.

创意人才的集聚，一方面产生独特的市场需求，推进休闲产业结构的升级，另一方面这些创意人群引领着一种群体化的生活方式，如 SOHO 生活方式、IT 人士生活方式和艺术人群的生活方式等。2007 年，纽约的文化创意产业的从业人员占该城市全部工作人口总数的 12%，创意产业从业人群无疑是构成纽约"艺术天堂"的重要因子。都市创意文化、都市创意人群生活方式，无不投射着无穷的旅游吸引力。①

(4) 创意城市发展带动城市旅游综合体的发展

"旅游综合体"是指基于一定的旅游资源与土地基础，以旅游休闲为导向进行土地综合开发而形成的，以互动发展的度假酒店集群、综合休闲项目、休闲地产社区为核心功能构架，整体服务品质较高的旅游休闲聚集区。作为聚集综合旅游功能的特定空间，旅游综合体是一个泛旅游产业聚集区，也是一个旅游经济系统，并有可能成为一个旅游休闲目的地。② 创意城市的发展吸引了大量游客，促使政府重视旅游接待业、文化设施以及依赖游客的纪念品商店的建设，并采取措施促进城市的文化和创意发展，以提升城市及旅游发展的创意层面；投资文化基础设施和公共场所，并以著名建筑师的建筑作品装点城市舞台；积极主动地建设创意集群和网络，为工作室和排演场地提供负担得起的空间；推广和发展创意街区、文化大道或是其他能够在城市中展现创意的项目。③ 通过一系列措施，在极力打造创意城市的同时也带动了城市旅游综合体的发展，进一步推动城市旅游业的发展。

热那亚的旧港口地区于 1992 年得到"哥伦比亚博览会"对其首次更新的资助，此次更新项目赋予了该地区动态和活力的滨水特色，成为新创意经济发展的最重要推动力之一。热那亚将港口变为滨水区是其在整个历史中心区开展城市更新的开始，其创意功能代表着热那亚的文化、休闲和多产特性。通过后续项目，这里将成为一个充满动感、活力四射的滨水区和城市新经济的引擎。在项目涉及的所有地区中，棉花仓库地区（Cotton Warehouses）的升级转变最为深刻。该地区功能丰富，能够为各个年龄阶层的民众提供休闲娱乐服务（图书馆、迪厅、购物中心、电影院、酒吧、餐馆和游戏场所）。旧港口地区散布着水族馆、餐馆和其他游乐设施，以及旅游接待、居住和商业设

---

① 张建. 都市创意产业与旅游产业融合发展的态势及其整合对策研究[J]. 旅游论坛，2009，2(1)：76－81.

② 陈雯婷，金权杰，程澄，等. 基于城市化背景下的旅游综合体研究[J]. 现代城市，2011，6(2)：27－28.

③ 克劳斯·昆兹曼. 创意城市：城市发展的新模式？[J]. 陈羚玥，译. 国际城市规划，2012，27(3)：65－69.

施,旧港口地区在创意的理念下被打造成为城市的旅游综合体。[①]

巴勒莫提升城市品质的关键内容同样在于滨水区的打造,其中央滨水区紧密地与历史城区相连,必须被作为城市创意最为丰富的地区对待,须将战略、规划、服务和商业结合起来以提高品质和生产率。最能体现滨水区更新战略的是 Trapezoidal 码头区:该地区是城市与港口的主要连接区,是"创意城市"的标志,"创意滨水区"改造现有房屋,更新工业建筑,将它们作为创意人士的工作场所;艺术家、设计师和音乐家能够将这些灵活空间用作起居场所、工作场地、当代艺术展厅和艺术的动态表达形式。运河和船坞为社会活动和滨水生活的新形式提供了场所。最终,离海最近和最符合该地区创意特征的地区,将变成"当代艺术和创新之城":公共空间和建筑构成的一套复杂系统,为艺术、音乐、多媒体作品的创作提供动力,并与滨水区的公共服务相结合。[②]

(5) 创意城市发展对文化旅游资源的保护作用

创意与文化密不可分,文化是创意的平台与资源[③],创意旅游是文化旅游(cultural tourism)的外延和反应[④],创意旅游是过程和手段,其最终的落脚点应该是游客在创意活动中得到的文化深层的精神体验[⑤]。目前许多"创意城市"策略与规划内容都与加强艺术与文化品质有关。欧盟在指定其发展战略时也强调要考虑文化遗产的应用(主要指应用在旅游产业中)。[⑥] 因此,创意城市的发展有助于文化旅游资源的保护,创意城市为文化旅游资源的传承和保护提供载体。

首先,创意城市通过直接调控手段对旅游资源进行保护。英国为了使某个古堡处于完全原始状态,规定古堡外围几英里的范围内不得再建任何现代建筑和有现代商业行为,来古堡探秘的游客必须预先带上几天的食品等生活必需品,游客在这里能体验到原始古朴的生活气息。[⑦] 英国对古堡进行了创意性的开发和保护,这种开发模式一方面使旅游资源得到有效保护,避免了旅游资源受到过多的人为干预,实现了旅游的可持续发展,另一方面也使旅游者获得了独特而深刻的体验。

其次,通过大型演艺类活动的开发保护文化旅游资源。民间音乐、民间舞蹈和传

---

① 毛里齐奥·卡尔塔. 意大利创意城市:新景象与新项目[J]. 胡敏,译. 国际城市规划, 2012, 27(3): 42-53.

② 同上。

③ Landry Charles. The Creative City: A Toolkit For Urban Innovators. London: Earthscan Publications LTD, 2000.

④ Richards G, Raymond C. Creative tourism[J]. ATLAS News, 2000(23): 16-20.

⑤ 原勃,白凯. 创意旅游理论及实践[J]. 城市问题, 2008(11): 97-101.

⑥ Ray P H, Anderson S R. The Cultural Creatives[M]. NewYork: Three Rivers Press, 2000: 3-7.

⑦ Ray P H, Anderson S R. The Cultural Creatives[M]. NewYork: Three Rivers Press, 2000: 3-7.

统戏剧等本身就包含演艺的因子，完全可以开发成综合性的大型演艺活动，而对于其他类别的文化旅游资源，则加入演艺中的音乐和舞蹈等元素进行创造性的开发。目前这类开发中比较有代表性的有非洲莫桑比克、赞比亚、纳米比亚和毛里求斯等国的土风舞，毛里求斯的塞卡舞等。这些活跃在旅游业中的歌舞表演，对保护非物质旅游资源发挥着积极作用。

第三，通过促进文化旅游资源与旅游纪念品开发的融合保护文化旅游资源。这类保护通常集中在传统手工技艺和民间美术类的非物质文化遗产开发和传承上。某种传统技艺所形成的物化成果既可以作为艺术品进行展览，也可以制作成商品进行销售。目前常见的商品开发还是通过作坊式的加工，将技艺所产生的成品直接销售给游客。除了这种针对传统技艺和民间美术的商品开发外，还有作为演艺活动附属品的音像制品以及有关非物质文化遗产的印刷品等其他形式。

2. 国外创意城市发展对旅游产品开发的影响

（1）转化城市无形资源为旅游产品

创意城市的旅游发展对游客和旅游目的地都提出了全新的挑战。其中一个重要内涵就是，目的地必须极具创造性地开发自身所特有的无形文化资源，例如，传统习俗、民间技能等，并以一种创意性的体验产品提供给旅游者。① 将城市无形资源转化为旅游产品是文化创意的特色功能。城市的文化、历史、品牌、设计、技艺，甚至符号均可以开发成为有地方文化特色的旅游商品和纪念品，这些旅游商品是城市文化的大众化载体，通过旅游者的购买和流动，能够创造经济效益，并实现城市文化的形象化传播。②

以新加坡为例，鱼尾狮是其标志与象征，以鱼尾狮形象创意制作的诸如水果叉、温度计、闹钟、铅锡盘子、杯子、烟灰缸、名片夹、打火机、钥匙扣、茶叶筒等各种旅游纪念品成为热销商品，世界各地游客争相购买。目前新加坡每年旅游业收入近百亿美元，旅游纪念品的销售收入占了一半以上。世界上，用创意卡通开发旅游产品、推广自身文化已经成为新的潮流，如美国米老鼠与迪斯尼公园，日本的 Kitty 猫、机器猫及其衍生品，德国柏林的熊与电影节以及韩国首尔的獬豸及其家居产品等，都取得了非凡的成功，带动了相关产业的发展。③

（2）推动创意体验旅游产品的开发

理查德（Greg Richards）和威尔森（Julie Wilson）指出，当前旅游者更加趋向于成为

---

① 崔国，褚劲风，王倩倩，等. 国外创意旅游内涵研究[J]. 人文地理，2011，26(6)：24－33.

② 王慧敏. 文化创意旅游：城市特色化的转型之路[J]. 学习与探索，2010(4)：122－126.

③ 同上。

地方社区中的一部分并与当地的人们有着更为直接的交流和联系。① "活动参与"是创意旅游的首要特征。这意味着旅游者自己参与或制作某一事物,而这也往往是旅游者前往此类目的地的主要目的,甚至是唯一目的和主要活动内容。② 创意城市的体验性很强,创造力促使创意城市作为旅游目的地较快速地开发创意体验旅游产品,使它们相对于其他目的地产生竞争优势。从而发挥重要的经济乘数效应,并且提高创新生产场所的审美价值③,促进旅游目的地的旅游经济、社会和文化的发展④。

在新西兰旅游体验项目中,创意体验包括创建自己的骨雕、抹泥或旋木纪念品,学习制银,制作手工锻造的刀,结识酿酒师,自己制作奶酪或橄榄油等。法国推出制作香水和雕刻的体验旅游产品,加拿大推出摄影旅游产品,墨西哥提供体会民间音乐的旅游产品等。以上各创意目的地都有不同的创作体验,并且强调自己的独特文化价值。

(3) 提升旅游产品内涵

法兰克福学派首先使用"文化工业"概念,认为文化产品被价值原则主宰,被标准化大规模生产所控制,从而使文化成了迎合市俗、束缚自觉意识的工具,妨碍了文化自主、独立的发展。⑤ 为解决这个问题,经济学家罗默(Rohmer)指出,创新会衍生出无穷的新产品、新市场和财富创造的新机会,所以创意才是一国经济成长的原动力。⑥ 当今旅游正在经历传统"观光游"向现代"体验游"的变革,以功能价值为基础的大众化旅游需求正转化为精神和文化方面的个性化体验旅游需求,因此,提升旅游产品文化内涵、提供高档次的旅游文化产品就成为当前的迫切需要。⑦ 在创意城市的发展过程中将创意应用于旅游产品的开发,能够极大提高旅游产品的差异性和独特性⑧,这种旅游

---

① Richards G, Wilson J. Developing creativity in tourist experiences: a solution to the serial reproduction of culture [J]. Tourism Management, 2006, 27(6):1209 - 1223.

② Salman D. Rethinking of cities, culture and tourism within a creative perspective [J]. PASOS, 2010, 8(3):1 - 5.

③ Richards Greg. The Experience Industry and the Creation of Attractions[M]. USA: CABI Publishing, 2001.

④ Özen K1rant Yozcu, Orhan İçöz. A Model Proposal on the Use of Creative Tourism Experiences in Congress Tourism and the Congress Marketing Mix[R]. PASOS. Revista de Turismo y Patrimonio Cultural, 2010, 8(3):105 - 113.

⑤ Fairclough, N., Wodak, R. Critical discourseanalysis [A]. In T. A. van Dijk (ed.). Discourse as Social Interaction[C]. London: Sage. 1997: 258 - 284.

⑥ David Romer. Advanced Macroeconomics [M]. New York: McGraw Hill Higher Education, 2011.

⑦ 刘志勇,王伟年. 论创意产业与旅游产业的融合发展[J]. 企业经济, 2009(8): 127 - 130.

⑧ Prentice R, Andersen V. Festival as Creative Destination[J]. Annals of Tourism Research, 2003 (1): 7 - 30.

产品的差异性和独特性正是吸引高层次消费的关键所在①。一方面,创意旅游产品较之传统的旅游产品更加注重探究旅游者的深层次需求,增加了互动元素,为游客获得深层次的体验提供便利条件。②③④ 创意产业本身是经济发展到一定阶段,人们对精神层面的需求上升到一定高度后才出现的新兴产业,因此创意产业所提供的旅游产品和服务就必须能够满足人们的精神需求和对旅游产品文化附加值的要求,因此具备了更高的文化品位和更高的附加值。⑤ 另一方面,在创意城市旅游发展中,旅游目的地与旅游者的“合作生产”(co-production)⑥创造了旅游产品的高附加值。在 Richards 和 Raymond 对“创意旅游”的定义中提到,“创意旅游者通过参加互动性工作室(interactive workshop),开发自身创意潜能,拉近与当地居民的距离,进一步体验旅游目的地的文化氛围”⑦。该概念着重强调互动性措施对创意旅游的重要性。旅游体验是旅游者自己创造的。创意旅游产品的高附加值来自旅游目的地与旅游者的共同创造,而一般普通的旅游产品的附加值只是由旅游目的地单方面创造,因此,创意旅游产品相对于一般的旅游产品具有更高的附加值。⑧

3. 国外创意城市发展对旅游空间的影响

创意形成创意产业,创意产业构筑创意城市,创意城市又萌生新的创意。⑨ 创意产业聚集促进了创意城市的形成和发展,创意城市是创意产生和创意产业兴起的空间基础。⑩ 在宏观空间分布上,Scott 认为创意产业集聚区空间选择表现为在全球范围分散和在大城市集中的特征。在中观空间分布上,Florida,Yusuf 和 Kaoru 等认为创意产业集聚区趋向选择开放程度高、容忍度高、包容性强、具有多样性、公共服务完善的城市地区,尤其是大都市地区。⑪⑫ 在微观空间分布上,Zukin,Hutton 等认为创意产业集聚

① 原勃,白凯. 创意旅游理论及实践[J]. 城市问题,2008(11):97-101.

② 郑斌,刘家明,杨兆萍. 基于“一站式体验”的文化旅游创意产业园区研究[J]. 旅游学刊,2008,23(9):49-53.

③ 李勇,伶连军,张娜. 吉林省旅游创意产业发展研究[J]. 人文地理,2008,23(4):84-88.

④ 周钧,冯学钢. 创意旅游及其特征研究[J]. 桂林旅游高等专科学校学报,2008,19(3):394-401.

⑤ 同上。

⑥ 崔国,褚劲风,王倩倩,等. 国外创意旅游内涵研究[J]. 人文地理,2011,26(6):24-33.

⑦ Richards G, Raymond C. Creative tourism[J]. ATLAS News, 2000(23):16-20.

⑧ 周钧,冯学钢. 创意旅游及其特征研究[J]. 桂林旅游高等专科学校学报,2008,19(3):394-401.

⑨ 汤培源,顾朝林. 创意城市综述[J]. 城市规划学刊,2007(3):14-19.

⑩ 黄阳,吕庆华. 西方城市公共空间发展对我国创意城市营造的启示[J]. 经济地理,2011,31(8):1283-1288.

⑪ Florida Richard. The Rise of the Creative Class[M]. NewYork: Basic Books, 2002.

⑫ Yusuf Shahid, Kaoru Nabeshima. Creative Industries in East Asia[J]. Cities, 22(2):109-122.

区发展偏好于大都市的旧仓库、旧工厂和内城贫民区等。[1][2] 创意产业集聚区的产生对地区经济复兴、旧区改造、地方形象塑造、文明旅游发展和创新能力提升等方面有重大贡献。[3][4] 创意产业集聚区的发展加快了城市空间结构优化,并通过城市空间景观塑造、城市历史环境重生和传统产业空间置换,发挥着积极的空间效应。[5] 创意旅游的发展注重区域整体价值的提升,运用"新木桶"思维(即将自身的长板与他人(或其他地区)的长板进行组合,形成更大的木桶空间),使旅游产业链在空间上延伸,在更大的地理范围内优化配置旅游产业资源,形成跨行政区的旅游产业链。[6]

在创意城市旅游空间演化方面,朱庭逸提出了我国台湾"形塑创意城市"的模式。创意空间的构成是"点——创意空间的经营、线——创意园区的规划、面——城市的创意地理学"三个层次的融合。[7] Richard 和 Wilson 把创意旅游空间发展总结成三种基本类型:创意景点、创意飞地和创意空间,演化过程如图Ⅲ-1 所示。[8][9]

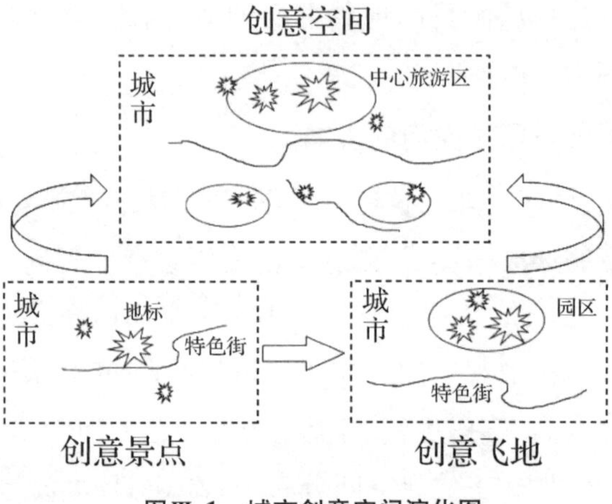

图Ⅲ-1 城市创意空间演化图

在创意景点(Creative spectacles)方面,艺术行业活跃的从业者擅长运用"自下而

① Zukin, Sharon, Gina Neff, Betsy Wissinger. Entrepreneurial Labor Among Cultural Producers: "Cool" Jobs in "Hot" Industries[J]. Social Semiotics, 2005(15): 307-34.

② Thomas A. Hutton. The New Economy of the Inner City[J]. Cities, 2004, 21(2): 89-108.

③ Scott Lash, John Urry. Economies of Signs and Space[M]. London: Sage, 1994.

④ Pratt A C. Creative Clusters: Towards the Governance of the Creative Industries Production System?[J]. Media International Australia, 2004(112): 50-66.

⑤ 孙洁. 创意城市的研究范畴综述[J]. 发展研究, 2010(12): 117-121.

⑥ 厉无畏, 王慧敏, 孙洁. 创意旅游:旅游产业发展模式的革新[J]. 旅游科学, 2007,21(6): 1-5.

⑦ 朱庭逸. 创意空间——开创城市新地理学[M]. 台北:典藏出版社, 2004.

⑧ Richards G, Wilson J. Tourism development trajectories: From culture to creativity. In G. Richards &J. Wilson (Eds.), Tourism, creativity and development[M]. New York: Routledge, 2007: 1-34.

⑨ Richards G, Wilson J. Developing creativity in tourist experiences: a solution to the serial reproduction of culture [J]. Tourism Management, 2006, 27(6):1209-1223.

上”的战略自主创造创意街区。① 如在第一次世界大战期间，纽约政府对创意产业干预比较少，资本投入也比较少，但媒体关注得比较多，并且受到艺术街区可以商业化的驱动，自发性创意街区发展迅速。② 街区具有“创意”的名声以及特征鲜明的文化吸引了富有的文化消费者，苏荷创意街区的形成进一步强化了早期巴黎和格林尼治村的波西米亚主义，表现为社会特征、文化特征以及性观念上的独特性。艺术家创业者经营的画廊、咖啡馆、餐馆、酒吧和剧院等一系列的消费空间对街区外追求真实的、波西米亚生活风格的旅游者具有很强的吸引力。③

在创意飞地（Creative enclaves）方面，创意城市的发展通过促进创意产业和旅游业的融合，并经过产业的聚集效应从而在城市内形成旅游创意产业园区，延伸了旅游“空间链”，与创意城市内传统旅游景区形成互补。以文化创意产业为例，在旅游产业集群化发展以及旅游产品越来越呈现出文化创意产业特点的背景下，文化创意产业与旅游业的融合产生了文化旅游创意产业；而文化旅游创意产业在特定空间的集聚构成文化旅游创意产业园区（图Ⅲ-2）。“文化旅游创意产业园区”是在文化底蕴深厚、创意含量丰富的特定空间（园区和基地）内，以文化创意构成旅游吸引物，以满足游客“一站式体验”需求为标准，打造完整的旅游及其相关产业链，从而形成的旅游景区、企业及相关部门的空间集中和功能集聚区。④

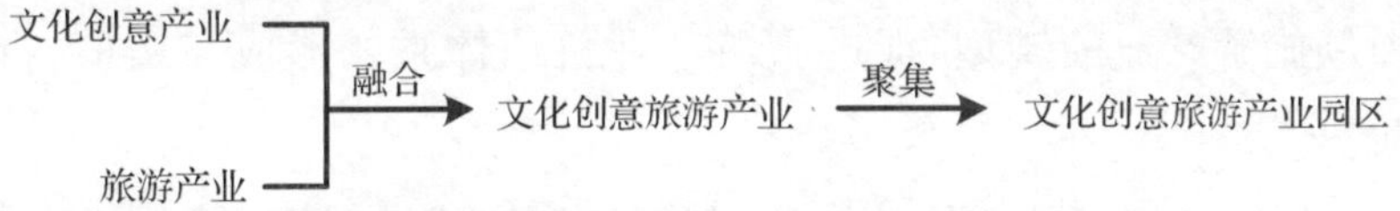

图Ⅲ-2 文化旅游创意产业园区成因图

另外，在旧城改造对旅游的影响上，城市产业转型后在市区留下的老厂房、老仓库是工业革命的产业遗产，也是城市历史文脉，创意产业的集聚和发展使城市旧区在保存历史遗存的基础上构建新型城市产业群落和高增值的服务产业发展空间。创意城市的发展改变了工业化城市的空间形态和布局，也对城市规划的重新反思起到促进作用。以人为中心，构建集工作、生活、学习多功能于一体的城市新型空间综合体已经成

---

① 莱纳·穆勒. 德国汉堡的创意城市发展策略[J]. 刘源，译. 国际城市规划，2012，27(3)：25－29.

② Sharon Zukin, Laura Braslow. The life cycle of New York's creative districts: Reflections on the unanticipated consequences of unplanned cultural zones[J]. City, Culture and Society, 2011(2): 131－140.

③ 方田红，曾刚，张云伟. 纽约自发性创意街区空间迁移原因分析[J]. 城市问题，2012(12)：91－95.

④ 郑斌，刘家明，杨兆萍. 基于“一站式体验”的文化旅游创意产业园区研究[J]. 旅游学刊，2008，23(9)：49－53.

为现代城市规划布局的新趋势。① 沙森(Sassen)在论述《全球城市》时,从大城市内部结构角度,提到"20世纪80年代的纽约和伦敦,在中心城区由于吸纳了大量外国投资,造成房价上涨,而非中心位置的投资不够,从而使这些地区成为城市的边缘地带,如曼哈顿中心区西面的旧仓库和伦敦的旧港区。当一些艺术家进入这些'不适宜居住的地方',并给这些老仓库等旧区注入新的美学价值时,结果形成了这些边缘地区的所谓复兴"。②

在创意空间(Creative spaces)方面,旅游者积极参与的活动、技能发展与创意挑战形成游客的体验。创意空间也是创意景点和创意飞地的最终形式。这三种旅游体验地类型是随着社会经济的发展和人们思想水平的提高相继出现的,当然也有并存的情况。

4. 国外创意城市发展对旅游产业的影响

(1) 国外创意城市发展对旅游经济的影响

"创意产业之父"——英国经济学家约翰·霍金斯在《创意经济》一书中指出,"全世界创意经济每天创造220亿美元,并以5%的速度递增。"③创意经济的根本理念是以创意和文化为核心,通过跨越组织边界促成不同行业及领域的重组与合作。④ 旅游业和文化创意产业均为现代服务业的重要组成部分,两者之间有许多交点。⑤ 创意旅游的发展将引领旅游产业的转型,促进旅游产业价值体系的形成与增值,推动城市经济再上新台阶。⑥

在1998年出台《创意新加坡》计划的同时,新加坡就将创意产业定为21世纪的战略产业,其中会展业是新加坡突出的创意产业。博览中心和新加坡国际会议与展览中心(新达城)是新加坡举办各种展览和会议的主要场所,每年有3 000多个展览和会议在这里举行,著名的有亚洲航空展、亚洲食品与酒店展、新加坡国际家具展、亚洲通信与亚洲广播展等。通过这些大型国际会议与展览,新加坡政府获得了丰厚的经济回报,如2006年新加坡国际家具展实现交易额2.4亿美元,预计后续交易额可达21亿美元。2000年新加坡成为继巴黎、伦敦、布鲁塞尔和维也纳之后国际第五位会展城市。新加坡的创意设计水平也很高,园林设计在世界上堪称一绝,如新加坡南部著名的观

---

① 王慧敏. 创意城市的创新理念、模式与路径[J]. 社会科学, 2010(11): 4-12.

② Saskia Sassen. Global Cities-New York London Tokyo [M]. USA: Princeton University Press, 2005.

③ 约翰·霍金斯. 创意经济[M]. 洪庆福等,译. 上海: 上海三联书店出版社, 2006.

④ Andy C. Pratt . The cultural contradictions of the creative city[J]. City, Culture and Society, 2011(2): 123-130.

⑤ Greg R. Creativity and Tourism[J]. Annals of Research, 2011, 38(4): 1225-1253.

⑥ 厉无畏, 王慧敏, 孙洁. 创意旅游:旅游产业发展模式的革新[J]. 旅游科学, 2007,21(6): 1-5.

光游览胜地圣淘沙，每年吸引着众多的游客，但圣淘沙本身并不是大自然的杰作，而是依据自然地理环境设计建设而成的。现在的新加坡每年接待的国际游客人数是其本国人口的两倍，创下了旅游经济总收入占国内生产总值 10% 左右的奇迹。究其根源，与新加坡创意城市的整体设计息息相关。①

（2）创意城市发展促进都市创意园区旅游发展

创意产业园区是集文化创意产业与高新科技产业为一体、科技产业与文化产业相互交融且和谐共存的新型经济园区。创意园区是创意产业空间集聚的重要空间体现。创意园区内聚集了高科技企业和文化企业，正是通过其创新性，为原有的城市景观增添了新的内涵。园区个性和特色鲜明，创意人群聚集较多，因而创意园区无论是历史沉淀、建筑外观与内部装饰，还是企业文化和园区生活形态，都无疑形成了综合旅游吸引物。由此，都市创意园区具有显著的旅游开发综合潜力。例如，纽约的百老汇戏剧产业园区、伦敦的 SOHO 区等对旅游者都充满吸引力。②

（3）创意城市发展促进创意产业和旅游产业的融合

创意旅游发展思路是充分发挥旅游产业的关联带动效应，以旅游活动和旅游吸引物为核心，拓展旅游产业链条，主动与一产、二产等产业融合，构建跨越各个产业部门多层次旅游产业链，构筑旅游产业价值体系，促进区域（城市）整体功能的提升与转型。③ 创意城市的发展为产业融合提供了平台。创意产业链包括创意生成、创意产品化、关联产品开发、创意产品复制、创意产品营销和创意消费等多个重要环节。其中，创意生成过程、创意产品的展览展会、创意产品的观赏与体验、独具创意的舞台演出、创意影视作品和大型歌舞“秀”等，都可以成为旅游体验的过程。④

在工艺品设计与旅游纪念品开发的融合方面，在旅游工艺品的品种开发、土特产品的包装和目的地的旅游印刷品的设计上，时尚与工艺品设计都能发挥其所长。许多旅游业发达的国家，都特别注重将创意元素运用到旅游纪念品的设计中。如法国充分将国内创意产业的重点行业之一—— 设计业与旅游纪念品设计相结合，制作出具有“品种多、法国标签、思路新、实用性强和做工精细”的享誉全球的旅游纪念品；新加坡旅游纪念品种类繁多，销售收入占旅游收入的 50% 以上，它的旅游纪念品设计、销售最显著的特点就是注重创意。新加坡的“乐宾莱恩”绒毛玩具，设计灵感源于其国家传统

---

① 王克婴，王艳．新加坡的创意城市建设及其借鉴意义[J]．理论与现代化，2009(6)：16 – 20.

② 张建．都市创意产业与旅游产业融合发展的态势及其整合对策研究[J]．旅游论坛，2009，2(1)：76 – 81.

③ 厉无畏，王慧敏，孙洁．创意旅游：旅游产业发展模式的革新[J]．旅游科学，2007，21(6)：1 – 5.

④ 张建．都市创意产业与旅游产业融合发展的态势及其整合对策研究[J]．旅游论坛，2009，2(1)：76 – 81.

的象征性标志“鱼尾狮”造型，上半身为狮子头，下半身是鱼尾，特别受到游客的青睐。以此形象为基础通过创意设计已形成系列“乐宾莱恩”产品：绒毛玩具、手提包、手机链、钥匙圈、瓷器、印有“乐宾莱恩”图像的T恤衫等。由此也看出创意元素的融入使得旅游商品的产品形式和产销环节焕然一新。①

在文化创意产业和旅游业融合方面，文化创意产业通过向旅游业提供不断更新的文化创意，旅游业通过向文化创意产业延伸服务实现了两大产业的延伸、交叉融合。②20世纪50年代，影视市场竞争日渐激烈，当时的八大电影公司效益日趋低迷，建于好莱坞北边的环球影视公司则一改过去大量拍低成本片的做法，采取少拍片以提高技术质量的方针，把环球城作为好莱坞的一个旅游中心向旅游者开放来增加收入，进而更好地投入制片，此举收效明显。③ 迪斯尼乐园同样是影视与旅游业相结合的产物，运用了统一的创意设计理念，体现了创意标准化生产的趋势。迪斯尼创意公司为迪斯尼乐园制订了创意标准，但迪斯尼乐园又是具有不同特点的真实模拟环境的汇总，具有明显的多样性。

（4）创意城市发展促进创意人才与旅游业融合

理查德提出了著名的3T原则，认为构成创意城市的关键要素有三个：人的才能（Talent）、技术（Technology）和宽容（Tolerance）。④ 创意城市的一个显著优势就是能够广泛地集聚在创意产业的各个领域里的专业人士，以不同的视角产生创意，并通过各种渠道将创意与城市要素相结合，同时转化为新的商业产品。传统旅游产业的转型需要不断突破“旅游六要素”的小循环，迎合休闲娱乐时代的体验需求，转向创意驱动下的旅游产业“有智”增长（smart growth）模式⑤，实现横向产业间的互动互融。因此，在旅游各关联行业中具有创意才能的人力资本与提供技术支持的智力资源显得尤为重要，人才与技术的先导性和支撑性无疑已成为旅游产业与创意城市有机融合过程中的特征要素与动力源泉。⑥

从20世纪80年代开始，创意性生产过程吸引了许多企业和个人投入到文化领域，提升了创意性生产定位的美学价值。由于创意性生产的吸引力与其针对未来的活跃性和原创性紧密相关，这使其更能适应未来旅游市场发展变化的不确定性。例如，为

---

① 刘志勇，王伟年. 论创意产业与旅游产业的融合发展[J]. 企业经济，2009(8)：127－130.

② 程锦，陆林，朱付彪. 旅游产业融合研究进展及启示[J]. 旅游学刊，2011，26(4)：13－19.

③ 王玉玲，冯学钢，王晓. 论影视旅游及其“资源—产品”转化[J]. 华东经济管理，2006，20(7)：23－26.

④ Florida Richard. The Rise of the Creative Class[M]. NewYork：Basic Books，2002.

⑤ 厉无畏，王慧敏，孙洁. 创意旅游：旅游产业发展模式的革新[J]. 旅游科学，2007，21(6)：1－5.

⑥ 冯学钢，于秋阳. 论旅游产业与创意城市的融合发展[J]. 社会科学，2010(11)：13－18.

了在日益激烈的竞争中立稳脚跟，很多创意人才转向从旅游经营中获得经济收益，这种现象尤其在绘画、摄影和烹饪行业中表现明显，更在某些作家身上得以体现，其作品当中越来越多的游客身份的角色与他们的自身经验共同存在，从而模糊了生产与消费的界限。普伦蒂斯（Prentice）将这种旅游行业结合个体发展的体验称为“生活方式形成范例”。以德国的汉堡为例，汉堡有超过64 000人正在从事媒体、广告、音乐产业、建筑、表演艺术、应用艺术和文学等行业，另外还有数以千计的自由职业者在相关行业中自主工作着。每年，这些行业可创造约190亿美元的收入，占汉堡经济总收入的4.6%左右，由此带来的旅游效益相当可观，城市每年约有400万人的酒店过夜量和约1亿人的日访问游客量。他们大多数是来观看戏剧、欣赏音乐会或者参观博物馆的，由此产生的文化消费在10亿美元左右。[①]

5. 国外创意城市发展对旅游营销的影响

（1）创意城市促使旅游营销模式多元化

旅游目的地传统的营销模式是通过旅行社展示图片、举办旅游交易会和新闻媒介宣传等手段将旅游目的地推向市场。随着旅游产业的发展，区域旅游竞争日益激烈，传统的旅游营销形式已无法使旅游地脱颖而出，为了吸引游客，新颖独特的旅游营销显得特别重要。通过创意城市的创意产业与旅游营销的有效结合，能衍生出许多新形式的营销方式，如节事营销和影视营销等。[②]

节事营销是以旅游目的地的节事活动为载体，有计划地策划、组织、实施针对节事活动的系列营销活动。[③] 以节庆节事为载体的文化创意旅游产品，具有强烈的视觉冲击力和感受力，不但吸引了消费者的眼球和注意力，也为其直接参与文化体验营造了轻松愉快的氛围。除了文化旅游节和旅游博览会等专门的创意旅游产品之外，创意城市举办的各类主题文化的博览会、运动会、时尚秀、专业性节庆和民俗节庆等都是文化创意旅游的载体。成功的文化创意旅游节庆是城市文化的品牌与象征，如受欧盟文化项目在苏格兰获得成功的启发，越来越多的英格兰城市开始关注创意对复兴本地经济的作用。例如，利物浦利用既有的海洋资源、文化遗产、建筑、音乐和体育等方面的优势逐步地实现了城市的更新，所以在2008年1月11日击败了贝尔法斯特、纽卡斯尔、布里斯托尔、卡迪夫、牛津和伯明翰等竞争对手，成功当选欧洲文化之都。[④] 全年有

---

① 毛里齐奥·卡尔塔．意大利创意城市：新景象与新项目[J]．胡敏，译．国际城市规划，2012，27(3)：42－53.

② 刘志勇，王伟年．论创意产业与旅游产业的融合发展[J]．企业经济，2009(8)：127－130.

③ 同上。

④ Miles M. Cities and Cultures [M]. London: Rout ledge, 2007:122.

350 个文化活动项目在利物浦举行，包括古典的表演活动和跨国的展览会议，有 200 万参观者来参与这些庆典活动。① 欧盟的文化项目在本质上都属于城市营销中的"大事件"，虽然这些事件对城市发展的作用取决于其方案规划与城市发展战略的协调性，但"重大的社会活动往往会起到调和社会矛盾，促进社会团结的效果"，而且还是"提升城市知名度和展示城市新形象的一种手段"。②

影视营销即借助影视剧进行旅游营销，它是创意产业与旅游营销结合的另一体现。通过影视作品的播放可推介新的旅游景区。2004 年从日本和中国到韩国旅游的游客中，有 27.1%（约 71 万人次）是直接或间接受到韩国影视剧的影响来韩旅游的，这些"韩流游客"共为韩国带来了 7.8 亿美元的外汇收入。③

（2）创意城市促使旅游经营模式的创新

迪斯尼公司的创意产业化在旅游领域上表现为主题公园与旅游度假地的经营和管理。同美国 AEG 演出公司一样，迪斯尼以优秀的连锁经营模式壮大发展。首先，1955 年已成为动画巨商的沃尔特又把动画片所运用的色彩、刺激、魔幻等表现手法与游乐园的功能相结合，推出世界上第一个现代意义上的主题公园——洛杉矶迪斯尼乐园，随后又在佛罗里达州建立了第二个主题公园。目前世界上有五个迪斯尼乐园，设置大同小异，但有着共同的特征，即一切都是活动的，有声有色，有很强的参与性。迪斯尼每建一个主题公园都精心布局，掌握节奏。其次，沃尔特・迪斯尼把米老鼠、唐老鸭这些品牌动画形象搬进主题公园，以新的娱乐形式给游客创造欢乐，其理念是——由游客和员工共同营造"迪斯尼乐园"的欢乐氛围。第三，作为目前全球最强势的体验经济品牌，迪斯尼有许多令人津津乐道的经营细节，以至于让游客感叹：员工们提供的每一种服务，都是迪斯尼服务圈整体的各个"关键时刻"。比如，服务人员为每一个在迪斯尼乐园中走失的孩子找到亲人的举动。游客们在一系列"关键时刻"中体验着服务质量，并会记住其中最好和最差的。为了实现服务承诺，迪斯尼公司花大力气对员工工作表现进行评估和奖励。

6. 国外创意城市发展对旅游地形象的影响

（1）通过创意城市标志建筑树立旅游地形象

城市建筑是城市形象的物质主体，也是城市形象"硬件"的外在结构形象的主体。④ 城市旅游形象的设计必须要考虑城市布局形态、空间现象和景观、历史文化基

---

① Capital of culture[EB/OL].[2008-08-10]. http://www.culture.gov.uk/3235.asPx.

② 伦佐・勒卡达内. 大事件——作为都市发展的新战略工具[J]. 时代建筑，2003(4)：31.

③ 刘志勇，王伟年. 论创意产业与旅游产业的融合发展[J]. 企业经济，2009(8)：127-130.

④ 张鸿雁. 城市建设的"Cl 方略"[J]. 城市问题，1995(3)：2-6.

点、标志性建筑与标志性地段、地方民族传统特色等城市空间形象要素。① 许多作为旅游目的地的创意城市使用标志性建筑来代表该城市或地区的速识符号，如位于英国伦敦的大本钟，位于英国东北部盖特舍德（Gateshead）的北方天使雕塑，位于美国纽约的自由女神像以及位于芬兰雷畔德（Lapand）的象征指向北极的罗范尼米（Roven-iemi）的北极圈博物馆等。②

汉堡是德国最富裕的城市之一，由于意识到区位、环境等软性因素在全球城市竞争中发挥着关键作用，汉堡积极推行创意理念并坚持创意产业的发展。该地区建造了大量标志性的文化建筑和旗舰项目，独特的建筑设计与丰富的文化节庆活动齐头并进，树立了汉堡独特、富有竞争力的旅游地形象。③ 港城的地标是由曾设计过北京奥运会国家体育馆的瑞士建筑师雅克·赫尔佐格（Jacques Herzog）和皮埃尔·德·梅隆（Pierre de Meuron）设计的"易北交响乐厅"（Elbphilharmonie）。易北交响乐厅在竣工前就已成为汉堡市新的标志建筑——它甚至取代了城市原有的传统地标。毫无疑问，任何媒体报导、旅游指南、城市形象宣传手册和博览会都不会轻易错过这座著名的建筑。负责设计北京 CCTV 总部的荷兰建筑师雷姆·库哈斯（Rem Koolhaas）在港城参与设计了科技中心；伊拉克裔英国女建筑师扎哈·哈迪德（Zaha Hadid）将港城林荫步道装扮成汉堡迄今为止对游客最具吸引力的兰顿大桥（Landungsbrücken）。大量建筑名流的参与将给港城带来类似于"名牌制造"的特殊效应。这些建筑名流和他们杰出的示范项目都将为提升港城乃至汉堡的国际知名度作出巨大贡献，把一个富有活力的创意都市旅游地的形象传达给全世界。④

（2）*主题活动被用于提高和巩固城市魅力和地方形象*

主题活动和大事件等在国外创意城市中往往被用于提高与巩固城市魅力及地方形象，通常冠以"震撼推出"、"完美展示"和"引人入胜"等，如世界杯、全球文化论坛和欧洲文化主流展等。⑤ 还有一些城市已经试着通过发展一种特殊的文化主题来凸显城市自身，如伦敦和纽约的"世界城市"头衔之争，纽约利用特殊的地位把自己定位成"世界文化中心"。还有许多城市和地区试图通过重新焕发历史遗迹文化的方法来重振自身，通常是注重建筑遗迹，如意大利的佛罗伦萨和基罗纳。⑥ 而那些不太有名的城市，

---

① 郭舒，曹宁．城市旅游发展的竞争力分析与政策建议[J]．商业研究，2004(9)：138－140.

② 原勃，白凯．创意旅游理论及实践[J]．城市问题，2008(11)：97－101.

③ 克劳斯·昆兹曼，唐燕．欧洲和中国的创意城市[J]．国际城市规划，2012，27(3)：1－5.

④ 莱纳·穆勒．德国汉堡的创意城市发展策略[J]．刘源，译．国际城市规划，2012，27(3)：25－29.

⑤ Hall C M. Hallmark Tourist Events[M]. London：Bellhaven Press，1992.

⑥ 原勃，白凯．创意旅游理论及实践[J]．城市问题，2008(11)：97－101.

则可通过一系列的主题活动进行重新定位，如英国的谢菲尔德将自身打造为“狂欢城市”。① 如佛罗伦萨主办的“创意节”（Festival della Creatività）已成为一个有关创意研究和发展、能够吸引到国际游客的盛事，每年的创意节使得 Fortezza da Basso 展馆成为了意大利和国际创意的活力中心。②

（3）通过设计城市品牌塑造旅游地形象

品牌是城市的名片，随着城市竞争进入品牌时代，各国越发注重城市品牌的塑造和营销，纷纷成立了专门的品牌运营和管理机构，运用创意更好地凸显城市主题、宣传城市形象和彰显城市个性，从而有效地提升城市的知名度并为城市发展聚才聚力。③城市品牌的塑造与深度推广有利于使城市发展走出传统的、不可持续的“卖地式”经营阴影，开辟了城市和区域积极参与全球竞争的新途径，兼顾了保留城市个性和遵循竞争共性。伦敦、新加坡、中国香港等国家和地区所提出的“创意城市”或“创意中心”等发展战略，彰显出的都是这种城市“基于个性张扬”的新竞争理念。④ 品牌是城市的无形资源，文化创意旅游所面向的大众化市场为城市符号的认知、感受和城市品牌的运营提供了消费基础，有利于城市符号价值和品牌价值的实现。

“创意之都”伦敦重视品牌和形象建设，政府专门请专家设计城市品牌，提炼出伦敦与众不同的“开放、迷人、自信和动力无限”的品牌格调，在“文化多元化、无限创造性、充满机会以及无穷积极的推动力”的城市品牌价值中，确定核心价值是“不断探索”，在视觉形象上，伦敦选择了活力无限、变化无穷的万花筒来表现伦敦品牌形象，有效地吸引了世界各地的大量旅游者，促进了伦敦旅游业的繁荣。

巴黎是国际知名的“时尚之都”，在以时尚为主题的城市文化旗帜下自然集聚了来自世界各地的时装设计、时尚活动策划、时尚文化演艺等领域的高端人才，形成了融设计、生产、消费于一体的时尚产业集群，时尚元素深深融入了巴黎的日常生活，成为城市的文化特质，旅游则成为推广时尚生活方式的载体。如在倡导低碳时尚生活的过程中，巴黎建立了覆盖全市的公共自行车网络，推出自行车旅游项目，该项目成为巴黎 80 多个热门旅游产品中最受欢迎的旅游项目。⑤

---

① Hughes H. Arts, Entertainment and Tourism[M]. Oxford: Butterworth-Heinemann, 2000.

② 毛里齐奥·卡尔塔. 意大利创意城市：新景象与新项目[J]. 胡敏，译. 国际城市规划，2012，27(3)：42-53.

③ 冯学钢，于秋阳. 论旅游产业与创意城市的融合发展[J]. 社会科学，2010(11)：13-18.

④ 胡彬. 创意产业价值创造的内在机理与政策导向[J]. 中国工业经济，2007(5)：22-29.

⑤ 王慧敏. 文化创意旅游：城市特色化的转型之路[J]. 学习与探索，2010(4)：122-126.

7. 国外创意城市发展对旅游产业的影响

(1) 迎合旅游消费需求

随着社会的发展，人们的需求也在发展变化。当满足了食物和住所的基本需求后，我们会将注意力转移到对高层次的需求的满足，如地位和自我实现。西托夫斯基将这种发展描述为非成熟到成熟型消费的转变，或外部引导向内部引导消费的转变。人们不再只关心商品积累，同时也希望发展自身和自身的消费能力。人想要绘画，设计，摄影，唱歌，做瑜伽——一系列培养技能和发展潜力的活动。但是，尽管人们对创新的渴望日益增强，但是用于创新的时间却日益减少。一种创意的途径是在家通过互联网利用间隙时间创作，另一种是通过旅游，并要求更多"真实"的日常生活体验。越来越多的游客说他们想体验当地的文化，像当地人那样生活和了解他们所参观的地方的真实内涵。显然，目前需要开发更多新类型的文化旅游产品。①

(2) 激发潜在消费能力

创意城市旅游使游客通过积极参与学习体验，开发其创造潜力。② 因此，创意旅游所涉及的消费是主动而不是被动的，目的是挖掘个人的潜在消费能力。③ 创意空间、创意视野和创意旅游之间的主要区别，是创意旅游更多地依靠游客的积极参与。创意旅游不只是观赏，也是部分游客的反射作用，在传统的分析中这部分游客通常被认为是"非生产者"。④ 同时由于创意产业空间本身也容易成为观光目标的一部分，因此旅游者所到之处对创意产业服务的需求自然产生，这是无法避免的经济规律。伦敦、柏林的创意街区出现了观光消费者成为人流主体的现象，一方面是创意产业引发的经济活力的反映，是创意经济带动城市发展的有力证明，也说明商业设施日渐成为创意城市空间的重要构成部分，成为创意经济活动的有益补充，为创意产品市场、消费创造了有利条件。但另一方面，若商业化过度发展，必将喧宾夺主，使创意产业空间逐渐沦为纯粹商业消费空间，大大削弱了其文化艺术性，使其丧失有别于普通商业街区的独特魅力。伦敦就出台了相应措施对商业娱乐、夜生活场所等进行引导与规范，以保持文化

---

① Richards G, Wilson J. Tourism development trajectories: From culture to creativity. In G. Richards &J. Wilson (Eds.), Tourism, creativity and development[M]. New York: Routledge, 2007:1 – 34.

② Özen K1rant Yozcu, Orhan İçöz. A Model Proposal on the Use of Creative Tourism Experiences in Congress Tourism and the Congress Marketing Mix[R]. PASOS. Revista de Turismo y Patrimonio Cultural, 2010, 8(3):105 – 113.

③ Richards Greg. The Experience Industry and the Creation of Attractions[M]. USA: CABI Publishing, 2001.

④ Richards G, Wilson J. Tourism development trajectories: From culture to creativity. In G. Richards &J. Wilson (Eds.), Tourism, creativity and development[M]. New York: Routledge, 2007: 1 – 34.

艺术街区特有的氛围。①

8. 国外创意城市发展对旅游产业的影响

从历史上来讲,发展创意首先由澳大利亚联邦政府以国家政策的形式加以关注并着力发展,即澳大利亚联邦政府于 1994 年制定了《创意国度:联邦文化政策(1994)》。旅游业一贯关注产业本身的可持续发展问题,随着创意产业经济、社会影响力的持续扩大,旅游业内人士发现,发展“创意”是旅游业可持续发展的必然选择。② 创意与旅游业在产业转型期成功结合,由此“创意旅游”(Creative tourism)应运而生。尽管创意旅游这一名词使用得较晚,但实际上创意旅游早已在旅游产业内以不同的形式出现。③在这一形势的基础上,旅游目的地广泛发展创意体验(Creative experiences)项目,使旅游产品更加多样化,并打包式成套提供给旅游者。④

在首尔获得“设计之都”称号后,首尔政府成立了设计首尔总部,宏观上对首尔的创意城市进行部署,在旅游方面,政府围绕“设计首尔”的主题推出了一系列政策与活动,如进行了包括自然景观、南山项目、城市画廊、街道美化工程和夜景提升计划等多项旅游规划(见表Ⅲ-4),配合“设计之都”的打造和发展的同时,提高旅游发展水平。首尔不断提升城市形象,确定特色标识识别元素,希冀通过城市形象设计促进更加多元、原创和具有竞争力的设计氛围,提升首尔整体竞争力和吸引力。⑤

---

① 刘云, 王德. 基于产业园区的创意城市空间构建——西方国家城市的相关经验与启示[J]. 国际城市规划, 2009, 24(1): 72-78.

② 崔国, 褚劲风, 王倩倩, 等. 国外创意旅游内涵研究[J]. 人文地理, 2011, 26(6): 24-33.

③ Richards G, Wilson J. Developing creativity in tourist experiences: a solution to the serial reproduction of culture [J]. Tourism Management, 2006, 27(6):1209-1223.

④ Faulkner B. Destination Australia: a research agenda for 2002 and beyond [M]//Herbert William Faulkner, Bill Faulkner, Liz Fredline, et al. Progressing tourism research. Channel View Books, 2003:341-365.

⑤ 首尔政府网站. 首尔形象[EB/OL]. http://www.chinese.seoul.go.kr.

表Ⅲ-4 首尔设计总部主要项目

项目规划	设计指南项目	公共设计项目
首尔自然景观发展规划	公共建筑,公共空间和公共设施	建立公共设计标准
复兴南山项目发展规划	公共视觉媒体	提升地下人行道环境设计
城市画廊工程	室外标识系统	合并关闭行政管理事务所
设计首尔街道美化工程	符号设计	重塑社区中心
国际大都市照明领域合作项目	符号组织提高符号设计质量	
首尔象征物,首尔色,首尔字体		
首尔夜景提升计划		
隔音墙再设计		
自然资源回收设施图像增强项目		
首尔信息符号标准设计指南		

[资料来源:CNN, SEOUL Application, Annex; http://www. unescoorg/new/en/culture/themes/creativity/creative-industries/creative-cities-network/design/seoul/ (2012-3-11)]

二、国外创意城市发展对旅游业的启示

1. 大力推进创意城市的建设发展

创意城市对城市旅游业的发展会产生众多正面推动作用。在旅游业竞争激烈的背景下,发展创意旅游已经成为提升城市旅游业竞争力以及实现城市经济增长的重要途径。从旅游业的角度看,创意城市的建设是未来城市发展的必然趋势。创意城市的发展可以从以下几个方面考虑:①根据自身优势明确重点发展的创意产业领域,出台重点支持措施,尤其是设计产业和时尚产业。②充分利用设计进行城市规划和城市建设,实施包含设计元素的城市规划项目、交通和城市景观改善项目等。③实施多种资金支持措施,在依靠政府投资的同时调动和发挥各方力量,尤其是民间资金力量。④建立公共服务平台,提供多种服务。⑤重点支持中小企业的发展。⑥注重吸引、培养年轻创意人才。⑦举办频繁而高级别的文化创意活动。通过文化创意活动促进创意、设计意识的普及和对创意产品的了解;营造创意氛围;发现优秀创意人才和创意作品;为创意人士和创意作品被企业、消费者乃至世界所了解和接受、扩大国际知名度,进而开拓国际市场创造条件。

2. 运用创意思维整合旅游资源,提高旅游吸引力

首先,构建创意旅游资源分类和评价体系,对城市创意旅游点的吸引力进行确定和比较,从而确定不同创意旅游资源的开发时序与模式。其次,对各类旅游资源进行多维化整合,包括内部的优化组合和外部的联动。内部优化组合指在旅游资源

产品化的过程中，以创意城市旅游为主题，重点建设创意旅游产品，同时，充分利用传统自然资源及人文资源优势。注意规模效益，完善交通网络，使传统和创意旅游区紧密相联，形成点、线、面的旅游产品分布格局，打造功能齐全、分布合理和类型多样的整体性旅游区。外部联动指创意城市周边城市、地区乃至全国在创意旅游线路、项目、交通和营销等方面联动，在客源市场开拓和旅游线路编制上共同努力，共同受益。

3. 推进创意旅游产品开发

一方面，在创意旅游产品开发中要提高对城市无形文化资源的重视程度，融入城市的文化、历史、品牌、设计和符号等元素，使开发出的创意旅游产品具备个性化和地方文化特色，更好地体现创意旅游产品的文化内涵，增强创意旅游产品的竞争力。另一方面，创意城市在发展旅游的过程中，要重视体验性旅游产品的提供，满足人们的精神需求和对旅游产品文化附加值要求。通过旅游目的地与旅游者的共同参与，创造创意旅游产品的高附加值，提升创意旅游产品内涵。

4. 整合传统—创意旅游空间，构建“板块旅游”模式

首先，通过研究城市传统旅游资源和创意旅游资源空间分布，分析城市传统旅游资源和创意旅游资源的空间结构特点。其次，重视旧区改造，对具有文化创意等价值的旧区进行创意规划，促使边缘地带复兴，形成创意景点或创意飞地，进一步推进创意景点—创意飞地—创意旅游空间的演化过程，扩大创意旅游的辐射范围，形成创意旅游的空间规模效应。第三，通过整合创意城市传统旅游资源与创意旅游资源，拓展城市旅游空间结构，融合资源、基础设施、服务和交通等要素，打造集“古典”与“创意”于一体的“板块旅游”模式，构建“板块旅游”空间结构。最后，联合地区主要城市，通过产业融合、服务共享、联手促销和整体宣传等措施打造创意旅游带，提升区域内创意旅游发展水平。

5. 加大创意产业与旅游业融合力度

首先，加强政府在产业融合过程中的作用，促进与创意产业相关的科技、经济、文化、城建部门与旅游管理部门形成稳定的协调机制，为旅游业与创意产业之间的融合发展构建平台。其次，促进创意产业向旅游产业延伸，比如延伸电影音像制品、玩具、服装、游戏、图书和主题公园等创意产业链至旅游业中，实现创意产业与旅游产业两者融合发展；在创意项目中配套开发旅游功能，比如结合创意园区、创意建筑、大型展会和大型文体活动推出观光旅游和体验旅游，也可以将大型文化演出直接开发为旅游产品。同时，提升旅游项目中的创意含量，包括旅游规划创意、旅游建设项目创意、旅游活动创意和旅游商品创意等。最后,引进和培养旅游创意复合型人才。创意城市中的创意阶层的集聚有利于创意火花的迸发以及创意城市本身的可持续发展和良性循环。① 创意产业与旅游业的融合发展需要旅游业和文化创意的复合型高级人才,从而推动两者尽快融合发展。政府应尽快制订有利于这类人才培养和引进的政策与计划;加大对创意教育、旅游教育的投入;引进具有现代经营理念和市场创意的文化旅游项目领军人物,同时营造兼容并蓄的城市氛围。

6. 更新旅游营销模式

创意城市发展背景下旅游营销的创新要围绕旅游者的体验诉求来进行,需要采用差异化的服务满足不同的需要,通过无微不至的服务,同顾客建立情感联系并培养顾客的忠诚度,借助营销理念引导顾客积极参与,提升顾客的体验附加值,实现旅游产业价值链的增值。比如,开展节事旅游或影视营销,精心策划和组织旅游、文化等方面的节庆活动,利用媒体进行宣传报道,提高城市的知名度;借助影视剧吸引游客,在潜在旅游者当中建立全新的旅游目的地形象。

7. 运用创意手段提升旅游地形象

首先,结合创意城市的文化内涵和品牌定位等建设适量的创意标志性公共建筑,以展示城市形象。其次,旅游节事活动的组织应将表演性、群体性和参与性相结合,加深游客在旅游地的体验感受。既要努力创造条件,举办一些大规模、高品位、高档次的旅游节事活动,取得更显著的效应,也要根据实际情况,举办一些小型、分散的旅游节事活动,以此来吸引有各种志趣的游客;既要充分发掘和提高传统旅游节事,也要努力创造新的旅游节事,形成各种专题旅游节事系列和网络。旅游节事应走向深度开发和组织,根据需求心理的变化,不断推陈出新,采用新颖的表达方式和包装手法演绎旅游地文化与形象,以延长旅游节事本身的生命周期,从而增强旅游地的生命力和吸引力,实现旅游地可持续发展。第三,在对城市品牌的构成和内涵进行深入分析的基础上,考察城市的各个发展力要素、城市品牌定位、城市 CI 设计、营销和城市品牌管理,塑造符合城市品位的城市品牌形象。

8. 抓住创意城市发展机遇,实现旅游政策更新

以创意城市发展政策为基础,不断调整和更新宏观旅游政策导向,以确保新的旅游政策体系与创意城市政策体系的对接并给予旅游业发展动力支持。在提升创意城市旅游目的地形象、创意景区(点)建设、开发创意旅游产品和推进创意营销等方面做

---

① 冯学钢,于秋阳. 论旅游产业与创意城市的融合发展[J]. 社会科学, 2010(11): 13-18.

出政策响应,抓住创意城市发展机遇,充分利用创意在旅游业中的应用,提升城市旅游竞争力和吸引力。

第三节 苏州创意旅游资源评价

一、创意旅游资源界定及分类

1. 创意旅游资源概念

作为一种新兴的旅游理念,国内外学者对创意旅游概念的诠释不一,因此,作为开展创意旅游依托的创意旅游资源的概念尚无统一定论,但在对创意旅游内涵的阐述中都强调了其创新性、独特性、参与性和体验价值。从狭义上看,创意旅游资源是创意产业与旅游业有机结合而成的高层次文化旅游资源类型,是创意产业将其独特的趣味性、知识性、时尚性和创新性注入旅游产业发展中,从而拓宽发展了旅游资源内涵和范围;从广义上看,凡是对旅游者产生吸引力,可供开发成为创意旅游产品的资源都属于创意旅游资源范畴。基于此,本文将创意旅游资源定义为:客观存在于一定地域范围内的,因其具有的新、奇、特和参与性而对旅游者产生吸引,在满足其新奇、娱乐和体验的享受的同时,能为旅游业所利用,产生经济效益、社会效益和环境效益的各种有形资源和无形资源。

2. 创意旅游资源特征

(1) 强调体验性和参与性

体验性和参与性是创意旅游资源区别于一般自然与人文旅游资源最为显著的特征。传统自然和人文旅游资源主要是静态的自然山水与人文古迹,缺乏吸引游客互动参与的元素。然而,随着体验经济的到来,人们的旅游需求愈发趋向于追求得到难忘、美好回忆的经历。创意旅游满足了人们这种无形的精神需求。创意旅游资源的参与性极强,能够激发旅游者的创意行为,使其自主自愿地参与到创意过程中,从而激发其创意灵感,发掘创意潜能,形成有个性特征的互动、参与和休闲的旅游体验。

(2) 以文化为本位

与传统旅游发展模式不同,创意旅游强调对各类资源进行多维化整合,从而创造未来文化遗产并引领和塑造旅游消费潮流。[1] 文化是当代社会创意的重要源泉，也是创意旅游的前提和基础[2]，因此创意旅游资源应在强调挖掘原有文化内涵的同时注重对原有文化基础的再创造。[3]

(3) 要素关联性强

创意产业与旅游产业同为关联性极强的两大产业，在其相互融合过程中，二者的产业链获得了延伸。因此，作为支撑二者融合产物——创意旅游发展的创意旅游资源，不但与传统旅游所需的环境、文化以及相关设施等密切相关，而且与博物馆、电影、建筑、动漫、艺术场馆、广告、游戏、表演艺术、科技、教育等有着很强的关联性。此外，由于创意旅游强调游客的自主参与和自我创造，需要旅游目的地为旅游者构建创意空间，因此创意旅游资源对目的地整体氛围营造和配套设施建设的依赖性更强。

(4) 涵盖范围广

创意旅游对资源的要求不仅仅局限于实体资源，使得旅游资源的涵盖氛围进一步扩大。创意旅游资源突破了传统旅游资源观局限于自然山水、文化古迹等自然和人文资源，将其涵盖范围延伸到社会资源。通过用创意产业的思维方式和发展模式整合旅游资源，从而凡是能对旅游者产生吸引，激发其创意，增加其体验性的“新、奇、特”的旅游资源都可以作为创意旅游资源进行开发，从而使一些不具备旅游资源特征的或不便于进行开发的旅游资源均可借创意旅游进一步扩大其发展空间。

3. 创意旅游资源分类

(1) 分类原则

随着人们需求的变化和旅游产业链的不断拓展，旅游资源的范围与深度是在动态地发展变化的。[4] 创意产业以其独特的趣味性、知识性、时尚性、创新性为旅游业注入生机与活力，将各类有形资源、无形资源加以整合，赋予其旅游资源的功能，从而形成新的旅游吸引物，因此创意旅游资源不仅涵盖传统旅游资源，也包含了创意产业元素。

基于对创意旅游资源内涵和特征的分析，结合 1998 年英国出台的《英国创意产业路径文件》中对创意产业范畴的定义以及《北京市文化创意产业分类标准》中对创意产业内容的界定，对城市创意旅游资源进行划分：①依据创意产业与旅游业融合方式，将

---

① 周钧，冯学钢. 创意旅游及其特征研究[J]. 桂林旅游高等专科学校学报，2008，19(3)：394－401.

② 赵玉宗，潘永寿，范英杰，等. 创意转向与创意旅游[J]. 旅游学刊，2010(3)：69－76.

③ 石玉，袁书琪，林明水. 创意旅游与城市内河旅游开发研究——以福州市为例[J]. 海南师范大学学报(自然科学版)，2012，25(2)：227－232.

④ 谢志华，吴必虎. 中国资源型景区旅游空间结构研究[J]. 地理科学，2008，28(6)：748－753.

苏州中心城区创意旅游资源分为创意主题园区类、创意城市景观类、创意活动类、创意社区类和创意旅游商品类5个大类;②按照资源单元及成因,进一步分级为21个基本类型。基本类型部分参考了国家标准。

(2) 分类指标分析

①创意主题园区

创意主题园区是指基于区域旅游资源的特点,通过创意性的主题设定来整合相关资源,从而形成的具有科普性、特色化和互动参与性的场所,能够满足游客多样化的娱乐休闲需求。创意主题园区主要包括主题公园、创意产业园、艺术园区、动漫基地和特色展示、演示场馆。

首先是主题公园。主题公园是指为了满足旅游者多样化休闲娱乐需求与选择而建造的一种具有创意性游园线索和策划性活动方式的现代旅游目的地形态。主题公园以文化复制、文化移植、文化陈列以及高新技术等手段迎合游憩者的好奇心,以主题情节贯穿各个游乐项目,具有娱乐内容丰富多样,活动项目个性化、体验性强且参与度高,游乐氛围刺激性强的特点。主要代表有美国迪斯尼、上海欢乐谷和深圳华侨城。

其次是创意产业园。创意产业园是创意产业在特定空间集聚而成的产物,是集文化创意产业与高科技产业于一体的新型经济园区。创意产业园区以高科技企业和文化企业为主[①],是集创意工作、休闲娱乐、培训展示、商业服务、信息交流、生活居住等功能为一体的综合性旅游吸引物,其建筑外观与内部装饰、企业文化、园区生活形态等都是吸引旅游者的元素。主要代表有纽约的百老汇戏剧产业园区和青岛创意100产业园。

第三是艺术园区。艺术园区是指艺术家和商业文化机构聚集于留存下来的城市工业空置厂房,使其发展成为集画廊、艺术家工作室、设计公司、餐饮酒吧等于一体的具有一定规模的融入了旅游活动的艺术创意集聚区[②],是当代艺术、历史文脉、建筑空间和城市生活与旅游有机结合的产物。主要代表为北京789艺术园区和上海8号桥艺术园区。

第四是游戏、动漫基地。游戏、动漫基地是基于数字游戏产业和动漫产业的发展而实现旅游功能延伸的创意聚集区,园区以动画、漫画和游戏为内容主体,包含相关的音像制品、电子出版物、游戏、玩具、文具、服装和食品等衍生产品开发,集研发、休闲和

---

① 张建. 都市创意产业与旅游产业融合发展的态势及其整合对策研究[J]. 旅游论坛, 2009,2(1): 76-81.

② 郑斌, 刘家明, 杨兆萍. 基于"一站式体验"的文化旅游创意产业园区研究[J]. 旅游学刊, 2008, 23(9): 49-53.

培训等于一体。主要代表为上海国家动漫游戏产业振兴基地。

最后是特色展示、演示场馆。特色展示、演示场馆通过创意展、演模式和提供创意展、演内容,满足旅游者对地方文化和创意原始展示的需求,是在基于展示、演示等基础功能上衍生出对旅游者的交流、互动、娱乐和情感沟通等新型服务功能。

②创意城市景观

城市景观内容主要有城市建筑、城市公共开放空间、娱乐景观、水域空间、文化历史纪念空间及城市小品雕塑等,这些不同内容的组合,构成了一座城市的总体景观。创意城市景观就是要用创意思维提升城市景观的功能,优化其结构,从而表现出生动的联想能力与浓郁的审美情趣,给人以心理认同感和美感。[①] 因此,创意城市景观的主要内容包括主题鲜明,外观新奇,具有城市形象特色的雕塑小品、建筑景观、广场景观、水景观、景观道、桥梁景观和交通设施景观等。

③创意社区

社区是一个地理区域的群体,如城市、城镇、乡村等。创意社区就是赋予社区以创意氛围,从而带给旅游者体验价值,激发其创意思维,促使其自主发挥创意思维。城市创意旅游资源视角下的创意社区主要有特色街区和创意聚落(村、镇)。

首先是特色街区。特色街区是指通过雕刻、建筑、绘画、音乐等创意手段,重塑传统历史街区或者打造全新街区。特色街区是文化、商业和旅游业多产业融合的主题旅游区,集休闲娱乐和创意体验于一身,以感受历史文化、品味时尚生活为吸引元素吸引旅游者。

其次是特色聚落(村、镇)。创意旅游农业是以丰富的农业生产和农业资源为基础,以多彩的农村生活为特色,以优美的乡村生态环境为背景,在农村范围有农民参与和有游客融入的农业活动。特色聚落(村、镇)是以开展创意旅游农业为主[②],通过整合区域资源,依托创意理念,形成时代特色鲜明的主题。该种创意社区内部往往拥有一个或多个高品质的体验农庄,满足游客参与农事生产、体验农村生活的需求。

④创意旅游商品

创意旅游商品不但具有传统旅游商品文化展示功能,更加强调利用创意和现代先进手段并结合本地特有的文化元素进行设计和包装,使之既具有浓厚地方特色,又具有独特个性和感染力。旅游商品是为满足旅游者的旅游活动需要而生产和供应的商

---

① 万艳华,许亚萍. 城市景观概念规划设计初探——以当阳沮河景观概念规划为例[J]. 规划设计,2003,19(8):28-32.

② 卢云亭,李同德,周盈. 创意旅游农业开发模式初探[J]. 农产品加工·创新版,2010(1):36-39.

品，包括旅游者在旅行中消费的各种生活用品以及一些有纪念意义和收藏意义的物品，本研究将创意旅游商品分为手工产品与工艺品和旅游日用品。

⑤创意活动

旅游活动是旅游中的重要内容，通过融合创意产业而产生的创意旅游活动，拓展了旅游的吸引元素。创意旅游活动就是通过创意的组织和展示，并选择一定的地域空间开展的满足游客体验需求的节庆活动、会展活动、演艺表演和体验活动。

首先是节庆活动。创意视角下的节庆活动主要有对传统民俗节庆的创新和具有现代观念意识的节庆。首先，创意传统民俗节庆就是在策划中融入创意元素，通过改变场地、变换活动形式、重组活动内容及创新宣传方式等手段提升活动吸引力。其次，创意现代节庆就是通过融合创意产业元素所开发的与现代时尚相结合，具有较强观赏性、娱乐性和体验性的节庆活动。

其次是会展活动。创意会展是推进旅游产业与创意产业融合的积极因素，是采用互动性的体验形式，整合各类特有的资源，通过多样的表现手法、丰富的展览物品和互动的现场氛围打造的新颖会展方式。①

第三是演艺表演。创意演艺表演活动除传统舞台表演外，还可以是实景演出、巡演或是观众可参与的演出，强调将多种舞台表演艺术与本地传统文化特色相结合，并巧妙安排一系列的观赏、互动项目，是古典与时尚相结合的产物。

最后是体验活动。体验性强和参与度高是创意旅游资源主要特征之一，作为创意旅游资源的体验活动就是通过旅游者主动参与了解当地的文化特色，体会当地风俗习惯。

二、创意旅游资源评价体系

1. 评价指标体系建立与层次结构

评价指标是对影响旅游资源开发和利用价值大小的因素之间的复杂关系加以简单化和具体化的系列指标，确定评价指标是旅游资源评价的核心问题。② 为使创意旅游资源评价体系更加客观、全面、准确地反映创意旅游资源的本质特征和体验价值，本

---

① 李方方，洪霞芳. 南昌市文化创意旅游产业发展的动力机制与实现途径[J]. 企业技术开发，2012,31(31):87－90.

② 程道品，林治. 模糊评价法在旅游资源评价中的应用[J]. 桂林工业学院学报，2001,4(2):186－190.

研究在参考国内外研究成果①-⑭的基础上,按照实用性、综合性、代表性、可操作性原则,综合采用理论分析法和专家咨询法选取评价指标。首先运用理论分析法对创意旅游的有关问题进行分析、比较和综合,并通过参考相关文献,选择针对性强且贴合创意旅游特性的指标,然后通过专家咨询法对评价指标进行调整。由此,确立了创意旅游资源评价指标体系(如表Ⅲ-5)。

该评价指标体系由目标层、综合层、项目层和指标层构成,其中:目标层体现创意旅游资源评价体系总目标,即衡量创意旅游资源综合价值水平;综合层为目标层的具体化,包括资源价值、资源影响力及潜力和开发条件;项目层为综合层的进一步延伸,其中资源价值由观赏游憩价值、文化价值、体验价值和经济价值4项指标构成,资源影响力及潜力包括资源影响力和资源潜力2项指标,开发条件包含区位条件、交通条件和配套设施3项指标;指标层是对项目层中相关要素的进一步细分,共包含26个因子。

2. 指标体系权重确定

采用层次分析法(Analytic Hierarchy Process,简称AHP法)计算指标权重,通过两两比较判断的方式确定每个层次中指标的相对重要性,并建立判断矩阵,利用数学方法计算每个层次判断矩阵中各指标的权重,最后通过在递阶层次结构内各层次权重的组合,得到全部指标相对于目标的权重数。

---

① 黄震方,祝晔,袁林旺,等.休闲旅游资源的内涵、分类与评价——以江苏省常州市为例[J].地理研究,2011,30(9):1543-1553.

④ 陶卓民,林妙花,沙润.科技旅游资源分类及价值评价[J].地理研究,2009,28(2):525-535.

⑤ 王世金,赵井东.中国冰川旅游发展潜力评价及其空间开发策略[J].地理研究,2011,30(8):1528-2542.

⑥ 李悦铮.辽宁沿海地区旅游资源评价研究[J].自然资源学报,2000,15(1):46-50.

⑦ 于涛方,顾朝林,徐逸伦.吉林省旅游资源评价与分析研究[J].自然资源学报,2002,17(2):198-202.

⑧ 邢道隆,王玫.关于旅游资源评价的几个基本问题[J].旅游学刊,1987,2(3):34-39.

⑨ 汪侠,顾朝林,刘晋媛,等.旅游资源开发潜力评价的多层次灰色方法——以老子山风景区为例[J].地理研究,2007,26(3):625-635.

⑩ 袁书琪.试论生态旅游资源的特征、类型和评价体系[J].生态学杂志,2004,23(2):109-113.

⑪ 周文丽.民俗旅游资源的定量评价研究[J].内蒙古科技与经济,2007(15):30-33.

⑫ 尹占娥,殷杰,许世远.上海乡村旅游资源定量评价研究[J].旅游学刊,2007,22(8):59-63.

⑬ 蔡建刚.武陵源世界自然遗产地生态旅游资源评价研究[J].资源开发与市场,2012,28(6):562-564.

⑭ 汪德根,陈田,王昊.旅游业提升开发区城市化质量的路径及机理分析——以苏州工业园区为例[J].人文地理,2011,26(1):123-128.

表Ⅲ-5　创意旅游资源评价指标体系及权重

目标层	综合层		项目层		指标层	
	因子	权重	因子	权重	因子	权重
创意旅游资源综合评价（A）1.0	资源价值（B_1）	0.648	观赏游憩价值（C_1）	0.263	美感度（D_1）	0.243
					奇特度（D_2）	0.493
					愉悦感（D_3）	0.056
					艺术性（D_4）	0.208
			文化价值（C_2）	0.118	体现某种文化程度（D_5）	0.750
					丰富度（D_6）	0.250
			体验价值（C_3）	0.564	参与性（D_7）	0.571
					趣味性（D_8）	0.143
					休闲性（D_9）	0.286
			经济价值（C_4）	0.055	市场需求度（D_{10}）	0.667
					经济效益度（D_{11}）	0.333
	资源影响力及潜力（B_2）	0.230	资源影响力（C_5）	0.750	知名度（D_{12}）	0.455
					美誉度（D_{13}）	0.091
					市场影响力（D_{14}）	0.454
			资源潜力（C_6）	0.250	转换成产品能力（D_{15}）	0.701
					品牌价值（D_{16}）	0.193
					市场前景（D_{17}）	0.106
	开发条件（B_3）	0.122	区位条件（C_7）	0.163	与周围资源关联度（D_{18}）	0.109
					地理位置（D_{19}）	0.582
					与城市集散中心距离（D_{20}）	0.309
			交通条件（C_9）	0.540	便捷性（D_{21}）	0.570
					费用（D_{22}）	0.059
					安全度（D_{23}）	0.252
					可选择性（D_{24}）	0.119
			配套设施（C_{10}）	0.297	基础设施（D_{25}）	0.667
					旅游服务设施（D_{26}）	0.333

表Ⅲ-6 创意旅游资源评分标准

评价指标层	评分等级				
	100～80	80～60	60～40	40～20	20～0
美感度(D_1)	很高	较高	一般	较低	没有
奇特度(D_2)	很高	较高	一般	较低	没有
愉悦感(D_3)	很强	较强	一般	较弱	没有
艺术性(D_4)	很高	较高	一般	一般	没有
体现某种文化程度(D_5)	很深	较深	一般	较不深	不深
丰富度(D_6)	很丰富	较丰富	一般	较不丰富	不丰富
参与性(D_7)	很强	较强	一般	较弱	很弱
趣味性(D_8)	很强	较强	一般	较弱	很弱
休闲性(D_9)	很强	较强	一般	较弱	很弱
市场需求度(D_{10})	很高	较高	一般	较低	很低
经济效益度(D_{11})	很高	较高	一般	较低	很低
知名度(D_{12})	很高	较高	一般	较低	很低
美誉度(D_{13})	很高	较高	一般	较低	很低
市场影响力(D_{14})	很强	较强	一般	较弱	很弱
转换成产品能力(D_{15})	资源转化成产品能力极强，资源即产品，无需改造、加工	资源转化成产品能力很强，略加改造、加工即可	资源转化成产品能力较强，需要一定的改造、加工	资源转化成产品能力一般，需要较大的改造、加工	资源转化成产品能力较弱，很难改造、加工
品牌价值(D_{16})	构成世界性的品牌，影响力极大	构成全国性的品牌，影响力大	构成省内的品牌，影响力较大	构成本地区的品牌，具有一定影响力	品牌价值较低，影响力较低
市场前景(D_{17})	面向国内外市场，在世界范围内有市场吸引力	面向国内市场，在全国范围内有市场吸引力	面向本省市场，在本省范围内有市场吸引力	面向本地区市场，在本地区范围内有市场吸引力	面向本地区市场，在本地区范围内市场吸引力较低
与周围资源关联度(D_{18})	补充	补充多于替代	补充替代	替代	竞争
地理位置(D_{19})	处于区域旅游中心	处于区域旅游节点	处于区域旅游线路上	处于区域旅游线之外	更远
与城市集散中心距离(D_{20})	很近	较近	一般	较远	很远
便捷性(D_{21})	很强	较强	一般	较差	很差
费用(D_{22})	很低	较低	一般	较高	很高
安全度(D_{23})	很安全	较安全	一般	较不安全	不安全
可选择性(D_{24})	很强	较强	一般	较弱	没有
基础设施(D_{25})	优良，充沛，齐全	配套良好	中等	有配套，较差	很差，缺乏
旅游服务设施(D_{26})	很好	好	较好	较差	很差

以创意旅游资源评价指标体系为基础，采用德尔菲法（Delphi）向旅游专业人士征求意见，本次共发放问卷30份，回收问卷27份，有效率为90%。综合多位专家打分，构造综合层、项目层和指标层的13个判断矩阵。根据AHP法计算过程，得出创意旅游资源评价体系的指标权重（表Ⅲ-5），其中，各判断矩阵CR值均小于0.10，通过一致性检验。

3. 评价模型与等级划分

（1）评价指标分级与量化

采用模糊数学十进制计分法对评价指标进行分级和量化。根据评价指标对其所在项目层的影响程度，把每个评价指标作模糊等级划分，分为5个等级，并对每一等级赋以连续的实数区间表示指标分值的变化，如表Ⅲ-6所示。

（2）综合得分值计算

由专家对创意旅游资源单体的各项评价指标进行打分，并进行平均数运算，得到创意旅游资源单体各项指标的平均得分。根据各单项指标在所在项目层和综合层的权重及其平均得分值，通过线性加权公式，计算创意旅游资源单体的综合得分值。

$$A = \sum_{m=1}^{n}\left[\sum_{j=1}^{m}\left(\sum_{i=1}^{j} D_i W_i\right) C_j\right] B_m$$

其中，A 为创意旅游资源单体综合得分值，D_i 表示某评价指标得分值，W_i 表示该评价指标相应权重，C_j 表示评价项目层权重，B_m 表示评价综合层权重。

4. 资源等级划分

借鉴中华人民共和国国家标准《旅游资源的分类、调查与评价》（GB/T 18972—2003），基于创意旅游资源单体综合得分值，对其进行等级划分。共分为6个等级，分别为五级创意旅游资源（≥90分）、四级创意旅游资源（75～89分）、三级创意旅游资源（60～74分）、二级创意旅游资源（45～59分）和一级创意旅游资源（30～44分）和未获等级创意旅游资源（≤29分）。其中五级、四级和三级为优良级创意旅游资源，二级和一级为普通创意旅游资源。

三、苏州中心城区创意旅游资源分类及评价实证

1. 案例地概况

苏州市位于长江三角洲中心腹地，地理位置优越，是长江三角洲交通网络中心。同时，苏州又是国内外知名的旅游城市，山水风光秀丽，人文景观又独具魅力。然而，苏州旅游发展没有因循守旧，而是突破传统思维，积极依托创意城市建设契机，探索旅游发展新模式——创意旅游。如今，苏州创意城市建设取得了巨大成就，并于2012年荣膺“最中国创意名城”称号。创意城市的营建，一方面成为旅游发展新的品牌优势，

另一方面催生了一批创意城市元素，如东方之门、音乐喷泉和创意产业园等，这些创意元素成为苏州旅游发展新的资源优势。2012 年“最中国创意名城”称号的获得标志着苏州正由传统的观光旅游目的地转变成为观光旅游与创意旅游并重的新型旅游目的地。

苏州目前下辖 6 个市辖区、4 个县级市。基于目前苏州传统旅游资源布局特征和创意旅游资源调查结果，本研究选取的研究区域范围为姑苏区、高新区、工业园区、相城区和吴中区，不包括昆山、常熟、张家港和太仓 4 个县级市，由于吴江市在 2012 年改为吴江区，因此也未纳入。该研究区域是传统旅游资源富集区，拥有 8 处世界遗产苏州古典园林，1 处国家级风景名胜区，5 处国家级森林公园，37 处 3A 级以上景区。

2. 苏州中心城区创意旅游资源分类结果

苏州通过将创意城市元素融入旅游，衍生出一批高品质创意旅游资源。通过对相关文献资料整理和重要旅游资源单体的实地考察，本研究共提取了 136 个位于苏州中心城区的创意旅游资源单体。基于上文构建的创意旅游资源分类体系，对 136 个资源单体进行分类，结果如表Ⅲ-7 所示。

表Ⅲ-7 苏州中心城区创意旅游资源分类结果

主类	亚类	典型代表
A 创意主题园区	AA 主题公园	摩天轮乐园、苏州乐园、苏州海洋馆、白塘生态植物园、苏州太湖湿地公园
	AB 创意产业园	红蚂蚁家居文化创意园、高博创意产业园、品阁家居生活创意中心、苏州婚庆创意产业园、旭日家居创意产业园、江南文化创意设计产业园、姑苏 69 阁、双桥 868 创意文化产业园
	AC 游戏、动漫基地	蜗牛游戏研发创意园、苏州携和动漫创意产业园、阳澄湖数字创意产业园、苏州国际创意产业园、长桥街道特色文化产业园
	AD 艺术园区	桃花坞文化创意园、容创意园、“工坊 1755”创意园、博济平江创意园、989 创意产业园
	AE 特色展示、演示场馆	博览中心、苏州博物馆、中国昆曲博物馆、苏州评弹博物馆、苏州工艺美术博物馆、苏州城市规划展示馆、基金博物馆、姚建萍刺绣艺术馆、蔡云娣江南三雕艺术馆、张辛稼艺术馆、汉璞艺术中心、巴塞艺术中心、关锦鹏电影工作室、台湾艺邨、台湾漫卡屋、光裕书场、品芳茶室、评弹博物馆书场、和平里书场、沁兰厅、苏州市评弹团、苏州滑稽剧团
B 创意城市景观	BA 雕塑小品	“圆融”雕塑、城市道路雕塑组团、干将路“中国结”、苏州新区“异彩”标志雕塑、园区“窗口”雕塑
	BB 建筑景观	东方之门、苏州文化艺术中心、摩天轮、圆融天幕、苏州火车站、时尚舞台、中茵皇冠假日酒店
	BC 广场景观	文化水廊、圆融时代广场、左岸商业街、火车站南广场、月光码头
	BD 水景观	金鸡湖夜景、音乐喷泉—水幕电影、金鸡湖大桥水幕
	BE 景观道	金鸡湖大道、现代大道、苏州大道、湖滨大道、环太湖大道
	BF 桥梁景观	太湖大桥
	BG 交通设施景观	城市公交站台、城市三轮车、金鸡湖游艇、苏式游船、城市公共自行车、双层观光公交

续表

主类	亚类	典型代表
C 创意社区	CA 特色街区	平江路历史街区、十全街特色街区、桃花坞民间艺术特色街区、李公堤国际风情水街、日本酒吧风情一条街、山塘街历史街区、虎丘婚纱特色街
	CB 特色聚落(村、镇)	临湖镇未来农林大世界、西山镇明月湾、旺山村、唯亭镇阳澄农庄、树山村、渔港村、镇湖三洋村、角直镇淞南村
D 创意旅游商品	DA 手工产品与工艺品	贝雕青花缠枝莲赏瓶、苏绣《花卉壁挂》、织锦《姑苏繁华图》、《世遗宝典》、芙蓉石印章《姑苏诗韵》、园林水晶砖雕挂(摆)件系列、《微型民族乐器》、澄泥石雕《苏州园林》、国画《树叶》、芦苇画《孩童戏蛙》
	DB 旅游日用品	旅游防护用品(迷你追踪者 505、506)、贝壳雕刻邮票、红木雕刻苏州四大名园和虎丘风景笔筒及名片盒、双桥笔插药盒定时器、《昆曲》景泰蓝茶叶罐、项链 MP3、《风采》琼花别针
E 创意活动	EA 特色民俗	寒山寺听钟撞钟、古胥门元宵灯会、轧神仙、虎丘春节年会、平江灯会、正月初五接财神、山塘民俗节、虎丘金秋庙会、虎丘艺术花会、七里山塘中秋祭月祈福活动
	EB 现代节事	苏州乐园啤酒节、苏台元宵灯会、白马涧冰雪狂欢节、苏州国际旅游节、金鸡湖国际艺术节、摩天轮乐园幸福桃花节、太湖国家湿地公园稻草人艺术节、牛仔风情节、白马涧恐龙文化节
	EC 会展活动	电博会、创博会、婚博会、时尚汽车文化节
	ED 特色表演	姑苏风情欢乐秀《苏 SHOW》
	EE 体验活动	金鸡湖游艇游、古运河夜游、太湖船餐体验游、乡村农事体验游

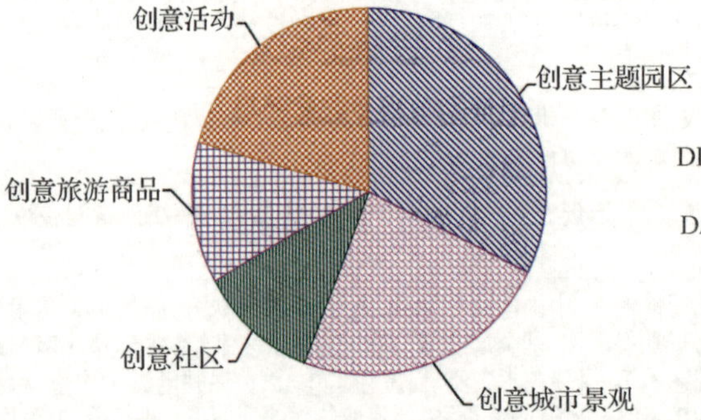

(a) 主类

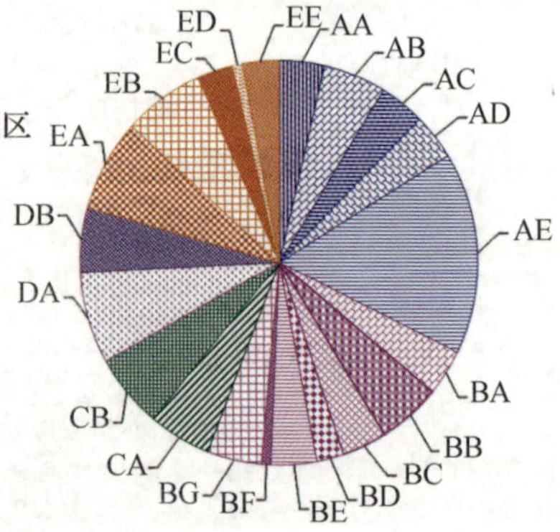

(b) 亚类

图Ⅲ-3 苏州中心城区创意旅游资源类型结构

在创意旅游资源主类上,创意主题园区、创意城市景观、创意社区、创意旅游商品和创意活动的资源单体分别为 44 个、32 个、15 个、17 个和 28 个,分别占资源总数的 32.35%、23.53%、11.03%、12.50% 和 20.59%(如图Ⅲ-3a)。

创意主题园区类资源是苏州中心城区创意旅游资源的主要组成部分,以特色展示、演示场馆为主(16.18%),其次为创意产业园(5.15%),主题公园、游戏动漫基地和艺术园区的资源数量占总体比例均为 3.68%(如图Ⅲ-3b)。

创意城市景观类资源所占比例居于第二位,主要集中于建筑景观(5.15%)和特色交通设施景观(4.41%)两个资源亚类,除桥梁景观资源单体数占总体资源比例较低(0.74%)外,雕塑小品(3.68%)、景观道(3.68%)、广场景观(3.68%)和水景观(2.21%)资源单体数所占比例相差不大。

创意旅游商品类资源和创意社区类资源所占比例最少。创意旅游商品类资源中,以手工产品和艺术品亚类为主(7.35%),旅游日用品为辅(5.15%);创意社区类资源中的特色街区和特色聚落(村、镇)两个资源亚类所占比例相差不大,分别为5.15%和5.88%。

创意活动类资源所占比例位列第三,且各亚类间数量相差较大。特色民俗活动和现代节事两大亚类所占比例最高,分别为7.35%和6.62%,会展活动、体验活动和特色表演所占比例则相对较小。

综上,苏州中心城区创意旅游资源种类比较齐全,类别构成丰富多样,以特色展示、演示场馆类资源单体最为丰富,但桥梁景观和特色表演比较匮乏,其余类别资源单体数目则呈现均衡分布特征。

3. 苏州中心城区创意旅游资源综合评价结果

依据表Ⅲ-6的评价赋分标准,运用专家征询法和问卷调查法对136个苏州中心城区创意旅游资源单体进行价值评价,根据单体各项指标权重和得分值,进行加权运算得到其综合得分值,并根据前文资源等级划分标准,进行资源等级划分。然后将所划分等级分别归类到创意旅游资源5大主类和各亚类上,反映不同类型资源级别差异(如表Ⅲ-8)。由于每一类型资源所占资源单体的数量不同,因此通过计算每一类型资源的均值(均值由该类型资源总分值除以该类型所占资源数量得到),揭示各类型资源整体品位特征(如图Ⅲ-4)。

表Ⅲ-8 苏州中心城区创意旅游资源得分等级

主类	五级	四级	三级	二级	一级	合计
A 创意主题园区	2	7	15	10	10	44
B 创意城市景观	5	11	6	9	1	32
C 创意社区	2	3	4	3	3	15
D 创意旅游商品	0	0	1	5	11	17
E 创意活动	1	7	2	11	7	28
合计	10	28	28	38	32	136

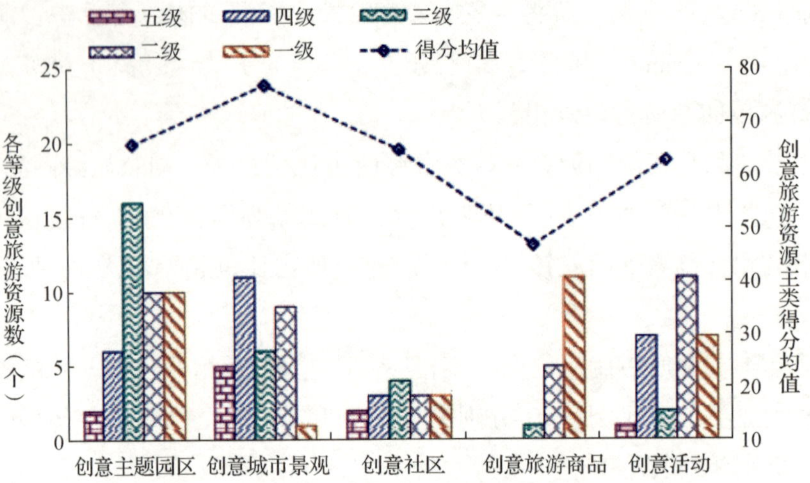

图Ⅲ-4　苏州中心城区创意旅游资源主类品质结构

由表Ⅲ-8 中的定量评价结果可知，苏州中心城区创意旅游资源整体价值较高，开发潜力较大。在苏州中心城区创意旅游资源中，五级创意旅游资源有 10 处，占总数的 7.35%，包括摩天轮乐园(94.57)、苏州乐园(96.32)、东方之门(97.43)、苏州文化艺术中心(90.65)、圆融时代广场(90.27)、金鸡湖夜景(93.81)、音乐喷泉—水幕电影(91.50)、平江路历史街区(90.94)、李公堤国际风情水街(90.73)和寒山寺听钟撞钟(93.77)；四级和三级创意旅游资源都为 28 处；二级创意旅游资源 38 处，一级创意旅游资源 32 处，没有未获等级创意旅游资源。在整体资源中，优良级资源共 66 处，占总体资源数比例达到 48.53%，反映出苏州中心城区高品质创意旅游资源数量充足，是苏州发展创意旅游的基础和保证。同时，创意旅游资源等级主要集中于一、二级，开发空间很大，如何进一步提升这些资源品位度是推动苏州创意旅游发展的关键。

(1) 创意旅游资源主类分析

对比分析可以发现苏州中心城区创意旅游资源品质结构存在较大差异。从主类上看，优良级旅游资源在 5 个主类中都有分布，但主要集中于创意主题园区类和创意城市景观类(如图Ⅲ-4)，其中五级创意旅游资源主要分布在创意主题园区类、创意城市景观类和创意社区类，总数占五级旅游资源总数的 90%。

创意主题园区类资源以三级为主；创意城市景观四级和二级所占比例较大；创意社区类和创意活动类优良级资源数居中，且数量相当；特别地，创意社区类各级别资源数量分布较均匀，资源品质较均衡；创意旅游商品类拥有的优良级资源最少，最高为三级，且数量仅为 1 个，以一级和二级资源居多。

由均值曲线也可以看出，创意城市景观类资源均值最高，为 76.93 分，可见创意城市景观类不但资源数量丰富，而且品质优异，在创意旅游市场中独具魅力，是创意旅游开发重点。

创意主题园区类均值为65.84,虽然得分位列第二,但与主题园区类相差大,这是由于虽然二者优良级资源数量相当,但创意主题园区类二级和一级资源数所占比例过大,使得整体资源水平降低,因而应加大该部分资源开发力度,提高资源整体品质。得分均值最低的为创意旅游商品类,为52.80分,与其他4大主类差距较大,说明该类资源品质较低。苏州目前创意旅游商品匮乏,不能满足游客的需求,应通过融入创意于传统旅游商品和开发新商品丰富创意旅游市场。

(2) 创意旅游资源亚类分析

如图Ⅲ-5所示,从各亚类来看,五级旅游资源分布在主题公园类、建筑景观类、广场景观类、水景观类、特色街区类和特色民俗类中。主题公园类、水景观类和特色表演类均值得分最高,整体资源品质高,是创意旅游开发的优势。创意产业园类、艺术园区类和手工产品与工艺品类因为一级资源比例过大,而整体资源均值得分较低,品质欠缺,是创意旅游发展的薄弱环节。

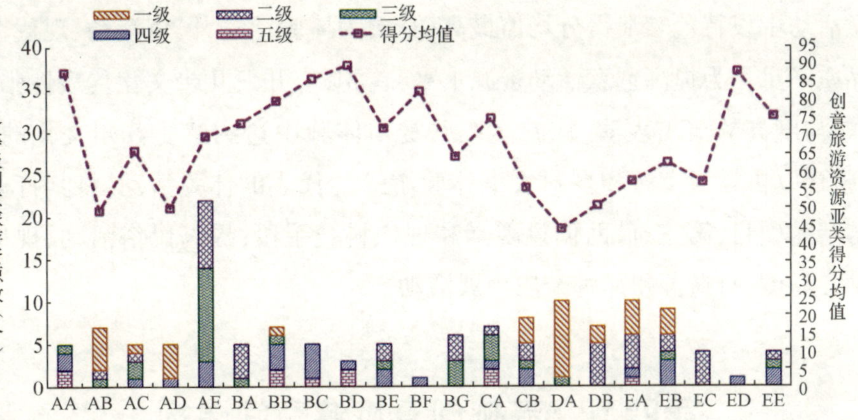

图Ⅲ-5 创意旅游资源亚类品质结构

4. 结论及启示

(1) 创意主题园区资源最为丰富且品质较高,是创意旅游发展重点

首先,主题公园类资源得分高,因此应重点开发苏州乐园和摩天轮乐园两处特级旅游资源,在不断提高园区品质同时,通过营造不同主题和氛围,形成差异化发展。其余3处优良级资源——太湖湿地公园、苏州海洋馆和白塘生态植物园应通过建设体验项目,迎合创意旅游需求;其次,创意展示、演示场馆资源储量最为丰富,是创意旅游发展的重点,应创新展示手段和增加体验、学习项目,增强游客对苏州文化的感知度;第三,创意产业园类和艺术园区类资源品质欠缺,应通过不断优化园区建设挖掘资源潜力。

(2) 创意城市景观资源品质最为优异,数量也占优势

苏州城市规划注重本地文化内涵和不断创新,建设了一大批富有创意与观赏价值

的建筑、雕塑和道路等城市景观,以工业园区最为典型,与古城区的古城风格形成鲜明对比,因此应将这些创意城市景观融入旅游功能,展示城市建设风貌。首先应重点打造以东方之门和苏州文化艺术中心为代表的建筑景观资源,使其成为苏州创意旅游的关键节点;其次,金鸡湖沿岸水域风光优美,音乐喷泉和金鸡湖大桥水幕等现代科技打造的高品质资源,可开发为夜间精品创意游览项目;第三,打造城市创意特色交通体系,不仅要注重其实用性,也要进一步融入城市文化和创意文化元素。

(3) 创意商品类和创意社区类的数量和品质不足,有待提高

首先,创意旅游商品得分均值最低,因此应加强创意旅游商品市场开发力度,在商品内容、包装和销售中融入创意元素,满足游客对旅游商品求新、求奇的需求。其次,应加强以农家乐和特色农事体验游览为主的各乡镇基础设施建设,并建造专门旅游设施,提升游览档次。

(4) 创意活动资源数量丰富,品质不足,资源潜力较大

创意活动中以特色表演得分均值最高,其次为体验活动,民俗活动、现代节事和会展活动品质不足。为提高创意活动资源水平,首先,应开发几台文化代表性强、欣赏性高、游客参与度高的演出表演,让游客在欣赏与体验中达到感受苏州文化的目的;其次,大力整合以古运河夜游和乡村农事体验游等为代表的体验活动,将其打造为苏州创意旅游精品项目;第三,借助创意因素和现代科技手段,提高民俗活动、现代节事和会展活动参与度,打造苏州品牌节庆会展活动。

第四节　苏州创意旅游空间建构

一、苏州中心城区创意旅游资源布局

旅游资源是旅游者选择目的地的决定因素,其空间分布对旅游生产力的布局有着深刻影响。旅游资源空间结构是区域内旅游资源的分布状况及质量、数量等的组合关系,影响旅游资源开发的速度、规模、效益和时空安排。基于上一章节创意旅游资源的

分类与价值评价①,本节对其空间结构进行分析②。

1. 创意旅游资源数量分布特征

从资源储量上看,苏州中心城区创意旅游资源分布广泛但相对集中。5 大区域都分布着创意旅游资源,但主要集中于姑苏区和工业园区,二者拥有的创意旅游资源数都为 33 个,占整体创意旅游资源的 78.58%;其次为吴中区和高新区,创意旅游资源数分别为 10 处和 7 处,所占比例分别为 11.90% 和 8.33%;相城区创意旅游资源匮乏,仅有阳澄湖数字创意产业园一处(如图Ⅲ-6)。

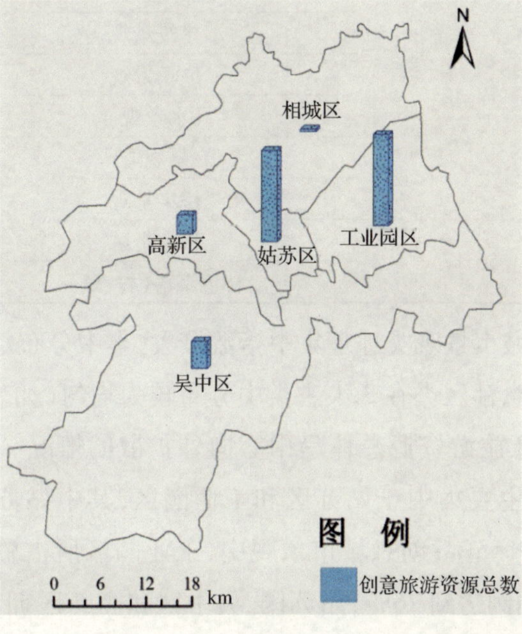

图Ⅲ-6　苏州中心城区创意旅游资源主类数量分布图

2. 创意旅游资源类型分布特征

(1) 分布均衡差异

为分析苏州中心城区创意旅游资源主类和亚类在地区间的分布均衡状态,分别计算各类创意旅游资源地理集中指数,结果如表Ⅲ-9 所示。为对比研究,计算各类型创意旅游资源在 5 大区域内均匀分布时,地理集中指数 $G_{平均}=44.72$,因此,苏州中心城区各类型创意旅游资源分布均呈集中态势。

① 本专题研究资源点主要分为传统旅游资源点和创意旅游资源点两大类。其中,传统旅游资源 41 处,创意旅游资源 84 处。

② 数据来源:工作底图由江苏省测绘局提供的 1:200 000 苏州市政区图通过 ArcGIS9.3 人工字数字化后,建立基础底图。旅游资源落点通过 Google Earth 确定精确坐标后在工作底图上运用 ArcMap 坐标输入功能确定。

表Ⅲ-9　苏州中心城区创意旅游资源地理集中指数

资源主类地理集中指数		资源亚类地理集中指数	
资源主类	地理集中指数	资源亚类	地理集中指数
创意主题园区	64.60	主题公园	60.00
		创意产业园	86.90
		游戏、动漫基地	52.92
		艺术园区	100.00
		特色展示、演示场馆	71.00
创意城市景观	77.46	雕塑小品	61.24
		建筑景观	86.90
		广场景观	82.46
		水景观	100.00
		景观道	82.46
		桥梁景观	100.00
创意社区	56.17	特色街区	74.23
		特色聚落(村、镇)	79.06

从主类上看,创意城市景观类地理集中指数最大,集中分布趋势最为明显,其次为创意主题园区类,而创意社区类在3大主类中分布较为均匀(如表Ⅲ-9)。结合图Ⅲ-7可以发现,3大主类创意旅游资源总体呈中心向外扩散的情况。创意主题园区类在5大区域内都有分布,但主要集中于姑苏区和工业园区,其中姑苏区所占比例最高,为56.82%,工业园区为29.55%;创意城市景观中,工业园区所占资源数占绝对优势,拥有19处资源点,所占比例达到76%,姑苏区、吴中区和高新区拥有的创意城市景观类资源所占比例分别为12%、8%和4%,相城区没有该类创意旅游资源。因此创意城市景观类资源集中程度最大;创意社区类中,吴中区和姑苏区资源拥有量所占比例相当,分别为40%和30%,高新区所占比例为20%,居于第三位,该类资源在相城区也没有布局。由此可见,与其他两大类资源相比,创意社区类资源分布整体较均匀。

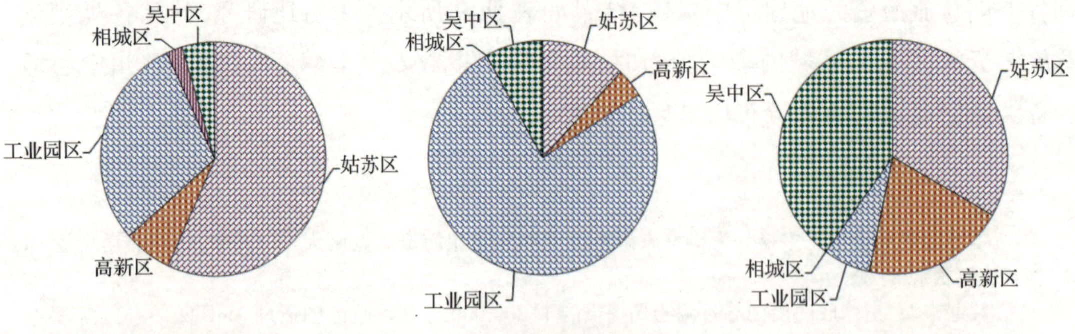

图Ⅲ-7　苏州中心城区创意旅游资源类型

从各亚类来看，不同类型创意旅游资源布局集中程度差异化显著（如表Ⅲ-9）。首先，艺术园区类、水景观类和桥梁景观类完全集中分布，其中，5 处艺术园区位于姑苏区，3 处水景观类资源位于工业园区，桥梁景观仅一处，位于吴中区。其次，创意主题园区类中的创意产业园类和特色展示、演示场馆类，创意城市景观类中的建筑景观类、广场景观类和景观道类，以及创意社区类中的特色街区和特色聚落两类分布皆较集中。特色展示、演示场馆类、布局于姑苏区和工业园区，两区所占比重相当（姑苏区为54.46%，工业园区为45.54%），建筑景观类以工业园区为优势。创意产业园类和特色街区类主要分布于姑苏区，所占该类比重分别为85.71%和71.43%。建筑景观类、广场景观类和景观道类以工业园区为重，占其所在亚类比例均在八成以上（建筑景观类为85.71%，广场景观类和景观道类均为80%）。特色聚落（村、镇）类则主要分布于吴中区，所占比例达到75%。第三，主题公园类、游戏动漫基地类和雕塑小品类分布较分散。主题公园类在高新区、工业园区和吴中区都有分布，高新区和工业园区所占比例都为40%，吴中区所占比例为20%。游戏动漫基地类除高新区不具备外，其余4 个区都有分布，姑苏区所占比重为40%，其余3 个区域所占比重都为20%，可见该类资源分布最为分散。雕塑小品类则主要分布在姑苏区、工业园区和高新区，其中，工业园区占有一半该类资源，虎丘区和姑苏区比例相同，都为25%。

（2）类型组合状况

苏州中心城区创意旅游资源3 大主类资源配合指数计算结果如表Ⅲ-10 所示，高新区资源配合指数低于50，为40.41，说明该地区创意旅游资源3 大主类资源组合情况较好。由图Ⅲ-7，高新区3 大主类创意旅游资源都有分布，其中创意城市景观类和创意主题园区类所占高新区资源总数都为43%，创意社区类资源占14%；其次，吴中区与工业园区配合指数分别为56.57 和68.03，说明两大区域创意旅游资源类型配合存在不协调性，其中吴中区虽然配合指数高于50，但相差不大。从各类资源所占比例看，创意社区类资源比例最大为60%，创意主题园区类和创意城市景观类资源都为20%，可见吴中区资源类型组协调性尚可。工业园区创意城市景观类、创意主题园区类和创意社区类所占比例分别为58%、39%和3%，可见创意城市景观和创意主题园区类资源所占比例过大；第三，姑苏区与相城区配合指数均高于80，说明两大地区资源类型组合很不协调。姑苏区创意主题园区类所占比重过大，为76%，而创意城市景观类和创意社区类资源所占比例仅为9%和15%。相城区仅有一处创意社区类资源，因此配合指数高达141.42。

表Ⅲ-10 创意旅游资源配合指数分区比较

	姑苏区	高新区	工业园区	相城区	吴中区
配合指数	90.30	40.41	68.03	141.42	56.57
排序	4	1	3	5	2

注:为便于比较,配合指数已扩大100倍。

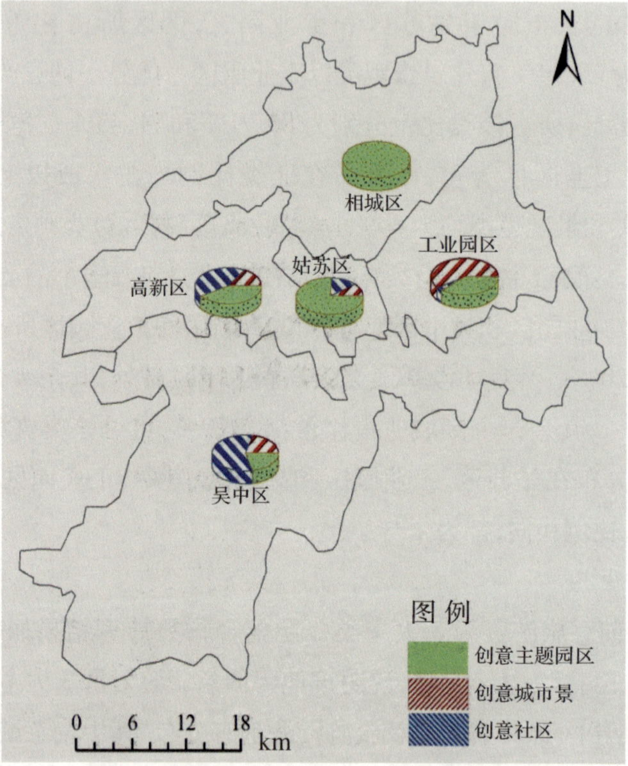

图Ⅲ-8 苏州中心城区创意旅游资源类型

3. 创意旅游资源品质分布差异

从各地区创意旅游资源等级结构看(如图Ⅲ-9),姑苏区除五级旅游资源外,其余等级创意旅游资源数量相当,分布较均衡,一级、二级、三级和四级资源所占比例分别为24.24%、30.30%、24.24%和18.18%。工业园区创意旅游资源以三级为主,所占比例为36.36%,四级和五级创意旅游资源也占有很大比重,分别为27.27%和21.21%。高新区和吴中区创意旅游资源等级都略有缺失,其中高新区没有三级资源,主要布局有一级和二级创意旅游资源,所占比例分别为28.57%和42.86%,吴中区不具备五级资源,资源数量以二级(10%)、三级(20%)、一级(30%)和四级(40%)的等级顺序递增。相城区仅有一处四级创意旅游资源。

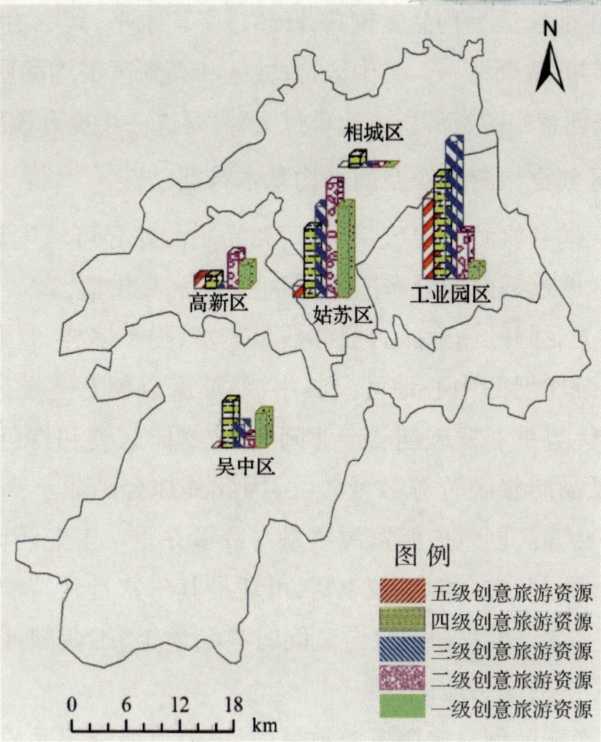

图Ⅲ-9 苏州中心城区创意旅游资源等级结构图

从高品质创意旅游资源分布看，首先五级创意旅游资源分布集中度显著。五级创意旅游资源主要分布在工业园区，资源数量占全部五级资源的77.78%，比例很高，为工业园区开发高品质创意旅游活动奠定了基础。姑苏区和高新区五级创意旅游资源数量都为1个，而相城区和吴中区没有五级资源；其次，优良级（三级及以上）创意旅游资源分布地区差异明显。工业园区不仅五级创意旅游资源储量最为丰富，而且优良级别创意旅游资源占有量也位列第一，占全部优良级别创意旅游资源比重超过半数，达到53.85%。姑苏区以28.85%的比例处于第二位，说明其创意旅游资源品质较优，且数量丰富，开发潜力大。吴中区虽然没有五级创意旅游资源，但其四级和三级资源较丰富，高品质旅游资源占全部区域的11.54%，位列第三。高新区和相城区优良级创意旅游资源拥有量较匮乏，比例分别仅为3.85%和1.92%，开发时应在丰富数量的基础上进一步提升品质。

计算各地区评价品质得分，可进一步反映各地区创意旅游资源品位度差异。将某地区拥有的五级到一级创意旅游资源分别赋以10、8、6、4和2的得分值，并与各等级资源单体数量相乘后累加，其总和除以该地区各等级旅游资源单体总数，即可求得该地区资源的平均品质。通过计算得到5大区域平均品质得分由高到低分别为：相城区8分，工业园区7.03分，吴中区5.40分，古城区4.91，高新区4.86分，区域平均水平为5.83

分。可见，相城区和工业园区平均品质较高，皆超过平均水平，其中相城区因仅拥有一处四级创意旅游资源，因此位列第一。吴中区、古城区和高新区平均品质都未达平均水平，说明三者一级和二级创意旅游资源所占比重过大，需要进一步提升该部分资源水平。

4. 苏州中心城区创意旅游资源空间结构基本特征

通过分析各地区创意旅游资源数量、类型和品质的差异可以发现，总体而言，各类型旅游资源在5大区域范围内的分布广泛，但呈现较高集中度。

首先，古城区和工业园区创意旅游资源数量丰富，类型多样，且各有其独有的资源类型优势，是创意旅游发展的中心地区。其中，姑苏区以创意主题园区类和创意社区类为主，凭借其数量优势重点发展创意产业园类、艺术园区类和特色街区类旅游资源。同时由于姑苏区内低品质旅游资源数量较大，因此其综合品质不高，需要重点提升该部分资源品位度，使姑苏区创意旅游资源质量与数量并重。工业园区以创意城市景观数量占优势，创意主题园区类资源也较丰富，可凭借其丰富且独特的建筑景观、广场景观、水景观和景观道资源，开发创意旅游。同时在品质上，工业园区资源品质高，可打造为苏州创意旅游发展的龙头地区。

其次，吴中区和高新区创意旅游资源数量尚可，但目前资源品质较低，开发潜力较大。吴中区可凭借特色村、镇类资源，重点开发创意农事体验游，同时开发过程中要更多关注基础设施和配套设施建设，提升旅游品质。高新区则应寻找自身发展优势，在丰富自身创意旅游资源类型的同时，寻求差异化发展。

第三，相城区仅有一处四级创意旅游资源，虽然整体品质较高，但数量过于贫乏，限制了其发展。因此，应加大资源开发力度，积极融入创意元素，挖掘潜在创意旅游资源。

二、苏州中心城区创意旅游资源空间效应

1. 最近邻指数

为分析创意旅游资源对苏州中心城区旅游资源空间集聚度效应带来的影响，本研究借助 ArcGIS 平均最近邻(Average Nearest Neighbor)分析模块，结合本专题研究第一节中的公式，分别测算传统旅游资源和加入创意旅游资源后的苏州中心城区整体旅游资源的最近邻指数。

通过 ArcGIS 计算可得传统旅游资源单体间实际平均最近邻距离为3.29平方公里，理论最近邻距离为3.79平方公里，因此，传统旅游资源最近邻指数为0.87，空间分布呈弱集聚态势；加入创意旅游资源后，整体旅游资源单体间实际平均最近邻距离为1.43平方公里，理论最近邻距离为2.17平方公里，最近邻指数减小到0.66，空间分布为集聚型(如图Ⅲ-10)。由此，创意旅游资源改变了苏州中心城区旅游资源空间分布

形态，资源集聚度显著提高。

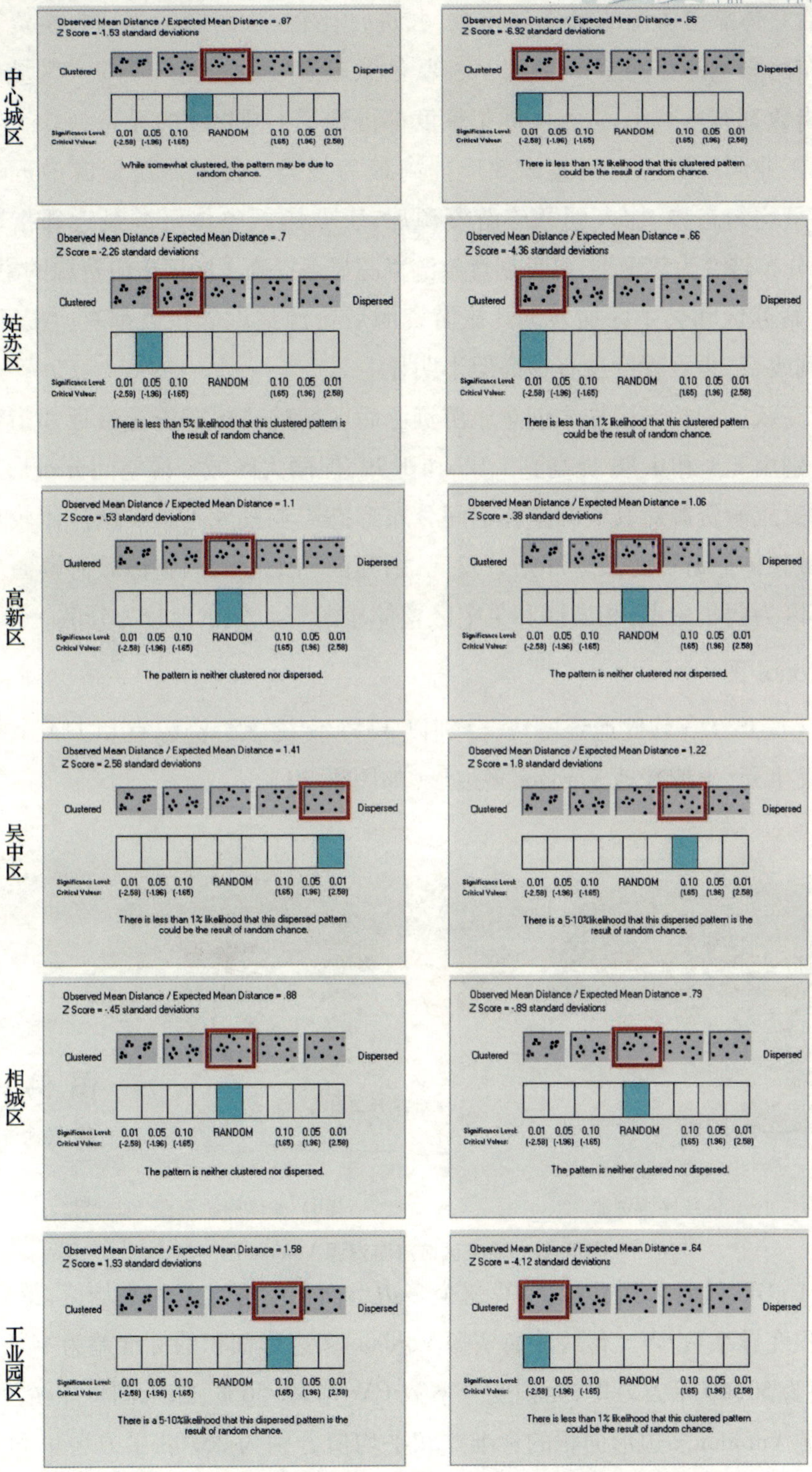

(a) 传统旅游资源　　　　(b) 整体旅游资源(创意后)

图Ⅲ-10　融入创意旅游资源后研究区域旅游资源最近邻指数变化

分别计算姑苏区、工业园区、高新区、相城区和吴中区的传统旅游资源和加入创意旅游资源后整体旅游资源的最近邻指数，并进行比较，从而揭示创意旅游资对旅游资源空间分布的影响的空间差异。可以发现，创意旅游资源的加入使5大区域旅游资源的最近邻指数都有所减小，资源空间集聚度都得到了不同程度的提高。

首先，工业园区资源空间集聚效应提高最为显著。传统旅游资源最近邻指数为1.58，分布呈均匀态势，加入创意旅游资源后，工业园区整体资源最近邻指数减小到0.64，空间分布转变为集聚型，可见创意旅游资源显著提高了园区旅游资源的集聚效应。

其次，姑苏区和吴中区加入创意旅游资源后资源最近邻指数都有所提高，空间分布形态得到改变，集聚程度虽有提高但不明显。

第三，高新区和相城区加入创意旅游资源后区域整体旅游资源最近邻指数都得到了提高，分别由1.1和0.88提高到1.06和0.79，但两大区域资源空间分布形态没有改变，说明创意旅游资源对其资源整体空间分布形态影响程度不大。通过比较加入创意资源后区域整体旅游资源最近邻指数发现，姑苏区和工业园区整体旅游资源分布呈集聚型，高新区为弱集聚型，相城区和吴中区整体旅游资源分布则较为分散。

2. Voronoi 图

利用 ArcGIS 9.3 软件地统模块，分别以 37 个传统旅游资源点和 114 个整体旅游资源点为发生元，生成普通 Voronoi 多边形（如图Ⅲ-11）。

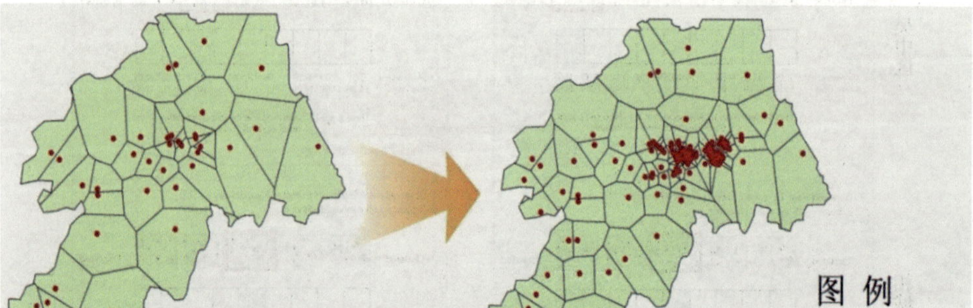

（a）传统旅游资源　　（b）整体旅游资源（创意后）

图Ⅲ-11　研究区域旅游资源 Voronoi 图

运用 ArcGIS 统计分析功能，计算每个多边形面积的标准差和平均值，得到 Voronoi 多边形面积变异系数 CV。传统旅游资源 Voronoi 多边形面积的标准差为 44.87 平方公里，平均值为 50.10 平方公里，面积变异系数 CV 为 89.56%；加入创意旅游资源后，整体旅游资源 Voronoi 多边形面积的标准差和平均值分别为 26.08 平方公里和 17.82 平方公里，CV 值为 146.35%，进一步验证了最近邻分析结果，说明在加入创意旅游资源后，苏州中心城区整体旅游资源空间分布集群态势得到提升。

3. 分布密度分析

为直观体现融入创意旅游资源后，苏州中心城区整体旅游资源空间上的集聚状态和程度，以及空间分布特征变化，本研究利用 ArcGIS 中的 Density 工具对 38 个传统旅游资源点和 115 个整体旅游资源点进行密度分析。密度类型选择核密度，搜索范围（Search radius）和输出栅格大小（Output cell size）采用默认值，面积单位（Area units）选择平方公里，并生产旅游资源分布密度图（如图Ⅲ-12）。

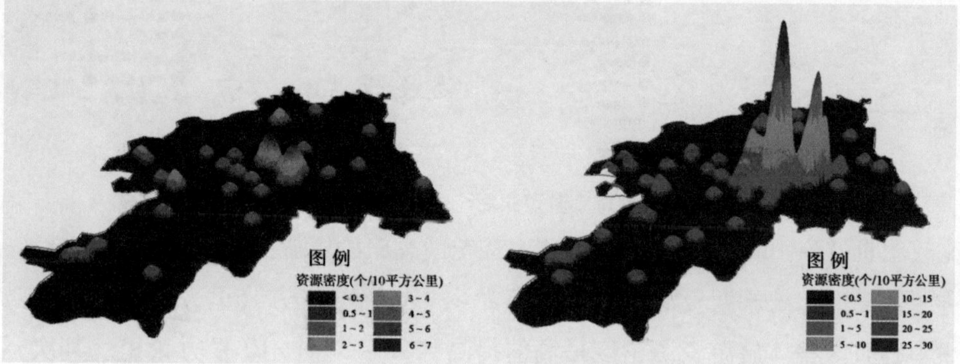

（a）传统旅游资源　　（b）整体旅游资源

图Ⅲ-12　融入创意旅游资源后研究区域旅游资源空间结构形态变化

传统旅游资源普遍密度值较低，且“单中心”集聚明显。如图Ⅲ-12a 所示，传统旅游资源有两处高密度区，均在姑苏区范围内，资源点密度值达到 6～7 个/10 平方公里。其余 4 大区域资源呈现“大分散、小集中”格局，在大范围内资源点密度值普遍在 1～2 个/10 平方公里，部分资源点密度值达到 2～3 个/10 平方公里，尤其吴中区和相城区分别有一处密度值在 3～4 个/10 平方公里。

加入创意旅游资源后，苏州整体旅游资源密度值提高，且形成“双中心”集聚格局。如图Ⅲ-12b 所示，加入创意旅游资源后，古城区资源密度值提升到 25～30 个/10 平方公里，与原来仅有传统旅游资源时相比，提高了 3 倍左右。工业园区资源密度值也得到大幅提升，最高值达到 20～25 个/10 平方公里。与传统旅游资源呈零星分布格局相比，在金鸡湖附近形成了一大集聚中心。加入创意旅游资源后，苏州中心城区旅游资源以古城区为主核心，工业园区为副核心，形成“双中心”集聚格局，其余区域旅游资源密度值普遍在 1～5 个/10 平方公里，呈遍地开花型布局。

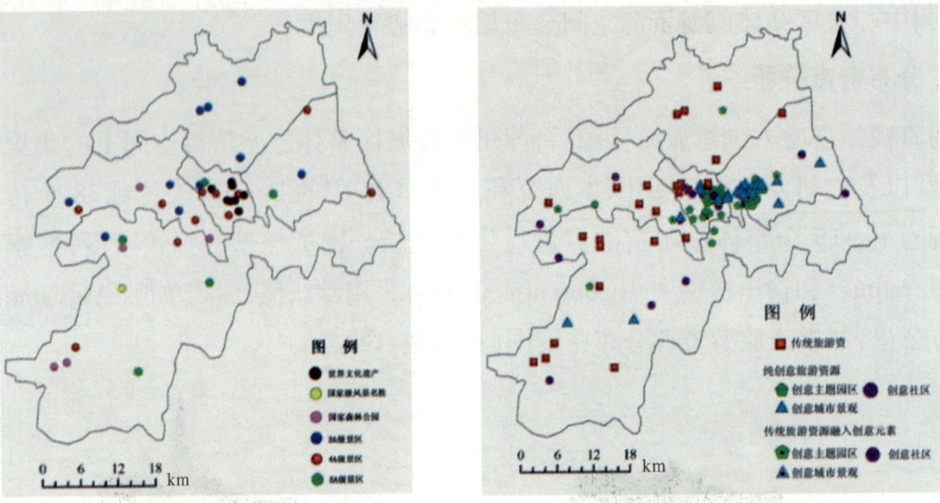

(a) 传统旅游资源　　(b) 整体旅游资源(创意后)

图Ⅲ-13　融入创意旅游资源后研究区域旅游资源布局变化

比较图Ⅲ-13a 和图Ⅲ-13b 可以看出,首先创意旅游资源提升了苏州中心城区整体旅游资源密度。传统旅游资源密度值最高为 6 ~ 7 个/10 平方公里,加入创意旅游资源后苏州中心城区整体旅游资源密度最高值提高到 25 ~ 30 个/10 平方公里。其次,创意旅游资源的融入改变了苏州中心城区旅游资源高密度区空间分布格局。传统旅游资源主要集中分布在古城区,两大高密度区均在古城区范围内,密度值为 6 ~ 7 个/10 平方公里,加入创意旅游资源后,除原来的古城区外,工业园区范围内形成一大资源高密集区,资源密度最高达到 20 ~ 25 个/10 平方公里。第三,创意旅游资源的融入拉大了地区间资源密度差距。传统旅游资源密度最大为古城区 6 ~ 7 个/10 平方公里,其余 4 大区域资源点密度值大部分在 1 ~ 2 个/10 平方公里,部分资源点密度值为 2 ~ 3 个/10 平方公里,可见地区间差异不明显。加入创意旅游资源后,整体旅游资源高密度区分布在古城区(25 ~ 30 个/10 平方公里)和工业园区(20 ~ 25 个/10 平方公里),而其余 3 大区域旅游资源密度值普遍为 1 ~ 5 个/10 平方公里,可见地区差距被进一步拉大。

4. 苏州中心城区创意旅游资源空间效应分析

创意旅游丰富了苏州中心城区的旅游资源数量和类型。苏州中心城区的传统旅游资源主要有世界文化遗产、国家风景名胜区、国家森林公园和 A 级景区,资源点数量为 41 处(如图Ⅲ-13a)。加入创意旅游资源后,资源点数量达到 117 个(如图Ⅲ-13b),资源数量显著提升。此外,在传统旅游资源类型基础上,加入了创意主题园区类、创意社区类和创意城市景观类资源,类型效应明显。

传统旅游资源空间分布为弱集群型,呈现以姑苏区为核心的单中心集聚分布,其余地区资源表现为“大分散,小集中”,形成“众星拱月”格局。传统高品位度资源集中于姑苏区范围内，在该区域资源以世界文化遗产和4A级景区为主，有一处3A级景区，整体资源等级较高，且由于地域限制，资源集中度强。吴中区、高新区、工业园区和相城区不仅资源数不足，且由于地域面积广，资源布局分散。其中，工业园区仅有3处资源点，且相距较远，不利于线路组织和旅游活动的开展，限制了其旅游发展。该种分布形态使得传统旅游主要集中在古城区小范围内，不利于全市旅游资源的整合和整体区域旅游竞争力提高。传统旅游发展以一日游为主，游览围绕古典园林、虎丘和山塘等传统资源，线路单一，内容局限。

加入创意旅游资源后，苏州中心城区整体旅游资源呈集群态势，在姑苏区和工业园区形成“双中心”集聚的“日月同辉”格局。5大区域旅游资源集聚指数都得到了提升，其中以工业园区提升显著。传统旅游资源仅有3处分布于工业园区，与其他地区相比，工业园区资源优势不足，竞争力较低，依靠传统旅游资源必然无法得到良好发展。加入创意旅游资源后，工业园区资源数量和类型得到极大丰富，在苏州中心城区范围内成为一大资源高密度值区。

加入创意旅游资源后形成的“双核心”之一为姑苏区，属古城区范围，是苏州重要的文化、艺术中心，以园林典雅和小桥流水特色闻名，9个被列入世界文化遗产的园林中有8个分布于此，是传统旅游资源富集区。同时，该区拥有一批创意旅游资源，其中创意主题园区占多数。因此姑苏区旅游发展可以在园林旅游、古城风光游基础上，大力发展创意产业园和博物馆等新型游览资源。另一核心区域工业园区为国际开发区，以现代化和高新技术为主，因此传统自然景观和人文景观不足。但由于其建设规划水准高，区域范围内拥有一大批高品质创意城市景观，如东方之门、金鸡湖音乐喷泉和李公堤水岸商业街等，因此旅游发展应围绕金鸡湖周边的建筑景观、水景观和雕塑小品等，大力开拓夜游，体现苏州现代化城市魅力。由上述可知，两大核心区域旅游资源表现出品位高、独特性大、共性小、互补性强的特征。依据近邻效应原理，不同类型资源在同一地区出现有助于延长旅游者在该地区的游玩时间，同时增强该地区对远距离客源市场的吸引力。因此为增强客源市场吸引力、扩大市场吸引半径、延长游客逗留时间、提高旅游经济效益，必须联合开发姑苏区和工业园区的旅游资源。

三、打造“板块旅游”发展模式

1. 概念阐释

“板块旅游”空间结构模式是“点—轴系统”理论与“旅游地系统”理论的有机结合

体。① 在区域旅游发展中,因地域分割、条块分割,"点—轴"模式的实际效果并不理想。为优化区域旅游空间结构,将"点—轴"模式与旅游地系统结合起来,形成"点"、"轴"、"面"相结合的"板块旅游"空间结构模式(如图Ⅲ-14)。

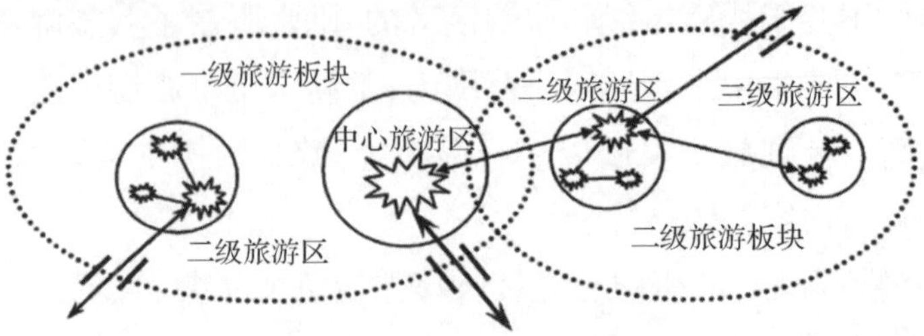

图Ⅲ-14 板块旅游模式

构建"板块旅游"模式主要包括三方面:一是确定"点"。一般以旅游中心城市和景点为"点"。二是确定以"点"为中心的"面",即板块内各级旅游地系统。"面"通过"点—轴"来实现,由区内联结通道将旅游中心城市(服务社区)与景点(旅游吸引物)联结起来,随着社区与吸引物的连线增多就形成网络,即旅游地系统。三是利用旅游交通线将各级旅游地系统空间网络化。通过旅游交通的延伸,将各级旅游地系统的联系有效打通,加强彼此横向联系,将独立的各级旅游地系统组合成旅游板块,最终形成"点"、"轴"、"面"相结合的旅游空间结构体系。本研究中"点"为观前街和金鸡湖两大旅游资源集聚区,"面"为以观前街为核心的古城区和以金鸡湖为核心的工业园区,"轴"即为沟通两大板块的交通网络,包括地铁、汽车等。

2."板块旅游"发展背景

(1) 古城区旅游发展分析

虽说工业近年来,古城区古典园林旅游一枝独秀,抢占了苏州旅游的半壁江山,对其他区域的旅游发展形成强大的屏蔽效应,在苏州的旅游产品结构中逐渐占据主导地位。随着古城区园林观光类旅游产品的渐趋成熟,受旅游资源及城市空间拓展等因素影响,旅游产品的发展提升受到较大制约,鉴于此,古城区开始探索改变这一局面。目前,苏州提出了全面打造"天堂苏州,东方水城"城市旅游新形象的发展策略,以文化为本底,以休闲为方向,做足"水韵文章"成为古城区旅游发展的突破口,文化休闲化、文化体验化的发展趋势促使苏州的旅游产品结构由单一观光向多重复合转变,并朝着文化体验、观光休闲等综合性方向发展。环古城河水上旅游快速发展,十全街、平江历史街区等休闲文化街区逐步开发,以文化为基点,逐步提升古典园林观光旅游产品内涵,

① CH A Vasiliadis, A Kobotis. Spatial analysis: an application of nearest-neighour analysis to tourism location in Macedonia[J]. Tourism Management, 1999, 20(1):141-148.

丰富古城区休闲产品类型。从趋势上看，以文化为基础的观光休闲旅游必将是古城区旅游今后发展和提升的空间所在，也是其旅游生命力得以延续的根本所在。

（2）工业园区旅游发展分析

虽说工业园区的旅游资源与传统旅游资源形成重要互补，但从开发现状上看，园区与传统旅游资源整合不强，旅游线路设计上没有很好地与古城传统旅游景点进行有效串联。由于园区旅游知名度不高，且与传统旅游资源整合不够，因此，旅游发展受到古城区屏蔽制约。外地游客尤其是中远程客源地的团体大众旅游者到苏州主要是游览传统旅游资源，而到园区游览的规模不大。因此，园区旅游发展受到传统旅游资源的极大制约，旅游"阴影"现象明显。

（3）板块旅游发展条件分析——建筑学剖视图［使用者温度计量（Thermometrical Users）模式］

由上述分析可知，融入创意旅游资源后，苏州中心城区整体旅游资源在姑苏区和工业园区形成"双核心"空间形态，且双核心的旅游资源密度值最高位分别为姑苏区的观前街和工业园区的金鸡湖。为更直观地显示姑苏区和工业园区旅游活动空间组织的特点与紧密性，运用建筑学剖面图，分析区域内资源特征与目标市场的游客偏好之间的一致性[97]和两地各旅游产品联系的紧密度。以姑苏区资源密度值最大的观前街（A）和工业园区资源密度值最大的金鸡湖（B）为中心，以连接两大区域的主干道干将路为截面，为便于分析，将两个中心地间的交通线（公路）理想化为最近邻直线路径，得到理想地理截面 AB，如图Ⅲ-15 所示。图中最上部为沿公路分布的与附近的主要资源点。图中的四条水平标尺被称为"使用者温度计"，用来衡量游客的偏好与旅游产品调整之间的强弱关系。如同"温度计"一样，水平标尺的颜色表示旅游地属性与目标旅游者偏好的一致性关系的强弱，颜色越深表示一致性越强。同时，根据浅色区域的长短也可以判断旅游地之间各旅游产品联系的紧密度，浅色区域越短，紧密度越大。

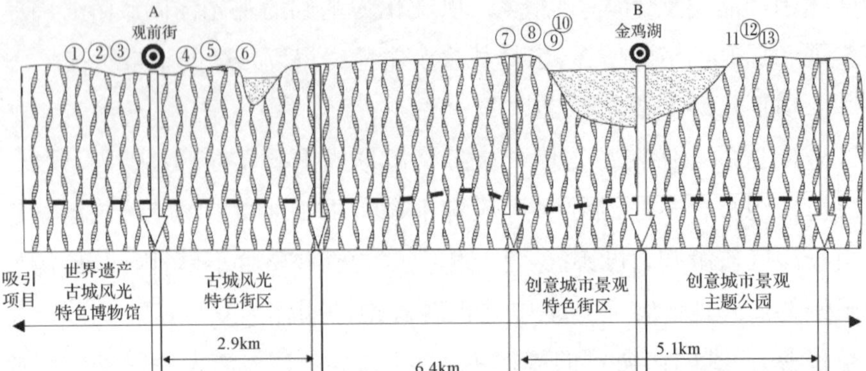

游览项目	活动内容	旅游者偏好	特征	活动内容
创意城市观光旅游	古城观光、园林游览创意历史街区游览	领略苏州古城风貌和现代都市风情	大众旅游市场，经济型游客为主	现代化、国际化、信息化的创新型新城区游览，金鸡湖风光观赏
创意休闲度假旅游	特色街区休闲、苏式美食休闲	品味古朴与时尚共存的苏式生活	以商务、会议游客为主，为中高端收入企事业管理者，年龄在35~30之间	现代时尚都市休闲活动、现代时尚美食休闲、国际化、时尚化都市夜生活、高端商务休闲活动
创意亲水娱乐旅游	小桥流水舒适生活体验、水乡风光观赏、古城河水上游	体验苏州小桥流水人家风貌、园区金鸡湖和水漠电影吸引力也很大	以家庭市场和大学生市场为主，收入为中低端	金鸡湖水上夜游、环金鸡湖夜景观光、音乐喷泉—水幕电影
创意文化体验旅游	博物馆体验、民俗节庆、昆曲、评弹等戏曲欣赏	了解本地传统文化和民俗、参与节庆活动、体验都市时尚文化	以专业文教科技人员和离退休人员为主，中等收入人群	以时尚和流行文化为主的都市休闲活动、地方文化及国际风情的大型演艺秀

图例 ① 苏州博物馆 ② 拙政园 ③ 狮子林 ④ 平江路 ⑤ 耦园 ⑥ 相门古城门—古环城河 ⑦ 东方之门 ⑧ 湖滨大道 ⑨ 李公堤 ⑩ 中茵皇冠酒店 ⑪ 文化艺术中心 ⑫ 摩天轮乐园 ⑬ 圆融时代广场

地铁1号线　中心地　道路截面　水域

AB截面中活动与吸引关联性强　关联性弱

图Ⅲ-15　建筑学剖面图——观前街—金鸡湖截面分析

图Ⅲ-15显示，以观前街（A）为核心的姑苏区是苏州重要的文化、艺术中心，以园林典雅和小桥流水特色闻名，9个被列为世界文化遗产的园林中有8个布局于此，是传统旅游资源富集区。同时，该区拥有一批创意旅游资源，其中创意主题园区占多数。因此，姑苏区旅游发展可以在园林文化旅游、古城风光游基础上，大力发展环古城河夜游、平江路特色街区文化体验游、创意产业园和博物馆等创意旅游产品。以金鸡湖（B）为核心的工业园区主要以现代化和高新技术为主，拥有一大批高品质创意城市景观和创意主题园区，如东方之门、金鸡湖音乐喷泉、李公堤水岸商业街和摩天轮乐园等。因此，旅游发展应围绕金鸡湖周边的建筑景观、水景观和雕塑小品等，大力开拓创意城市景观游、金鸡湖休闲度假游、金鸡湖亲水娱乐游以及金鸡湖夜游等创意旅游产品，体现苏州现代化城市魅力。因此，两大核心区域旅游资源表现出品位高、独特性大、互补性强的特征。依据近邻效应原理，不同类型资源在同一地区出现有助于延长旅游者在该地区的游玩时间，同时增强该地区对远距离客源市场的吸引力。因此，为增强客源市场吸引力、扩大市场吸引半径、延长游客逗留时间、提高旅游经济效益，必须加强联合开发姑苏区和工业园区的旅游资源。

从旅游活动空间组织角度看，观前街地区和金鸡湖地区之间最适合开展创意城市观光旅游、创意休闲度假游、创意亲水娱乐旅游和创意文化体验旅游。根据剖面图，截面中各点被定位于吸引与这四类旅游活动有关的游客，水平准尺上超过总长一半的是深色，说明两地之间资源属性与目标游客偏好有很强的一致性，也表明两地旅游产品联系紧密。其中，创意城市观光旅游的水平标尺都为深色，即全部以创意城市观光旅游为目的游客都选择了观前街和金鸡湖，说明观前街和金鸡湖的旅游资源与创意城市观光旅游活动项目是强关联。以该旅游活动为目的的游客主要为大众旅游市场的经济型游客，古典与现代两种风貌的城市景观对其吸引力都很强。同时，创意城市景观旅游对加强姑苏区和工业园区的联系度的作用最强。以创意休闲度假旅游、创意亲水娱乐旅游和创意文化体验旅游为目的的市场分别有95%、90%和80%的游客选择了观前街和工业园区。其中，创意休闲度假旅游市场的游客主要为商务和会议人群、以30~35岁的中高端收入企事业管理者为主，该部分人群以品味古朴与时尚共存的苏式生活为目的，更偏好园区现代都市休闲活动；创意亲水娱乐旅游市场主要为家庭市场和大学生市场，家庭游客更喜欢古城水乡风光游览，而大学生更偏向于园区金鸡湖的浪漫夜景和高科技水幕电影；创意文化体验旅游市场的游客为以专业文教科技人员和离退休人员为主的中等收入人群，该部分人群以了解本地传统文化和民俗为主，同时对体验都市时尚文化也有一定兴趣。这三类旅游市场需求都为高档次旅游需求，与以大众游客为主的创意城市景观旅游相比，游客偏好选择性强，个性更为突出，因此旅游活动与游客偏好之间存在一定的弱关联性，但总体仍表现出较高的契合度。综上所述，观前街与金鸡湖主体表现强关联，因此要加强两者联合发展，加大这四类强关联旅游活动项目的开发力度，增强对目标客源市场的吸引力，促使选择由观前街和工业园区组合成的创意城市观光旅游、创意休闲度假旅游、创意亲水娱乐旅游和创意文化体验旅游市场份额进一步扩大。

3.“板块旅游”发展模式——“双核”旅游空间发展模式

姑苏区和工业园区资源的互补性为资源联合开发、互动合作提供了良好基础。干将路和地铁1号线为两区旅游合作提供了交通保障。在此基础上，结合旅游空间结构模型，运用“双核”结构理论，构建姑苏区—工业园区“双核”结构区旅游发展的空间模式，即以姑苏区为区域旅游发展的主核心点，以工业园区为次核心点，双核形成旅游发展核心层；以高新区、吴中区和相城区为腹地层；以吴江区和昆山、太仓、常熟、张家港4

个县级市为辐射层。同时,对接上海市、浙江省和江苏省内其他区域,进一步拓展到国内及国际客源地(如图Ⅲ-16)。

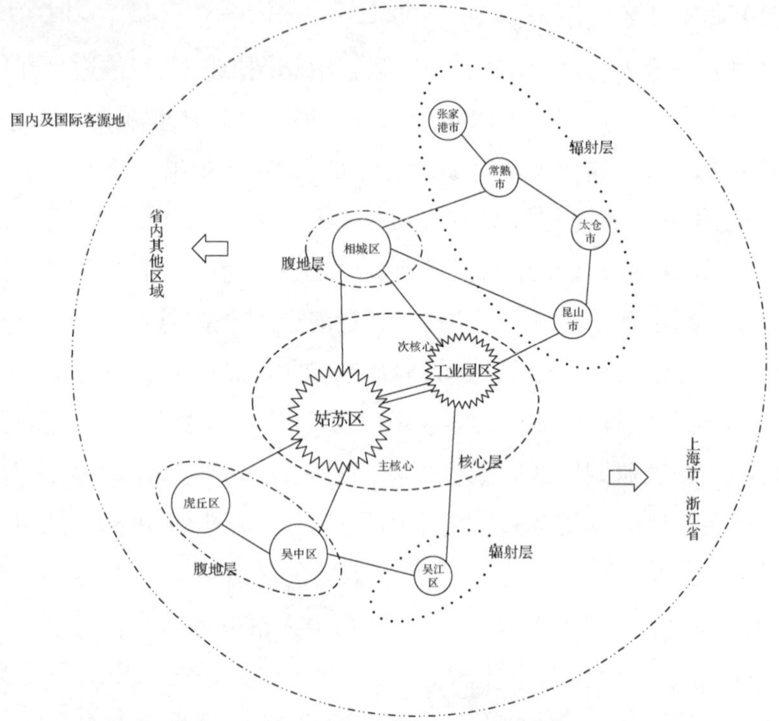

图Ⅲ-16　创意旅游资源下苏州“双核心”旅游发展模式图

4.“板块旅游”发展措施

(1) 立足园区,打造创意集聚地

充分发挥园区特殊的综合区位优势和创意旅游资源优势,将其建成为苏州创意旅游产业集聚中心、创意旅游人才开发和培训基地,利用其影响力和辐射力,强力推动苏州创意旅游产业的快速深入发展。

(2) 联动化战略

苏州城市总体发展格局是“古今两苏州”。以古城为核心的苏州主城城区以传统旅游为主,辅以创意旅游,主要围绕“历史、文化、观光和体验”,重点发展传统旅游,并依托旧仓库、旧厂房打造创意产业园,依托苏州博物馆等发展博物馆旅游。园区则主要发展创意旅游,在继承吴越文化的基础上,充分体现“现代、欢乐、休闲和参与”的特色,围绕金鸡湖商务旅游示范区打造商务休闲旅游。园区与古城区差异发展,互补共赢,共同推进实现苏州“世界一流旅游名城”的发展目标。

(3) 联手进行创意旅游产品包装及整体形象宣传

着眼于整个区域,本着互补、互动、互赢的原则和整合、组合、聚合的思路,联手打造精品线路,包装优势产品,策划整体活动。既强调两区的特色,又彰显区域整体综合实力和整体形象,在国内外旅游市场上培育和打造苏州精品创意旅游区。

(4) 建立畅通的旅游服务系统

加强公共服务系统的合作共建,完善两区之间的交通网络,在两地主要地段设置旅游指示系统,为外地游客出行提供便利。推进公共信息系统合作,实现信息咨询系统互相开通,旅游集散中心密切合作,形成完善的创意旅游服务支持网络。

(5) 设计专业线路和相关线路

园区的创意旅游资源是古城区旅游资源的有效补充,通过设计专门的创意旅游路线,连接古城区和园区的旅游产品,可以有效延长游客停留时间。因此,需要设计专业的创意旅游线路,并进行推介,让更多类型的游客认识到苏州创意旅游产品,从而通过口碑效应,扩大客源。

第五节 苏州创意旅游产品开发

一、文化体验创意旅游产品系列

1. 创意体验博物馆游

苏州创意旅游资源中创意主题园类所占比例最高,其中以苏州博物馆为代表的博物馆类资源最为丰富,但品质较为一般。从二者空间分布看,工业园区和古城区为开发重点。

(1) 用专题性陈列彰显城市内涵

苏州创意博物馆的打造,要充分利用自身收藏和展览,用创意将历史文物衍化为文化创意产品,让历史焕发生机,让城市焕发光彩。

当今社会,随着文化素养的提高,人们在消遣性娱乐消费达到一定程度后,总要寻求一种精神慰藉,从而把文化消费提高到一个新的境界。因此,苏州博物馆的陈列要包含水乡古城有形、无形的历史文化遗产,通过专题性陈列,对文物精品进行巧妙设计和精心布置,集中系统地展现苏州历史风采,反映苏州的文化、艺术和精神,“通过大时空的叙事手段迸发出文化伟力,托起历史文脉,从而使历史更为庄严,文化更为深邃”,而荡漾在博物馆的无形的精神气韵,更是苏州城市文化的集中体现和独特风景。

(2) 深挖文化底蕴,打造品牌效应

创意博物馆品牌建设要与地方文化品牌建设相融合。利用苏州博物馆、民俗博物馆、评弹博物馆、昆曲博物馆等对苏州市的文化资源进行人类学考释和文化学的发掘与整理,提炼出苏州文化的代表性符号元素,使之成为博物馆的品牌和地方文化品牌。

在打造品牌过程中,要更新“以物为本”的观念,跳出文化遗产仓库和“精英主义”的束缚,充分彰显博物馆全方位的魅力。品牌的基础是个性,苏州的博物馆要根据自身收藏、陈列、教育、建筑及区域周边环境的特点开创自身的特色,如突出宣传精品文物,精心策划特色展览,组织独到的教育活动等,同时要加强宣传,让博物馆的品牌效应扩大影响。

(3) 提升文化共享与文化参与

博物馆是公共文化机构,这一性质决定了它是一个公共文化空间。但是由于“皮藏”意识的影响,博物馆的公共特质往往被淡化,博物馆与公众间的互动关系被忽视,从而影响了博物馆的文化共享与文化参与。苏州创意博物馆的打造,要拓展自身的视野和运营方式,突破文物、展厅、讲解等传统概念的束缚,由封闭型向开放型转变,并将文化产品融入自由、平等、文化共享与文化参与等理念,依托自身资源,创造、策划形式灵活多样的展示项目和适合不同观众群的教育活动,使博物馆成为“学习”的大课堂。可开设观众实践中心,为游客营造有特色、有情调的休闲空间。如在苏州刺绣博物馆、工艺美术馆等工艺博物馆内,让游客在专业人员的指导下复制、仿制这些工艺作品;在昆曲博物馆、评弹博物馆内,让游客现场跟随专业人员学习昆曲、评弹表演;在书画展示类博物馆内,游客可以实现从参观者到鉴赏者的身份转换,在书画专家的指导下研究、品味书画精品,研习书画装裱技能,提升自己的书画鉴赏水平。使游客在休闲娱乐和趣味活动中,加深对相关技能和知识的了解,真正达到“做中学”、“游中学”、“乐中学”的目的,进而丰富旅游活动的外延与内涵。

(4) 以现代高新技术为支撑提升传统博物馆观赏性

创意博物馆的关键点之一在于能否激发观众的兴趣,因为文化创意的重点不在于创造出一个新样式,而在于这个新样式的意义和效果,一个成功的博物馆应该有能力吸引观众一次又一次地回来参观。而以苏州博物馆为代表的传统博物馆,都存在展示手法单一、陈旧的问题,因此要在现有的苏州博物馆、民俗博物馆、评弹博物馆、昆曲博物馆、美术新馆等专业博物馆内,采用声、光、电结合的方法突出文物展品的形象特征,使其具有直观、生动的说服力和感染力,达到文物展品的历史文化内涵与陈列形式的艺术构想的协调统一,并满足游客集知识拓展、文化熏陶、艺术感染、互动参与于一体的综合性的心理需求。

2. 以创意与工艺打造文化旅游纪商品

苏州创意旅游商品主要分为手工产品与工艺品及旅游日用品,但目前苏州创意旅游商品开发还较为落后，主要表现在数量不足和品质不高。其中，旅游商品以传统手工产品与工艺品为主，缺乏实用性的旅游日用品。传统丝绸、珍珠和苏式食品为主的苏州旅游商品思路陈旧，商业化气息较重，缺乏创新。

具有地方文化特色的旅游商品，不但能增强旅游者的独特体验，还能提高目的地的旅游收益。旅游商品开发中，在突出民俗特色和地方特色的同时，要增强旅游商品的艺术价值、收藏价值，注重旅游商品与地域文化、文化创意的结合，通过独特个体体验激发出他们对旅游商品的购买欲望。苏州创意旅游商品的开发可从研发、内容和销售着手。

(1) 构筑旅游商品研发创新平台

苏州不但旅游资源十分丰富，还具有深厚的文化积淀和鲜明的地方特色。因此，旅游商品的市场潜力是非常巨大的。在产品研发方面，可通过设立旅游商品研发推广展示中心、开展旅游商品设计大奖赛等形式加大旅游商品的开发和经营力度，吸引公众对苏州创意旅游的了解，增加旅游地的美誉度和知名度。创意设计活动不仅有利于个人手工艺创作者、设计者展现自己的才艺作品，更利于设计者和创作者的作品尽快转化为产品投入市场，从而丰富苏州旅游商品的种类，繁荣旅游商品市场，促进旅游产业的长期发展。

(2) 以创意丰富商品设计

确定有特色的主题并按照纪念性、实用性、审美性、创新性等方面的需要进行旅游商品的开发。这个开发不是一次性的，现在很多旅游商品推出一款产品后，就多年沿袭不变，没有新品种、新产品，这样就很容易让别的地方盲目效仿，降低了商品的价值和意义，最后虽然商品很廉价，但对购买者却失去了吸引力。所以在开发设计创意旅游商品时要多种类，体现民俗、民间和地域特色，个性化设计会使它获得更鲜明的标识性，更易于被消费者接受。因此，苏州旅游商品设计应凸显"品种多、苏州标签、实用性强和做工精细"。

①设计品种不拘一格，开发方式多样化。除苏绣、丝绸、珍珠、木刻等传统旅游商品外，钥匙链、T恤衫、布娃娃和明信片等均纳可入商品行列。如在服装设计中加入缂丝、宋锦等元素，还可用丝绸锦缎制成玩具布偶。

②突出"苏州标签"。法国经济学家雷曼·特斯朗说过这样一句话："商品应该代表时代文化、时代特色与时代风采。"随着经济和社会的发展前进，旅游者的价值取向、旅游需求也随着自身的知识素养、经济收入而正在发生变化，他们更加关注旅游文化而甚于旅游行为本身。因此，旅游商品的开发也要将苏州旅游文化和特色植入其中，努力提高文化附加值和开发品味，开发富有苏州特色的系列旅游商品。同时，根据苏

州旅游“天堂苏州，东方水城”的总体定位，在形象设计中应侧重于注入舒适生活的元素，力争通过全新的设计使旅游商品形象更加鲜明和独特，满足消费者个性化、多层次需求，进一步提升市场吸引力。

③加强实用性。例如可开发印有苏州园林景色的茶杯，此外，苏绣可制作成挂毯、手机套、相机套、家用电视机套、电话机遮盖方巾等富有情趣的商品，充分发挥其实用性，使小工艺品成为居家装饰的一部分，扩大其应用范围。

④精细做工、考究包装。首先，针对不同旅游人群的价值观和审美观进行旅游商品设计和包装设计。通过了解并准确掌握使用者的心理，寻求最合其意的构思，体现使用对象所需诉求点。比如女性的唯美、细致，年轻人的时尚、浪漫，中老年人的怀旧、自然，等等。其次，以具有苏州地方特征的原貌风景、民风民俗、古典园林、城市新风貌等为切入点，进行旅游商品设计。既体现旅游商品的异地风貌特征，也成为吸引旅游消费者的最佳点。第三，以系列化包装为切入点。对于包装设计中的图形、文字、色彩、编排、材料的运用，既要考虑所有旅游商品包装的整体感，也要体现产品的多样性和个性。

(3) 建设特色购物点

通过建设苏州工艺集市主题游园项目和工艺集市，汇集和集中展示苏州特色旅游纪念品。以作坊、生产过程的表演等为主要载体和内容，生动表现刺绣、缂丝、琢玉、泥塑、刻版工艺、灯彩、泥人、扇子、乐器、剧装道具制作等苏州手工艺术“精细雅洁”的特色，并可供游客参与制作，以此打造特色旅游购物点。

3. 增加传统人文旅游景点体验性

苏州拥有大批高品质自然旅游景点和人文旅游景点，但大多是将原生态旅游资源与文物古迹加以修缮和保护后，以其形成的静态旅游资源形式来呈现，因此缺少吸引游客的文化内涵或互动参与的活动项目，通过利用现代技术将创意产业中的元素渗透进传统旅游资源中，把传统的旅游景点改造为富有创意内涵的旅游景点，将会丰富旅游产品的内容，增加吸引力，给传统的旅游景点带来新的生命力。

首先是通过动漫、动画形式将静态旅游资源动态活化。一方面，可以利用动漫、动画搭建虚拟旅游平台，将静态的旅游资源在网络上声情并茂地加以呈现，更加全面、细致地展现出旅游资源的特色，如利用互联网、手机等数据媒体打造苏州古典园林、水乡古镇等网络虚拟游。另一方面，利用“cosplay 互动真人秀”、“动漫社区”、“卡通总动员”和“动漫嘉年华”等活动，通过精心的策划与组织，形成特色的专项旅游活动。

其次是在挖掘文化艺术表演特色的基础上，巧妙安排一系列的观赏、互动项目，将单纯的表演与旅游活动有机结合，会进一步增强此类产品在旅游市场的价值。苏州拥有深厚的人文历史底蕴，园林旅游资源和古镇、古街旅游资源丰富，可以通过在园林、古街和古镇进行民俗实景表演增加游客实地体验，同时也可以在景区内通过灯光、音乐等的氛围营造提升游客游览舒适性。另外，在创意旅游产品的生产阶段，专业旅游工作者的角色要从过去的服务者，演变成创意的“讲解者”和“教练员”，向旅游者介绍产品中的创意元素，或者说成为使旅游者能够融入“艺术氛围”的专业“剧场导演”，为游客提供多元化、有创意的旅游体验。

4. 丰富节庆活动内涵和增强体验性

越是具有民族特色和地方特色的旅游产品越有生命力、吸引力和发展前景。品牌已成为文化创意旅游产业发展最主要的竞争源泉，特色和差异是构成旅游产品吸引力与竞争力的根本要素。

节庆能在短时间内积聚大量人流、物流和信息流，并带来资金流、技术流和项目流，产生“节庆经济”效应，因此，旅游产业的发展中，要把开展丰富多彩的旅游节庆活动作为打造旅游精品、发展大旅游、开拓大市场的重头戏。

(1) 民俗节庆

开发苏州民俗节庆主题链旅游产品就是要充分融合苏州饮食文化、民俗文化，重点突出苏州节庆活动的地方性、文化性、民俗性，以及主题化、精品化、特色化，把民俗节庆活动打造成代表苏州城市形象的品牌，展示地区特色的文化名片。

首先，以创意做强精品民俗节庆。苏州拥有一批精品民俗节庆品牌，其中以寒山寺听钟声和古胥门元宵灯会品牌效应较强，而轧神仙、虎丘春节年会、虎丘金秋庙会、虎丘艺术花会等在本地居民群体中名气较大，但对外地游客来说，知名度不高。因此，要在这些传统民俗活动中加入创意元素，对其进行开发、设计、包装，打造精品，使之成为能充分反映地方特色，具有独特性和新颖性的旅游产品。总体来说，包括对新节庆产品的开发设计和对老节庆产品的创新设计。

其次，增加民俗节庆体验性。一是通过实地演绎传统婚嫁、祈福等习俗，增强体验性。二是强化游客参与性。通过游客互动参与，如现场有奖竞猜，奖励游客亲身体验传统习俗等方式，使游客由远距离欣赏变为近距离体验。

(2) 现代节庆及演出

首先是继续办好“中国苏州国际旅游节”、“苏州乐园啤酒节”等品牌节庆活动，并按照“天堂苏州，苏式生活”理念，融入商务、养生、休闲和体育等新颖旅游形式，打造精品节事。如苏州精品节事——中国苏州国际旅游节，在选择主题时，应以“天堂苏州，苏式生活”的理念为指导，依托吴文化历史文脉，充分彰显苏州地方文化内涵，并在大背景不变的前提下，每届变化主题，活动内容也应在常规项目不动的基础上更换一些更富有时代特色和创新的项目,使参加每届节庆活动的游客都能获得不同的体验和感受,打造出特色鲜明的苏州节庆旅游品牌。

其次,开发新型节事活动。采用互动性的体验形式,整合各类特有资源,打造出新颖独特的创意节庆活动。如苏州金鸡湖畔被选为中国电影金鸡奖永久评奖基地,地点设在苏州文化艺术中心。可充分利用该资源,积极开发影视节庆,打造苏州国际电影节,通过展示影视文化、影视服饰、影视美食,展示电影文化魅力,并可通过如电影文化论坛等项目打响苏州城市名片。

第三,以演艺活动搭建创意展示平台。《苏 SHOW》是由苏州文化艺术中心为市民和中外游客精心打造的一台大型舞蹈秀,将芭蕾、昆曲、评弹、杂技等多种艺术形式与苏州元素巧妙地结合在一起,以苏州的四季作为主线,把 2 500 年的古韵今风展现在观众面前,具有很高的体验性。为了提高游客的兴趣,可以在上述演出的基础上,加入创意元素,全方位调动观众的感官,为其“烹饪”一道可听、可看、可品尝的美味大餐。比如,在演出过程中为观众奉上醇香的碧螺春茶或者苏式点心,使他们在观赏演出的同时,能够更加全面地了解苏州的历史文化、风物特产。同时,可将《苏 SHOW》开发为高质量的实景演出。

二、休闲度假创意产品系列

1. 特色休闲街区游

苏州的特色休闲街区主要包含以平江路历史街区和山塘街历史街区为代表的融入创意文化的历史文化街区,以李公堤国际风情水街、日本酒吧风情一条街和十全街特色街区为代表的娱乐休闲街区,以及以虎丘婚纱特色街为代表的特色商业街区。

(1) 创意历史文化街区

针对创意化的传统历史文化街区,包括平江路历史街区和山塘街历史街区,应在展示其传统建筑、街巷风貌、历史遗存和传统民俗的基础上,吸引创意店铺入住,整体包装街区。

首先是立足文化体验性。该类街区的旅游者追求的品位归根结底是对苏州文化的品位。因此,要大力整合历史街区的各项景观资源,实现街区的规模化和鲜明的主题化。对于入驻的商户,也应该指导其结合自身特色从细节上改造历史街区,在迎合文化主题的基础上凸显个性化和创意化。由此打造以文化内涵为支撑的创意街区景观特色。

其次,吸引创意人群,加强创意休闲氛围。以平江路和山塘街为代表的历史街区形式多表现为小建筑和小街道。古朴民宅、市井弄堂是它们主要的空间特征,风格各异的创意小店、餐厅、酒吧、主题场馆，与蜿蜒的小巷自然融合，将使街区别有风情。因此，通过吸引创意店铺、艺术家等入驻或加盟提升创意和休闲氛围，可使旧弄堂和旧民宅的价值得到提升，将其打造成为吸引文化旅游和时尚消费的区域性品牌。

第三，深度挖掘休闲功能。加强茶楼、咖啡吧、酒吧、演艺吧、戏台等休闲娱乐场所的建设，引入姑苏特色精品店铺，将其打造成集观光、休闲、购物等功能于一体的文化休闲精品街区，并通过节庆表演和生产、制作、展示、销售民俗特色商品增强体验性。

目前，平江路的创意氛围较为浓厚，吸引了众多创意小店，形成了集休闲、娱乐和美食于一体的特色街区，让老街焕发出新的光芒。

(2) 娱乐休闲街区

娱乐休闲街区以李公堤国际风情水街品质最为优异，现已成为国内混合型亲水社区的成功典范，形成巨大规模的开放型现代城市生态公园。为进一步增加其创意性、体验性和休闲性，应以“文化、休闲、创意”为导向，注重国际化、文化性、互动性，将其打造为集高端特色餐饮、娱乐、观光、休闲、文化于一体的国际性风情商业水街，成为真正的时尚文化创意街区。目前，李公堤国际风情水街分为动、静两个区域。

首先，增加动区的活力。目前动区以主题性酒吧、音乐餐厅、咖啡吧、DISCO 及特色餐饮等为主。可通过增加别具风情的酒吧、精致典雅的餐厅、标新立异的概念零售店、艺术前卫的画廊、文艺实验的小剧场等，进一步发挥其全天候带动人气的作用。

其次，提升静区的档次。该区目前集高档餐饮、SPA 生活馆、商务会所、休闲酒店等于一体，主要针对商务人群和 VIP 人士。因此设计应进一步凸显豪华特色，饮食上主打高级餐厅，收罗世界顶级美食。消费上集聚国际奢侈品牌，打造其成为高端消费人群的休闲天堂。该区在建筑上也应显示出典雅高贵，如打造可随季节变化而不断变换的建筑。

第三，加强休闲娱乐体验的参与性。结合各类节庆活动，推出大小型主题商演娱乐活动等。也可推出一些团队娱乐项目、情侣娱乐项目、亲子娱乐项目等，让游览群体全部加入到活动中。再者，年轻人渴望体验刺激的感觉，可以根据街区本身的情况设计一些适合年轻人参与的活动，吸引年轻人主动参与，例如规划小规模极限运动体验区等。

(3) 特色商业街区

针对以虎丘婚纱一条街为典型的特色商业街区，应立足主题，突出特色。如虎丘婚纱一条街应以婚纱定制、时尚展示为主，打造成为融服饰创意设计、婚纱礼服展示与都市休闲、购物等于一体的购物商贸街区，延展和提升现有婚纱产业链。

2. 主题公园

目前,苏州主题公园中苏州乐园和摩天轮主题公园质量较高,但与上海欢乐谷、常州恐龙园等周边主题公园相比,竞争力不足,吸引力较弱。由于建造新的主题公园需要耗费大量人力物力,无法短时间内解决苏州主题公园旅游现状,因此提高主题公园建设应从现有公园入手。

(1) 凝练与提升体验主题

体验主题是主题公园创造体验的起点。在主题的选择中,应紧紧抓住"文化"的主线,以相应的文化内涵为主题基础,使主题富有生命力。主题的差异性使国际主题公园能够保持自己独特的吸引力,如迪斯尼突出童话和科幻色彩,而环球影城则以震撼性为自己的风格。苏州两大主题公园都以游乐为主,更要突出各自的鲜明主题。摩天轮主题公园应围绕摩天轮做文章,结合园内刺激的游乐项目,突出浪漫、探险主题。园内可开发玫瑰主题园区,打造爱情长廊,举办浪漫爱情节庆,与摩天轮主题相契合。苏州乐园则应定位"东方迪斯尼"主题,集观赏和娱乐于一身,突出童话色彩,突出适合于青少年的娱乐文化与时尚文化。

(2) 布置与渲染体验场景

主题公园场景的布置与渲染要求真实、精致。围绕体验主题,搭建体验场景或"舞台",用体验线索将各个场景精心组合,通过广泛应用声光电技术,增强场景的个性化、造型的多样性、色彩的丰富度以及视觉的精致和感觉的逼真,充分刺激旅游者的各种感官,形成美妙的体验之旅。

(3) 以动漫、游戏产业增加主题公园梦幻性

通过将相关的动漫形象作为苏州主题公园设施外观的装潢及活动主体内容的依托进行旅游开发。如动漫场景营造,将时下流行的建筑物、人物、动物、植物与经典动漫风格相结合;以此动漫形象开发出系统衍生产品,带给旅游者多样化的购物选择;举办以动漫活动为主题的大型节庆活动。

(4) 设计与更新体验项目

体验项目主要是指主题公园内的各项设备设施,是用以实现旅游者体验的有形载体。体验项目的设计要求"形散神聚、形神合一",不断实现"滚动更新"。体验项目的设计必须紧紧围绕主题,切忌杂乱无章,冲淡主题。每个项目的上马都必须经过详细论证,力求最大限度地表现主题。目前苏州乐园的娱乐项目多与童话相结合,让游客置身于各种童话故事氛围中。但目前摩天轮乐园主题性突出不明显,应加强设计。同时,体验项目应实时滚动更新,从而不断为游客带来新的体验,真正实现常看常新。

(5) 构思与变化体验活动

主题公园的体验活动主要表现为多样化的文娱表演(包括景点表演、大型表演和节庆表演)和节庆活动,这些体验活动从各个不同的侧面与角度激发游客的情绪,以达到某种连贯的刺激作用。比如大型表演一般在傍晚开始,精彩的演出会给人以强烈的视觉与听觉上的震撼,将游客全天的游览情绪推向顶点。因此主题公园应深入挖掘历史文化传统,推陈出新,使节庆活动成为景区的一道靓丽风景,为游客带来丰富多样的喜庆体验。同时,过节是中外各民族都非常重视的风俗,摩天轮乐园和苏州乐园可通过“造节”来强调主题的原创性和与竞争对手的差异性,实现“月月有节过”的目标。

3. 艺术园区

以桃花坞文化创意园为代表的艺术园区多由旧厂房改造而来,其定位必须落在艺术上,因为只有艺术存在,才会形成良性的互动。在艺术园区的构建中,文化创意产业的核心地位是不可动摇的。以打造具有国际化色彩的“SOHO 式艺术聚落”和“LOFT 生活方式”为目标,通过吸引艺术家和文化机构等文化创意产业工作者进驻,成规模地租用和改造空置厂房,发展画廊、艺术中心、艺术家工作室、设计公司、餐饮酒吧等,实现当代艺术、建筑空间、文化产业与历史文脉及城市生活环境的有机结合。艺术园区可以有一定比例的商业形态来做支持,以此带动文化创意产业发展,但切忌喧宾夺主,否则最终将导致整个园区创意的失败。

4. 休闲乡村体验游

(1) 提升农家乐品质

以唯亭镇阳澄农庄和西山镇明月湾为代表的农家乐要突出特色,塑造“家园”,由大众化向特色化发展,由粗放型向集约型发展,由个体开发向规模化发展。

农家乐应做到经营上突出农家特色;内容上突出农家主题;活动上突出乡村特点;硬件上追求“外部民俗古朴、内部现代舒适”;服务上重视人文关怀、亲情与乡情;强调地区分工、产品分类、顾客分层、服务分级。农家乐要大力开展以乡村文化和民俗为基础的文化体验和乡村休闲活动,如建造垂钓园、饲养园、小型乡村工艺作坊等。同时,应大力发展乡村传统美食和土特产品,开展土产制作、美食品尝旅游;此外,应大力挖掘乡土文化资源,增强人们对乡村社会和乡土文化的认识与了解。积极开展学习乡村习俗、欣赏乡村民谣、培训乡村园艺、参加绿色食品加工等活动。另外,还可开展传统节日和丰收喜庆活动的表演展示等。

(2) 形成农业旅游园特色体系

农业旅游园以未来农林大世界为代表。首先,要突出农业观光园特色。农业观光园具有农业和旅游业的双重属性,建设农业观光园要特别注重突出以下几方面:①观赏性。要通过种植具有观光功能的农作物、林草、花木和饲养的动物等,使游人获得绿色植物形、色、味等浓厚的大自然意趣和丰富的观赏体验。②娱乐性。要依赖种植作物或养殖动物区开发富有乡村意趣的娱乐活动,供游人欣赏和娱乐。③参与性。让游人参与农业生产活动,让其在农业生产实践中学习农业生产技术,体验农业生产的乐趣。④文化性。利用动植物所涉及有趣的自然和文化知识,设计多种多样的观光农业游览项目,增加游客的农业文化知识。⑤科技性。高科技农业观光园还要突出“高科技 + 农业 + 观光”的特点,利用新奇的农产品和现代科技,形成集农业科技、生态观光、科普教育、旅游度假于一体的独具特色的乡村旅游景区。

其次,形成农业观光园产品体系,建设一系列主题农庄,包括:①针对青少年市场开发科普农园、教育农园、租赁农园等,注重园内农业的高科技、自然性以及与科普活动、童玩活动的结合;②针对老年市场开发生态养生农园、健身疗养农园、务农农园等,注重园内生态环境、务农活动与绿色食品、康体运动、保健养生等活动的结合;③针对城市家庭市场开发观赏农园、品尝农园、体验(参与)农园、娱乐农园等,注重园内农业的观赏性、旅游的娱乐性和活动的参与性;④针对城市中高端市场开发休闲度假农园,打造集观光、体验农作、住宿、度假、娱乐于一体的综合性休闲农业区,注重园内农业的精致化、设施的舒适化、活动的休闲化和服务的高质量。

(3) 积极发展乡村生态养生旅游

以树山村、旺山村等为代表的乡村,可借助优良的自然生态、乡村风光,策划农事体验、户外运动和生态养生项目,发展生态养生文化主题文化村。

首先,注重生态养生与乡村旅游相结合,突出养生目的,基础设施和旅游要素应该合理地围绕养生进行配置。

其次,注意在乡村旅游区配套的养生化,需要使用乡村旅游区独有活性物质如优质的水、空气、食品、药材等;住宿、餐饮、交通、购物、商品等均从养生目的出发,把游览、游乐、休闲项目与养生住宿、养生餐饮、养生购物、养生商品等结合起来。

第三,开发生态养生类旅游产品。树山村、旺山村应结合当地的特殊地理环境进行生态养生产品的开发。以山林溪谷为生态本底,以日光和清新空气为辅助,以负氧离子、绿色环境、湿润空气、适居温度、矿泉水质、中草药等为养生原料,形成森林氧吧、森林浴、雾浴、竹海浴、竹文化养生、矿泉浴、生态食疗等养生类旅游产品。

(4) 融合民俗文化,打造乡村节庆

乡村人文与民俗活动反映的是一定地域乡村居民的风土人情和生活习惯,是乡土生活的重要表现,也是乡村旅游体验的重要内容。因此,要围绕苏州乡村游艺的民俗(如口头文学、民间歌舞、民间音乐、游戏、民间技艺等)、信仰的民俗(如正月初五接路头，端午节包粽子、赛龙舟、挂菖蒲等）、生产的民俗与社会的民俗（如开捕、婚姻、祭祀、娱乐等）举办乡村旅游节庆活动，扩大社区参与的程度，强化乡村社区的文化认同感和自豪感，保证传统文化的真实与传承。

三、亲水娱乐创意产品系列

1. 水上夜游

(1) 古运河夜游

古运河夜游是苏州创意体验活动的重要组成部分，历史文化底蕴深厚，因此创意旅游开发应重点强调其文化体验性。首先，通过亮化水巷，营造滨水夜景，强化滨水景观的夜间观赏效果。加强河道两边景观建设，通过具有文化创意和吴文化特色的景观小品，强化游客游览的体验性。其次，可通过恢复部分古代水上生活和生产场景，通过水陆互动展现苏州水上城市旅游特色。第三，要使游船特色化，开发灯船、姑苏夜舫等不同类型的特色水上休闲游览交通工具，并以苏州传统工艺品进行装饰，船上提供特色餐饮和吴歌、评弹、昆曲等表演，丰富游览行程。第四，可通过沿河建设水文化、水历史展示长廊，帮助游客了解水的历史，认识水的哲理，体会水的重要，重视水的保护，体验水的欢乐，将传统河道打造为水文化体验馆。此外，可通过引进水上酒吧、水上茶吧等丰富水上夜游活动。

(2) 金鸡湖水上夜休闲

金鸡湖是苏州创意旅游资源集聚区域，金鸡湖夜景是五级的高品质创意旅游资源，旅游资源单体评价总分高于 90 分，开发潜力极大。开发金鸡湖水上夜休闲，一是可以利用园区优美的环湖景观、灯饰开展环湖漫步，通过进一步的氛围的营造，如在观景步道上设置背景音乐盒，播放优雅音乐，设立游憩区和表演区，让漫步的游客观赏美丽的湖景的同时，其自身也成为风景中的一部分。二是可开展花船巡游，让游客搭乘古色古香的花船来品味金鸡湖的迷人风情。要注重花船的灯饰效果，开发不同花船产品，如画船、诗船、乐船等，既要配备满足团体游客需求的豪华大船，也要设置适合情侣和散客的温馨小船，让游客坐在花船上，听着船橹拨打水浪的声音，品味着极品红酒，品尝着特色苏菜，观赏精彩的船上表演，沉醉于苏城浪漫夜色之中。

2. 音乐喷泉融合水上舞台表演

苏州工业园区音乐喷泉结合水幕电影、激光表演、艺术喷火、音乐、灯光为一体，生动地展现了园区的人文、科技、生态三大主题概念，可以为游客提供一场恢弘、壮观的表演。因此应积极地将水幕电影融入旅游线路开发中，使其成为苏州创意旅游产品核心环节。同时，水幕电影表演可结合大型实景演出，演出内容可结合吴文化和历史典故，增加水幕电影观赏性，同时生动展现苏州历史文化名城的历史渊源，让游客在声、光、电和舞美中增进对吴文化的理解。

3. 园区休闲水上游

金鸡湖是“东方水城”的重要组成部分，水面广阔，区位优越，要以“现代、欢乐、动感”为理念打造园区水休闲旅游精品。首先是大力发展游艇旅游。通过设立游艇俱乐部，开发商务包船、家庭租游、婚纱摄影、水上游艇烛光晚餐、水上婚礼、自驾游等水上活动项目。第二是设立水上运动中心。通过开展各类水上运动项目，包括水上充气垫、水上攀岩、水上蹦蹦床、水上跷跷板、水上手划船、水上自行车、碰碰船、气垫船等，为游客提供别样的水上运动和亲水体验。第三是打造水上嘉年华。充分利用园区区位和岸线资源优势，通过开展一系列如极限滑板、面部彩绘秀、时尚发型秀、前卫涂鸦秀等集时尚娱乐元素和表现手法于一体的水岸旅游活动，延长游客逗留时间。

四、都市时尚创意产品系列

1. 创意城市景观游

苏州当前正按照创意城市的标准，积极营造苏城创意城市景观。东方之门、文化艺术中心和圆融天幕等建筑景观，圆融时代广场、左岸商业街、文化水廊、城市广场和火车站南广场等广场景观，音乐喷泉—水幕电影和金鸡湖大桥水幕等水景观，金鸡湖大道、湖滨大道和环太湖大道等道路景观，以及“圆融”雕塑、苏城道路雕塑等雕塑小品，构成了苏州特色的城市景观群，也充分体现了苏城城市景观的创意营造。因此，要积极串联起这些创意城市景观，将其纳入都市旅游体系，同时通过灯光、音乐和高科技手段，加强城市景观氛围营造，提升观赏和体验价值。

2. “不夜”苏州

可利用已开发的园林夜游、水幕电影、音乐喷泉、天幕观赏、消夜美食、酒吧狂欢、足浴 SPA 等夜间旅游产品，重点打造古城河体验游、金鸡湖环湖游等一批夜间旅游精品，并进一步完善夜间旅游基础设施建设和服务提升，使夜游苏州成为旅游娱乐经典产品。

首先是古城夜游，以网师园、怡园、耦园、枫桥—寒山寺为重点，开发园林夜游产品，并和周边热点景区形成时间上的衔接和活动内容上的互补。在苏州古城内打造戏曲文化演艺一条街、酒吧一条街、夜间娱乐一条街等特色街区，并将评弹、昆曲、苏剧、吴歌、江南丝竹、滑稽戏等众多地方文艺形式融入到夜间娱乐项目中。

其次是园区夜游。以金鸡湖为重点地域，以音乐喷泉、水幕电影为亮点，以世界第一天幕为独特卖点，建设国际水平的环金鸡湖城市夜景；策划水幕电影、音乐喷泉、主题餐厅、酒吧娱乐、休闲茶坊等夜间旅游项目。另外，以李公堤为载体，打造苏州夜休闲第一街。引进国内外一流水平的慢摇吧、迪吧、工艺吧、茶吧、酒吧等各类休闲吧，提升李公堤休闲品味。

3. 创意产业园

苏州目前拥有一批文化创意产业园，如989文化创意产业园、阳澄湖数字产业园、旭日家居文化产业园和2012年3月20日正式开园的"姑苏·69阁"创意产业园等，但由于起步晚，规划有限，这些园区大多未能很好融入旅游功能，存在配套设施不全、休闲娱乐功能不足、园区功能重复等问题。因而可从以下方面改进：

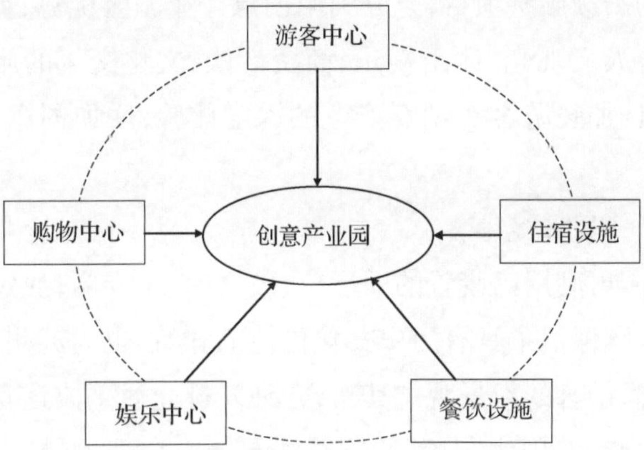

图Ⅲ-17　创意产业园示意图

(1) 正确区分园区的功能定位

园区应该有不同的功能定位，只有通过准确区分产业类别，建设相应的配套园区，才能够更合理便捷地对园区进行综合管理，打造更多的优势，获得更多的收益。应根据产业园区所处区域合理定位其功能。古城区创意产业园可多结合历史文化创意、农业文化创意和民俗文化创意，重点突出传统苏式生活理念，可结合传统文化、民俗，如昆曲、评弹、刺绣、桃花坞木版年画，设置创意产业设计室、制作室、产品展示销售厅等，并用多媒体和实景形式展示民俗文化；园区则定位时尚文化创意、浪漫文化创意、工业文化创意，充分融入商务、现代理念，打造现代休闲创意产业园。产业园内可集中体现苏州现代化建设和新兴产业，并突出商务、休闲理念，设置各种特色餐饮、酒吧和茶室以及休闲生活旅游区域。

(2) 完善、延伸创意产业园服务功能

创意产业园区应不断完善其功能配套，在实现其生产功能的基础上不断延伸服务功能，特别是休闲娱乐功能，满足不同类型的游客需要。园区要以创造"体验"来吸引消费者，集合购物、娱乐、餐饮、住宿等功能，使游客进入园区后"吃、住、行、游、购、娱"

方面的所有需求都能得到满足。同时,应依据园区实际进行旅游功能分区,划分为办公区、公共休憩区、餐饮娱乐区、商业活动区、参观游览区等,既保障园区的正常办公,又满足游客深入了解产业状况的需求。

(3) 增加创意节事活动,丰富游客体验

创意产业园区为艺术活动和商业活动的举办提供了适合的场所,可策划艺术展览、论坛峰会、文艺演出、周年庆典、品牌推广、新品发布等活动,使观光游览与展演交流相结合,静态展示与动态活动相结合,为创意产业园区增添活力。展演内容要富有特色,集文化性、观赏性、参与性、娱乐休闲于一体。可举办苏州创意产业周等活动,并在旅游黄金周、中国传统节日、西方节日等特别节庆日,以主题活动的形式,设计游客参与性和互动性强的新颖旅游项目,充分利用创意产业园区优势,突破常规观光旅游,深度开发和创新融合人文观光、休闲娱乐、商贸洽谈、文化交流的旅游产品,并延伸出内容丰富的自助项目,加强游客对创意产业的深度体验,增加创意产业园区的整体吸引力和游客满意度。

(4) 优化创意产业园区建设

首先,创意产业园可利用已废置的旧厂房、破仓库、小弄堂,通过改造,使其变成创作室、创意园区,这样既保留了具有历史文化价值的建筑,也为苏州城市增添了历史与现代交融、传统与时尚结合的新景观。其次,合理安排交通手段运营,提高园区可进入性,园区内或附近要配有专用停车场,游览路线布局应合理、顺畅,并适当配备交通工具。第三,为旅游者提供种类丰富、特色突出的创意商品,满足旅游者求新求异心理和旅游购物需求。

第六节　创意旅游视角下的苏州都市旅游提升战略

一、深度整合相关资源,实现旅游业的创意转向

苏州具备十分优越的城市景观资源、文化资源、工业资源,若能够以创意为导向,运用新的形式实现旅游资源及相关资源深层次的开发,必将为苏州旅游业的大发展开拓新的途径。

1. 开发满足大众需求的创意旅游产品

创意旅游产品的消费需求是创意旅游产业发展的重要前提,因此旅游企业和文化创意企业可以合作,通过调研来了解大众的旅游需求趋向,也可以开展全民创意旅游

产品设计或者评选大众心目中的创意旅游项目等各种活动,结合不同消费群体,分层次进行可行性研究,有针对性地开发出适合不同消费群体的文化创意旅游产品。

苏州拥有丰富的自然和人文旅游资源,在旅游产品设计中,应注意挖掘各种旅游资源潜力,增加各种创意性元素,努力促进旅游资源与传统资源的融合转化,通过表演、展示等方式,突出地方特色和文化内涵,让游客在领略苏州山水的同时,在苏州独特的人文风情中,得到独有的旅游体验。在充分迎合旅游者需求的基础上,应大力开发文化体验创意旅游产品、休闲度假创意旅游产品、亲水娱乐创意旅游产品和都市时尚创意旅游产品,具体而言:

① 以文化体验创意旅游产品为魂,大力开发特色博物馆游,创新传统文化纪念品和传统旅游资源,同时丰富民俗活动内涵和增强产品体验性。

② 以休闲度假创意旅游产品为精品,充分挖掘特色街区和艺术园区资源潜力,差异化发展主题公园,并打造具有特色的重要旅游节庆品牌和演艺演出。

③ 以亲水娱乐创意旅游产品为特色,围绕金鸡湖丰富的创意资源和优异的滨水环境,打造水上夜游和水上休闲游,开发音乐喷泉水上舞台表演。

④ 以都市时尚创意旅游产品为重点,着重营造都市创意景观,同时大力打造“不夜”苏州和开发创意产业园。

2. 注重旅游商品与创意旅游的结合

旅游商品是旅游目的地文化与信息传播的重要手段,对旅游目的地的品牌形象树立有着非常重要的作用。具有地方文化特色的旅游商品,不但能增强旅游者的独特体验,还能提高目的地的旅游收益。针对目前苏州创意旅游商品数量不足、品质不高、创意不新的现状,应建立系统化的旅游商品的研发、设计、创意构架,通过增添文化和创意元素,进一步开发旅游商品。同时,把购物作为体验项目和休闲方式来创意,挖掘旅游商品本身、购物环境、购物过程、购物服务、购物政策等方面的素材,提升游客的体验价值和购物环节的附加产值。

3. 用创意强化旅游营销,拓展客源市场

旅游产业的综合性决定了旅游营销手法的广泛性,要选准旅游营销的突破口和载体,就必须运用发散性的思维,将所有有助于旅游营销的要素都纳入旅游营销的范围。苏州创意旅游市场营销可综合运用媒体营销、节事营销、宣传品营销和网络营销等。

(1) 媒体营销

发挥媒体宣传和舆论导向作用,充分利用电视、报纸、广播、杂志等传统媒体和互联网、移动网络等新媒体,创新市场营销模式,加强对创意旅游的宣传推广力度。

(2) 节事营销

在继续办好寒山寺听钟撞钟、苏州国际旅游等高质量节庆活动的基础上,提高其知名度和影响力;同时,按季节、市场影响力、地区分布进行分类指导,重点培育5~6个具有全国或省级影响力的节庆品牌,使节庆活动成为展现苏州自然风光、风俗民情等的"活招牌"。加大会展、事件活动的宣传整合力度,利用各类经济、社会、文化事件开展营销宣传。

(3) 宣传品营销

一是增加旅游宣传品投放的数量、品种和范围。在国际、国内旅游交易会、博览会上,对重点目标城市的机场、车站、酒店、交通集散中心、旅游咨询服务点、CBD公共区域、地铁公交充值站点、居民区超市等进行有效的布点投放,使宣传品渗透到潜在旅游者之中。二是增加旅游宣传品种类,注重宣传内容的针对性和有效性。通过图、文、声、像全方位表达,多采用活泼精彩的生活语言和简洁明了的图示方式,多与当地文化结合,以利旅游者接受。

(4) 网络营销

开通"苏州创意旅游网",将旅游创意产业园区和重点旅游区、旅游景点、度假村产业集群连接成线,接线入网,推出一批品位高、吸引力强、效益好的旅游精品线路,吸引更多游客。同时,可通过微博、轻博客、旅游网上超市等进行市场营销。

4. 开发文化旅游资源,提升旅游体验性

文化旅游资源创意开发的基本理念可以概括为五个结合,即文化特质与现代需求结合、动态展演与静态展示结合、舞台艺术与真实生活结合、观光游览与产业要素结合、传承保护与创新发展结合。在文化旅游资源创意开发中,应该在寻找独特卖点、培育文化载体、创新体验方式上多下工夫。

创意旅游是要优化和整合传统的旅游自然资源和文化资源,让消费者有更多更好的旅游体验,这种体验并不拘泥于自然风景和人文建筑方面,还要有好的文化氛围。旅游离不开文化,这早已是业界公认的道理,营造具有感染力和个性的文化氛围一直是旅游产业建设的目标。苏州创意旅游的文化氛围建设可以采用多种形式展开,包括突出本地民俗特征,并利用游客的求知欲,为他们营造身临其境的旅游空间,增强文化气息;还可以定期举办节庆旅游推广活动,利用城市的品牌形象吸引游客,这样不仅可以促进旅游产业链的形成,还为宣传苏州文化作出贡献;创意旅游可以依托举办的活动形成"活动链",比如举办大型艺术表演、运动比赛、新品发布会、汽车展、商业促销活动等,这些表面上和旅游并无关系的活动都可以作为创意旅游产业链的延伸方向,可以通过筛选整理出一套创意旅游的"活动链"。

二、注重创意硬件设施和软环境建设

1. 完善创意旅游基础配套设施建设

旅游基础设施是保证旅游者获得良好旅游体验的基础,苏州发展创意旅游要注重基础设施的创意化。

首先,在旅游饮食和住宿上,要突出文化特征,注重创意设计和游客体验,将旅游餐厅和酒店打造成新的旅游吸引物。如可在餐厅、酒店内融入丝绸服装展、评弹昆曲表演,环境布置可结合桃花坞木版年画和刺绣等民间艺术形式,给客人一种全新的体验。

其次,作为旅游中较为消极的交通环节,要积极加入艺术的元素或者建造旅游吸引物,来增加游客体验性。如在公共交通站台设计艺术品或雕刻,在旅游通道打造艺术画廊等。

再次,城市创意旅游吸引物与传统旅游吸引物不同,城市的创意空间和创意景观都可以成为吸引创意旅游者的因素。苏州应充分认识、保护和提升这些特色旅游资源,敢于创造特色旅游吸引物,不断寻求同类旅游产品的差异,打造自身的品牌特色,丰富文化底蕴和知识含量,加入创意的元素,提升特色旅游吸引物的品位和层次。

最后,在当前个性化及多元化旅游的时代,自助旅游、个人独行、骑车漫游、主题旅游、自驾车出游等正成为旅游时尚。传统的旅游接待服务早已不能满足蓬勃发展的个性化旅游市场需要。苏州应积极建立旅游集散中心,培育旅游接待服务品牌,打造特色创意旅游服务。

2. 营造都市创意旅游体验氛围

在城市旅游深层次发展过程中,如果对创意旅游的发展追求仅仅停留在具体创意旅游产品的开发与设计上,则会容易淡化城市创意旅游与城市生活、旅游者生活的内在联系,也容易阻碍旅游者旅游需求与游憩需求的相互转化。城市创意旅游资源开发与发展过程中应打破创意旅游产品具体化的枷锁,注重创意旅游文化因素的作用,营造独特的城市创意旅游体验氛围,使旅游者的创意旅游过程与旅游者的游憩相结合,同时与旅游者的旅游体验相结合,将创意旅游活动艺术化、生活化。从国际化旅游城市建设目标来看,苏州的都市旅游应该打破产品化的框限,立足于地方文脉,营造创意旅游体验氛围,推动旅游空间公共化(即与居民游憩相结合)、城市公共空间旅游化(即与旅游体验相结合)及艺术化,并树立“大旅游”意识,促进苏州都市旅游内涵的提升。

首先,培育创意生活环境。通过向市民和旅游者开放博物馆、美术馆、科技馆以及创意园区,使市民和游客深切感受到创意的魅力,从而产生好奇之情与求知欲望,同时通过开展参与性的活动调动民众参与创意性设计、策划的积极性，营造良好的创意生活氛围。

其次，以创意城市理念规划城市建设。将创意融入城市规划中，在满足城市功能转变要求的同时，创造新的城市文化氛围，塑造城市标志、城市雕塑，提升国际大都市的形象：第一，在对古城改造中把保护历史文化遗产与发展创意产业结合起来，如建造LOFT和SOHO区，在旧建筑中形成新的朝气，使城市更具魅力。第二，将文化创意融入平江路和山塘街等历史街区的建设，打造特色街道。文化创意产业的发展为许多城市创造了充满个性、富有艺术感染力的特色街道，这些特色街道的出现，为摩天大厦充斥的城市空间增添了新的特色城市景观。第三，规划城市建设时，要着重打造具有创意的城市景观，目前的东方之门、李公堤就是很好的典型。这些建筑不仅具有城市功能，更成为吸引游客的新兴资源。

第三，营造城市创意氛围还在于将文化创意产业融入城市形象定位。例如，纽约将城市精神确定为“高度的融合力、卓越的创造力、强大的竞争力、非凡的应变力”；伦敦提出“打造世界卓越的创意和文化中心”的目标。“创意城市”已经成为目前全球化发展的流行口号，也是许多城市竞相追求的国际都会品牌。好的城市形象对于旅游、人才和资金都有很大的吸引力，物流、人流、信息流和资金流的大量积聚，构成了城市独特的人文旅游景观，这反过来又会促进创意产业的发展，因此也就实现了旅游产业与文化创意产业的互融互动。

三、加强创意产业与旅游产业的联动

传统旅游产业以六大要素为主，创意旅游追求行业的拓展和产业链的拓展，在挖掘旅游产品价值的同时，还注重产业融合和构建相关产业链，因此要实现都市旅游向创意产业的转向，应充分发挥旅游业关联性强、带动力大的特点，加强旅游产业与创意产业联动。

1. 加强旅游产业链的广度拓展

旅游产业链在广度上拓展就是在横向上与各产业部门直接和广泛地融合发展，实现小旅游产业链向大旅游产业链的转型。在传统的旅游产业中，饭店、旅行社、旅游交通是三大支柱，随着行业的快速发展，已经有越来越多的产业部门如电子信息业、通讯业、银行业以及文化产业等渗透到旅游产业中，产生了如工业旅游、农业旅游、商务旅游、会展旅游、文化旅游、节庆旅游、健康旅游、教育旅游、科技旅游等融合产物。针对此，一方面，苏州要大力开发创意产业园，开展集参观、游览、体验、购物等于一体的创意产业园旅游；依托周边特色乡村聚落，打造以“吃农家饭、品农家菜、住农家院、干农家活、娱农家乐、购农家品”等为主题的乡村旅游;依托各种创意主题公园,发展休闲娱乐旅游;依托金鸡湖商务旅游示范区,大力发展商务旅游、会展旅游;依托苏州太湖科技产业园和大学城,发展科技旅游和修学旅游。将旅游产业链的拓展与苏州一、二、三产业紧密结合,以扩大旅游产业链的整体价值为目标,在产业链的各个环节之间形成有机联动,提升产业的整体效益。另一方面,苏州市要大力调整产业结构,大力发展加工业、服务业、高效农业、新型工业、交通运输、餐饮住宿、商品加工、旅游服务等,帮助拓展产业链条。

2. 加强旅游产业链的深度拓展

旅游产业链的深度拓展是在纵向上与产业链上中下游各个环节的渗透和融合,形成旅游消费带动产业升级的良性互动。苏州应根据各旅游区目前旅游活动状况,从地方文脉和文化特色方面努力营造创意旅游的氛围,将创意理念渗透于旅游产业链上、中、下各个环节,实现旅游产业链的纵向延伸。要真正做到用创意挖掘旅游资源、用创意创造旅游产品和用创意拓展旅游消费,尤为关键的是要增加旅游产品的文化品位及游客旅游活动的深度体验,具体表现在:①将各类资源通过创意的手法进行多维化整合,特别是传统旅游资源之外的各类社会资源的整合和转化。打造一批精彩纷呈、各具特色、优势互补的特色旅游景点,促进旅游业优化升级和产业链延伸。建设上规模、上档次的旅游商品专卖店,以良好的服务环境和物有所值的商品吸引游客购买。②将创意产业的思维及时尚元素引入旅游商品的生产与销售环节,提升科技含量和文化品位,在外观设计、制作工艺、包装装饰等方面创新产品。继承和创新苏绣、丝绸、珍珠、木刻、玉雕等传统民间技艺,使其充分体现出古老中原厚重的文化底蕴、独有的文化特色,从而树立鲜明的品牌形象,在保持精品的同时,进一步注重商品的使用价值,开发更多贴近大众消费水平的个性化旅游纪念品,促进旅游购物消费。③运用现代技术手段,通过展现某一剧组的拍摄情况和实景地进行旅游营销,通过举办展览会、博览会、展销会、节事活动等方式实现产业链向市场延伸。④鼓励建设一批有特色的主题饭店,鼓励饭店用品及装饰的艺术化。

3. 加强旅游产业链的综合带动作用

旅游产业链的综合带动作用是以某个创意产品为核心带动支持产业群、配套产业群和衍生产业群,从而极大地推动地区经济发展。在以旅游为核心产业的产业系统中,要充分发挥产业链的综合带动作用,苏州应加快完善以下几点:①加强培育直接支持旅游创意产品制作、发展和传播的企业群,比如相关的科技企业、金融企业、媒体企业、广告企业等。②加快配套产业建设,形成城市的特色产业体系。如围绕文化旅游形成的演艺业、景观设计、实景多媒体视听技术等融合型产业链,围绕养生旅游形成的集食品、美容、医疗、体育于一体的健康产业链，围绕修学旅游形成的文化、教育、科普产业链，围绕商务旅游形成的策划咨询、旅游电子商务产业链等。③将“游东方水城，品苏式生活”旅游形象定位加入文化创意元素开发出系列衍生产品。衍生产业则是以核心的创意成果为要素投入的其他企业群。如影视产业可以衍生出服饰、食品、玩具、明信片、小配件等旅游纪念品；音乐产业则可以开发包含音乐元素的旅游纪念品，如音乐故事本、乐器饰品和挂件、录歌 CD、有音乐家头像的 T 恤、音乐节小册等。通过创意元素结合苏州城市形象开发出系列衍生产品，从而带给旅游者多样化的购物选择。

四、建立完善政策支持体系，营造良好创意发展环境

发展旅游离不开地方政府的支持，地方政府要为创意旅游发展提供和谐的氛围。地方旅游主管部门要发挥积极的督导和促进作用，高度重视和倡导创意旅游。创意旅游本身是一个新的经济增长点，如果把创意旅游产业开发好，可以推动社会经济的高速发展。创意旅游作为一种新型的旅游模式，需要创新管理体制和政策的支持，这些支持主要体现在以下几个方面：

1. 加强政府在创意旅游建设中的引导作用

在指导思想上，市政府及各级旅游主管部门应高度重视、倡导创意旅游的发展，把它提到促进旅游产业转型升级、推动社会经济发展的高度，将创意旅游产业做大做强。对创意旅游相关企业和景区需要加强引导、组织、支持，规范产业发展，同时建立政府管理部门之间的协调机制，定期举行旅游联席会议。

2. 积极推进区域间的通力合作

地方旅游主管部门应建立畅通的联系机制、合理的协调机制，加强长三角地区创意旅游融合发展，从而提升区域创意旅游的国内外影响力。定期举办推进区域旅游合作的“论坛”，如举办各种大型会议、展览会、交易会等，促进地方社会经济的发展。

3. 提供优惠政策支持

政府应准确把握旅游创意产业的特征，制定创意经济发展扶持政策，降低进入市场发展的门槛，鼓励兴办具有创新意义的企业和项目，为促进旅游创意产业快速发展提供有效的政策支撑。对文化创意产业园区或者其他创意旅游企业提供诸如土地、税收优惠和资金扶持等方面的政策，对于新兴文化创意旅游企业，可以给予免税或者降低税率、提高征税起点等优惠，同时政府可以设立专门的文化创意产业管理机构，解决以往创意产业管理权限不明确、职责混乱的问题。在制定政策的同时，政府部门还应加强宏观调控，发挥政府的领导和组织功能，对苏州的旅游创意集聚地进行统一整合

与规划，优化旅游创意产业发展的内外部环境，加强产业间的协同合作，大力支持创新基础好、竞争实力强、前景可观的中小旅游创意企业的重组或壮大，推动苏州旅游创意产业合理、有序、快速地发展。

4. 给予资金保障

政府应制定优惠政策，吸引民间和外商等社会资金，也可以建立旅游创意产业发展专项基金，扶持相关产业项目的融合与推广，如动漫旅游发展基金、会展旅游发展基金、影视旅游发展基金以及旅游电子商务发展基金等，有针对性地支持有发展潜力的旅游创意企业。此外，政府还可以利用自身条件，主动充当旅游业、社会资金与创意产业之间的桥梁，大力推动相关中介机构的建立。通过中间媒介的合理运作，优化社会资金对旅游创意产业的投入，为三者的顺利融合搭建交流平台，进而促进企业间的协作与联合。

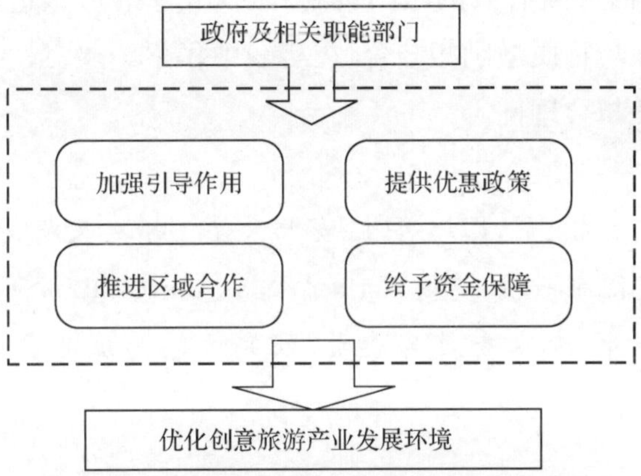

图Ⅲ-18　相关职能部门构建多方位支持体系图

同时，政府还应对旅游创意产业的发展投入一定的资金，每年划拨一定的专项资金，作为推动创意旅游产业市场发展的保证。资金可用于在民众中定期开展创意理念的宣传及相关活动的组织；用于对创意企业的扶持及项目补贴；用于对优秀的创新旅游产品的奖励、购买；用于旅游创意产业基地的建设和完善；等等。

五、加强创意人才培养与引进

人才是产业发展的核心，文化创意源于人才的创新思维，有创新才有创意。因此，促进苏州旅游创意产业可持续发展，就必须加快培养、引进一批有创新精神、饱含创意理念的文化创意人才。不仅包括文化资源的设计师、工艺师、艺术家等，而且还包括擅长将文化创意产品市场化的创新经营和营销人才。人才的来源一方面是引进，一方面是靠产业自身培养。

1. **注重对本地区旅游创意人才的培养**

地方旅游主管部门可与苏州大学、苏州科技大学、苏州旅游与财经职业技术学院等相关机构和高等院校合作，设立旅游创意专业，进行有的放矢的培训，形成一批既懂旅游又具创意才能的复合型高端人才，使其成为推动苏州创意旅游发展的中坚力量。

2. **引进优秀人才**

政府可以牵线搭桥，引入国内外的相关人才与本地业者进行经验和技术交流，还可以与高校、研究机构合作组织相关的培训和咨询测评，建立旅游业创新环境，为本土旅游人才了解创意知识和创意人才涉足旅游领域做好中介，从而促使旅游创意产业的发展更加人本化、科学化。

3. **引入人才激励机制**

在人才的管理方面形成有效的激励机制，激发人才的可塑造性，实现产业目标与个体目标相一致，精神与物质激励相结合，在实践中积累经验，最大限度地发挥创意潜质，保证该机制的科学与合理性。

（本专题执笔人汪德根，男，1973 年生，苏州大学・邦城未来城市研究中心研究员，博士，苏州大学社会学院副教授，美国 North Arizona University 访问学者，中国行政区划与区域发展促进会理事/专家委员会委员，研究方向为城市旅游、旅游交通、旅游规划。）

后 记

本书是“苏州大学·邦城未来城市研究中心”首期研究课题成果的汇集。

苏州大学是具有百年以上悠久历史的国内著名大学。伴随着苏州社会经济的发展，苏州大学快速成长为一所横跨理工医农、艺文史哲、政法商管的综合性大学，在区域经济学和城镇化研究方面也取得不凡的成果。新加坡邦城规划顾问公司是亚洲知名的规划设计咨询顾问机构，问世于新加坡，扎根于苏州工业园区，10 年来在中国百余城市承担了 400 多个项目，仰仗新加坡 50 年花园城市规划建设的经验，见证并参与了中新苏州工业园区的 20 年规划建设历程，既熟悉国际惯例，又具有为中国城市服务的丰富经验，擅长于提供各类便于实施操作的城市或开发区规划建设方案。苏州大学与新加坡邦城规划顾问公司双方于 2012 年商定，校企合作共建一个新型产学研合作平台，并定名为“苏州大学·邦城未来城市研究中心”(以下简称“研究中心”)。该研究中心的宗旨是发挥校企各自优势，针对中国和全球城市化进程及发展趋势开展前瞻性研究，提升规划服务水平，促进教学理论与实践相结合，为城市科学研究的发展添砖加瓦。

2013 年初，研究中心专家指导委员会主任、澳大利亚悉尼大学城市规划系原主任伍宗唐教授建议，中国近年经济发展与城市转型、城市化进程在国际上广受关注，可以对其进行多角度的总结，从而在国际城市研究方面占有一席之地。研究中心符之文主任召集有关成员讨论，决定将“苏州城市转型”作为 2013 年度重点研究课题。

该研究课题由苏州大学副校长田晓明教授和我主持，共同构建理论框架，确定子课题研究方向，并组成了校企共同参与的研究团队。课题研究历时一年，全体成员精诚合作，数度研讨，几易其稿。研究中心于 2013 年秋在苏州大学召开“城市转型国际研讨会”，新加坡教育部原政务部长曾士生、悉尼大学城市规划系原主任伍宗唐、新加坡市区重建局规划署原署长符基仕、日本神户大学教授罗志伟与城西大学教授于洋、澳大利亚律政部原高级顾问黄添祥、同济大学教授夏南凯及其他多位国内外专家莅会演讲并对研究成果进行点评，在此一并致谢。

本书是集体创作的成果，凝聚了研究团队全体成员的辛劳和智慧，也体现了产学研合作的优势。苏州大学有关教师、邦城规划顾问公司多名规划师参与了相关课题调研、研讨、资料汇总等工作。本书结构如下：第一章，大转型，由朱妍博士执笔；第二章，经济转型，由韩坚博士执笔；第三章，城市空间转型，由吴莉娅博士执笔；第四章，社会转型，由宋言奇博士执笔；第五章，管理转型，由张晨博士执笔；并有三项专题研究，分别是由雷诚博士执笔的苏州城市空间演进、肖为周博士执笔的城市交通转型、汪德根博士执笔的城市旅游转型。初稿形成后，由段进军教授牵头，赵大生教授、戴德胜博士等精心参与审稿。由田晓明教授和我本人最终定稿。

本书充分描述了苏州这座具有 2 500 多年历史的古城如何成功转型为现代产业都市，又怎样保留其浓厚的苏州特色。本书完成之际，欣闻苏州市赢得 2014 年“李光耀世界城市奖”，苏州经验已经在全球范围内获得认可，可以为大规模城镇化过程中的其他城市提供借鉴。我们期待本书能够为关心城市转型或城市未来发展的读者们提供参考。

特别要感谢的是，中国地理学和区域经济及规划学界泰斗、中国地理学会名誉理事长、中国科学院院士陆大道先生十分关心本研究中心的发展，并欣然为本书作序，我们深感荣幸。

2014 年是中国新城建设的典范——中新合作苏州工业园区开发建设 20 周年，也是新加坡邦城规划顾问公司成立 10 周年，愿以此书为献礼之作。值此付梓之际，谨以为记。

陈启宁

（新加坡邦城规划顾问公司中国区董事总裁）

2014 年 5 月于苏州